国学经典文库　图文珍藏版

帝王将相大传

完整收录历史剧变的辉煌

秉笔直书朝野争斗的内幕

线装书局

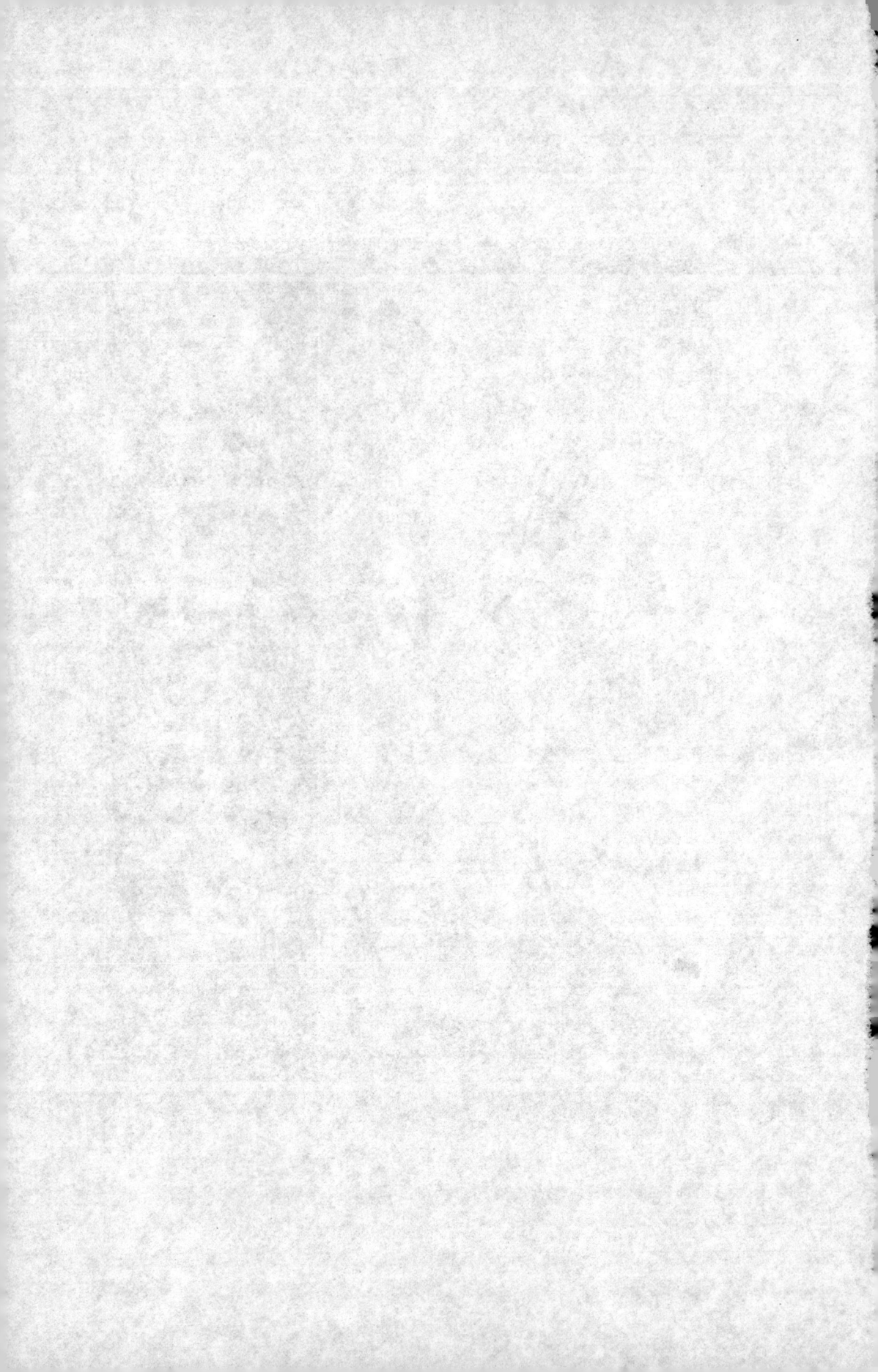

宋太宗赵炅

人物档案

生卒年：公元 939~997 年

父母：父，赵弘殷；母，杜氏

后妃：尹皇后，符皇后等

年号：太平兴国，雍熙，端拱，淳化，至道

在位时间：公元 976~997 年

谥号：文武皇帝

庙号：太宗

陵寝：河南永熙陵

性格：沉谋英断，刚愎自用

名家评点：

此人不知兵，非契丹敌手，尔后屡败，契丹均以诱敌深入、聚而歼之的办法，宋人终不省。

——毛泽东

太宗赵炅

继位："金匮之盟"的传说

赵炅是北宋的第二代皇帝，是赵匡胤的弟弟，本名赵匡义，后改名光义，称帝后又改名为赵炅。他采用宫廷政变的方式取得政权，继位后亲征太原，消灭北汉，结束了五代十国的分裂割据局面。在位期间进一步加强中央集权，大大扩充科举取士的名额。太平兴国四年(979)和雍熙三年(986)，赵炅两次大举进攻辽国，企图收复燕云十六州，但均告失败。赵炅也曾用政治和军事手段企图消灭夏州(今内蒙古乌审旗南白城子)党项拓跋部势力，也没有成功。

相传在赵匡胤去世的当晚，曾召时任开封府尹的弟弟赵光义入宫，兄弟二人独自酌酒对饮，商议国事。室外的宫女和宦官在烛影摇晃中，远远看到赵光义时而离席摆手后退，时而又见赵匡胤手持玉斧戳地，"嚓嚓"的斧声清晰可闻。

两人饮酒直至深夜，赵光义才告辞出来，赵匡胤上床就寝。然而次日凌晨，突然传出赵匡胤的死讯，宋皇后立即命宦官王继恩去召皇子赵德芳入宫。然而王继恩却去了开封府，将赵光义请了来。

王继恩回宫后，宋皇后问他："德芳来了吗？"王继恩却回答："晋王到了。"宋皇后扭头见到赵光义，满脸愕然，但随即心知不妙，便哭喊道："我们母子性命都托付于官家了。"官家是对皇帝的称呼，宋皇后这样说，也就表示承认赵光义做皇帝了。赵光义也伤心流泪，说："共保富贵，不用担心。"两天后，赵光义登极为帝。

赵匡胤以 50 岁的盛年去世，而且是突然死去，本就容易令人起疑。再加上赵炅在赵匡胤死的当晚与之单独相处，又抢在赵德芳之前登极，留下了许多令人不解的疑团。

为了显示自己即位的合法性，赵炅抛出了其母杜太后的遗命，即所谓的"金匮之盟"。说是杜太后在临终之际，曾召赵普入宫记录遗命。杜太后当时问赵匡胤何以能得天下，赵匡胤说是祖宗和太后的恩德与福荫，太后却说："错了，若非周世宗传位给幼子，主少国疑，你怎能取得天下？你当吸取教训，他日帝位先传光义，光义再传光美，光美传于德昭，如此，则国有长君，是社稷之幸。"赵匡胤于是泣拜接受教训，杜太后便让赵普将遗命写为誓书，藏于金匮之中。

"金匮之盟"到底有没有，至今没有定论，但就杜太后的这番话来分析，却也是合情合理的。而且赵匡胤和赵炅兄弟二人的感情一直很好，赵匡胤每次出征，都让赵炅留守都城，军国大事也都和这个弟弟共同决策。一次赵炅生病，赵匡胤不但亲自去探望，还亲手烧艾草为弟弟治病，赵炅若觉疼痛，赵匡胤便在自己身上试验，观察药效。

但无论如何，皇位一直都是父死子继的，兄终弟及可谓名不正、言不顺。因此，赵炅继位后的第一件事，就是安抚人心。

赵炅将年号改为"太平兴国"，任命其弟赵廷美为开封尹兼中书令，封为齐王。赵

皇后骂殿（清代年画）

匡胤的儿子德昭为节度使和郡王，德芳也封为节度使。赵匡胤的旧部薛居正、沈伦、卢多逊、曹彬和楚昭辅等人都加官晋爵，而赵匡胤在世时曾加以处罚或想要处罚的人，赵炅则予以赦免。

除此之外，赵炅将自己的亲信，如程羽、贾琰、陈从信、张平等人，陆续调入朝廷担任要职，慢慢替换赵匡胤时期的大臣。至于那些元老宿将，如赵普、向拱、高怀德、冯继业和张美等，则将他们调到京师附近做官，便于控制。

争斗：长子被逼疯

关于赵炅继位的猜疑和各种传说暂时被压制下去了，但这个继位的阴影却始终困扰着赵炅。那个有力驳斥了谣言的"金匮之盟"，可能是赵炅、赵普捏造出来的，赵炅并不想按照"金匮之盟"把弟弟赵廷美立为自己的继承人，再由廷美传回太祖之子德昭。为此，赵炅绞尽脑汁，逼死了弟弟和侄儿，想达到传位给儿子的结果，可令他没想到的是，自己的长子也在这场权力的明争暗斗中被逼疯了。

赵普是赵匡胤的得力谋臣，在朝中担任宰相达十年之久，而且与赵匡胤私交甚好。虽然在赵炅继位的过程中，赵普是举足轻重的人物，但他在朝中的地位已远不如前。赵炅对赵普心存猜忌，但赵普是开国元勋，又在自己登基的问题上出过大力，不能不对

赵普客客气气的。赵普沉浮宦海几十年,深知一朝天子一朝臣的道理,因此在处理事情上,完全把赵炅的利益摆在第一位。

赵炅继位之初,赵德昭被封为节度使和郡王。赵炅攻打辽国时,赵德昭从征幽州。高梁河一战宋军惨败,赵炅只身逃脱不知所终。这时有人商议立赵德昭为帝。不久赵炅平安回来,大家便把这件事放下不提了。不久赵德昭为将士们请赏,认为虽然与辽国的作战失败了,还是应该赏赐平定北汉有功的将领们。赵炅正在为兵败一事烦恼羞愧,听了侄子的话后很不高兴,说:"待你做了皇帝再赏赐也不迟。"

此言一出,赵德昭惶恐万分,这分明是皇帝怀疑他有夺位之心,只怕日后自己兄弟二人会身家不保,回家后便自刎了。赵炅听说侄子自杀了,又惊又悔,急忙赶过来抱尸痛哭:"痴儿何至此邪!"下令厚葬,追封魏王。两年后,赵德芳也不明不白地死去。赵炅虽然痛哭难过,但对于他皇位继承的两大"隐患"却被消除了。

此时,对皇位唯一构成威胁的,只剩下赵廷美了,赵炅于是又想到了赵普,言谈话语中,向赵普透露了自己的意思。赵普何等聪明,很快就上报赵炅说,大臣卢多逊私遣堂吏交好赵廷美,表示自己盼赵炅早日晏驾,好尽力侍奉赵廷美,赵廷美于是送给卢多逊很多礼物。

赵炅听后也不表示要调查,立即借题发挥,表示要严惩卢多逊及其同党。大臣王溥等74人联名上奏,说卢多逊及赵廷美一向怨望诅咒,大逆不道。于是,卢多逊被削夺官爵,其同党不少被处死;赵廷美被勒归私第,其儿女不再称皇子皇女。

很快,赵普挑唆开封知府李符落井下石,说赵廷美不思改过,反多怨恨。于是,赵炅再次下令,将赵廷美降为涪陵县公,安置到房州,并命人严加监管。赵廷美气愤难平,两年后便死了。

就这样,赵炅清除了将皇位传给儿子的障碍。不过,此时对皇位继承人的挑选却又出现了问题。

赵炅的长子赵元佐,自幼聪明机警,长得和父亲几乎一模一样,因为擅长骑射,曾经随赵炅一起出征过太原、幽蓟。赵炅迫害赵廷美时,赵元佐颇为不满,力加营救,但未能成功。在得知赵廷美的死讯后,赵元佐悲愤成疾,竟然发狂。左右仆从若有小错,赵元佐即以刀棒伤人。赵炅十分伤心,但也没有办法,只能命太医医治。

雍熙二年(985)的重阳节,赵炅和儿子们饮酒,因为赵元佐病未痊愈,就没派人请他。酒宴散后,陈王赵元佑去看望哥哥。赵元佐得知设宴一事,说:"汝等与至尊宴射,而我不预焉,是为君父所弃也。"赵元佑走后,赵元佐忿气难平,借酒浇愁。喝到半夜,赵元佐酒性大发,索性放了一把火,准备将宫院烧毁。

大火很快被扑灭,但赵炅心中的怒火却越烧越旺,他命人查问赵元佐,是不是他放的火。赵元佐丝毫没有隐瞒,一口承认,结果被赵炅废为庶人。雍熙三年(986)七月,元佑改名元僖,封开封尹兼侍中,成了准皇储。

然而事不如人愿。淳化三年(992)十一月,元僖早朝后回府,觉得身体不适,不久便去世了。元僖之死,据传是其侍妾张氏下毒所致。元僖不喜正妻李氏,宠爱张氏,张氏欲下毒毒杀李氏,但误杀了元僖。赵炅后来探知其事,大怒,张氏闻讯后自缢身亡,赵炅余怒未消,下诏停止元僖的追赠仪式,降低其葬礼规格。

元佐被废,元僖暴死,赵炅异常心烦,便就此私下询问寇准。在寇准的支持下,襄王元侃被立为太子,改名赵恒。

北伐:潘美与杨业的故事

在太平兴国四年(979),赵炅曾亲率大军出征北汉,把"十国"中的最后一国灭掉,消除了五代十国分立割据的局面。北汉国有一名老将杨业,也归附了宋朝。赵炅早就听说杨业武艺高强,十分器重他。

灭了北汉,赵炅想乘胜攻打辽朝,收复北方失地。宋军攻势凌厉,北方有几个州的辽朝守将纷纷投降。宋军在打到幽州(今北京市)时,辽朝大将耶律休哥带领援兵赶到,双方在高梁河(今北京市城西)大战,宋兵惨败。赵炅乘了一辆驴车,狼狈逃回东京。

自此以后,辽军不断袭击宋朝边境。赵炅十分担心,就派杨业为代州刺史,扼守雁门关。雁门关在杨业的把守下,坚若磐石,辽军多次进攻都被击退。

不久辽景宗耶律贤死去,即位的辽圣宗耶律隆绪才12岁,由他的母亲萧太后执政。这时有边将向赵炅上奏章,认为辽朝政局变动,正好趁这个机会收复燕云十六州。赵炅接受了这个意见,在雍熙三年(986),派曹彬、田重进、潘美率领三路大军北伐,史称"雍熙北伐"。

三路大军分路进攻,旗开得胜。潘美和杨业并为一路人马,出了雁门关,很快就收复了四个州。但是曹彬率领的主力因为孤军深入,被辽军杀得大败,赵炅只好赶快命令各路宋军撤退。

潘美、杨业在掩护军民撤退的途中,监军王侁命令从大路行军,不同意杨业在小路伏击辽军,掩护撤退的方法,主将潘美也支持王侁的主张。杨业无可奈何,只好带领手下人马出发了。临走的时候,他流着眼泪对潘美说:"这个仗肯定要失败。我本来想看准时机,痛击敌人,报答国家。现在大家责备我避敌,我不得不先死。"

接着,他指着前面的陈家峪(今山西朔县南)对潘美说:"希望你们在这个谷口两侧,埋伏好步兵和弓弩手。

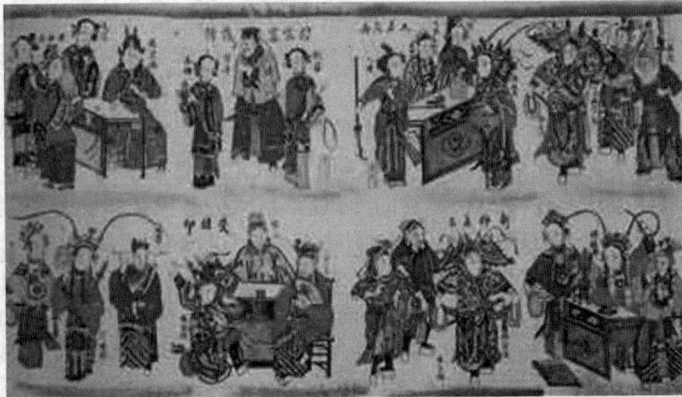

一门忠义杨家将

我兵败之后,退到这里,你们带兵接应,两面夹击,也许有转败为胜的希望。"

杨业出兵没有多远,果然遭到辽军伏击,杨业抵挡不住,只好一边打一边后退,把辽军引向陈家峪。到了陈家峪,只见两边静悄悄的,连宋军的影儿都没有。

原来杨业走后,潘美也曾经把人马带到陈家峪。等了一天,听不到杨业的消息,王侁认为一定是辽兵退了,怕杨业抢了头功,催促潘美把伏兵撤去,离开了陈家峪。等到他们听到杨业兵败,又从另外一条小道逃跑了。

杨业及其夫人佘太君的塑像

杨业兵败被俘,绝食了三天三夜,牺牲了。

赵炅丧失了一名勇将,把潘美降了职,王侁革职查办。但宋辽之间的对峙从此转变,宋朝由攻转守,再无力主动发起北伐。辽朝欺侮宋朝无能,多次进犯边境,掠夺人口和财物。

围棋:重赏少年国手

赵炅在四处征伐和选立继承人的间隙,对围棋情有独钟,而且棋艺不错。当时宫里有一个叫贾玄的棋待诏,少年国手,棋下的神出鬼没,千变万化,称霸棋坛数十年。

贾玄在与赵炅下棋时,不敢赢皇上,也不敢让皇上赢自己太多,看出自己是故意输棋,于是他每盘棋只输一、二子。赵炅棋下的虽然不错,但也自知比不上贾玄,但既然贾玄甘愿故意输棋,自己也不点破,只是时间一长,便觉得没什么意思了。

一天,赵炅又与贾玄对弈,对贾玄说:"我听人说你的棋天下第一,从没有负过任何人,而你为什么又盘盘负于我,可见其中有诈。如果你今天再故意输给我,就要责罚你。"

贾玄无奈,但还是不敢赢,一局终了,竟是和棋。赵炅哭笑不得,但又毫无办法,于是又下一盘,结果还是和棋。赵炅知道贾玄捣鬼,便故意发怒说:"都说你是棋王,今日看来真是徒有虚名,再下一盘,赢了重赏,输了就把你投到护城河中去。"

贾玄唯唯诺诺,只得连连点头。第三盘棋下完一数,竟又是一盘和棋,赵炅佯作生气的样子,说:"又是和棋,你没有什么话说了吧?"说完便命人将贾玄丢入护城河里去。贾玄急忙大喊:"陛下息怒,此局臣胜一子,并非和棋。"赵炅很是奇怪,问他何以说胜了一子,贾玄惊魂稍定后,结结巴巴地说:"我怕真的被投入护城河中,故赢了陛下一子。但又怕陛下见怪,因此在数子时,我偷偷将一子攥在手中,未敢亮出来。"

赵炅一看,贾玄手中果然还紧紧地攥着一子,又好气又好笑,但见贾玄下棋能达到随心所欲的地步,也很是佩服,马上赐宴并重赏了贾玄。

宋真宗赵恒

人物档案

生卒年：公元 968～1022 年

父母：父，太宗赵炅；母，李氏

后妃：潘皇后，郭皇后，刘皇后等

年号：成平，景德，大中祥符，天禧，乾兴

在位时间：公元 997～1022 年

谥号：元孝皇帝

庙号：真宗

陵寝：河南永定陵

性格：懦弱虚荣，优柔寡断

名家评点：

真宗一声行事颇有效法唐玄宗处。他只有在咸平初政时，还差强人意，似欲有为；大中祥符以后，所为昏悖，与唐玄宗先明后昏倒是相差不多的。

——虞云国

真宗赵恒

澶渊之盟：和平的代价

赵恒，原名赵德昌，是宋太宗赵炅的第三子，史称真宗。真宗统治时期，宋代的政治制度如职官、科举等日趋完备，社会经济也有很大发展。景德元年（1004），辽兵大举攻宋，赵恒在宰相寇准的推动下勉强北上，至前线重镇澶州（今河南濮阳附近），与辽国订立澶渊之盟，每年给辽大批银绢。为了掩盖澶渊之盟的"屈辱"，赵恒与王钦若合谋，于大中祥符元年（1008）伪造"天书"下降，东封泰山，西祀汾阴，建玉清昭应宫等，耗费大量人力财力。

宋太宗赵炅死后，儿子赵恒即位，这时有人推荐寇准，说他忠于国家，办事有决断。寇准在宋太宗时期曾经担任过高官，因为得罪了一些权贵人物，被排挤到地方做了知州。宋真宗看到边境形势日益紧急，于是接受了大臣的推荐，把寇准召回京城。

景德元年（1004），辽朝萧太后和圣宗耶律隆绪亲自率领 20 万大军南下，前锋直达澶州（今河南濮阳）。寇准劝赵恒带兵亲征，宰相王钦若和大臣陈尧叟却暗地里劝赵恒逃跑。王钦若是江南人，主张迁都金陵（今江苏南京）；陈尧叟是蜀人，劝赵恒逃到成都去。

赵恒犹豫不决，只得让寇准拿主意。寇准一听迁都的建议，就知道是王钦若和陈尧叟搞的鬼，声色俱厉地说："这是谁出的好主意？出这种主意的，应该先斩他们的头！皇上亲自带兵出征，可以鼓舞士气，一定能打退辽兵。如果南逃，人心动摇，敌人就会乘虚而入，国家就保不住了。

赵恒听了寇准一番话，也壮了胆，决定亲征，由寇准随同指挥。

这时候,辽军已经三面围住了澶州。宋军在要害的地方设下弩箭,辽军主将萧达兰带了几个骑兵视察地形,正好进入宋军伏弩阵地,弩箭齐发,萧达兰中箭丧命。

澶州城横跨黄河两岸,赵恒在寇准、高琼等文武大臣的护卫下,渡过黄河,到了澶州北城。这时候,各路宋军也已经集中到澶州,将士们看到了皇帝的黄龙大旗,士气高涨,欢声雷动。

辽军主将一死,萧太后又痛惜又害怕,又见北宋的皇帝亲自率兵抵抗,觉得宋朝不好欺负,就有心讲和了。

辽国坚持要索回被后周帝国夺取的瓦桥关(今河北雄县)以南的"关南地区",包括莫州(今河北任丘)、瀛州(今河北河间)。赵恒不肯接受,他希望的是没有损失的和平。但是辽国后卫部队已对莫、瀛二州开始猛烈攻击,危在旦夕,如果陷落,辽国的条件势必更加苛刻。于是赵恒表示,关南地区不可以割让,但宋国愿每年向辽国进贡,作为补偿。于是宋辽双方正式达成和议,宋朝每年给辽朝绢 20 万匹,银 10 万两,称"岁币";北宋与辽朝确立为叔侄关系;双方开放边境贸易等。历史上把这次和议叫作"澶渊之盟"。

宋朝向辽国进贡,显然大失面子。但是,两国对抗,最好能把敌人消灭。如果不能,那么也只有忍气吞声。长期的缠斗不休,再强大的国家都会因筋疲力尽而瓦解。以当时的形势,和解确实是最明智的决策。

"澶渊之盟"是一次长时间的和解,宋辽两国自此 119 年内没有发生大的战斗,使沉沦在混战中二百多年的黄河以北的人们,初次得到了安定。

老年寇准

天书下降:粉饰太平的闹剧

"澶渊之盟"之后,王钦若生怕寇准会越来越受到皇帝的信赖,便想方设法诋毁寇准,离间赵恒和寇准的关系。

一天退朝时,寇准有事奏准先走一步,王钦若在一旁看到宋真宗目送寇准时流露出敬重的感情,便说:"陛下如此敬重寇准,是否认为他对社稷有功呢?"赵恒点头。王钦若马上挑拨说:"澶渊之役,陛下不以为耻,反而说寇准有大功,为什么呢?"赵恒大吃一惊,不明白这话是什么意思。王钦若接着说:"城下之盟,《春秋》中被认为是可耻之事。澶渊之时,皇帝以万乘之贵而签订城下之盟,有什么能比这事更不光彩的呢!"见赵恒神情有变,王钦若进一步挑动说:"陛下听说过赌博吗?赌棍在钱快输光的时候,会把所有的剩钱都一下子押上,称为孤注一掷。陛下在澶渊的所为,不就是寇准的孤注吗!当时实在太危险了。万一失败,赵姓家族的社稷还会存在吗?"

王钦若的这番话,让赵恒对寇准的感情一下子发生了变化。《春秋》中确实有"城下之盟以为耻"的话,而自己订的"澶渊之盟"确实是一个名副其实的城下之盟。赵恒思前想后,越想越觉得王钦若说得对,于是于景德三年(1006)将寇准的平章事(宰相)罢去,下放到陕州(今河南三门峡市)当知州。并要王钦若想个办法,为自己洗刷掉城下之盟的耻辱。

而王钦若想出的办法，就是"泰山封禅"。他对赵恒说："戎狄之性，畏天而信鬼神，今天不如大搞符瑞，借天命以自重，戎狄必不敢轻看我朝。"赵恒听罢欣然同意。但是，按照以往的惯例，赴泰山封禅是要有"天瑞"出现才能进行的。现在没有任何"天瑞"，怎么进行封禅呢？

大中祥符元年（1008）正月，赵恒布告天下，煞有介事地说，自己梦见天神下降，让他设道场敬天，并迎接"天书"，果然，现在天上降下二丈多长的黄帛，即天神所言的"天书"下降了，因此改元大中祥符，群臣都加官晋爵，以谢天恩。

所谓的"天书"就是这样被造出来了，既然有了"天瑞"，赵恒便于十月赴泰山封禅。泰山封禅后，赵恒又赴曲阜祭拜孔子，然后到亳州（今安徽亳县）太清宫老子庙参拜老子。为了这次活动，从中央到地方均大兴土木，耗费十分惊人。赵恒还下令在京城建起一座"玉清昭应宫"，作为敬奉"天书"的地方。这座宫殿用了七年的时间才建成，宫殿多达 2610 区，宫中的"长生崇寿殿"中供奉三座金塑像，用去金一万两、银五千两。

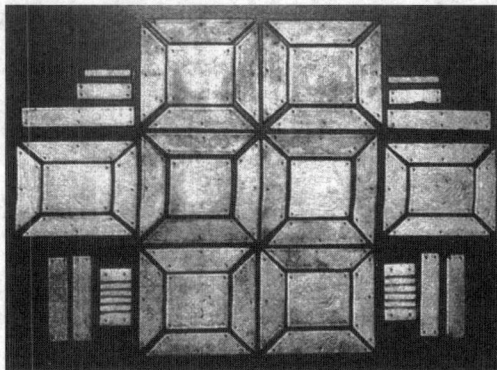

宋真宗封禅玉册

这场"天书"闹剧一直持续了 15 年，直到赵恒死去，"天书"作为随葬品埋入坟墓方才收场。但其耗费了社会大量的人力、物力和财力，致使和平的局面没能带来生活和经济的繁荣，反倒使财政空竭。

幕后女人：聪慧的刘皇后

赵恒先后有过三位妻子，第一位妻子潘氏，是潘美的第八个女儿，在赵恒即位之前就去世了。第二任妻子郭氏，在景德三年（1006）去世。赵恒的第三位皇后，就是著名的刘皇后。

刘皇后是四川成都人，出身贫寒，而且从小就死了父亲，只得跟随外祖母家的亲戚四处流浪。十几岁时，刘氏嫁给银匠龚美为妻，一同来到京城做生意。后来龚美的生意失败，就想把刘氏卖掉。

赵恒当时还是襄王，他的幕僚张旻偶然见过刘氏，觉得她聪慧貌美，想起赵恒曾说想纳一个四川女子做侍妾，就把刘氏引见给了赵恒。赵恒对刘氏一见倾心，当即把她买了下来，并且宠爱有加。

太宗赵炅知道此事后，非常生气，勒令赵恒把刘氏赶出去。赵恒虽然万分舍不得刘氏，但父命难违，便偷偷把刘氏寄养在张旻家。张旻安排家人悉心照顾刘氏，自己为了避嫌，每天睡在襄王府，以免招致不必要的怀疑。

赵恒即位后，马上就把刘氏接进了皇宫，疼爱依旧。刘氏不仅温柔美丽，且生性机敏，通晓书史，对国家大事也颇具见识。赵恒批阅文件时，刘氏常陪伴左右，凡有疑难问题，刘氏总能提供给赵恒恰当的建议，因此越来越得到赵恒的信任与喜爱。

郭皇后去世后，赵恒想立刘氏为皇后，但因为刘氏出身低微，怕大臣们阻挠，便找来参知政事赵安仁商量。结果，赵安仁一口就断了赵恒的想法，说刘氏出身太低，不能被立为皇后。赵恒很不高兴，又找王钦若商量，王钦若说："陛下不如直接问问赵安仁，看他认为应该立谁为皇后"。

于是赵恒问赵安仁该立何人为皇后，赵安仁建议说："德妃沈氏是前朝宰相沈义伦的后人，可做皇后。"王钦若听说后，对赵恒说："我早就料到他会这样说，赵安仁过去曾做过沈义伦的门客！"如此一来，赵恒觉得赵安仁徇私，就罢了他的官，下决心立刘氏为后，不再理会大臣们的意见。

刘氏的为人处事颇为谨慎，当赵恒决定立她为后时，宰相王旦忽然请病假，刘氏担心王旦是反对这件事才称病的，便劝赵恒推迟此事。后来王旦上疏，表示同意立刘氏为后，这件事情才最终确定下来。

大中祥符五年（1012），年过40岁的刘氏被册立为皇后。此时赵恒的身体状况日趋恶化，刘皇后便顺理成章地帮忙处理朝廷的日常政务，而且裁定军国大事。刘皇后的前夫龚美，在赵恒即位后改姓刘，与刘皇后以兄妹相称。由于刘氏的关系，刘美升得很快，逐渐掌握了京城的军权，成为刘氏最得力的助手之一。

不过，刘皇后虽然是集三千宠爱于一身，却没生下一儿半女。赵恒曾看上了刘皇后宫里的一个侍女李氏，宠幸了她，李氏于大中祥符三年（1010）生下了一个男孩，取名赵受益。刘皇后当时已年近四旬，意

宋真宗

识到自己不会再有孩子了，便将李氏的这个孩子收养过来，由她和另外一个嫔妃杨氏共同抚养，并严禁宫人向孩子说明真相。

赵恒对于刘皇后抱养李氏之子也很认同，而且拥有子嗣，对册立为皇后更加有益。聪明的刘皇后十分明白儿子对她的重要性，细心抚育赵受益，母子感情十分融洽。这位皇子从小称呼刘皇后为大娘娘，杨氏为小娘娘，并一直认为刘皇后就是自己的亲生母亲，直到刘皇后去世后，才知道真相。这段历史后来被改为著名的"狸猫换太子"的故事，可谓家喻户晓。

赵恒先后有过五个儿子，但都相继夭折了。赵受益是赵恒的中年得子，因此倍加疼爱，很小便为他挑选了老师，关注他的学业。天禧二年（1018）的中秋节，赵恒正式下诏，册立八岁的赵受益为皇太子，改名为赵祯。

乾兴元年（1022）二月，赵恒病情急剧恶化，不久死于延庆殿，享年55岁。太子赵祯即位，尊刘皇后为皇太后，代为处理军国大事，从此开启了刘太后掌朝的时代。

宋仁宗赵祯

人物档案

生卒年:1010~1063 年

父母:父,真宗赵恒;母,李宸妃

后妃:郭皇后,曹皇后等

年号:天圣,明道,景祐,宝元,康定,庆历,皇祐,至和,嘉祐

在位时间:1022~1063 年

谥号:明孝皇帝

庙号:仁宗

陵寝:河南永昭陵

性格:宽厚仁慈,软弱温顺

名家评点:

君臣上下恻怛之心,忠厚之政,有以培壅宋三百余年之基。

——元·脱脱《宋史》

仁宗赵祯

身世:"狸猫换太子"

赵祯,史称宋仁宗,在位前期由章献太后垂帘听政。亲政期间,宋代科学文化有一定发展,但各种社会矛盾也进一步尖锐,土地兼并日趋严重,军费开支庞大。为了解决统治危机,宋仁宗曾于庆历年间任用范仲淹等人变法,史称庆历新政,但很快就取消了。

关于赵祯的身世,有一种流传的说法,几乎家喻户晓,妇孺皆知,这就是"狸猫换太子"的故事。清末成书的小说《三侠五义》中,称宋真宗的妃子刘氏,李氏同时怀孕,为了争当皇后,刘妃暗地里将李氏所生之子换成了一只剥了皮的狸猫,污蔑李氏生下了妖孽。真宗大怒,将李妃打入冷宫,将刘妃立为皇后。后来刘妃所生之子夭折,而李妃所生男婴在经过波折后被立为太子,并登上皇位,这就是仁宗。在包拯的帮助下,仁宗得知真相,并与已双目失明的李妃相认,已为皇太后的刘氏畏罪,自缢而死。

事实虽然不如故事离奇,但也充满了传奇色彩:李氏是刘皇后做妃子时的侍女,被宋真宗看中后成了后宫的嫔妃之一。在李妃之前,宋真宗曾经有过五个儿子,但都先后夭折。据记载,李氏有身孕时,宋真宗欣喜万分,带着李妃出游,结果李妃不小心碰掉了玉钗。宋真宗于是在心中暗卜道:玉钗若是完好,当生男孩儿。左右取来玉钗,果然完好如初,宋真宗大喜。

也许是天遂人愿,李妃果然产下一个男婴,但这个孩子在还未记住自己亲生母亲的容颜时,便在宋真宗的默许下,被一直未能生育的刘氏抱走了。李妃原来是刘氏的宫女,慑于刘后的权势,只能眼睁睁看着自己的孩子被夺去,却不敢流露出任何不满的情绪。而刘氏抚养了李妃的儿子,也是尽心尽力,无微不至。

乾兴元年（1022），13 岁的赵祯即位，刘氏以皇太后的身份垂帘听政，权倾朝野，没有人会冒着生命危险告诉赵祯他的身世秘密。再说赵祯母子感情融洽，皇帝自己没有丝毫的怀疑，旁人自然也不会多嘴。

明道二年（1033），刘太后病逝，赵祯亲政，这个秘密就在这时被逐渐公开了。赵祯这时仿佛被晴天霹雳击中一般，自己蒙受了 20 年的欺骗，生母也在一年前不明不白地死去，这一切无异于天崩地陷。

知道了真相的赵祯亲自乘牛车赶赴安放李妃灵柩的洪福院，并派兵包围了刘太后的住宅，以便查清事实真相后做出处理。此时的赵祯听说自己的亲生母亲死于非命，因此一定要打开棺木查验真相。当棺木打开时，只见以水银浸泡，尸身不坏的李妃安详地躺在棺木中，容貌如生，服饰华丽，赵祯叹道："人言岂能信？"随即遣散了包围刘宅的兵士，并在刘太后的遗像前焚香，说："自今大娘娘平生分明矣。"

其实，刘太后在李妃死后，想以一般宫人礼仪举办丧事。但宰相吕夷简力劝大权在握的刘太后说，"要想保全刘氏一门，就必须厚葬李妃。"刘太后也意识到问题的严重性，这才决定以高规格为李宸妃发丧。

生母虽然厚葬，但却未能冲淡赵祯心中无限的愧疚，他发誓一定要让自己的母亲享受到生前未曾得到的名分。

宋仁宗

经过朝廷上下的一番激烈争论，最终，赵祯将父亲宋真宗的第一位皇后郭氏列于太庙之中，另建一座奉慈庙，分别供奉刘氏和李氏的牌位。刘氏被追谥为庄献明肃皇太后，李氏则被追谥为庄懿皇太后。

国母：皇后当了道姑

刘太后生前，曾与赵祯存在极大的冲突，不仅表现在朝政上，也体现在家事上。

在赵祯大婚之前，年轻的皇上看上了并非官宦却富有钱财的王蒙正的女儿，但武断的太后不同意，说这个女子"妖艳太甚，恐不利少主"，然后便将这个"姿色冠世"的少女许配给了刘美的儿子刘从德。刘美就是银匠龚美，是刘太后的前夫，在刘氏被册封为皇太后之前已经去世了，只留下两个儿子，刘从德是其长子。

赵祯喜欢的姑娘被许给刘从德后，刘太后准备尽快为 15 岁的皇帝完婚，选了几个有身份的少女进宫，其中有已故中书令郭崇的孙女郭氏，已故骁骑卫上将军张美的曾孙女张氏。赵祯一眼看中了张氏女子，想立她为皇后，但再次遭到了刘太后的阻挠，没办法，老太太喜欢郭氏女子。刘太后在未与赵祯商量的情况下，便自作主张以张氏为才人，册立了郭氏为皇后。这一决定又一次使少年皇帝遭受到了沉重的打击，此后很长时间，皇帝对皇后郭氏都异常冷漠。

郭皇后有刘太后做靠山，十分的骄横，刘太后死后，也依然是旧习不改。不久，赵祯宠爱的两个美人尚氏和杨氏，父亲均封官受赐，恩宠倾动京城。这引起了郭皇后的嫉恨，几番与尚氏发生冲突，尚氏自然也少不了在赵祯面前诉苦，诋毁皇后。

一次，尚氏当着赵祯的面讥讽郭皇后，郭皇后怒不可遏，上前就要抽尚氏的耳光，正巧赵祯跑过来劝架，这一巴掌正好落在皇帝的脖颈上。赵祯顿时大怒，令宦官阎文应传来宰相吕夷简，让他"验视"伤痕。随后赵祯下诏，称皇后无子，愿意当道姑，特封净妃、玉京冲妙仙师，易名净悟，别居长宁宫。

宋仁宗后苑观麦

此诏一出，朝廷大哗，但郭皇后还是被废掉了，赵祯的心中十分爽快，这以后自己便可以按照自己的心意选择皇后了。不久，一个姓陈的女子进宫，赢得了赵祯的欢心。陈氏是寿州茶商之女，父亲靠捐纳谋得了一个小官。大臣宋绶说："陛下若以贱者正位中宫，与废后诏书所言背道而驰！"宰相吕夷简、枢密副使蔡齐等人也纷纷劝说，负责给皇上供药的太监阎士良颇得信任，也劝赵祯不要娶陈氏。赵祯不得已，勉强将宋初名将曹彬的孙女选为皇后。

这次婚姻赵祯同样也不是很满意，进入中年后，赵祯最宠爱的女子是张美人。张美人后来被封为贵妃，在死后才被追册为皇后，但其生前的威势，并不亚于正宫的曹皇后。

张贵妃是洛阳人，八岁时被召入宫中作乐女。一次宫中宴饮，张氏被赵祯看中，因其聪明伶俐，深得赵祯的喜爱。赵祯一直想立张贵妃为皇后，一天在上朝之前，张贵妃将他送至殿门，拉着赵祯的手说："官家今日不要忘了宣徽使！"仁宗答道："放心！放心！"

宣徽使是张贵妃为其伯父张尧佐谋的差使，结果在殿上，赵祯正准备下达任命张尧佐的诏书，包拯便站出来上言，陈述不应给予张氏任命的理由，长篇大论，很是激动，唾沫都溅到皇上脸上了。赵祯不得不收回成命，等赵祯下朝回来，早已得到消息的张贵妃立刻迎上前去，想

包拯

为伯父美言，结果赵祯用袖子擦着脸，说："今天包拯上殿，唾沫都溅到我脸上了。你只管要宣徽使，不知道包拯是谏官吗？"

皇祐六年（1054），年仅31岁的张贵妃暴病身亡。赵祯悲痛无比，对身边的人说："当年颜秀等人发动宫廷叛乱时，张贵妃不顾自身安危，挺身出来保护我。天下大旱，

为了替我分忧,张贵妃刺臂出血,书写祈雨的祷辞。"看到皇上如此伤心,大臣们也就没再坚持,赵祯得以用皇后之礼为张贵妃发丧。不久,赵祯又宣布追册贵妃张氏为皇后,赐谥温成,此时正宫曹皇后还在世,皇帝却另追册贵妃为后,出现了一生一死两位皇后,如此逾礼之事,大臣们连续上奏反对,但赵祯此刻铁了心,完全不予理会,并下令"禁乐一月",京师唯一的活动,便是为温成皇后举丧。

强敌:雄心勃勃的李元昊

赵祯自登基以来,宋王朝的内忧外患就日渐严重。西北边境的党项族起先趁宋朝忙着对付辽朝的机会,开始不断侵犯宋朝边境。宋真宗在位时便疲于应付,只好妥协退让,封党项族首领李继迁为夏州刺史、定难军节度使。景德元年(1004),李继迁死后,又封他的儿子李德明为西平王,每年给大批银绢,才平稳了30多年。

李德明的儿子李元昊,是个雄心勃勃的人,精通汉文和佛学,多次带兵打败吐蕃、回鹘等部落,并劝说李德明不要再向宋朝称臣。李德明不愿跟宋朝决裂,对儿子说:"我们30年来,能够穿上锦衣,都是宋朝的赏赐,可不好背叛他们啊!"

李元昊说:"穿皮毛,牧牛羊,这是我们党项的风俗。英雄好汉,应该创立自己的事业,哪能贪图这点好处? 我们不如拒绝朝贡,训练兵马。力量小可以去掳掠,大了可以去夺取土地,这样岂不更好。"可是李德明没有同意。

李德明死后,李元昊继承了西平王的爵位,开始训练军队,准备摆脱宋朝的控制。李元昊的叔父山遇劝他不要反宋,李元昊不听。山遇逃奔宋朝,宋朝的官员怕得罪李元昊,反把山遇抓起来送还。李元昊知道自己的意图已经暴露,索性在宝元元年(1038)正式称帝,国号大夏,建都兴庆(今宁夏银川)。因为它在宋朝的西北,历史上叫作西夏。

李元昊即位后,要求宋朝承认。赵祯和大臣们议论了一番,认为这是李元昊反宋,下令削去李元昊西平王爵位,断绝贸易往来,还在边境关卡上张榜,悬赏捉拿李元昊。

这一来激怒了李元昊,决定大举进攻宋朝。宋军在西北驻防的兵士有三四十万,但是这些兵士分散在24个州的几百个堡垒,而且各州人马都直接由朝廷指挥,互相不配合。再加上宋军好久没打仗了,兵士缺乏训练,不如西夏的骑兵机动灵活,所以打了败仗。

赵祯十分恼火,把延州知州范雍撤了职,派

宋仁宗天章召见

大臣韩琦和范仲淹指挥抵抗西夏的战斗。范仲淹到了延州,日夜操练兵马。西夏将士看到宋军操练起来了,纷纷议论说:"小范老子(指范仲淹)胸中有几万甲兵,可不像大范老子(指范雍)那样好欺负了。"

范仲淹分析了双方兵力,主张加强防守,牵制西夏兵力,但是韩琦却主张进攻。庆历元年(1041),李元昊亲自带兵进犯渭州,韩琦集中所有人马,派任福出击。

任福带着宋军一路杀到六盘山下,中了李元昊的埋伏,死伤惨重。赵祯一气之下

把韩琦撤了职,范仲淹也被降职。

打这以后,宋夏多次发生战争,宋军连连损兵折将,宋朝只好谋求和解。庆历三年(1043),宋朝正式承认西夏帝国独立,但西夏要向宋朝称臣,宋朝每年给西夏绸缎13万匹,银币五万两,茶叶两万斤。

新政:半途而废的改革

与西夏的战争让宋朝不得不拿出大量钱财,眼看在跟辽朝和西夏战争中军费和赔款支出浩大,国家财政发生了恐慌,赵祯决定再次启用范仲淹,实行变法,改善国家日益困难的局面。

范仲淹与赵祯的相识可追溯到天圣年间。当时范仲淹初到京城任秘阁校理,就大胆上书给垂帘听政的刘太后,说皇帝是九五之尊,不应率百官行跪拜之礼为太后祝寿,应由宰相代之。当时朝中大臣虽然均知皇帝上寿行礼不妥,但无人敢言。不久范仲淹又上书给刘太后,请求还政于皇帝,刘太后不予理睬。范仲淹便愤然请求出外担任地方官,这给20岁的赵祯留下深刻的印象,使他第一次真正深切地感受到了臣僚的拥戴。

范仲淹字希文,苏州吴县人,两岁时父亲死了,母亲改嫁,早年学习条件十分艰苦,但他却刻苦攻读,力学不懈。范仲淹后来曾回忆道:"年少时,我和一位姓刘的同学在长白山读书,每天煮两升粟米粥,等它冷了切成四块,早晚吃两块。把蔬菜切碎,加半杯醋,少许盐,烧熟当菜,就这样过了三年。"大中祥符四年(1011),23岁的范仲淹告别母亲,来到应天书院就读,整整五年就寝时未曾解衣。

赵祯亲政后,首先将范仲淹召回了京城,升任右司谏。这次变法,赵祯首先想到的也是范仲淹。

范仲淹到京后,马上提出了十条改革措施,它的主要内容是:

一、对官吏定期考核,按他们的政绩好坏提拔或者降职。

二、严格限制大臣子弟靠父亲的关系得官。

三、改革科举制度。

四、慎重选择任用地方长官。

五、均衡官员的职田收入。

六、重视农桑,兴修水利。

七、整治军备,在京城附近地区招募强壮男丁,充作京畿卫士,辅助正规军,每年用三个季度的时间务农,一个季度的时间教练作战,寓兵于农。

八、派遣使臣,巡察那些应当施行的各种惠政是否施行。

九、严肃对待和慎重发布朝廷号令。

十、减轻徭役。

宋仁宗受逸图

宋仁宗正在改革的兴头上，看了范仲淹的方案，立刻批准在全国推行。历史上把这次改革称为"庆历新政"。

范仲淹的新政一推行，立刻就像捅了马蜂窝一样。一些皇亲国戚、权贵大臣纷纷闹了起来，散布谣言，说范仲淹一些人交结朋党，滥用职权。

这时，曾做过西北统帅的夏辣，在石介、欧阳修的抨击下，丢掉了枢密使的官职。他恼羞成怒，让家里的一个使女天天临摹石介的手迹，然后伪造出一封石介写的信，说要废掉仁宗。于是流言四起，人心惶惶，宋仁宗虽然对这件事未必全信，但看到反对革新的势力这么强大，便开始动摇了。

一年后，宋仁宗终于抵不住各方的压力，下诏废弃一切改革措施，将范仲淹贬至邓州（今河南邓州市），其他革新派人士也都相继被逐出朝廷。坚持了一年零四个月的庆历新政宣告失败。

范仲淹为了改革政治，受了很大打击。隔了一年，他的一位在岳州（治所在今湖南岳阳）做官的老朋友滕宗谅，修建当地的名胜岳阳楼。请范仲淹写篇纪念文章，范仲淹挥笔写下了《岳阳楼记》，其中的"先天下之忧而忧，后天下之乐而乐"的名句，一直被后人传诵。

狄青：求贤君主的伤痛

改革失败了，但西夏李元昊和南蛮侬智高还在不断入侵，严重威胁北宋王朝的统治。此时，无良将可用的赵祯急需杰出的军事将领，普通士兵出身的狄青，就在这时逐渐进入了求贤若渴的赵祯的视野。

狄青家世代为农，宝元年间应召入伍，投入抗击西夏军队的战斗中。当时宋军常打败仗，士兵更是士气低落，而狄青每次作战都身先士卒。他总是披散头发，戴着铜面具，手持利刃冲入敌阵，往往所向披靡。在对西夏战争的四年中，狄青经历大小 25 战，身上留下了八处伤痕。因作战英勇，得到了当时主持西北战事的韩琦和范仲淹的赏识，范仲淹还送给狄青一部《春秋左氏传》，说："将领若不知天下古今之事，顶多只是匹夫之勇。"狄青自此潜心苦读，研习历代将帅兵法。

狄青——微服度关

赵祯从范仲淹的口中听说过狄青，打算召他进京，亲自询问御边方略。但前线战事紧迫，狄青离不开，赵祯于是就让他画出作战地图送至京师。狄青是士兵出身，脸上有从军时的刺字，赵祯知道后，下诏让他将脸上的刺字印记用药除去，狄青却说："陛下以功擢臣，不问门第，臣所以有今日，是因为有这印记，臣愿意留着印记，用以激励军心，所以不敢奉诏。"赵祯因此更加器重和信任这名爱将。

宋夏议和后，赵祯将狄青升为马军都指挥使，后又授以枢密副使。皇祐年间，广源蛮侬智高入侵，先后攻陷宋朝数州之地，并围困广州两月之久。狄青主动请战，慨然说道:"我起自行伍,要报效国家,唯有上阵杀敌。愿亲率大军,前往平叛,誓将贼首捕获,押至殿门之下。"赵祯非常感动,便让狄青统一指挥岭南诸军。

狄青到前线后,最初按兵不动,令大军休整。侬智高以为宋军害怕,放松了警惕。不料狄青在侬智高防守松懈的第二天,一昼夜急行军,率大军越过了昆仑关。侬智高失去了昆仑关天险,只得拼死力战。宋军前锋孙节力战而死,前阵眼看抵挡不住,狄青从容站起,手持一面白旗向上一挥,从西北带过来的骑兵从左右两侧同时杀出,直插敌阵,侬智高军全线溃败,狄青一直追杀出50里,一举拿下邕州城。

狄青由于受到皇帝的鼎力支持,升迁很快,这引起了朝野上下的侧目。一次,狄青家夜间焚烧纸钱祭奠祖先,事先偶然忘记了通知负责消防的厢吏,结果厢吏连夜报告开封府。第二天,城中盛传狄青家夜有怪光冲天。

家中夜有怪光冲天,这在古代涉及非常严肃的问题,常被看作臣子有图谋不轨之心的自然表象,甚至更被视为改朝换代的征兆。除此以外,各种类似的传闻相继而起,有人说狄青家里养的狗也长出了奇怪的角;有人说在京师发大水时,见到狄青身穿黄衣坐在相国寺的大殿上……

对种种关于狄青的传言和大臣们的各种议论,赵祯虽然并非全信,但也不能无动于衷。至和三年(1056),性情文弱的赵祯又一次在极度的矛盾中,在朝野舆论的巨大压力下,罢免了狄青的枢密使一职,出外知陈州。据说,狄青在临行前对旁人说:"我此行必死无疑,陈州有一种梨,叫青沙烂,今去此州狄青必烂死。"

第二年,狄青因承受不了因朝廷疑忌而带来的巨大心理压力,暴病死于陈州,年仅50岁。赵祯悲痛万分,赠官中书令,并亲自题其碑曰"旌忠元勋"。

宫乱:临危不乱的曹皇后

让我们再把目光转回皇宫。赵祯的皇后曹氏,自从18岁入宫后,一直谦谨节俭,还亲自带领宫嫔们在苑内种植谷物,采桑养蚕。

庆历八年(1048)正月的一晚,赵祯在曹皇后宫中就寝。半夜,一阵杂乱的响声将人们惊醒,赵祯要出去看看发生了什么事。曹皇后拦着不让赵祯出去,然后把内监宫人集中起来,分别把守宫门。在得知有人叛乱后,曹皇后亲手为每个把守宫门的宫人剪下一缕头发,说是叛乱平息之后,以发为记,论功行赏。曹皇后将赵祯安置在皇后宫中,命人取水防火,自己则出去亲自指挥宫人平乱,很快便杀退了叛逆者,让赵祯大为佩服。

赵祯曾有过三个儿子,均已早夭。后来因急于生子,纵欲过度,身体衰弱。早些年,曹皇后曾将濮安懿王赵允让的第十三子赵宗实接进宫中抚养,赵祯死后,赵宗实改名赵曙,进宫即位,是为英宗,尊曹皇后为皇太后。

宋仁宗皇后

宋徽宗赵佶

帝王将相大传

一代帝王

图文珍藏版

人物档案

生卒年:1082~1135 年

父母:父,神宗赵顼;母,陈美人

后妃:王皇后、郑皇后、乔贵妃、韦贵妃等

年号:建中靖国,崇宁,大观,政和,重和,宣和

在位时间:1100~1125 年

谥号:显孝皇帝

庙号:徽宗

陵寝:浙江永佑陵

性格:轻佻放浪,不务正业

名家评点:

徽宗赵佶

他要是不被命运安排而有九五之尊的话,大可以在书上绘插图,或专心收藏艺术品而生活的比较曼妙,做皇帝实非所长。

——黄仁宇

风流:天子游幸青楼

宋徽宗赵佶,是神宗的第 11 子,在位 25 年,是北宋政治最黑暗的时期。他最宠信的官僚,是被称为"六贼"的蔡京、王黼、童贯、梁师成、李彦、朱勔以及杨戬、高俅等人,公开出卖官爵。为了修建宫殿、园林,宋徽宗命令在苏州、杭州设"造作局",集中工匠几千人,制造各种工艺品,从民间大肆搜刮原料。并在苏州添设"应奉局",专门从东南各地搜罗各种奇花异石,叫作"花石纲",十多年间,东南人民备受荼毒。徽宗好大喜功,遣使约金攻辽,致使内忧外患接踵而至。在靖康之难中为金人俘虏北去,由皇帝沦为阶下囚。

元符三年(1100),年仅 25 岁的哲宗驾崩,没留下子嗣,皇帝只能从哲宗的兄弟中选择。

哲宗去世的当天,向太后哭着对执政大臣们说:"国家不幸,皇帝无子,天下事须早定。"宰相章惇当即提出,按照嫡庶礼法,当立哲宗的同母弟简王赵似。可向太后不同意。章惇于是改口,说若论长幼,当立年长的申王赵佖。可向太后依然不同意,却推荐了端王赵佶。

赵佶虽为神宗之子,却不是嫡出,按照宗法制度,没有资格继承皇位。可赵佶每天都到向太后处请安,因此很得向太后的偏爱。章惇是反对端王即位的,认为"端王轻佻,不可以君天下"。但向太后不以为然,双方为此僵持不下。

关键时刻,知枢密院曾布首先附和了向太后,尚书左丞蔡卞、中书门下侍郎许将也相继表示赞同。章惇势单力薄,赵佶就这样被推上了皇帝宝座。

赵佶自幼养尊处优,性格也确实像章惇说的,轻佻浪荡。据说在他降生之前,其父神宗曾到秘书省观看收藏的南唐后主李煜的画像,"见其人物俨雅,再三叹讶",随后就

生下了徽宗,"生时梦李主来谒,所以文采风流,过李主百倍"。

赵佶自幼爱好笔墨、丹青、骑马、射箭、蹴鞠,对奇花异石、飞禽走兽有着浓厚的兴趣,尤其在书法、绘画方面,更是表现出非凡的天赋。游戏和踢球更是赵佶的拿手好戏。赵佶以亲王之尊,还经常微服游幸青楼歌馆,寻花问柳,凡是京城中有名的妓女,几乎都与他有染,高兴了,他还将喜欢的妓女乔装打扮带入王府,长期据为己有。

赵佶的身边朋友,也大多与他嗜好相同。挚友王诜,娶了英宗之女魏国大长公主,但王诜为人放荡,虽然公主温柔贤淑,尽心侍奉公婆,王诜却偏偏宠爱小妾。神宗为此两次将王诜贬官,但他不思悔改,甚至在公主生病时,当着公主的面与小妾寻欢作乐。赵佶和王诜经常一起光顾京城内有名的妓馆——撷芳楼。

当上皇帝以后,赵佶禀性难移,继续过着糜烂的生活。赵佶17岁成婚,娶了德州刺史王藻之女,即位后被封为皇后。王皇后相貌平平,也不会取悦赵佶,因此并不得宠。赵佶宠幸郑、王两位贵妃,这二人本是向太后宫中的押班(内侍官名),生得眉清目秀,很善言辞。据记载,郑氏"自入宫,好观书,章奏能自制,帝爱其才"。显而易见,郑氏不仅姿色出众,还能帮助赵佶处理奏章。因此,赵佶更偏爱郑氏。王皇后去世后,赵佶于政和元年(1111)册封郑氏为皇后。

尽管后宫粉黛三千,但赵佶还是喜欢微服出宫,寻找刺激。京城名妓李师师,色艺双全,而且慷慨有侠名,号称"飞将军"。赵佶经常乘坐小轿,只带领数名侍从,微服出宫,到李师师家过夜。为了寻欢作乐,赵佶专门设立行幸局,专门负责出行事宜。荒唐的是,行幸局的官员还帮助赵佶撒谎,如某日赵佶不上朝,行幸局就说赵佶宫中有宴饮,如果第二天还没上朝,就说有疮痍(染病)。真实多数朝臣对此都心知肚明,但却不敢过问。秘书省正字曹辅曾经挺身而出,上疏规谏,结果惹得赵佶大怒,立即命王黼等人处理此事。王黼说曹辅当以诬蔑天子之罪论处,赵佶当即将曹辅发配郴州。

宋徽宗

从此以后,赵佶更加频繁地以体察民情为由,出宫来李师师处寻欢作乐。李师师也渐渐知道了赵佶的真实身份,百般奉承。一些有权势的王公贵族虽然也想一亲芳泽,但无奈只能望"师"兴叹。

在所有的客人中,李师师最中意的不是赵佶,而是大才子周邦彦。一次赵佶生病,周邦彦便趁着这个空儿来看望李师师。二人正在叙阔之际,赵佶突然来了,周邦彦躲避不及,只好藏在床下。赵佶赶来送给了李师师一个新鲜的橙子,聊了一会儿便要回宫,李师师假意挽留道:"现已三更,马滑霜浓,龙体要紧。"但赵佶因为身体没全好,还是走了。

周邦彦从床底下爬出来后,酸溜溜地填了一首词:"并刀如水,吴盐胜雪,纤指破新橙。锦帏初温,兽香不断,相对坐调笙。低声问:向谁行宿?城上已三更,马滑霜浓,不如休去,直是少人行。"

不久赵佶痊愈,来李师师这里宴饮,李师师一时忘情,把情郎的这首词唱了出来。赵佶立刻明白那天周邦彦一定在屋内,问这词是谁做的,李师师随口说出是周邦彦,话

图文珍藏版

一出口就后悔莫及。只见赵佶脸色骤变,过了几天,找借口把周邦彦贬出了汴京。

李师师为周邦彦送行,并将他谱的一首《兰陵王》唱给赵佶听:"柳荫直,烟里丝丝弄碧,隋堤上,曾见几番拂水,飘绵送行色。登临望故国,谁识京华倦客,长亭路,年去岁来,应折柔条过千尺,闲寻旧踪迹,又酒趁哀弦,灯映离席。梨花榆火催寒食,愁一剪,风快半篙波暖,回头迢递便数驿,望人在天北凄侧。恨堆积,渐别浦萦迥,津堠岑寂。斜阳冉冉春无极,记月榭携手,露桥闻笛,沈思前事似梦里,泪暗滴。"赵佶听着李师师悲伤的曲调,心中一软,又把周邦彦招了回来。

民变:"花石纲"扰民

在赵佶花天酒地的时候,他的心腹童贯启用蔡京为宰相,开始到处搜刮民脂民膏。

童贯在苏州、杭州两地征用几千名工匠,每天制作象牙、牛角、金银、竹藤的雕刻或织绣品,供赵佶玩赏。日子一久,赵佶对那些玩意儿腻了,想找一些奇草,怪石来换换口味。蔡京、童贯便在苏州办了一个"应奉局",搜罗花石,然后把搜刮来的花石运送到东京。用船经由大运河输送到开封,每十船组成一纲,叫作"花石纲"。运送的船只不够,就截劫运粮的船和商船,把船上货物倒掉,装运花石。

花石纲一到东京,赵佶果然高兴,给督办花石纲的朱勔加官升职。花石纲越来越多,朱勔的官也越做越大,人们把朱勔主持的苏杭应奉局称作"东南小朝廷"。

花石纲把东南一带闹得昏天黑地,出产花石多的地方,百姓遭殃也重。睦州青溪(今浙江淳县)出产各种花石竹木,朱勔的应奉局常常派人到那里搜刮。

当地有个叫方腊的人,家里有个漆园,平时靠这个园里的出产来度日。自从朱勔办了花石纲以后,方腊家经常遭到勒索,简直就活不下去了。方腊恨透了那些官府差役,决心造反。

宣和二年(1120),方腊打起杀朱勔的旗号,发动起义。方腊自称"圣公",追随他的将士们戴着各色头巾作为标志。青溪附近的百姓都被花石纲害苦了,纷纷响应方腊起义军。没到十天,起义军就聚集了几万人马。

宋徽宗与蔡京

当地官军派兵镇压,结果被起义军打得落花流水。起义军乘胜攻进青溪县,赶跑了那儿的县官。接着,又接连打下了几十座县城,很快打到了杭州。

赵佶听说方腊造反,赶忙派童贯带领15万官军到东南去镇压起义。童贯到了苏州,知道花石纲引起的民愤太大,就用赵佶的名义下了一道诏书,承认错误,并且撤销了专办花石纲的"应奉局"。把朱勔撤职。

东南的百姓看到朝廷取消了花石纲,罢免了朱勔,总算出了一口气。童贯利用这个间隙,集中各路大军进攻,方腊不得不退回青溪,据守在山谷深处的帮源洞。官军不知道山路,没法进攻,这时起义军里出了奸细,给官军引路。方腊没有防备,兵败被俘,押解到东京后被杀。

方腊起义失败后,赵佶立即恢复了苏杭的"应奉局",并在开封重新设置了"应奉司",加紧搜刮"四方珍异之物",宫殿、园林等巨大土木工程也照旧进行。

几乎与方腊起义同时，北方的宋江等36人也从河北起兵，在青州、齐州、濮州流动作战，给宋王朝造成了沉重打击。到了元朝末年，小说家施耐庵以宋江起义为原型，加工写成了长篇小说《水浒》。

攻辽：末日悄然降临

自宋朝建立以后，收复燕云地区一直是自太祖以来历代帝王的梦想。赵佶向来好大喜功，更想完成祖宗的未竟之业，建立"不朽功勋"。

政和元年（1111），徽宗曾派童贯出使辽国，途经燕京时，童贯结识了燕人马植。马植声称自己有灭辽的良策，因此童贯将他带回，改名为李良嗣，举荐给赵佶。在李良嗣看来，金朝已崛起，而且一直将辽朝视为劲敌，如果联合金国，肯定能灭亡辽国。赵佶听后大喜，当即赐李良嗣国姓赵，授以官职。

重和元年（1118），赵佶派遣马政等人，由海路出使金国，希望联合灭辽。双方几经往返之后，确定由金国攻取辽国的中京大定府，北宋则攻取辽国的燕京析津府和西京大同府。灭辽后，燕云之地归宋，宋朝把过去每年给辽的岁币如数转给金国，这就是历史上有名的宋金"海上之盟"。

双方约定好后，金兵于是向南进攻，接连攻下了辽朝四座京城，还留下一个燕京，按双方约定该由宋军攻打。此时童贯刚刚镇压了方腊起义，忙带领15万大军赶到北方，攻打燕京，他满以为辽兵的主力已经被金军消灭，打下燕京可以不费多大劲儿。哪知道辽兵虽然虚弱，比宋军还强得多。童贯一连打了两次败仗，不但燕京没有收复，而且损兵折将，把多年以来积存的粮草，武器全都丢光。

童贯为了逃避失败的责任，暗地里派人请金军攻燕京。金军一举拿下了燕京，却不肯还给北宋。童贯只好答应把燕京的租税每年一百万贯钱献给金朝，才把燕京赎了回来。这一来，北宋的腐朽衰弱尽收金太祖阿骨打的眼底。

宋徽宗任用六贼

而赵佶在收复了燕云以后，自以为建立了不世之功，宣布大赦天下，命王安中作"复燕云碑"，树立在延寿寺中，以纪念这一功业，并对参与此次战争的一帮宠臣加官晋爵。朝廷上下都沉浸于胜利喜悦之中。殊不知末日即将降临。

战败：成为"昏德公"

宣和七年（1125），金太祖的弟弟金太宗完颜晟继位不久，马上追杀天祚帝，一举灭了辽朝。紧接着，金军发兵南下，进攻矛头直指北宋王朝。

金太宗借口宋朝收留了一名辽朝逃亡的将领，分兵两路进攻北宋，西路由宗翰率领,攻打太原;东路由宗望率领,攻打燕京,两路大军约定在东京汴梁(今河南开封)会师。

前线的告急文书像雪片一样飞到朝廷,金太宗还派出使者到汴梁,胁迫北宋割地称臣,这时,西路金兵已攻下燕京,直奔汴梁而来。

赵佶看到形势危险,又气又急,拉住一个大臣的手说:"唉,没想到金人会这样对待我。"话没说完,一口气塞住喉咙,昏厥过去。大臣们手忙脚乱地把他救醒,赵佶醒来之后马上向左右侍从要了纸笔,写下了"传位东宫"的诏书,宣布退位。不久,就带着二万亲兵逃出汴梁,到亳州(今安徽亳县)避难去了。

后来钦宗赵桓为稳住皇位,将赵佶接回京城。靖康二年(1127),坐了25年皇位的徽宗赵佶和儿子钦宗一同被金人俘虏北去,被封为"昏德公",受尽屈辱折磨而死。

天才:对书画情有独钟

赵佶虽说在政治上昏庸无能,但在艺术方面,却是中国古代帝王中最为才华横溢的,他广泛涉猎琴棋书画、诗词歌赋,在书画方面的造诣更是无与伦比。

赵佶的绘画堪称巨匠,注重写生,以精致、逼真著称,其观察生活细致入微,尤精于花鸟。赵佶的代表作《芙蓉锦鸡图》,描写了花枝和禽鸟的动态,芙蓉把锦鸡压得很低,锦鸡却在注视着翻飞的蝴蝶,三种景象连在一起,构成了兴致盎然的整体效果。

而赵佶最令人称道的,还是他的书法。赵佶的书法在学薛稷、薛曜、褚遂良的基础上,兼容并蓄,自成一家,后世称为"瘦金体"。其笔势瘦硬挺拔,字体修长匀称,尤精于楷书、草书,狂草也别具一格,意趣天成,自然洒脱,如疾风骤雨,似惊涛骇浪。

正因为赵佶喜爱书画艺术,因此对翰林书画院非常重视,并于崇宁三年(1104)下令设立了专门培养绘画人才的画学,后并入翰林书画院,自己也经常亲临画院指导。

画院和画学取得了巨大成绩,不仅培养了诸如张希颜、孟应之,赵宣等一大批优秀的画家,也开创出北宋绘画的新境界,成为中国绘画史上的里程碑,让中国学术界有"北宋绘画,实为中国最完美绘画"的美誉。

宋钦宗赵桓

人物档案

生卒年:1100~1161 年
父母:父,徽宗赵佶;母,王皇后
后妃:朱皇后
年号:靖康
在位时间:1125~1127 年
谥号:仁孝皇帝
庙号:钦宗
陵寝:河南永献陵
性格:节俭谦恭,优柔寡断

名家评点:

稍急则恐惧而无谋,稍缓则迟迟而又变其谋,靖康之祸,该坐此也。

——吕本中

钦宗赵桓

靖康之耻:李纲及其时代

宋钦宗名叫赵桓。宣和七年(1125)金兵南下时受父亲徽宗之禅即位。次年被迫起用主战派李纲抗金,斩杀、罢黜了蔡京一党。但仍答应以赔款、割太原等三镇乞降求和。汴京城破后,宋钦宗降金,北宋灭亡。靖康二年(1127)宋钦宗与徽宗为金兵俘虏北去,囚于五国城(今黑龙江依兰),双双死于异乡。

宋徽宗看到金军南下,把皇位禅让给儿子赵桓,自己逃跑了。赵桓即位,史称宋钦宗。宋钦宗把主张抵抗的李纲提升为兵部侍郎,并且下诏亲自讨伐金兵。

其实,宋钦宗心里也十分害怕,看着宋军在前线接连打败仗,汴梁吃紧,宰相白时中、李邦彦两人又积极主张逃跑,宋钦宗也动摇了。

李纲好不容易才稳住了宋钦宗,开始积极准备防守,在京城四面都布置了强大的兵力,配备好各种防守武器;还派出一支精兵到城外保护粮仓,防止敌人偷袭。

很快,宗望率领的金兵就到了城下,他们用几十条火船,从上游顺流而下,准备火攻宣泽门。李纲招募敢死队兵士两千人,在城下列队防守。金军火船一到,兵士们就用挠钩钩住敌船,使它没法接近城墙。然后李纲又派兵士从城上用大石块向火船投掷,石块像冰雹一样泻了下来,把火船打沉了,金兵纷纷落水。

宗望眼看东京城防坚固,一下子攻不下来,就派人来讲和。宋钦宗和李邦彦早就想求和,立刻派出使者到金营谈判议和。

宗望提出的议和条件十分苛刻,不仅要北宋赔给金朝大量金银、牛马、绸缎;割让太原、中山、河间三镇土地;还要宋钦宗尊称金国皇帝为伯父,并派亲王、宰相到金营作人质。宋钦宗,李邦彦一心求和,准备全部接受。

李纲听到朝廷准备接受这些丧权辱国的条件，肺都气炸了，主张跟金人拖延谈判时间，只等四方援兵一到，就可以反攻。宋钦宗却很不耐烦，说："你只管带兵守城，和谈的事不要管。"

过了十天，各地救援的宋军的20万人马陆续到了城外，此时围城的金兵只有六万。宗望一看形势不妙，赶快把人马后撤，缩在堡垒里。援军大将种师道、姚平仲都支持李纲的抗战主张。种师道主张长期相持，等敌人粮草接济不上被迫退兵的时候，再找机会反击；但是姚平仲心急，主张派一支人马乘黑夜偷袭金营，活捉宗望。这个偷袭计谋偏偏又被泄露了出去，金军得到情报，事先做了准备。姚平仲偷袭没成功，反而中了金军伏击，损失了一千多人马。

这一来，一批投降派大臣幸灾乐祸，大肆造谣，说援军已经全军覆没，还趁机攻击李纲。宋钦宗惊慌失措，一面派使者到金营赔礼，一面把李纲、种师道撤职。

蔡京

这个消息一传出来，汴梁全城骚动，军民个个气愤。特别是太学里的学生，群情激昂。太学生陈东，自从汴梁被金人围攻以后，曾经带领太学生三次上书宋钦宗，要求处斩蔡京、童贯、朱勔等六名国贼。听说李纲被撤职，陈东马上集合了几百名太学生，拥到皇宫的宣德门外，上书请愿，要求朝廷恢复李纲、种师道的职位，惩办李邦彦、白时中等奸贼。

汴梁的军民听说太学生请愿，都不约而同地来到宣德门前，一下子就聚集了几万人。这时候，李邦彦正好从宫里退朝出来，被请愿的太学生看到，一阵砖头、瓦块乱砸，吓得李邦彦抱头缩颈，赶快逃进宫去。

宋钦宗在宫里听见太学生闹了起来，没办法，只好派人召李纲进宫，并且当众宣布，恢复李纲，种师道的职务。

李纲复职后，重新整顿队伍，下令凡是能够英勇杀敌的一律受重赏。宋军阵容整齐，士气高涨。宗望看到这种情况，也有点害怕，不等宋朝交足赔款，就匆忙撤退了。

宗望被迫退兵，种师道马上向宋钦宗建议，在金兵渡黄河退却的时候，发动一次袭击，把金兵消灭掉。但是宋钦宗没有同意，想到李纲和种师道得到了太学生的拥护，心中总是七上八下，害怕他们拥兵自重，发动兵变，找了个理由先把种师道撤了职。

李纲

宋钦宗把宋徽宗接回汴梁，以为从此可以过太平日子了。而李纲一再提醒宋钦宗要加强军备，防止金军再次进攻，让宋钦宗觉得十分烦躁。

这时西路的宗翰正加紧攻打太原，宋钦宗正嫌李纲留在京城碍事，就把李纲派去指挥作战。李纲明知道自己遭到排挤,但是要他上前线抗金,他也不愿推辞。

李纲名义上是统帅,实际上却没有指挥权,地方的将领都直接受朝廷指挥,根本不听李纲的调度,结果打了败仗。宋钦宗把李纲撤了职,贬谪到南方去了。

李纲被罢了官。除了宋钦宗松了口气,金太宗更是异常高兴,马上命令宗翰、宗望再次南攻。

这时候,太原城已经被宗翰的西路军围困了八个月,太原守将王禀率领军民坚决抵抗,城里早已断了粮。待到牛马吃完、皮革烧光,野草糠皮吃尽,太原城终于被金兵攻破,王禀带着饥饿的兵士跟金兵巷战之后,跳进汾水牺牲。

太原失守,两路金兵合力南下。各路宋军将领听到汴梁吃紧,纷纷带兵前来援救。可宋钦宗和一些投降派大臣忙着准备割地求和,竟命令各路援军退回原地。

这时候,在黄河南岸防守的宋军还有 12 万步兵和一万骑兵。宗翰的西路军到了黄河北岸,不敢强渡。到了夜里,宗翰虚张声势,派兵士打了一夜战鼓。南岸的宋军听到对岸鼓声,以为金兵要渡河进攻,纷纷丢了营寨逃命,13 万宋军一下子逃得无影无踪,宗翰没动一刀一枪,顺利过了黄河。

宗望率领的东路,也攻下大名(今河北大名),渡河南下。两路金兵不断向汴梁逼近。宋钦宗吓昏了,只好派他弟弟康王赵构去求和。

赵构经过磁州(今河北磁县),州官宗泽跟赵构说:"金朝要殿下去议和,这是骗人的把戏。他们已经兵临城下,求和又有什么用呢?"赵构害怕被金朝扣留,就在相州(今河南安阳)留了下来。

宗泽——单骑赴州

没有多久,两路金军杀到汴梁城下,猛烈攻城。宋钦宗这时候再想召回李纲,已经来不及了。眼看末日来到,宋钦宗痛哭了一场,亲自带着几个大臣手捧求降书,到金营去求和。宗翰勒令宋钦宗把河东、河北土地全部割让给金朝,并且向金朝献金 1000 万锭,银 2000 万锭,绢帛 1000 万匹,宋钦宗一一答应。

汴梁城哪里能马上备齐这么多物品,金将借口宋钦宗太慢,扣押了宋徽宗,钦宗两个皇帝和皇族,官吏两三千人,满载着搜刮到的财物,回北方去了。宋钦宗年号靖康,史称"靖康之耻"。北宋王朝统治了 167 年,自此宣告灭亡。

阶下之囚:魂断五国城

钦宗成为阶下囚后,由宗望,宗翰监押,将他与徽宗,宗室及官员 800 余人,分两路被押解北上。被金人掳去的,还有朝廷的各种礼器、古董文物、图籍、宫人、内侍、倡优、工匠等等,男男女女不下十万人,北宋王朝百年来的府库蓄积为之一空。

钦宗出发时,被迫头戴毡笠,身穿青布衣,骑着黑马,一路上不但受尽旅途风霜之苦,还备受金军的侮辱。将要过黄河时,大臣张叔夜受不了侮辱,悲愤难抑,仰天大呼后扼吭而死。

建炎二年(1128),徽宗和钦宗抵达上京,金人命他们身穿孝服,拜祭阿骨打庙,这被称为献俘仪,实际上是以此羞辱北宋君主。宋朝的皇室成员,女子被分配到洗衣房做工,男子则编入军队。钦宗的妻子朱皇后不甘忍受侮辱,自杀了。

不久,金人又将徽宗和钦宗赶到荒凉偏僻的边陲小镇——五国城,三年后徽宗病死,钦宗异常悲痛,身心受到沉重打击。绍兴十二年(1142),宋金关系有所缓和,徽宗的韦贤妃由五国城归宋。她离开时,钦宗挽住她的车轮,请她转告高宗,说自己若能归宋,当一太乙宫主足矣。但南宋的高宗担心哥哥回来后威胁自己的帝位,虽然表面上高喊要迎回徽、钦二帝,心里却巴不得他们早早客死异地。

绍兴二十六年(1156),57岁的钦宗死去。直到五年后,钦宗的死讯才传到南宋。高宗表面上痛不欲生,内心却暗自高兴,为其上谥号"恭文顺德仁孝皇帝",庙号钦宗。

宋高宗赵构

人物档案

生卒年:1107～1187年

父母:父,徽宗赵佶;母,韦氏

后妃:邢皇后、刘贵妃等

年号:建炎,绍兴

在位时间:1127～1162年

谥号:宪孝皇帝

庙号:高宗

陵寝:绍兴永恩陵

性格:聪明软弱,苟安犹疑

名家评点:

高宗这个"中兴之主"实在是有名无实。父兄被掳的奇耻大辱都无法激起他对金人的仇恨,他的"恐金症"不可救药。

——游彪

高宗赵构

逃亡:"泥马渡康王"的传说

宋高宗名赵构,是宋徽宗的儿子,宋钦宗的弟弟。靖康二年(1127),金兵俘徽、钦二宗北去后,赵构于南京应天府(今河南商丘)即位,改元建炎。不久,赵构拒绝主战派的抗金主张,南逃至临安(今浙江杭州)定都,建立南宋政权。赵构统治期间,虽迫于形势以岳飞、韩世忠等大将抗金,但重用投降派秦桧,最后以割地、纳贡、称臣等屈辱条件向金人求和,并杀害了岳飞。

留在相州的赵构,看到宋徽宗和钦宗被俘,便在应天府(今河南商丘)宣布登极。史称赵构建立的宋国为南宋,赵构就是南宋高宗。

大凡开国的帝王,都会有不同于常人的传奇,由此让人们对他"真命天子"的身份确信不疑,赵构也不例外。

传说赵构在应天府即位后,朝廷南迁到了扬州,这时金兵大举南下,前锋也即将攻到扬州城下。赵构闻讯连夜出逃,因为害怕被追兵发现,便藏匿在江边神祠之内。月光下,惶恐不安的赵构忽然发现祠中的泥塑马居然动了起来,于是便乘骑此马渡过长江,逃到了杭州。

事实是,在靖康二年,赵构在应天府登基,建立了南宋政权。金人得知后,马上南侵,想趁赵构立足未稳,将其一举消灭。高宗建炎元年(1127)秋天,金朝分兵攻宋。赵构害怕,不顾主战派大臣的反对,将朝廷迁至了扬州。建炎三年(1129),宗翰派兵奔袭扬州,攻陷了天长,前锋距离扬州城仅有数十里。赵构此时正在后宫寻欢作乐,乍闻战报,慌忙带领少数随从乘马出城,急驰至瓜洲渡江逃跑。

"泥马渡江"的故事虽然是杜撰,但地域和时间却正是赵构在北宋末南宋初的这段时期内从北到南、颠沛流离的逃亡生活的说明。在这段逃亡的过程中,赵构和大臣们经常在寒冷的旷野中自己烧柴温饭。金兵突破了长江防线后,赵构退无可退,只得入海避敌,曾在温州沿海漂泊了四个多月。一次,赵构实在饥饿难耐,命令停船靠岸,找到一所寺院索食,僧人没有准备,只好以五枚炊饼进献,赵构一口气连吃了三枚半,可见是饥饿难忍了。

这一切并未磨砺出赵构坚韧的意志,更没激起他反金的斗志,赵构曾亲眼目睹过金兵的强悍和凶残,每当想起都是心有余悸。于是,他抛弃了父兄被掳、国土沦陷的国仇家恨,抛弃了依然在中原浴血奋战的宋朝军民,时时向金人乞和,在送往金国的国书中,他不敢称帝,只是自称"康王",表示愿意向金朝称臣。

韩世忠

建炎四年(1130),南宋大将韩世忠在黄天荡(今江苏南京东北)迎击金军,韩世忠的妻子梁红玉亲擂战鼓。金朝军队遭到自开国以来的第一次挫败,但是仍然突围而去。原因很简单,金军十万人,宋军只有八千人。

完颜兀术摆脱了韩世忠的阻击,带兵回到建康,抢掠了一阵,准备撤回北方,到了静安镇(今江苏江宁西北),又遭到了岳飞军的袭击,被杀得一败涂地,狼狈逃窜。岳飞赶走金兵,收复了建康。

完颜兀术在黄天荡的挫败,加上宋国民兵在各地发动的有效阻击,使金国无法继续扩张。金兵北撤以后,金朝在中原地区立了一个傀儡皇帝刘豫,国号大齐。

赵构在海上获悉金兵北撤,于是迁都临安(今杭州)。这里交通方便,江河湖泊交错,金人的骑兵无法驰骋,让赵构倍感安全。而且江南是鱼米之乡,物产丰富,临安又是繁华秀丽的"东南第一州",对于饱经流离之苦、热切渴望安逸生活的赵构来说,无疑是天堂所在。于是,赵构偏安一隅,不愿再和金国交战,至于收复中原失地,更是想也不想。

梁红玉——擂鼓助战

奇冤:"莫须有"之罪

赵构无意雪国耻,但是宋朝的军民却都盼望朝廷北上抗金,夺回故土。在众多主张抗金的将领中,岳飞最为有名。

岳飞是相州汤阴(今河南汤阴)人,曾在宗泽部下当将领,宗泽一向主张抗金,但被黄潜善,汪伯彦一伙投降派阻挡,忧愤而死,宗泽死后,岳飞与韩世忠配合,把完颜兀术打得大败。又率领将士多次打退金齐联军，32岁的时候，已经从一个普通将领提升到节度使的地位，跟当时的名将韩世忠、刘光世、张俊并驾齐驱。

岳飞一心恢复中原，对自己和部下要求十分严格。他的军队被称为岳家军，军纪严明，作战勇猛。在金军中更是流传着一句话："撼山易，撼岳家军难。"

南宋有岳飞、韩世忠等一批名将，再加上各地百姓组织的义军配合，要打退金兵本来也是有条件的，但是赵构还是一味向金朝屈辱求和。

建炎十年（1140），金朝再次发动全国精锐部队，以完颜兀术为统帅，分四路大举进攻南宋。赵构这才不得不下诏书，要各路宋军抵抗。

岳飞得到命令，立刻派兵出击，自己坐镇郾城指挥，先后收复了颍昌（今河南许昌东），陈州（今河南淮阳）和郑州。完颜兀术见状。带大军"铁浮图"直逼郾城。

宗泽

"铁浮图"是经过专门训练的一支骑兵，这支人马都披上厚厚的铁甲，以三个骑兵编成一队，居中冲锋；又用两支骑兵从左右两翼包抄，叫作"拐子马"，号称刀枪不入。

岳飞看准了拐子马的弱点，命令将士上阵时带着刀斧。等敌人冲来，弯着身子，专砍马脚。马砍倒了，金兵跌下马来，被岳飞的军队打得一败涂地。

完颜兀术在郾城失败后，又改攻颍昌。结果又被岳飞打败。岳家军节节胜利，一直打到距离汴梁只有四十五里的朱仙镇。各地的义军听到岳家军打到了朱仙镇，都欢欣鼓舞，渡过黄河来同岳家军会合。岳飞看到胜利在望，也止不住心里的兴奋，鼓励部下"直捣黄龙（金朝国都）"。

完颜兀术束手无策，打算放弃黄河以南地区，退守燕京（今北京）。但他的一个智囊阻止他说："世界上从没有听说过，当权人物在政府内部猜忌掣肘，而大将能够在外建立功勋的。岳飞生命都有危险，岂能有所作为。"

这位智囊的判断完全正确，自从赵构登上皇帝宝座以后，他日夜恐惧的只有两件事，一是他的哥哥钦宗赵桓突然被释放回国，他的皇帝便做不成了；二是将领权力过大，万一发生"陈桥"式兵变，他的皇帝同样也做不成。

岳飞

此时，赵构的心腹宰相秦桧提议跟金国和解，并暗示说和解只是一种手段，目的在于解除帝位的威胁。而岳飞日夜不忘打败金军，迎回二位被俘的皇帝，让赵构既憎恶又害怕。眼看岳飞打下了朱仙镇，又雄心勃勃直捣黄龙，赵构急忙下令撤退，并在一天之内，连续颁发十二道召回金牌(金牌送达的命令,驿马每天飞奔四百里)。

岳飞在前线等待进军的诏令,没想到,接到的却是朝廷催促退兵的紧急金牌。在接到第十二个金牌时,不能再不退兵,否则就是叛变。他向拦在马前恳求不要撤退的民众垂泪说:"十年之功,废于一旦。"

果然,完颜兀术看到岳家军撤走,马上重整旗鼓,向南进攻。本来被岳飞收复的河南许多州县,一下子又丢失得精光。

秦桧和赵构决心向金朝求和,他们恐怕受岳飞、韩世忠等人的阻挠,让韩世忠做枢密使,岳飞做枢密副使,名义上是提升,实际上是解除了二人的兵权。建炎十一年(1141),金朝派使者到临安,谈判议和条件。谈判结果是:宋、金之间,东面以淮河为界,西面以大散关(今陕西宝鸡西南)为界;南宋向金朝称臣。每年进贡银绢各25万。历史上把这次屈辱投降的和约叫作"绍兴和议"(绍兴是高宗的年号)。

绍兴和议后,赵构决心铲除岳飞,命秦桧诬陷岳飞谋反,逮捕岳飞父子下狱。岳飞在狱中受尽酷刑,始终不承认谋反,在供词纸上只写下八个大字:"天日昭昭,天日昭昭。"审讯持续了两个月,仍然毫无结果。朝廷官员都知道岳飞是冤枉的,有些官员大胆上奏章,替岳飞申冤,结果都遭到秦桧的陷害。

韩世忠亲自去找秦桧,质问他岳飞是不是真的谋反。秦桧回答说:"莫须有。""莫须有"是"也许有""不见得没有"之意。韩世忠当即叹息:"莫须有三个字,怎么能服天下人心?"

从此,"莫须有"三字在中国就成为"诬陷"和"冤狱"的代名词。

建炎十二年(1142)的一个夜里,年仅39岁的民族英雄岳飞在牢里被害。岳飞被害以后,临安狱卒隗顺偷偷地把他的遗骨埋葬起来。直到赵构死后,岳飞的冤狱才得以平反昭雪,人们把岳飞的遗骨改葬在西湖边栖霞岭上,后来又修建了岳飞庙,庙内端坐着全身戎装的岳飞塑像,塑像上方悬挂的匾额上,刻着岳飞亲笔写的"还我河山"四个大字,在岳飞墓对面。放着用生铁浇铸的诬陷岳飞的秦桧夫妇、审判岳飞的万俟卨和张俊四个反剪双手的跪像,表达人们对民族英雄的景仰,以及对卖国贼的憎恨。

辽太祖耶律阿保机

人物档案

生卒年：公元872~926年

父母：父，耶律撒刺；母，萧氏

后妃：述律平

年号：神册，天赞，天显

在位时间：公元907~926年

谥号：升天皇帝

庙号：太祖

陵寝：内蒙古祖陵

性格：仁孝英明，刚毅果断

太祖耶律阿保机

名家评点：

他在政治、法律、经济等制度上采用蕃汉分治的做法，给辽朝国内的契丹和汉族人民的生存、发展和融合，提供了一种能够共同接受的统治形式，体现出足够的政治头脑。

——虞云国

少年英雄

契丹族是我国北方一个古老的少数民族，原属东胡族系的鲜卑支系。唐太宗时期，契丹首领率部归入唐王朝。太宗就在契丹族聚居的地区设置了松漠都督府，任契丹首领为都督。后来大贺氏部落联盟瓦解，重建了遥辇氏部落联盟，曾被回纥统治了一段时间，不过后来又归附了唐朝。唐朝末年，中原战乱不断，北方的许多汉族人都逃到契丹避乱，他们将先进的生产技术和中原文化带到了这里，从而促进了契丹经济的发展。契丹八部中的迭刺部离中原最近，发展也最快，逐渐成了八部中实力最强的部落。契丹的部落首领都称为夷离堇，迭刺部的夷离堇一直都由耶律家族世袭担任。耶律家族的八世祖耶律雅里曾重新整顿契丹部落联盟，并由此进入了契丹社会的上层。从七世祖开始，耶律家就掌握了联盟的军权，地位仅次于联盟首领。耶律阿保机就是这个契丹贵族世家的出色人物。

耶律阿保机生于唐咸通十三年（公元872），他复姓耶律，名亿，字阿保机，小名啜里只，父亲叫耶律撒刺，母亲姓萧。耶律阿保机出生时，他的祖父匀德实是迭刺部的夷离堇。匀德实是个很有才干的人，他掌握着联盟的军权，在对外扩张中多次获胜，同时他又很重视发展农牧业，劝民稼穑，倡导蓄养。在他的经营领导下，契丹族的实力逐渐壮大，匀德实也赢得了很高的声望，不过也因此遭到了其他契丹贵族的嫉恨。耶律阿保机出生没多久，贵族耶律狼德就害死匀德实，夺走了夷离堇之位。狼德得势后，还想继续迫害匀德实的家人。匀德实的妻子萧月里失朵，只好带着4个儿子和几个孙子，逃到突吕不部的贵族塔雅克家中藏起来。小小年纪的阿保机，长得虎头虎脑，十分机灵可爱，祖母为了保护他，就隐瞒了他的身份，将他藏到一个僻静的小帐篷里抚养。

就在阿保机一家东躲西藏的时候，迭剌部起了内讧。新任夷离堇耶律狼德，为人奸恶，在联盟中暴虐横行，很快就引起了各部贵族的强烈不满。匀德实的前任夷离堇叫蒲古只，他虽然离任很久了，却仍然在部落中享有崇高的威望。蒲古只联络其他贵族，用计诱杀了耶律狼德及其同伙，将军权夺回来，然后就把夷离堇之位给了匀德实的次子岩木。后来岩木又将首领之位传给了自己的同胞兄弟撒剌，撒剌就是阿保机的父亲。撒剌之后，他的从兄偶思继任，再之后就是撒剌的三哥释鲁。随着夷离堇人选的更替，阿保机也逐渐长大成人了。他身长九尺，相貌英俊，器宇不凡，在家族长辈们的熏陶下，阿保机几乎有着天生的领袖风采。他很早就参加了攻打邻近部族的战斗，并在战场上锻炼出超人的胆识和谋略。

随着阿保机的征战扩张，释鲁的势力越来越大，这就引起了契丹部分贵族的不满和忌惮，他们联合起来，打算除掉释鲁。蒲古只曾为匀德实复仇，在联盟中声望很高，他的三族子孙就成了这些人中的首领。他们勾结与释鲁争权的耶律辖底、贵族萧台晒，甚至还有释鲁的儿子滑哥，发动了叛乱，将释鲁杀死。这次暴乱令其他贵族非常不安，契丹可汗痕德堇就授命阿保机去平叛。阿保机带着身经百战的挞马军，很快就击溃了蒲古只三族。叛乱平定后，贵族赫底里做了于越，阿保机被推举为迭剌部的夷离堇。一年后，阿保机就晋升为于越兼夷离堇，总揽契丹联盟的军政大权。此时他才31岁。

建国之路

阿保机从当上夷离堇开始，就"受命专事征讨"。从唐光化四年（公元901年）到唐天复四年（公元904年），阿保机率领契丹军先后攻打了室韦、于厥、女真等部落，次次都取胜，还夺得了许多财富，耶律阿保机的大名也由此威震中原。

此时唐朝境内，藩镇割据，哪里都是混战，不少节度使如李克用、朱温等，都主动与阿保机结盟。阿保机正想寻求族外的支持来扩大势力，就与李克用等人都结成了友好关系。公元905年，阿保机还配合李克用，出兵会合晋军，攻陷了幽州，然后凯旋而归。契丹军的强悍和阿保机的崛起引起了中原各地藩镇势力的高度重视，这样他不仅与更多的藩镇结交，而且还借机大力发展了契丹的农业、畜牧业以及冶铁、纺织、制盐等手工业，使契丹的社会经济得到了巨大的发展。随着契丹实力的增强，阿保机又继续出兵攻打周边部族，凭着卓越的军事才华，他每次都大获全胜，为耶律家族夺得了大量的战俘和牲畜。阿保机也成为众人心中的英雄，地位越来越稳固了。唐天祐三年（公元906）十二月，契丹可汗痕德堇去世，他留下遗命推选阿保机为汗。第二年正月，阿保机就即可汗位，成为契丹族的新首领。

阿保机36岁为可汗，他集军、政、财、法大权于一身，是名副其实的契丹首领。为了巩固自己的地位，他首先调整契丹各部贵族的势力，以保持各部力量均衡。阿保机一即位就宣布原可汗遥辇氏家族不再享有特权，地位与耶律氏同等。不过为了消除他们的怨忿，阿保机还是给了遥辇氏不少好处。接着阿保机又任自己的从弟迭栗底为夷离堇，耶律辖底为于越。第二年，阿保机设了一个新官职"惕隐"，让族弟撒剌充任，专门管理迭剌部的贵族事务，以确保他们臣服自己。阿保机也建立了自己的侍卫亲军，叫"腹心部"，也叫宿卫军，由他亲自掌管。阿保机通过这些手段，将契丹的大权牢牢抓在自己手中。

在对外关系上，阿保机采用远交近攻的政策，积极向外扩张。在后梁开平元年（公元907年）和后梁开平二年（公元908年），阿保机分别与梁、晋交好。不过对毗邻契丹的幽州藩镇节度使刘仁恭，阿保机就不客气了。刘仁恭从895年割据幽州后，就多次北上侵扰契丹各部，契丹人对他非常痛恨。后梁开平元年（公元907年），阿保机刚刚即汗位，刘仁恭就被自己的儿子刘守光囚禁了。接着刘守光称帝，建国号为大燕。刘仁恭的次子刘守文，时任沧州节度使，他闻讯后就带着沧州和德州的兵马前来为父报仇，不料却被刘守光打败了。刘守文就向阿保机求援，阿保机就借机联合刘守文的队伍，打败了刘守光，占领了营州（今河北昌黎西南）。没过多久，后晋李存勖就攻破幽州，灭了大燕国，为契丹除掉了这个劲敌。

大燕被灭后，契丹前方没了威胁，阿保机就集中精力征服"后方"各部族。早在后梁开平元年（公元907年）二月，他就率兵攻打黑车子室韦，迫其八部归附。第二年，他又先后征服了乌丸和东西部各族，将东际海（渤海）、南暨白檀（今北京密云东北）、西逾松漠（今内蒙古锡林郭勒盟东南部）、北达潢水（今内蒙古西拉木伦河）的广大地区，都纳入契丹的统治之下。

就在阿保机不断扩大契丹势力之际，契丹内部又发生了权力之争，这场争斗主要是针对阿保机的。按祖制，可汗之位是任期3年后就要重新推选。阿保机不愿让位，他听从身边汉人谋士的建议，打算像中原皇帝那样，实行可汗世袭制。这个想法自然遭到了许多守旧贵族的反对。而阿保机的兄弟们，这些原本有机会被推选为可汗的人，自然也对他不让位非常不满。于是，从阿保机即汗位的第五年（公元911年）到公元913年三月，几年之中，契丹贵族们就为可汗之位发动了3次叛乱。由于叛乱的主谋是阿保机的诸位兄弟，如迭剌、安端、寅底石等，所以史称"诸弟之乱"。

阿保机花费了巨大的精力才彻底平息了叛乱，也进一步巩固了自己的地位。后梁贞明二年（公元916年）初，当了10年可汗的耶律阿保机，接受耶律曷鲁等人所上的尊号，称"大圣大明皇帝"，妻子述律平称"应天大明地皇后"，建年号"神册"，国号"契丹"，立长子耶律倍为皇太子，皇权世袭的契丹国家就正式建立了。他的次子耶律德光继位后，将契丹改为大辽，所以契丹王朝又称为辽王朝，耶律阿保机就是辽太祖。

文治武功

太祖称帝时已经45岁了，他在多年的戎马生涯中，与中原接触较多，他的手下也有不少汉人谋士，所以他深受汉文化的影响。太祖建国后，借鉴汉制，亲自制定了很多新的制度，为奴隶制的契丹政权注入了生机和活力，这就促使契丹向封建王朝转化。

神册三年（公元918年），辽太祖采纳汉人臣子韩延徽的建议，仿汉制修建了皇都。都城设在潢河（今内蒙古西拉木伦河）沿岸的契丹故地（今内蒙古巴林左旗林东镇南）。第二年八月，为了表示对儒学的重视，太祖还带着皇后和太子，拜谒了孔庙。

契丹原来没有文字，一直采用刻木契记事。太祖的三弟耶律迭剌，很善于学习其他民族的语言，他借鉴回鹘文字，制成了契丹字，称契丹小字，不过数量不多。神册五年（公元920），太祖又命耶律突吕不、耶律鲁不古等仿照汉字偏旁，创造了几千个契丹新字，称契丹大字。契丹文字的创制，是契丹政权发展过程中的一件大事，它标志着契丹进入到有官方文字记载的新时期。

有了文字之后，立法工作也提上了日程。神册六年（公元921），契丹最早的一部法律——《决狱法》诞生了。太祖还下令制定了各部族法,汉人则依唐律。随着法律的出现,行政机构的完善,契丹国家政权也逐步走向成熟,政治、经济和文化都有了很大的发展。

辽太祖的政权逐渐稳固后,他就又开始大规模的对外扩张和武力征服。太祖一生的功业,几乎都是在战场上建立的,他称帝后也以"上承天命,下统群生"为己任。从神册元年(公元916年八月)开始,太祖就起兵30万,号称百万,开始大规模南侵。他先后攻占了朔州(今山西朔县)、武州(今河北宣化)、蔚州(今河北蔚县)等地,这样从代北到河曲(今山西西北部、黄河东岸,邻内蒙古),越阴山(今内蒙古中部),都成了契丹的领地。

天赞元年(公元922年),李存勖在魏州(今河北大名)称帝,建立了后唐。同年十月,李存勖就灭掉了后梁。辽太祖见李存勖实力强大,就将夺取河北的计划暂时搁置,转而去征服契丹西部、北部的党项、吐谷浑、阻卜等部。天赞五年(公元926年),辽太祖还灭掉了东边的渤海国,将渤海改为东丹国,也就是东契丹的意思。皇太子耶律倍被册封为东丹王,管理东丹国事务。没过多久,高丽、靺鞨、铁骊等族也相继归附,契丹的国力更盛。

东征西讨之后,辽太祖的野心也更大了。他打算夺取河北,接着就挺进中原,不过他的愿望没机会实现了。天赞五年(公元926)三月,征服渤海国后,太祖就率军返回皇都。七月,大军行至扶余城(今吉林西平西)时,他就病倒了。7天后,辽太祖就在扶余病逝,享年55岁。第二年九月,太祖被葬于祖陵,谥号"升天皇帝",庙号"太祖",他的次子耶律德光继位,即辽太宗。辽太祖在位19年,靠着赫赫军功创建了契丹政权,同时他又重视农业发展和文化建设,为辽王朝统治积崇了雄厚的政治、经济和文化基础,他是当之无愧的大辽开国之祖。

金太祖完颜阿骨打

人物档案

生卒年：1068~1123 年

父母：父，劾里钵；母，拿懒氏

后妃：皇后唐括氏、裴满氏、仆散氏等

年号：收国，天辅

在位时间：1115~1123 年

谥号：大圣皇帝

庙号：太祖

陵寝：和陵，后改迁睿陵

性格：沉毅勇猛，足智多谋

名家评点：

太祖英谟睿略，豁达大度，知人善任，人乐为用。数年之间，算无遗策，兵无留行，底定大业，传之子孙。

——元·脱脱《金史》

太祖完颜阿骨打

不欢而散的头鱼宴

阿骨打是金国的建国者，出身于生女真的完颜部中。公元 1113 年，阿骨打继任都勃极烈（即大酋长），统一了邻近各部，发动反辽战争。公元 1115 年，阿骨打正式建国称帝，国号大金。金建国后，阿骨打命完颜希尹制作女真文，并与北宋约订共同攻辽，不幸于辽灭亡前夕病死。

中国东北部的女真族，长期以来一直附属于契丹族，其中居住西南部的编入契丹户籍，称为熟女真，居住东北部不编入户籍的，称为生女真。

生女真人数最多，包括几十个部落，其中完颜部最大，过着半渔猎半农耕的生活。辽朝建立后，完颜乌古当了生女真的酋长，接受辽朝的官职，并统一了女真诸部，势力日渐壮大。而辽朝在经过与北宋的多年战争之后，国势却渐渐衰弱下去。

公元 1112 年的春天，辽国天祚帝耶律延禧到东北春州（今吉林省）巡游，兴致勃勃地在混同江（今松花江）捕鱼，并且命令当地的女真各部酋长都到春州朝见。

契丹器具马镫壶

按照当地风俗，在每年春季最早捉到的鱼，要先给死去的祖先上供，并且摆酒宴庆祝。辽天祚帝便在春州举行了头鱼宴，请酋长

们喝酒。天祚帝几杯酒下肚，有了几分醉意，叫酋长们给他跳舞。那些酋长虽然不愿意，但是不敢违抗命令，就挨个儿离开座位，跳起舞来。接下去轮到一个青年人，他神情冷漠，两眼直瞪瞪地望着天祚帝，一动也不动。这个青年就是女真族完颜部酋长的儿子，名叫阿骨打。

天祚帝见阿骨打不跳舞，很不高兴，一再催他跳。一些酋长怕得罪天祚帝，也从旁相劝。可是不管好说歹说，阿骨打拿定主意，就是不跳，叫天祚帝下不了台阶。

这场头鱼宴闹得不欢而散。天祚帝虽然当场没有发作，但散席之后，对大臣萧奉先说："阿骨打这小子这样跋扈，实在使人没法容忍。不如趁早杀了他，免得发生后患。"萧奉先认为阿骨打没有大的过失，又是酋长的儿子，杀了他怕引起其他酋长的不满，就说："他是个粗人，不懂得礼节，不值得跟他计较。就算他有什么野心，小小一个部落，也成不了气候。"天祚帝觉得萧奉先说得有道理，也就把这件事搁在一边了。

可阿骨打不是这样想，他早就对辽朝贵族欺负女真人不满了。现在天祚帝竟然叫女真的酋长们给他跳舞解闷，明显是侮辱他们。眼看辽朝越来越腐败，阿骨打决心要自立门户，摆脱辽朝的统治。

安邦定国的奇男子

阿骨打是劾里钵的次子，从小就力气惊人，"甫成童即善射"。辽使曾见他张弓射群鸟，连射三发皆中，惊称为"奇男子"。长大后的阿骨打状貌雄伟，沉毅，很少言笑，但胸中自有大志。23岁时，阿骨打第一次随父出征，围攻窝谋罕城（今吉林敦化额穆镇东南），他身披短甲，不带胄，马也不挂甲，便在阵前行围号令诸军，初露锋芒。

公元1113年，阿骨打的哥哥乌雅束死去，阿骨打继任完颜部首领。阿骨打未嗣位前，在同辽朝的来往中，已然显示了他的才能。正如他的父亲劾里钵临终前说过："乌雅束柔善，唯此子（指阿骨打）足了契丹事。"阿骨打继任联盟长后，反辽的重任自然落在他的身上，他开始建筑城堡，修理武器，训练人马，先后在宁江州（今吉林扶余市东南）等地大败辽兵。接着攻占辽朝边境州县，壮大了自己的军事力量。

阿骨打为了在战略上达到彻底孤立辽统治者的目的，还采取分化瓦解的攻势。他暗中放回辽防御使大药师奴，使其招谕辽人。又召渤海人梁福、斡答刺使之伪逃亡，招谕其乡人说："女真、渤海本同一家，我兴师伐罪，不滥及无辜也。"阿骨打还遣完颜娄室招谕系辽籍女真，揭露契丹贵族的残暴统治。同时派人抚定东北边远地区部落，达鲁古部、铁骊部、鳖古部等相继归附，终于稳定了后方。

公元1115年，完颜阿骨打称皇帝，史称金太祖，国号"大金"，定都会宁府（今黑龙江省阿城区南）。

联宋攻辽一雪前耻

阿骨打自立后，攻打辽朝东北重镇黄龙府（今吉林农安县）。天祚帝派了二十多万步兵、骑兵到东北去防守，但还是被金兵打得大败，武器都丢得精光。天祚帝看硬的不行，就想跟金朝讲和。阿骨打可不答应，指名道姓要天祚帝投降。天祚帝恼羞成怒，组织兵力70万，亲自带领到黄龙府去。

阿骨打命令将士筑好营垒，挖掘壕沟，准备抵抗。正在这个时候，辽朝发生内乱，天祚帝下令撤兵。阿骨打趁机追击，几十万辽军一下就被击垮，天祚帝一天一夜逃了几百里，才算保住了一条命。辽朝兵力大部丧失，北方的许多人不满辽朝的统治，纷纷起义。

此时的辽朝已是风雨飘摇，阿骨打便着手对其氏族制度进行了一系列的改革，首先就是对猛安谋克制度进行了改革。猛安谋克源于女真族部落的围猎组织，后来在对外战争中发展为军事组织。阿骨打下令"命诸路以三百户为谋克，十谋克为猛安，一如郡县置吏之法"。将女真族的村寨组织与猛安谋克组织相结合，使之成为新的行政、军事和生产三位一体的地方行政组织。这种军政合一的猛安谋克制度作为社会的基层组织，对金朝的巩固和发展起着十分重要的作用。

在经济上，阿骨打实行猛安谋克屯田制，让百姓省税赋，务农积谷，诏女真人同姓不得为婚。随着统治范围的不断扩大，为了适应对各族人的统治，阿骨打还在一定程度上兼容了辽的政治经济制度。

此时的北宋也看到机会，宋徽宗派人从山东渡海，前往金朝会见阿骨打，表示愿意夹攻辽朝。双方约定灭掉辽朝之后，北宋收回燕云十六州的失地，把原来每年送给辽朝的银、绢，如数转送给金朝，历史上把这件事称作"海上之盟"。

金兵于是向南进攻，接连攻下了辽朝四座京城，还留下一个燕京，按双方约定该由宋军攻打。此时童贯刚刚镇压了方腊起义，忙带领15万大军赶到北方，攻打燕京。他满以为辽兵的主力已经被金军消灭，打下燕京可以不费多大劲儿，哪知道辽兵虽然虚弱，比宋军还强得多。童贯一连打了两次败仗，不但燕京没有收复，而且损兵折将，把多年以来积存的粮草，武器全都丢光。

童贯为了逃避失败的责任，暗地里派人请金军攻燕京。金军一举拿下了燕京，却不肯还给北宋。童贯只好答应把燕京的租税每年一百万贯钱献给金朝，才把燕京赎了回来。可是，此前阿骨打下令金军早把燕地的金帛、豪族、工匠、民户席卷掳掠一空，宋朝所得的燕京不过是一座空城而已。

在班师返回的途中，阿骨打病重，不久于部堵泺西行宫去世。

夏景宗李元昊

人物档案

生卒年：1003～1048年

父母：父，李德明；母，卫慕皇后

后妃：野利皇后、没藏皇后、没谤皇后

年号：开运，广运，大庆，天授礼法延祚

在位时间：1032～1048年

谥号：武烈皇帝

庙号：景宗

陵寝：泰陵

性格：坚毅果敢、残暴多疑

名家评点：

他幼读兵书，又懂佛学，精通汉、藏文，确实是王霸之才。

——虞云国

景宗李元昊

喜兵书：回鹘之战崭露头角

西夏景宗李元昊，党项族，于公元1038年称帝。李元昊接受汉族先进文化，又根据党项的民族特点确立了一套政治军事制度。李元昊与辽，宋之间进行了一些战争，取得胜利，形成宋、辽、夏鼎立局面。晚年的李元昊肆意诛杀，纵情享乐，强夺太子宁凌噶的妻子，被宁凌噶刺死。

党项族是羌族的一支，有八个部落，其中拓跋氏最为强盛，在整个党项羌中起领导作用。唐朝初年，党项酋长拓跋赤辞率众归附，唐太宗赐其李姓。唐后期，党项族受到吐蕃的压迫，逐步移入今陕甘宁边境，居住在夏州（陕西靖边县北）的部落称平夏部。平夏部酋长拓跋思恭曾带领军队参加镇压黄巢起义军，被封为定难军节度使，晋爵夏国公，赐予李姓。五代时，各朝都默认了党项李氏对这一地区的统治，直到北宋初年。

宋太祖时，党项李氏曾经入贡。到了太宗、真宗时期，党项酋长李继迁和辽朝结成掎角之势，共同对付宋朝。公元1002年，李继迁攻下灵州（今甘肃灵武），改称西平府，次年迁都于此。

李继迁之后，其子李德明在执政的29年中，执行了保境安民，发展生产，与宋、辽修好，统一河西的方针，使社会经济得到了较快的发展，从而为西夏国家的建立进一步创造了条件。

西平建都的当年，在西平府的夏州定难军留后府中，一个婴儿呱呱坠地了。婴儿的母亲是新任留后李德明的长妻，银州党项大族之女卫慕氏。传说李德明携带卫慕氏到贺兰山游玩，卫慕氏夜梦白龙绕体，由此身怀六甲。怀胎到12个月，婴孩方才出生，在出生之时，"啼声英异，两目奕奕有青光"，这就是李元昊。

李德明对这个儿子十分钟爱，看作天赐贵子，用党项语取名"嵬理"，即"珍惜富贵"

的意思。

少年时代的元昊,平素喜欢穿白色的长袖衣,头戴黑冠,身佩弓矢,出行时常常带着百余骑兵,自乘骏马,前有两名旗手开道,后有侍卫步卒张青色三盖相随,左右簇拥,煞是耀武扬威。他幼读诗书,对兵书更是手不释卷,专心研读,一向善于思索、谋划,对事物往往有独到的见解。宋朝边将曹玮,早想一睹李元昊的风采,但总不能见到,后派人暗中偷画了元昊的图影,曹玮见其状貌,不由惊叹道:"真英勇也!"

李元昊成人后,对于先辈称臣于宋,特别是依赖宋朝的恩赐而改变本民族的生活习惯十分不满。父亲李德明对他说:"吾久用兵疲矣,吾族三十年衣年锦绮,此宋恩也,不可负!"元昊反驳父亲道:"衣皮毛,事畜牧,蕃性所便,英雄之生,当王霸耳,何锦绮为?"

李元昊崭露头角是在公元1028年进攻甘洲(今甘肃张掖)回鹘的战争中,这年李元昊24岁。以甘州为中心的回鹘和占据西凉的吐蕃,都是宋朝得以联络而挟制党项的盟友,李元昊之父李德明为了使西夏政权得以巩固和发展,首先采取攻占河西走廊的战略,并由李元昊担当西攻的重任。李元昊接受了西攻回鹘的重任后,采取突然袭击的战术,使回鹘可汗来不及调集兵力,甘州城即被攻破。此后,瓜州(今甘肃安西),沙州(今甘肃敦煌)相继降夏。

李元昊由于这一显赫战功,被李德明册封为太子。接着李元昊又按其父意图,在率军回师途中,采取声东击西的办法,乘势突破西凉,一举成功。突袭甘、凉的成功,不仅使党项的势力扩展到河西走廊。也使年轻的李元昊赢得了荣誉。公元1032年,28岁的李元昊继位,决心抗宋立国。他采用开国重臣野利仁荣"尚武重法"的治国方针,经过六年苦心经营,废除了中原干朝赐予拓跋王族的。"唐李宋赵"之姓,改用党项羌族的嵬名氏,自号"兀卒"(汉语可汗之意),恢复党项族剃光头顶的传统蓄发习俗,与宋王朝分庭抗礼,同时,李元昊升兴州为兴庆府,扩建宫城,制定朝仪,广辟疆土。

建功业:三大战役名满天下

公元1038年,李元昊在兴庆府登上皇帝宝座,宣布正式立国,国号大夏,因其地在宋朝之西,故史称"西夏"。西夏立国前期与北宋,辽鼎立,后期与南宋,金对峙,成为雄视一方的地方政权,李元昊即位后。继续向西用兵,相继攻占了瓜州(今甘肃安西)、沙州(今甘肃敦煌)、肃州(今甘肃酒泉),领土东尽黄河,西界玉门(今敦煌市西),南接萧关(今宁夏原州区西南),北控大漠,地方万余里。

北宋对李元昊的称帝建国深恶痛绝,但无力阻拦,宋仁宗被迫册封元昊为西夏国王。李元昊建立西夏后,基本上采用了唐宋的政治,军事和文化制度,兴修吴王渠等水利工程,推广汉族先进的生产技术,大力发展农牧业和冶金业,据说西夏生产的锋利刀剑连苏东坡也赞叹不已。李元昊还派人从宋朝大量搜集汉文典籍,翻译汉文经书。在任用官员上更是不拘一格,各民族在西夏国均享有平等待遇。李元昊还亲自主持。命大臣野利仁荣创制记录党项语言的文字。当时称为"善书",属汉藏语系藏缅语族,并尊之为"国书",后世称之为西夏文。

作为一个军事统帅,李元昊深知他占有包括河西走廊在内的广大地区后,没有强大的军事力量及严格的兵制,对内统治和对外防御都将失去保证。为此,在原有军事组织的基础上,随着党项国家的形成和疆域的扩大,李元昊进而将十二个部落武装改变为十二个军事行政区,分别在各驻地置十二监军司,诸军兵总计50万。每一监军司设都统军、副统军和监军使各一员,由贵戚豪右充任;下设指挥使、教练使、左右侍禁官等数十员,党项人、汉人都可以充任。除步兵外,常备军性质的还有骑兵、炮兵、"擒生军"、侍卫军等。李元昊还从出身豪族而擅长弓马技术的士兵中,挑选出五千侍卫亲军,由自己亲自掌握。近畿卫戍或宫廷值宿一般都佩戴由国家保卫部门颁发的"防守侍命"或"内宿侍命"西夏文铜牌作为标志。

李元昊在建国的过程中,很重视人才的培养和收罗。西夏建国初,因忙于战争,教育事业并不发达,李元昊特别注重吸收汉族的知识分子为自己服务。在李元昊的"智囊团"中,有嵬名守全、张陟、张绛、扬廊、徐敏宗、张文显,除了嵬名守全是党项人,其余皆是汉人。

张元和吴昊是宋华州(今陕西华县)人,"累举进士不第",而又自以为有王佐之才,不甘寂寞,便写诗明志:"好著金笼收拾取,莫教飞去别人家"。明白表示宋廷弃人才而不用。不久二人进入西夏,为了引起西夏王国统治者的注意,他们到酒店里狂喝豪饮,又在墙壁上书写"张元、吴昊饮此",结果被西夏巡逻兵发现,将二人带入宫中。李元昊问他们为什么不避讳自己的名讳时,他们毅然答道:"姓都不管了,谁还理会名呢?"而且明目张胆地对李元昊接受赵宋赐姓进行讽刺。李元昊听后不但不生气,反而认为他们有胆识,有奇才,立即予以重用,并派人潜入宋境,将二人的家眷接来,使他们能安心为西夏服务。

三川口之战

公元1040年,李元昊认为国力强盛了,便统十万大军攻打北宋的延州(今陕西延安)。夏军先佯攻保安军(今陕西志丹),引出延州军出援保安军,趁机攻占延州北面的金明寨,进围延州。延州知州范雍知道上了当,急忙四处调兵,派刘平、石元孙等领兵万余人,救援延州。

这一切都没逃脱李元昊的眼睛,夏军伏兵于三川口(今陕西安塞东),将宋朝援军包围,夏军四面合击,宋军全线崩溃,夏军俘获刘平、石元孙等多名宋将,大获全胜,乘势围攻延州。夏军连攻延州七日,恰逢天降大雪,李元昊无奈,只好撤军解围。回师途中又连克塞门、安远两寨,攻掠泾原路,于三川寨(今宁夏原州区城西北)等地,斩杀了宋将杨保吉等。此战为西夏的生存与发展奠定了军事基础。

好水川之战

好水川之战,是公元1041年李元昊发动的第二次对宋战争。西夏军攻渭州(今甘肃平凉),进逼怀远(今宁夏隆德东南)。北宋陕西经略安抚副使韩琦命大将任福领兵一万八千人,并令镇戎军(今宁夏固原)守将常鼎率部配合,前去迎敌。

宋军在怀远南与夏军相遇,李元昊佯败,弃辎重北撤,任福率军追击,进入好水川(今宁夏隆德西北)后,被西夏十万军兵包围。宋军只顾轻装追击,已绝粮三日,在夏军四面合击之下,突围不成。经过激战,任福与一万余名宋军将士战死,仅有一千余人逃脱。好水川之战对北宋震动很大,从此采取守势,再不敢轻易与西夏交兵。

定川砦之战

公元1042年,李元昊采纳了大臣张元的建议,集十万大军于天都山,分兵两路攻宋镇戎军(今宁夏固原)。北宋泾原副都部署葛怀敏奉命领兵抵御。

葛怀敏分兵四路与夏军作战,李元昊仍采用诱敌深入、围而歼之的策略,引宋军至定川砦(今宁夏固原西北),随后以重兵包围,断宋军归路。葛怀敏见中计,遂领兵向镇戎军突围。但为时已晚,被困于长城壕(固原西北与隆德接界处)。夏军四面合攻,葛怀敏及部下十余员将领战死,士兵被俘近万人。夏军乘胜长驱攻渭州(今甘肃平凉),大掠而归。

好女色:因儿媳丧命

西夏对北宋接连发动了三次大规模战争,使北宋再无力对抗西夏,李元昊心满意足。可此时的西夏内部,皇权急剧扩张,激化了和党项贵族势力的矛盾,一些反对李元昊的人接连造反,但都被平息。

李元昊于是认为自己的皇权已经很稳固了,开始陶醉于自己的赫赫战功中,不再打理朝政,经常在贺兰山离宫和诸妃嬉戏,纵情声色。他给儿子宁凌噶取了个妻子,见其貌美,就夺为己有,并立为"新皇后"。宁凌噶难以忍受夺爱之恨,加上身边人的挑唆,于是持刀进宫刺杀李元昊。

李元昊正好喝多了酒,见儿子怒气冲冲的举刀扑来,十分惊恐,躲避不及,被削去了鼻子,受了惊吓。不久鼻创发作,西夏国的开国皇帝,党项族的一代英主,就这样中道而殂了。

元太祖铁木真

人物档案

生卒年：1162～1227年

父母：父，也速该；母，诃额仑

后妃：孛儿帖皇后、忽兰皇后等

年号：无

在位时间：1206～1227年

谥号：圣武皇帝

庙号：太祖

陵寝：起辇谷

性格：机智深沉，英雄豪迈

名家评点：

元太祖铁木真

成吉思汗是比欧洲舞台上所有的优秀人物更大规模的征服者。他不是通常尺度能够衡量的人物。他所统率的军队的足迹不能以里数来计量，实际上只能以经纬度来衡量。

——（英）莱穆

蒙古高原 长年混乱

13世纪初，在北方草原上出现了一个强大的政权——大蒙古国。成吉思汗铁木真就是大蒙古国的缔造者，他的活动对当时的世界产生了巨大的影响。

位于亚洲北部的蒙古草原，历来是游牧民族活动的地方。在这里相继出现过匈奴、鲜卑、突厥、回纥、黠戛斯等政权，他们的活动都在历史上产生过重大的影响。9、10世纪，当回纥、黠戛斯相继衰落以后，蒙古草原上分布着许多大小不等的部落，经常为争夺牧地和牲畜发生激烈的冲突。蒙古就是其中的一个部落。

蒙古部在唐代是室韦部落联盟的组成部分，史书上称之为蒙兀室韦。当时他们居住在今额尔古纳河以东的兴安岭中。后来逐渐向西迁徙，到12世纪初，已经游牧于鄂嫩、克鲁伦、土拉三河的源头，成为漠北的一支强大势力。当时蒙古草原上比较强大的部落，还有克烈、蔑儿乞、塔塔儿、乃蛮、弘吉刺等。克烈部位于蒙古之西，占据了蒙古草原的腹心地带。这个部落人数众多，势力强大，很早就信奉景教（基督教的一派，又称聂斯脱里教）。蔑儿乞部位于蒙古的西北，以勇悍善战闻名。塔塔儿部游牧于蒙古之东，有营帐七万，分为六部，它占有呼伦贝尔湖周围富饶的草原。乃蛮部则在克烈与蔑儿乞之西，位于阿尔泰山与杭爱山之间，领土广大，畜群众多。乃蛮部也信奉景教。弘吉刺部居地在塔塔儿部的东北，势力较弱，他们与蒙古部的关系最为密切。

上述这些部落的成员主要过着游牧生活，逐水草迁徙。牲畜既是游牧民的生产资料，也是他们的基本生活资料。此外，他们也从事狩猎和采集，用以弥补生活资料的不足。在游牧民中间，已经出现了适应游牧经济需要的简陋的手工业，主要是以牲畜产品为原料的家庭手工业，也有少数专业的工匠。在有些部落中，已经开始经营农业，当然规模是很有限的。

在草原各部落中,氏族组织的结构仍然普遍存在。氏族组成部落,氏族内部不能通婚,血族复仇盛行。各氏族都有自己的谱系,以及一定的祭祀仪式等等。但是,牲畜和其他财产私有的现象已普遍出现,父系的财产继承制度也已确立。在私有制的基础上,贫富分化日益显著。富有者称为"伯颜",拥有大量牲畜和其他财产,占有奴隶。他们中间有的世代相袭为部落首领,还接受辽、金王朝赐予的官职或名号,于是便成为草原贵族,称为"那颜"。氏族中的大部分成员称为"哈剌出"(下民),只有少量牲畜,不得不依附于伯颜或那颜,随他们转移牧场,为他们服各种劳役。伯颜、那颜的奴隶,称为"孛斡勒",或是战争中的俘虏,或是因贫困不能自存被迫卖身的穷人。孛斡勒的社会地位是很低的,平时为主人服役,从备马鞍、开门、挤奶、剪羊毛,一直到牧放牲畜,战时还要跟随主人出征。孛斡勒的后代世世代代都要听由主人便唤。孛斡勒如果逃亡,抓回来就要把"脚筋挑了,心肝割了","性命断了"。

阶级分化的出现,必然导致社会上层建筑的变化。草原各部的首领,拥有愈来愈大的权力,可以任意向氏族成员征收财物,对不听命者施加刑罚。在部落首领周围,开始形成了"那可儿"集团。"那可儿"当时汉语译为"伴当",也就是随从。他们是首领们从本部落(有时也从外部落)召集来的战士,平时随首领狩猎,执行首领的各项命令;战时则随同首领出征,是部落军队的核心力量。这样一种独立的武装力量的出现,促进了专制王权的产生。在有的部中,已经设官分职,使用印信。政权的雏形已经出现。

草原各部的首领都把对外掠夺战争当作扩大自己财富和权力的主要手段,因此,随着首领们权力的增大,各部之间的武装冲突也就日甚一日了。一旦发生流血冲突之后,部落首领们就利用原始的"血族复仇"观念,使这种冲突无休止地继续下去。在同一部的各个贵族家族之间,为了争夺统治权,也经常发生矛盾、冲突,直至兵戎相见,互相残杀。

当时草原各部大多数和金朝发生过联系,接受金朝的管辖。金朝统治者害怕草原各部力量壮大威胁自己的统治,一贯采用分化、收买和镇压的办法。对于归附自己的部落,则授以官职、称号,给予种种赏赐,允许他们到边界贸易。同时在他们中间制造矛盾,挑动他们互相残杀。对于那些敢于反抗的部落,则派遣军队进行残酷的镇压。在12世纪90年代,就曾三次派遣大军进剿草原东部的弘吉剌、塔塔儿等部,使这些部落的生命财产遭到极大的损失。当时把这种血腥的屠杀称为"减丁",就是用暴力强行减少人丁。屠杀之外,金朝军队还掳掠了大批蒙古儿童,转卖给河北、山东等地的官僚、地主,充当奴隶。

总之,12世纪的蒙古草原,是十分混乱的,13世纪蒙古人回忆这时的情况说:"天下扰攘,互相攻劫,人不安生。"蒙古草原上的各部人民在这种动荡的环境中无法从事正常的生产,他们迫切要求解除金朝的残酷压迫,停止无休止的部落之间的冲突。而一些强大的部落首领,也企图进一步扩大自己的势力,吞并其他各部,称霸草原。正是在这样的形势下,成吉思汗出现了。

环境艰难　奋然雄起

蒙古部中又分成若干部,其中之一是孛儿只斤部,乞颜氏和泰赤乌氏是孛儿只斤部中两个强大的氏族,经常充当蒙古部的领袖。金大定二年(1162),乞颜氏族的也速该参加了蒙古部对塔塔儿部的战争,俘虏了一个名叫铁木真的塔塔儿首领。为了纪念这次战斗的胜利,也速该将自己刚出生的儿子取名铁木真。这个孩子就是后来震动世界的成吉思汗。

大定十一年(1171),铁木真9岁。也速该带领他到弘吉剌部去求婚。弘吉剌部首领特薛禅答应将自己的女儿孛儿帖许配给铁木真。订亲后,铁木真留在岳父家里,也速该独自回家。在回家的路上,经过塔塔儿人的营盘。塔塔儿人认出也速该是他们的仇敌,便在酒中下毒。也速该到家之后,毒发身死。临死之前派人把铁木真叫回来,但是铁木真年纪太小,不能继承父亲的地位,乞颜氏屡失去首领,势力中衰,不少部众和属民纷纷离去。原来和乞颜氏族一起游牧的泰赤乌氏族,也乘机扩大自己的势力,扔下也速该家属不管。也速该的妻子诃额仑带着未成年的子女,既缺乏牲畜,也缺少劳动力,"除影子外无伴当,尾子外无鞭子",生活非常困难。他们经常只能靠采集野生的果子,挖掘地下的草根,勉强过活。铁木真兄弟逐渐长大成人,钓鱼打猎,和母亲一起共同度过艰辛的岁月。

铁木真长大以后,失散的部众又逐渐回来。泰赤乌氏族的首领担心乞颜氏族重新壮大,威胁自己的地位,便不时前来骚扰。在一次突然袭击中,他们捕获了铁木真,将他套上木枷到处示众。铁木真利用泰赤乌人举行宴会疏于防备的机会打倒看守人,几经曲折,才在旁人帮助下逃回家中。不久,泰赤乌人又来盗马,铁木真追踪了六天,才把马匹夺了回来。这些冒险的经历,使得他的声望逐步提高。

为了恢复自己氏族的地位,铁木真积极进行活动。他前往弘吉剌部迎娶童年时订下的妻子孛儿帖,从而加强了与弘吉剌部的联系。接着又把孛儿帖拜见婆婆的礼物黑貂鼠皮袄,献给克烈部的首领王罕。王罕原来曾与也速该结为"安答"(盟兄弟),接受了礼物之后,表示愿意为他收集离散的部众。这样,铁木真得到了弘吉剌、克烈两部的支持,地位有了明显的改变。不久,篾儿乞部发动突然袭击,掳走了孛儿帖。铁木真在克烈部王罕和札答阑部(也是蒙古部中的一支)首领札木合(铁木真的"安答")协助下,发起了对篾儿乞部的战争,把对方打得大败,夺回了孛儿帖,还俘虏了许多篾儿乞人作为奴隶。对篾儿乞一战,具有重要意义,标志着铁木真开始走上草原的政治舞台。

击败篾儿乞人以后,铁木真和札木合再一次结为"安答",共同游牧,非常亲密。但没有多久,彼此便发生了矛盾。铁木真势力不断壮大,引起了札木合的猜忌,双方便分裂了。大定二十九年(1189),一部分蒙古部贵族聚集在铁木真周围,拥立他为汗,得到了克烈部首领王罕的承认。札木合当然不能容忍这一举动,便纠集了蒙古部的其余首领,拥兵3万,分成十三翼,前来挑战。铁木真也把自己的部众和归附于自己的各部分成十三翼应战。这便是蒙古早期历史上著名的十三翼之战。这次战斗以铁木真失败告终,他被迫退到鄂嫩河上游,但实力并未受很大损失。札木合虽然得胜,但他对部属十分残暴,内部又互争雄长,不能统一,不少人反而前去投奔铁木真。铁木真通过这场战争得到了磨炼,而且很快便恢复了元气。

十三翼战役后不久,金朝接连发动了对蒙古各部的战争。强大的塔塔儿部,长期以来依附于金朝,在金朝支持下,不时攻打克烈、蒙古诸部。蒙古部的著名首领俺巴孩便是被塔塔儿人抓住献给金朝处死的,两部是世仇。但是在明昌六年(1195),金军进攻呼伦贝尔地区的部落时,塔塔儿人拦夺其俘获的羊马,因而与金军冲突。承安元年(1196),金朝大军由丞相完颜襄统领,向塔塔儿部进攻。塔塔儿部抵挡不住,纷纷逃窜。铁木真得到消息,立即与王罕联合,阻击逃跑的塔塔儿人,捕杀他们的首领,掳掠了大批财物。这次胜利,实现了蒙古部复仇的愿望,大大提高了铁木真的威望。事后,完颜襄授予铁木真以"扎兀惕忽里"(诸部统领)的称号,实际上承认他是蒙古部的首领,从而使他的地位具有了合法性。

这样,到12世纪末,铁木真部已经成为蒙古草原的一支强大力量了。

七载光阴　成就大业

从承安五年(1200)起,铁木真用7年的时间,实现了蒙古草原的统一,其间进行了四次大规模的战斗。

第一次在泰和元年(1201),札木合纠集泰赤乌、塔塔儿、篾儿乞、乃蛮诸部,打算向铁木真、王罕发起突然袭击。但铁木真事先得到消息,与王罕联合,迎击札木合联军。在战斗中铁木真中箭负伤,部众损失也很惨重,但终于击败对手,彻底吞并了泰赤乌部。札木合败逃。

第二次在泰和二年(1202),铁木真主动出击,把矛头对准东方的塔塔儿部。塔塔儿部经过金军的打击,力量衰微,当然不是铁木真的对手,很快便失败了。胜利之后,为了替祖先报仇雪恨,铁木真下令将塔塔儿部中身长高于车辖的男人都要全部杀掉,其余分给蒙古人当奴隶。这道命令被塔塔儿人知道了,人人拼死反抗,使蒙古军遭到很大损失。经过这一仗以后,塔塔儿部就一蹶不振了。

在攻打塔塔儿人以前,铁木真发布军令:在作战中不许私自掳掠财物,要等胜利后统一分配,军退时要返回杀敌,逃走者斩。这两条军令都是针对部落贵族而发的,他们在战争中往往随意进退,自行掠夺财物,不听从统一指挥。这两条军令的颁布和实施,大大提高了铁木真作为领袖的地位,进一步树立了他的权威。

塔塔儿部居住的呼伦贝尔草原,位于蒙古高原的东部,是个水草丰美、牲畜繁衍的好地方。铁木真夺取了这一片富饶的草原,便获得了强大的物质力量。这样,蒙古草原政治力量的构成,发生了很大的变化,占有东部的新兴的蒙古部,与中部的克烈、西部的乃蛮,鼎足而三,成为可以左右局势的力量了。

第三次在泰和三年(1203),对手是克烈部。铁木真原来依靠克烈部的支持来扩大自己的势力,他尊称王罕为"罕父",不断向其贡献财物。王罕当之不疑,在他眼中,铁木真不过是可供指使的附庸。但是,随着蒙古部势力日益强大,王罕和他的儿子桑昆愈来愈感到不安,双方的联盟关系终于破裂了。原来他们的共同敌人札木合这时也投奔了王罕,共同策划反对铁木真。泰和三年(1203)春,王罕父子设计,请铁木真赴宴,想在宴会上乘机将他杀掉。但是这一计划被两个奴隶知道了,逃走向铁木真报告。王罕知道计划泄露,便发兵来攻,双方大战于合兰真沙陀(约在今内蒙古锡林郭勒盟乌珠穆沁旗北境)之地。这一仗是铁木真一生中最为艰苦的战斗。称雄漠北多年的克烈部,兵强马壮,又得到札木合等人的支持,人数既多,又具有很强的战斗力。铁木真的部众,数量上比对方差得很远,面对强敌,有的将领在阵前用马鞭抚弄着马鬃,犹豫不决,不敢向前。这时铁木真的结义兄弟忽亦勒答儿挺身向前说:"我要把大旗插到敌人后方的山冈上去,你们跟着我上。如果我死了,希望把我的几个儿子抚养成人。"他说完以后便跃马冲锋,果然把大旗插上了山冈,这样一来,铁木真的军队士气大振,奋勇杀敌。王罕的军队眼看就要抵挡不住,桑昆率领援军来到,稳住了局势。又经过一番战斗,铁木真的军队终因寡不敌众,被迫败退,王罕军队的攻势已衰,桑昆又在战斗中受伤,也就停止了追击。

在败退过程中,铁木真部众溃散,他率领19骑经过巴勒渚纳(一译班朱尼河,意为沼泽。有些记载中称之为黑河)。这个地方只有一点泉水,不够他们和马匹饮用,于是只好从污泥中挤出水来喝。他们携带的干粮均已吃完,荒野上找不到别的可吃的东西,便四处打猎,射杀野马,剥皮为釜,敲石取火,煮熟了吃。铁木真在这里对天发誓:将来能成大业,一定要与大家同甘共苦,决不相负。他的话起了稳定人心的作用。离开巴勒渚纳以后,他把离散的部众重新收集起来,还收降了与自己联姻的弘吉剌部,力量逐渐恢复。他便派遣使者到王罕那里去,列举自己对王罕的种种好处,并且说:"大车的两个轮子如果折断了一个,犍牛想拉也拉不动,我就好比你的大车上的两个轮子中的一个。"他要求王罕派使者来谈判。王罕承认自己对铁木真有不公正的地方,答应与他联系。这样,依附于王罕的札木合等大失所望,策划自立为汗,并要袭击王罕。王罕得知此事,抢先发动进攻,札木合等便逃往乃蛮部去了。

泰和三年(1203)的秋天,铁木真让自己的兄弟合撒儿派人去对王罕说:现在蒙古部处境困难,愿意归附王罕。王罕信以为真,派遣使者来与合撒儿联系。其实这是铁木真的计策,以此来麻痹王罕父子,放松戒备。使者还在半路上,铁木真的军队已出动。王罕父子正在兴高采烈举行宴会,蒙古军在夜间发动了突然袭击。经过三天三夜的激战,彻底打垮了王罕的军队。王罕向西逃亡,被乃蛮人杀死。他的儿子桑昆到处流窜,也被人杀害。以强大著称的克烈部,完全被铁木真征服了。

对克烈部的战斗,是铁木真统一蒙古草原的关键。从原来的力量对比来说,铁木真并不占有优势,在最初的战斗中,他还吃了败仗。但他以坚忍不拔的意志,巧妙地利用对方的弱点,终于取得了这场决定性的胜利。为了纪念这场战斗,铁木真对在巴勒渚纳追随他的骑士都赐予特殊的荣誉。他们的后代在元代也都受到优遇。在战斗中一马当先的忽亦勒答儿,因伤重死去,他的家族也得到特殊的待遇。

第四次在泰和四年(1204)。克烈部被征服以后,草原上唯一还有力量与蒙古部抗衡的,是西边以"国大民众"著称的乃蛮部。乃蛮部在蒙古草原各部中,经济、文化水平较高,从来看不起那些"歹气息,破衣服"的蒙古部人。现在听说克烈部的结局,受到很大的震动,意识到铁木真的目标是想统治整个草原。乃蛮部的领袖太阳汗也有成为草原霸主的野心,"天上只有一个日月,地上如何有两个主人!"他决心要与蒙古部较量一番,要把对方"生得好的妇女掳来,将他们的弓箭夺来"。实际上,太阳汗昏庸无能,喜好的是放鹰、狩猎,再加上兄弟不和,内部矛盾重重,人心离散。

另一方面,铁木真却利用战胜克烈部的有利形势,对军队进行整顿。他按十进制的原则将军队分成百户、千户,统一编组起来,委派了各级那颜。他挑选那颜子弟和其他勇士千人组成怯薛(护卫军),规定了怯薛轮番宿卫的制度。这些措施,使军队完全听从大汗的统一指挥,从而大大提高了战斗力。

泰和四年(1204)初夏,双方集结军队,进行决战。在太阳汗统率下的,除了乃蛮部军队之外,还有先后被铁木真打败的篾儿乞部、克烈部残余力量以及铁木真的老对手札木合等。铁木真军队在数量上处于劣势。双方遭遇之后,铁木真下令全军,每人于夜间点燃五堆篝火,虚张声势。这一招果然有效,太阳汗以为蒙古军人数众多,先自胆怯。两军交锋时,铁木真亲自打前锋,锐不可当,乃蛮军节节败退,最后被迫据山固守。入夜后,乃蛮军队企图突围,遭蒙古军拦截,许多人坠崖而死,太阳汗也在乱军中死去。

札木合和太阳汗之子屈出律逃走。铁木真取得了完全的胜利,乃蛮部归于他统治之下。紧接着,铁木真相继征服了篾儿乞和乃蛮两部残余势力,札木合在逃亡途中被捉杀死。蒙古草原全听从铁木真的号令,再没有能与他抗衡的敌手。

建立蒙古　一代天骄

泰和六年(1206)春,铁木真在蒙古部原来居住的鄂嫩河源头召集全体贵族、将领举行大会(蒙语称为"忽里台")。在会上,全体与会者推举铁木真为大汗,号"成吉思",并以大蒙古作为国号。"成吉思"意为海洋,成吉思汗就是像海洋一样的统治者。蒙古本是草原上一个部落的名称,现在成为国家的名称了。

在成吉思汗建立大蒙古国时,他统治的地区东起兴安岭,西迄阿尔泰山,南到阴山,是一片极其广阔的地区。这个地区内的各种游牧部落,原来都有自己的名称。在大蒙古国建立后,他们逐渐融合为一个民族,以蒙古为名称。也就是说,蒙古族的形成,是与成吉思汗统一草原、建立大蒙古国分不开的。

成吉思汗建立了一套具有草原游牧民族特色的统治机构,主要是:

1.千户制。草原上的人民原来主要是按部落、氏族编制的。在统一草原的过程中,原有的部落组织已被打乱,有的部落通过掳掠或其他手段吸收了大量来自部落之外的人口,有的部落则因战争失利而被强制拆散,分属胜利者的部落。因此,迫切需要适应这种变化的新编制形式。前面说过,成吉思汗在与乃蛮作战以前,按十进制编组军队。建国以后,他进一步推广这种制度,将全蒙古的百姓划分为 95 个千户,分封开国功臣为千户长,分别进行统治。千户以下,又分为百户、十户。每个千户都有固定的游牧地区。百姓与千户之间,有严格的隶属关系,如果投奔他处,就要被处死,接收者也要受严厉惩罚。大蒙古国按千户来征收赋税、分派徭役。在作战时,就由千户长、百户长率领成年男子出征。千户制既是行政机构,又是军队的组织形式。这种军民合一的制度,是草原游牧民族的特色。

在千户以上,设有万户。东边直至大兴安岭的广大地区内分布的各千户,由左手万户管辖,西边直至阿尔泰山的广大地区内分布的各千户,由右手万户管辖。成吉思汗任命自己亲信将领木华黎和博尔术为左右手万户。此外,还任命一个中军万户,统领大汗的护卫军。万户、千户、百户都是世袭的,但如果对大汗不忠,就会被撤职。

2.怯薛。在征服乃蛮以前,铁木真已经建立了一支千人组成的怯薛。大蒙古国建立后,他将怯薛扩充为一万名,主要由各级那颜和贵族子弟中选充,也有一小部分来自"白身人"(平民)。怯薛分为四队,每三天一次,轮流到大汗身边值班。怯薛是大汗亲自掌握的一支精锐部队,负责大汗的安全,同时还承担各种杂务。四怯薛长由大汗最亲信的"四杰"担任,怯薛受到大汗的特殊宠信,常常被委派处理各种政务。元朝建立以后,怯薛仍然保留下来,成为一个最有特权的部门,怯薛成员往往很快就可以当上大官。

前面说过,草原各部首领周围形成了"那可儿"("伴当")集团,这是首领们对内统治、对外战争的得力工具,怯薛实际上就是由"那可儿"发展而成的。

3.札鲁忽赤和札撒。札鲁忽赤译成汉文就是断事官。建国以前,铁木真已任命过札鲁忽赤。大蒙古国建立时,成吉思汗任命义弟(诃额仑收养的孤儿)失吉忽秃忽为最高的札鲁忽赤,授权他分配人户,审理盗贼、诈伪等事,该杀的杀,该罚的罚,任何人不得违背。同时还命令他将"断了的事，写在青册上，以后不许诸人更改"。"写在青册上"的断事决定，就是法律条规，当时称为"札撒"。札鲁忽赤兼管财政、刑罚，拥有很大的权力。后来大汗派往征服地区的最高长官，也都称为札鲁忽赤。

千户制、怯薛、札鲁忽赤和札撒，便是大蒙古国初建时国家机器的主要部分。它们对于巩固成吉思汗的统治起了很大的作用。还应该提到的是蒙古文字的创建。蒙古人原来没有文字，调发兵马时结草为记或刻木记事。铁木真征服乃蛮时，俘虏了乃蛮的掌印官塔塔统阿。塔塔统阿懂得畏兀儿（今天维吾尔族的祖先）文字，乃蛮的印章就是用畏兀儿文刻成的。根据成吉思汗的命令，塔塔统阿借用畏兀儿文的字母来拼写蒙古语，创制了蒙古文，教授蒙古贵族子弟。蒙古文创建后，应用于印信、牌符上，还用来发布大汗的旨意，记录法令，这就进一步加强了国家机器的职能。

大蒙古国的建立，是蒙古社会进入奴隶制发展阶段的标志。在统一草原的过程中，铁木真将大批战争中的俘虏分配给有功的将士为奴隶。建国后，又通过"札撒"肯定了抑配俘虏为奴和使用奴隶劳动的合法性。随着大规模战争的继续进行，大量外族的俘虏被遣回草原，作为蒙古人的奴隶。由于蒙古成年男子必须从军或在驿站服役，以至在草原上牧放牲畜的主要是外族奴隶。大蒙古国是代表蒙古奴隶主利益的政权。成吉思汗是蒙古奴隶主的政治代表。

大蒙古国建立后，南边与西夏、金朝为邻，西边与畏兀儿、哈剌鲁相接。在蒙古草原以北的森林地带，还有一些部落没有降附。

泰和七年（1207），成吉思汗派遣长子术赤前去征服森林地带的"林木中百姓"，经过艰苦的战斗，取得了胜利，这样便巩固了后方。紧接着，便开始对外发动大规模的战争。主要分两个方面，一是南下进攻西夏和金朝，一是西征中亚。

一、南下进攻西夏和金朝

泰和四年（1204），铁木真灭乃蛮部后，统治的境土已与西夏相接。泰和五年（1205），蒙古军以西夏接纳逃亡的乃蛮贵族为借口，攻入西夏境内大肆抢掠，但很快便退回。大蒙古国建立的次年，成吉思汗亲自率军侵入西夏，历时五个月才退出。这两次军事行动都属于实力侦察性质。到大安元年（1209）春，蒙古军发动大规模进攻，连克数城，包围西夏首都中兴府（今宁夏银川）。西夏向金朝请求援助，遭到拒绝。大安三年（1211）年初，西夏纳女称臣，成吉思汗才退回蒙古草原。

蒙古与金朝的关系是很复杂的。蒙古部的首领俺巴孩曾被金朝杀害，但成吉思汗本人曾配合金朝军队对塔塔儿部作战，并因此接受过金朝的封号。在泰和六年（1206）建立大蒙古国后，成吉思汗曾到边境向金朝进贡，金章宗派遣其叔父卫王完颜永济接受贡献。完颜永济为人软弱无能，成吉思汗轻视他，对他很不礼貌。泰和八年（1208）金章宗死，无子，完颜永济嗣位。金朝派遣使臣将即位的诏书传送到蒙古，成吉思汗问使者："新君为谁？"金朝使臣回答说："卫王也。"成吉思汗向南方吐了一口唾沫，骂道："我以为中原皇帝都是天上人做，这种无用软弱的人也能做吗！我才不拜他呢！"立即跳上马背走开了。成吉思汗归附金朝不过是一种策略，他早已有意对金用兵，现在昏庸无能的卫王做了皇帝，正是出兵的好时机，所以他利用这一机会与金朝决裂。

西夏称臣后，成吉思汗消除了来自侧翼的威胁，拆散了金、夏之间的联系。于是，大安三年（1211）的春天，他便在克鲁伦河畔聚众誓师。按照蒙古的习俗，他登上高山，祈求上天帮助，为祖先报仇雪恨。他发动对金战争，就是以报仇为借口进行的。这一年七月，蒙古军突破金朝用来防御草原游牧民进攻的边墙，在野狐岭（今河北张北）大败金军。蒙古军进而围攻中都(今北京),金兵坚守,相持不下,蒙古军退兵。崇庆元年(1212),成吉思汗亲自率军围攻西京(今山西大同),大败金朝派来的援兵,但在攻城时中了流矢,便退回阴山附近。至宁元年(1213)秋,成吉思汗集结军队,再次攻金。在怀来(今河北怀来)大败金朝丞相完颜纲和术虎高琪指挥的军队,金朝伤死的将士"如烂木般堆着",金军精锐在这一仗被消灭殆尽。蒙古军乘胜来到居庸关前,居庸关是中都西北的要隘,一过居庸关,就是平原,无险可守,因此金朝在这里置重兵固守,布下了严密的防御工事。成吉思汗避实就虚,由山间小路绕到关后。然后分兵三路,连破山西、山东、河北和辽东的许多州县。到贞祐二年(1214)春,属于金朝管辖的华北平原广大地区,只有中都、真定等11个城未下。三路大军掳掠了大量人口、牲畜、财物之后,在中都附近集合,准备攻城。正当蒙古军在华北平原上驰骋时,金朝宫廷中发生政变,皇帝完颜永济被权臣谋害,金宣宗完颜珣继立。宣宗面对内外交困的局势,只好向蒙古求和,献出公主,加上大批金帛、童男女、马匹,由丞相恭送蒙古军出关。

这一年五月,被蒙古军吓破了胆的金宣宗不顾一部分贵族官僚的反对,将朝廷迁到汴京(今河南开封),留下大臣完颜承晖镇守中都。成吉思汗闻讯,便派军队包围中都,金朝由河南派遣军队来救援,中途被击溃。中都孤立无援,城中发生饥荒。贞祐三年(1215)五月,完颜承晖自杀,城中军民投降,蒙古军占领了这座华北平原上的名城。

兴定元年(1217)起,成吉思汗集中全力西征,把对金战争交给左手万户木华黎全权负责,封他为太师国王。木华黎率领蒙古军和归附的其他各族武装,逐步占领了河北、山西、山东的大片土地。

二、西征中亚

当大蒙古国建立时,它的西边有畏兀儿,居地是以别失八里(今新疆吉木萨尔)、哈剌火州(今新疆吐鲁番)为中心的新疆东部地区;哈剌鲁,居地在今巴尔喀什湖东南的伊犁河、楚河流域。在畏兀儿和哈剌鲁以西,则是西辽和花剌子模汗国。辽朝被金灭亡时,皇族耶律大石率领一支军队西行,建立了一个国家,仍以辽为国号,历史上称为西辽,也称为哈剌契丹(黑契丹)。西辽的统治地区以河中(锡尔河与阿姆河中间地区)为中心,首都是虎思斡耳朵(今吉尔吉斯斯坦托克马克附近),一度是中亚最强大的国家,畏兀儿和哈剌鲁都成为其藩属,受它控制。西辽以西是花剌子模,它位于咸海以南,首都玉龙杰赤(在阿姆河下游)。13世纪初,花剌子模算端(算端是统治者的称号)野心勃勃,到处扩张势力,辖地已达今伊朗、阿富汗的广大地区,并曾大败西辽。

西辽在畏兀儿地区派驻少监,横征暴敛,对畏兀儿的亦都护(统治者的称号)巴而术阿儿忒的斤和他的部属加以百般凌辱。巴而术阿儿忒的斤得知成吉思汗统一蒙古建立国家的消息后,便于大安元年(1209)将西辽少监杀掉,归顺蒙古。成吉思汗给予畏兀儿亦都护以隆重的待遇,按照游牧民族收养子的习惯,承认巴而术阿儿忒的斤为第五子,并把女儿许给他为妻。自此,畏兀儿成为蒙古的藩属。畏兀儿的归附,有着重要意义。畏兀儿人有较高的文化,他们对于大蒙古国的行政管理起了很大的作用。畏兀儿地区位于东西方交通的要道,商队必经之地,成吉思汗通过畏兀儿对西方的情况有了更多的了解。紧接着,居住在海押立地区(今伊犁河中游北岸)的哈剌鲁人首领也杀死西辽的少监,摆脱与西辽的藩属关系,投向蒙古。阿力麻里(今新疆伊犁地区)的哈剌鲁首领当时正在反抗西辽的统治,很快也归附成吉思汗。这样,大蒙古国便与西辽发生直接接触了。

蒙古灭乃蛮后,乃蛮王子屈出律向西逃走,几经曲折,来到西辽。西辽皇帝耶律直鲁古把女儿嫁给他,并支持他招集乃蛮旧部。屈出律势力渐大,便乘西辽与花剌子模交战的时机,发动突然袭击,囚禁了耶律直鲁古,夺取了帝位。屈出律称帝后,出兵征服可失合儿(今新疆喀什)、斡端(今新疆和田)等地,强迫当地人民放弃伊斯兰教,改信佛教或景教,对当地人民敲诈勒索,奸淫烧杀,引起了强烈的反抗。成吉思汗知道这些情况后,便于1218年派遣大将哲别领兵2万出征屈律。哲别进入西辽境内后,宣布信教自由,从而得到伊斯兰教徒的广泛支持。屈出律犹如惊弓之鸟,不敢与蒙古军交锋,狼狈逃窜,后为巴达哈伤(今阿富汗巴达克山)地区山民捉获,送交蒙古军处死。蒙古征服了西辽,便和花剌子模接壤。

花剌子模这时正处于鼎盛时期,它与蒙古联系较早。成吉思汗在草原上崛起的消息,很快传到中亚,引起了花剌子模算端的注意。他派遣使者来到东方,侦察蒙古的虚实。贞祐二年(1214),成吉思汗接见了花剌子模使者,提出双方派遣使臣、商人互相往来,交换商品,彼此和好。为了表示自己的诚意,他用很高的价格买下了花剌子模商队的货物,同时还派遣使臣和400余人组成的庞大商队回访。蒙古使臣见到了花剌子模算端,但商队却被讹答剌(今哈萨克斯坦共和国境内锡尔河右岸)城的长官扣留。经过花剌子模算端同意,讹答剌的长官下令杀死商队中的所有商人,没收全部货物。他的命令被执行了,但是商队中有一人设法逃走,回到蒙古,向成吉思汗报告事情的经过。成吉思汗闻讯大怒,感到遭受了前所未有的羞辱。他奔上高山之顶,脱去帽子,以脸朝地,祈祷了三天三夜,说:"我非这场灾祸的挑起者,赐我力量去复仇吧。"下山以后,他派遣使者到花剌子模,向花剌子模算端提出质问,并警告说,自己打算讨伐,要花剌子模算端做好准备。花剌子模算端摩诃末当场下令将为首的蒙古使臣杀死,其余二人剃去胡须后放回。这件事进一步加深了成吉思汗对花剌子模算端的仇恨。但由于西辽未灭,加上对金用兵,就暂时搁置了下来。在消灭屈出律、征服西辽以后,他就开始对花剌子模采取行动了。

兴定三年(1219)秋天,成吉思汗率领蒙古军和其他民族的军队,共10余万人,出征花剌子模。花剌子模貌似强大,实际上内部矛盾重重,各怀异志。面对强敌,算端摩诃末根本无法组织军队进行决战,只能采取分兵守御要塞的办法,把希望寄托在蒙古军大掠后会自行退兵上。但是,经过对西夏和对金战争的锻炼之后,原来长于野战的蒙古军,现在在攻坚方面也具有很高的能力。严密设防的讹答剌、撒麻耳干(今译撒马儿罕,在乌兹别克斯坦共和国)、不花剌(今译布哈拉,在乌兹别克斯坦共和国)、玉龙杰赤等城,相继都在蒙古军攻击下陷落了。蒙古军对居民大肆杀戮,抢劫财物,纵火焚烧各种建筑,使这些城市受到毁灭性的打击。有的城市(如讹答剌、玉龙杰赤)则被夷为平地。算端摩诃末在蒙古军追击下狼狈逃窜,最后逃到里海的一个小岛上病死。摩诃末之子札阑丁组织力量抗击,兴定五年(1221),他在申河(今印度河)边被成吉思汗打败,逃入印度境内。蒙古军的一部,在追逐摩诃末时,曾越过高加索山脉,打败当地钦察部落和斡罗思(今译俄罗斯)人的联军,沿第聂伯河至里海北岸,然后返回。从兴定三年(1219)到兴定六年(1222),蒙古人的铁骑在中亚广大地区到处驰骋,给花剌子模汗国以致命的打击。但是,成吉思汗这次出征的主要目的是报仇,在这一地区大肆掠夺,造成极大的破坏,却没有建立牢固的统治。所以到他死后又有第二次西征。

在战胜札阑丁之后,成吉思汗回到大雪山(今兴都库什山)山麓过冬。兴定六年(1222)四月,在那里接见了全真道的领袖丘处机。丘处机住在山东,成吉思汗听说他有长生不老之术,专门派遣使者召他前来。丘处机在进谒时坦率地说:只有养生之道,没有长生之药，并劝说成吉思汗要以"敬天爱民为本"。在接见丘处机后不久，成吉思汗决定结束西征，循原道回师，经过两年多的跋涉，在正大二年(1225)春回到斡难河头的营地。

三、西夏的灭亡和成吉思汗之死

当成吉思汗西征时，曾要西夏出兵相助，遭到西夏大臣阿沙敢不的拒绝。成吉思汗对此深为恼怒，为了对花剌子模用兵，他没有立即对西夏采取行动。在西征胜利以后，他急于回师的原因之一，就是因为西夏变得倔强，动摇于降、叛之间。

正大三年(1226)年初，成吉思汗率领大军，进攻西夏，势如破竹。阿沙敢不战败被俘。十一月，两军在灵州(今宁夏银川南朵儿篾该)决战，西夏将士虽奋力抵抗，但没能挡住蒙古骑兵的冲击，终于失败。灵州陷落后，蒙古军进围西夏国都中庆府。经过长期包围之后，中庆府粮尽援绝，到正大四年(1227)六月间又发生强烈地震，灾上加灾。西夏国王被迫请降。成吉思汗在出征西夏前已因打猎时坠马得病，这时因水土不服病势更加严重，他自知很快要死，下令死后秘不发丧，待西夏国王前来谒见时便把他杀掉。这年七月十二日，成吉思汗病死，终年66岁。死后三天，西夏国王出降被杀，中庆府也被洗劫一空，城中居民不是惨死在刀下就是沦为奴隶。

成吉思汗的遗体，立刻被护送到斡难河头的营帐所在地，沿途看见人畜全部杀死。根据他生前的意愿，遗体埋在鄂嫩、克鲁伦、土拉三河发源地不儿罕山的起辇谷，后来元朝诸帝死后也都送到这里来安葬。起辇谷草木茂密，到13世纪末，成吉思汗的葬地已经无法辨认了。

成吉思汗有许多儿子，正妻孛儿帖所生四子地位最高，他们是术赤、察合台、窝阔台、拖雷。四人常常跟随成吉思汗出征，立下了赫赫战功。成吉思汗将巴尔喀什湖以西蒙古军马蹄所到之处封给长子术赤，自畏兀儿到阿姆河之间地区分给察合台。窝阔台占有以叶密立河(额敏河)和霍博(今新疆和布克赛尔)为中心的地区。按蒙古人习惯，幼子继承家业，其余诸子另立门户，所以前面三子分有被征服的领土，而幼子拖雷继承漠北蒙古本土。至于汗位继承，则与财产继承有所区别。成吉思汗对于确立汗位继承人，非常犹豫。在西征将要开始时，也遂夫人(成吉思汗宠爱的妻子)说："皇帝涉历山川，远去征战。若一日有不讳，四子内命谁为主，可令众人先知。"成吉思汗就把四个儿子找到一起商量。他先征求术赤的意见，术赤还未说话，察合台抢先说道："父亲问术赤，是不是要委付他？他是篾儿乞种带来的，俺如何教他管？"原来，成吉思汗长妻孛儿帖曾被篾儿乞人抢去，夺回以后才生下术赤，所以他的血统是很可疑的。术赤听了这番话，非常恼怒，揪住察合台的衣领，就要动手，被旁人劝阻住。面对二子的冲突，成吉思汗感到忧虑，便指定第三子窝阔台为汗位继承人，并要其余三子立誓拥藏。术赤于成吉思汗出征西夏时在自己的封地死去。成吉思汗临死前，将窝阔台、拖雷及其他诸子召集在一起，用箭和多头蛇作譬喻，要他们拥戴窝阔台为大汗，并说："只要你们弟兄相互帮助，彼此坚决支援，你们的敌人再强大，也战胜不了你们。"因此，在成吉思汗死后召开的忽里台大会上，根据遗命与会者一致推选窝阔台为大蒙古国的大汗。但是，事实与成吉思汗的愿望相反，子孙并不听从他的嘱咐，反而经常为争权夺利发生冲突。从窝阔台即位之日始，以术赤系和拖雷系为一方，以窝阔台系和察合台系为另一方，形成两个派别，围绕着汗位一直进行着明争暗斗。大蒙古国与元朝政治生活的许多方面，都是受这一派系斗争影响的。

成吉思汗是中国和世界历史上的一个传奇人物。他幼年时历经艰辛，成人后屡遭挫折，但从不气馁，努力奋斗，终于战胜一个个强大的对手，统一了蒙古草原。大蒙古国建立后，他又接连用兵，四处出征。他的一生，"灭国四十"，在世界历史上写下了惊心动魄的篇章。"一代天骄"，他是当之无愧的。

大蒙古国的建立，使草原上说各种语言的部落，逐渐融合为一个民族共同体，以蒙古为名，走上了世界历史舞台。在蒙古族的形成和发展过程中，成吉思汗的贡献是巨大的，他是当之无愧的蒙古族民族英雄。他在我国北方的军事活动，打破了长期以来分裂割据的局面，为以后元朝统一全国奠定了基础，也是有积极意义的。当然，也应看到战争的消极一面，无论在蒙古草原统一的过程中，或是对金、西夏的战争中，都造成了巨大的破坏，各族（包括蒙古族在内）人民的生命财产遭到十分惨重的损失。

成吉思汗的西征，是一个长期存在争论的问题。西征是在"复仇"的名义下进行的，实质上是争夺霸权的斗争。西征给中亚各族人民带来了极大的痛苦，成吉思汗的暴行长期留在人们的记忆里。但是，也应该看到，它冲破了长期以来各国互相隔绝的状态，促进了东西方经济、文化的交流，"丝绸之路"再一次兴盛起来。西征带来的这方面的后果，在世界历史上是有积极意义的。

明代官修的《元史》称赞成吉思汗"深沉有大略，用兵如神"。历来中外历史学家都盛赞成吉思汗的军事天才。的确，他善于用兵，能出奇制胜，在军事上有许多值得重视的创造。但是，我们也可以看到，他并不是天生的常胜将军，在统一蒙古过程中，曾不止一次吃过败仗。重要的是，他在失败之后从不气馁，善于从失败中学习，以坚强的意志，重整旗鼓，直到取得胜利。正因为他在艰苦的环境中得到了充分的磨炼，所以在走出蒙古草原以后，才会所向无敌，成为叱咤风云的一代豪杰。

世祖忽必烈

人物档案

生卒年：1215～1294 年

父母：父，托雷；母，唆鲁禾帖尼王妃

后妃：察必皇后、塔剌海皇后等

年号：中统，至元

在位时间：1260～1294 年

谥号：圣德神功文武皇帝

庙号：世祖

陵寝：起辇谷

性格：雄才大略

名家评点：

元世祖忽必烈是少数民族皇帝中统一
中国的第一人，其文治武功可以与秦皇、汉
武、唐宗、宋祖、成吉思汗等相提并论。

——朱耀廷

世祖忽必烈

汗位：兄弟间的争位战

元世祖忽必烈，是元宪宗蒙哥的弟弟，公元 1260 年，忽必烈在部分诸王的推戴下，即汗位，在击败了与其争夺汗位的阿里不哥后，于公元 1271 年，建国号为大元。次年确定以大都（今北京）为首都。忽必烈在位期间，中央集权政治得以重新确立，并采取了一些有利于农业和手工业生产的措施。忽必烈致力于统一战争和对外攻伐，初步奠定了中国疆域的规模。

忽必烈是拖雷正妻唆鲁禾帖尼的次子，在为藩王时，便热心学习汉文化。公元 1251 年，长兄蒙哥即大汗位，忽必烈以皇弟之亲，受任总理漠南汉地军国庶事。忽必烈先后任汉人儒士整饬邢州吏治，立经略司于汴梁，整顿河南军政，并屯田唐、邓，收到积极效果。公元 1253 年，忽必烈受京兆（今陕西西安）封地，在这里任诸儒臣兴立屯田，兴复吏治，恢复农业，建立学校，进一步取得了北方汉族地主对他的拥护。

同年，忽必烈受命与大将兀良合台远征云南，灭大理国。大理国是白族祖先于公元 937 年建立的政权，辖今云南全境及四川西南部。在南宋和蒙古交战以后，蒙古军在四川、荆襄、江淮等地遭到了宋军的顽强抵抗，灭宋计划长期未能实现。蒙哥继汗位后，采纳了忽必烈的建策，确定绕道吐蕃（今四川、青海、西藏交界地区），攻灭大理，尔后再南北夹攻南宋的战略。

忽必烈率十万大军出征，蒙古大将汪德臣也率部入蜀，配合忽必烈的行动。忽必烈率大将儿良台合、树合也只烈等从宁夏出发，经甘肃，入四川后又分兵三路入云南。忽必烈率领的中路大军，来到金沙江边，不畏江水汹涌湍急，乘革囊渡过金沙江，入永胜、丽江，占领了鹤庆，剑川一带，开始攻大理。因上关城池坚固攻不下来，改由苍山背后,攻占大理国都城羊苴咩城,全歼了大理军主力,大理城内王公士民大部溃逃。

蒙古军在进入城内后,忽必烈采纳了谋臣姚枢的建议,下了止杀令,安抚民众,稳定秩序,继而又分兵攻占附近要地。

公元1254年春,忽必烈命刘时中为宣抚使治理大理,留兀良合台继续攻取未附地区,自己则率部分将士班师回朝。随后进占南方诸部寨,统一了云南37部,控制大理国全境,大理国亡。

大理灭亡后,蒙哥于公元1258年兴师伐南宋,授命忽必烈代总东路军。忽必烈率师抵达淮河时,蒙哥在合州前线病逝的消息传来,不久,又得悉留守漠北的幼弟阿里不哥擅自征兵图谋汗位,忽必烈立即采纳汉人郝经的计策,与南宋约和,轻骑北返燕京。

公元1260年,忽必烈在部分诸王的支持下,在自己的大本营开平(今多伦西北)宣布即大汗位。两个月后,阿里不哥也在和林宣布即大汗位,并据有漠北地区。驻军在六盘山的蒙古军主帅浑都海、陕西的刘太平,以及四川蒙古军的一些将领,都拥护阿里不哥为大汗,企图以秦蜀之地响应。

忽必烈于是派遣廉希宪为京兆等路宣抚使,杀刘太平和四川军中依附阿里不哥的将领。不久,诸王合军,击败了浑都海和逾漠南下应援的阿蓝答儿,完全控制了关陇川蜀地区。

忽必烈出猎图

忽必烈于是亲率大军去和林征讨阿里不哥,阿里不哥不敌,败逃至吉利吉思。忽必烈命宗王移相哥统领一军留驻和林,牵制阿里不哥。

公元1261年秋,阿里不哥率军袭击移相哥的军队,乘胜南下。忽必烈急忙率领张柔等七处汉军,并令董文炳、塔察儿率军从征。很快,双方的军队大战于昔木土脑儿(今蒙古苏赫巴托省南部),两军各有伤亡,阿里不哥北撤,忽必烈也还军。

因为忽必烈切断了汉地对漠北的物资供应,阿里不哥慢慢陷于窘境,便派阿鲁忽(察合台孙)前往主持察台台汗国政务。但阿鲁忽取得汗位后,拒绝向阿里不哥提供物资,于是阿里不哥又举兵而击阿鲁忽,进驻阿力麻里,阿鲁忽西走撒马尔罕。

公元1264年,阿里不哥众叛亲离,走投无路,向忽必烈投降。至此,历时四年的汗位之争以忽必烈的胜利宣告结束,这次兄弟间的争位战争也给忽必烈带来了警示,因为蒙古的汗位继承,一向都是大家共同推选的。忽必烈为了保持住蒙古大汗的地位,改变了传统的选汗制度,采取汉人预立皇太子的办法,来确定帝位的继承人。

公元1271年,忽必烈诏告天下,正式建国号为"大元"。次年,改中都为大都(今北京),宣布以大都为元朝的都城。

强大:历史上最大的版图

公元1267年,忽必烈采纳了降蒙宋将刘整的方略,决定先攻取襄阳,进而灭亡南宋。次年九月,忽必烈命刘整与蒙军主将阿术等率军围困襄阳和樊城(皆在今湖北),从此,襄、樊军民便开始了长达五六年之久的襄樊保卫战。

公元1269年,忽必烈派丞相史天泽亲自督师。蒙古军在襄、樊四周修城筑围,封锁汉水,扼守通往襄、樊的水陆要冲。同时造战船、练水军,屡次打败南宋的援军。襄、樊被困三年,贾似道一直对宋度宗封锁消息,甚至有敢说蒙军攻宋的,就被贬斥,也有被借故杀掉的。

公元1272年,樊城外城被元军攻破,宋军退守内城。这时,城中虽尚有粮,但其他物资皆缺。为了援助襄、樊,李庭芝屯兵郢州,并利用襄阳西北的青泥河,以轻舟百艘,装满衣甲物资,在张顺、张贵带领下,乘夜转战120多里到达襄阳城下,张顺力战而死。外援船的到来极大地鼓舞了襄、樊军民,张贵入襄之后,派人潜水与在郢州的宋军范文虎相约,会师于龙尾洲。但范文虎却于会师的前两天,退屯三十里。元军得到这一消息,在龙尾洲以逸待劳,大败宋军,从此,襄、樊便与外界中断了联系。

公元1273年,元军攻破樊城,都统范天顺自杀,统制牛富率军巷战,后亦赴火自尽。襄阳宋将吕文焕向元军投降。随着襄、樊这一军事重镇的陷落,南宋很快宣告灭亡。

忽必烈至此统一了中原,他建立的元朝,极盛之时的版图古今无与伦比,东起朝鲜、西至地中海、北抵西伯利亚、南达南海及印度洋,包括了几乎整个亚洲及欧洲东部。这个庞大帝国的组成,又分成两部分:

元朝辖区:包括中国、蒙古本土、朝鲜及南洋部分地区。

四大汗国:钦察,察合台,窝阔台,伊利诸汗国,形式上都奉元朝皇帝为宗主,实际上各自独立。

如此大的领土,不仅人口众多,民族也多,元朝把帝国境内的各族人民分为了四等十级。

四等中的第一等当然是蒙古人,他们都是成吉思汗的子孙,是天之骄子,管理着这个庞大的国家。第二等是色目人,也就是西域各族人和西夏人。第三等是"汉人",即原来金朝统治区域的汉族和契丹,女真等族人。第四等是"南人",地位最为低下,包括南宋统治区域的汉族和其他各族人。这四等人的界限是森严的,重要的官职,军职均由蒙古人充任,不足时则用色目人。

元政府依照不同职业的性质,又把帝国民众分为十级:第一级是官;第二级是吏,也就是不能擢升为官员的政府雇员;第三级是佛教僧侣;第四级是道士;第五级是医生;第六级是工,也就是高级的匠人,或说技术人员;第七级是匠,低级技术人员;第八级是娼;第九级是儒,也包括道学家;第十级是乞丐。

一向备受尊敬的儒家士大夫们,在蒙古人看来,都是彻头彻尾的寄生虫,连被儒家所最鄙视的娼妓都不如,仅稍胜过乞丐。因为在蒙古故土的沙漠地区,每一个人,包括妇女和孩子,都要从事劳动,刚打下江山的蒙古人实在想不通,世界上怎么还有专门读书、专门做官的这种行业。

忽必烈在建立元朝以后,有意识地保留了中原的一些制度。但关于采用什么政策来统治汉地的问题,争论一直存在。忽必烈极力提倡采用汉法。为了贯彻汉法,巩固对全国的统治,在中央设立了中书省,总理全国行政事务,由枢密院掌管军事,御史台负责监察。

伯牙鼓琴图(元·王振鹏)

在地方上,忽必烈设立行中书省,简称行省。行中书省各设丞相一人,掌管全省的军政大事。行省下设路、府、州、县。当时全国共有十个行省,即岭北、辽阳、河南、陕西、四川、甘肃、云南、江浙、江西、湖广。至于山东、山西、河北和内蒙古等地则称为"腹里",作为中央的特区,由中书省直辖。行省制的确立,有效巩固了国家的统一,也是我国政治制度史上的一项重大变革,对后世有着巨大影响。

在军事方面,忽必烈实行军民异籍、军民分治的政策,使军职不得干预民事。虽然军职是世袭的,但军队的调遣、军官的任命,都由枢密院直接掌握。元朝军队分为蒙古军、探马赤军、汉军和新附军等。探马赤军是在蒙古灭金时组成,以蒙古人为主体,包括色目、汉人在内的一支先锋部队。汉军是以汉军为基础,经过整编而成的部队。新附军是南宋投降后改编的部队。蒙古军和探马赤军是骨干,主要驻防于京师和腹里,而汉军和新附军多驻江淮以南。

慧眼:少年得志的安童

忽必烈的杰出当然不仅仅体现在他打出了中国历史上最大的版图,还体现在他在用人上能慧眼识才,唯才是用。

安童,是元初"开国四杰"之首的木华黎的孙子,13岁时就因祖父的功劳而被"召入长宿卫,位上百僚之上"。但他一点也不愿意倚仗着祖辈的功劳的荫庇,依然勤奋学习。

忽必烈与阿里不哥争汗位得胜后,拘捕了阿里不哥的党羽千余人,这时忽必烈问安童:"我想把他们全部处死,你以为如何?"安童说:"人各为其主,他们跟随阿里不哥也是身不由己,这由不得他们选择。您现在刚刚登上汗位,要是因为泄私愤而杀了这些人,怎么能让天下人诚心归附呢?"忽必烈没料到一个16岁的少年竟然说出这样有见识的话来,万分惊讶,从此便对安童另眼相看。

安童18岁时,忽必烈看他处世练达,办事果断,为人稳重,足智多谋,就决定提拔他。安童知道后推辞道:"现在大元虽然安定了三方,但江南尚未归顺,臣年少资轻,恐怕四方会因此而轻视朝廷,还请您另请高明。"但忽必烈主意已定,毫不动摇,把安童提拔为中书右丞相。

安童少年得志,自然招来不少人的嫉妒,不时挑拨君臣之间的关系。但忽必烈一直不为所动,安童得以一直身居要职,直到49岁因病去世。共为忽必烈效力31年,为元初国家的稳定和繁荣做出了巨大的贡献。

战事:一张张"狩猎"清单

元朝建立后,忽必烈又列出了一张"狩猎"名单,包括日本、缅甸、占城(今越南南部)、安南(今越南北部)和爪哇。

忽必烈即位后,高丽成为元朝的属国。元朝迫使高丽国王以子弟入质,强迫高丽纳贡,向高丽征兵。除派达鲁花赤进行监督外,还在高丽置征东行省加强统治,不时派兵压境或入侵。为了避免高丽上层统治者反抗,忽必烈也采取笼络手段,封官赏赐或以皇女下嫁,公元1274年,忽必烈便将皇女忽都鲁揭里迷失嫁给了高丽王。

蒙古从高丽王国的口中,听说在更东方的大海上,还有一个日本帝国,便于公元

1266年,派遣使节前往招降。日本当时是龟山天皇在位,根本不知道世界上有蒙古帝国这回事,对这种来历不明的使节,自然不予理会。这种冷淡的态度,引起了两次的灾难。

第一次在公元1274年,元兵团攻陷对马岛,在日本岛登陆。日本集结12万人抵抗,死伤惨重,但坚守不退,元兵团只好撤回。南宋灭亡的次年,元世祖忽必烈在高丽王国首都开京(今朝鲜开城)设立征东行省,由大将阿剌罕挂帅,汉人大将范文虎为副将,分南北两路进攻日本,在对马岛上会师。会师之后,阿剌罕逝世,忽必烈命阿塔海前往接替。可是范文虎企图由他自己来完成这件英雄事业,没有等阿塔海到达,即行进军,在日本平壶岛(今长崎北)登陆,战舰漫天遍海,旌旗蔽日。日本第一次面对着这么强大的敌人,全国震怖,唯有祈祷上苍拯救。这时候是阴历七月,正逢西南太平洋上的台风季节,结果台风大作,范文虎全军覆没。这场台风拯救了日本,日本感谢它,称它为"神风"。

东征失败后,元朝的使节又被缅甸王国驱逐,忽必烈遂向缅甸攻击,公元1289年,缅甸终于屈服,降为臣属国。

不过,元朝对越南的战斗进行得并不顺利,元军伤亡惨重。不过安南国王不希望长期触怒这个庞大的邻邦,仍然派遣使节到大都,献出用黄金铸成的自己的跪像,代替自己谢罪。占城王国也明智地请求和解。

元朝最后一次对外扩张,是远征爪哇王国(今印尼爪哇岛)。元朝使节到爪哇那里招降,爪哇国王在他脸上刺了字,赶了回来,以表示对蒙古人的轻蔑。公元1292年,元兵团在蒙古大将亦黑迷失,汉人大将史弼的率领下,从泉州(今福建泉州)出发,越洋攻击,结果大败。

叛乱:强权下的反抗

忽必烈战胜阿里不哥以后,蒙古宗王的反抗并没有因而终止。在忽必烈统治时期,从西北到东北,蒙古诸王的战乱一直不断。

公元1269,窝阔台后王海都,察合台后王八剌在塔剌思河畔召开大会,划分各自的势力范围,并联合反对元朝。忽必烈命皇子北平王那木罕率诸王镇守阿力麻里。次年,海都援立八剌子笃哇为察合台汗,骚扰天山南北诸地。公元1275年,笃哇等以兵12万进围哈剌火州达六月之久,畏兀儿亦都护纳女求和。忽必烈派右丞相安童辅佐那木罕同守北边。

公元1276年夏,随从那木罕北征的诸王昔里吉(蒙哥子)、明理铁木儿、药木忽儿(阿里不哥子)、脱黑帖木儿等发动叛乱,将那木罕,安童捕送海都处。但海都拒绝与昔里吉合兵,于是昔里吉等劫持宗王撒里蛮(蒙哥孙),退据额尔齐斯河上,大掠吉利吉思五部,东犯和林,应昌弘吉剌部只儿斡带、六盘山霍虎起兵响应。忽必烈命灭宋主帅伯颜率南征军主力北征,伯颜,土土哈部在鄂尔浑河上大破昔里吉军,收复了和林,从叛诸王归降忽必烈。

公元1287年,东北的宗王乃颜(成吉思汗幼弟铁木哥斡赤斤的后裔)与胜纳合儿、哈丹(合赤温后王)、失都儿(哈撒儿后王)、也不干(成吉思汗庶子阔列坚后王)等宗王起兵反元。忽必烈亲率大军出征,与乃颜军大战,乃颜兵败被擒。铁穆耳,土土哈、李庭等进击哈丹在呼伦贝尔地区的据点,哈丹流窜辽东、辽西及高丽之间,不久即被击败。

忽必烈晚年,海都仍不断犯边。忽必烈命驻守畏兀儿地的诸王出伯征讨。公元1289年,海都军进逼和林,围攻皇孙铁穆耳,和林宣慰使怯伯等响应海都。忽必烈率军亲征,海都军西遁,收复和林,命伯颜镇守。

财政:三个理财能手

忽必烈继位后,很多人不服,相继发动叛乱。因此忽必烈的大部分时间都是平叛和对外征伐,国家的财政因此总是拮据,迫切需要会理财的能臣。花剌子模人阿合马、汉人卢世荣、畏兀人桑哥相继登台,被称为忽必烈最宠信的三个理财能手。

公元1262年,阿合马任诸路转运使,兴办铁冶,增加盐课,获得了巨大利润,忽必烈升他为中

伯颜——回军斩将

书平章。可是阿合马恃功骄傲,为皇太子真金和其他大臣所厌恶。公元1282年,益都千户王著和高和尚等人,假借皇太子的名义将阿合马击杀。

阿合马死后,忽必烈又命卢世荣为中书右丞。卢世荣提出改革钞法、制定市舶条例等措施。忽必烈很宠信他,但其他官僚纷纷上章弹劾,不到一年,卢世荣也被杀。

公元1286年,忽必烈起用桑哥理财,任为平章政事。桑哥出生于多麦(今四川甘孜藏族自治州和西藏昌都)一带,通藏、蒙、汉、畏吾儿和其他言语。桑哥一上任,就检核中书省,查出巨额亏空,罢免了许多人,忽必烈为之更加信服了他的忠诚和实干,马上提升桑哥为尚书右丞相兼总制院使,领功德司事,进阶金紫光禄大夫,桑哥成为中国历史上第一个担任中央王朝宰相要职的藏族官员。

桑哥出任宰相后,大刀阔斧地从上至下整饬吏治,整顿财政,整顿驿站,一度使财政危机得以好转。桑哥继而清理江南钱谷,增加赋税、盐课,引起了天下骚动,起义不断发生,许多蒙古贵族也对他不满。公元1291年,桑哥被杀。

由于在蒙古对金朝作战期间,北方农民大量地死亡和逃散,蒙古贵族将耕地变成了牧场,从成吉思汗到忽必烈时,一直存在着农牧争地的问题。在中原和江南地区先进农业经济的影响下,元世祖不得不百般说服蒙古贵族,放弃游牧,采用"以农桑为急务"的政策。由于贯彻了重视农桑的政策,各地的农业生产都取得了不同程度的恢复和发展,水利灌溉业进一步发达。忽必烈时期,陕西关中地区的小麦"盛于天下",关、陇、陕、洛出现了"年谷丰衍,民庶康乐"的景象。长江以南地区产量更高,仅江浙一省的岁粮总数就占了全国岁粮总数的三分之一强。在大力提倡垦殖的同时,忽必烈还不忘扩大屯田网,除军屯、民屯外,还有军民和屯等形式。

外交:马可·波罗与元大都

忽必烈统治的时候,四大汗国——钦察汗国、察合台汗国,窝阔台汗国,伊儿汗国,都和中原保持着密切的往来,西方各国的使者、商人、旅行家纷纷到中国来观光,其中

最有名的就是马可·波罗。

马可·波罗的父亲尼古拉·波罗和叔父玛飞·波罗,原来是威尼斯的商人,兄弟俩常常到国外去做生意。蒙古汗国建立后,他们带了大批珍宝,到钦察汗国做生意,后来又到了中亚细亚的一座城市——布哈拉居住。

有一次,忽必烈的使者经过布哈拉。使者第一次见到欧洲商人,感到很新奇,便邀请他们一起到中国去。

马可·波罗兄弟本来也是喜欢到处游历的人,就跟随使者一起到了上都(今内蒙古自治区多伦县西北)。忽必烈听到来了两个欧洲客人,十分高兴,在行宫里接见了他们,听到了许多关于欧洲的情况,要他们回欧洲跟罗马教皇捎个信,请教皇派人来传播天主教。

两人告别了忽必烈,离开中国,在路上走了三年多,才回到威尼斯。那时候,尼古拉的妻子已经病死,留下的孩子马可·波罗已经15岁了。

马可·波罗听父亲和叔父说起中国的繁华情况,十分羡慕,央求父亲带他到中国去。尼古拉也觉得让孩子一个人留在家里不放心,就决定带他一起走。尼古拉兄弟见了教皇之后,带着马可·波罗向中国进发。

公元1275年,尼古拉兄弟带着马可·波罗经过三年的旅行,再次来到了中国,觐见忽必烈。此时的大都城已经建好,元朝的经济也正蓬勃发展,马可·波罗便决定留下来。

马可·波罗很快学会了蒙古语和汉语,让忽必烈十分赏识,没有多久,就派他到云南去办事。马可·波罗出去,每到一处,都留心考察风俗人情。回到大都后都会向忽必烈详细汇报。忽必烈非常满意。

马可·波罗在中国整整住了17年,被忽必烈派到许多地方视察,还经常出使到国外,到过南洋的好几个国家。

公元1292年,伊尔汗国国王的一个妃子死了,派使者到大都来求亲。忽必烈选了一个名叫阔阔真的皇族少女,赐给伊尔汗国国王做王妃,派尼古拉兄弟和马可·波罗与他们一起,乘海船经把阔阔真护送到了伊尔汗国。马可·波罗父子又经过三年的跋涉,回到了故乡威尼斯。

这时候,他们离开威尼斯已经20年了。当地人看到他们穿着东方的服装回来,又带回许多珍奇的物品,都轰动了。没过多久,威尼斯和另一个城邦热那亚发生冲突,双方的舰队在地中海打起仗来,马可·波罗也参加了威尼斯的舰队。结果,威尼斯打了败仗,马可·波罗被俘,关在热那亚的监牢里。热那亚人听说他是个著名的旅行家,纷纷到牢监里来访问,请他讲东方和中国的情况。

跟马可·波罗一起关在监牢里有一个名叫鲁思梯谦的作家,他把马可·波罗讲述的事都记录了下来,编成一本书,这就是著名的《马可·波罗行纪》(一名《东方闻见录》)。在那本游记里,马可·波罗把中国的著名城市,像大都、扬州、苏州、杭州等,都做了详细的介绍,称颂中国的富庶和文明。这本书一出版,激起了欧洲人对中国文明的向往。

打那以后,中国和欧洲人,阿拉伯人之间的往来更加密切。阿拉伯的天文学、数学、医学知识开始传到中国来;中国的指南针、印刷术和火药,也在这个时期传到了欧洲。

被马可·波罗盛赞的元大都,的确是当时世界上最繁华的城市之一。从东欧,中亚,从非洲海岸,从日本,朝鲜,从南洋各地,都有商队,使团来到大都,西藏的喇嘛们也经常往返于大都;从东南沿海直航天津的海船也带来闽、广、江、浙的丝绸、瓷器和南洋的香料,到大都贩卖。大都城内流通的商品有粮食、茶、盐、酒、绸缎、珠宝等,也有单项商品集中经营的市场,如米市、铁市、皮毛市、马牛市、骆驼市、珠子市等。商业行会的组织中,还有"行老"负责业务上的内外事务。

元朝对外的不断战争,并没有严重地影响社会经济自然成长,反而使整个欧亚地区处于大汗一人的统治之下,交通和贸易,都有重大的发展,海运更是空前的兴盛。

这些由中亚、阿拉伯、波斯等地迁到中国的人,经过长期在内地与其他各族杂居,彼此互通婚姻,文化上互相渗透,逐渐在中国境内形成了具有独特生活习惯、宗教信仰,文化特点的新民族——回族。

蒙古文字信札

不光有新的民族形成,当时世界上的各种宗教都能在大都见到,因为蒙古人信奉传统的萨蛮教,他们对其他各种宗教,都采取宽容的态度,只要不危及其统治,都予以保护。

喇嘛教是佛教传入西藏后与西藏原有的本教相互影响、融合而形成的一个教派,自元世祖起,元朝历代皇帝后妃都尊喇嘛为帝师,并亲自受戒。因此,喇嘛们受到特别的尊崇和优待,佛教也随之兴盛。

元代的道教,除了张天师的嫡系称为正一教外,还出现了全真教、真大道教和太一教等流派。全真教的势力最大,教主丘处机曾应成吉思汗之召到过中亚等地。

忽必烈请马可·波罗的父亲带信,请罗马天主教皇派使者来大都传教。在公元1292年前后,教皇就派遣意大利传教士约翰·孟德高维奴来大都传教,任第一任天主教总主教。元代的天主教在全国各地都有信徒,在沿海城市和内地都有教堂。

伊斯兰教则是随着阿拉伯人、波斯人和突厥人东来的,他们在逐渐形成回族——当时称作"回回"后,伊斯兰教在中国被更加广泛的传播。此外,摩尼教、婆罗门教、犹太教也都是在唐宋之际逐渐传入,而在元代有所传播的。

宗教:八思巴殿前斗法

八思巴·洛哲坚赞,意为"圣者慧幢",是西藏佛教萨迦派第五代师祖。

公元1251年,当忽必烈驻扎六盘山时,派人去凉州迎请萨迦班智达,萨班以年老多病辞谢。忽必烈又请八思巴,由阔端之子蒙哥汗带八思巴赴六盘山与忽必烈相见。忽必烈遂与八思巴结为施主与福田,尊八思巴为上师。不久,因萨班病重,八思巴返回凉州,成为萨迦派的新教主。

公元1253年,八思巴在一个名叫试刺的地方再次和忽必烈相见,忽必烈以八思巴的渊博学识、谦虚美德而崇敬他,八思巴对忽必烈也是忠心不二。这期间,八思巴给忽必烈和他的妻子察必皇后及亲属子女授经说法,并授了金刚乘密法大灌顶,被供为上师。

在遇到八思巴之前，忽必烈一直是敬信噶玛拔希，常说："论教法，八思巴为最，但论证德，噶玛拔希为较高。"这话被八思巴听到后，便向忽必烈请求与噶玛拔希斗法，忽必烈觉得很有意思，同意了。

至于这场斗法，文献上记载得十分神奇，说噶玛拔希展现了空中跏趺、穿山岩等神通。而八思巴则就断自身肢体为五段，各自转成五佛，尔后又复原为己身等神变。忽必烈觉得二人都不错，无法取舍。公元1256年，在外游历的噶玛拔希投奔了当时的蒙古大汗忽必烈的哥哥蒙哥，而八思巴则始终跟随忽必烈左右。忽必烈当了蒙古大汗后，就把八思巴被封为国师，让其统领所有僧众。同时忽必烈宣布，国人对乌斯藏各教派一律尊重，无论军官、军人、达鲁花赤、金册使者等对僧人不准欺凌、摊派兵差赋税劳役等，寺庙的土地、水流、水磨等谁都不准夺占，强取。

身为国师的八思巴，管理着全国的佛教事务和藏区政教事务，忽必烈还封他为藏区政教之主，赐以珠宝册印。公元1269年，八思巴向忽必烈奉献了他创制的蒙古新字，忽必烈正式下诏颁行于全国，在诏文中规定以新字为国书，用它来释写一切文字，这就是历史上有名的"八思巴文"。

明太祖朱元璋

帝王将相大传

一代帝王

图文珍藏版

人物档案

生卒年:1328~1398年

父母:父,朱世珍;母,陈氏

后妃:马皇后、李淑妃等

年号:洪武

在位时间:1368~1398年

谥号:高皇帝

庙号:太祖

陵寝:孝陵

性格:英明刚毅,猜忌狠毒

名家评点:

盖明祖一人,圣贤、豪杰、盗贼之性,实兼而有之者也。

——清·赵翼

太祖朱元璋

童年领袖,佛门枭雄

朱元璋(1328~1398),濠州钟离(今安徽凤阳)人,原名兴宗,字国瑞,小名重八。他是中国历史上的皇帝之中出身最低微、童年最凄惨的一个,但他创建明朝,一生叱咤风云,刚毅勇猛,治国驭人之术堪为历代帝王之首,实乃杰出的政治家和军事家,史称明太祖。

明太祖朱元璋南征北战,奠定了大明王朝的版图,凭借自己的雄才大略,他又一手创建了明朝的各种政治、法律制度,几乎一人完成了明朝延续300年的机构设置。由于出身贫苦,朱元璋深知民间疾苦,他重刑峻法,大杀贪官,甚至连功臣宿将也不放过,这种刚猛手段基本上扭转了元朝以来官场纳贿枉法的不良习气,人民生活有一定好转。然而,毕竟经过了百年战乱,整个社会还处在百废待兴之中。

朱元璋家自幼贫寒,从小就饱受苦难的生活。朱元璋的先祖居于沛县,后来迁到句容。他的父亲朱五四是一位本分老实的农民,一生辛苦劳作,仍过着贫困的生活,朱元璋念过几个月私塾,认识几个字,因家境贫苦,被迫辍学,去给地主放牛。徐达、周德兴、汤和这些明代的开国功臣,都是朱元璋当年放牧时的小伙伴。朱元璋从小就很有胆识,敢作敢为,勇于承担责任,所以在同伴中颇具威信。

据说有一次,朱元璋和汤和、徐达等小伙伴们在山中放牧时,由于饥饿,于是指挥大家七手八脚地宰杀了一头自己放牧的小牛,大啖了一顿烤牛肉。当饥肠辘辘的孩子们将牛肉全部吃光后,才意识到自己闯了大祸,于是面面相觑,开始互相埋怨,指责起来。只有朱元璋表现出大丈夫的气概,他胸脯一拍,掷地有声地说:"有什么事由我一人承担,只要大家按照我说的做就行了。"说完,便吩咐大家用沙土掩埋了小牛的皮、骨、血迹等,并把牛尾巴扯下,牢牢地插入石缝中。回去后,对地主谎称水牛钻进了山洞里,夹在了石头缝里边。地主知道有诈,将朱元璋毒打一顿,赶出了家门。自此,小伙伴们对朱元璋既感激又佩服,朱元璋自然而然地成了他们的"领袖"。

至正三年(1343),也就是朱元璋 17 岁那年,淮北发生了多年不遇的干旱荒年,旱灾引起了蝗灾和瘟疫,广大农民在饥饿与瘟疫的双重折磨下,处于水深火热之中,过着朝不保夕的生活,不少人家相继病死,成了绝户。朱元璋一家也难逃厄运,先是 64 岁的父亲撒手人寰,紧接着不到半个月的时间里,他的长兄、长侄以及母亲也离开了人间。家里穷得连棺材都买不起,只能将亲人草草埋葬。

明大将汤和像

多年的贫寒生活,再加上亲人的离去,此时的朱元璋已经厌倦了这个昏暗的世界,恨不得随亲人而去。然而,这个家庭已经没有人能再抚摩他的伤痛、安稳他的心灵了。朱元璋走投无路,只好剃光了脑袋进了皇觉寺。他穿起了衲衣,做起了和尚。整天除了扫地上香,打钟击鼓,还要为住持担水劈柴、烧饭洗衣,几乎无所不做。低眉弯腰,劳苦疲乏,还要受师父的责骂、师兄的刁难。他开始羡慕大墙外面的生活,特别是怀念与少年伙伴们一起放牛、一起割草那些无拘无束的日子。但是,为了生存下去,为了混口饭吃,朱元璋只得忍气吞声。

由于旱情严重,地里的植物颗粒无收,靠收租来度日的皇觉寺终于维持不下去了。入寺不久,皇觉寺的住持就打发僧众云游,化缘度日。朱元璋也加入了化缘的行列,流浪各地。这样一去就是三年。

朱元璋几年来的流浪生活,尝尽了人间的辛酸,也看到了各地百姓同样的困苦。到处是衣服褴褛,到处是如土的面色,到处是成群结队的逃难人群。百姓们已不再对腐败的朝廷、官府抱有任何希望,他们只有把满腹的希望寄予神灵、菩萨的保佑。他发现,一路上,除了各大小寺院里虔诚的善男信女之外,百姓们普遍信仰白莲教,并大有积蓄力量,蠢蠢欲动之势。

三年后,朱元璋又回到了皇觉寺。"云游"中,他目睹国事日非,预感到天下大乱的时候就要到了,即立志勤学,广交朋友,以待时而动。他在这里学习了三教九流的许多知识,诵经、打坐、布施、做道场,外加清除,上香、劈柴、担水,读书、识字。一晃,又过了较为平静的四年时间。

这时的中国,正处于元朝末年社会矛盾空前激化的年代。不堪忍受元朝封建统治者的残酷剥削和压迫的农民们终于在元至正十一年(1351)勇敢地行动起来了。白莲教主韩山童乘机聚集数千人,斩白马乌牛,祭告天地,揭竿起义。因起义军头裹红巾,身穿红衣,打着红旗,被称为"红巾军"。接着,彭莹玉、徐寿辉在湖北组织起义,土豪方国珍、盐贩张士诚也先后在浙江和苏北起兵反元。与此同时,郭子兴在濠州起兵响应,袭杀州官,占领了濠州城。至此,农民起义的烈火迅速燃烧在大江南北。

虽然身居佛门,内心却早已不安分的朱元璋,听到不断传来的农民起义的消息,已

朱元璋坐像

是热血沸腾。面对所生活的黑暗社会,他早就有了投奔"红巾军"的念头,只是对"红巾军"内部不甚了解,再加上元军追杀得太紧,怕他们成不了气候,而犹豫不决,持观望态度。正在这时,已在郭子兴的军队里当上了小头目的儿时的穷伙伴汤和,给朱元璋捎来了一封信,邀请他前去投军。此时他仍举棋不定。同屋的师兄偷偷告诉他:汤和来信邀他参军一事已被人知道了,就要去报官领赏。被逼上绝路的朱元璋,终于看清了自己所面临着的危险形势。丢掉幻想,告别了朋友,连夜向濠州城急急奔去。

投身义军,称雄一方

攀龙附凤掌兵权

至正十二年(1352)闰三月初一,天刚蒙蒙亮,朱元璋就来到了濠州城下。两军对峙,戒备森严。朱元璋被亲兵挡住,声称要见郭元帅,几句话不对,被亲兵绑了要报郭元帅,以元兵奸细论处。郭子兴听说后,感觉有些奇怪:如果是奸细,怎么能如此从容不迫?当这个时年25岁,身强力壮、气度不凡的精壮汉子站到面前,立即把郭子兴吸引住了。郭子兴便留他做了帐下亲兵。从此朱元璋与兄弟们练功习武。他在云游的几年里练就了一副好身体,而且他非常聪明,不长时间就表现出众,被队长和队友们所看重。多次随队出城探哨时,他也表现得机警有加,坚决果断,每次都不损伤一兵一卒就能圆满完成任务,大家都对他赞不绝口。

朱元璋不负郭子兴的众望,更加苦练武艺,听从指挥;并且处事沉稳,计虑周详,仗打得漂亮,且能独当一面,是个难得的人才。不久,郭子兴就把他当作知己,时常把他

叫到内宅议事,信宠有加。对于元帅的命令,朱元璋总能很好地领会和执行。打仗时他总是冲锋在前,每次缴获的战利品他都如数上缴,从不隐瞒,对于元帅的赏赐,他总推说是大家的功劳并平分给自己的战友。

朱元璋虽不爱说话,但他"不鸣则已,一鸣惊人"。当时。郭子兴身边有个养女。她是郭子兴的刎颈之交的老友马公的独生女。马公夫妇死后,所留下的小女就由郭氏夫妇收养。马姑娘勤劳贤惠,深得郭氏夫妇的喜爱,二人也把她视为己出。此时,马姑娘已是待嫁的年龄,郭氏夫妇决心把她嫁给一个有出息的人物,以了却自己及死去的老友的夙愿。朱元璋的到来,使郭子兴心地开朗,并同时得到了郭夫人的喜爱,又征得了马姑娘的同意后,就择日给他们成了亲。

但朱元璋的好运,却惹恼了郭子兴的二位公子。这郭氏二兄弟,心胸狭窄,嫉妒心强,对突然出现的朱元璋眼见着地位一天比一天高,如今又做了郭家的乘龙快婿,与自己称兄道弟,感到心里很不舒畅。于是,兄弟两个三天两头到父亲郭子兴面前搬弄是非,说朱元璋的坏话,说他讨你的好,听从你的指挥。实际上是有一天要夺你的兵权,等等。起初,郭子兴对此并不以为然,还叱责他们胡说八道。久而久之,不免对朱元璋也起了疑心。郭氏二兄弟见阴谋得逞,又商量着如何将朱元璋置于死地,这时,他们的阴谋首先被马姑娘察觉,并告知了郭夫人。郭夫人一听,大怒,立即找来郭子兴和两个公子,把他们骂了个狗血喷头,逼着他们说出实情。两个公子眼看隐瞒不下去,就把他们的所作所为一五一十地道了出来,并认了错。郭子兴听了,非常惭愧,感到非常对不

洪武出世

起朱元璋。从此后,郭氏一家对朱元璋更加厚待,朱元璋也通过这件事品尝到了做人的艰难,自己逐渐成熟起来。

不久,队伍里又发生了内讧事件。当初,郭子兴与孙德崖等五人一起举事,倒也能协同作战,相安无事。当取得胜利后,在立名号、排座次的问题上,却各不相让,相互猜疑。当时,元帅郭子兴与歃血为盟的副帅孙德崖因战事不和而发生了冲突。孙遂设下圈套,将郭子兴骗到家中,想秘密处死他,自立为帅。朱元璋出征归来闻讯后,即带领亲兵追到孙家,拔剑而指:"敌人逼近城下,副帅不去杀敌,却要谋杀主帅,这是什么道理?"遂指挥兵士砍断锁链,救出郭子兴。有此救命之恩,郭子兴对朱元璋更加宠爱和厚待了。

通过这个事件,朱元璋对时局有了更加清醒的认识:他们五人(包括郭子兴在内),都不是能成大事的人。为了自己的地位、排名,他们互不服气,互不支持,内耗太多。

长此下去,不是自己把自己打败,就是被元军消灭掉。要想成就一番大事业,还是得靠自己。但目前自己手下无兵,如何能树立起自己的威望呢? 于是,朱元璋就说服了郭子兴,让他批准自己回家乡招兵。1353 年春天,朱元璋回到了久违了的故乡钟离,十几天的工夫,就拉起了一支 700 多人的队伍。郭子兴喜出望外,当即升任朱元璋为镇抚,并把这 700 人的精壮部队交给他率领。这是朱元璋独自带领的第一支队伍。

朱元璋手握兵权,再也不愿待在多事的濠州,他决心独自打下一片天地。经郭子兴的允许,至正十四年(1354)正月初一,朱元璋带领着精心挑选出来的 24 名士兵,离开濠州,向南奔向定远。这些精兵强将是他从 700 名士兵中挑选出来的,其余的全部留给了郭子兴。这 24 人是:徐达、汤和、吴良、吴祯、花云、陈德、顾时、费聚、耿再成、耿炳文、唐胜宗、陆仲亨、华云龙、郑遇春、郭兴、郭英、胡海、张龙、陈桓、谢成、李新、张赫、张铨、周德兴。他们都曾经是受尽苦难的穷苦庄稼汉,但此次南行,便成了与朱元璋一起打江山的亲信、骨干和时代的风云人物。后来,他们三人封公、21 人封侯(其中耿再成和花云在开国前战死,公与侯为追封),全部都成了有明一代名垂青史的开国功臣。

南下定远后,第一仗是智取驴牌寨,收编了这支 3000 多人的地主武装,使自己拥有了一支名副其实的武装部队。

这时,定远县同其他混乱地区一样,兵匪如蝗,军寨林立。有的是游兵团聚,有的是财主结寨自保。收降这些散兵游勇,是壮大势力的途径。朱元璋看准了这一点,凭着自己手中的 3000 人马,说降了盘踞豁鼻山的秦把头,得部众 800 人,又乘胜夜袭拥兵数万余众的元朝义兵元帅缪大亨。险居横涧山的缪大亨,睡梦中慌忙迎战,因摸不清对方的虚实,士兵伤亡惨重。看到如此形势,他只好率领所剩下的两万多人投降,归顺朱元璋。收编了缪大亨的人马后,队伍迅速扩大,朱元璋威名大震,四方归附。

群贤毕聚展雄心

就在朱元璋将要离开横涧山去他处征战时,接到邻近的冯国用、冯国胜兄弟的邀请。朱元璋欣然应邀前往。这冯氏二兄弟,是两个 20 岁上下的青年。他们靠着祖上留下的一些产业,专好习弄刀剑,攻读兵书,钻研攻防计略,结交天下豪杰,成为远近闻名的文武全才。元末,群雄并起,他们也拉起了队伍,结寨于妙山。当得知朱元璋智取驴牌寨,义说秦把头,夜袭缪大亨,队伍作战勇敢,纪律严明,人心所向,心里很是佩服,便有投靠之意。朱元璋见冯家兄弟举止得体,温文尔雅,知道是读书之人,心里非常高兴,便向他们请教取天下的大计。冯国用回答:"书生有六字相告。"朱元璋急忙请教,冯国用说:"'有德昌,有势强。'建康(今南京)虎踞龙盘,帝王之都,拔而取之以为根本,成有势之强。然后命将出师,倡仁义,收人心,不贪子女玉帛,则为有德之昌。而后天下可定。"听到这番议论,朱元璋有茅塞顿开之感。自

朱元璋的一员虎将胡大海

打从军以来,他接触的都是些无知识的小农,还没有听见过这样清晰明白、高瞻远瞩的谈话,他第一次感到读书人的高明。于是,就将冯氏兄弟留在了身边,作为他的幕中参谋,为他出谋划策。向建康即集庆路发展,成为他追求的目标。眼下第一步,是兵发

滁州。

朱元璋在定远的一举一动,还被另外一个读书人密切注视着,他就是与朱元璋的关系密切的李善长。李善长,原名元之,祖籍安徽歙县,生于延祐元年(1314),比朱元璋大14岁。少时曾在家闭门苦读。他喜欢文案书牍、兵家法家著作,善于推测人们的心理活动,预见某些事物的发展与结局。因不满元朝的腐朽,而弃文经商,遂成了定远一带有名的大财主。但他仍然密切注视着形势的变化,等待着大显身手的时机。对韩山童、郭子兴等,他都感到不能成大器,而不轻易出头。眼下,朱元璋的出现,使他看到了希望,仿佛看到了"真龙天子"的幻影。冯氏兄弟的主动投靠,使他下定了决心。他当机立断,把家稍做安排,就急急忙忙去追赶朱元璋的队伍。

至正十四年(1354),42岁的李善长在去滁州的途中求见朱元璋,朱元璋大喜,立即请李善长上座叙谈。二人越谈越投机,李善长特别生动详细地叙述了出身微贱的汉高祖刘邦取天下的故事,使朱元璋听得入了迷。你问我答,整整谈了一天,晚饭后,秉烛对坐,谈兴更浓,不知不觉中,又迎来了第二天的朝霞。李善长特别指出:"主公祖居沛县,正同汉高祖同乡,山川王气,正应在主公身上。"朱元璋强作镇静,缓声说道:"照先生看,这四方战乱什么时候可结束?"李善长略做沉吟,回答道:"汉高祖虽然出身布衣百姓,然而豁然大度,知人善任,不贪图眼前的富贵享乐,不烧杀抢掠,五年就成就了帝业。今日的时局,与秦末有些相似,只要主公效仿汉高祖,天下很快就会平定的。"李善长的一席长谈,不但鼓起了朱元璋的雄心,而且对他今后的事业产生了深远的影响。在他看来,李善长的到来,就是萧何转世,是来帮助他成就大业的。于是,当即任命李善长做记室(秘书官),一切机密谋议都认真听取他的意见和建议。

文人儒士的韬略,更坚定了朱元璋夺取天下的雄心壮志,也加快了他横扫群雄,统一天下的步伐。

李善长

攻克金陵称元帅

至正十五年(1355)春,朱元璋率军攻下和州(今安徽和县)后,郭子兴任命他为总兵官,统率和州诸将的兵马。当时和州的诸将成分复杂,多为郭子兴的部下,纪律松弛,为所欲为,很不得人心。朱元璋上任后,并未被他们所看重,每次议事,争抢上席,而把最末的一个座位留给他。朱元璋决心改变这种状况。不久,他创议修建城池,规定每人负责一段,限定三天完工。届时只有朱元璋负责的一段修完。于是,他拿出郭子兴的金牌,厉声说:"我这个总兵官是郭元帅任命的,大家理应服从。修建城池已有约在先,大家不能按时完工,万一敌人来犯,我们怎么对付?此事既往不咎,今后再有违抗命令者,一律军法严惩!"众将从此听命于朱元璋,再也没有违纪现象发生。

同年三月,郭子兴这位起义领袖故去了。此时,韩山童的儿子韩林儿被拥立为小明王,国号宋。小明王任命朱元璋为左副元帅。不久,其两副帅又先后战死,朱元璋遂被升任为大元帅。至此,他的岳丈郭子兴所创建的起义军旧部全部归为朱元璋指

挥了。

　　朱元璋成了一军之主后，越来越感到自己所掌管的地盘狭小，兵马太少，难以实现自己的宏图大业。必须打过长江去，才能求得进一步的发展。于是，他特别注意瓦解

太祖平定姑苏

敌人，壮大自己；同时，又采取措施，鼓舞士气，使他们勇猛作战，一往无前。至正十六年（1356）三月，朱元璋亲统水陆大军，进攻集庆（今南京），三天内，攻破城外的陈兆先军营，陈部36000人投降。朱元璋看到这支投降的军队顾虑重重，恐惧万分，心神不定，就从中挑选出500名勇士当自己的亲军，让他们在夜里当自己的守卫，而自己平时的卫士一个不留，全部打发走。朱元璋独自脱下战甲，酣然入梦，一觉到天亮。三万多降兵知道了这件事，大为感动，便赤胆忠心地为朱元璋效力，心甘情愿地跟随朱元璋打天下。

　　三月十日，朱元璋攻下了集庆。第二天，朱元璋带领徐达等巡视全城，看到它的雄伟、它的富庶和繁华，恍惚如在梦中，那种激动与兴奋简直无法按捺，遂对徐达等人说："金陵枕山带江，真是天造地设的一块宝地，难怪古人称之为长江天堑。况且仓廪实，人民足，今天终为我有。再加上诸位同心协力相助，还有什么样的功业不能建立！"徐达附和道："元帅建功立业绝非偶然。今天能够得到它，实在是上天所授！"听到这话，朱元璋更是喜欢。

　　于是，改集庆为应天府。设置大元帅府，朱元璋自任大元帅。从此，朱元璋有了一个为将来打天下而积蓄力量的可以立足的基地。

　　朱元璋以应天府为根据地，经过几年的努力，拥有集庆路、太平路、镇江路、广德路等江南地盘、十几万军队，成为江南很有势力的割据政权。此时，他的上游有义军徐寿辉，下游有张士诚，今天的浙江宁波、临海沿海一带有方国珍，其他江南地区仍为元朝所占有。江北则有韩林儿的大部队牵制着元朝主力，做了南方农民军的屏障，使他们得以任意地蚕食元属领地，并在彼此之间展开厮杀与拼搏。此时的朱元璋，已不是早先的小和尚了，已成长为一名驰骋疆场的将帅、一个称雄一方的霸主。

礼贤下士，待时而动

　　取得了初步的胜利后，如何发展今后的事业，是摆在朱元璋面前的首要问题。至正十七年(1357)在攻占了徽州后，朱元璋亲自到了石门山拜访老儒朱升，请教夺取天下的计策。朱升高瞻远瞩地送给他三句话："高筑墙，广积粮，缓称王。"就是说，要扩充

太祖兵破金陵

兵力，巩固后方；发展生产，储备粮食；不图虚名，暂不称王。朱元璋认为老儒的话很有道理，即提出了一个在两淮、江南地区"积粮训兵，待时而动"的行动计划。

　　"兴国之本，在于强兵足食。"按照老儒朱升的提示，朱元璋首先抓紧军队建设，提高军队的作战本领，尤其重视军事纪律的训练和整顿，强调"惠受加于民，法度行于军"。同时，朱元璋大抓农业生产。他设置营田司，任命营田使，负责兴修水利。并且还抽出一部分将士，在战事之余开荒屯田；推行民兵制度，组织农村丁壮，一面练武，一面耕种。这样一来，所生产的粮食不仅能自给自足，还能支援贫苦的百姓，改变了军队历来吃粮靠百姓的习惯，深受农民的欢迎。

　　为了发展自己的势力，朱元璋还礼贤下士，广揽人才。刘基、叶琛、宋濂、章溢四大名士被网罗至应天，朱元璋称他们为"四先生"，特筑礼贤馆，给他们居住。

　　此外，朱元璋为了避免树大招风、较早暴露自己，以防止在自己力量脆弱的时候被吃掉，他在形式上一直对小明王保持臣属关系，用的还是宋政权的龙凤年号，打的还是红巾军的红色战旗，连斗争的口号也不改变。直到朱元璋改称吴王后，发布文告，第一句话仍是"皇帝圣旨，吴王令旨"，表示自己仍是小明王的臣属。朱元璋经过如此数年卧薪尝胆，积蓄力量，开拓疆土，其所辖的根据地终于巩固地建立起来了，在人们不知不觉中拔地崛起一支足以与元军相匹敌的强大军事力量。

　　随着朱元璋势力的一天比一天强大起来，原先的盟友，为了争得利益，也逐渐变成了对头，变成了朱元璋改朝换代的强大阻力。于是，朱元璋在同元军进行殊死搏斗的

同时，不得不对盘踞在周围的敌对势力进行清除。四周的陈友谅、张士诚、方国珍、陈友定部，以陈友谅部的势力最大，他也是朱元璋占领应天后所遇到的第一个劲敌。

至正二十年(1360)五月，陈友谅以派人祝贺胜利的名义去江州(今九江)杀死徐寿辉。他估计应天指日可下，野心勃发，就以采石五通庙为行殿，草草即了皇帝位，改国号为汉。随后盛食厉兵，约张士诚夹攻朱元璋。

陈友谅当时的势力相当强大，光战舰就有百余艘，且兵众士广，杀气腾腾，驻守应天城中的朱元璋的文官武将，风闻陈友谅部已顺江而下，旌旗指向应天，都吓得惊慌失措。一时间，众将领议论纷纷，有的主张投降，有的主张放弃应天，也有的主张抵抗，各执一词，乱成一团。只有谋臣刘基成竹在胸，静坐不语。朱元璋问计刘基，刘基答道："张士诚目光短浅，胸无大志，只满足于割据一方，没有什么可怕的。陈友谅占据上流，拥有精兵利舰，来势凶猛，是一支不可小视的队伍，我们必须集中力量打败他们。这样，张士诚便不敢出兵，应天城就没有什么忧患了。我们再北向中原，必定可成王业。"朱元璋又问他："如何打败陈友谅呢？"刘基说："陈友谅自恃人多势众、装备精良，骄傲轻敌。诱敌深入，用伏兵截击，定能取胜。"朱元璋觉得刘基的分析非常深刻，入木三分，便采纳了他的意见，遂决定伏兵智取陈友谅。

如何诱使陈友谅迅速东下，进入伏击圈？这使朱元璋颇费思量。突然，他想起了

刘伯温计破陈友谅

一个人，这就是他早年攻打集庆时招降的元水军元帅康茂才。康本是陈友谅的好友，但归顺朱元璋后，深得器重和宠信。他早有报答朱元璋之意，只是没有机会。此时，朱元璋将他找来，如此这般地告知了他这次行动的计划，他非常痛快地接受了任务。遵照朱元璋的指令，康茂才派一个亲信将其亲笔信秘密送给"老友"陈友谅，约陈及早来攻应天，由他做内应，里应外合，一举拿下应天城。陈友谅见信后，大喜，忙问来人："康将军现驻在何处？"来人答称在龙江(应天附近)。陈友谅深信不疑，迫不及待地率主力直奔龙江，没有见到康茂才的踪影，方知受骗中计，急令舟师转移。此时为时已晚，朱

元璋的伏兵早把陈友谅部团团围住，插翅难逃。只见朱元璋站在高高的卢龙山上擂鼓助战，顿时杀声四起，水陆并进，把个陈友谅苦心经营的精锐部队打得丢盔弃甲，死伤无数，落荒而逃。张士诚见状，果然未敢轻举妄动。接着，朱元璋又挥师攻下安徽，收复江西等许多州县，扩大、巩固了胜利成果。

三年后，陈友谅倾其全力，统兵60万包围洪都（今南昌），以报龙江之仇。朱元璋亲率20万大军救援洪都，逼陈友谅退至鄱阳湖。陈军几百艘战舰用铁索联结起来，有十几里长，在兵力上占了显著优势。朱元璋利用敌舰高大、联舟布阵所带来的行驶不灵活的弱点，决定采取火攻的战术。他派出敢死队，用轻舟装满火药和芦苇，乘机点火，借着风势，冲入敌舰阵。刹那间，火借风势，风助火势，火焰冲天，湖水皆赤。陈部官兵围困在转移不得的战舰上，冲不上，逃不走，只能眼睁睁地看着被大火吞没。眼看这场战斗是无法再继续打下去了，陈友谅只好带兵突围。他刚冲出湖口，不料又遇伏兵拦截，陈友谅被一支飞箭射穿了头颅，而一命归天。

消灭了势力最强、野心最大的陈友谅后，朱元璋又挥师东进，征旗直指雄踞东方的自称"吴王"的张士诚。

张士诚本是个盐贩子，其手下也多是一些盐贩子、盐丁、中小地主和部分贫苦农民。他们由于不堪忍受元朝统治者的压迫凌辱，而趁元末大乱时聚众起兵，作战也十分勇敢。但其领导集团却非常腐败，自称"吴王"的张士诚，胸无大志，只图保住一块地盘尽情地享乐。他终日不理政事，与一批地主文人谈古论今，舞文弄墨。其属下的将军大臣也争相修花园，玩古董，养戏班子，整日寻欢作乐。甚至打仗时还带着舞女做伴解闷，完全丧失了战斗力。

对于张士诚，朱元璋不是急于一下子将他消灭掉，而是分三个阶段对其围攻：首先，攻苏北和淮河下游地区；然后，取湖州，杭州；最后，南北夹击，攻破平江。

朱元璋在围攻张士诚的同时，派大将廖

张士诚

永安去滁州假意迎接小明王至应天，从瓜州（今江苏六合东南）渡江时，廖乘机把船弄翻，使小明王溺死江中。这样，又为以后的登基，扫清了一个绊脚石。

与此同时，朱元璋还制服了浙江的方国珍，平定了福建的陈友定，又乘胜南进攻克了广东、广西。在实现了整个南部中国除四川、云南外的统一后，不失时机地调集精锐部队实施北伐，同元朝政权展开了最后的大决战。

元朝政权虽然依靠地主武装，于至正十九年（1359）攻陷了宋政权都城汴梁（今开封），后又拔掉了宋最后一个据点安丰（今安徽），把北方红巾军也镇压下去。但它的统治基础，也在各支起义军，特别是北方红巾军的沉重打击下趋于瓦解。此时，它仅仅依靠几支地主武装支撑残局，且内部派系林立，矛盾重重，已是摇摇欲坠、不堪一击了。

至正二十七年（1367）十月，朱元璋派徐达，常遇春率25万大军北伐，大军出发前，他亲自制定了一个周密的作战计划："先取山东，撤除大部的屏障；再回师河南，剪掉它的羽翼;夺取潼关,占据它的门槛。如此一来,天下形势为我所掌握,然后进兵大都,元朝势孤援绝,可不战而胜。"

北伐战争按照朱元璋的计划顺利实施了。当年十一月,徐达就率军推进到山东,平定了山东全境;继而兵分两路,又胜利进军河南,所向披靡,元朝将领纷纷归附。至第二年三四月间,北伐军包围元大都的战略已告完成。

元朝最后的一个皇帝——元顺帝眼看援军无望,孤城难守,慌忙带后妃、太子北逃。八月,徐达率领大军攻进大都,统治近百年的元朝政权宣告被推翻。明朝呼之即出。

虽然朱元璋从骨子里就想登基做皇帝,但却不好自己提出来,好在有一批贴心的下属早已看出了他的心思。

常遇春

早在七月间,在朱元璋兴致勃勃地与熊鼎等文臣研究庆典雅乐时,李善长便率群臣上表,劝朱元璋即皇帝位。朱元璋认为时机尚不成熟,"一统之势未成,四方之途尚便",而没有采纳。到了十二月,在战场上南北大局已定时,李善长又率文武百官奉表劝进。朱元璋自谦说:"自己功德浅薄,自愧弗如,还不足以当此造福万民的皇帝重任",而再一次推辞不就。第二天,李善长再率百官恳请,说道:"殿下谦让之德,已经著于四方,感于神明。愿为生民百姓的利益着想,答应群臣的要求。"朱元璋终于同意登基做皇帝了。

天下大统,皇权至尊

朱元璋梦寐以求、文臣武将们翘首以待的好日子就要到来了。经过多日的准备,至正二十八年(1368)正月,在北伐胜利攻克山东的凯歌声中,40岁的朱元璋在文武百官的欢呼声中于应天城中的奉天殿内正式登上皇位,改国号为大明,年号为洪武,应天就是今天的南京。同时,册封马氏为皇后,长子朱标为太子;任命李善长、徐达为左右丞相,刘基为御史中丞兼太史令。至此,一个出身农家、横笛牛背的牧童,经过奋斗,终于成了我国历史上继刘邦之后的又一位出身布衣的开国君主。

朱元璋登基以后,每天天不亮就开始批阅奏章,接见大臣,一直忙到深夜。他兢兢业业,一心想着如何巩固统治,使大明的江山、朱家王朝得以万世长存。

元末明初,经过近20年的战争,百姓转徙流离,或死于饥荒,或亡于战火。到处都是灌莽弥望、一片荒凉的景象。同时,元政权垮台后,蒙古贵族虽退居漠北,但仍然保存有一定的势力,其"引弓之士,不下百万也;归附之部落,不下数千里也",随时准备卷土重来,严重威胁着明朝边疆的安全。在明王朝内部,伴随着新政权的确立,统治集团之间争权夺利的矛盾与日俱增。这一切,都威胁着新王朝的统治。面对严酷的现实,朱元璋决心在幅员广阔的大明帝国建立起一套权力高度集中、运转自如、犹臂使指的统治政权,于是,他首先大刀阔斧地开始了改革旧制,以建立高度发展的中央集权制。

洪武初年的官僚机构,基本上还是沿袭了元朝的建置。在实践中,朱元璋逐渐感到,现行的政治体制潜伏着十分严重的危机,特别是中书省。中书省总管天下政事,掌管中书省的丞相统率百官,对政务有专决权力,位居一人之下万人之上,掌握着行政大权,容易造成大权旁落,酿成君权与相权的对立。

地方政权机构也沿袭元制,即设行中书省。元代行中书省统管一省军政、民政、财政大权,很容易形成了枝强干弱、地方跋扈的局面。实际上,一个行中书省就是一个独立王国。朱元璋曾做过小明王的行中书省丞相。想当初,他表面拥戴小明王,实则不把小明王放在眼里。所以,他对元代设置行中书省的弊端看得最深刻了。

看到了官僚机构设置的弊端,朱元璋就着手大刀阔斧地进行改革。为了缩小矛盾,他首先对地方政权机构进行了改革。他决计把地方政权控制在中央,只许地方奉令唯谨。于是,朱元璋把行中书省改为布政司,设左、右布政使各一人。布政司和行中书省的性质有着根本的不同:行中书省是中书省的分出机构,布政司则是皇室的派出机构。前者是中央分权于地方,后者是地方集权于中央。布政使是中央派驻地方的使臣,负责宣传、执

徐达

行朝廷的政令,秉承朝廷的意旨。同时,地方还设置了掌管军事的都指挥使司和管理司法的提刑按察使司。这三个机构合称"三司",彼此互不统辖,既各自独立,又相互牵制,都直接听命于朝廷的指挥,达到了朝廷收回大权的目的。

实现了对地方行政机构的改革之后,朱元璋又开始集中精力对中央政府机构,首先是总揽天下政事的中书省的改革。本来中书省在中央各机构中位置最重要,其行政长官左、右丞相又负有统率百官之责,这样君权与相权、皇帝与丞相之间的矛盾最容易激化。同时,他还提高吏、户、礼、兵、刑、工等六部的地位,由六部分理朝政,各部尚书直接对皇帝负责,奉行皇帝的命令。六部分任而无总揽之权,政务由皇帝亲裁。此时,朱元璋实际上在兼行宰相的职权,封建中央集权发展到了顶峰,他成了历史上权力最大的君主之一。

朱元璋在继废中书、罢丞相之后,对中央监察、审判机构也进行了一系列改革调整。

中央的监察机关明初为御使台,洪武十五年(1381),朱元璋把它改为都察院,下设十三道监察御史。其职权是:纠察百官,辨明冤枉,凡有大臣奸邪、小人构党,擅作威福,扰乱朝政,或贪污舞弊、变乱祖制的,都要随时检举弹劾。这实际上是些"天子耳目风纪之司",起着为皇帝搏击异己的鹰犬作用。

朱元璋即位时,中央军事机关为大都督府,统领全国所有的卫所军队。他认为大都督府的权力太大,在废除中书省时就把它一分为五,设立左、右、中、前、后五军都督府,分别统领所辖的卫所军队。并规定,都督府只管军籍和军政,而由兵部掌握军令颁

发和军官铨选之权。若遇战事，调遣军队和任命将帅将由皇帝决定。只有在皇帝做出决定之后，兵部发出调兵命令，都督府长官才可奉命出为将帅，带领所调集的军队出征。一旦战事结束，将帅即要交还帅印。这样一来，军权也集中到了皇帝手里。

经过一番改革和经营，朱元璋把全国军政大权都集中到了中央，最后统归皇帝一人掌握。他认为这套严密的统治制度，是确保朱家王朝"万世一统"的最好制度，特地编订一部《皇明祖训》，要求他的子孙后代必须世代遵守，不可妄加改变。

这样一来，朱元璋的皇权确实强化了，但皇帝的政务也随之繁重起来了。过去，政务有丞相协助，现在，朱元璋一人独揽大权，事无巨细，一切事情都要他亲自处理。当时，国

明太祖后马氏

事待兴，政务十分纷繁，长此下去，或者要误大事，或者要把皇帝的身体累垮。朱元璋便在洪武十五年（1382）设置了华盖殿、文华殿、武英殿、文渊殿、东阁等殿阁大学士，以帮助朱元璋阅读奏章，处理起草文书，襄助侍从，以备顾问，无丞相之名，实干丞相之事。昔日的忙乱现象逐渐得了改观，工作效率也增加了不少。

胡惟庸案，严惩骄纵

与朱元璋共同打得江山的李善长、徐达，他们成了明初的第一任丞相。由于二人遇事必请示朱元璋，得到朱元璋的首肯后才执行，他们之间相处得倒也相安无事。但是相位传至胡惟庸时就不同了。

胡惟庸早年便投奔到朱元璋帐下，充当小吏，数年间，步步升迁。又因他是朱元璋建国的第一号功臣李善长的女婿，深得朱元璋的宠信，于是在朝中结党营私，组成一个淮人官僚集团，且大权独揽，独断专行，对官员升降、生杀之事，他都自作主张，不向朱元璋请示。胡惟庸有恃无恐，变本加厉地网罗自己的党羽，组织自己的小团体，肆无忌惮地排斥异己，妄图与朱元璋分庭抗礼，称霸天下，终于引起了朱元璋的警觉。洪武十三年（1380），有人告发胡惟庸阴谋叛乱，朱元璋毫不留情地对他进行抄家灭族，并乘机下令废除中书省，声称今后永不再设丞相一职，大臣中如有奏请再立者，处以重刑。

刘基曾极力让朱元璋罢免胡惟庸，但是，朱元璋念及与李善长的友谊，又从内心里宠爱胡惟庸，就没有采纳刘基的意见。刘基是一位奇人，他洞察世事，无有不中。他对朱元璋封赏的官职，多次拜辞不受，因为他知道朱元璋生性刻薄，很难容人，共事长久，不免有杀身之祸。两人曾有下面的一番对话。

刘基说："善长是有功的老臣，能够调和各将的人际关系，不宜马上把他换掉。"朱元璋很奇怪地问道："善长多次说你的短处，你怎么多次说善长的长处呢？我想让你做右相，不知怎样？"刘基顿首说："换相好比换殿中的柱子，必得用大的木材，若用小的木材，不折断也必定仆倒，我就是那种小材，怎能当右相呢？"朱元璋又问："杨宪如何？"刘

基说:"宪有相材,无相器。"朱元璋又问:"汪广洋如何?"刘基又答:"器量偏浅,比宪不如。"朱元璋又问:"胡惟庸如何?"刘基急忙摇头道:"不可!不可!区区小犊,一经重用,必至辕裂犁破,祸且不浅了!"

此次君臣对话不久,刘基就忧愤成疾。原来,杨宪因诬陷人而被处死,李善长又被罢去相职,胡惟庸逐渐升为丞相。他听说了刘基对自己的评价,怀恨在心,就诬陷了刘基的儿子,刘基一病不起,于是朱元璋派人将其护送回青田老家,不久刘基去世。

刘基死后,胡惟庸得意忘形,更加趾高气扬。他恃权自专,朝中生杀陟黜之事,不待奏闻,就自行决断,对于送来的奏章,他也先行拆阅,凡不利于己者,就藏匿不报,朝廷势利之徒,竟走其门,胡家珍宝金帛,积聚无数。魏国公徐达看不顺眼,就给朱元璋上了密本,说胡惟庸奸邪,应加诛除。朱元璋没有相信徐达的话,反给胡惟庸知道了这件事,因此,胡惟庸对徐达怀恨在心。于是,胡惟庸就私下里买通了徐达家里的看门人,让他诬告徐达。谁知弄巧不成,这计谋被自己的守门人报告了徐达,反而遭到了朱元璋的怀疑,每天上朝都提心吊胆,恐怕遭到不测之祸,等了几天,竟然没事,才逐渐放下心来。胡惟庸自此略有收敛。

此时的李善长虽不当丞相,但朱元璋还是十分看重他。胡惟庸觉得自己应当再找个牢靠的靠山,就看上了李善长,于是请人做媒,把女儿嫁给了李善长的弟弟李存义的儿子,胡惟庸有了李善长这一靠山,又肆无忌惮起来。正巧,胡惟庸在定远的老家宅中的井里忽然长出了石笋,高出水面数尺;又有人说胡家的祖坟上每天晚上有红光照耀天空,远及数里。一班阿谀奉承之辈都说是极大的吉兆,胡惟庸听了,越发得意,心里渐生谋反念头。

恰在这时,德庆侯廖永忠因擅自使用皇帝的龙凤仪仗而被赐死;平遥训导叶伯巨上书劝谏朱元璋,说他分封太多,用刑太繁,求治天下之心太过迫切,结果使得朱元璋大怒,把他捕入狱中,活活饿死。安吉侯陆仲亭擅乘驿车,平凉侯费聚招抚蒙古无功,均被朱元璋下旨严厉责罚。汪广洋罢相数年,由胡惟庸推荐,重登相位,不久又因刘基案被贬谪。汪广洋知道胡惟庸的不法行为,但一直替他隐瞒,在二次罢相之后,出居云南,不久即被赐死。朝廷官吏屡屡得咎,使得朝廷之上人心惶惶,生怕祸及己身。尤其是汪广洋被赐死,更使胡惟庸觉得震动,他觉得朱元璋迟早要惩治自己,就下定了反叛的决心。

这时又发生了一件意外的事。胡惟庸的儿子在街市上乘坐马车飞奔时,不慎坠车身亡,胡惟庸悲痛异常,于是迁怒于车夫,竟然将车夫杀了。朱元璋听说胡惟庸滥杀无辜,非常震怒,令胡惟庸偿命。胡惟庸请求用金帛抵偿,朱元璋不准。胡惟庸惊惶失措,连忙召集属下商议,并通知各地同谋者,准备起事。

徐达——伏阶称罪

胡惟庸把那些遭到朱元璋惩治而心怀不安的官吏争取过来,结成党羽,然后又托亲家李存义到他的哥哥李善长那里探听口风。李善长知道这是祸灭九族的事,起初不

肯应允,经李存义再三说明利害,最后默许了。从李善长的态度里他得到了鼓舞,加紧了谋反的准备活动。胡惟庸把一些亡命之徒纳为心腹,又暗地里招募了一些勇士组成卫队,并把天下兵力部署情况了解得一清二楚,再派人去同东南沿海一带的倭寇联系,引为外援,还结交了一些掌握兵权的人,准备一旦事发,就起兵响应。他又秘密结交日本国派来的贡使,作为事败之后的退路。

胡惟庸在觉得一切准备完毕之后,就于洪武十三年(1380)正月,奏告朱元璋说京宅井中出了一眼甜泉,乃是大吉大利之兆,请朱元璋前去观看。朱元璋竟信了他的话,车驾从西华门出发,准备前往。就在这时,内使云奇突然闯入跸道,勒住了朱元璋的马缰绳,极力劝阻朱元璋,说是不可前往,由于情势太急,云奇声调急促,以至不能说得明白。朱元璋见此情景大怒,以为云奇放诞不敬,就喝命左右用金锤挝击。云奇断了胳膊,扑倒在地,气息奄奄,但却用手指着胡惟庸宅第的方向。朱元璋忽然有悟,忙登上高处向胡惟庸的宅第方向看去,但见胡宅中隐隐透出兵气,朱元璋大惊,立即发兵前往捕捉。不一会儿,羽林军就将胡惟庸及埋伏的甲士捉拿归案,经人对质,胡惟庸无法抵赖,只得承认。胡惟庸被桎至市曹,凌迟处死。

朱元璋当然不肯罢休,他派出官吏,四处拷掠,并亲自审问,把胡惟庸一案的新账旧账一同清算。由擅权枉法到私通日本、蒙古,再到串通李善长等人谋反,由此牵连到的胡惟庸的亲族、同乡、故旧、僚属以及其他关系的人皆被连坐族诛,先后杀掉了三万多人。然后,明太祖朱元璋作《昭示奸党录》,告示天下。一时之间,朝野相互揭发,株连蔓引,人心惶惶。

胡惟庸一案,祸起"擅权植党"。朱元璋正好借助胡党之名,大力打击那些骄纵违法、僭越立法的文武权臣,以加强君权巩固统治。从胡惟庸这一事件后,朱元璋废除了中书省和自秦汉以来实行了1000多年的丞相制度。直到明代最后一个朝代,都没再设立丞相一职。丞相制度的废除,引起朝廷最高权力层格局的变动,对整个明朝政治产生了深远的影响。

蓝党大狱,诛尽功臣

蓝玉,安徽定远人,名将常遇春的内弟。他身材魁梧,面庞黝黑,勇猛过人,再加上谋略出众,颇有大将之风。他常年随同常遇春出战,临敌锐不可当,常遇春经常在朱元璋面前赞誉蓝玉。后来又跟随徐达北伐,又率兵征讨西番,屡建战功。洪武十二年(1379),蓝玉被朱元璋封为永昌侯,赐世券。徐达、常遇春去世后,蓝玉多次统率大军南征北战,立下赫赫功勋。洪武二十一年(1388),蓝玉又被任命为大将军,率军15万远征北元,大胜而归。朱元璋非常高兴,盛赞蓝玉,将他比作卫青、李靖。

蓝玉虽有大将之才,但他性情残忍粗暴,建功后更是居功自傲,骄纵放任,蓄养众多家奴、义子,横行不法。蓝玉与太子朱标是间接的亲戚,往来很亲密。蓝玉在北征时看到燕王朱棣的行止,深感不安,回来后对太子说:"我看燕王在他的封地里实在是太有威风了,其行止不亚于皇帝。我还听说燕地有天子气,愿殿下细心防备,免生不测。"太子为人生性忠厚,不愿生事,就对蓝玉说:"燕王对我十分恭顺,绝不会有这样的事。"蓝玉见太子不信,只好自找台阶说:"我蒙受殿下的恩惠,所以才秘密地告诉你涉及利害的大事。但愿我说的不中,不愿被我言中。"

不久,太子病死,朱元璋觉得燕王朱棣为人阴鸷沉稳,很像自己,就想立他为太子,但一些大臣反对,觉得于古礼不合,也对其他皇子无法交代,朱元璋只得立了朱标的儿子做皇太孙。

太子死后,便无人再替蓝玉说话。燕王朱棣在入朝奏事的时候就对朱元璋说:"在朝诸公,有人纵恣不法,如不处置,将来恐成尾大不掉之势。"朱棣虽未明指蓝玉,但大家心知肚明。蓝玉曾在太子面前说过朱棣,朱棣现在要施行报复了,再加上"纵恣不法"四字,更是确指蓝玉。

在这种情况下,蓝玉竟还率性而为,一点也不检约自己。他出征西番时,擒得逃寇,且捉住了建昌卫的叛帅,自以为功劳更大了,愈觉得意扬扬,本以为回朝后定会大有封赏,没想到朱元璋根本就不理他。到册立皇太孙时,他满以为会让自己做太子太师,却没想到自己还是太子太傅,反倒让冯胜、傅有德两人做了太子太师。蓝玉十分愤怒,扯着袖子大喊道:"难道我就不配做做太师吗?"蓝玉此举,令朱元璋十分不悦。

自此以后,蓝玉上朝奏事,没有一件能够获准,但蓝玉不仅不知收敛,还更肆无忌惮,即使陪皇上吃饭,也出言不逊。洪武二十六年(1393)的一天,他见朱元璋乘舆远远经过,便指着说:"皇上已经怀疑我了!"此语一出口,大祸即来。锦衣卫蒋献听到了这

剿灭胡蓝

句话,立刻告及蓝玉谋反,并说他与鹤庆侯张翼、普定侯陈垣、景川侯曹震、舳舻侯朱寿、东莞伯河荣、吏部尚书詹徽、户部侍郎傅友文等人设计起事,欲劫皇上车驾。朱元璋听了,正想杀人而找不到借口,便乘机将蓝玉一干人等,一齐拿到朝廷,并由群臣会审,再由刑部锻炼成狱,以假作真,全部杀死。凡与蓝玉偶通讯问之人,也不使漏网,四面构陷,八方株连,朝廷中的勋旧,几乎一扫而空。

此次前后共杀15000余人,与胡惟庸案杀人并算,共计近五万人。之后,朱元璋亲定《逆党录》,告示天下,列名其中的有一公、十三侯、二伯。

蓝党之狱过后年余,颍国公傅友德奏请土地,不仅没被批准,反而被朱元璋赐死。宋国公冯胜,在缸上设板,用碌碡打稻谷,以作打谷场,声响远震数里,有仇人状告冯胜私藏兵器,朱元璋把他召入廷内,赐以酒食,说是决不相信别人的谣言,冯胜喜不自禁,谁知刚刚回到家里,即毒发而死。定远侯王弼,在家里曾叹息说:"皇上春秋日高,喜怒无常,我辈恐怕很难活下去了!"这一句话,果然被特务告密,立即被赐死。

这样一来,开国功臣已所剩无几,即便有几个,也早已远离朝廷,不涉政事了。徐达、常遇春、李文忠、汤和、邓愈、沐英六人得保首领,死皆封王,但徐、常、李、邓四人都死在胡、蓝大狱之前,沐英镇守云南,总算偏远无事,只有汤和绝顶聪明,他洁身远引、解甲归田,绝口不谈政事,享年70多岁,得以寿终正寝。

朱元璋杀戮功臣已经成了他晚年生活的主要内容，"胡惟庸案""蓝党大狱"总共牵扯被杀的人达五万多人，南京皇宫俨然成了一座阴森恐怖的死亡宫殿，很多官员上朝都提心吊胆，生怕自己被什么案件牵扯而遭治罪。最恶毒的暴政是把罪犯的妻女发配给妓院，使她们遭受百般凌辱。据说，每次上朝，官员们如果看到朱元璋把玉带卡在肚子以下，就表明皇帝当天要杀人了，一个个都吓得面无人色，两腿发软；如果玉带高挂在胸前，就表明皇帝今天情绪不错，不会杀人。"胡蓝之狱"期间，有些官员每天早上上

常遇春——超登采石

朝之前甚至和家人诀别，嘱咐后事，如果侥幸平安归来，全家人都要庆贺一番。

　　纵观中国历史上的各个朝代，把开国功臣杀得如此彻底的，确实应数明代，朱元璋从改变官制、改善吏治、严格法令、压制舆论、杀戮功臣和特务统治六个方面集中权力，巩固他的统治地位，可以说收到了相当的成效。自洪武年间及其以后，明代的君权在相当长的时间内没有旁落过，至于燕王朱棣起兵造反，夺了他的侄子建文帝的权，残酷地诛杀亲族，那是皇帝家事，自当另论。

　　那么，朱元璋为什么如此残酷地诛杀那些开国功臣呢？

　　史载，朱元璋要赐死开国功臣李善长时，太子朱标曾向朱元璋进谏说："父皇诛杀的人太多太滥了，恐怕有伤和气。"朱元璋听了没有作声。第二天，他把太子叫来，将一根长满刺的荆棍扔在地下，要太子捡起来，太子面有为难之色，朱元璋笑道："我让你拿着棘杖，你认为棘杖上有刺，怕伤了你的手，若是把棘刺除去，就可以不必担忧了。我现在诛戮功臣，便是替你把刺去掉，你难道还不明白我的用意吗？"朱元璋的"棘杖"之

陈友谅墓

喻可谓意味深长。谁知太子却是一位饱读圣贤之书的书生,听了父亲这话,大不以为然,反而叩头道:"上有尧舜之君,下有尧舜之民!"这话明摆着说朱元璋是一个昏暴的君主,朱元璋大怒,当即提起身前的几案击打太子。幸亏太子在惊慌中抛出负子图,使朱元璋忆起了与马皇后背负太子同陈友谅作战的艰难岁月,太子才免遭杀戮。自此以后,朱元璋的权力"棘杖"上的确没有扎手的硬刺了。

乱世重典,严以治国

还是在大明王朝建立的前夕,朱元璋就将文武百官请到自己身边,给大家出了个题目:元朝为什么会土崩瓦解? 不久将诞生的新王朝的当务之急是什么? 让大家各抒己见。刘基首先进言:"宋元以来,宽纵日久,当使纪纲整肃然后才能实施新政。"朱元璋一边洗耳恭听,一边陷入思索:想当初元朝统一海内,政治不可谓不清明,只是到了

李文忠——杀虏焚辎

后来,贵戚专权,奸邪得宠,内外勾结,使法度松弛,纪纲日坏,造成国家土崩瓦解。现在是大明创业之初,要改变这种状况,恢复建立封建秩序,必须制定严格的法律,以法治国。

根据朱元璋的命令,李善长于至正二十七年(1367)就开始了从事法律的制订工作。对各级官吏的职权任务以及应当遵守的事项,都做出了详细的规定;对官吏的违法乱纪行为,也制定出了具体的惩处办法。洪武三十年(1397),经朱元璋的授权,终于正式颁布了几经修改已趋完善的《大明律》。该律法十分具体,执行起来非常方便,尤其是对官吏贪污,处罚得特别重,这也反映出执政之初的朱元璋仍然保留着质朴的农民习气,对贪官污吏尤其深恶痛绝。法律规定:凡犯有贪赃罪的官吏一经查证属实,一律发配到北方荒漠地区充军;官吏贪污赃白银 60 两以上者,处以枭首示众、剥皮实草之刑。

朱元璋建立明王朝以后,非常重视法律的制定。他曾明确提出:"礼法,国之纲纪。礼法立,则人志定,上下安。建国之初,此为先务。"又说:"纪纲法度,为之本。"朱元璋于吴元年(1367)十月,就命中书省定律令,任命左丞相李善长为总裁官,参知政事杨宪、傅瓛,御史中丞刘基,翰林学士陶安等 20 人为议律官,讨论制定。李善长等提出:"历代之律,皆以汉九章为宗,至唐始集其成。今制宜遵唐旧。"朱元璋同意他们的意见,以唐律为蓝本制定明律。朱元璋经常和他们讲论律义。十二月,书完成,共有令 145 条,律 285 条。朱元璋为了让百姓都知道,就让大理卿周桢等取所定律令,自礼乐、制度、钱粮、选法之外,凡是与民间有关的事,类聚成编,训释其义,颁之郡县,起名叫《律令直解》。后来,朱元璋觉得所定律令不够完善,还有一些地方不合适,于是下令继续修订。洪武六年(1373),《律令宪纲》在各司颁布。这年闰十一月,朱元璋又命刑部尚书刘惟谦详定《大明律》,"每成一篇,辄缮写以进,上命揭于两庑之壁,亲加裁定"。洪武七年(1374)二月,这部书完成颁行天下,篇目一准于唐,共计 606 条,分为 30 卷。从吴元年(1367)到洪武六年(1373),经过七年的反复修改,明律的制定基本上完成了。后来在贯彻中对原来的律条又有所增删,因此,洪武二十二年(1389)刑部又奏请更定了一次,"取比年所增者,以类附人"。重新整齐编订,直到洪武三十年(1397)才正式颁布。《明律》有 30 卷,460 条。

《明律》和《唐律》一样,首列"十恶",以凌迟处死等酷刑镇压人民的反抗;规定人民应服从官府,奴婢、雇工应服从主人;凡是侵犯地主、政府的田土房舍者,要处各种刑罚,以保护封建私有制和政治特权。《明律》在镇压人民反抗方面比《唐律》更加残酷,如犯了"谋反""谋大逆"之"罪"者,在行刑上,《唐律》规定为首者处死刑,其父及 16 岁以上的儿子皆处绞刑,其余亲属则不处死刑;而《明律》规定,不分"主犯""从犯"一律凌迟处死,他们的祖、父、子、孙、兄弟及同居之人,16 岁以上的都要处死。

明大将邓愈像

元末农民大起义是通过弥勒教、白莲教等宗教形式组织发动起来的,朱元璋在参加农民起义军时也是利用了这种形式。明初,有些地区仍继续采用这种方法反抗明朝的统治。所以,朱元璋针对这一情况具体地制定了律条。凡师巫假降邪神,书符咒水,扶鸾祷圣,自号端公太保师婆,及妄称弥勒佛、白莲社、明尊教、白云宗等会,一应左道乱正之术,或隐藏图象,烧香集众,夜聚晓散,佯修善事,扇惑人民,为首者绞,为从者各杖一百,流三千里。"

朱元璋不断地加强自己的权力,独揽任用官员的权力,这也在《明律》中用法律条文固定下来,使之合法化。"凡除授官员须从朝廷选用,若大臣专擅选用者斩。"朱元璋在《明律》中规定:"凡诸衙门官吏及士庶人等若有上言宰执大臣美政才德者,即是奸党,务要鞫问,穷究来历明白,犯人处斩,妻子为奴,财产入官。若宰执大臣知情,与同罪。"这就要求所有人都按照他的意志行事,无条件地效忠于他个人,否则,就要受到法律的严厉制裁。

《明律》可以说是朱元璋毕生政治活动的经验总结,是他"劳心焦思,虑患防微近二十载",反复修改"凡七誊稿",字斟句酌的"不刊之典"。朱元璋把它看作维护大明王朝长治久安的法宝,所以他在《祖训》中谆谆嘱咐:"凡我子孙,钦承朕命,勿作聪明,乱我已成之法,一字不可改易。"

尽管《明律》的规定相当详细,但它不可能囊括所有复杂的社会生活。朱元璋为了解决这个矛盾,从而把《大明律》贯彻到社会的各个方面,就汇集官民"犯罪"事例来解释律条,称为《大诰》。洪武十八年(1385)明朝政府颁行《大诰》,第二年又颁《大诰续编》《三编》,要求"一切官民诸色人等,户户有此一本","臣民熟观为戒",并且规定家里如果有一本《大诰》,犯"罪"时可减一等判刑,没有的就要加一等判刑。并"令天下府、州、县民,每里置塾,塾置师,聚生徒教诵御制《大诰》,欲其自幼知所遵守。阅三岁,为师者率其徒

沐英——白石济师

至礼部背诵,视其所诵多寡次第赏之"。洪武三十年(1397),讲读《大诰》的师生至礼部来背诵的共有193400余人。洪武二十一年(1388)又颁赐"天下武臣《大诰》,令其子弟诵习"。朱元璋花费这么大的力量来推行《明律》,目的就是通过律令的教育和宣传,使广大人民都能服服帖帖地在封建统治下生活。他希望农民老老实实地耕作,读书人好好地学习忠孝仁义的封建理论,商人贩运货物以通有无,手艺工人专心专意去搞技艺。总之人民要"奉法守分","应役输租","上下相安"。这样,自然就能达到朱元璋所希望的大明王朝长治久安的目的。

《大诰》共汇编了案例一万多件,要求每户都持有一册,经常翻阅,起到警示作用。朱元璋在《序言》中写道:"将残害百姓的事例昭示天下,各级官吏敢有不务公而务私、贪赃酷民的,务必追究到底,严加惩处。"朱元璋对自己主持制定的法律非常满意,除要求各级严格施行外,还要求自己的家人和大臣带头执行,若有违犯,执法即相当严厉,这在中国古代封建帝王中是很少有的。这样的例子很多,在这里仅略举一二:他的女

婿、驸马都尉欧阳伦，因违犯法律贩运私盐，且不听小吏的劝阻，朱元璋知道后，立即下令赐死欧阳伦，并发了通敕令，表扬了那位劝阻的小吏；他的义子、亲侄朱文正，因违法乱纪，朱元璋就撤了他的官职；开国功臣汤和的姑父，自以为有强硬的靠山，就隐瞒土地数量，不纳税粮，朱元璋也依法将他处死。

为了大明王朝的长治久安，朱元璋同贪赃枉法者的斗争十分坚决，顶住了一切压力，毫不手软。他除了注意平时依法严查以外，还集中力量处理了几个权力大、根子深、影响坏的贪污案件，一查到底，严查严办，不给他们留有任何幻想，得到了全国百姓的广泛赞同。洪武十八年（1385），御史徐敏、丁举廷告发北京承宣布政使司、提刑按察使司的官吏李彧、赵全德等人，伙同户部侍郎郭桓、胡益、王道亨等人贪污舞弊，吞盗官粮。朱元璋听说这件事后，十分愤怒，当即命令司法部门依法严加追查。查到后来，进展缓慢，司法部门也感到很棘手，因为这个案件一直牵连到礼部尚书赵瑁、刑部尚书王惠迪、兵部侍郎王志、工部侍郎麦志得等高级官员和许多布政使司的官员。在追查他们内外勾结，狼狈为奸，盗窃国库的金银财宝，盗卖官仓里的粮食时，又发现他们还贪污了大量的没有入库的税粮和渔盐等项税款，其数量之大，令人震惊。案件查清后，看到如此大案要案，且牵扯到的要犯职位之高，人数之广，司法部门不敢依法执行，只好请示朱元璋。朱元璋当即下令将赵瑁、王惠迪等人弃市，郭桓及六部侍郎以下的官员也统统处死。一时间，与各布政使司有牵连的大小官吏几万人也都被逮捕入狱，严加治罪。各地卷入这个案件的官吏、富豪被抄家、处死者不计其数。一段时间里，彻底打击了贪赃枉法者的气焰，此类案件的发生数量急剧下降，百姓无不拍手称快。

设锦衣卫，朝野惶惶

早在战争时期，朱元璋就曾以多收义子做耳目，达到监视的目的；建国前后，已开始使用太监做眼线。后来，朱元璋设立了负责保卫和侦缉的两个特务系统：一个系统叫检校，一个系统叫锦衣卫。检校"专主察听"，在京大小衙门官吏不公不法及风闻之事，无不奏闻。重要的头目有高见贤、夏煜、杨宪、凌说等人。元璋把这几个人比作自己养的几条恶狗，使人见人怕。他们都以"伺察搏击"即访人的阴私，打小报告以博取主子的欢心，同时也把自己搞得声名狼藉，后来，连朱元璋也容不下他们了，把他们统统处决。这些提防、加强监视的措施，加强了对臣民的监视和控制，对于集中权力卓有成效。

锦衣卫的前身是拱卫司和亲军都尉府，正式建立于洪武十五年（1382），是皇帝的仪仗和贴身的警卫部队，它还专门设立有刑讯机构镇抚司，朱元璋亲自过问的案子都交镇抚司刑讯办理。这样一来，锦衣卫从缉查逮捕到刑讯一应俱全，就构成了严密的特务系统。这些特务组织最初是负责监视百官动静的，只是负责调查及逮捕谋反妖言大奸大恶之人，后来发展到专门用于迫害在政治斗争中的失败者。这些特务组织相互交错，密如蛛网，遍布全国的各个角落。这样，街头巷尾的一举一动，甚至夫妻吵架和市井打斗，早上发生，晚上就能到皇帝耳中，这是中国前所未有的现象。

据说有一次，博士钱宰罢朝回家，在路上信口吟道："四鼓咚咚起着衣，午门朝见尚嫌迟。何时得遂田园乐，睡到人间饭熟时？"第二天上朝，朱元璋对钱宰说："你的诗做得不错啊！不过我并未'嫌'你啊，改作'忧'字怎么样？"钱宰一听，连忙跪下叩头，吓得出了一身冷汗。好在朱元璋并不是要追究他的罪责，而是要显示自己的无所不知，钱宰才算没有倒霉。吏部尚书吴琳告老还乡,已是无所作为,但朱元璋还是不放心,常派锦衣卫去监视他。一天,一个特务向田间插秧的一个老农夫问讯道:"这里可有个退了休的吴尚书吗?"那老人搓手答道:"我吴琳便是。"朱元璋得到了这一消息,知道吴琳并无异志,十分高兴,奖赏了吴琳。

大学士宋濂对朱元璋赤胆忠心,但朱元璋还不放心,经常派特务监视。一天,宋濂在家请客,特务竟把赴宴人等乃至菜肴全都列单汇报了朱元璋。第二天上朝,朱元璋问宋濂请客及菜肴的情况,宋濂把所请客人和菜肴情况一一据实回答,朱元璋听后十分满意地说:"宋学士所说皆实,没有骗我!"国子监祭酒宋讷有一天在家生闷气,监视他的人认为有可能是对皇上不满,就偷偷地把他生气的样子画了下来,交给了朱元璋。第二天上朝时,朱元璋问他何故生气,宋讷做了解释,朱元璋知道他生闷气与朝事无关,才不追究。宋讷非常奇怪地问太祖怎么知道他的家事,太祖就把那张画像拿出来给他看,结果宋讷几被惊倒。

朱元璋掌握了臣下的一言一行,臣下深恐动辄得咎,真正做到了前人所谓的"慎独",哪里还敢有不臣之心?

封王建藩,后患无穷

太祖朱元璋建立明朝以后,为保证大明国祚绵长,亲自设计、制定了多项重要政策,并以宝训的形式固定下来,要求后代子孙严格遵守,大臣有敢轻议者严惩不贷。分封宗藩就是其中一项重要政策。朱元璋先后于洪武三年(1370)、洪武十一年(1378),洪武二十四年(1391)三次共封25人为藩王,分镇全国各地。朱元璋认为,"天下之大,必建藩屏,上卫国家,下安生民。今诸子既长,宜各有爵封,分镇诸国"。藩王的权势很重,拥有自己的军队,少则3000,多则数万。特别是北方边防线的几名"塞王",拥有指挥军队的权力,如宁王朱权"带甲八万,革车六千",连朵颜三卫都要听他调遣。太祖朱元璋本意是要以藩王来确保朱家江山,却没有想到虽然为继任者去掉了骄兵悍将这根尖刺,却留下了拥兵自重、尾大不掉的宗藩这另一根尖刺。当时的有识之士,已经清醒地认识到宗藩为"三忧"之一(另两忧为边防和河患),多次上疏太祖。朱元璋不允许有人要改变这项政策,甚至加以杀戮。然而他没有想到,在他刚刚辞世不久,他亲立的皇太孙就因此而丢掉了皇位,真是莫大的讽刺。

宋濂

由于建都南京,远离塞北,北方势力时常出没塞下,威胁着明朝的统治。朱元璋已对开国文武功臣越来越不放心,不过他对宋、元皇室孤立、宗室衰弱、朝廷一旦危急宗室无力援助的教训却牢记在心。为了保持朱氏王朝的长久统治,加强对辽阔疆域的管理,朱元璋便决定采用古时的封建制,挑选一些"名城大都"分封诸王,待诸王长大后就藩,以达到"外卫边陲,内资夹辅"的目的。洪武三年(1379),明太祖第一次分封,九位皇子和一位从孙受封为王。以后,又分别于洪武十一年(1378)、洪武二十四年(1391)两次分封,先后有15位皇子受封。朱元璋共有26个儿子,三次分封,除立为太子的长子和早夭的第二十六子外,其余24个儿子均被封为王,加上一个从孙,共25个王。诸王长大后,纷纷就藩各地。

诸王的封国星罗棋市。为防备北元势力的入侵,明太祖在从东北到西北的漫长边防线上,选择险要地区,建立藩国。如以北平为中心的燕国,以太原为中心的晋国,以西安为中心的秦国,以大宁为中心的宁国,等等,共设九国。此外,在内地则有周(地处开封)、楚(地处武昌)、潭(地处长沙)、蜀(地处成都)等国。

诸王每年食禄米万石,在藩国建立王府,并可设置各类宫属,冕服车旗邸第,享受低天子一等的待遇。公侯大臣晋见,必须俯首拜谒,不得越礼,地位十分崇重。但列爵而不临民,无权过问地方民政。

在军事上,各王府都设置亲王护卫指挥使司,每府三护卫,每卫少则3000人,多则19000人。诸王之中,塞王势力较大,其中宁、晋、燕三王兵力最强。宁王朱权,号称"带甲八万,革车六千",兼辖蒙古三卫精骑,势力煊赫一时。晋、燕二王曾多次受命带兵出塞征战,军中大将均受其节制。太祖对他们也格外器重,尤其是燕王朱棣,因屡屡率军击败北元入侵,受命统辖各边镇军马,位列诸王之上。

《帝宣十王,各子受封》

正当明太祖分封藩王之时,洪武九年(1376),山西平遥训导叶伯巨上书太祖,直言藩王封国太大,拥兵太盛,恐"数世之后,尾大不掉",到那时再削藩地,夺兵权,势必造成大乱。他建议,趁现在诸王尚未分赴封国,"节其都邑,减其卫兵,限其疆域"。太祖见书,大怒道:"小子离间我们父子骨肉之情,速速逮来,我要亲手射死他!"等到太祖怒气稍稍消解后,朝臣奏请,才将叶伯巨下刑部狱。叶伯巨后来死于狱中。从此以后,朝臣再也没有人敢出来反对封藩了。

叶伯巨上书之时,藩国尚未完全成形,故而人们多认为叶伯巨是危言耸听,不幸的是,这一切都被叶伯巨言中。朱元璋死后,先是建文帝削藩,其后就是靖难之役,此时人们方佩服叶伯巨的先见之明。

仁德皇后，宽厚太子

患难马皇后

马皇后当年跟随朱元璋转战创业，战争期间的生活动荡不安，十分艰苦，她总是想方设法安排好朱元璋的饮食，从不顾惜自己。

马皇后出生于至顺三年(1332)，此时刚满21岁，比朱元璋小四岁。她脸上有几颗麻子，说不上十分漂亮，却聪明、端庄、秀气，颇有大家闺秀的风度。自从与朱元璋结婚，夫妻感情一直很好，对朱元璋的事业也很有帮助，后来成为中国历史上非常有名的皇后。

出身低微的朱元璋，投军时间不长，能与大帅的养女结亲，自然是身价百倍。人们对他不得不刮目相看，官兵们也不直呼其名了，而尊称他为朱公子。终于，有一天，郭子兴把朱元璋关进了禁闭室。马氏想到丈夫饿着肚子，就偷偷到厨房拿些热饼，藏在怀中，送给朱元璋吃。而自己的皮肤都被烫焦了，朱元璋深为感动。

朱元璋称帝后，曾有意访召皇后的宗族，想加以官爵，马皇后坚决不同意，朱元璋只能作罢。

朱元璋经常向群臣称赞马皇后的贤德，将她比作唐长孙皇后。马皇后则对他说："我听说，夫妇相保易，君臣相保难。陛下一直记得臣妾与你同贫贱的事，希望您也不要忘记群臣与你同艰难的日子。我有何才德，怎么敢与长孙皇后相比呢？"

有时太祖在前殿裁决事情震怒，欲惩处大臣，马皇后便等太祖回宫后，委婉劝谏，设法保全，有不少大臣因此而得缓刑戮。胡惟庸案发后，株连众多，就连已退休在家的大学士宋濂，也因孙子被指为胡党而受到牵连，马皇后知道后，对太祖说："老百姓家为孩子请个老师，尚且恭恭敬敬，善始善终，何况天子？再说，宋濂退休在家，孙辈们的事情他未必知道。"太祖正在气头上，不听其劝。过了一会儿，马皇后陪太祖吃饭，也坐在一旁，对于酒肉一口不动。太祖见状发问，马皇后难过地说："我在为宋先生祈福。"太祖动了恻隐之心，投箸而起，第二天，下令赦免宋濂死罪。类似这样的事例还有很多。

马皇后十分关心百姓疾苦。一天，她问太祖："现在天下的百姓是否安居乐业？"太祖认为这不是她要关心的事情，她却说："陛下是天下之父，我是天下之母，子民的事，怎可不问。"又曾询问太学生妻儿的衣食来源，朝廷因而为太学生的家属立仓积粮，并成为制度。

明初，江南吴兴有一个巨富，叫沈万三，他的资产以万万计，田户遍布江南。但他好夸富斗雄，南京筑城，他出钱助筑，占总额三分之一；后又提出要犒劳军队。沈万三过于招摇，引起太祖嫉恨，朱元璋大怒道："匹夫犒天子军，是扰乱民心，这样的人应该诛杀！"马皇后知道后，劝谏道："臣妾听说有法的人，应诛不法的人，而不是杀这种不祥之人。他富可敌国，本身就是不祥。不祥之民，老天爷会惩戒的，陛下又何必要去诛杀他呢？"由于马皇后劝谏，沈万三才能免于一死，仅被流放云南。

洪武十五年(1382)，马皇后病逝，时年51岁。临终前，她留下遗言，要太祖"求贤纳谏，慎终如始"。马皇后相从朱元璋多年，深知他的脾性，故有此遗言。马皇后死后，朱元璋一直怀念着她，至死没有再立皇后。马皇后的慈厚，与明太祖朱元璋的严厉，是一个鲜明的比照。

皇太子朱标

朱元璋的前半生都在战争中度过，没有时间和精力去教育子孙，一直等到他称吴王，定都南京后才终于安顿下来，这时对儿子的教育才提上议事日程。为了使儿子了解他创业的艰难，体会生活的艰辛，使儿孙能够更好地继承守护这份基业，朱元璋想尽一切办法让他的儿子了解这些情况。他的长子朱标在他自立为吴王后就被立为世子。朱元璋出身于最下层民众，深知生活的艰辛，得到江山已是如此不易，想守住江山更是难上加难，因此他非常重视对后代的教育。

在朱标只有13岁时，为了让他熟知民间的疾苦，朱元璋命他返回凤阳老家去祭扫祖坟。朱标临行前，朱元璋向儿子道出自己的良苦用心。他告诉儿子："古代的贤王都是从小在民间长大，都深知小民生活的艰难，所以即位之后都能勤俭持政，爱护子民。但是他们的后代都生长于富贵乡中，不知民间疾苦，当了皇帝后任意挥霍，盘剥人民，最后导致亡国之祸。这是你应该牢记的教训。你也是从小生长在富贵的环境里，习惯了安逸的生活。现在我让你回老家一趟，这一路上道路遥远，正可以使你知道旅途的劳顿。一路上也可以观察百姓的生活状况，察知民心的好恶。"朱标遵照他的命令，很好地完成了这次长途考察旅行。

洪武元年（1368），朱元璋称帝，他立朱标为太子，并且把他的儿子全都封了王位。但是为了对皇子们继续进行教育，他没有让儿子们离开自己到各自的封地去，就怕皇子一旦离开自己的管束荒废了学业。他从全国请来最好的老师，让他们教皇子们读书，也请武艺高强的壮士教他们习武。为了日后皇子们不至于对将来的政事、战事一无所知，他还派他最信任的功臣宿将担任皇子们的师傅，也让他们培养起感情，以便于以后皇子们更为顺利地接管政事。他尤其重视对太子朱标的教育培养，派给他的老师都是最好的名臣大将，例如开国功臣中文臣之首的丞相李善长、武将之首的大将军徐达，还有以文才出众而闻名的大学士宋濂等人。他总是嘱咐这些功臣宿将要严格的教导辅佐太子，培养太子作为一个合格君王的道德品行。出于居安思危的考虑，还要让太子娴于军事，以防将来用兵时不致手足无措。直到洪武十年（1377）以后，当皇子们年纪渐长，学识已成的时候，他才陆续让他的成年儿子们到各自的封地管理政事。果然不负朱元璋所赞叹。这在历代开国之君的后代中都是极为少见的，不能不归功于朱元璋的教导有方。

有一次，朱元璋带着朱标到郊外去，还特意叫人带太子到沿途的农民家中去看一看，看他们吃的是什么食物，用的是什么器物，住的又是怎样的房子。等太子回到宫中，朱元璋才语重心长地对太子说："你看农民生活是如此艰苦，他们身不离田地，手不离犁锄，辛苦劳作一年下来，也不过是住在茅草屋里，吃的是粗茶淡饭，这已是好年景了。而国家的一切费用都是从他们身上出的。所以特意让你去看一看，就是要让你知道，以后凡是吃穿用度，都要想到农民生活的艰辛，要尽可能地使他们免于饥寒，如果不想着农民的辛苦，而只顾自己贪图享乐，老百姓就更加没有活路了！那样天下就会怨声四起，国家就不能安稳了。"朱元璋就是这样结合日常生活中的小事，对太子进行孜孜不倦的教育。

随着太子年纪渐长，朱元璋开始让太子帮助他处理政务。这一方面减轻了自己的负担，另外一方面也为了让太子日后能对政事驾轻就熟，朱元璋可谓用心良苦。他命令一切政务都先交给太子处理，然后再呈报给自己过目检查。他曾经告诉朱标："从古至今，创业的君主都历经艰险，饱受辛劳，深知人事物理，所以能够处事公允持正，无所偏颇。而守成之君是在富贵环境长大的,如果平时不多加体验练习,以后执政就难免会出现错误。因此,我才特意让你每天临朝,练习处理政事。"他还特别指导儿子要做到"仁、明、勤、断"这四个字。并解释说:做到了仁,就不会失之于粗暴;做到了明,就不会为奸佞所惑;做到了勤,就不会沉溺于安乐;做到了断,就不会教条刻板地去执行法律,这正是朱元璋为君多年的经验总结。他对自己的接班人的教育真可谓是周到细致,无所不用其极。

朱标在朱元璋和众多老师的悉心栽培训练下,睿智聪敏,处事果决,为人宽厚,博得了举国上下的称赞。尽管在有些事情上,他和朱元璋存在着一些分歧,但是总的来说,朱元璋对这个儿子还是比较满意的。可以料见,如果朱标日后登基当了皇帝,必定能成为一个有道明君。可惜的是,朱标还未即位,就因病去世,朱元璋曾经因此痛不欲生。

一生勤勉,孤独辞世

朱元璋因小时家穷,读书不多;但他戎马一生,日理万机,却仍然勤学不怠。从渡江开始到刚刚建立明朝的十几年时间里,朱元璋经常与宋濂等著名的文人朝夕相处,

洪武五年碗口铳

谈经论道,通过不断的学习,他不但能懂得经义,还能写通俗的白话文,甚至能做诗,能欣赏批评文学的优劣。

通过坚持不懈的学习,朱元璋在文学上,主张文章应明白显易,通道术达时务,这对推动古文运动起到了积极的作用,而且他能够写散文,喜欢研究音韵,时常作诗,甚至作赋。

朱元璋在生活上从来不奢华,一生都很勤俭。据说,至正二十六年(1366)在营建吴王宫室的时候,管工程的人打好了图样,拿来请朱元璋过目,朱元璋看了之后把其中雕琢考究的部分都去掉了,他说这样太浪费。完工以后,他要求工匠们在房梁上画了许多触目惊心的历史故事和宋儒的《大学衍义》,以此作为警示。朱元璋也决不允许他的部下阿谀逢迎,拿奇珍异宝来敬奉皇宫。

朱元璋一生勤勉,事必躬亲,一丝不苟。平均每天他要亲自批阅150余件奏章,裁决400多桩案件。几乎每天天不亮就起来办公,一直到深夜还不能休息,朱元璋这一生没有特殊嗜好,更谈不上精神上的调剂和身心上的娱乐了。

朱元璋执法极严,令出必行,到了晚年的时候,还无时无刻不在挂念着皇朝的万年一统,由于对朝廷中人事的极度不安,他喜怒无常,他的一些做法常常令王公大臣们胆战心惊,无所适从。由于这样过度的操劳,后来,朱元璋经常发高烧,而且心跳加快,时

常作怪梦幻想到天上的神仙宫阙。

洪武三十一年(1398),71岁的朱元璋由于身体的极度衰弱,再加上精神上的过度紧张,终于支撑不住了,这一年的五月,年迈的朱元璋得了重病卧床不起,甚至不能动弹。尽管请尽了天下的名医,用尽万般药方,病情不但丝毫没有好转,反而一天一天地恶化下去。

朱元璋一生历尽艰辛,他白手起家,与群雄逐鹿,定鼎天下,为朱氏子孙打下了天下,创立了大明王朝这份万世不朽的基业。他对儿孙们进行了悉心的培养,严厉督导,等到他们长大成人,能够独当一面以后,又给他们封了王,他希望子孙后代能够保住江山,并将这份家业发扬光大;但是,至于这份家业到底能保几世几代,遥遥冥冥,朱元璋实在是无法预测的,只能听天由命。朱元璋一生疑心颇大,刑法过严,在他执政的这些年之中,诛杀无数。其中有好多是跟随他打下大明江山的功臣。

洪武三十一年(1398)闰五月,大明王朝的缔造者,71岁的朱元璋告别了他亲手创立的帝国。离开了他寄予厚望的皇位继承人和他的那些对他十分畏惧的臣民们,结束了他一生的恩恩怨怨,是是非非。在忍受了30多天的病痛的折磨之后,朱元璋像天下的千千万万平民百姓一样,虽然生前贵为"万岁",但是仍然无法抗拒生老病死的自然规律而离开了人世,去了另一个世界。

朱元璋死后,按照他的遗嘱,丧事一切从俭:"长祭仪物,毋用金玉,孝陵山川因其故,毋改作,天下臣民,哭临三日,皆释服,毋妨嫁娶。诸王临国中,毋至京师。"建文帝给朱元璋谥号高皇帝,庙号太祖。永乐元年,明成祖朱棣又追封朱元璋谥号为圣神文武钦明启运俊德成功统天大孝高皇帝。嘉靖十七年(1538)增谥开天行道肇纪立极大圣至神仁文义武俊德成功高皇帝。

明成祖朱棣

人物档案

生卒年:1360~1424 年

父母:父,太祖朱元璋;母,碩氏

后妃:徐皇后等

年号:永乐

在位时间:1402~1424 年

谥号:文皇帝

庙号:成祖

陵寝:长陵

性格:智谋坚韧,多疑好杀

明成祖朱棣

名家评点:

一代雄主明成祖朱棣的业绩不仅对明朝,对后代的影响也是巨大的。但他为政过猛,步伐太急,给当时人民带来了沉重的负担,再加上他好大喜功,而财力、精力有限,不免顾此失彼。

——白寿彝《中国通史》

幼承庭训,沿袭正统

明成祖朱棣(1360~1424),明朝第三个皇帝,明太祖朱元璋第四子。11 岁被封为燕王,镇守北平,17 岁迎娶徐达长女,21 岁带着金册金宝就藩北平。40 岁时,以"靖难"名义起兵,四年后从他侄儿建文帝手中夺得了大明江山,第二年改年号为永乐。

朱棣是继朱元璋之后又一位雄才伟略的皇帝。朱棣即位后,为了避免重蹈惠帝覆辙,削夺解除诸王兵权,巩固了中央集权。明朝初年,退到漠北的蒙古族势力始终是一个威胁,朱棣常常亲临北方边防指挥部署。永乐四年(1406),他下令营建北京城。永乐十九年(1421),正式迁都北京。北京成了明朝政治、军事的中心,这对抵抗蒙古族的进攻,保证国家统一和长城以内社会环境的安定,有着积极的意义。他设置了奴儿干都指挥使司,管辖黑龙江、乌苏里江、库页岛等地,捍卫了领土的完整。他派遣郑和六次出使西洋,建立和发展与世界上各个国家的友好关系,为明朝赢得了很高的威望,前来通好贸易的有 30 余国。他五次亲征漠北,解决明太祖治理南方民族地区的遗留问题,设置贵州布政司等,都有利于全国的统一与安定。

朱棣在内政方面也有许多建树。他知道民间疾苦,把恢复发展农业生产放在重要地位。刚即位时的第一道诏书就是免去山东、北平、河南被战争蹂躏的州县三年赋役。他关心受战火破坏最重的北京地区经济的发展,兴修苏淞水利,掀起军屯的高潮。他完善内阁制度,整肃吏治,重用人才,组织编纂《永乐大典》等措施,促进了社会的安定、文化的发展。但他重用宦官,设置东厂,开明代宦官干政之弊端,造成了不良的影响。

元末是个战乱年代,大批老百姓流离失所。真是乱世出英雄,朱元璋异军突起,以应天(今南京)为根据地,积极扩充地盘。朱元璋多妻多子,朱棣是他 26 个儿子中的第四子。其中有好几个儿子都不知道自己的生母是谁。明朝建立时,朱棣已是一个八九岁的儿童。那时全国仍很凋敝,满目疮痍。这一切都在朱棣的幼小心灵上留下了深深的印记。

明成祖朱棣在宫廷中度过了他的青少年时期。

在一般人看来,帝王子孙们的宫廷生活一定是非常幸福的。其实不然,除了物质生活富足以外,其他乐趣并不多,甚至可以说是枯燥乏味的。

朱元璋称帝的第一年,就在宫中修建了大本堂,作为太子和诸弟学习的场所。堂中藏有大量历代图籍,供他弟兄们观览。征聘各地名儒,轮班授课,教育太子和诸王。师傅都是满腹经纶的大儒,其中如宋濂等。他前后十几年,向太子和诸王讲四书五经,讲封建礼法,一举一动都要合封建礼仪。

如何教育这些皇子们,朱元璋对儒臣们提出了他的教育方针:"譬如一块精金,要找高明工匠打造,有一块美玉,也要有好玉匠才能成器。有好子弟,不求名师,岂不是爱子弟还不如爱金玉吗?

我的孩子们将来是要治理国家的,各功臣子弟也要做官办事。教育他们的方法,最要紧的是正心。心一正,万事都能办好;心不正,各种邪欲都来了,这是最要不得的。要教他们切实的学问,用不着像一般文士那样,只是会记诵辞章,没一点好处。"

在朱元璋看来,学问重要,德性更重要。

朱棣兄弟们除了接受师傅们的教育外,还要随时接受朱元璋的训诫。洪武元年(1368)十二月的一天,朱元璋退朝回宫,趁朱棣兄弟们都在跟前,便指着宫中的一片空闲地对他们说:"这里并不是不可以建亭台楼榭,作为游玩场所,只是不忍心多费民财罢了。过去商纣王大造琼宫瑶室,结果使天下人都怨恨他。汉文帝曾想建露台,因怜惜100两银子的费用,就没有建,所以当时国泰民安。你们以后要经常心存警戒啊!"在这种场合,朱棣兄弟们都要格外恭谨,否则的话,一受惩罚就比师傅们更严厉。

朱棣从他父皇那里接受的完全是封建正统教育。对此,朱元璋曾有一段明确的自白:朕于诸子常切谕之:一、举动戒其轻;二、言笑厌其妄;三、饮食教之节;四、服用教之俭。怨其不知民之饥寒也,尝使之少忍饥寒;怨其不知民之勤劳也,尝使之少服劳事。

可以看出,朱棣弟兄们不只是要学书本,而且平时一言一行都要合乎封建规范。这对一个天真烂漫的少年来说,并不是一件惬意的事。

成祖生母,千古之谜

明成祖朱棣,因为他是用武力夺取政权的,当时有许多人都非常不满,称他为"燕贼"。于是他开始大规模篡改洪武、建文两朝的历史档案,希望能为自己的即位找到合理合法的依据。也就是因为他如此胡改一通,给后世留下了无数的谜团。其中之一就是关于成祖的生母之谜。关于永乐皇帝生母的第一种记载,有下面几种不同的说法。

第一种说法是马皇后说。《明太祖实录》说:"高皇后生五子,长懿文皇太子标,次秦愍王,次晋王㭎,次上,次周定王㭎。"肯定朱棣是朱元璋第四子,为马皇后亲生。《明史·成祖本纪》也说:"文皇帝讳棣,太祖第四子也,母孝慈高皇后。"与前说如出一辙,但是由于朱棣曾经大肆篡改史料,许多学者都不相信正统史书上的这种记载。而且更令人疑惑不解的是,有些史籍却说马皇后并非生五子,只承认四子朱棣与五子周王为马皇后所生。如《皇明世亲》说太宗与周王为高皇后所生,而懿文太子、秦王、晋王为妃子所生。从朱元璋遗留下来的言行准则中,我们能够明确地知道他立太子的标准是"立嫡立长",并且在给他的子孙们留下的训言中对此也有明确记载。

如此看来,说早死的懿文皇太子并不是马皇后所生恐怕立不住脚的。相应的,人们就更加质疑成祖是马皇后所生的事,也许正是这位皇帝想抹杀建文即位的合法性,使自己成为已故老皇帝的嫡子与长子,才使出这样的手段。

第二种说法是达妃说。根据《革除遗事》说,懿文、秦、晋、周王均为高皇后所生,而太宗(朱棣)为达妃所生。王世贞的《二史考》也曾引用此说。但是,后人分析黄佐把明成祖说成是达妃所生也是别有用心的,不足为信。清代史学家朱彝尊就认为黄佐的书对建文帝下台表现出非常明显的同情,而对明成祖夺权大加贬斥,明显有个人感情色彩,所记之事难免"虚传妄语"。

第三种说法是蒙古妃子说。这种说法来

明成祖后

自于《蒙古源流》的记载,认为明成祖是元朝的最后一个皇帝顺帝的妃子瓮氏所生,是元顺帝的遗腹子。这个妃子是蒙古的一个部落首领瓮吉喇特托克托之女,名叫格呼勒德哈屯。元顺帝逃离北京都城时,她被朱元璋的军队俘虏,并被朱元璋纳为妃子。这时候,她已经怀胎七月,被俘虏后不到三个月就产下一子,就是明成祖朱棣。这种说法一看就令人觉得十分可疑,当时明太祖已经坐拥天下,他怎么会看上一个怀胎七月大腹便便的元妃呢?即使他真的对这个妃子发生了兴趣,以朱元璋多疑的性格,怎么可能把她"越三月而生"的皇子当作己子又委以重任呢?这恐怕是蒙古人编造出来的一出离奇故事,以此来证明元王朝的血脉犹在吧!当然也有另一种听起来较为可信的说法,它承认朱棣是明太祖的亲子,母亲仍是元顺帝之妃。又说因为永乐皇帝生母这种特殊的身份,而没有被列入祖宗祭祀的神庙中,而是隐其事,"宫中别有庙,藏神主,世世祀之"。说得很是传神,煞有介事。

第四种说法是硕妃说。根据是《南京太常寺志》,认为明成祖的生母是硕妃。按照《太常寺志》的记载,以明孝陵奉先殿的陈设为旁证,奉先殿中间南向列太祖、马后两神座,东边排列的是诸妃神座,西边则独列硕妃神座。按照封建王朝的传统,后妃地位最尊的是皇后,其次就是继位皇帝的生母,在明十三陵中到处可见一帝二后的墓葬形制。奉先殿祭祀神座如此排列,无疑表明了硕妃是成祖的生母,所以才得到如此尊崇。这个推测是合情合理的。

如此看来,由于成祖蓄意篡改史料而造成的生母之谜,也只能随着时间的流逝而被历史湮没了。

拜封燕王,拥兵自重

洪武九年(1376),朱棣已是17岁的英俊青年,他的父皇准备让他的皇子们到外地

去当藩王了,以便让他们体验一下民间的生活。就在这一年,朱棣兄弟们一起来到安徽凤阳老家,那时被称为"中都"。这里埋葬着他们的祖父母,也是他们的父皇小时候为大户人家放牛放羊的地方。这里也是"十年倒有九年荒"的穷乡,老百姓的生活都很困苦。在这里,朱棣仿佛看到,他的父皇小时候是怎么样受苦受难,创业是多么的艰难。他在这里住了三四年,民间生活对他的思想意识产生了深刻的影响。朱棣是个有心人,"民间细事,无不究知"。他当皇帝以后,还经常对儿子们说起他这段生活。认为自己能南北征战,不畏塞外风寒,就得益于这段经历。朱棣在凤阳的这段生活可看作是宫廷教育的实习阶段,他回去就要准备到外地去当藩王了。

朱棣的长兄朱标,即南京一带所习称的"大头太子",在朱元璋称吴王时就被立为世子。洪武元年(1368)正月初四,朱元璋大祭天地于南郊,在郊坛南边正式登基称帝。他连赠祖上四代,册封马氏为皇后,立朱标为皇太子。

在朱元璋看来,元朝之所以经常发生宫廷政变,主要原因就在于没有早立太子,因此他一称帝就要解决这个问题。他还看到当元末农民起义四处爆发的时候,元王朝在各地缺少强有力的藩卫。有鉴于此,洪武三年(1370)他就做了封藩的安排,即把各个小儿子封到各地当藩王。他为了不使天下人感到他私心太重,在封藩前还特意做了一番表白:

天下之大,必建藩屏,上卫国家,下安生民。今诸子既长,宜各有爵封,分镇诸国。朕非私其亲,乃遵古先哲王之制,为久安长治之计。

封诸子为王的这件事也就定下来了。对这么一件重要的事,朱元璋当然要发一个正式诏谕:

考诸古昔帝王,既有天下,子居嫡长者必正位储贰。若其众子,则皆分茅胙土,封以王爵,盖明长幼之分,固内外之势者。朕今有子十人。前岁已立长子为皇太子。爰以今岁四月初七日,封第二子为秦王、第三子为晋王、第四子为燕王、第五子为吴王、第六子为楚王、第七子为齐王、第八子为潭王、第九子为赵王、第十子为鲁王、使孙为靖江王,皆授以册宝,设置相傅官属。凡诸礼典,已有定制。于戏!众建藩辅,所以广盘石之安;大封土疆,所以眷亲支之厚。古今通谊,朕何敢私!

也就在这一天,朱棣便有了燕王的身份。

按照明制,皇子封为亲王都授予金册金宝。年食禄米万石,其护卫"少者三千人,多者至万九千人"。但这只是就一般情况而言,像北边防御蒙古的几个藩王,所统士兵都超过此数。边塞诸王因有防御蒙古贵族侵扰的重任,所以护卫甲士尤多。北平的燕王朱棣拥兵十万,大宁的宁王"带甲八万,革车六千"。他们在边塞负责筑城屯田、训练将兵、巡视要害、督造军器。晋王、燕王多次出塞征战,打败元朝残余势力的军队,尤被重视,军中大将皆受其节制,甚至特诏二王军中小事自断,大事才向朝廷报告。尤其是燕王,由于功绩卓著,朱元璋令其"节制沿边士马",地位独尊。这些藩王的府第、服饰和车旗等,"下天子一等",公侯大臣见了他们都要"伏而拜谒"。

藩王的嫡长子立为世子,即藩王的未来接班人,十岁时就授予金册金宝,其他诸子则授予涂金的银册银宝,封为郡王。以后各世子孙都有封爵,自六世孙以下都封为奉国中尉。他们生的时候要向宗人府请名,年龄大了要请婚。但他们不能从事士农工商之类的行当,只是坐糜俸禄。明中期以后,皇室成员的俸禄成了国家沉重的包袱。

藩王没有行政权,只有军事权。朝廷调地方军队,地方守镇官还要得到当地藩王令旨后才能调动。遇有战事,即使元勋宿将也要听藩王节制。当燕王朱棣率军征讨乃儿不花时,像傅友德那样的大将也要受他调遣。朱元璋感到他这套制度比以往历代都严密,大明江山可以长治久安了。但他万万没有想到,他死后不久就爆发了朱棣与建文皇帝争夺皇位的"靖难之役"。

对这种分封的弊端,一些有远见的大臣早就看出来了,只是很少有人敢公开说。著名的文士解缙率直敢言,他"数上封事,所言分封势重,万一不幸,必有厉长、吴潞濞之虞"。说得最直率的大概就是那个平遥县的训导叶伯巨了。洪武九年(1376),叶伯巨上书言事,说明太祖"太过者三",第一条就是"分封太侈":诸王各有分地,盖惩宋、元孤立,宗室不竞之弊。而秦、晋、燕、齐、梁、楚、吴、蜀诸国,无不连邑数十,城郭宫室亚于天子之都,优之以甲兵卫士之盛。臣恐数世之后,尾大不掉,然则削其地而夺之权,则必生衅望,甚者缘间而起,防之无及矣。议者曰,诸王皆天子骨肉,分地虽广,立法虽侈,岂有抗衡之理?臣窃以为不然。何不观于汉、晋之事乎?孝景,高帝之孙也,七国诸王,皆景帝之同祖父兄弟子孙也,一削其地,则遽构兵西向。晋之诸王,皆武帝亲子孙也,易世之后,互相攻伐,遂成刘、石之患。由此言之,分封逾制,祸患立生,援古证今,昭昭然矣。

朱元璋见疏大怒,认为这是离间他们一家骨肉,要亲手射杀他。叶伯巨终于为此事死在狱中。不幸的是,叶伯巨所言果然成了事实。

靖难告胜,燕王即位

事态的发展,远远超出了叶伯巨的预料,中央政权与藩王之间的矛盾,未及数世而在朱元璋死后就立即强烈地爆发了。

洪武二十五年(1392)太子朱标病死,朱元璋立太子的嫡子朱允炆为皇太孙。洪武三十一年(1398),朱元璋去世,朱允炆即帝位,是为建文帝。朱允炆在做皇太孙时,就对诸藩王不满,曾与他的伴读黄子澄商量削藩对策。即帝位后,采纳了大臣齐泰,黄子澄的建议,决定先削几个力量较弱的亲王的爵位,然后再向力量最大的燕王朱棣开刀,并令诸亲王不得节制文武将吏。皇族内部矛盾由此迅速激化。建文帝命令将臣监视朱棣,并乘机逮捕之。朱棣得到这一消息,立即诱杀了前来执行监视逮捕任务的将臣。于建文元年(1399)七月起兵反抗朝廷。

朱元璋当国时,恐权臣篡权,规定藩王有移文中央索取奸臣和举兵清君侧的权利,他在《皇明祖训》中说:"朝无正臣,内有奸逆,必举兵诛讨,以清君侧。"朱棣以此为理由,指齐泰、黄子澄为奸臣,须加诛讨,并称自己的举动为"靖难",即靖祸难之意。因此,历史上称这场朱明皇室内部的争夺战争为"靖难之役"。

朱棣起兵不久,即攻取了北平以北的居庸关、怀来、密云和以东的蓟州、遵化、永平(今河北卢龙)等州县,扫平了北平的外围,排除了后顾之忧,便于从容对付朝廷的问罪之师。经过朱元璋大肆杀戮功臣宿将之后,朝廷也无将可用,朱允炆只好起用年近古稀的幸存老将耿炳文为大将军,率军13万伐燕。建文元年(1399)八月,师至河北滹沱河地区。燕王在中秋夜乘南军不备,突破雄县,尽克南军的先头部队。继而又于滹沱河北岸大败南军的主力部队。建文帝听到耿炳文军败,根据黄子澄的推荐,任李景隆为大将军,代替耿炳文对燕军作战。

李景隆本是纨绔子弟,素不知兵,"寡谋而骄,色厉而馁"。九月,李景隆至德州,收集耿炳文的溃散兵将,并调各路军马,共计60万,进抵河涧驻扎。当朱棣侦知李景隆

军中的部署后,笑着说,兵法有五败,李氏全犯了,其兵必败无疑,这就是政令不修,上下离心;兵将不适北平霜雪气候,粮草不足;不计险易,深入趋利;求胜心切,刚愎自用,但智信不足,仁勇俱无;所部尽是乌合之众,且不团结。为了引诱南军深入,朱棣决计姚广孝协助世子朱高炽留守北平,自己亲率大军去援救被辽东军进攻的永平,并告诫朱高炽说:"李景隆来,只宜坚守,不能出战。"朱棣还撤去了卢沟桥的守兵。

朱棣这一招果然灵验,李景隆听说朱棣率军赴援永平,就率师于十月直趋北平城下。经过卢沟桥时见无守兵,禁不住欢喜,说:不守此桥,我看朱棣是无能为力了。这时朱高炽在北平城内严密部署,拼死守卫。李景隆则号令不严,指挥失当,几次攻城,皆被击退。南军都督瞿能曾率千余精骑,杀入张掖门,但后援不至,只好停止进攻。又因李景隆贪功,要瞿能等待大部队一起进

傅友德——一鼓夺山

攻,错过了时机。燕军则因此得到喘息,连夜往城墙上泼水,天冷结冰,待到次日,南军也无法攀城进攻了。朱棣解救永平之后,率师直趋大宁(今内蒙古宁城西)。

大宁为宁王朱权的封藩,所属朵颜诸卫,多为蒙古骑兵,骁勇善战。朱棣攻破大宁后,挟持宁王回北平,合并了宁王的部属及朵颜三卫的军队。朱棣带着这些精兵强将于十一月回师至北平郊外,进逼李景隆军营。燕军内外夹攻南军不敌,李景隆乘夜率先逃跑,退至德州。次日,士兵听说主帅已逃,"乃弃兵粮,晨夜南奔"。

建文帝为大臣所蒙蔽,反而奖励打了败仗的李景隆。建文二年(1400)四月,李景隆会同郭英、吴杰等集合兵将60万众,号称百万,进抵白沟河(今河北雄县北)。朱棣命令张玉、朱能、陈亨、丘福等率军十余万迎战于白沟河。战斗打得十分激烈,燕军一度受挫。但南军政令不一,不能乘机扩大战果。燕军利用有利时机,力挫南军主将,南军兵败如山倒。李景隆再次退走德州。燕军跟踪追至德州。五月,李景隆又从德州逃到济南。朱棣率燕军尾追不舍,于济南打败李景隆率领的立足未稳的十余万众。济南在都督盛庸和山东布政使铁铉的死守下得以保住。朱棣围攻济南三月未下,遂回撤北平。

居庸关

李景隆一败再败,建文帝撤免了他的大将军职务,代之以盛庸。建文二年(1400)九月,盛庸率兵北伐,十月,至沧州,为燕军所败。十二月,燕军进至山东临清、馆陶、大名,汶上、济宁一带。盛庸率南军于东昌(今山东聊城),严阵以待。

燕军屡胜轻敌,被南军大败,朱棣亲信将领张玉死于战阵,朱棣自己也被包围,借朱能援军的接应才得以突围。东昌战役是双方交战以来,南军取得的第一次大胜利。

兵败后,朱棣总结说:东昌之役,接战即退,前功尽弃,今后不能轻敌,不能退却,要奋不顾身,不惧生死,打败敌手。

建文三年(1401)二月,朱棣率军出击,先后于滹沱河、夹河、真定等地打败南军。接着,又攻下了顺德、广平、大名等地。燕军夺得的城池虽多,但往往得而复失,不能巩固。正在朱棣为此而苦恼之际,南京宫廷里不满建文帝的太监送来了南京城空虚宜直取的情报。朱棣据此决定举兵南下,直指京城。

建文四年(1402)正月,燕军进入山东,绕过守卫严密的济南,破东阿、汶上、邹县,直至沛县、徐州。四月,燕军进抵宿州,与跟踪袭击的南军大战于齐眉山(今安徽灵璧县境),燕军大败。双方相持于淝河。在这次决战的关键时刻,建文帝受一些臣僚建议的影响,把徐辉祖所率领的军队调回南京,削弱了前线的军事力量,南军粮运又为燕军所阻截,燕军抓住时机,大败南军于灵璧,仅俘获南军将领即几百人。自此,燕军士气大振,南军益弱。朱棣率军渡过淮水,攻下扬州、高邮、通州(今江苏南通)、泰州等要地,准备强渡长江。

建文帝曾想以割地分南北朝为条件同燕王议和,被拒绝。六月初三,燕军自瓜洲渡江,十三日进抵金川门,守卫金川门的李景隆和谷王朱橞

明大将徐辉祖

开门迎降。燕王进入京城,文武百官纷纷跪迎道旁,在群臣的拥戴下即皇帝位,是为明成祖,年号永乐。历时四年的"靖难之役"以燕王朱棣的胜利而告终。

战争虽结束,与此相关的历史却在发展。燕王进京后,宫中起火,建文帝下落不明。有的说建文帝于宫中自焚而死,或云建文帝由地道出亡,落发为僧,云游天下,传说他于正统朝入居宫中,寿年而终。建文帝的真正下落已不可确考,成为明史上的一大悬案。

迁都北京,削藩集权

营建北京

明成祖登基不久,便计划迁都北平。朱元璋创建大明,建都时虽然有过犹豫,但最终以南京为京师。而北平则是朱棣做燕王时的王城,也是他起兵夺取天下的"兴王之地"。在那里以至在整个北方,他的势力根深基厚。另一方面,北平的地理位置适当。朱棣深知,削藩之后,诸王失去兵权,北方边防会受到影响,当时北方的蒙古势力很强大,时常南下侵扰。如能迁都北平,居重御轻,就可以加强对北方的防守与控制。

永乐元年(1403),明成祖下诏,改称北平为北京顺天府。经与近侍大臣数月的秘密研究,最后决定迁都,永乐五年(1407)五月开始动工。在动工的前一年,明成祖就派官员分赴湖广、四川、江西、浙江、山西等地来集木材、石料,又把全国优秀工匠及百万民工征集到了北京。在营建北京的过程中,为了保证将来都城的物资供应,从永乐九年(1411)起,着手对大运河进行修浚。成祖特别派工部尚书宋礼,对淤塞的运河进行

重点整治，引汶水、泗水入其中，沿线建闸 38 座。过去，漕船到淮安后，需借助一段陆运，才能进入淮河，十分不便。成祖又派官吏开清江浦，筑堤建闸，使漕船可直达淮河。京杭大运河就此全线畅通。到永乐十八年(1420)，北京城的营建工作基本完成。

新建的北京城，以紫禁城内皇宫为中心，外面是周长 18 里的皇城，再外面则是周长 45 里的京城。宫殿宏伟华丽，中心建筑是奉天殿即今太和殿、华盖殿即今中和殿、谨身殿即今保和殿三大殿。除皇宫外，还建有供帝王祭祀天地、祖先、神灵用的天坛、社稷坛、山川坛、太庙等。大功告成，明成祖便宣布自翌年起，以北京为京师，原来的京师改称南京，为留都。

永乐十九年(1421)正月，明朝正式迁都北京。明成祖亲往太庙祭祀并派人赴各坛祭诸神。随后，升坐奉天殿，接受朝贺，并大宴群臣。同时颁布诏书，表明他迁都乃是"仿成周卜洛之规，建立两都，为永远之业"。

成祖迁都北京，有一些朝臣并不赞成，但慑于皇帝的威严，不敢多加非议。谁知，迁都不到三个月，奉天、华盖、谨身三殿接连发生火灾，朝野为之震动，很多人因此说迁都不吉利，导致天灾。成祖只得下诏，令群臣直陈朝政得失。有些朝臣便乘机上书，指出：肇建北京，工费繁巨，调动太广，以致百姓终岁供役，加上官吏横征暴敛，苦不堪言，等等。其中，主事萧仪、侍读李时勉的言辞最为激烈。成祖起初还耐着性子，后来实在忍不住了，说道："当初考虑迁都时，朕与大臣密议数月后才决定下来，绝非轻举妄动！"一怒之下，杀萧仪，逮李时勉下狱，并令所有非议迁都的朝臣都跪在午门外。这时，夏原吉出面上奏道："这些朝臣都是应诏而言，并没有罪。臣等备员大臣不能协赞大计，罪在臣等。"听了这番话，成祖的怒气才稍稍平息下来，那些朝臣总算逃过一劫。此后再也没人敢非议迁都之事了。

明成祖通过迁都北京，巩固了边防，加强了自身的统治。但政治中心与经济中心分离，也带来了不少问题。最突出的是北京距赋税重地江南遥远，京城庞大人口及广大北方边城所需的米粮衣被，都需要通过南北大运河运输调集，但运河却时常淤塞阻梗。但经过十几年的经营后，北京的经济得到了繁荣，疏通的运河也保证了粮食的运输。朱棣的高瞻远瞩、深谋远虑再一次得到了印证。

削藩解兵权

明太祖朱元璋分封诸王，建立藩国，形成尾大不掉之势。建文帝大力削藩，削夺了周、齐、岷、代、湘五王，引得燕王朱棣以"清君侧"为名起兵，夺取了帝位。成祖朱棣即位之初，先是恢复建文帝削夺的周、齐、代、岷四王的封藩，让他们返回封国。当初起兵时，朱棣曾夺取宁王朱权的兵卫以壮兵力，并将宁王诱入关内，答应事成之后"中分天下"。

朱棣即位，居留京师的宁王不敢奢望"中分天下"，只求像周、齐等那样重回封国。由于过去的封国大宁已残破不堪，于是选中苏、杭两地，请求改封南土。朱棣借口未准，后来将南昌封给了他。与此同时，加封于开城门迎降的谷王朱橞，徙于长沙。其余诸王都仍然维持原封国。表面上看，似乎又恢复了明太祖的旧格局，其实不然，朱棣是以藩王起兵夺取天下的，他深知藩国与中央政权的矛盾及其对王权的威胁。故而，他明为封藩，实际上也采取了削夺手段。

齐、代诸王返回封国，骄纵不法，横行霸道。朱棣闻讯后，赐书诫之，有的还召来当面告诫，要他们牢记建文朝被削禁的经历。但诸王仍是我行我素，不思收敛。齐王在封国中阴蓄刺客，招募异人，调动护卫兵筑城守卫，不许守城官吏登城。守城官上告朝廷。永乐四年（1406），朱棣召齐王入朝，廷臣纷纷弹劾，要求治罪。齐王竟在朝中厉声喝道："奸臣喋喋不休，难道又想效仿建文之时！待会尽斩此辈。"成祖大怒，削齐王官属护卫。不久将其废为庶人。

在云南的岷王则处处与西平侯沐晟交恶，朱棣为此分别书谕岷王和沐晟。但岷王仍旧沉湎废礼，杀戮吏民。朱棣一气之下，夺其册宝。后念及岷王在建文朝时曾久被幽禁，便开恩归还册宝。岷王仍不改，永乐六年（1408），终被削夺官属护卫。

紫禁城内金水河

六下西洋，五访西域

郑和下西洋

郑和是中国历史上很有名的太监。他的本名叫马三保，所以有人又称呼他为三保太监。郑和出生在云南一个信奉伊斯兰教的穷苦之家。他们一家人都十分虔诚，祖父、父亲都曾经亲身到过圣地麦加朝圣，因此郑和从小就从长辈的口中听闻了许多海外的奇人逸事，对航海有着很大的兴趣。后来郑和被明朝的军队俘虏，带到了北京，在燕王府里做了一个小太监。他很聪明，无论是读书还是习武都学得很快，燕王朱棣很喜欢他，并且赐他姓郑，改名叫郑和。

在燕王起兵发动的"靖难之役"中，郑和作战勇敢，更加受到燕王的信任和赏识。燕王最终打败了他的侄儿登上了皇帝的宝座，郑和因为有大功也被升了官，做了宫中的主管太监。永乐三年（1405），皇帝第一次派郑和为使者，与另一个太监王景弘一起带领一支船队出使西洋。郑和带的船队有士兵27000多人，还有各种技术人员，医生、工匠、翻译人员等等。他们乘坐着62艘大船，最大的一艘长44丈，宽18丈，可以容纳千人，还配有当时世界上最先进的航海图和罗盘等资料、仪器，能够充分保证航向的正确和船队的安全。因为船上还带了大量的金银财宝，所以就起名叫作"宝船"，是当时世界上最大最先进的远航船舶。船队从苏州刘家河扬帆出海，经过福建后离开海岸线远行，到了今天的越南、泰国、印度尼西亚、斯里兰卡等地，在第二年九月，经过15个月的航行，返回了当时的首都南京。

这次返航，随船带来了许多国家的使节来朝见中国皇帝，这使永乐皇帝非常高兴，给了各国使节很多赏赐，郑和也受到了奖赏。回来刚刚几个月，郑和就再次被派出使，从此以后欲罢不能，先后一共六次出使西洋，历时30年之久。郑和的船队历经风险，到过30多个国家和地区，最远曾经到达非洲的东海岸和红海沿岸，比西方航海家远航发现新大陆还早半个多世纪，是我国航海史上的一次壮举。

郑和的航海船队如此之庞大，每一次都耗资巨大又耗费了无数的人力物力，同时还担负了很大风险，那么，这到底是为什么呢？

关于郑和下西洋的目的,历代都有各种各样的不同说法,最常见的就是寻找流亡海外的建文帝。燕王谋反攻占了南京城后,传说并没有找到侄子建文帝的尸体,为了安抚人心,他只好发布诏书,说建文帝已在皇宫大火中丧生。但是朱棣顶着"篡位"的恶名,真正的皇帝却有传言说已流亡海外,他这个龙椅又怎么能坐得稳呢? 他时时担心建文帝会从海外号召反对他的力量卷土重来,所以一直不断地派人四处寻找建文帝的下落,派往海外的就是郑和。近年来有的学者还考证说,郑和为了找寻建文帝,不但多次下西洋,还曾经三次东渡扶桑,到日本去过。

有的人很不赞同这种说法,认为建文帝根本不可能在燕王的严密监视追捕下逃出南京城,肯定已死在城中。就是建文帝未死,以他一个文弱书生,也并不值得成祖耗费这么巨大的心力去寻找他。反过来,这一派的观点认为郑和远航主要是军事目的,根据就是《明史》中记载的成祖"欲耀兵异域,示中国富强",否则他仅仅为了寻找建文帝,也不用带这么多的士兵。正是这支强大的海军力量充分显示了中国泱泱大国的军事威慑力,使得那些小国纷纷派使臣随船来中国朝见。如果真是以此为目的而进行远航,那么无疑已经达到了目的。

还有人说,郑和的航海主要是以经济目的为主。船队远航既可以满足明朝政府扩大对外贸易的要求,也可以建立起西方国家对明朝的"朝贡贸易"体系,借此增加财政收入。而且除了官方之外,普通的沿海缙绅百姓也从中大大受益。若只是这个原因,理由是不够充分的。明朝的历代皇帝都向来遵守祖训,坚持以农立国,从未把贸易收入视为政府财政收入的主要来源,更别提主动地去拓展海外贸易市场了。而且朝贡贸

郑和宝船模型

易中,中国本着大国的姿态,一向薄来厚往,若想以此增加财政收入,岂不是白日做梦一样?

其实,上述几种说法都有失偏颇,对郑和的六下西洋应有一个具体全面的分析。其中的前三次,可能是以安抚海外未降的臣民,加之寻找传说逃往海外的建文帝为主要目的,同时也有联系海外各国的目的。因为这三次远航实际上走的都并不太远,只是在东南亚各国中逡巡而已,后三次则是以猎奇为主要目的。通过前三次的航行,不但带回了很多外国的使节朝贡,而且带来了中国前所未见的异域珍奇之物,这时已经坐稳皇位,国泰民安的永乐皇帝对这些奇珍异宝十分感兴趣,也想了解一下中国以外的世界,所以又派郑和进行更大规模的远航,证据就是第四次、第五次远行到了非洲的东海岸和红海沿岸国家。总的看来,这种说法似乎更接近事实真相,成祖不太可能仅

以某一个单一的目的而进行耗资如此巨大的远航,若说以政治目的为主,兼以其他各种目的而进行远航,还是说得通的。

陈诚出使西域

陈诚,字子鲁,号竹山,元至正二十五年(1365)出生于江西吉水县同水乡高坑(今吉水县阜田镇高坑上陈家)。明洪武年间进士,任翰林检讨。由于他能任贤荐能,善于安抚少数民族,后升任吏部员外郎。明成祖永乐年间,西域和中亚撒马儿罕等国都派使臣向明朝"年年进贡,岁岁来朝"。为了答谢诸国,宣扬明朝圣德,永乐皇帝下令征求文武双全的大臣出使西域。据明代周孟简《送陈员外使西域诗有序》记载:"今年秋,皇上欲遣儒臣有文武才者远使西域,大臣以子鲁荐。"陈诚因此身负重任,先后五次出使西域,足迹远及中亚帖木耳帝国的名城哈烈(今阿富汗的赫拉特)。

永乐十一年(1413),西域哈烈和撒马儿罕(今俄罗斯中亚之撒马儿罕)遣使臣前来北京朝贡。两国使团回国后,明成祖朱棣派文武全才的吏部员外郎陈诚率领外交使团前往各国回访,并重新签订朝廷与西域诸国的睦邻友好条约和通商互市协定。

哈烈距嘉峪关12700里,位于撒马儿罕西南3000里。撒马儿罕距嘉峪关9900余里。别什八里东南距嘉峪关3700里。它们都是西域诸国中的大国,那里的人民犷悍,喜征战,好掳掠,各为霸主。

陈诚一行于永乐十一年(1413)八月初一日从北京出发,经涿州(今河北省涿州市)、真定(今河北省正定县),在平阳(今山西省临汾市)渡黄河至陕西华山,抵长安,又经咸阳、泾川(今甘肃省泾川县)、兰州,穿过河西走廊,出嘉峪关,自玉门进入西域。首站哈密,陈诚依次访问了鲁陈城、火州、盐泽城、崖儿城、吐鲁番、于阗、别什八里、养夷、渴石、卜花儿、达什干、赛兰城、沙鲁海牙、迷失迷城、撒马儿罕、终站哈烈,共17国。历时三载,行程三万里。于永乐十三年(1415)冬,返回北京,向朝廷呈送《西域行程记》《西域番国志》《狮子赋》。记述了从肃州(酒泉)启程后的行程和所经丝绸之路的具体路线,对沿途17国的山川城堡、风土人情、婚丧习俗等社会情况做了介绍。对哈烈和撒马儿罕城所做的记载和介绍尤为详细生动。如首府哈烈的建筑风格和风俗人情:房屋都是平方形,不用栋梁,墙壁门扇雕绘着花纹,屋内铺地毯,人们席地而坐,衣着崇尚白色,肉饭以手取食。婚姻多以姊妹为妻妾,兄弟姊妹可通婚。丧葬不用棺木,富户人家多在坟头筑一高屋,不祭鬼神,不奉祖宗。国内还有以射葫芦为乐的风俗,葫芦内藏白鸽,以射中后白鸽出而取决优胜。有七日一次的集市贸易,本地人称"巴札"。这一带已种养蚕桑五谷,但不如中原兴盛。明朝有关西域史的内容多出于此。哈烈、撒马儿罕、别什八里、失剌思、俺的干、俺都准、吐鲁番、火州、柳城和哈实哈儿等国,为了表示对明王朝的忠诚,遣使朝币、布帛、瓷器、茶叶回报,以示安抚和亲善。

永乐十四年(1416)四月,哈烈、撒马儿罕等国又派使臣来京朝贡。朱棣又派陈诚和中官鲁安前往西域诸国回报,抵撒马儿罕和哈烈等国。他们顺利地完成使命后,于永乐十六年(1418)四月十一日返回北京。五月十一日,陈诚升任广东布政司右参议。

永乐十六年(1418)三月,陈诚的母亲罗氏去世,朝廷赐他回去治丧。在处理完丧事之后,当年的十月初二日,陈诚又被派往西域。陈诚又一次抵撒马儿罕、哈烈。在永乐十八年(1420)十一月初一日回到北京,升任为广东布政司右参政。

永乐二十二年(1424)四月初四,朱棣再次派陈诚出使西域诸国,进行国事访问。五月,使团抵达陕西,经甘肃,将出塞,这时朱棣病逝。仁宗朱高炽即皇帝位,他"不务远略,践祚之初,即撒西洋取宝之船,停止松花江造船之役,召还西域使臣还京"。陈诚等于十一月末,回到了北京。

洪熙元年(1425)二月十日,陈诚又被放回原籍,听候使用。陈诚携家回到了吉水同水乡高坑上陈家。陈诚在老家住了33年,直到天顺元年(1457),再次奉旨回京升任光禄寺右通政。第二年九月十七日死于官邸,享年94岁。

《永乐大典》,文化巨著

朱棣君临天下之后,为了稳定自己的专制统治,极力网罗听话的文人学士,大量编纂图书,以夸耀自己的文治武功。其中就包括举世闻名的《永乐大典》。《永乐大典》是明代官修的大型综合性类书,诞生于腥风血雨的皇权更替中。明成祖朱棣假祖训"清君侧"之名,发动"靖难"之役,夺取了他的侄子建文帝朱允炆的帝位,自己登基,改元永乐。

明永乐元年(1403)七月,朱棣感到天下古今的事物分散记载在各书之中,很不容易查看,所以便有了一个庞大无比的文献计划,就是要总括无遗地收进一切现存的经典文献,他命解缙、姚广孝、王景、邹辑等人纂修大型类书,永乐二年(1404)十一月编成《文献大成》。永乐皇帝给这部巨著赐名为《文献大成》,但是他并不满意典籍所包揽的范围,为此又下令大规模地进行了修改。主要由姚广孝和解缙承担,并有2169名学者从翰林院和国子监被抽调出来参与此书的编修。

永乐五年(1407)十一月,所有的编辑工作完成,朱棣为这部亘古未有的巨帙之书题写书名为《永乐大典》,并亲自序文,称赞这部书"上自古初,迄于当世,旁搜博采,汇聚群书,着为奥典"。

这部巨著总共包括22937卷,仅口录就达60卷,装订为11095册,37000万字,全部用毛笔工楷书写。《永乐大典》的装帧非常讲究,全书采用上等白宣纸,印有朱丝栏,统一使用端正的楷书抄写,字的墨色黝黑,带点古香,对于名物器什、山川地形,都以白描手法绘制图形,形态逼真,精致典雅,堪称古代书籍插图中的佳作。书面硬裱,以黄绢连脑包过。封面左上首签题《永乐大典》四字。这部书是世界上最早、最宏伟的百科全书。

它比法国狄德罗、达兰贝主编的百科全书还要早出300多年,全书包括了如下各个方面的内容:天文、地理、人伦、国统、道德、政治制度、名物、奇闻异见以及日、月、星、雨、风、云、霜、露和山海、江河等。全书分门别类,辑录了上自先秦、下迄明初的8000余种古书资料,大凡经史子集与道释、医卜杂家之书均有收辑,并加以汇聚群分,甚为详备。而且其中所辑录的书籍,一字未改,都是按照原著整部,整篇或整段分别编入的,这就更加提高了保存资料的文献价值。

这部巨著对于中国的文献文化的重要性是不可估量的。它保存了明代以前大量的哲学、历史、地理、语言、文学、艺术、宗教、科学技术等方面丰富而可贵的资料。全书体例"用韵以统字,用字以系事",检索非常方便。该书编成后,即珍藏在南京的文渊阁。朱棣迁都北京时,专门下令将《永乐大典》的正本运往北京,原稿仍然留在南京文渊阁里。到了英宗即朱棣的曾孙朱祁镇当皇帝时,南京文渊阁遭遇了一场大火,体积达几十立方米的原稿全都化为乌有。从此《永乐大典》开始了多灾多难的命运。嘉靖四十一年(1562)八月,誊写副本一部,从此《永乐大典》才具有正副两部,分别珍藏在文渊阁和皇史宬两处。

清咸丰十年(1860)英法联军和光绪二十六年(1900)八国联军入侵北京,《永乐大典》遭到了浩劫,部分被烧毁,部分被抢走,余者寥寥无几。到1959年为止,收集到《永乐大典》原本215册,加上复制副本等,共得730卷,1960年由中华书局影印出版,1986年中华书局将已征集到的现存的《永乐大典》近800卷,缩印精装出版。

这部巨著更使经籍和文献的集成广为传布,这个集成对于学术研究,对于阐述伦理和权威问题上的正统观念,对于科举考试,对于定出公共行为的官方法典来说,都是非常有用的。总之,这部巨著无论对于当时的文人学者还是对于后来者都是非常有意义的。

创设东厂,重用宦官

明太祖朱元璋时,为了监视臣工,曾设立了一个叫"锦衣卫"的特务机构,专门监视、侦察大臣的活动。最初,这锦衣卫不过是皇帝的护卫亲军,负责掌管皇帝出行的仪式。后来,朱元璋赋予它更大的权力,可以不经通报直接查办各种案件,也可以不经任何手续任意逮捕、审讯和杀人,根本不必遵守太祖亲手定下的大明律例。锦衣卫直接隶属于皇帝,不听其他任何人的命令,皇帝派自己的心腹大臣担任指挥使的最高职务,下面设有官校,专司侦察。大臣在外面或家里有什么动静,他们都打听得一清二楚。一旦谁被他们发现有什么嫌疑,就会马上被抓进监狱,甚至杀头。这一下,虽然大臣们每天都过得战战兢兢,但是皇帝却可以高枕无忧了。朱元璋在统治稳定之后,便废除了刑狱由锦衣卫掌管的做法。但是后来,明成祖朱棣又扩大了锦衣卫的功能,而且用身边的太监为提督,建立了一个新的特务组织,叫作东厂。这个机构不但负责检查百官,甚至连一般的平民百姓的家长里短也一并监视。

朱棣为了确保他的地位的安全,为了获取情报,不仅依靠中的监察和司法官员,他更依赖自己的宦官和锦衣卫。宦官们直接听命于皇上,对皇上公开表示绝对的忠诚,并且随时做好了准备,能够马上执行交给他们的任何任务。当时的明成祖朱棣对于宦官们的信任大于对其他人的信任,因此让他们广泛地从事监视工作。宦官们由于在建文帝时就已经忠实地履行过各种不同的特殊使命而显示了他们的价值,而且也正是因为在南京的宦官们泄漏了机密,才使得朱棣顺利地夺取了帝位。所以,朱棣把曾经为建文帝服役的许多宦官都倚为心腹,并且经常重用他们。如历史上著名的宦官郑和,永乐皇帝曾让他率领船

明代学者娄坚像

队远航东南亚和印度洋,还有李达、侯显和亦失哈,这三个人都曾奉旨出使到某些外国去。另外还有许多不是特别知名的宦官也给皇帝执行了不同寻常的任务。

当时宦官们被委派了各种职务,有的宦官被派去刺探各种不同人物的情报,其中不仅包括官员、皇族宗室成员,甚至还包括一些平民百姓;有的作为给紫禁城内庞大的皇室负责采办的官员,他们被任命为特派员,为皇宫的建筑工程去获取稀世珍宝和稀有材料;另外,他们也被派去进行征战或执行外交使命。可是,因为宦官的主要职责是

刺探文武官员的言行,所以他们都不得人心而臭名昭著。宦官们在搞调查和执行判决时拥有绝对的权力;然而,虽然他们所揭露的某些贪污和背叛分子确实是真有其事,但是往往有些罪名是他们伪造的,而且侵权妄为,从而常常造成悲剧性后果。

1420年,明成祖朱棣在北京正式设立了这个特殊的调查机构——东厂;这个机构完全由宦官掌管,从来不受正规司法当局的辖制。它是一个声名狼藉的治安保卫机关的牢狱,关于东厂实行的非法监禁,严刑拷打和不明不白地置人于死地的传说一直在百姓中流传不息,直至明朝的灭亡。

为了加强帝位的安全程度,皇帝又重建锦衣卫来协助宦官搞调查工作。锦衣卫最初是明太祖朱元璋在洪武十五年(1382)通过重建他的个人卫队而创立,但是后来朱元璋发现锦衣卫的某些军官有越权和滥用权力的行为,就在洪武二十年(1387)撤销了它的警察职能。朱棣为了在即位之初就恢复锦衣卫的那些功能,他征调了自己信任的许多军官做它的指挥使;这些人中有非汉人的指挥使——特别是赢得了他的信任的蒙古人和女真人。他授予这些指挥使以各种秘密调查的权力,还授权让他们拘捕和处罚一切被怀疑向他的权力进行挑战的人。

锦衣卫的指挥使在调查文武百官和平民百姓的同时,还要调查内廷和皇室的成员。比如,皇帝利用锦衣卫暗中监视过他的异母弟弟宁王朱权,甚至还刺探过他的长子朱高炽,就是后来的洪熙帝。锦衣卫的成员还常常滥用手中的权力,收受贿赂和迫害无辜。最臭名远扬的违法乱纪的指挥使是纪纲,他因在内战中效命有功而受到了永乐帝的恩宠。他被委以最秘密的安全保卫工作,但是他滥用了这种信任,因贪婪和压榨而使自己声名狼藉。据说他还阴谋造反,所以后来终于被捕并处死。皇帝对他给予锦衣卫的广泛权力产生了警惕,也意识到了专门依赖锦衣卫搞调查工作的危险性。于是皇上转向了被委派负责东厂的宦官们;他们在秘密工作中终于超过锦衣卫,有时甚至也直接调查锦衣卫本身。

在朱棣统治时期,宦官和锦衣卫对皇帝的安全来说已经是不可或缺的了。但是,作为皇上,只有能够紧紧地控制住他们,才能让他们为一位君主很好地服务,就像他们在明成祖朱棣和他的父亲手下工作时那样。但是如果皇上不能很好地控制这些宦官和锦衣卫,那么他们的广泛而不受限制的权力就使得他们在后世君主手下能轻易地滥用自己的权力而损害皇帝的利益,因此为祸于百官,瓦解他们的士气。

皇储之争,解缙被杀

天下交给谁

朱棣的三个儿子中,二儿子朱高煦在朱棣叛乱过程中曾随军征战有功,而且与一批武臣往来甚密,一心要夺嫡。小儿子朱高燧也以英武闻名,得到了朱棣的钟爱。而朱高炽虽然是长子,但是朱棣不是很喜欢他。但是当明成祖朱棣从侄儿朱允炆手中夺得皇位之后,真的要考虑选立太子的时候,却又有些拿不定主意了。他因此没有立即册立太子。

大臣们纷纷上言,请求建储。不少勋臣贵戚都支持立朱高煦为太子,理由当然是他"靖难有功",文臣则大都支持朱高炽,其代表人物是兵部尚书金忠和内阁学士解缙。据《明史》记载,第一个劝朱棣立嫡长子的是兵部尚书金忠。金忠是"靖难"功臣,曾辅导过太子,他不仅列举了历代立嫡的故事,而且把这件事告诉了解缙、黄淮、尹昌隆等人。解缙当然是支持这种想法的,而且以他那清傲的性格,一旦遇到机会必定直陈不顾,于是当朱棣私下征求他意见时,他很明确地表示应该立嫡长子。

"皇长子仁孝,天下归心。"解缙不仅极力维护嫡长制度,而且明确拥护朱高炽这样文德的储君,反对朱高煦之类的凶悍武夫。朱棣听罢低头不语,解缙知道朱棣最喜爱朱高炽长子朱瞻基,于是又说:"好圣孙。"朱棣终于点了点头。实际上这些文臣们所坚持的还不仅是立嫡长的旧制,更重要的还是他们对皇帝的选择。文臣们渴望能有一个像朱高炽那样"好学问,从儒臣讲论不辍"的仁君。解缙知道朱棣最喜爱这个长孙,所以特以此相劝。就这样立了朱高炽为太子。这件事后来传到了朱高煦耳中,他于是对解缙怀恨在心。

文臣们不失时机地支持朱高炽,确实起到了一定作用。据说一天朱棣命大臣们给一幅《虎彪图》题诗。解缙看到图中大虎与小虎,作诗吟道:"虎为百兽尊,谁敢触其怒?唯有父子情,一步一回顾。"隆平侯张信是勋臣中为数不多的明确支持朱高炽的代表人物,朱棣曾直接向他谈到欲立朱高煦为太子。张信说:"事干天常,岂易为耶?"为此激怒了朱棣,被砍伤牙齿。

综和考虑了各种因素之后,朱棣于永乐二年(1404)四月初四正式册立朱高炽为太子,同一天,又分别封次子朱高煦、三子朱高燧为汉王和赵王。然而这场立储之争却并未因此结束,不仅汉王朱高煦一直图谋夺嫡,赵王朱高燧也在宦官黄俨等人的支持下暗中活动,而这场储位之争中的受害者主要还是那些支持太子朱高炽的义臣们。

册立太子后,朱棣便不愿再有人议论这件事。解缙是个恃才自傲少有顾忌的人,看到汉王朱高煦有夺嫡阴谋,而又深得朱棣的宠信,忍不住进谏道:"是启争也,不可。"这一下子戳到了朱棣的痛处,他大骂解缙"离间骨肉"。朱高煦恨透了解缙,也趁机诬蔑解缙泄露禁中密语,于是解缙成了这场夺嫡之争中的第一个牺牲品。这件事发生在太子朱高炽第一次监国期间。永乐七年(1409),朱棣前往北京筹备北征事宜,朱高炽留在南京监国。所谓监国,就是代理皇帝管理国家政务。但是对于朱高炽来说,这实在是一件非常困难的事,他根本不可能按照自己的意图去处理政务,因为与其说这次监国是朱棣对他的培养锻炼,不如说是对他的考验。

永乐八年(1410),解缙已被贬为广西布政司参议,他来京城奏事,恰好朱棣去了北京,于是解缙见过监国的太子后便离京南去。朱高煦抓住这个机会奏告解缙"伺上外出,私觐太子,径归,无人臣礼"。朱棣果然大怒,把解缙抓进了监狱。这个立储之争中的大案牵连到大理寺丞汤宗,宗人府经历高得炀,中允李贯,赞善王汝玉,编修朱纮,检讨蒋骥、潘畿、萧引高、李至刚等人。詹事邹济也因此积忧成疾,不久病死。李贯、朱纮、萧引高、高得炀先后死在狱中,解缙在关押五年后被处死。

永乐十二年(1414),朱棣北征回师,监国的太子朱高炽遣使迎驾稍迟,朱高煦再次乘机进谮,结果东宫官属几乎全部入狱。其中黄淮、杨溥等人在狱中竟达十年之久,直到朱高炽登基,才被释出狱。

文臣们在这场立储之争中受到了很大的迫害,而他们也确实起到了保护太子的作用。永乐九年(1411),朱棣回师南京时,曾向阁臣杨士奇询问太子的情况。"太子孝敬。"杨士奇抓住了朱高炽的优点,这也是朱棣对其唯一满意之处,朱高煦等其他皇子无法与之相比。朱棣于是让他再说具体些,杨士奇于是列举了太子的一系列好事,为他说了许多好话。

永乐十五年(1417),梁潜、周冕等人侍从太子朱高炽在南京监国,当时有个姓陈的千户因擅取民财被谪贬广西，后来又念其曾立过军功，改为输粟贷罪。宦官黄俨阴谋拥立赵王，于是诬告："上所谪罪人，太子曲宥。"朱棣一怒之下，杀掉陈千户，将梁潜、周冕下狱，不久也一同处死。刑前朱棣曾亲自讯问过梁潜，明知事情真相，并对近臣杨荣、吕震说过："事岂由潜！"朱棣这么做显然是出于对太子的责怪。牵连于此案中的还有徐善述、王汝玉、马京等人。

杨士奇

事后朱棣命胡濙出巡江、浙、湖、湘诸府，实际上是让他去监视太子朱高炽。临行前朱棣下了一道密谕："人言东宫多失，南京可多住几日，试观如何。"胡濙果然到南京住下不走，并以"冬衣未完"为借口，掩饰过去。等他离开南京到达安庆的时候，才将有关太子的情况写成密报，疏奏太子监国七事，称太子诚敬孝谨，朱棣看了以后才决心不再易储。

解缙成为牺牲品

解缙，字大绅，江西吉水人。自幼聪敏过人，文采出众。解缙在洪武年间中了进士，朱元璋也很欣赏他的才华。不过，解缙这个人很有一点恃才自傲的性格，这让朱元璋不太喜欢，所以虽然欣赏他的才华，却没有委以重任。一直到明成祖朱棣当了皇帝，他才终于有了发挥才能的机会。

明成祖是一个野心勃勃的帝王，在治理国家各个方面，他希望能够超过前代的众多帝王。所以，他对外开辟北方战场，袭击北元的残余势力，东南六次派太监郑和出使西洋，在国内也实行严刑峻法。有了武功，当然也不能少了文治，明成祖又下令朝廷的众多文臣编订一部旷古未有的大型图书集成性质的巨著，这就是《永乐大典》。而这部书的主要编纂者就是解缙，这时他已经被提升为翰林学士，入职文渊阁，威望极高。能够承担如此重任，足可见皇帝对他的信任与赏识，光是一部《永乐大典》就已经可以让解缙名垂千古了。但是解缙倨傲自负的性格却最终害了他。他平日说话办事无所顾忌，不懂得如何给别人留下面子，在朝中得罪了很多人而不自知。这些人见他现在得宠，都隐忍不发，但是却暗暗怀恨在心，只是等待机会，好报复他。在他得罪的人中最紧要的一个就是成祖最喜爱的儿子汉王朱高煦。汉王一向心胸狭窄，没有容人之量，是一个有仇必报的典型人物，尤其他又是成祖最宠爱的儿子，成祖对他几乎是有求必应，他憎恨的人往往也都被皇帝所厌恶疏远，甚至是被无故治罪，解缙就是这样的一个例子。

解缙与汉王朱高煦的结怨，说来话长。原来，朱棣即位之后，马上面临着确立继承人的问题。按理说，他的长子朱高炽早在朱元璋当皇帝的时候就已经被立为燕王世子，朱棣即位之后顺理成章地应该把他从世子之位改为太子之位，这是明朝立嫡立长的一贯传统，没有任何疑问。但是矛盾就出在朱棣并不喜欢这个儿子，因为朱高炽身体肥胖，还有脚疾，根本连马都骑不了，而朱棣却是一位地道的马上皇帝，对这样一个儿子他是极不满意的。比起长子来，朱棣更喜欢他的次子朱高煦，这个儿子弓马娴熟，一直跟在他身边南征北战，尤其是燕王发动靖难之役后的几年中，他更是屡立战功，而世子朱高炽却根本不能出战，只能留守在北京城里。因为这些原因，朱棣很想将来传位给自己喜欢的朱高煦，还总是说儿子中只有朱高煦最像自己年轻的时候，在战争岁月中，他也曾经随口答应过朱高煦日后要立他为太子。可是真到了要立太子的时候，朱棣又有些犹豫，因为世子虽然不能征战，可是他为人忠厚，很得臣子们的爱戴，当初朱元璋正是喜欢他这一点才把他立为世子的。再说如果改立太子，又势必要打破立嫡立长的规矩，朱棣也很担心会引起朝臣的不满与争论。

正在他矛盾的时候，一个偶然的机会，他问起解缙对这件事的看法。解缙是正统的儒家学士，自然赞成恪守儒家的伦理规范，立长子为继承人，可是因为皇帝喜欢次子，不喜欢长子，他又不能直说，所以他用了一种委婉的说法来说服皇帝。原来，朱棣虽然不喜欢他的长子，却极为宠爱朱高炽的儿子、他的孙子朱瞻基，据说这个孙子是命中注定的真命天子，一直被朱棣认为是上天派来他身边的吉祥之兆。现在太子

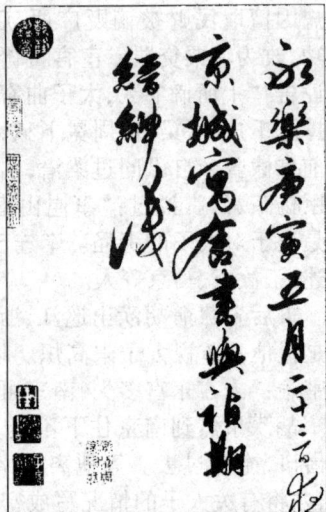

谢缙书《行草书自书诗卷》局部

虽然还没有立，但是朱棣早已经决定将来必让朱瞻基登上帝位。解缙正是从成祖的这种心思入手，劝皇帝立长子为太子，日后朱瞻基就可以顺理成章地当上皇帝。这一番话一下打动了成祖的心，时间不长，就宣布立长子朱高炽为太子，立朱瞻基为太孙，而朱高煦被封为汉王，封国远在云南。

朱高煦没能当上太子，不由得怒气冲天。他认为都是解缙搞的鬼，才使成祖下定决心立长子为太子，自然对解缙恨之入骨，一心想把他除去。朱棣虽然确定了太子之位，可是对汉王的宠爱仍是不减。朱高煦就借着朱棣的放任，总是在父亲面前诋毁解缙，说解缙和太子相互勾结，意图不轨。一来二去，朱棣果然开始起了疑心，他先是把解缙贬到外省去做官，后来禁不住朱高煦的屡进谗言，干脆把解缙逮捕入狱，严刑拷打。解缙心里明白，汉王是想从他身上找太子的毛病，所以无论怎样拷打，他都拒绝写下任何口供。汉王也拿他没有办法，可是又不愿放了他，于是解缙在监狱中一呆就是五年。到了永乐十三年(1415)，朱棣无意中在监狱囚犯的名册中见到了解缙的名字，就问道："解缙还活着吗？"旁边的人明白皇帝的言下之意，等皇帝一走，马上设法将解缙灌醉，然后将其活埋在雪中，死时年仅47岁。

解缙死后，成祖还下令没收了他的家产，把他的家人都发配流放到辽东。太子眼看着解缙被残害致死，却一点办法也没有。可怜这一代名士，就这样死在了皇室争权夺利的罪恶斗争之中，成为兄弟相残的牺牲品。

远征漠北，安顿边疆

设立奴儿干都司

洪武元年，明朝军队攻克元大都以后，辽阳行省的元朝官员倚仗自己手中的武装，割据一方，结寨自保。但是后来元朝辽阳行省的最高官员刘益接受招抚，另一个元朝官员高家奴也战败投降，明朝在辽阳设置定辽郡卫，后来改为辽东都指挥使司，镇守东北地区。当时的东北北部还在元朝的残余势力的控制之下，其中势力最大的是盘踞在

金山(今辽宁省开原市西北)的纳哈出。纳哈出曾经当过元朝太平路的武官,元至正十五年(1355),他被朱元璋俘虏,获释以后回到北方,当了辽阳行省的太尉(行省最高的军事首领)。他掌管了几万军队,管辖二三十万人口。他效忠元朝,想利用自己的力量割据东北地区的西北部,阻挠朱元璋统一全国。

明太祖为了统一东北地区,在洪武二十年(1387)派大将冯胜、傅友德和蓝玉率兵20万征讨纳哈出,同时派纳哈出的降将前来劝说。纳哈出接受了招抚。纳哈出投降第二年,蓝玉在捕鱼儿海打败北元脱古思帖木儿(元顺帝的孙子)的军队,统一了贝加尔湖以东、黑龙江上游和中游以南的地区。

明成祖朱棣继续执行他父亲统一东北地区的政策,即位之后,便派邢枢召请居住在黑龙江上游中游以北和下游的奴儿干各部少数民族的酋长来朝,从而掌控了整个东北地区。明成祖在东北陆续设置了一些卫所,到永乐七年(1409),连同明初设立的在内,已经有134个卫所了。这些卫所当中,地处北山(今外兴安岭)、兀的河(今乌第河)和黑龙江下游的卫所离辽东都司所在地辽阳有五六千里,对于统辖和管理多有不便。这一年的夏初,奴儿干地方的首领忽剌冬奴等65人进京,向皇上请求在奴儿干设立元帅府。明成祖也认为有必要在东北的北部设置比卫所高一级的机构,统辖和管理北部的卫所,便批准了这个请求,决定在奴儿干设都指挥使司。

永乐七年(1409)闰四月,钦差内官亦失哈率领前去赴任的康旺等官员和几百名官兵,来到奴儿干,在元代征东元帅府遗址上建立了都指挥使司。奴儿干都司设在交通比较方便的黑龙江下游东岸的特林地方,这里离海口150公里。南距吉林水程约2500多公里。为了加强奴儿干都司与内地的联系,明朝恢复了元朝时候在北方设立的驿站,从辽东都司的边境到奴儿干的满泾(在奴儿干都司对岸),共有45个驿站。又在吉林松花江岸设立造船厂,以便通过水路运输粮食、贡品和其他货物。

奴儿干都司管辖的地区,西面到现在内蒙古自治区的兀良哈三卫而与鞑靼相连,东面包括库页岛及沿海岛屿,北面到外兴安岭,南面与辽东都司及朝鲜为邻。境内西部是蒙古族居住区,库页岛上是苦夷人,其他地区居住着女真和吉列迷人。女真人和吉列迷人都是唐代黑水靺鞨的后裔。

朝廷根据各民族和各部居住情况和地理情况设立卫所,用"诰敕"(皇帝的命令)的形式任命各族和各部首领为卫所官员。他们依据明王朝的"诰命"和"印信",行使职权,并定期向朝廷交纳贡赋,同时明朝政府给他们以优厚的赏赐。

明朝政府规定,官员每两年调换一次,士兵也要换防,亦失哈作为明朝中央政府的代表曾多次到奴儿干都司巡视,并且主持官员和士兵的调换,为明政府统辖和管理东北地区做出了很大贡献。他曾十次来奴儿干都司巡视,并在永宁寺西面和西南面的悬崖上各立了一座碑。这两座碑是明朝统辖和管理我国黑龙江流域的铁证。

五次北征

为打击北方蒙古三部对明边境的骚扰威胁,明成祖五次亲率大军北征,并在第五次北征归途中驾崩。

永乐年间,明成祖五次率兵亲征,打击居于漠北的蒙古贵族对内地的侵扰和破坏,这就是明成祖远征漠北之战。

蒙古贵族势力在元末明初经历了几十年的演变和分裂。元顺帝逃往漠北后,于洪武三年(1370)死于应昌(今内蒙古多伦东北)。皇太子爱猷识理达腊继位,逃往和林(今蒙古人民共和国哈尔和林),史称"北元"。永乐初年,蒙古贵族势力内部互相残杀,遂分裂为鞑靼、瓦剌和兀良哈三部。鞑靼部居住在今贝加尔湖以南和蒙古人民共和国的大部分地区；瓦剌部居住在今蒙古人民共和国西部和准噶尔盆地一带；兀良哈部聚居在今老哈河(在内蒙古)和辽河流域一带。三部之间经常互相残杀，并不时侵扰明朝边疆，朱元璋对蒙古贵族势力始终采取努力通好，积极防御的政策。明成祖继承了太祖对待蒙古贵族的政策，他一面与之修好，封蒙古部落酋长为王，赐予金银、布帛、粮食等物品，争取相安无事。如朱棣封瓦剌部首领马哈木为顺宁王，在鞑靼部首领本雅失里称汗时，成祖多次遣使通好。另一方面，如果蒙古贵族无理侵扰，就给予坚决打击。三部中以鞑靼部最为强盛，本雅失里因此而骄，对明朝抱不友好态度。永乐七年(1409)，成祖派遣使臣郭骥去鞑靼，结果被杀，这个事件成了战争的导火线。朱棣忍无可忍，遂决心征讨鞑靼。

明学者、书法家赵宦光

永乐七年(1409)七月，成祖朱棣命令淇国公丘福为征虏大将军，王聪、火真副之，王忠、李远为参将，率精骑十万出征鞑靼。临行前，朱棣担心丘福会以兵力强盛而轻敌，特地告诫说："毋失机，毋轻犯敌，毋为所治，一举未捷俟再举。"八月，丘福率军出塞，前锋抵达胪朐河(今克鲁伦河)南岸，歼灭了鞑靼的游兵，乘胜过河，俘敌官员一人。丘福不顾诸将劝阻，对俘虏的话信以为真，并让其为向导，结果，孤军深入，中了本雅失里的埋伏，五将军皆殁，全军覆灭，败讯传至朝廷，朱棣大为恼怒。为了消除边患，决计亲征。

永乐八年(1410)二月，朱棣率50万大军亲征，并调用武刚车三万辆，运粮20万石，随军队行动，沿途每十天行程存一批粮，以备回返时食用。三月出塞，抵凌霄峰(今河北张北东北)。四月，抵阔滦海(今内蒙古呼伦湖)。五月初，进至胪朐河(今克鲁伦河)流域，朱棣更名为"饮马河"。本雅失里闻讯明军大举进攻，尽弃辎重牲畜，仅率七骑西逃瓦剌部。太师阿鲁台则东逃。朱棣打败本雅失里后，挥师攻击阿鲁台，双方交战于飞云壑和静虏镇(今哈拉哈河南岸)。朱棣亲率精骑直冲敌阵，阿鲁台坠马，然后逃遁。朱棣乘机追击，斩杀无数。这时，明军食粮已尽，朱棣命令停止进攻，胜利还师。鞑靼部经过这次打击，降服了明朝，每年向明朝进贡马匹。明朝也给予优厚的赏赐，其部臣阿鲁台接受明朝给他的和宁王的封号。

鞑靼败后，瓦剌部逐渐强盛起来。瓦剌首领仗恃势强，出兵袭杀了本雅失里，并一再声称要进攻鞑靼。阿鲁台多次请求明成祖出兵攻打瓦剌，为其故主本雅失里报仇。阿鲁台还率余部奔至明长城附近。与此同时，瓦剌部不断要挟明朝厚赏，妄想占领明朝的宁夏、甘肃地区，屯兵边境，向漠南进逼。朱棣为了满足鞑靼部的请求，也为了明朝边境的安宁，决定亲率30万大军征讨瓦剌部。

永乐十二年(1414)三月，车驾由京师出发，并让皇太孙从行。四月，师至兴和(今河北张北)，举行大规模阅兵式。六月初，前锋在三峡口(今内蒙古多伦西北)，击败瓦剌部游兵。朱棣乘势向西北方向进攻。行至忽兰忽失温（今蒙古人民共和国乌兰巴托），遭瓦剌军的依山阻抗。朱棣便以精骑引诱瓦剌军离开山势出战，另外部署神机炮及时炮击，自己率铁骑冲入敌阵，杀敌无数。瓦剌军遂大败。朱棣顺势追击，并分兵三路夹击瓦剌军的反扑，亲率一路精骑再次冲入敌阵，瓦剌军败遁。瓦剌部受此重创，此后多年不敢犯边。次年，瓦剌向明朝贡马谢罪。

鞑靼部在明朝帮其打败瓦剌后，经过数年的恢复，势力日渐强盛起来，曾两次乘瓦剌部为明重创之危击败瓦剌部。对明朝，阿鲁台改变依附政策，重新反叛明朝，轻侮或拘留明朝使节，并时常出没塞下，骚扰劫掠。朱棣为此致书劝止阿鲁台，但阿鲁台不予理会，依旧我行我素。永乐十九年（1421）十月，阿鲁台竟大举围攻明朝北方重镇兴和，击杀明都指挥王祥。为了打击鞑靼的侵扰活动，朱棣决意第三次亲征。

永乐二十年（1422）二月，朱棣令调用驴34万匹，车177500多辆，挽车夫235000多人，共运载粮食37万石，随大军出征。三月，车驾出北京，主力仍沿故路北上。军至宣府（今河北宣化）东南之鸡鸣山时，阿鲁台闻悉朱棣亲征，乘夜从兴和逃跑，避而不战。诸将请求追击，朱棣命暂缓追击。

五月，师过偏岭（今河北沽源南），举行阅兵式。朱棣告谕兵将："兵行犹水，水因地而顺流，兵因敌而作势，水无常行，兵无常势，能因敌变化取胜者，得势者也。"为了鼓舞士气，朱棣作平虏曲，供将士传唱。七月，师至煞胡原，俘获阿鲁台部属，从而得知阿鲁台丢马弃甲从阔滦海北遁。朱棣惧重蹈丘福深入陷没之覆辙，下令停止追击。

回师途中，朱棣认为兀良哈部为阿鲁台之羽翼，遂选派步骑两万，五路并进攻打兀良哈部。师至屈裂儿河（今内蒙古洪儿河上游支流）。兀良哈部得知明军来攻，仓皇西逃。

朱棣指挥军队夹击围歼，大败兀良哈部。九月初，回师至北京。

永乐二十一年（1423），鞑靼首领阿鲁台以为明朝放松了警惕，不会出征，决意率众袭扰明朝边境。朱棣闻悉阿鲁台又来侵犯，决定再次亲征。八月初，朱棣举行宴会，宴请从征五军将领，随后举行阅兵式。九月上旬，师至沙城（今河北张北北）。阿鲁台部众阿失帖木儿率部众降附。十月，明军继续北上。鞑靼王子也先土干率部众来降。朱棣立即封其为忠勇王，赐名金忠，余者皆有赏。十一月班师回京。

永乐二十二年（1424）正月，鞑靼阿鲁台出兵扰袭大同等地，朱棣决定第五次亲征。忠勇王金忠自降明后，屡请出兵攻击阿鲁台，愿做前锋效力。朱棣批准了他的请求。

四月，师出北京北上，进军途中，命忠所部捕获阿鲁台部属，得知阿鲁台远遁，分兵搜抄，未见踪影，此次北征一直行进至笞兰纳木儿河，穷搜山谷，300余里不见车辙马迹。当时军中粮食日渐匮乏，朱棣遂令班师。回师途中，成祖身染重病，日重一日，他自知将不久于人世，想起当初夏原吉的劝言，感叹道："夏原吉爱我！"七月，回师至榆木川（今内蒙古多伦），十八日朱棣病死军中。因大军在外，恐生意外，便秘不发丧，熔锡为内棺，用龙辇载着，所到之处，照常上食，一直到皇太孙接驰讣前来奉迎，才正式发丧。

明英宗朱祁镇

人物档案

生卒年:1427~1464 年

父母:父,宣宗朱瞻基;母,孙皇后

后妃:钱皇后、周贵妃等

年号:正统,天顺

在位时间:1435~1449 年;1457~1464 年

谥号:睿皇帝

庙号:英宗

陵寝:裕陵

性格:温和软弱,待人真诚

英宗朱祁镇

名家评点:

　　明英宗信用宦官王振,以致开启了明皇朝宦官擅权乱政的先例,并直接导致了"土木之变"的惨败。

——白寿彝《中国通史》

生母之谜

　　英宗朱祁镇,是明朝开国以来的第六位皇帝,生于宣德二年(1427)十一月十一日。他九岁登基,年号"正统",14 年后在"土木堡"被蒙古瓦剌部所俘,失去帝位。八年之后,通过"夺门之变"重登宝座,年号"天顺",在位八年。他 38 岁时驾崩,庙号"英宗"。

　　英宗出生两个多月便被册立为皇太子,成为有明一代年纪最小的皇储。父亲宣宗结婚十年没有子嗣,对这个姗姗来迟的太子十分疼爱,并寄予厚望。英宗幼年登基,信用宦官,朝政大坏。土地兼并愈演愈烈,农民起义也出现在明朝的大地上。北部的瓦剌更是明朝的心腹大患,连英宗也曾做过他们的俘虏。代宗于危难之时登基,虽然稳定了局势,但其他方面毫无建树。英宗复辟之后,朝政更是不可收拾。不过,凭借上代明君的积累,虽然明朝再也没有能力发动对外战争,但却波澜不惊地向前发展。

　　英宗很早就得到命运的垂青,出生两个多月便被册立为皇太子。宣宗驾崩后,在祖母张太后的主持下,年仅九岁的朱祁镇顺利登上皇位,君临天下。然而,随着朱祁镇登上皇位,谁是英宗生母的问题也浮出水面。对于英宗的生母到底是谁,历来存在着两种不同的说法。

　　第一种说法认为,明英宗的生母是孙贵妃,也就是后来的孙皇后。《明书》中记载孙贵妃于"宣德二年十一月,生英宗皇帝"。孙贵妃是主簿孙忠的女儿,永城县(今河南永城)人。十岁时,经彭城伯夫人、张太后母亲向成祖推荐,选入内宫抚养。永乐十五年(1417)册封为皇太孙(即宣宗朱瞻基)嫔。宣宗即位后,册立孙氏为贵妃。后来,朱祁镇出生并被立为太子,成为孙氏争夺皇后之位最重要的砝码。后来太后和诸大臣同意宣宗废掉胡皇后,册立孙贵妃为皇后,因为母以子贵。

　　另一种说法认为:英宗的生母是一位不知名的宫女。孙贵妃为了巩固自己的地位偷偷抱养富人之子为己子,而那个宫女却销声匿迹了。《明史稿》记载孙氏"子宫人子,于是着宠日重"。意思是孙贵妃把宫人的儿子当作自己的儿子抚养,并因此日益得宠。当时人王锜的著作《寓圃杂记》里有更加详细的记载:

宣宗胡皇后无子,宫中(一云纪氏)有子,孙贵妃攘为己子,遂得册为皇后,而废胡为仙姑。……英宗立,尊张太后为太皇太后、孙为太后。正统七年(1442),太皇太后崩,凡六宫有位号者皆得祭奠,胡不敢与太后之列,唯与诸嫔妃同事。孙太后知而有见谴之意,胡因痛哭而殂。太后命阁下诸臣议治丧之仪。诸臣因议以嫔御礼葬。天顺六年(1441),孙太后崩,英宗尚不知己非孙所出,惟皇后钱氏知其详,亦不言。八年(1443),英宗大渐,后泣诉曰:"皇上非孙太后所生,实宫人之子,死于非命,久无称号。胡皇后贤而无罪,废为仙姑。其死也,人畏孙太后,殓葬皆不如礼。胡后位未复,惟皇上念之。"

根据王锜的记载,英宗是在他在位的最后一年才从皇后钱氏口中知道自己本是宫人之子,但年长日久,他已无法知道生母的身世和下落,只好把一腔同情寄予在被废的胡皇后身上,为她重修陵寝,一切按照皇后的规制办理。那么,钱皇后为什么要替与自己毫不相干的废后胡氏说话?原来,作为英宗的皇后,钱氏并没有生过皇子,而当时周贵妃却有一子,就是后来的宪宗,这种情形跟当年胡皇后无子、孙贵妃有子的情形极其相似。也许正是由于这一情形,使得钱氏深为同情胡皇后吧。但是,这里还存在着一个疑问,如果真的如王锜的记载,是钱皇后告诉英宗,他的生母是宫女,而非孙太后,那么,钱皇后又是如何知道其中的内情的呢?她所说的是否可信呢?这些后人都难以知晓了。但不管英宗是宫人所生还是孙贵妃所生,总之都是龙脉。因为在紫禁城内,除皇帝外,只有皇帝的妃嫔,服侍的宫女和太监,不会有其他成年男子。英宗的生母为谁,宣宗自然心知肚明。如果确为孙贵妃夺宫人之子为己子,对宣宗来说,总是自己的骨肉,无伤大局,同时还可以帮助自己宠爱的孙贵妃登上皇后宝座,或许就默认了此事。

宫中两后

明智张太后

仁宗的皇后张氏,是一个见地出众,能在宫廷中纵横捭阖的不凡女性。张皇后是永城人,洪武二十八年(1395),张氏被册封为燕世子妃。永乐二年(1404),被封为皇太子妃。她严守妇道,非常讨成祖及仁孝皇后喜欢。朱高炽多次被汉、赵二王所离间,又因身体肥硕不能骑射,成祖为此十分生气,大减太子的宫膳,且多次要另立太子,最后都因为张皇后从中周旋,才没有废掉太子。朱高炽能当上太子并坐稳太子之位,张皇后起到了很大作用。

宣宗继位后尊奉张氏为皇太后,军国大事多受命于皇太后,听从她的裁决。当时国家安宁祥泰,宣宗对皇太后入奉起居,出奉游宴,四方有所进献,即便是微小物品,也一定要先奉送给皇太后。张太后却对外戚很严格,她的弟弟张升虽然为人忠厚谨慎,却一直没有让他参与国家大事。当宣宗驾崩时,英宗才九岁,外面有人议论将立襄王为皇帝。张氏立刻把各位大臣召集到宫中,指着朱祁镇说:"这就是新天子啊!"群臣都叩头高呼万岁,皇位这才定下来,流言也不攻自破了。

英宗继位后,群臣认为皇上年纪幼小,请求太皇太后张氏垂帘听政。张氏坚持不允,她说:"不要破坏祖宗成法,只要废止一切不急的事务,勉励皇帝向前人学习,并委托得力大臣就行了。"这番话体现了张氏博大的胸襟,更为明智的是她看出了王振的险恶用心。

宣宗死,英宗年幼,敬畏王振,呼先生而不名。王振为了巩固自己的地位,便故作姿态,耍弄权术,以取得阁臣"三杨"等的好感。一次,英宗朱祁镇与小宦官在宫廷内击球,王振跪奏说:"先皇帝为一球子,几误天下,陛下复蹈其好,如社稷何!"做出一副耿耿忠心的样子。王振每次到内阁去传旨时,装得恭敬小心的样子,立阁外,不敢入,"三杨"呼入坐,以宠异之。张太后对王振却是存有戒心的。英宗刚即位后的一天,张太后把英国公张辅,大学士杨士奇、杨荣、杨溥和尚书胡濙召到便殿,对朱祁镇说:这些大臣是"先朝所简贻皇帝者,有行必与之计。非五人赞成不可行也"。接着又把王振找来说:"汝待皇帝起居多不律,今当赐汝死。"王振吓得面如土色,拼命磕头求饶。经过朱祁镇和在场的大臣们的请求,才宽免了王振,规定"此后不可令干国事也"。

不过,王振善于察言观色,处处表现自己的忠心。正统四年(1439)十月,福建按察金事廖谟杖死驿丞。驿丞是阁臣杨溥的乡里,而廖谟则是阁臣杨士奇的乡里。杨溥要为驿丞报仇,处廖谟以死刑,杨士奇则庇护廖谟,以"因公杀人"论,争议不决,请裁于太后。王振乘机对太后说:"二人皆挟乡故,抵命太重,因公太轻,宜对品降调。"太后从之,降廖谟为同知。太后看他处理事情是那么"秉公无私",渐渐地信任他,没有能够善始善终。

正统七年(1442)十月,张太皇太后去世。临终叮嘱朱祁镇要做一个好皇帝,有这样的太皇太后,实在是明朝的福气。

贞德钱皇后

无论英宗在朝政上功过如何,但他对待钱皇后始终衷情不改,两人历经磨难,感情非常坚贞。

钱皇后是海州人氏,容貌秀丽,而且知书达理,善良贤惠。英宗正统七年(1442),她刚满15岁的时候,被选进宫,在母亲的陪同下,经过隆重热闹的册封大典,成了英宗的皇后。这时候英宗也只有16岁。两个人年纪相当,十分投缘,婚后恩恩爱爱,幸福无比。因为皇后温柔体贴,人又漂亮懂事,英宗非常尊重她。他们结婚七年,钱皇后却始终没有生下皇子,英宗也没有丝毫埋怨不满的意思,仍然很喜欢她。在封建王朝中皇后生下正统继承人是非常重要的,如果皇后不育可是很严重的事,甚至有可能因此被废。英宗对自己宠爱不衰,更让钱皇后心怀感激之情,两人的感情也更加坚定。他们唯一的分歧就是英宗宠信他以前的启蒙老师太监王振。钱皇后对王振垄断朝政的情况十分担忧,好几次劝英宗不要过于纵容王振,英宗毫不理睬,钱皇后见皇帝这么固执也毫无办法。

果然,正统十四年(1449),英宗亲征蒙古首领也先,结果一败涂地。被也先的军队俘虏。钱皇后听说皇帝被俘,夫妻情深,更是五内俱焚。她把自己平日的积蓄全部拿出来,甚至变卖了英宗以前送她的珠宝首饰,交给朝中的大臣,希望能尽快凑齐金钱,赎回英宗。

但瓦剌首领也先想利用英宗迫使明朝大臣们打开北京的城门,放蒙古军队进城,在情势最危急时。改立英宗的弟弟朱祁钰为新皇帝,就是代宗皇帝,尊英宗为太上皇,以此来坚定军心,拒绝也先提出的入城要求。在这种情况下,钱皇后深知营救皇帝无望。终日以泪洗面。她几次去请求新皇帝设法营救英宗回朝,可是新皇帝为了自己地位的稳固，极为不愿接英宗回来。于是每当暮色四合，宫中万籁无声的时候，宫院中都传来一阵阵撕心裂肺的哀哭。那是英宗的钱皇后。钱皇后将饮食起居都忘诸脑后，终日只是祈祷和哭泣，哭累了就昏死在地。钱皇后就这样彻夜地跪在地上，为英宗祈福，持续了一年的时光。由于长期受寒，双腿受压、变曲，钱皇后的一条腿终于残废。又因为终日忧伤，以泪洗面，钱皇后的一只眼睛也因此失明。

钱皇后每每念及册立皇后时的美好时光，心中越发想起英宗，也越发悲伤。后来，也先觉得把英宗留在手中毫无用处，就想让明朝派人把英宗接回去。代宗还是十分不愿意，但在于谦的再三劝说下，终于勉强同意接太上皇回朝。被俘一年以后，英宗终于得以无恙归来。钱皇后万分高兴。英宗见到钱皇后，差点认不出来，时隔一年，皇后竟面目全非。英宗知道钱皇后对自己情深义重，为了自己弄成这样更加悲痛至极。

归来以后，英宗作为太上皇，被幽禁在宫城外的南宫。南宫高墙深院，门锁封死，

于谦书《题中塔图赞册》

院外重兵把守，由靖远伯王骥专任守备。英宗在南宫过着惨淡冷清的日子。只有残废痴情的皇后守候在他的身边，照顾他的饮食，为他解去忧烦。南宫的生活供给贫乏，饮食很艰苦。钱皇后拖着病体，不停地做针线活，让人拿出变卖，以此改善生活。英宗和钱皇后就这样相依为命，在南宫度过了将近八年，直到英宗重新从弟弟手中夺回了皇位。当英宗再次登上皇位以后，他对钱皇后感念至深，并没有因为重登皇位就嫌弃钱皇后，反而更加爱惜尊重她，给她最好的待遇，以弥补钱皇后多年来遭受的痛苦。

王振专权

执掌司礼监

王振，山西蔚州人。永乐时自阉进宫，宣宗时被选入内书堂读书，后又被派往东宫侍候当时的太子朱祁镇。王振为人狡黠，善于逢迎，在与太子的朝夕相处中，取得了朱祁镇的欢心，朱祁镇称其为"先生"，而不直呼姓名。王振对于未来的小皇帝来说，不只是侍从，同时更是尊敬的师长，亲密的朋友，对他的依恋和信任远远超过了其他人。所以后来宣宗在壮年去世，年仅九岁的朱祁镇即位成了新皇帝，王振自然成了太监中首屈一指的人物，掌握了权力极大的司礼监。

太祖朱元璋鉴于历代宦官干预朝政，酿成祸乱的教训，曾立下条章，不许宦官读书识字、兼任外官，官职不得超过四品，并在宫中立一铁碑，上书："内臣不得干预政事，预者斩！"对太监的管制十分严厉。

英宗年少，不知轻重，用王振掌管司礼监。司礼监是明代宦官二十四衙门之一，督

理皇城内礼仪、刑名、当差、关防门禁等一切事务,其中的秉笔、掌印太监掌管章疏。每天大臣们的章奏,一般由皇帝亲批数本,其余的按照惯例由秉笔太监用朱笔楷书分批,再由内阁拟诏颁发。司礼监由于具有专掌机密、批阅章奏的职能,便成了最重要的宦官衙门。

智化寺

王振执掌了司礼监这个重要机构后,便借此树立自己的威权。他诱导年轻的英宗经常对臣下施以重刑,以防止朝臣的欺蔽行为。结果,造成很多大臣被责杖下狱。于是,一些官员畏服王振,更有一些阿谀献媚之辈投靠到他的门下,王振的权势日重。

王振这时虽然已经掌握了大权,也有皇帝的充分信任,但并不能够随心所欲。他最忌惮的人是仁宗的张皇后,本朝的太皇太后。张太皇太后虽然不直接参与朝政,却还是对朝政很关心,在朝中有着举足轻重的影响力。王振很善于做人,十分注意收敛行迹,谨言慎行。由于英宗对王振宠眷如初,王振神气无比。正统六年(1443),奉天、华盖、谨身三大殿成,英宗在奉天殿大宴百官,按照洪武、永乐朝立下的规矩,宦官不能参加外廷的宴会。这天,英宗派人前去问候王振。王振见了来人,大发雷霆,说:"周公辅成王,我独不可一坐耶!"来人将王振的话回复英宗,英宗立刻命大开东华中门,召王振前来。王振应召而来,百官候于门外,望风罗拜,王振春风满面,得意扬扬。

肆意弄权除异己

正统七年(1442),太皇太后驾崩,此时,杨荣先去世,杨士奇也于次年病故,仅杨溥在朝,年老多病,新阁臣资历轻浅,不足以与王振抗衡。王振更加肆无忌惮,为所欲为,竟擅自派人搬走太祖立于宫中的"内臣不得干预政事"的铁碑,气焰嚣张到了极点。

他在朝中恣意排斥异己,陷害忠良。侍讲刘球在奏疏中语刺王振,被逮捕下狱,王振令人将其残酷肢解。大理寺少卿不愿附从王振,王振记恨在心,设法将他下狱。御史李铎碰到王振没有下跪,被谪成铁岭。驸马都尉石璟,有一回斥骂自己家中的阉人,王振觉得不是滋味,把他逮捕入狱。几个内侍和锦衣卫卒对王振的专横心怀不平,以匿名书揭露王振的种种罪行,王振查获后,把这几个人全部处以磔刑。在王振的淫威下,许多正直的朝臣相继受到迫害。相反,王振的侄子及私党,却一个个得加官晋爵。

顺者昌,逆者亡。即便是公侯勋戚也不得不尊称王振一声"翁父",至于那些畏祸者更是争附其下。许多人为了讨好他,备厚礼晋见,王振来者不拒,招降纳叛,卖官鬻爵,大肆聚敛。"土木之变"后,朝廷抄没王振家产,从他家中搜出金银60余库,玉盘百面,珊瑚高达67尺的就有20余株,其他珍珠宝玩,不计其数。

土木之变

英宗宠信自己的启蒙老师、司礼监太监王振,对他言听计从,险些因此给自己招来杀身之祸。

永乐末年,蒙古瓦剌部逐渐强大起来,首领脱欢率领部众攻杀了鞑靼的阿鲁台,吞并了各部落,立元朝后裔脱脱不花为可汗,自称丞相。脱欢死后,其子也先嗣位,他继承其父的扩张政策,东征西讨,数次侵扰明朝辽东、宣府、大同等边镇,以致明朝连年边警不断。

此时,明朝正是王振专权。边警连连,王振却藻饰太平,他为了讨好瓦剌,以求边境的安宁,对瓦剌的贡使有求必应,给予优厚的赏赉。按原来规定,每年瓦剌贡使只有30余人,到了这时,他们欺负明朝软弱,贡使逐年增加,动以千计,朝廷此项费用与年俱增。

正统十四年(1449)春,瓦剌派2000人前来明朝贡马,为了多领赏物,竟冒称有3000人。王振识破其中有诈,令礼部按实际人数给赏,还大大削减马价。也先大怒;再加上明朝本来答应把公主嫁给他的儿子,现在却出尔反尔。他以这两点理由为借口,在这一年七月就调动了他的全部军队,分成四路向明朝进攻。这一年是明英宗正统十四年(1449)。

明朝因为太平已久,久无战事,军队的战斗力很差。在这种情况下,在边境驻守的部队根本就不是强悍的瓦剌部落士兵的对手,纷纷不战而逃,防御战线很快就崩溃了。瓦剌军队因此得以长驱直入,一直攻到了内地,包围了西北重要的军事基地大同。边镇告急,边报接二连三地传到京城。英宗不得不把大臣们都召来商议对策。王振以为立功的时候到了,极力怂恿英宗亲征。于谦等大臣认为"六师不宜轻出",劝谏皇帝不要亲征。但英宗听信王振的话,不理群臣规谏,下诏令自己的弟弟郕王朱祁钰留守北京,三天后带着懒懒散散、缺乏武器的50万大军上路出发。王振、英国公张辅等公侯伯及文武官员、将士共50余万人从征。

明大军出居庸关,过怀来,抵宣府。一路风雨交加,士气低落,而前方战事却越来越吃紧。随行的大臣不断请求英宗留下,王振大怒,命这些大臣长跪于路边草中。王

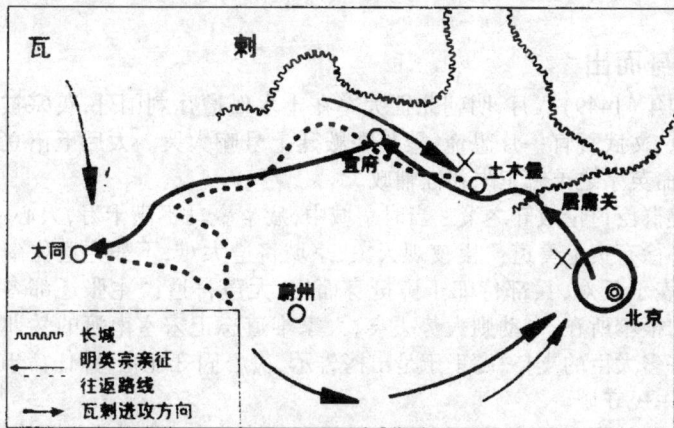

土木堡之围示意图

振的心腹、钦天监正彭德清看不过去,也劝王振:"再往前行,只恐凶多吉少。"王振却说:"果真如此,那也是命。"学士曹鼐听了,忍不住责问道:"臣子生命不足惜,皇上系宗社安危,岂可轻率前进!"但王振仍坚持继续深入。

八月初,大军到达大同,王振还想北进,这时,前方全军覆没的消息传来,英宗和王振这才开始慌张起来,于是决定回师。起初,军队准备从紫荆关撤退,途经蔚州,王振邀英宗临幸他的家乡,借此炫耀自己的权势。大军走了一阵后,王振忽然想起,大队人马行进势必会践踏他庄田里的庄稼,便下令改道宣府。几经周折,行至距怀来城仅20里的土木堡,终于被日夜兼程的瓦剌骑兵追上。

许多大臣主张进怀来城抵御。王振坚持辎重未到，不愿进城。邝埜来到行殿，力请英宗迅速入关，留重兵殿后。王振怒喝道："腐儒怎会懂得行军作战，再胡说必死！"喝令左右把邝埜拖了出去，驻兵土木堡。土木堡很快被瓦剌兵重重包围。

土木堡这一战，明军几乎全军覆没。由于地势高，挖井二丈多深不见水，人马饥渴难耐，而瓦剌兵越集越多，并开始分路发动进攻。第二天，也先派使臣假装请和，指挥军队佯退。王振见瓦剌退兵，急忙下令移营取水。瓦剌兵乘机从四面冲杀过来，明军争先逃跑，被瓦剌骑兵往来践踏，死伤遍野。英宗随亲兵突围受阻，便下马盘膝而

明代大臣，水利家陈瑄

坐，成了俘虏。混战中，张辅等随从大臣多遭死难。护卫将军樊忠悲愤之中，痛斥王振，将王振锤杀于军中，自己力战而死。

此役，明军死伤几十万人，也先带着缴获的大量马匹、辎重，拥着英宗皇帝，退兵北去。这就是明史上的"土木之变"。土木堡之败，是明朝由盛而衰的分水岭，也是英宗人生经历的第一个谷底。

保卫北京

于谦挺身而出

正统十四年（1449）八月，明朝北征大军在土木堡遭瓦剌围歼，英宗被俘。失败的消息传到北京，文武百官一片恐慌，聚集在殿廷上号啕大哭。太后下诏立英宗长子朱见深为太子，命英宗之弟郕王朱祁钰辅政。

郕王召集群臣讨论战守之策。当时京城中，疲卒羸马不满十万，人心不宁，惶惶不安。翰林侍讲徐有贞上奏道："臣夜观天象，京城将遭大难，不如先避往南京。"话音一落，立即有人表示反对，兵部侍郎于谦挺身而出，大声言道："主张迁都者，应该斩首！京城是国家的根本所在，一动则大势去矣，大家难道忘记宋室南渡的教训了吗？"于谦的主张得到许多大臣的支持，郕王于是出榜告示，决心固守北京，并任命于谦为兵部尚书，负责指挥军民守城。

在满朝文武的强烈要求下，郕王下令抄没王振全家，王振同党马顺等同时被杀，人心大快。这时，瓦剌军在也先的率领下，挟持英宗，侵扰大同、宣府等地，明守军闭门不出，也先只得带着英宗回塞外。

在这关乎国家存亡的关键时刻，于谦强烈要求立英宗的弟弟朱祁钰为新帝，改英宗为太上皇，以此断绝瓦剌的妄想，并且建议坚决抵抗，立刻召集在外的勤王之师，誓死守卫京城。于谦的这些主张得到了多数大臣的一致支持，也打动了一直举棋不定的皇太后。于是，在皇太后的主持下，英宗的弟弟成为新皇帝，就是代宗，同时还任命了于谦为兵部尚书，全面负责北京的保卫工作，要求南迁的人被斥退，表明了君臣上下对抗瓦剌的坚定决心。

于谦担负起保卫京师的重任之后，迅速从各地调集士兵，召集民兵，同时下令日夜

加紧赶制武器。北京城中的老百姓也积极行动起来，全力支持军队的守城工作。于谦料定瓦剌必将大举进犯，而京城兵械不多，便上疏请多方备战，并要求重用杨洪、石亨等文武将官，分路严守。景帝一一采纳。在君臣百姓同心努力下，北京城的守卫部队很快就增加到了22万人，防御体系也在于谦的精心部署之下完全准备就绪。北京城中君臣百姓上下一心，每个人的心中都充满了昂扬的斗志，就只等着瓦剌的军队前来。

十月，也先以送回英宗为名，与瓦剌可汗脱脱不花果然率大军进犯，来势凶猛，很快攻破紫荆关，进逼京城。于谦立刻召集将领商量对策。主将石亨提出将军队撤进城里，关闭北京九门，坚壁清野。于谦坚决反对，他说："敌军气焰嚣张，我军首先示弱，只会助长敌人的气势。"于是，按于谦的主张，明军将领分头带兵出城，在京城九门外摆开迎战阵势。

于谦下令关闭各城城门，自绝后路。他这样做，是为了表示有进无退，与京城共存亡的决心，以此鼓舞士气。他传令：将领带头后退的，斩将领；兵士不听指挥临阵脱逃的，由后队将士督斩。部署完毕，于谦身披铠甲，亲自率领一支人马驻守在德胜门外。明军上下由此大为感奋，勇气倍增，斗志昂扬，决心与瓦剌军拼死战斗，保卫北京。

于谦

明军大获全胜

很快，瓦剌军到达京城外，驻扎在西直门外。也先挟持英宗，要明朝派人出迎，想乘机攻进城去。朝臣一时不知如何是好，派人到军中问于谦，于谦说："今日只知有军旅，其他不敢闻。"景帝于是拒绝派人出迎。

也先便率瓦剌军向京城发起猛烈进攻，立即遭到明军的奋勇阻击，被挡在德胜门外。于谦令石亨带兵埋伏在民间空屋里，派数骑前去挑战，将万余瓦剌骑兵诱入埋伏圈，一声炮响，伏兵四出，火器齐发，瓦剌军人仰马翻，大败而逃，也先的弟弟中炮身亡。瓦剌军转攻其他城门，同样受到明军的坚决抗击。

明大臣魏骥

城外的老百姓配合明军，跳上屋顶墙头，用砖瓦投掷敌人。经过五天的激战，瓦剌军死伤惨重。

瓦剌人本来以为有明朝的皇帝在自己手中，北京城被攻破只是旦夕之事，可是他们完全没有想到，不但手中的皇帝毫无作用，北京城的守卫更是固若金汤，明朝的军队也与以前交战的军队完全不一样，人人不畏死，越战越勇。这时候瓦剌人反而不敢伤害英宗了，因为他们如果这时杀了英宗，不但于事无补，反倒会坚定明朝守城的决心。他们不但在战斗中受到了很大的损失，在城外驻扎还时常受到城外百姓的袭击，防不胜防，又听说各地的援军马上就要到来，害怕退回草原的后路被截断，瓦剌人只好带着英宗急忙撤离北京。当晚,于谦确信英宗已经离开,即命令石亨等用大炮轰击瓦剌军营,杀伤大批瓦剌兵马。也先被迫下令全线撤退,于谦派将领分路追击,乘胜扩大战果。北京保卫战取得辉煌胜利,十一月,京城解除戒严。此后,于谦等又不断加强北京及边镇的守备,瓦剌南侵势头终被抑制。

英宗被释

也先图谋落空

掠走英宗,也先有他的如意算盘。当时,一些瓦剌将领主张杀掉英宗,也先的弟弟、亲王伯颜帖木儿对也先说:"我们长期受大明皇帝的恩惠,大人如果派使者通报中国,迎回皇上,重修旧好,大人岂不有万世好男儿的美名吗?"也先心中盘算,意欲挟持英宗,迫使明朝上下方寸大乱,从而实现扩张掠取的野心。于是同意礼待英宗,将他安置在伯颜帖木儿营中,由同时被俘的锦衣校尉袁彬等侍奉。也先欲利用朱祁镇来诱破明朝的城关,来向明朝索取金帛财物。这一招起先确实起过一些作用。

袁彬通过怀来守臣将英宗被俘的情形通报北京。当时正是三更时分,宫中闻报,一片混乱。太后想用重金赎回英宗,便集中了大量金银珍宝,整整装了八骑,钱皇后也急忙搜罗宫中值钱的财物相助。也先收下财物,却并不放人。

接着,也先挟持英宗来到宣府,命守城将士开门相迎。城上守将回答说:"我们守卫的是陛下的城池,天已黑,不敢开城!"也先碰了个钉子,只得引兵来到大同城下。明军严阵以待,闭门不出,都督郭登回答:"臣等奉命守城,不知其他!"也先转而索取金币,袁彬只得到城下大呼,要守臣们设法贿赂以赎回英宗。郭登及广宁伯刘安遂四处筹措,进献金银两万余两,但也先还是不放回英宗。到了晚上,瓦剌扎营城西,郭登等又谋划派遣壮士劫营迎驾,没有成功。也先挟持英宗回到塞外去了。

十月,也先与瓦剌可汗脱脱不花以送回英宗为名,从紫荆关侵犯北京。郕王朱祁钰在于谦等大臣的积极支持下登基御敌。于谦组织军民,同仇敌忾,保卫京师,大败瓦剌军。也先本想挟持英宗,逼明朝城下议和,捞取金银财物,没想到一个子儿也没捞到,反倒损失了许多人马,又听说明朝的各路援军快到了,恐怕后路被切断,便又带着英宗匆匆而去。明朝乘机加强了边镇的防御。

不久,也先等又想挟持英宗分路南侵,袁彬求也先不要再带英宗南侵,他说:"天寒道远,陛下又不能骑马,只会白白挨冻挨饿而已。何况到了边镇,守城诸将也不会开城迎纳。"也先心中虽然不乐意,但也没有办法,只得自率人马分路南侵,结果又为明朝各边守将挫败。

也先不断发动对明朝的战争,不仅山西,京畿等地连年遭受战争的破坏,蒙古各部族也深受其害,并使得汉族和蒙古族之间的交往和贸易中断,失掉了通贡和互市的好处,这对北方各族人民都很不利。因而蒙古统治集团内部的矛盾也日趋激化,反对也先的人愈来愈多。当时瓦剌分为三部,也先掌握大权,兵最多。脱脱不花虽然是名义上为汗,兵较少。阿剌知院兵更少。当他们合兵围攻明朝时,利益大多数被也先分去了,而带来的害处则是三方面平均承受。因此,三家势力并不齐心。正统十四年(1449)十月,也先率兵进攻明朝京师时,脱脱不花所部并未入关,当瓦剌军败退到塞外时,脱脱不花和阿剌知院就遣使来献马议和。

也先扣留英宗,原想借此要挟,但景帝即位使他的打算落空。数次南侵,损兵折将,瓦剌内部也发生了分裂,只得与明朝议和,送回英宗。

送归英宗求议和

景泰元年(1450),也先派使臣来到北京。廷臣交章上书,请迎 ld 英宗。围绕这件事,景帝和大臣们发生了矛盾。景帝朱祁钰不愿他的哥哥朱祁镇回来,怕来抢他的皇位。而当时大臣们都主张速派使臣去迎回朱祁镇,于是景帝就召群臣议于文华殿。景帝不高兴地说:"我并非贪求帝位,当初是众臣坚持拥立,如今又为何如此纷纭!"群臣一时无言以对。兵部尚书于谦见状,从容言道:"天位已定,怎会有其他变故。但理当奉迎,万一有卜,我自有办法。"景帝释然,同意讲和。于是升礼科都给事中李实为礼部右侍郎任正使,升大理寺丞罗绮为少卿任副使,率领随行人员于七月一日出发前去瓦剌驻地。

李实等于七月十一日抵达也先营中,也先即差人陪同李实到 30 里外的伯颜帖木儿营里去见朱祁镇。朱祁镇的生活虽然不如在皇宫之中,却也不算太艰苦。他住在围帐之中,席地而寝,牛车一辆,马一匹。吃的又皆是牛羊肉之类,没有米菜。李实就把随身带来的数斗大米奉上。朱祁镇说:"饮食之类小节也,你与我整理大事。"并问:"我在此一年,因何不差人来迎我回,你们与我将得衣帽来否?"李实回答说:"陛下被俘以来,朝廷四次差人来迎,俱无回报,因此,特差臣等来探听陛下回否消息,实不曾带有衣服靴帽等物来。"朱祁镇迫不及待地说:"你们回去上复当今皇帝,并内外文武群臣,差来迎我,愿看守祖宗陵寝,或做百姓也好。"李实等人从朱祁镇那里出来又回到也先营里。十二日也先宰马备酒招待李实,问李实道:"大明皇帝敕书内只说讲和,不曾说来迎驾。太上皇帝留在这里又做不得我们皇帝,是一个闲人,诸事难用,我还你们。你们回去奏知,务差太监一二人,老臣三五人来接,我便差人送去。"十四日,李实等便从瓦剌启程回京。

也先求和心切,授意阿剌派出使臣后,又派遣皮儿马黑麻等到北京。皮儿马黑麻到北京后对明朝大臣们说:上次是知院的使者,我们是汗和太师所命。这次明朝如果不回使者,那么迎回朱祁镇的事情一定办不成。在群臣的力请下,朱祁钰才派右都御史杨善和工部侍郎赵荣率领随行人员,于七月十八日从北京出发去瓦剌驻地。这次景帝交给杨善的敕书,依然没有迎回朱祁镇的内容,除了随带送给也先的金银财物以外,也没有带给朱祁镇的衣物等用品。可见朱祁钰并不想迎回英宗,但杨善是一个忠臣,他自出家时,买了应该带的东西去见也先。杨善等人到达也先驻地第二天就会见了也先。也先问:"敕书何以无奉迎语?"杨善回答道:"此欲成太师好名,使自为之,若载之敕书,是太师迫于朝命,非太师诚心也。"瓦剌平章昂克接着问道:"何不以重宝来购?"杨善回答说:"若用财货来买,人谓太师图利;今不尔,乃见太师仁义为好男子,垂史册,颂扬万世。"杨善的巧辩遮掩了景帝朱祁钰不乐意朱祁镇回到北京的真实用意,也迎合了也先的心理。也先就叫杨善迎回朱祁镇。景泰元年(1450)八月初二日,也先给朱祁镇饯行,并派遣头目 70 人护送,取道宣府进京。

朱祁钰规定迎接朱祁镇的礼仪非常简慢,只派侍读商辂率一轿二马迎于居庸关。十五日,朱祁镇等到北京由安定门进东安门,百官于此朝见。景帝也于东安门谒见朱祁镇,双方表示了授受帝位的形式上的礼节后,就把英宗朱祁镇送进南宫(今北京市南池子)。朱祁镇回来后,也先就派使者来明朝,恢复了"通贡"和互市。

549

南宫复辟

幽禁南宫

英宗在位22年,被俘北居一年,南宫幽居七年,又于景泰八年(1457)乘景帝病重,在武清侯石亨、左都御史杨善以及副都御史徐有贞、太监曹吉祥等人的拥戴下复登皇位,真可谓经历了天上人间的剧烈变化。

英宗被瓦剌释放回京,以太上皇的身份居住在南宫。这位前皇帝的回归,对在位的代宗是一大威胁。代宗名义上把他尊为太上皇,实际上就是把他软禁在南宫,不许他召见百官,不许他过问朝政,不许他和宫外联系,甚至日夜派人守在宫门口,不准他走出宫门一步。英宗面对这样与预想迥然不同的生活,也束手无策,只有忍受着这种囚犯式的生活。最可怜的是他当了十几年的皇帝,一向锦衣玉食惯了,身边总是围绕着许多人伺候。阶下囚生活中,唯一还一心跟在他身边服侍他的人就是为他哭瞎了双眼的钱皇后。

这样的日子一转眼过了六年,景泰八年(1457),代宗忽然得了重病卧床不起。在此之前,代宗强行废掉了英宗时立的太子,改立自己的儿子为太子。虽然这位新立的太子一年之后就病死了,但这件事在朝廷上引起了很大的争论,朝臣之间开始因为立储的问题产生了裂痕。这时代宗病重,"易位"的问题又成了大臣们私下里谈论的话题。武清侯石亨和宫内太监曹吉祥等人都主张让原来英宗立的太子即位。大臣徐有贞却认为现在太上皇健在,代宗又病重,不如趁此机会拥立太上皇复位。这样不但肯定能够成功,而且将来论起迎复之功,也一定能加官晋爵。石亨和曹吉祥本来就野心勃勃,想趁册立新君之机捞一些政治资本。他们听了徐有贞这一番话,觉得可行。马上就分头行动,准备发动政变。他们趁着代宗病重放松了对英宗的监视之机,偷偷地把消息传递给英宗,表明将在正月十五这一天发动政变,帮助英宗夺回皇位。英宗当然求之不得,马上回答一定按照他们的计划行事。

夺门之变

这天夜深四鼓时分,石亨等依计率千余人进入宫城,徐有贞也早早来到朝房。石亨、曹吉祥带着1000名兵卒闯到南宫,打破宫门强行进入。宫中,英宗正倚在座椅上,徐有贞、石亨等连忙俯伏于地,请英宗登位。一群人簇拥着英宗出南宫,行至东华门,宫门卫士大声呵斥,英宗说:"朕,太上皇也!"门卫再也不敢拦阻,徐有贞等便拥着英宗直至奉天殿。

曹吉祥马上派自己的亲信太监去召集各位大臣,说有重要事情,让朝臣们马上到大殿朝见,不知所以的大臣们匆忙地来到朝堂上。大臣们一到,大殿里马上钟鼓齐鸣,就见被幽禁许久的英宗走上殿来,坐在宝座上。大臣们一看都明白是怎么回事,也都没有反对。随着司礼太监一声"太上皇重登金殿,文武百官进殿朝见"的呼声,纷纷都跪在地上,向复辟成功的英宗行了朝见大礼。

这时正在宫内静养的代宗皇帝听到前朝深夜之中有喧哗之声,也不以为意,还想着也许是宫外百姓庆祝元宵佳节的声音传到了宫内。直到英宗派来的亲兵闯进他的宫中,宣布太上皇复辟了,他才明白是怎么一回事。随后,代宗就被废除了皇帝的称号,幽禁在西宫之中。代宗在一夜之间失去了皇位,成了阶下囚,心中忧愤难平,更加重了原来的病情，没过几天，就一命呜呼了。这场宫廷政变，史称"南宫复辟"，又称"夺门之变"。

英宗终于夺回了盼望已久的皇位，心里非常感激石亨、曹吉祥两人迎立之功，果然给两人加官晋爵，把他们当作自己最信任的人。石、曹二人顿时成了朝中的风云人物。接下来，英宗就开始清算旧账了。他把原来拥立代宗为皇帝的大臣全部捉拿下狱，指控保卫北京有功的兵部尚书于谦、都御史王文阴谋篡位，迎立外藩。其实英宗也知道于谦的功劳很大，虽然他迎立代宗，实在也是被情势所逼，不得不如此，所以英宗还是有些犹豫。但最后还是编造了一个莫须有的罪名，说于谦、王文"意图谋取亲王"，把他们判处死刑。于谦这样一位于国于民都有大功的人却成了英宗夺门复辟这场皇室权力斗争中的牺牲品。

忠烈贤臣

忠臣于谦

于谦，字廷益，号节庵，钱塘（今浙江杭州）人。他从小胸怀大志，20多岁得中进士，走上仕途。宣德初，他出任江西巡抚，严格执法，昭雪冤囚数百人，老百姓感恩戴德，颂声满道。重视吏治的宣宗皇帝破格升他为兵部右侍郎。

于谦为官清廉，为人刚直，看不起那些尸位素餐的勋旧贵戚。每遇事不如意，于谦就拊胸叹道："此一腔热血，竟洒何地！"他对官场恶习、士大夫们的自私自利、妒贤忌才、争权夺利、贪婪无耻等丑陋面目非常痛恨。"三杨"辅政时期就对他十分器重，于谦有所建言，往往是朝报夕准。可惜好景不长，"三杨"相继病故后，王振专权，一反仁、宣两朝形成的清明之风，贿赂公行，贪污成风。地方官进京办事，总要先送白银贿赂上司，只有于谦从不送礼。有人劝他随俗，带些土产上京，于谦却甩甩两只袖子，笑道："只有清风。"为了表明自己的态度，他还写了一首《入京》诗，其中写道："清风两袖朝天去，免得闾阎话短长。"

于谦刚正不阿，得罪了王振。王振便设计加以陷害，将于谦关入监狱。消息传到他当年巡抚过的山西、河南等地，官民纷纷上书朝廷，要求释放于谦，官复原职。朝廷最终批准了官民的要求，仍以他为山西、河南巡抚。于谦此任前后达19年之久，直到正统十三年（1448）才调入北京任兵部左侍郎。

土木之变时，于谦力挽狂澜，拯救危局，景帝十分敬重他，无论是军国大事的决断，还是朝廷用人，都要征求于谦的意见。不过，于谦性情刚直固执，平时约束严格，纪律严明，不管是谁，哪怕是勋臣宿将，只要违反纪律，均按法处分，因而得罪了不少人，尤其是徐有贞，石亨、曹吉祥之流，更对于谦心怀嫉恨。徐有贞，当年因为南迁的建议受到于谦的严厉斥责，对于谦早就怀恨在心。石亨在北京保卫战中得到于谦的起用，立了战功，被封为侯。为了讨好于谦，他上疏推荐于谦的儿子为千户，于谦坚辞，上疏说："国家多事，臣子不应顾及私恩。石亨身为大将，不举荐一名隐士，不提拔一个士兵以补军国，独独推荐我的儿子，我绝不敢以子滥功。"石亨为了讨好反而遭到批评，恼羞成怒，碍于于谦的气势，一时敢怒而不敢言。后来，于谦又弹劾石亨的侄子贪婪横暴，石亨更是切齿痛恨。

景泰八年（1457）正月，石亨、徐有贞、曹吉祥等人发动夺门之变，拥英宗复位。因为拥立有功，石亨等人成了英宗面前的红人，大权在握，他们想到的第一件事就是除掉于谦,以解心头之恨。他们逮捕了于谦、王文等代宗时期的重臣,并指使同党弹劾于谦密谋迎立外藩襄王的儿子为帝,但无论如何也找不到证据,只能勉强以"意欲"迎立外藩襄王的儿子为帝的罪名诬判二人谋逆,处以极刑。法司对二人严刑拷打,王文极力进行辩解,于谦却笑道:"亨等意耳,辩何益?"后来案件提交给英宗时,英宗有些犹豫,说:"于谦实有功。"徐有贞马上说:"不杀于谦,此举为无名。"英宗听了,想到自己这次复辟也不是很光彩,于是就批准了对于谦和王文的判决。

廷审时,王文抗辩道:"召亲王,必须用金牌信符,派使者,必须有马牌,到内府兵部可以查验。"于谦劝王文说:"石亨等人的用意如此,抗辩有何用!"在徐有贞、石亨等人的操纵下,于谦、王文被定为"谋逆"罪,判极刑。英宗本来还犹豫不决,觉得于谦有功,不忍加害。徐有贞对英宗说:"不杀于谦,今日之事无名。"英宗于是决定杀于谦。

据史书记载,于谦被杀之日,"阴霾四合,天下冤之",抄家时,"家无余资",只有正室门紧锁着,打开一看,都是皇帝所赐的衣物器皿。原来,于谦平时生活俭约,府第简陋,北京保卫战后,景帝曾有意赐给他房子,于谦推辞道:"国家多难,做臣子的怎敢贪图享受。"只是将皇帝前后所赐的书、袍、剑等物仔细封存,每年取出省视一番。而在那多事的岁月,于谦为国事军务操劳,常留宿值房,极少回家。他曾写过一首《咏石灰》诗,其中两句是:"粉骨碎身浑不怕,要留清白在人间。"这正是于谦一生的真实写照。

于谦死后,其家属被发配戍边。陈逵感念于谦的忠义,不畏权势,收殓了他的遗骸。后来,于谦的女婿将灵柩运回故乡杭州。

成化二年(1466)八月,遇赦回乡的于谦长子于冕,上疏为父讼冤,宪宗朱见深亲自为于谦昭雪,将崇文门内西裱褙胡同的于谦故宅,改为"忠节祠",遣官祭奠英魂。宪宗亲自撰写诰语:"当国家之多难,保社稷以无虞,惟公道之独持,为群奸所并嫉。在先帝已知其枉,而朕心实怜其忠。"弘治二年(1489),明廷赠于谦光禄大夫、柱国、太傅,谥肃愍,赐词于其墓曰"旌功"。

宁折不弯的薛瑄

薛瑄是明朝有名的大理学家,他一生极力倡导程朱理学,被当时的人尊敬的称为"薛夫子"。他的性情刚正不阿,从不肯折腰下人,非常为当时的士大夫所敬佩。

薛瑄自幼聪敏过人,是乡里有名的神童。永乐三年(1405),薛瑄17岁,随其父教谕公薛贞和参政陈宗问外出视察,在河南荥阳的舟中,参政陈宗问偶得一联云:"绿水无忧风皱面"。随后让薛瑄给对个下联,薛贞对不上来,薛瑄在一旁接口对道:"青山不老雪白头。"陈宗问大惊,感慨地说:"此子才泓气昌,后当成大器,非吾侪备员苟禄者比也。"

当时在位的皇帝是明英宗朱祁镇,刚当上皇帝,一切听从一直在他身边服侍他的太监王振的安排。王振曾经作过小皇帝的启蒙老师,又始终在他身边细心地照顾他,所以很得小皇帝的信任,因此在朝廷上为所欲为,和朝臣们平起平坐,后来甚至还凌驾于满朝大臣之上作威作福。王振听说家在山西的薛瑄既有学问,又有能力。王振自己是大同一带人,薛瑄是晋南人,虽然离得远,总算是同乡,所以他就决定让薛瑄担任这个职位,于是薛瑄就被升为大理寺少卿。后来知道内情的人就劝薛瑄说:"你这次被提升,都是因为王公公的大力提拔,你应该主动去见一见他,向他当面致谢才对。"薛瑄听了,严肃地回答说:"我做的是朝廷的官,为什么要去向一个宦官道谢呢?"

有一次,薛瑄正和同僚们在朝房里商量事情,王振忽然进来了。公卿大臣们一个个见了王振,都纷纷迎上前去寒暄问好。只有薛瑄什么表情也没有,默默地站在旁边。

王振见了他，知道他的学问好，脾气也偏，反倒不以为意地主动走上前和他打招呼。薛瑄也只是拱手还礼而已，什么话也没说。那以后，薛瑄还是不肯主动地去巴结讨好王振，从不曾和王振有更密切的交往。这样一来二去，王振觉得薛瑄瞧不起自己的太监身份，自己现在权倾朝野，薛瑄却对自己不理不睬，觉得他太不通事理，决定伺机报复他。

王振的侄子王山，是个花花公子，欺负别人后反而先行诬告，官司打到了大理寺。薛瑄明白王山是诬告，驳回案子，不予受理。王振非常气恼，他让人诬告薛瑄受贿，把他下在锦衣卫的狱中，准备处死。薛瑄有一好友刘球，给皇帝上书献策，言辞牵扯到王振，也被王振下狱。王振把刘球剜目、砍首、剖尸、断肢，做样子给薛瑄看，希望他屈服。谁知薛瑄说："辨冤获咎，死何憾焉！"仍旧在监狱中手持《易经》，诵读不已，仍像平日读书工作一样淡然处之。通政史李锡年听说此事，感叹道："薛瑄，真铁汉公也！"王振要将薛瑄问斩，临刑时，王振家里的一个仆人忽然在厨房啼哭不已。王振很奇怪，就问是怎么回事，那仆人答道："听说薛夫子将要行刑了。"王振听了，大为感叹，杀心顿消。这时朝内的文武官员都同情薛瑄，兵部尚书王伟等人更是极力搭救，王振慑于众怒，便取消死刑，将薛瑄放出，削职为民。

薛瑄回乡后开设了一家文清书院，招生讲学。后来，他又被朝廷召回任职，一直做到了礼部右侍郎并入职文渊阁，性情仍是如往昔一样宁折不弯。那时薛瑄的年纪已经很大了，再加上皇帝昏庸，权宦倾轧，朝政纷乱，就以年老力衰为理由，多次请求告老还乡，后来终于得到了皇帝的批准。在返回家乡的途中，正好遇到风雨大作，船不能行，薛瑄一家人就困在了那里。后来干粮吃完了，儿子薛淳埋怨说："人家都好好地做官，你偏要退。看现在连饭也吃不上了！"薛瑄用手杖敲打着儿子，说："我身虽困，而道则亨也！"薛瑄退休回到河津以后，继续设帐授徒，以教育为事业，直到病故。

薛瑄一生为官清廉。做了五年御史官，还只是住两间小屋。小屋狭小，只能放下一桌一椅一床，东墙还没有窗户，房内的光线和通风都不好。而他想要买木料请木匠做一个窗子也是不能。薛瑄的儿子薛淳找来一辆废弃的旧车，自己动手，用车上的长木对付着在东墙装了一个窗户。薛瑄下朝回来，在屋外看见儿子的杰作，不由哑然失笑。薛瑄还因此兴冲冲地写了一篇《车窗记》，自得其乐。

薛瑄的一生以"进将有为，退必自修"为自己的座右铭，还提出退休三乐，即：年至以退为乐，退后以心美为乐，终生以全节为乐。

不听皇命的郭登

正统十四年（1449），也先带着被俘获的英宗朱祁镇来到了北方重镇大同城下，按照叛阉喜宁的主意，也先让英宗叫开大同城门。大同总兵知道英宗来了，不但没有出见，反而写了一封信说："赖天地宗社之灵，我国已经有新君了。"终于没有放也先进城，这位总兵就是郭登。

郭登，字元登，武定侯郭英之孙。郭英之子郭镇娶了朱元璋的女儿永嘉公主，而郭登是郭镇的亲侄子，所以两家有亲。郭登年幼便聪颖出众，长大后博闻强记，擅长议论。据说他不仅武功出众，而且长得雄壮英伟，他还擅长写诗，明代武将没有比他写得更好的，可谓是文武双全。洪熙年间，被授为勋卫。正统年间，郭登跟随王骥征麓川有功，被提拔为锦衣卫指挥佥事。后又随沐斌征腾冲，升为代理都指挥佥事。

在"土木之变"时，郭登被破格提拔为都督佥事，充任参将，辅佐总兵官广宁伯刘安镇守大同。朱勇等军覆没，便仓促商议回师。郭登告诉学士曹鼐，张益说："皇上应该进入紫荆关。"王振不听。那个时候,大同守军许多已战死,城门紧闭,人心惶惶。郭登整修城墙,修缮兵器,安抚士卒,悼死问伤,亲自为伤兵裹伤敷药,并说道:"我誓与此城共存亡,决不会只让你们去死。"八月,也先拥着皇上北去。经过大同时,派袁彬入城索要金币。郭登紧闭城门,让袁彬从飞桥而入。郭登与刘安及侍郎沈固、给事中孙祥、知府霍瑄等出城拜谒,伏地痛哭,将两万余两黄金及宋瑛、朱冕、内臣郭敬的家产进献给皇上,赐给也先等。这天晚上,敌军在城西扎营。郭登企图派壮士前去劫营迎驾,没有成功。

代宗监国后,郭登升为都督同知,充任副总兵。随即奉命代替刘安为总兵官。十月,也先进犯京城,就是这次,郭登拒绝了英宗入城的要求,并准备率所部支援,事先迅速以蜡书上奏。奏书到时,敌军已退。景帝仍下诏褒奖,进升他为右都督。郭登不只能闭关自守,还能主动出击。他智勇双全,纪律严明,预测敌情,相机而动,克敌制胜。他曾设计制造"搅地龙""飞天纲",挖掘深壕,再盖上土木,使它就如平地一样。当敌军进入包围圈,便发动机关,使其自相撞击,顷刻全陷。又仿效古人制造偏箱车、四轮车、中藏火器,上树旗帜,钩环联络,布列成阵,攻守都能用。军队以五人为一伍,一人有功,五人一同领赏,受罚时也是一样。十伍为一队,队中以能拉开60斤重弓的人为先锋。十队由一名都指挥统领,使他们功不相挠,罪有专责,增强了军队的战斗力。

景泰元年(1450)春,郭登侦察得知有数千名敌军骑兵,从顺圣川进入沙窝扎营。郭登率兵跟踪而至,大破敌军,追至栲栳山,斩杀200余人,获得所掠人畜800多人。明朝守边大将自从土木堡兵败后,都畏缩不前,无人敢与敌寇交战。郭登以800人打败敌军数千骑兵,使士气为之一振。捷报传来,皇上封郭登为定襄伯,并授予世袭凭证。四月,数千敌军骑兵突至,郭登出东门迎战。佯装战败,将敌军诱入土城。伏兵冲出,敌军败逃。郭登估计敌军还会来,于是命令士兵带上毒酒、猪羊、纸币,伪装成祭坟的人,见到敌军便丢下东西逃走。敌军到后,争相饮食酒肉,死者甚多。六月,也先奉英宗到达大同城外,声言是送英宗回来。郭登穿上朝服在月城内候驾,同时在城上埋伏军队,一待英宗进入,马上放下月城闸门。也先快到城门边时发觉,于是拥着英宗离去。

郭登虽然功劳赫赫,也逃不脱宦官的压制,幸好景帝很公道。不久,英宗复辟,郭登想起当初,英宗经过大同,派人对郭登说:"朕与你是姻亲,你为什么要如此拒我于城外呢?"郭登上奏道:"臣奉命守城,不知其他。"英宗返回后,代王朱仕壏赞扬郭登有功,请求降旨奖励慰劳。兵部则说郭登已被封伯,此事才作罢。实际上,英宗记恨当初郭登不放他入城的事,不想升他的官。景泰二年(1451),郭登以年老有疾为由,请求退休,推举石彪代替自己。

宪宗即位后,下诏恢复郭登为伯,命他充任甘肃总兵官。郭登上奏说边军买马十分艰难,以至卖掉妻子儿女来筹钱,因而请求借用楚、庆、肃三王府的马各1000匹,由官府付钱。皇上采纳了他的建议。后由朱永等推荐,郭登应诏统领神机营兵。成化四年(1468),朝廷复设十二团营,命郭登偕同朱永提督。八年(1472),郭登去世,被赠为侯,谥号忠武。

奸佞贼子

阴险小人徐有贞

徐有贞,字元玉,初名珵,吴县人,宣德八年(1433)中进士,被选为庶吉士,授予编修。他长得短小精悍，富有智谋，喜欢功名。徐有贞确实有才，并做出一定成绩。"夺门之变"中的一个重要人物，就是徐有贞。夺门成功后，英宗认为于谦对国家有大功，不忍心杀了于谦，结果徐有贞说："不杀于谦的话，这次行动就没有借口了。"结果，英宗杀了于谦。从这件事中可以看出徐有贞的阴险心术。

英宗继位之初，天下承平既久，边防守备松弛，而西南却用兵不息，徐有贞很担忧。正统七年（1442），他上书提出兵政方面五项建议，皇上很赞赏，但不能采用。徐有贞夜观天象，认为有大祸将至，曾私下对友人刘溥说："祸不远了。"他马上命妻子儿女南返，他妻子不愿回乡，徐有贞厉声说："你不回去，难道不想在中国呆了吗？"土木之变发生后，景帝召群臣来问对策。徐有贞大声说："对应星象，再根据历数，天命已去，只有南迁才能消除灾难。"兵部侍郎于谦说："提出南迁的人，可斩了他。"徐有贞大为沮丧，不敢再说。结果，在于谦的居中调度之下，北京城安然无恙，徐有贞大大丢了一回面子。英宗复辟成功后，徐有贞的小人嘴脸立刻显露出来。英宗当天就任命他为学士，入内阁参与机务，第二天又加封他为兵部尚书。徐有贞还不满意，由于石亨以功封伯，他对石亨说："愿得冠带随仁兄之后。"石亨把他的愿望告诉了英宗，英宗又封他为武功伯兼华盖殿大学士，掌文渊阁事务，赐了个"奉天翊卫推诚宣力守正文臣"的号，食禄1100石，世袭锦衣卫指挥使，他才心满意足。

徐有贞一得志，立刻开始了疯狂的报复，他诬陷少保于谦、大学士王文，杀了他们。内阁各大臣几乎全被逐出，陈循素来对徐有贞有恩，徐有贞也不救。徐有贞得志后，便想疏远曹吉祥、石亨。他看到英宗对两人已经开始厌恶，便稍稍压制他们，并暗中对英宗说他们贪婪凶暴的情况，英宗也为之动心。正巧御史杨瑄上奏弹劾石亨、曹吉祥侵占民田，英宗问徐有贞和李贤，他们都说杨瑄所奏的属实。石亨、曹吉祥非常怨恨，日夜图谋陷害徐有贞。英宗正宠爱徐有贞，经常屏退左右秘密交谈。曹吉祥令小宦官偷听，然后故意把听来的泄露给英宗。英宗吃惊问他是从何处听到，曹吉祥回答说闻自徐有贞。英宗从此疏远徐有贞。正好御史张鹏等人想弹劾石亨别的罪行，奏疏还没上，而给事中王铉把这件事泄露给石亨、曹吉祥。两人于是向皇上哭诉，说这实是内阁主使。皇上于是将各御史投进监狱，同时逮捕徐有贞和李贤。不过，英宗很快又后悔，让徐有贞出任广东学政。

没有扳倒徐有贞，石亨和曹吉祥不肯善罢甘休，继续寻找机会。一次，石亨派人送匿名信指斥英宗，说徐有贞怨恨皇上，指使其门客马士权写的信。英宗派人到德州抓住徐有贞与马士权一同关进监狱。严刑拷打，马士权坚决不承认。正好英宗要大赦，石亨等人怕徐有贞被放出来，又向英宗进谗言，英宗没有同意，下诏把徐有贞迁到金齿为民。石亨等人叛乱失败后，皇上又让徐有贞回家静养。徐有贞一直希望皇上再起用他，结果一直也没有得到消息，最终老死于家中。

石亨叛乱

在夺门之变中，石亨、曹吉祥等人是一个鼻孔出气的，然而英宗复辟之后，他们中间却展开了明争暗斗。曹吉祥对石亨封公，掌握军政大权，子弟50余人都受到封赏十分不满，常常在皇上面前说石亨的坏话。而石亨自以为功高盖世，也不示弱，有机会便向英宗揭曹吉祥的短。徐有贞则认为主意和办法都是自己出的，论功应数第一，自己又当了内阁首辅，除了皇上应该就数他了。可是石亨、曹吉祥压根儿没把他放在眼里，所以徐有贞一有机会就在皇上面前说石、曹二人不好。

那时恰逢御史杨瑄上奏弹劾石亨、曹吉祥强夺民田、欺压百姓的不法行为。英宗当着曹吉祥的面问徐有贞该如何处理。曹吉祥非常生气,说是诬告,应该治罪。徐有贞一听是告他们俩的,自然很得意,说御史敢说话是国家的福气,不能处罚。英宗同意了徐有贞的看法,曹吉祥顿时脸都青了。事后,他把这情况告诉了石亨。石亨大骂徐有贞,并拉拢曹吉祥,两人结成同谋。

徐有贞进一步鼓动御史张鹏、周斌揭露石亨的不法行为,石亨知道后,协同曹吉祥一同到英宗面前哭诉,石亨说张鹏是被处决的太监张永的干儿子,他勾结几个御史要

明角楼

给张永、于谦报仇,诬告他。英宗很生气。曹吉祥见时机成熟,趴在地上叩头不止,说:"臣等万死一生,豁出性命,迎请皇上复位,可徐有贞专权欺主,纠结御史陷害正人……"话没说完就伏地痛哭起来。英宗顿时大怒,立即下令逮捕徐有贞和几个御史,把他们罢官、降职并发配边疆。

除掉徐有贞以后,石亨和曹吉祥更加嚣张。他们公开纳贿,任用私人,随意更换文武大臣,朝臣们敢怒不敢言。一些趋炎附势的无耻之徒,争着巴结和投靠他们。户部侍郎陈汝言,依附石亨而升了兵部尚书。他贪赃枉法,胡作非为,英宗下令将他逮捕,籍没家产,查抄的物资在宫内廊庑下摆得满满的,尽是金银、玛瑙、珠宝。英宗带着大臣们去观看,见陈汝言如此富有,对大臣们说:"景泰时,于谦当了那么多年大官,抄家时一点余财都没有,只有几个箱子,里面尽是皇上赐给的东西,他连动都没动。怎么陈汝言做尚书还不到一年,就得了这么多东西?"石亨和曹吉祥赶快低下头,一声没吭。这件事以后,英宗才觉得于谦的确是个好官,对石亨、曹吉祥开始不信任。

一次,英宗与大学士李贤谈及"夺门"事件,李贤说:"说迎驾可以,怎么能说'夺门'呢?这个说法就不对。陛下复位,理所当然,何必要夺?况且内府的门能随便夺吗?当时有人邀臣,臣就不参加。"英宗惊问:"为什么?"李贤说:"景帝病重,儿子又死了,群臣自当上表请陛下复登大位,本来是名正言顺的事,何须夺?都是因为有几个小人想借陛下升官发财,达到专权干政的目的,根本不是为陛下和国家着想?要不是他们,大臣不至于杀贬那么多,贪贿之风也不至于到这个地步!这种人谈不上有什么社稷之功。"英宗恍然大悟。于是他做了几件事,一是通知宫廷卫士,不许石亨随便进宫;二是降旨朝臣,以后奏章中不许再提"夺门"二字;三是凡在夺门事件中冒功受赏的人允许自首改正。石亨、曹吉祥觉得这是针对他们的,就对皇上产生了怨恨。尤其是石亨,自恃兵权在手,养子石彪勇冠三军,领兵在外,于是图谋不轨。

皇上让石亨去大同视察,在路过紫荆关的时候,石亨对左右的人说:"这儿形势多好啊!如果派兵守住此关,以大同作根据地,京师的兵就过不来了。"这话传到皇上耳朵里。恰好这时候石彪从陕西回朝,积极活动要镇守大同。石亨指使千户杨斌等人出面奏保,引起了皇上的怀疑,便下令逮捕了杨斌,通过审讯,证实他们确有异谋,于是逮捕了石彪,石亨也被罢官。

被罢官后,石亨更加怨恨,他鼓励死党说:"宋太祖陈桥兵变,历史上并没说他是篡位,你们若能助我成大事,可富贵同享。"不料石亨被家人出卖,英宗立即传旨逮捕石亨。没几天,石亨死在狱中,石彪被杀。一场叛乱被扼杀在萌芽之中。

曹吉祥政变

石亨死后,曹吉祥感觉自己的处境也比较危险,于是决心铤而走险。他通过侄儿曹钦,用贪污得来的大批钱财,网罗了一批亡命之徒。一天,曹钦和他的死党一起喝酒,曹钦问他们说:"自古以来,历史上有没有宦官子弟当皇帝的?"有个姓冯的千户说:"有啊,你们本家魏武皇帝曹操就是中官曹腾的后人。"曹钦听了非常高兴,便加紧了阴谋叛乱的活动。

当时,恰好蒙古族的一个首领孛来侵扰甘凉(甘州,今甘肃省张掖县。凉州,今武威县)一带,朝廷派恭顺侯吴瑾,怀宁伯孙镗领京军征讨,命兵部尚书马昂做监军,决定在天顺五年(1461)七月初二黎明开拨。曹钦和他的死党认为时机已到,商议在这天黎明,以京军开拨作掩护,率500人和曹吉祥掌握的部分禁军来个里应外合,夺取帝位。

一切都准备好了,曹钦大摆酒宴,开怀畅饮,等待黎明的到来。其中有个蒙古族降将叫马哈麻的指挥官,半夜从席间溜了出来,把这一紧急情况告诉了等候早朝的吴瑾和孙镗。吴瑾写了个简便的奏折,从宫门的门缝中投进去。英宗立即抓了曹吉祥,并加强宫廷守卫,没有圣旨不许开宫廷各门。当时曹钦还不知道这些。

黎明时,皇城各门应该放行了,曹钦带领两个弟弟和500多人来到东长安门前,见大门紧锁,戒备森严,才知道走漏了风声。曹钦认为一定是锦衣卫指挥陆杲告的密,便领兵直奔陆杲家。陆杲这时正要上朝,被曹钦等人乱刀砍死。他提着陆杲的人头,带兵闯进西朝房,把等候早朝、曾经弹劾过他的都御史寇深劈成两半,然后又在东朝房砍伤了大学士李贤。紧急中曹钦又想到了一个好办法,他逼李贤代他写奏疏,说今天的事都是陆杲逼出来的,求皇帝恕罪。写完之后,曹钦又叫李贤和他一块面奏皇上,以为这样朝门就能打开,他的人马就能闯进皇城。他们来到长安左门,卫兵坚守不开门。曹钦狗急跳墙,下令攻门,想放火烧毁城门。守军慌忙拆了御河岸墙,用砖堵住门洞。曹钦久攻不下,又去了东安门。

吴瑾和孙镗得到马哈麻的情报之后,便分头去调兵。孙镗和儿子孙轼到宣武门召集城内西征军两千人。孙镗对将士们说:"曹钦叛乱,情况紧急,杀贼有功者赏!"他带领人马杀奔东长安门。这时工部尚书赵荣,也披甲跃马,在大街上往来呼喊:"曹钦反了,杀贼的跟我来!"很快就集中了好几百人。他与孙镗会合,奋勇杀贼。曹钦向东败退,在裱褙巷口(今西裱褙胡同西口)碰上带兵不多的吴瑾,经过一阵厮杀,吴瑾寡不敌众,力战身亡。曹钦这时还想着和曹吉祥里应外合。他刚把队伍带到东华门下,就被赶来的孙镗所率领的人马团团围住。

曹钦在绝望中疯狂反抗,东华门外杀声震天,从早上一直打到中午,难分难解。曹钦的人虽少,但都杀红了眼,格外凶猛,一度杀得官兵溃败,孙镗杀了几个败逃的士兵,才稳住阵势。这场激烈的战斗,双方损失都很惨重,孙镗的儿子阵亡,曹钦的两个弟弟被杀，曹钦也中了流矢。他见天色已晚，大势已去，拼死杀开一条血路，直奔齐化门（今朝阳门）。北京城门早已奉命全天关闭，曹钦攻不下，折向东直门、安定门，都无法出城，只好率领残兵回到家里死守。

当天晚上，官军把曹钦的宅第团团包围。当时正下着大雨，在雷鸣电闪的黑夜里，孙镗督军环攻，军士奋勇杀敌，曹钦投井自尽，其余的被官军杀个精光。经过一整天的激战，叛乱才彻底平息。英宗在午门连夜召见了有功之臣。第二天曹吉祥被处死。经过这件事，皇上才明白朝政的好坏，关键是要让大家都敢说话，这样才能了解情况，不致酿成大祸。

糊涂皇帝

明英宗朱祁镇是明代唯一一个被外敌俘虏的皇帝，也是唯一一个用过两个年号的皇帝。不过，也许正是由于被囚、被禁的经历，使得英宗对命运多了几分敬畏，对人命多了几分尊重，对世事多了几分理解。在他复位之后，做了几件颇为史家所赞赏的好事。其中一件就是前面所提恢复宣宗废后胡氏名号之举，并使之葬礼如仪。第二件就是释放"建庶人"（建文帝的次子朱文圭，被成祖长期幽禁，称为"建庶人"）。朱祁镇不能算是昏君，比起他的后代武宗、神宗等人，还算是一个好皇帝。不过，和他的前辈成祖、宣宗等人相比，就是一个不折不扣的糊涂皇帝了。

英宗在土木堡一役中被擒，可以说几乎全是葬送在王振一人之手。如果英宗长大之后能够乾纲独断，那么王振也不至于能够败乱朝纲。可惜的是英宗在这件事上显示了超人的糊涂才能。在瓦剌进犯时，尽管王振起了重要作用，但是英宗最后不下决心的话，是不可能挥师贸然亲征的。

英宗一朝，除了也先犯境之外，明朝大体上还是稳步发展的。只是王振弄权，开了宦官专权之始。土木一役又令明朝元气大伤。如果没有这两件事，英宗尽管有点糊涂，却还不至于被后人评成一个无能昏庸的皇帝。英宗刚继位之初有太皇张太后、三杨等人辅政，不改仁宣旧法、明朝政治一片清明。英宗经夺门之变重登帝位后，虽然发生了曹吉祥和石亨等人的叛变，但还没有弄得国政大坏，也多少开脱了一些责任。英宗虽然糊涂，可也做过聪明事，比如说他暗中设计杀了投降瓦剌的宦官喜宁。这也说明，英宗自己处理起一些事情来，还是比较果断干脆的。

还有一件事，对英宗以后的帝王影响很大，那就是废除殉葬制度。他临死时下令废除了妃子殉葬制。宫女殉葬这种制度由来已久。据《古今事物考》载从秦始皇时就有用宫女殉葬的事情。这种制度一直延续到明朝，朱元璋也未能免。据史记载，成祖、仁宗、宣宗都用宫女或妃子殉葬。英宗在天顺八年（1464）驾崩之前，亲下遗诏，下令停止殉葬。也有记载说英宗临危时召见朱见深，告诉他说："用人殉葬，我不忍心这样做，这件事最好到我这里就算完了，后世子孙不要再这样干了。"从此才有了不用宫女，妃子殉葬的制度。

天顺八年（1464）正月十七日，英宗朱祁镇死于北京，葬在裕陵。

明宪宗朱见深

人物档案

生卒年:1447～1487 年

父母:父,英宗朱祁镇;母,周贵妃

后妃:吴皇后、王皇后、万贵妃等

年号:成化

在位时间:1464～1487 年

谥号:纯皇帝

庙号:宪宗

陵寝:茂陵

性格:荒怠软弱,安静仁厚

名家评点:

宪宗朱见深

明王朝开始出现一种自从人类有政治以来,从来没有听说过的断头政治。自本世纪 1460 年起,第九任皇帝朱见深继承他冥顽不灵老爹朱祁镇的宝座后,他比老爹更冥顽不灵,索性不再露面。

——柏杨

初即位,朝气蓬勃

明宪宗朱见深(1447～1487)初名朱见濬,是明朝历史上第八位皇帝,明英宗朱祁镇的长子。英宗在土木堡被俘,太后命将朱见深立为皇太子。代宗朱祁钰即位,在景泰三年(1452),废朱见深为沂王。英宗复位以后,又被立为皇太子,这年,朱见深 18 岁。天顺八年(1464)英宗病死后,18 岁的朱见深继承了父亲的皇位,改年号为"成化",史称"成化皇帝"。朱见深性情温和,谨慎,信任大臣。在对待他的叔叔即景帝的问题上,尤其表现出宽厚的一面。

朱见深一生共在位 23 年,他在位期间,宠爱年长的万贵妃,由此而听任宦官梁芳等人耗费国帑,购买奇玩淫巧。他还宠信宦官汪直,建置西厂,数兴大狱,使宦官专权进一步发展。同时宪宗偏信僧道,沉湎方术,内批授官,冲击了正常的官员除授程序。总之,成化一朝虽无大的战事,政局较为平稳,但朝政已经极其秽乱,弊政横生,危机四伏,为后世留下了隐患。

宪宗朱见深登上帝位的命运曾几度起伏。正统十四年(1449)八月十五日,"土木之变"发生后,明太皇太后张氏下令,让英宗的异母弟弟郕王朱祁钰监国,总理国政,立英宗长子朱见深为皇太子,正位东宫。这一年,朱见深只有两岁。这是朱见深第一次当皇太子。

景泰元年(1450),受尽屈辱的英宗大难不死,被也先送回北京,这时朱祁钰已经在朝臣们的拥戴之下,做了快一年的皇帝,年号也改作景泰。随着政局的逐渐稳定,代宗就开始考虑如何废掉他,而以自己的儿子朱见济取而代之。朱祁钰珍惜到手的权力,不肯拱手让出，把英宗送入南宫加以幽禁。景帝想立自己的儿子做皇帝，因此朱见深在东宫居住的时间没能太久，景泰三年（1452），他的太子之位被废掉，改封为沂王，朱祁钰封自己的儿子朱见济为太子。

朱见深年纪小，每日只知玩乐游戏，当不当太子对他来说并不重要。他得到沂王的封号，照旧过着优裕的生活，衣食无愁。在后宫里，他最亲近的有两个人，一个是他的母亲周贵妃，另一个是因反对废掉朱见深太子地位而被朱祁钰废掉的皇后汪氏。汪后与周贵妃关系一直很好。汪氏对朱见深十分喜爱，经常不避人前地与周贵妃往来走

黄花梨折叠式镜台

动，由此遭到了朱祁钰的斥贬。因此，朱见深对她十分尊敬。

但是，也许命中注定他就是做皇帝的料，上天好像只垂青于他。景泰八年（1457）正月十六日夜里，发生了富有戏剧色彩的"夺门之变"。朱祁镇重新登上了皇帝的宝座。随着父亲的复辟，朱见深也有了出头之日，很快恢复了太子的地位，英宗复辟后，朱祁钰很快就病死了，报复心极强的英宗下令他的嫔妃全部为景帝殉葬，太监拟出的名单上也包括汪氏。朱见深听说后，马上找到父亲，重新提起了汪氏当初遭贬的事因，英宗遂与宽宥。朱见深还请求父亲允许汪氏出宫安居旧邸，并将私蓄一并带去。这以后，朱见深时常陪母亲去看顾汪氏，并邀请汪氏进宫叙谈家常，感情一如当初。

天顺八年（1464）正月二十六日，18 岁的朱见深即位，以第二年为成化元年（1465）。朱见深知道，新君临朝给人印象最深的是能否割舍私爱。他把这把火首先烧向了典玺太监王纶。王纶是朱见深做太子时最喜爱的一个内官，朱见深即位之前，朝官中有人预料王纶日后必有大用，就极尽巴结，王纶也直言不讳，在朝中造成了很坏的影响。朱见深即位后，依照李贤的建议，立即将王纶逮捕下狱，发配到南京服苦役。第二把火是为于谦平反。前兵部尚书于谦曾在土木之败后力撑危局，挫败了兵临京城之下的瓦剌大军，后被人陷害，被英宗砍了脑袋。朱见深还是太子的时候，就闻知这是冤案，为了平息朝野的怨怒，他不为父讳，下令为于谦平反。第三把火是恢复了被父亲废掉的景帝的帝号。有人进谗言说景帝废他的太子，朱见深只是一笑说："那些事已经过去了，不要再提了。"他继位后做的这几件事深得人心。朱见深除了做了这几件事外，还任用贤臣，使得成化初期的朝政一新。

在治理朝政方面,他给人的最初印象是一个有朝气的青年。为了保持安定,朱见深继续任用一大批父亲信得过的老臣,尤其将李贤视为得力的辅臣,基本做到了言听计从,并且又陆续在内阁中添进了许多忠直之士,朝政颇有振兴的气象。朱见深继位时的阁臣,初时有三位,分别为李贤、陈文、彭时。李贤颇有宰相风度,身为大学士兼吏部尚书,为政识得大体,在用人方面,进贤而退不肖。在朱见深的支持下,李贤提拔了一批忠于朝廷的官吏,同时革斥了4000多名冒"夺门"之功而获爵位的投机者。陈文、彭时也是尽心辅佐。朱见深对此深存感激之心,特赐给厚禄,以示嘉许。

成化元年(1465),南方大旱,湖广、河南、陕西、四川交界处的荆襄地区,流民不堪赋税徭役之苦,造起反来。朱见深接到奏报,令湖广总督李震为总兵官,由工部尚书白圭提督军务,率军征讨。一年后终于胜利。接着又派人征讨广西境内大藤峡的瑶民起事。大约有一个月左右,瑶民战败,大藤峡一带遂告陷落。事后,韩雍令士兵把大峡中的青藤砍断,把大藤峡改名"断藤峡",并磨崖勒石,立了纪功碑。捷报驰抵京师时,正值大雪初降,朱见深踏雪赏玩归来,兴致未消,又添喜悦,格外兴奋。他传旨嘉奖、提拔韩雍,让其担任右副都御史提督广西军务。以后朱见深又镇压了荆襄山区人民起义,派兵击退了北方蒙古连续对西北河套地区的进攻。虽然带有镇压起义的性质,但是对于明朝的巩固却是大有意义的,朝野因此对朱见深大为赞许。

朱见深即位之初,勤政爱民,一扫英宗留下来的秽气。可惜的是好景不长,宪宗渐渐沉迷于神仙、佛道和长寿秘术,纵情声色之娱和货利之乐,政务陷入一片迷茫之中。

宠万氏,宫廷秽乱

独霸后宫享恩宠

中国古代得宠的妃子数不胜数,但多以青春姿色取媚,在始终如一备受宠爱的,却谁也不及宪宗朱见深的爱妃万贞儿。

万贞儿原籍青州诸城(今山东益都具一带)人,父亲万贵为县衙掾吏,犯法戍边。万贞儿年仅四岁便充入掖庭为奴,十多年后出落得花容月貌。万贞儿为人聪明伶俐,入宫后服侍英宗的母亲孙太后,很得孙太后的喜爱。到了正统十四年(1449),万贞儿已经长成了19岁的妙龄少女,被孙太后派去照顾年仅两岁的皇太子朱见深。这是他们缘分的开始,幼小的太子从此以后与如同保姆的万贞儿形影不离。他在这个乳母的精心照顾下一天天长大,渐渐长成为一个少年。

朱见深长于深宫,自小锦衣玉食,娇生惯养,但却经常缺乏真正的母爱,万贞儿在他的眼中很像母亲,有时又很像姐姐。令人惊讶的是,不知道从什么时候开始,朱见深居然爱上了大他17岁的宫女万贞儿,这当然是为皇室所不容的感情,但是他却终其一生都没有改变。当时无论是文武大臣,还是后宫妃嫔,以及后来的修史者,都对他的行为迷惑不解。

据历史记载,万贞儿虽秀丽端庄,可并无倾国倾城之貌,相反,"貌雄声巨,类男子"。朱见深的母亲周太后就曾质问过儿子:"彼有何美,而承恩多。"朱见深称,"彼抚摩,吾安之,不在貌也。"再明确不过地回答了这个问题。用现代心理学或许可以很好地解释这种现象,它绝不是一般的男女情爱,而是从小形成的复杂的依恋之情,是其他任何人代替不了的。

万贞儿为了将朱见深牢牢地掌握在自己的手里,她处处迎合朱见深,努力琢磨养生之术，以保持美丽的身材和容貌，无微不至地照顾朱见深的衣食住行。可以说，朱见深是在她温柔的怀抱中长大的。少年太子稚嫩而单纯，从未尝过感情滋味，怎么能抵挡得住这样一个风情万种的成年女子的刻意挑逗呢？他依恋着万贞儿给予的温柔体贴，年纪渐长后又体验到万贞儿无尽的风情，沉浸在万贞儿温情和柔情的双重陷阱中不能自拔。

天顺八年（1464），朱见深登基。尽管他身边有后有妃，但这位万贞儿在他心目中的地位，是任何嫔妃都取代不了的。本来，宪宗是想立万贞儿为皇后，而且在他心目中，万贞儿实际上就是统领六宫的皇后。然而，明朝廷却不能接受万贞儿，皇亲国戚和臣民百姓也不能容忍一个大皇上17岁的随侍宫女成为堂堂天朝母仪天下的国母。因此，宪宗不得已立吴氏为皇后，授权她正统六宫，但宪宗对这位新皇后却冷淡得很。

年轻漂亮的皇后入宫之初就得不到丈夫的喜爱，心里十分不满。万贞儿自恃宠幸，每次见到吴皇后都板着脸不给她面子，甚至故意摆架子，使吴皇后非常生气。起初还能勉强容忍，后实在忍耐不住，免不了斥责她无礼。可万妃非但不知收敛，却对皇后反唇相讥。一次惹得吴后性起，命宫人将她拖倒在地。亲自取过杖来连击数下。

朱见深对皇后本无感情，心思全在万贞儿身上，见到自己心爱的女人被打，岂能容忍？于是决定废后。立后不到一个月就要废后，而且只因为一件小事，很难令人心服。于是宪宗找了一个理由，说吴皇后是在太监牛玉的阴谋之下冒立的，不但把牛玉发配边疆，还趁机废除了吴氏的皇后称号，打入冷宫。万贞儿知道皇帝一心护着自己，在宫中更是横行无忌。万贞儿原以为这下能登上皇后之位，但皇太后又是强烈反对，使她与皇后宝座再次擦身而过，皇后尊贵的身份给了王氏。王氏天资聪颖，又性情淡泊，早就看透了宫廷中的浮沉，因此对万贞儿一味地忍让，好让万贵妃无可乘之机，以达到明哲保身的目的。这种情况下，万贞儿实在无法绊倒王皇后，只能转而专注于迷惑朱见深。

万贞儿善于投皇帝所好，经常身穿戎装，骑着高头大马在皇帝的辇车前扬鞭开路，皇帝十分喜欢她这身装扮和不让须眉的豪气，不但没有嫌弃她，反而更加宠爱。

成化二年（1466），已经37岁"高龄"的贵妃万贞儿为朱见深生下了他的第一个儿子，宪宗十分高兴，册封万贞儿为皇贵妃。朱见深欣喜之余，将万氏一门尽数封官，并赏赐万氏大量金银财宝，还一心想着要尽快立这个孩子为太子。他还兴奋地派人到全国各地去祭祀山川河海、天地神灵。万贞儿觉得自己这回终于能成为名正言顺的皇后了，再也没有人能因为她出身低下而蔑视她。只要她的儿子将来当了皇帝，她就更是权集天下的皇太后了。

然而万贞儿并没有高兴多久，一年后，她的儿子居然夭折了，这也是她一生中唯一的儿子。失去了手中仅有的王牌，万贞儿开始处心积虑地为自己的未来打算，经常在后宫颐指气使，恃宠而骄，以残酷的手段使其他受孕的女子堕胎，以至于宫中人人都惧怕她。由于朱见深的宠爱，万贞儿在朝廷中也曾弄权不止：一方面许多官吏通过贿赂她而得到了提升；另一方面，其父兄为锦衣卫指挥使，侦伺百官，统领诏狱，控制朝官，并通过阁臣万安把持朝政。后宫中一提到万贵妃，无人不闻之色变。成化七年（1471），她又毒死了贤妃柏氏生下的皇子，这也是宪宗唯一一个在世的孩子。

宪宗没有子嗣，自己也很烦恼，朝中的大臣们更是为此而忧心忡忡，甚至有人还直言要宪宗"广施恩泽，博爱后宫"，言下之意是要皇帝不能只专宠万贵妃一人。宪宗当然也知道没有皇子的严重性，但是要他放弃与万贞儿的多年感情却万万不能。对大臣们的直言上书,他给予的回答是"这是朕的家事,朕自己会做主"。大臣们见皇帝如此固执,也没有别的办法了。

万岁阁老误朝廷

万安是四川眉州人,善于揣摩皇上心意,因此得了个"万岁阁老"的称号。

万安在宪宗成化五年(1469)担任大学士、入内阁。成化七年(1471),由于宪宗多日不上朝会见群臣,当时的大学士彭时和商辂就力请宪宗出来上朝。司礼监宦官于是约定皇上御殿之日召大臣应对,并说:"君臣初见,感情可能不融洽。不要多言,等到将来再说。"宦官将入内时又叮嘱了一遍,到召见时,彭时说:"昨天御史有奏疏,请削减京官的俸薪。这样做武臣不免失望,请照旧为便。"

皇上答应了。彭时本来还要说其他的事,岂料万安叩头高呼万岁,便想出来。彭时、商辂不得已,都叩头而退。宦官嬉笑朝臣说:"你们曾说不得皇上召见。这回见到了,只知道呼万岁吗?"这件事一时传为笑谈,万安被称为"万岁阁老"。

但万安委过于人的本事实在是高明。尹直入阁,想请见皇上讨论事情。万安劝他说:"从前彭公请召对,一语不合,即叩头呼万岁,以此让人笑话。现在我辈应每事都尽言,由太监选择向皇上汇报,皇上无不应允,这胜过当面应对多了。"

当时万贵妃宠冠后宫,万安通过宦官献殷勤,自称是子侄之辈。万贵妃曾自愧没有门阀家世,听说有万安这个亲戚非常高兴。万贵妃的弟弟锦衣卫指挥万通,以同族身份多次走访万安。万通的妻子王氏,她的母亲从博兴来,王氏对母亲说:"原来家贫时,曾把妹妹送给别人做妾,现在她在哪?"她母亲说:"好像是四川万编修家。"万通心疑是万安,访问之下,果然是万安的妾,从此两家妇人经常往来。万通的妻子落籍在禁宫内,可以随便出入,万安因此得以详知宫中动静,更加巩固了自己的地位。

成化九年(1473),万安升为礼部尚书,后来改调到户部。十三年(1477),加封他为太子少保,不久改为文渊阁大学士。孝宗出阁,万安升为吏部尚书,谨身殿大学士,不久加封为太子太保。万安为首辅,与南方人结党,刘王羽与尚书尹旻、王越又以北方人为党羽,互相倾轧,搞得朝廷乌烟瘴气。

万安掌权近20年,每遇科举考试,一定令他的门生任考官,因此他的子孙外甥女婿多得登第。儿子万翼,任南京礼部侍郎。孙子万弘璧,是翰林院编修。万安在位许多年,只做过一件好事,那就是借势上奏撤了西厂。成化十八年(1482),汪直受皇上的宠爱衰落,言官请撤西厂。皇上不许。万安上奏再次请求,回报批准了,中外人士颇因此而称赞万安。除了这一件事,万安最有名的就是给宪宗的奏章中大谈房中术了,这件事直到孝宗时才揭露出来。孝宗继位后,有一天皇上在宫中得到一小盒奏疏,发现里面都是论房中术的,末尾署名是"臣安进"。皇上命太监怀恩拿着它到内阁,说:"这是大臣所应该须做的吗?"万安羞愧流汗,伏在地上,就是不说辞职的话。到大臣们弹劾他的奏章呈入后,皇上又命怀恩对着万安读。万安多次跪下恳求哀悯,没有离去之意。怀恩上前摘下他的牙牌说:"你可以出去

《园林仕女图》屏风

了。"万安这才慌着找马回到家中,请求退休离去。当时他已 70 多岁了,路上还盼望能得到复用。过了一年,万安去世,赠太师,谥文康。万安死后不久,万翼,万弘璧也相继死去,万安竟然绝后,世人都说是万安应得的惩罚。

万安一生庸庸碌碌,当时人讥讽他"面如千层铁甲,心似九曲黄河",形象生动地描绘出了万安的厚颜无耻。当初纪氏之死,内庭纷纷暗指是万贵妃做的手脚。孝宗即位后,廷臣建议逮捕审问曾经出入禁宫的万氏亲戚等人。万安惊恐不知所为,说:"我已经不与万氏往来了。"孝宗仁厚,放过他们不问,万安得以无事。可笑万安充其量只能算是一个小人,没有对国家造成太大的伤害,因为他的胆子很小。

太子几度险丧命

明孝宗朱祐樘是明朝的第九个皇帝,被评价为明代帝王中最具风范的明君,可是他的少年时代却过得危险而坎坷。朱祐樘的生母是一个普通的宫女纪氏。

纪氏是广西一个地方酋长的女儿。纪氏长得很美丽,为人伶俐聪慧。明军杀死了纪姓土司首领,将纪氏俘至北京,送入后宫。入宫以后,很快升任女吏。她秀美出众,颇有文才,但由于她是乱酋之后,没有资格侍候皇帝和宫中后妃,所以被派往一处宫室,管理书籍。宪宗喜好文墨,一天偶然去翻阅书籍,正好巧遇纪氏,就临幸了她,纪氏因此暗结珠胎。

由于宪宗专宠万贵妃,万贵妃恃宠而骄,在宫中横行无忌。她决不允许任何一个女人母以子贵,夺走宪宗对她的专宠。所以她派人在宫中暗自侦察,千方百计地阻挠其他嫔妃宫女和皇帝接近。万贵妃一听说纪氏怀了孕,马上派太监张敏去打探实情。不知是同情纪氏还是因为一些别的什么原因,张敏并没有如实回奏纪氏怀孕的消息,只是向万贵妃回报说,纪氏是因为得病,所以肚子肿胀。万贵妃这才放下心来。可是她还是不想放过这个引起皇帝注意的女子,命人将纪氏关到西内的冷宫中去。

纪氏在冷宫中忍受着孤独寂寞,几个月后居然生下了一个儿子,这就是朱祐樘。由于营养不良,这个孩子一生下来就很虚弱,头顶上还少了一撮头发。纪氏生下孩子,心中仍然很害怕,担心这个瘦弱的孩子早晚会被害。幸亏太监张敏帮助纪氏将小皇子藏在一个隐秘的地方,细心喂养。宪宗的第一个皇后吴氏因为被万贵妃嫉恨而被废,这时也居住在西内的冷宫中。吴皇后心地善良,也很同情纪氏的遭遇。共同的命运将吴氏和纪氏连在一起,吴氏便加入到了纪氏的行列中,共同对付万贵妃和她的心腹。她们一起细心地抚养皇子,就这样苦撑时日,皇子在艰难的困境中一天天长大,一晃就熬过了六个春秋,宪宗对此始终一无所知。

成化十一年(1475)的一天,宪宗召张敏为他梳理头发。宪宗对着镜子,看着镜中的自己已经渐生白发,不禁长叹道:"老将至矣,无子!"张敏闻言马上跪伏请罪,"奴才罪该万死,万岁已有皇子!"宪宗不禁愕然,忙问皇子安在,张敏回答说:"奴才说了即死,请万岁给皇子做主!"站在一边的太监怀恩,也随声伏地顿首说,"敏言是,皇子潜养西内,今已六岁矣!匿不敢闻!"宪宗欣喜若狂,当即

明大臣潘恩

传令驾幸西内,并派使臣前往迎接皇子。

小皇子穿上小红袍,坐着小轿,被一路簇拥着送到宪宗的面前。皇子长期幽禁,胎发都没有剃,在这冷宫的凄风苦雨中度过了整整六年,这时已是长发及地。皇子披头散发,摇晃着扑向身穿黄袍、长着胡须的宪宗。宪宗张开双臂,抱着自己的儿子,老泪纵横。宪宗悲喜交加,将儿子放在自己的膝上,细细端详。他看了很久,最后流泪说道,"是我的儿子,很像我。"

朝中大臣得知后万分欣喜,纷纷入贺。宪宗立刻颁诏天下,封纪氏为淑妃,立即迁出冷宫,住进了宫城内的永寿宫。一时间,冷寂多年的后宫又热闹非凡,宫禁也因此失去了平静。万贵妃得知此事,恨得咬牙切齿,终日破口大骂,"群小欺哄我!"不久,宫里出了一件特大的怪事:刚刚住进永寿宫的纪淑妃突然暴死,紧接着,帮助纪氏潜养皇子的太监张敏也不知因为什么吞金自尽了。史书中对纪氏和张敏的死都写得含含糊糊,但明眼人都知道这必定是万贵妃心中怀恨而暗中下的毒手。宪宗明明知道事情的原委,但是他一直对万贵妃怀着一种又爱又怕的情感,这件事发生以后,他既不追究死因,也不追查杀手,事情就这么不了了之。

宪宗对这好不容易得来的儿子却十分宠爱,为他取名为朱祐樘,并很快立他为太子。为了太子的安全,他也开始注意宫中的防范措施。因为多年来后宫中到处都是万贵妃的亲信眼线,他谁也不敢相信,只好把太子放到自己的母亲所住的仁寿宫去。尽管如此,太后和皇帝还是派许多人片刻不离地保护太子。太后也常常嘱咐太子说,如果万贵妃给你任何东西,都不要吃。太子年纪虽轻,但是从小生长的环境使他聪敏异常。

有一天,万贵妃叫太子到她宫中去玩。临去之前,太后又细细叮嘱了一遍,太子一一点头答应。到了万贵妃的宫中,他果然什么也不吃。万贵妃让他一起吃饭,他说吃饱了,万贵妃让他喝茶,他回答说怕有毒。万贵妃气得要命,却也无奈。

万贵妃挟恨在胸,酿成肝疾,到58岁时,变得更加喜怒无常。一次怒打宫女,因体胖心脏负荷量大,加之怒气冲顶竟然猝死。万贵妃死去,对她一往情深的宪宗也很快追随而去。饱经磨难的太子终于登上了皇帝宝座,成为一代明君,这也足以使他那命运凄惨的母亲纪氏的在天之灵得到一些安慰了。

信宦官,扰乱朝纲

汪直弄权

汪直,明朝宦官,瑶族,生卒年不详,大藤峡(今广西大藤峡)人。汪直幼年入宫,在宪宗宠妃万贵妃宫中做小太监,后来升为御马监太监。一次,宫中混入了外人,虽很快被发现,但宪宗就此十分担心有人要谋害他。汪直为人狡黠,宪宗便常派他带一二人乔装出宫,秘密侦察外间的事,由此得到宪宗的宠信。

明成祖时设了东厂,专门负责这方面的事,其权势与锦衣卫相当。据此,宪宗于成化十三年(1477)正月,在东厂之外,又正式设立西厂,汪直便被任命为主管,从此汪直就开始飞扬跋扈起来。西厂所置缇骑几倍于东厂。缇骑就是贵官前导和随从的骑士,而其权势远远高于锦衣卫之上。西厂特务四出侦察,无论是王府、边镇,还是南北河道,都布有西厂校官。官员百姓,大政小事,以至民间的街谈巷议、鸡狗琐事,都在西厂的侦察视听之下。稍不留神,便被缉拿。

汪直领西厂后，为树立权威，屡兴大狱，广罗手下。他手下有个叫韦瑛的人。一次，韦瑛向太医院左通政方贤索取药品，方贤未给，韦瑛大怒，派人搜查，得到了片脑沉香和御墨及龙凤瓷器，就把他抓了起来。汪直甚至捉拿大臣都不通过皇上，有捉完又放的事情皇上竟然不知道。汪直利用宪宗对他的信任先后逼走了大学士商辂等忠臣，从此更加有恃无恐地欺压大臣们，大臣进见汪直居然都要跪着说话。

汪直手下的王越和陈钺是靠汪直才升官的大臣。陈钺是一个彻彻底底的笨蛋，只是因为会拍汪直的马屁才飞黄腾达。陈钺靠结交汪直而擢升为右副都御史，巡抚辽东。成化十五年(1479)秋，汪直受命巡边，率飞骑日驰数百里，御史、主管等官迎拜马首。各边都御史畏惧汪直，都迎出数百里外。汪直到辽东，陈钺"郊迎蒲伏，厨传尤盛，左右皆有贿"。汪直对他更加喜欢。兵部侍郎马文升恰好奉命在辽东，不吃汪直这一套，对陈钺也很怠慢。陈镀、汪直于是对他进行陷害，终于使他丢官谪戍。汪直"年少喜兵"，陈钺给他出主意征伐伏当加，以立大功。汪直即用扶宁侯朱永做总兵官，自任监军出兵征伐伏当加。大军回来后，汪直果然升了职。王越看到陈钺用协助汪直出征的办法得到了好处，也起而效法，劝汪直出征。汪直诈称亦思马因犯边，让宪宗下令朱永与王越西讨，汪直为监军。结果王越得封威宁伯，汪直再加禄米。汪直的出征，招致了边境的不安宁，辽东巡按强珍上表弹劾陈钺，汪直袒护陈钺，竟将强珍谪戍。于是人们称陈钺，王越为"二钺"。

汪直及西厂的行径，激起人们极大的不满。大学士商辂等上疏，要求罢西厂，疏中言道："自汪直用事以来，卿大夫不安其职，商贾不安于途，庶民不安于业，若不立即加以匡正，天下安危，未可知也！"宪宗见疏，大为不快，说："无非是用一内臣，何至于危及天下。"传旨查问奏疏是何人主使。商辂对奉旨前来的太监说："臣等同心一意，为国除害，不分先后。"这时，兵部尚书也率九卿上书弹劾汪直。宪宗不得已，下令罢西厂，解散缇骑，划归锦衣卫，汪直仍回御马监。一时，人心大快。

然而，好景不长。宪宗虽罢了西厂，依然宠信汪直。一个月后，有个御史逢迎宪宗之意，请求恢复西厂，宪宗立即同意。逢迎之辈很快被加官晋爵，商辂等官员被迫辞官，原来的兵部尚书被贬为民，而由汪直的亲信王越接任，汪直的权势越发炽盛。

据说有个江西人叫杨福，大家都说他长得像汪直，于是他冒充汪直，自芜湖出发，先后去苏州、常州、杭州、四明(今浙江宁波)，沿途官吏对他俯首听命，百般巴结。他后来又到福州行骗，结果败露。

汪直好大喜功，王越、陈钺等人便劝汪直用战功来巩固自己的地位。汪直听了正中己意，借口辽东有战事，几次协同王越、陈钺等人出征，每次回来后都得到宪宗的厚赏。汪直迷恋战功，时常在外。宫中有个善演杂戏的小太监，名叫阿丑。一天，他在宫中扮醉酒者谩骂之状，别人提醒说：皇帝来了。他照旧谩骂不休，说："汪太监来才避走。今日只知汪太监也。"随即，又学作汪直的模样，手操两钺，走到宪宗面前，说："我统

织金锦袍

率军队，全仗此两钺。"别人问哪两钺，他答道："王越、陈钺也。"宪宗也忍不住笑了。然而，他由此也对汪直及西厂的胡作非为有所觉察。

成化十七年(1481),明朝北部边境遭受蒙古骑兵侵扰,宪宗命汪直、王越前往宣府御敌,敌兵退却后,其他人均奉调回京,却让汪直移镇大同。朝臣们看到这个情况,知道汪直在宪宗面前失宠了,才敢上告汪直的罪行。成化十八年(1482),言官弹劾西厂胡作非为有违国体,宪宗下诏再罢西厂。次年,又借口汗直与总兵不和,将他贬到南京司马监供职。八月,御史徐镛上疏弹劾汪直与王越、陈钺勾结欺罔不法之罪,疏中有"天下只知有西厂而不知有朝廷,只知畏汪直而不知畏陛下"之句,宪宗对汪直的擅权用事这才进一步警觉,下诏贬汪直为南京奉御,其党羽王越等被罢黜,从而结束了汪直多年的飞扬跋扈。

这一调动使汪直一落千丈,真是树倒猢狲散,汪直离开北京的时候,没有一个人理他。在去南京的路上,形单影只,冷冷清清,以前那种一路喧哗,前呼后拥的场面再也没有了。汪直是个飞扬跋扈的太监,但还谈不上祸国殃民的程度。汪直本人,后来也逃过了惩罚,寿终正寝。在明代专权的宦官中,他可能算是最幸运的一个。

梁芳敛金

除了汪直外,太监梁芳也是朱见深所宠信的宦官,但是他的手法与汪直不同:汪直注重"权"而梁芳注重"财"。

梁芳在成化一朝,虽然不如汪直那般有权势,但却在另一个方面破坏了朝廷的正常秩序。梁芳知道,要得宠于宪宗,最好能得到万贵妃的信任。为了敛财,梁芳经常给万贵妃送一些美玉珍宝,然后以采办珠宝为名,出使各地,在地方上大肆搜刮民脂民膏。因为万贵妃的缘故,朱见深对此也就不管不问。梁芳还利用宪宗对道教和佛教的迷信,修建宫观庙宇,从中贪污。例如,拓建永乐朝所建的显灵宫,改名为大德显灵宫。据说,在梁芳的挥霍下,内库中前几朝累年积蓄下来的七窖金子都花光了。所以,从成化一朝的历史来看,其挥霍程度也是很惊人的。

为了弄到更多的钱,梁芳甚至开始卖官鬻爵。江西人李孜省,原来是江西布政司的一个贪赃枉法的小官吏,他得知宪宗喜爱方术,便拜左道为师,学会五雷法,重金买通太监梁芳,向宪宗进献符咒。再比如僧继晓,据说知道"秘术"。他也是靠着梁芳的引荐得到了皇帝的信任,使宪宗迷信于佛教,并诱使宪宗在西市建大永昌寺。据说,建寺一项费银十万,迁移居民几百家。尤其荒唐的是,僧继晓的母亲是一个娼妓,他竟然请求皇帝旌表他的母亲,而皇帝也下令不需要审核,直接就为他的母亲立起了牌坊。甚至,皇帝还经常将宫中的宫女赐给继晓,供其淫乐。

终成化一朝,梁芳始终得宠于宪宗。只是孝宗即位以后,梁芳才被谪居于南京,不久下狱。梁芳的擅作威福、交结官员、卖官鬻爵终于让他受到了应得的惩罚。

好方术,误国误己

宪宗一生干过两件令人费解的事,一件是专情于肥胖的万贵妃,一件是专心于方术。宪宗是怎样迷恋上方术的呢? 这里面有三个人起到了重要作用。

第一个是李孜省。李孜省是南昌人,以布政司吏待选京官。当时宪宗正在喜好方术,不过还不算太变本加厉。李孜省为了得到宠幸,就学起了五雷法,并结交宦官梁芳等人,靠符篆得到了宪宗的欢心,终于在成化十五年(1479)做到了太常寺丞,宪宗又赐给他金冠,法剑和两枚印章。李孜省尝到了甜头,更加献上淫邪之术,逐渐掌握了大权,开始在政治上为非作歹了。

李孜省当上大官后，不仅陷害忠臣，还积极为宪宗引荐方士之流人物，结果皇上周围充斥了大批因方术而得进的官员。邓常恩和赵玉芝都懂得方术，累升为太常寺卿。赵玉芝遭母丧时，皇上特赐祭葬，大治坟茔，所用制度超过了其等级。

顾玒工靠着扶鸾术，累升到太常寺少卿，他的母亲去世时皇上赐祭葬，还赠给诰命。按惯例，任四品官不到三年的不给赠诰命和赐祭，皇上特许给他了。不久，顾玒工升为本寺卿，他的两个儿子顾经和顾纶，也官任太常寺少卿。凌中因擅长书写，供事于文华殿，没几年便升为太常寺卿。也有偶尔因为法术不灵而遭贬的，不过毕竟是少数。有个叫李文昌的，所进的方术试验不灵，被杖打50而斥还。岳州通判沈政以绘画技巧爬到太常寺少卿，请聚敛天下货财充于内府。皇上发怒了，把他投进监狱，杖打后贬到广西庆远府任通判，人们颇为快意。这些人和李孜省狼狈为奸，大大搅乱了成化朝的政治。

李孜省是在政治上捣乱，宪宗还没有认识到自己的错误。另一个人继晓则是亲手引导宪宗迷醉于方术之中。

继晓是江夏僧人。他以秘术通过梁芳得以进用，被授予僧录司左觉义，后升为右善世，被任命为通元翊教广善国师。他每天引诱宪宗作佛事，在西市建大永昌寺，逼迁民居数百家，耗费国库钱财数十万。员外郎林俊请求斩梁芳、继晓以谢天下，几乎受到严厉责备。继晓担心灾祸及身，请求归家养母，并请求空名度牒500份，宪宗都听从了。宪宗初即位时，即以道士孙道玉为真人。后来西番僧人扎巴坚参被封为万行庄严功德最胜智慧圆明能仁感应显国光教弘妙大悟法王西天至善金刚普济大智慧佛，他的徒弟扎实巴、锁南坚参、端竹也失都被封为国师，赐给诰命。他们的服食器用都比拟于王者，锦衣玉食者，几乎有1000人，他们取荒冢中人骨的顶骨做念珠，骷髅作法碗。给事中魏元等人恳切劝谏，皇上不听。不久进封扎实巴为法王，班卓儿藏卜为国师，又封领占竹为万行清修真如自在广善普慧弘度妙应掌教翊国正觉大济法王西天圆智大慈悲佛，又封扎失藏卜、扎失坚参、乳奴班丹、锁南坚参、法领占五人为法王，其他被授予西天佛子、大国师、国师、禅师的不可胜计。道士被加以真人，高士之号的也充积于京师。大国师以上赐给金印，真人赐给玉冠、玉带、玉珪、银章。继晓尤其奸猾，盗弄威权，他所奏请的事皇上立即依从。成化二十一年（1485），言官极力论奏继晓之罪，皇上才将他勒令为民，但各番僧仍没有动及。

李孜省和继晓的进用都是得力于同一个人，就是宦官梁芳。梁芳与汪直同时，如果说汪直窃权乱政的话，梁芳则是个十足的败家子。他引诱宪宗大作佛事，起修寺庙，把国库钱财挥霍一空。有一次，宪宗视察内帑，看见历朝历代积累的七窖金银都用没了，就指着梁芳和另一个宦官韦兴说："浪费帑藏，就是因为你们两个人啊！"韦兴不敢回嘴，梁芳辩解说："修建显灵宫及各个祠庙，都是为陛下祈万年之福吗！"宪宗很不高兴地说："我不与你计较，但后来人会和你算这笔账的。"

宪宗的话一点也没说错，孝宗继位之后，听从大臣建议，废黜梁芳，李孜省死在狱中，又把继晓处死，做了件大快人心的事，可是浪费的钱财却再也回不来了，这都是宪宗好方术带来的后果。宪宗实在难辞其咎。

行弊政，遗患无穷

传奉官

天顺八年（1464）二月，即位不到一月的朱见深下了一道诏令，授予一位名叫姚旺的文人为文思院副使。《明史》对此的简要记载是："二月庚子,始以内批授官。"这便是"传奉官"之始。传奉官是不经过正常途径,不经选拔、廷推和部议等选官过程,由皇帝直接传旨任命的官员。成化年间,四方"白丁"勾结内臣,进献珍玩,哄皇上高兴了,动辄便赏个什么官。

这一举措对制度的破坏,带来了三个最直接的后果:第一,从此,皇帝视官爵为私物。只要皇帝喜欢,他可以随意地任用官员,从而破坏皇帝与官僚士大夫之间的平衡。宪宗自己,也往往一传旨就授官百数十人。对于士大夫们来说,官爵原是"天下公器",皇帝这样的行为,无疑将官爵变成了"人主私器"。第二,传奉官既然是由皇帝直接任命的,也就说明其中大部分人是无法通过正常渠道获得官职的。对于一个文官政府来说,混杂着一大批出身于军人、僧道,工匠、画士,医官的官员,朝廷想不乱政都困难。传奉官中多数是一些佞幸之人,靠着结交宦官或者行贿的手段取得一官半职,他们的在职也就大大地败坏了吏治。第三,既然传奉官由宫中旨意直接传授,而又不需要经过吏部复核,因此,掌握宫中大权的嫔妃及太监就可以借皇帝之名,大行私利,卖官鬻爵。据说,大太监梁芳取中旨授官,就累计达1000人。

传奉官的泛滥,引起了许多官员的不满,大臣们纷纷上疏指责传奉官之弊。成化十九年(1483),山西巡抚郑时上疏,指出传奉官日益冗滥,弹劾梁芳、李孜省等。御史张稷也上疏,谈及传奉官给朝政带来的混乱:"末流贱伎妄厕公卿,屠狗贩缯滥居清要;文职有未识一丁,武阶亦未挟一矢。……自古以来,有如是之政令否也?"张稷说,自有传奉官后,文官中竟有一字不识的,武官中竟有从来没拿过弓箭的,自古以来,有这样的政治吗?因此,官员们纷纷请求淘汰传奉官员。

成化二十一年(1485)正月的一天,京城上空坠落一道白光,并有赤星出现。古时天象变化常被附会人事、政事,出现如此星变,宪宗不免有些惊惶,忙下令群臣,直言时政得失。于是,九卿大臣、给事御史纷纷上书,条陈政事,指责的中心便

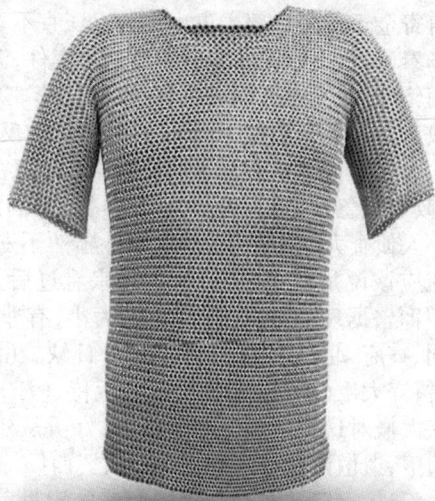

短袖锁子甲复原图

是传奉官,认为这是目前"最大且急"的弊政。有大臣在上疏中为宪宗算了一笔账:"一年传奉千人,几年就是几千人;几千人的俸禄,一年就要耗费几十万。这些都是国家的租税,老百姓的脂膏。"请求宪宗尽罢传奉官。

在巨大的舆论压力下,宪宗有所感悟,于是贬李孜省为上林监丞,斥罢500余名传奉官,一时朝野称快。然而,大臣们有关方士、宦官的言论,不免触痛宪宗。宪宗便叫人暗暗地将这些大臣的姓名写在屏风上,遇有官员调迁,便将这些大臣贬往边远地区。直至成化二十三年(1487)孝宗即位后大力裁汰冗官,这才平息朝野的议论。

由宪宗创造的传奉官本是对制度的破坏,但由于能满足历代皇帝任用私人的愿望,竟成了制度。或许,是皇帝都认为,"率土之滨,莫非王臣"吧。

西厂

成化十二年(1476),宫中发生了一个案件。据说有个妖人叫李子龙,用"法术"迷惑了宦官韦舍,潜入皇城,常常在宫内和万岁山(景山)活动,图谋不轨,锦衣卫的官校奉旨把他抓获绞死了。于是,宪宗在已有的锦衣卫和东厂这两个特务机构的基础上,又增设了一个新的机构——西厂,并交给太监汪直掌管。

本来锦衣卫和东厂就干这种事。锦衣卫属亲军,除侍卫仪仗外,还纠察缉访,可以抓人审讯,是皇帝的看家狗。明成祖的时候,怕人不服,又设立了特务机关东厂,专派宦官掌握。如今宪宗还嫌不够,又挑选了成百个锦衣官校,设了个西厂,至此,厂卫的编制不断膨胀,已超过了六七万人。从此从街谈巷议、打架斗殴,以至夫妻吵嘴,都在他们刺探之列,官吏的言谈行为当然更在他们的监视之中。晚上回宫后,他们就把见到和听到的事情一五一十地禀报宪宗皇帝。

成化十三年(1477)二月,西厂大兴杨晔之狱。杨晔是建宁卫指挥,故少师杨荣的曾孙,与其父杨泰被仇家所告发,逃入京师,藏在姊夫董玙处。董玙找到汪直的心腹锦衣百户韦瑛求情,韦瑛表面许诺,暗地里却报告汪直。汪直立即把杨晔和董玙逮捕,用称为"琶"的一种锦衣卫特有的酷刑拷讯。杨晔"骨节皆寸解,绝而复苏",因不胜其苦,妄言寄金于叔父兵部主事士伟处。汪直不奏闻朝廷,即捕士伟下狱,杨晔死于狱中,最后杨泰论斩,士伟等皆谪官。借这个案件,汪直还诬左右大臣多得杨晔的贿赂,除大学士商辂外,并及刑部尚书董方、都御史李宾等。汪直利用西厂罗织人罪,数起大狱,搞得政治空气极为紧张,引起了一些大臣的反对。

成化十三年(1477)五月,大学士商辂在要求罢西厂的奏疏中指出:"近日伺察太繁,政令过急,刑网太密,人心疑惧畏怕,汹汹不安,这都是陛下信任汪直,汪直又让一群小人侦查大臣的结果,弄得中外骚然不安,岂能保证不发生什么突然变故呢?"这个奏疏应该说是切中时弊的,但宪宗看过后,大发雷霆,说:"一个太监难道能倾覆天下吗?"商辂据理力争,说:"朝臣无大小,有罪皆请旨收问。(汪)直擅逮三品以上京官。大同、宣府,北门锁钥,守备不可一日缺。(汪)直则一日擒械数人。南京,祖宗根本重地,留守大臣(汪)直辄收捕。诸近侍,(汪)直辄易置。(汪)直不黜,国家安得不危!"宪宗大概对这番道理无法驳倒,只好听从建议,下令罢西厂,令汪直回御马监,把韦瑛调边卫,遣散诸旗校。这是第一次罢西厂。

不过,宪宗并非真心接受商辂的意见。当时西厂虽革,但宪宗密召汪直伺察外间动静,并且让他寻觅会耍笔杆的人做助手。有人推荐锦衣副千户吴绶,宪宗就在于罢西厂的当月升了吴绶的官。太监黄赐、陈祖生曾在司礼监任职,位在汪直之上,汪直对他们很嫉恨。西厂被罢后,汪直诬称商辂奏疏为"黄赐、陈祖生意",目的是"为杨晔报复",宪宗即让他们去南京。御史戴缙,品质很坏,以九年秩满不得迁而着急,这时得知宪宗对西厂念念不忘的本心,上书"盛称(汪)直功",请复西厂。

成化十三年(1477)六月十五日,宪宗下令复开西厂。大学士商辂因西厂终于恢复,知事不可为,于是上疏坚决要求致仕。宪宗也乐得他离开,在恢复西厂的同月二十二日,批准了他的辞呈。另外,与汪直有矛盾的刑部尚书董方、都御史李宾等人也先后被迫去职,汪直的气焰更加嚣张。

西厂的兴盛终于引起了东厂和锦衣卫的不满。东厂的头子叫尚铭,尚铭最先依附汪直得到了宪宗的信用。正当汪直忙于出征时,有贼偷了大内西宫的东西,宪宗命厂校侦缉,东厂抢先抓住了贼子,起获了赃物,这一下,汪直怨恨尚铭抢功,就口称"尚铭负我"，要对付尚铭。尚铭自知捅了马蜂窝，决定先发制人。以前汪直"时或泄禁中语于（王）越"，王越传之他人，尚铭有所耳闻，因将之奏上，并"尽发王越交通不法事"，宪宗于是开始疏远汪直。

成化十七年（1481）秋，给事、御史们交章奏其苛扰，请仍罢西厂。成化十八年（1482）三月，西厂最终被罢。危害一时的西厂这才在宪宗朝终结了它罪恶的历史。

皇庄

皇庄是明朝皇室直接经营的庄田。一说始于永乐年间（1403～1424），另说始于天顺八年（1484）。武宗时急剧发展，他即位后一月之间，就增皇庄7处，后又增至30多处。例如，仁宗朱高炽就曾有仁寿宫庄、清宁未央宫庄，英宗朱祁镇为诸子设立东宫、德王、秀王庄田。但是"皇庄"之名，始于宪宗朱见深。天顺八年，朱见深没收宦官曹吉祥在顺义的田地，设为"皇庄"。这一做法，无疑使皇庄的设立名正言顺，从而使皇室搜刮土地的风气进入一个高潮。

《菽园杂记》里对皇庄有一段记载："前代赐诸侯有汤沐邑，赐公主有脂粉田，而皇庄则未闻也。今所谓皇庄者，大率皆国初牧地及民田耳。岁计之人，有内官掌之，以为乘舆供奉。然国家富有天下，尺地莫非其有，仓廪府库，莫非其财，而又有皇庄以为己有，此固众人所不识也！"这段话的意思，明白地表示出对皇庄设立的疑惑。大意是说，前代虽然有汤沐邑、脂粉田之类赐给王侯、公主的庄田，但还情有可原，然而，"普天之下，莫非王土"，皇帝为什么还要设皇庄作为自己的私产呢？

看来，明代皇帝对于钱财的追逐，显然有一种变态的心理。从明代中期设立皇庄，到明代后期派太监充矿监、税监，目的都是为皇室搜集更多的钱财来满足宫中奢侈的生活。不过，皇庄并不单是皇帝一个人的庄田，而是包括皇帝本身、后妃、皇太子及在京诸王的庄田，也就是说，是皇帝及其妻、子的庄田。因此，皇子若分封后离京去了封地，在封地取得的田地，就不算是皇庄了。

皇庄的分布，主要集中在北直隶的顺天等八府。尤以顺天、保定、河间等府为最多。皇庄土地来源较多。其中主要有原属国家官田的牧马草场，夺还勋戚的庄田，侵占的民田，"奸民"向管庄太监投献的部分官民田地，未就藩的王府辞退地等。皇庄所占土地的数目无完整记载。

《后妃宫嫔侍女图》

皇庄的设立，其实是开了明代土地兼并的先河。朱见深的皇庄，很快就遍布顺义、宝坻、丰润、新城、雄县等处。到他的儿子孝宗弘治二年（1489）的时候，在京畿内的皇庄有五处，面积达12800顷。他的孙子武宗朱厚照即位一个月内就在大兴县设皇庄七所，并陆续发展到昌平，真定，保定等地，十年内使皇庄的面积达到37595余顷。上行下效，皇帝既然带头兼并土地，藩王、勋戚、宦官也纷纷请求皇帝赐给土地，于是有所谓的王田、官庄。据说，到弘治十五年（1502），全国官田的面积达到民田的七分之一。

土地兼并激化了社会矛盾，在京城附近的皇庄设置，就直接导致了正德年间河北霸县的刘六、刘七起义。而且，在皇庄内，土地所有权与司法权、行政权相结合。皇庄的管理非常混乱。皇庄内部的管理人员大多由宫廷直接委派管庄太监管理,另有官校、庄头、家人等数十人。管庄太监倚仗权势,对农民进行残酷剥削,引起京畿地区农民的不断反抗。正德五年(1510),由于保定诸府有人妄指民田献为皇庄,致农民冤声撼野,甚至殴州县吏不得行。宦官带着一旗校,再豢养着一帮无赖,"占地土,敛财物,污妇女",无所不为。由皇庄引发的社会问题,得到一些官僚士大夫的注意。

嘉靖以后,明世宗派夏言查勘皇庄后,将一部分皇庄改称官地,同时还撤回自行管业的皇庄管庄人员,由户部派州县官取代,即"有司代管"。但实际上由太监征收皇庄子粒或皇庄子粒银的办法,一直维持至明末,未见改变。宪宗设置皇庄的做法,无疑在与民争富,是在毁坏王朝统治的经济基础。

统江山,成化一朝

安置流民

随着土地兼并的加剧和赋役的不断加重,"逃户"和"流民"日益增多,使明朝政府的赋税和徭役大量流失。同时逃户、流民的聚集,也容易引起暴动,直接威胁到了明王朝的统治。宪宗成化年间,爆发了著名的荆襄流民起义。

长期以来许多破产农民流亡到荆襄地区这里垦荒开矿,到成化年间,聚集到这里的流民已达150万人以上。荆襄的郧阳地区,在湖广、河南、陕西、四川四省交界处,蔓延数千里,山深地广,有大量空闲荒地,是流民屯聚开垦的理想地区。为了加强对这一带的控制,明英宗天顺八年(1464),明朝政府特地添设湖广布政司参议一员,专门管理荆、襄、南阳三府流民事宜。

由于明政府屡次强令驱散流民,成化元年(1465),荆襄流民在刘通、石龙领导下举行了起义。刘通,河南西华人,正统年间流亡到湖广房县(今湖北房县)。刘通与石龙、冯子龙等人在房县大石厂聚众起义。刘通称汉王,年号德胜,设将军、元帅、国师、总兵等官。刘通竖起反旗后,荆襄地区的流民纷纷加入了义军队伍,一时间,义军声势浩大,人数达到了四万多人。刘通在襄阳房县、豆沙河等地的大山中,分作七屯,且耕且战,并且分兵进攻襄、邓、汉中。刚刚当上皇帝的宪宗急忙派工部尚书白圭、湖广总兵李震前去镇压。在梅溪附近,起义军大败李震率领的湖广军,杀死都指挥以下军官38人。白圭所率领的明军从南漳、远安、房县、穀城四路向梅溪进逼。刘通转战至寿阳,在于古口山与明军血战两天,被俘牺牲。明军残忍地杀害了起义群众及其家属一万多人。石龙一路起义军转战至四川,攻下巫山、大昌,后来石龙被叛变的部下抓住,交给了明军,石龙不屈被杀。

刘通、石龙所领导的起义虽然被明军剿灭了,但接下来的几年中,旱灾不断,各地的流民仍源源不断地进入荆襄山区。成化六年(1470),李原和小王洪又举起反抗的大旗。李原,又称李胡子,河南人,原来是刘通的部下。李原起义后,自称太平王,活动于南漳和河南内乡、陕西渭南三省交界地带,受到了数百万流民的拥护。成化七年(1471),宪宗派都御史项忠率领大军25万,分八路进攻起义军。这些流民多半是赤手空拳跟随李原起义的,没有武器,更没有严密的组织,在项忠的诱惑下,几十万流民走出大山,削弱了起义军的力量。李原被俘牺牲。小王洪率领的义军转战到了均州(今湖北省丹江口市),中伏被抓。项忠对起义军和流民进行了血腥的大屠杀,沿路被杀和因饥饿瘟疫而死的达数十万人,《明宪宗成化实录》记载说"兵入,尽草剃之,死者枕藉山谷"。

明朝政府在杀逐流民后,试图用严刑峻法和筑堡守卫的办法来隔绝郧阳地区,防止流民再次进入。然而由于社会矛盾并没有解决,饥饿交迫的流民还是成批地涌入荆襄一带,势不可止,到了成化十二年(1476),荆襄流民又聚集到几十万人。为了解决这一问题,祭酒周洪谟根据自己的调查,写成了《流民说》,他总结了东晋时用侨郡县办法处置荆襄流民的历史经验,认为应该采取安抚的政策。宪宗面对无法压服流民的实际情况,采纳了周洪谟的建议,于成化十二年(1476)二月命都御史原杰经略郧阳,抚定流民。设置郧阳府与湖广行都司,并由都御史吴道宏抚治郧阳、襄阳、荆州、南阳、西安、汉中六府。于是有96000多户,近40万流民于当地附籍。流民附籍后,垦辟老林,从事农作,开发药材、竹木、铁、炭等资源,荆襄山区逐渐民户稠密、商旅不绝,地区经济得到了很大的发展,流民起义终于灭绝。

成化斗彩

斗彩在成化时期烧制成功并取得了突出成就。斗彩即烧制瓷器时的一种工艺,又称为逗彩,即在胎上先用青花釉料画出部分花纹,又在釉上与之相适应的加以彩绘,使青花和彩绘形成变化统一的装饰效果,上下斗合,构成全体,故名"斗彩"。成化斗彩最大的特点是以勾绘青花轮廓线,施上白釉烧后,经过二次烧造,其风格基本上改变了明代永乐、宣德时的拙重而显得秀丽清雅的韵味,具体表现在造型上多为小器,如碗、杯、盏、罐等,故有"成化无大器"之说。

成化斗彩的烧制成功,一是它改变了过去较为单一的釉上红、绿彩,开始了釉下青花和釉上多种彩色相结合的新工艺,且色彩丰富,协调融合,争妍斗奇;二是它改变了过去的釉下青花和釉上彩单一独立的特点,而是釉上各种色彩按图案填绘在釉下青花轮廓线的中间,如花朵及叶子均有青花勾的边,而五彩则不然,花朵和叶子均无青花勾边,青花色泽是单独存在于某一纹样上。

斗彩有填彩、点彩、覆彩、染彩、加彩等多种技法。填彩即先在胎上用"苏泥勃青"画出花纹轮廓,然后在花纹轮廓内再填以彩色釉料。点彩即釉面全部为青花,偶尔加几点彩色作为点缀。覆彩即将彩色覆盖在青花花草之上。染彩是指在青花花纹的边外,渲染浓淡深浅如晕状的色彩。加彩是在青花的某一部分增加一种彩色,与青花显出两种色调的对比。这些多种的施彩方法,是成化时期的新创造。

斗彩的釉上彩一般有三四种,多者达六种以上,颜色很鲜,其品种有色鲜如血的鲜红,色重浓艳而有光的釉红,色娇嫩透明而闪微绿的鹅黄,色浓光弱的姜黄,色浓而闪青的松绿,青翠透明的孔雀绿,色调沉稳的孔雀蓝,色如熟葡萄而透明的葡萄紫,以及赭紫、姹紫、水绿、叶子绿等近20种。由于色彩多样,在图案设计时可根据画面内容自如地配色。

成化斗彩基本为官窑产品,制作工艺严格,成型讲究,颜色鲜嫩,描画生动,在明代就有很高的评价。《万历野获编》说:"成(化)窑酒杯,每对至博银百金。"《博物要览》记述明末所见的成化斗彩瓷器"较宣德杯妙甚",各种盏、碟、罐等器"皆精妙可人"。《成窑鸡缸歌注》:"描画精工,点色深浅莹而质坚,鸡缸上画牡丹,下画子母鸡,跃跃欲动。"从这些记载可见其一斑。

成化斗彩造型小巧,多小件作品,尤以酒杯著名。成化鸡纹酒杯,又称鸡缸杯,以母鸡为题材,表现母鸡带小鸡觅食、玩耍的情景,颇具浓厚的天伦之乐的生活气息。造型小巧玲珑,制作精致,为人珍爱。成化斗彩胎釉精细,呈乳白色,莹润似玉;色彩绚烂,色调鲜明而柔和;绘画线条精细流利,纹样设计精巧,具有较高的艺术造诣。

成化斗彩是明代彩瓷发展的卓越标志之一,历来有"首成化、次宣德、次永乐、次嘉靖"之评,又有"彩瓷贵成化"之说。成化斗彩瓷器在当时便价值连城,其贵重可见一斑。1962年在北京出土了一对有款为"大明成化年制"的青花斗彩葡萄杯,是成化斗彩的典型器物。该杯杯高4.8厘米,口径7.8厘米,底径3.2厘米,敞口,深腹,圈足,杯身环绕彩绘葡萄藤枝,烧制工艺精湛,施彩巧妙。釉下青花为国产青料,色泽浅淡呈灰蓝色,柔和轻淡,釉上彩绘多样而逼真。它以红彩为枝,红中闪紫;绿彩为叶,绿油油的叶子透视现青花的叶茎;黄彩为蔓,娇嫩的蔓须似正在生长;紫彩为果实,正如熟透了的紫葡萄悬挂于枝头一样,生动表现出葡萄成熟时所具有的质感和色泽。杯的造型小巧雅致,装饰纹样精美,是成化斗彩罕见的艺术珍品。

是是非非八股文

八股文是明,清科举考试规定的文体。每篇分破题、承题、起讲、人手、起股、中股、后股、束股八部分。其中起股到束股四部分是议论的主体,每部分都有两股排比对偶的文字,合共八股,故叫"八股文",亦称"时文""制义"或"制艺"等。八股文作为一种考试文体,采用时间长,影响大,在中外历史上都很罕见。那么八股文开始于什么时候呢?

一种说法是明太祖与刘基所定或"明太祖朱元璋制定"说,另一种说法是"始于成化二十三年"说。最早持这一说的是明清之际的顾炎武。他说:"经义之文,流俗谓之八股。盖始于成化之后。"并具体指出:"成化二十三年,会试'乐天者保天下'文"以及"弘治九年(1496)会试'责难于君谓之恭'文"均是八股文。

从表现特点来说,明代兴起的八股文的一个重要体裁特征便是它的对偶性。明成化以前,八股文的句式基本上还是"或对或散,初无定式",显得比较自由。成化以后,句式趋于严格化,八股对偶结构越来越明显。如成化二十三年(1487)会试《乐天者保天下》文,弘治九年(1496)会试《责难于君谓之恭》文,程式的要求都已充分强调文体的对偶性。应该说,对偶句式并不是八股文的独创,它作为一种修辞手段早在先秦诗文中就已应用。南北朝时期形成了一种以偶句为主要特征的文体即骈文。唐宋时代,骈文的句式更趋严整。八股文的成熟,与它吸取古代骈文的艺术体制显然是分不开的。明代洪武至成化、弘治年间,八股文的发展逐渐趋于成熟,并出现了一些创作名家,如当时的王鏊、钱福

明代思想家顾炎武

等人便是具有代表性的八股文作家。尤其是王鏊,为八股文制作的一位大家,被人推崇,所谓"制义之有王守溪(即王鏊)","更百世而莫出者"(俞长城《可仪堂一百二十名

家制义序》)。他的名篇如《百姓足君孰与不足》《邦有道危言危行》等文,破题简洁明了,议论平缓不迫,层层展开,结构紧凑,对偶工整,比较典型地体现出八股文的一些基本特点,

清人认为:成化年间,试文渐为冗长,凡千百余言,庸陋支离,无恶不备。并据杨慎所言:"破题谓之马笼头,处处可用也;又舞单枪鬼,一跃而上也;又八寸三分帽子,无不可套也;起语数十百言为寿星头,长而虚空也。"这段话十分形象地勾画出了明代八股文之弊,但这同时也提出了一个颇为费解的问题,八股文作为明代士子考试的试文究竟应当如何评价。

明初本是不用八股的,至成化末始行,然而恰恰是并未以八股取士的成化以前,却正是文化的禁锢时期。明代的文化自从洪武"文字之祸"以后,在专制控制之下,出现了文坛寂寞的局面。永乐之后,文坛盛行"台阁体"粉饰太平,歌功颂德而又空洞无物的文风成为当时的主流。成化以后,社会风气为之一变,文风也随之而出现了变化。也就是说,成化以后八股取士的结果,并未影响到当时文化的发展。而且再到后来,科举试文也都进一步崇尚新奇,将文运的不振归咎于八股文,看来也未必就那么恰当。

如果从八股文的出现重新考虑一下对它的评价的话,应该说,它的主要作用还是使科举考试更加规范化。也就是说,八股文是一种格式化的答卷形式。在传统文化考试的情况下,考官需要一种格式化的答卷,使他们能够有相对固定的评卷参照,就像我们今天考大学的试卷一样,以八股取士实际便是由此而形成的。

对于荐举来说,科举是一个进步,就科举考试自身来说,八股文考试比以前的经义考试又是一个进步。所以如果客观地考察一下八股文的利与弊,就不会得出八股文完全无用的偏激结论了。

"纸糊阁老"和"泥塑尚书"

阁老是明代对大学士的尊称。一般说来,入阁的大臣有三位。成化前期的大学士有彭时、李贤、商辂,这些人都称得上是贤臣。但到宪宗末年,许多内阁权臣为明哲保身不做任何有积极性的工作,因此京城开始流传着这样一句俗谚:"纸糊三阁老,泥塑六尚书",意在讽刺当政的大臣们如同木偶纸人,光占位置不干活。这也反映出成化后期政治的昏庸。

三阁老指万安、刘翊,刘吉,六尚书指尹旻、殷谦、周洪谟、张鹏、张銮、刘昭,这九人旋进旋退,毫无建白,所以有此时评。宪宗在成化十一年(1475)命令刘吉、刘翊二人入阁。这两人加上万安,是其后内阁之中的三人。刘吉是北直隶博野县(河北蠡县)人。此人在成化十八年(1482)因丁忧而必须离职,宪宗令他"起复",他一面再三恳辞,做出一副淡于名利的孝子面孔,一面却暗托万贵妃的娘家人万喜影响宪宗,叫宪宗不准他辞。

刘翊是山东寿光人,在入阁以前做过翰林院编修,侍读学士,讲起书来倒"词气侃侃"。入阁以后,当商辂在朝之时,办过几件好事,曾经一起扳倒了汪直的西厂,不过后来他得罪了万安,被万安用小计把他赶出了朝廷,也没干什么正事。

刘翊被赶走后,内阁补进了一位叫彭华的大臣。他是原大学士彭时的族弟,却一点也没有彭时的骨气。

有了"纸糊阁老",自然有"泥塑尚书"。明太祖朱元璋设六部,分别是刑、礼、工、兵、户、吏部。各部各有专职,吏部管官员考核,升迁;工部管工程建设;户部管人口;刑部管审案;礼部管祭祀和外交;兵部管打仗出兵。然而在成化后期,这六部尚书大多都

成了泥塑的人物,有所作为的极少。

据专家统计:尚书,从成化十三年(1477)九月至成化二十三年(1487)九月宪宗去世。是下列的几人:

吏部:尹旻、耿裕、李裕。

户部:杨鼎、陈钺、翁世资、余子俊、段谦、刘昭、李敏。

礼部:邹幹、张文质、周洪谟。

兵部:余子俊、陈钺、张鹏、马文升、余子俊。

刑部:林聪、张荣、杜铭。

工部:王复、刘昭、李裕、谢一夔、贾俊。

这些人中,余子俊、马文升、王复、林聪、邹幹是称职的尚书,其余人称为泥塑并不过分。兵部尚书陈钺是汪直的门下,他在辽东当巡抚,只会滥杀邀功,结果闯了大祸,剩下的烂摊子还要马文升去收拾。陈钺仗着汪直的势力反而升了官,做起了兵部尚书。吏部的尹旻位居冲要而尸位素餐,毫无建树,但是。他当吏部尚书当了13多年,从成化九年(1473)三月到成化二十二年(1486)四月,屡进屡退,笑骂由人。礼部的周洪谟,依照《明史》的本传,不像是一个坏人,只是好出风头,专门做无关宏旨、人云亦云的"建言"而已。这样的人岂是作尚书的材料?实际上,他不学无术,正如明清两朝极大多数所谓进士只不过是背四书的机器,抄八股的工匠,说废话的专家罢了。户部的李敏虽然自身清正,但却缺少才干,也没干什么益国利民的大事。工部的李裕干水利还行,不过他依附李孜省,名声很差,也没有做什么事。

统计一下宪宗成化时的尚书无用的比例,居然是惊人的76%,可见泥塑尚书的数量之多。"纸糊阁老"和"泥塑尚书"构成了成化后期政坛的独特景观,也反映了政治的黑暗。

明孝宗朱祐樘

人物档案

生卒年:1470~1505 年

父母:父,宪宗朱见深;母,纪淑妃

后妃:张皇后

年号:弘治

在位时间:1487~1 505 年

谥号:敬皇帝

庙号:孝宗

陵寝:泰陵

性格:宽容节俭,温和善良

明孝宗朱祐樘

名家评点:

传统的历史学家一致恭维他是个好皇帝,既明智又体贴人情,可是翻阅全部历史纪录之后,看不出此人有何值得夸异之处,看来也只不过是一位胆怯而缺乏安全感的年轻人。

——黄仁宇

少多磨砺

明孝宗朱祐樘(1470~1505)是明朝历史上第九位皇帝,是宪宗的第三个儿子。他18 岁时即皇帝位,36 岁时去世,共在位 18 年,年号弘治。孝宗的童年生活非常不幸,出生于冷宫,立为太子之后又一直受到父皇宠妃万氏的威胁。尽管如此,孝宗是明朝中叶以后少有的明君,他励精图治,斥逐了宪宗时的佞臣和外戚,重用贤臣;为于谦建祠功祠;减贡停役,及时赈济水旱灾害,兴修水利,开创了明朝历史上"弘治中兴"的大好局面。纵观弘治一朝,政治最为贤明,社会生活最为稳定,人民生活也大为改观。后世史家曾给予朱祐樘很高的评价,认为他"力挽危局,清宁朝序,勤政爱民,为中兴明主,其功绩不亚于太祖、成祖,在个人品德方面,更胜于太祖、成祖"。

不幸的童年

朱祐樘之所以后来能成为一位贤明的君主,应该说与他幼年时期备受磨难,坎坷不幸的宫廷生活经历分不开。朱祐樘生于成化六年(1470)七月初三,他的生母纪氏是广西纪姓土司的女儿,纪姓叛乱平息后,少女纪氏被俘入宫中,被派充到内廷书室看护藏书。一次宪宗朱见深偶尔经过,见纪氏美貌聪敏,就留宿了一夜。事后,纪氏怀孕。

当万贵妃宠冠后宫,听说纪氏之事非常恼怒,命令一宫女为纪氏堕胎。该宫女不忍下毒手,便谎报说纪氏是得了怪病,并未怀孕。后来纪氏偷偷生下了朱祐樘,万贵妃得知后又派门监张敏去溺死小皇子,但张敏却冒着性命危险,帮助纪氏将婴儿秘密藏起来,精心哺养。被万贵妃排挤废掉的吴皇后也帮助哺养婴儿。就这样朱祐樘一直被偷偷地养到六岁,朱见深知道事情的原委后,喜出望外,立刻派人去接儿子。纪氏搂抱着亲生骨肉,泣不成声,嘱咐朱祐樘道:"我儿一走,我就活不成了。你看见穿着黄袍子,长着胡须的人,那就是你父亲。"然后给儿子换上小红袍,长久目送着他坐上小轿子,去认自己的生父。

当天朱见深就召集众臣,说明真相,次日颁诏天下,立朱祐樘为太子,并封纪氏为淑妃。万贵妃得知此事,又气又恨。随之纪氏就在宫中暴亡,门监张敏也吞金自杀。这显然都是万贵妃下的毒手。朱见深的母亲周太后担心万贵妃会对朱祐樘下毒手,就亲自将孙子抱养在自己的仁寿宫内,这才使太子安全地生活在宫中。

此后,万贵妃一改对朱见深后宫生活的控制,让他去临幸后宫的妃子,妃嫔们有孕也能顺利出生,许多妃子都生下了皇子,皇子渐渐多起来。于是万氏就天天在朱见深耳边说太子如何不好,让他改立其他皇子。朱见深对万贵妃一向言听计从,便有了更换太子之意。正当宫中为改易太子的事忙得不可开交的时候,泰山地区发生地震,当时的泰山是皇太子的象征,奇异的天象一出,群臣立刻上奏"上天已经示警了,如果改立太子,必将引起动乱"。笃信佛教的朱见深这次服软了,心中很是恐惧,于是下令不准再议废太子之事,朱祐樘的地位这才得以稳定下来。

正是多难的童年生活增加了朱祐樘对社会和人生的认识,增长了他的才干,锻炼了他的意志,与其他同龄人相比,他显得早熟。

深厚的学识

朱祐樘被立为太子后,朱见深非常注重对他的培养教育。九岁时,他开始"出阁讲学",接受比较严格的教育。讲读在文华后殿进行,对他进行教育的老师都是当时的学养深厚之士。从九岁出阁讲学到18岁即位,朱祐樘整整接受了非常正规的九年教育。

皇太子出阁讲学,是接受正规教育的开始。担任教育职责的讲读官中,有彭华、刘健、程敏政等人。彭华是江西安福人,依附万安,虽品行不是很好,但毕竟是景泰五年(1454)的状元;刘健是河南洛阳人,与明初的理学大师薛瑄的弟子阎禹锡,白良辅一起学习,据说是"得河东薛瑄之传"的;程敏政是南直隶的徽州府休宁县人,十岁被人称作神童,荐入翰林院里读书。据说,当时辅导东宫太子读书的人中,学问最渊博的就算程敏政。

皇太子一旦出阁讲学,除了大风雨雪天气以及酷热与严寒,每天都必须举行讲读。讲读的内容是四书(即《论语》《大学》《中庸》和《孟子》)以及经、史。一般的形式是上午先读,下午再讲。除了读书之外,太子还必须练字,由专门的侍书来辅导,春、夏、秋三季每天写100字,冬天每日写50字。实是集天下之英才来对皇太子进行教育。

明学者、书画家陈继儒

据说,丧母时的朱祐樘虽然只有六岁,却会"哀慕如成人"。幼年失母,对于孝宗影响深远,也许孝宗后来的善良、温和、宽容,除了儒家的教育之外,还源于幼年时弱者的心态。孝宗在处理万贵妃一事上,最能体现他的宽容,对当初迫害其生母的万贵妃家人，他表现了极大的宽容；对万贵妃本人，他也没有听从臣下的建议对她削谥议罪。而这一切都出于一个孝字，他死后被定庙号为孝宗，也正因为此。

除了儒家的伦理，孝宗还有对于艺术的爱好。《明史》中曾收录过他的诗集五卷，明末清初的著名学者钱谦益在自己编写的《列朝诗集》中也曾收录了他的一首《静中吟》："习静调元养此身，此身无恙即天真。周家八百延光祚，社稷安危在得人"。钱谦益说："大哉王言，众理兼有，惟德与功，为三不朽。"中国古代有"三不朽"的说法，指立德、立功、立言。孝宗既有诗集，真能合三不朽的美誉了。除了在诗歌方面的兴趣，孝宗对于绘画、弹琴也很喜爱。清人姜绍书所著的《无声诗史》中就提到孝宗爱好绘画与琴道的事情。书中说，孝宗"万几之暇，间亦好琴"。一些专门负责纠察朝政的言官们还曾经纷纷上疏，劝说孝宗不要耽于声乐，而要把更多的精力放在修养身心之上。孝宗表面上接受，私下里却认为弹琴与政务没有冲突。虽对言官的劝谏不以为然，但却也不以为忤，这正表现了他宽容的一面。孝宗擅长绘画，宫中也有许多画师。有一次，他赐给画师吴伟几匹彩缎，害怕大臣们知道后没完地议论，对吴伟说："急持去，毋使酸子知道！"意思是说，赶紧拿去，别让那些酸腐的书生们知道。

弘治中兴

除弊政，用贤臣

朱见深留给儿子朱祐樘的不仅是一个紊乱的朝政，而且是一个千疮百孔的国家。宪宗在位时，急于政事，沉湎方术，不少无才无德之人，僧道杂流，当上国师、禅师、侍郎、政使、太仆卿、尚宝卿等官职的不可胜计。一时，北京城里，身披黑袍的真人、道士招摇过市，把朝政搞得乌烟瘴气。

即位之初，孝宗便着手改革弊政，大刀阔斧地整肃朝纲。起初他的精力主要放在了朝廷要员的人事安排上。成化年间，许多佞幸小人混入朝中，侍郎李孜省、太监梁芳、万贵妃的弟弟万喜等人狼狈为奸、祸乱朝政。他们同以巴结万贵妃得升阁臣的奸邪之徒万安结成朋党，压制打击忠臣，培养亲信，搜刮民脂民膏，是当时朝廷中的第一大害。孝宗即位的第六天便把太监梁芳下狱，随后又将李孜省流放边陲。宪宗朝以外戚万安为首的内阁溜须拍马、不务正业，整日看万贵妃的脸色行事，并受太监梁芳的控制，都是一些无能之辈。

当时有"纸糊三阁老""泥塑六尚书"之称。孝宗对这样的内阁十分不满。内阁首辅万安乃是万贵妃心腹，为人奸佞，劣迹斑斑，曾经勾结万贵妃试图废掉孝宗的太子之位。孝宗便将万安罢官逐出朝廷，那些通过贿赂、溜须拍马发迹的官员一律罢免撤换，裁汰传奉官，罢免右通政任杰、侍郎蒯钢等千余人，论罪戍斥。当年十月，明孝宗又做出了一项重要决策，将宪宗朝所封的法王、国师、真人、国子等封号一律革除，处死妖僧继晓，诏令朝中不可崇佛信道，一改前朝因崇信佛道而荒误朝政的混乱局面。明孝宗处置奸佞之徒，天下正直人士无不拍手称快。

放斥了先朝的妖佞之臣后，孝宗着手选拔贤能委以重任。他制定了严格的官吏考核制度，诏谕吏部官员：提拔选调官员要以政绩为主要标准。他还令内官将两京文武大臣和内外抚臣守备的名字抄下来，贴在宫内的墙上，以便自己熟悉选用。明孝宗注意任用贤能，使得弘治一朝名臣辈出，朝中的许多重臣都是正直贤能之士。他起用徐溥、刘健、李东阳等几位素负声望的名臣进入内阁，参与机务。南京兵部尚书王恕为人刚直方正,这时本已辞官,孝宗以朝廷急需贤士为由,重新召见入朝,擢升为吏部尚书,位列九卿之首。

孝宗当太子时就听说马文升有气节,即位后立即将他由南京兵部尚书擢升为左都御史。礼部右侍郎丘濬进献《大学衍义补》,论述治国平天下之道,孝宗看后大加赞许,将他升为礼部侍郎。孝宗为彰显正义,褒扬忠烈,为在英宗朝冤死的忠烈于谦建造旌功祠,平反昭雪。孝宗还十分重视礼贤下士,终孝宗一朝,从未鞭打过一个大臣。孝宗对深孚众望的大臣刘健、谢迁格外器重,总是称呼他们为"先生"。一时,正直贤能的官员都受到重用,"弘治朝中多君子",朝廷风气为之一新。

勤政事,爱子民

孝宗在即位之初,对自己也严格要求。他下令恢复正统年间被停的午朝,每天坚持上朝听政。据说有一天晚上,仁寿宫突然失火,孝宗皇帝一夜没有睡好,第二天早晨神情恍惚,不想去上早朝,但是又不想违背了自己所定的制度,只好让自己的贴身太监前往朝堂知会众大臣,才感觉有点心安。明朝中期以来,皇帝荒淫,常常身居后宫,不问政事,大臣们的奏折自己不看,直接让司礼监的太监代批,这是造成明朝中后期宦官专权的一个主要原因。明孝宗即位以后,勤于朝政,天下臣工的奏折往往由自己来批阅,在一定程度上节制了太监专权带来的诸多弊政。孝宗还十分注重太监的遴选。任用正直有才的人来执掌司礼监。如大太监怀恩,为人正直,敢于直谏,是弘治朝不可多得的忠臣。

弘治元年(1488),他采纳大臣的建议,开设大小经筵。这一制度是在正统初年制定的,大经筵,每月逢二、十二、廿二日举行,主要是一种礼仪;小经筵又称日讲,君臣之间不拘礼节,从容问答,是重要的辅政方式。大小经筵制度,在宪宗朝时一度废置。孝宗还开辟了文华殿议政,在早朝与午朝之余的时间与内阁大臣共同切磋治国之道,商议政事。在诸位得力大臣的辅佐下,弘治帝革除了众多陋习,采取了许多解救民困的建议,使得阶级矛盾得以缓和,百姓能够休养生息。

朱祐樘还注意更正律制,加强法制建设。明朝的法律是明太祖朱元璋、明成祖朱棣时代制定的,以后又增补了繁多的条例。朱祐樘即位后就对条例进行整顿,选择了290多条与律并行。他所任用的执法官吏比较贤明、公正,一扫朱见深时代特务横行的恶劣风气。据历史记载,于谦的女婿朱骥是当时的锦衣卫使,在审理大案时,十分谨慎,从不轻易定人死罪。朱骥的后任牟斌,也保持了这种宽仁的作风,挽救了许多被诬陷入狱的人的生命。

在这些问题基本解决之后,他便开始注重于对内忧外患的治理,减轻赋税,停征徭役,大力兴修水利,发展农业,繁荣经济,对于发生水旱灾害的地区及时赈济。弘治二年(1489),开封黄河决口,孝宗命户部左侍郎白昂领五万人前去治理黄河,并派朝中重臣前往督察。弘治五年(1492),苏松河道淤塞,泛滥成灾。孝宗命工部侍郎徐贯主持治理,历时近三年方告完成。经过孝宗一朝的精心治理,苏松地区消除了水患,再度成为鱼米之乡。

由于孝宗锐意求治,朝廷上下,文武百官纷纷上言,或痛陈时弊,或广进方略。马文升上时政十五事,包括选贤能、禁贪污、正刑狱、广储积、恤土人、节费用、抚四裔、整武备等诸多方面,孝宗无不大为赞赏,一一付诸实施,这对弘治朝兴利除弊起了积极的作用。

鉴于前朝宦官专权乱政的教训,孝宗对宦官严加管束,东厂、锦衣卫再不敢任意行事,只能奉守本职,因而几任锦衣指挥大致都能持法公允,用刑宽松。这是明中后期其他朝代所罕见的现象。孝宗力求节俭,诏减皇宫的开支与供奉,不大兴土木,主张节约费用,缓解人民负担。他屡次下诏,禁止宗室、勋戚侵占民田,鱼肉百姓;还多次下诏减免一些地方的夏税、秋税。这些都十分有利于缓和社会矛盾和社会危机。正统、成化年间,农民起义不断,有几次声势还相当大,而弘治一朝却几乎没有大规模的农民起义。

孝宗"恭俭有制,勤政爱民",史家称为"弘治中兴"。其中可能有溢美之词,不过,与前后几朝相比,弘治时期的朝政的确算是清明的。

能臣辈出

三朝重臣王恕

王恕(1415~1508),字宗贯,号介庵,陕西三原人,八岁开始入塾读书,正统十三年(1448),24岁的他位列前三名,被授予翰林院庶吉士。由于王恕比较务实,虽然在翰林院待了几年,也没有被点翰林,而是被授予大理寺左评事,前往办理评议审查的事务。王恕在大理寺任上敢言敢做,为人刚硬正直,不与人同流合污,帮助寺丞处理了好几桩别人不敢问津的案子,就连皇亲国戚也有点怕他。王恕还敢于直言进谏。

景泰五年(1454),景帝将王恕调往扬州做知府。王恕就任扬州知府以后,采取了一系列措施打击豪强之家,扶持贫弱,惩办恶吏刁民和强盗窃贼。王恕断案不畏权势,公正无私,清理了许多积压多年的冤案疑案,使扬州的政治清明了很多,社会风气也大有好转。王恕还十分重视发展地方教育,在扬州创办了资政书院,有时还亲自去讲学,教导学生要立志齐家治国。

天顺四年(1460),皇帝派人考察外官,王恕治理扬州,功绩斐然,被提升为江西右布政使,四年后又被调往河南任左布政使。

宪宗继位以后,河南爆发了以刘千斤和石和尚为首的流民起义。朝廷得到地方官的急报,立即派白圭带大军前往镇压,同时提升王恕为副都御史,参与兵事。朝廷的许多官员都认为流民造反,大逆不道,应该予以彻底剿杀。王恕由于长时间在地方做官,深知民间疾苦,认为流民造反主要是因为难以维持生计,可抚不可剿,用兵立威即可,不可大开杀戒。如果一味剿杀,流民被逼得无路可走,一定会带来更大的祸患,所以应该更重视对流民的抚治。白圭采纳了他的建议,一方面陈兵以待;一方面贴出榜文昭告流民,告诉他们只要放下武器愿意归乡复业的,一律由国家分配土地钱粮。王恕的这一措施安抚了流民的反抗情绪,也解决了流民的生计问题。当地人感激王恕的恩德,视之为恩人,在家中挂起了王恕的画像,以示尊敬。

成化十二年(1476),王恕被派往云南作巡抚。云南镇守太监钱能专横强暴、贪赃枉法,当地的地方官敢怒不敢言。王恕到任之后,得知钱能、郭景贪赃枉法的事情,觉得不可小视,急忙写了一份参劾他们的奏折,令侍卫火速送往京城,同时派人监视郭景。郭景得知王恕参劾自己后,知道自己难逃一劫,畏罪自杀。钱能见王恕逼死了自己的亲信,收买刺客想刺杀他,没有得逞。不久,钱能买通朝中权贵,在宪宗面前参劾王恕。王恕被调离云南,到南京管理都察院。南京虽然名义上也是明朝的首都,但是在南京做官实际上没有什么实权。王恕在都察院任上恪尽职守,严格对官员进行考察和参劾,拒绝纳贿,声誉渐隆,随后就被提升为南京兵部尚书。

孝宗即位以后,很赏识王恕,任命他任吏部尚书,加太子太保衔。王恕事事以身作则,他还亲自写了一副对联悬挂于吏部的大堂之中:"仕于朝者,以馈遗及门为耻;仕于外者,以苞苴入都为羞。""馈遗""苞苴",都是指贿赂的意思。王恕把这副对联挂在这儿,一方面是告诫官员不可收受贿赂,贪赃枉法;另一方面是告诉官员自己清正廉明,不会收受任何贿赂。王恕又举荐彭韶为吏部左侍郎,他们两人都不惧怕权贵皇亲,一时间审治大为改观。王恕在吏部任上还选用了一大批忠正廉明的大臣,例如户部尚书李敏、礼部尚书耿裕、倪岳、兵部尚书马文升等,为孝宗朝中兴局面的出现奠定了人才基础。

但王恕脾气倔强,对孝宗重用太监,以及赐给宣徽王朱见浉庄田的事情不满,上疏规谏。孝宗渐渐不能忍受。弘治六年(1493),太医院

释迦米色釉瓷

的通判刘文泰因贪赃枉法被王恕参劾。刘文泰对王恕怀恨在心,他利用王恕同丘浚的矛盾,挑拨丘浚说:"王恕以前曾经让人给他写传,自己沽名钓誉,却要毁谤先皇宪宗皇帝。"丘浚听了便上书弹劾王恕。孝宗命人查核,结果未出,孝宗便斥责王恕沽名钓誉。王恕被迫再次致仕回乡,从此结束了他的官宦生涯。正德三年(1508)四月,王恕去世,享年94岁,赠左柱国,太师,谥号端毅。

文武全才马文升

马文升(1426~1510)字负图,号三峰居士,河南禹县人。他从小相貌奇特、体格健壮,从小便对兵事感兴趣。22岁那年,马文升被举荐参加乡试,中解元。三年后他到京城参加会试,考中了进士,被派为御史巡按山西。马文升在御史任上,不畏豪强,敢于说话,那些作奸犯科的人都怕他。成化元年(1465)被升任为南京大理寺卿。南京的官职虽为闲职,马文升仍然下决心要干一番大事业,在任上兢兢业业,丝毫不敢懈怠。

成化四年(1468),西北地区的少数民族在满四的带领下起兵反明,响应的人号称十万,他们攻衙署,杀官兵,掠民财。消息传到京城,宪宗大为震动,急忙派大将带兵十万前往镇压。由于用人不当,官兵初战大败。宪宗再调马文升以右副都御史巡抚陕西,协助作战。马文升到达军营之后,不顾鞍马劳顿,带了几个校尉去查看敌情。他经过周密细致的观察,终于发现并破坏了满四的布营的致命弱点,大败满四军。马文升从此在陕西当了七年的巡抚,后又因功擢升为左副都御史兼兵部右侍郎。马文升制边不仅重视守备,还十分重视边民贸易。他认为:只有允许边民相互贸易,边民的生计得以维持,他们才不会犯上作乱。所谓民生可抵百万精兵。

马文升制边几年中屡建奇功。有一次孛罗忽,满都鲁等人带军进犯明朝边境。马文升积极迎战,采取诱敌深入的策略,大败敌军于黑水口,杀敌200余人,擒获敌人的大将一名。又乘胜追击,在汤羊岭截住敌军,明军在马文升的带领下奋勇杀敌,斩杀敌人无数,敌人只余下数十名骑兵落荒而逃。这次大捷使马文升被调回京城,授以兵部右侍郎之职。

马文升进入兵部以后,严格考察各地边防情况。他得知辽东巡抚陈钺暴戾严苛,

十分贪婪,经常打骂士兵,以各种借口罚没士兵的马匹,弄得将士们不堪重负,怨声载道。第二年,马文升被派出查办此事,整饬辽东地区的边备。他到任以后,首先具表参劾陈钺,请求皇上予以严惩,同时加强边备,编制阵法,加强对士兵的训练。但是,陈钺的后台是权倾朝野的大太监汪直,在汪直的袒护下,宪宗没有查办此事。后来,马文升被汪直陷害后逮入诏狱,后被贬官重庆卫,成了一名小卒。直到汪直事发,马文升才再次被起用,被任命为左副都御史巡抚辽东。马文升巡抚辽东,治军有方,一时间边患偃然。成化二十一年(1485),马文升因功被升为兵部尚书。

孝宗即位以后,马文升被调任左都御史。弘治二年(1489)又升任兵部尚书。弘治元年(1488),吐鲁番部在阿黑麻的带领下聚众造反,阿黑麻自称可汗,试图分裂国家。急报传到朝廷,大臣们议论纷纷,有的主张同阿黑麻议和,还有人主张放弃哈密。主持兵部的马文升坚决反对,他主张马上出兵收复哈密。孝宗采纳了马文升的建议,任命他为元帅,带兵前往哈密。马文升到达嘉峪关以后,用计分裂吐鲁番部署,使吐鲁番军大败,顺利收复了哈密。

后来,云南的思叠反叛朝廷,许多官员都建议发兵讨伐,马文升认为:如今国家军困民乏,财政短缺,没有力量出兵讨伐。如果出兵,可能会激发更大的祸乱,应该先派一名朝臣前去宣喻安抚,然后再派兵立威朝廷选拔了参议郭绪和按察副使曹玉二人前往抚喻,终于平息了这场叛乱,避免了一场战争。

马文升在兵部尚书任上采取了一系列的措施,力图扭

青花云鹤八仙图葫芦瓶

转前朝以来军备废弛的状况,加强对将校的考核,罢黜了 30 多名不合格的军将,得罪了许多人,有人甚至想持弓箭乘他卜朝的时候行刺他。孝宗皇帝支持马文升的整顿,特意加派了大内侍卫十几人来保护马文升。

后来,马文升曾一度调任吏部尚书。马文升上书孝宗说,"减一官,朝廷省一官之费,加一官,则要费数省之资。"后来,孝宗采纳了马文升的建议,裁去传奉官几百人,为朝廷节省了大量财富。

正德五年(1510),马文升去世,终年85,赠特进光禄大夫、太傅,谥端肃。马文升一生任官 50 余年,担任多种重要职务。后人评说,在朝中做官,文的能够做到吏部尚书,武的能够担任兵部尚书,二者任担当一职都无憾,而马文升能够历任两职,真是文武全才。

经济思想家丘浚

丘浚(1421~1495),字仲深,琼山府城镇下田村(今海南省)人,明朝中叶的著名理学家、经济思想家,与同乡海瑞被并称为"海南双璧"。

丘浚从小父亲早亡,与母亲相依为命。幸运的是,丘浚的母亲李氏知书达理,粗通文墨,她知道只有让孩子好好读书,将来才能出人头地,便教丘浚读书识字。丘浚从小便聪明过人,七八岁便能作诗,敏捷惊人。他的祖父丘普说他今后一定能够"拓吾祖业,达而为良相,以济天下"。丘浚也从小便立志将来要做大官光宗耀祖,经世济国。

为了不辜负母亲和祖父的期望,他每天发奋读书,从经史子集、诗文歌赋,到医卜星象、释道农桑之书,都细心研读。由于家境贫寒没钱购书,他总是想方设法借书研读。几年的精心苦读使丘浚积累了丰富的知识。

正统九年(1444),丘浚在广东乡试中一举夺魁。正统十二年(1447),丘浚告别母亲,到北京去参加会试,不料没有考中,只好进入太学继续学习。国子监祭酒萧镃十分看重丘浚的文才,认为他将来必成大器,时常接济辅导丘浚,使丘浚重新树立了对仕途的信心。明景泰五年(1454),丘浚再次参加会试,考中进士,在廷试中列为一甲及第,入翰林院被选为庶吉士。丘浚在翰林院依然嗜书如命,每当看到没有读过的书,就不分昼夜地去研读。后来,丘浚被授以翰林编修。在翰林任上,他潜心研读历朝历代的典章,对本朝典章制度做了细致入微的研究和观察。十几年的知识积累,使他逐步具备了经国济世的才能。

成化元年(1465),两广瑶族人民起义,官府屡次派兵未能平叛。丘浚上奏称:"瑶族人造反应该首先在广东进行驱逐,然后派兵到广西围困叛贼,屯兵于瑶族人的后方大藤峡,捣毁他们的农田物资,再切断他们的粮食来源,再困一二年,便可不攻自破。"宪宗把丘浚的计策拿到朝中让大臣们讨论,大臣们都认为这个计策很好,可以实行。宪宗依计实行后果真奏效。

成化元年(1465),丘浚奉命开始编纂《英宗实录》。他秉笔直书,对于英宗朝于谦冤死也毫不避讳,还说:"于少保为民冤死,被与他有仇的人加上谋反的罪名,现在事情既然明了,就应该直书此事。而不能屈笔隐晦。"三年后,《英宗实录》编完,丘浚又被提升为侍讲学士。丘浚每次到宫中讲课,都要精心准备一番,把那些古圣先王的事迹作以衍发,旁征博引,教导皇上爱民勤政。宪宗皇上往往被丘浚广博的学识和流利的言辞所吸引,对丘浚敬服不已,后来又提升丘浚为翰林学士。稍后,再晋升为国子监祭酒加礼部侍郎,执掌国子监的事务。在国子监任上丘浚撰写了《大学衍义补》一书,仿照真德秀《大学衍义》的体例,将全书分为"固邦本""制国用"两部23卷,书中论及政治、经济、军事、礼乐等许多方面的内容,阐述了作者衍发的治国方略,尤其在古人忽略的财政、赋税、货币和生产等经济理论方面提出了许多独到见解。其中某些理论对当今社会还有实际的指导意义。

丘浚十分重视理财,认为国家理财,是为民而理,理民之财,要注重发展生产,使黎民富有,反对将国家财政专门用在皇帝一人身上。在这本书中,丘浚把财政问题视为治国之本。提出了"理财为天下之要道,财用为立国之本"的著名思想。他认为财政问题,直接关系到国富民强,兵之强弱,世之治乱,是人君治世、大臣经国必须重视的重要问题。他还提出了其他的许多经济思想,如富民思想,认为上天生下众民,天生就有贫富差别,不能够夺富济贫。富民的存在是社会存在和发展的需要,贫民要依靠他们举贷度难,国家也要靠他们应付艰难。此外他还提出"配丁田法",认为每人可以拥有田一顷,超过一顷的,维持现状,允许再买。徭役按拥有田地人口来征发。

孝宗继位以后,丘浚这本书进献给皇上。孝宗读了之后,深以为然,下诏命有关部门将此书交由福建布政使司付书坊印刷发行。弘治元年(1488),丘浚奉诏编修《宪宗实录》,历时四年编成后,孝宗很满意,加授丘浚为太子太保,兼文渊阁大学士,入阁参与机务。明代以尚书衔入阁参与机务就是从丘浚开始的。

弘治五年(1492),丘浚上疏孝宗,强调经籍图书的重要性。他认为图书中保存了古今帝王丰富的统治经验和臣民必须遵从的道德规范以及国家的山川,人物、风俗、物产,还有朝廷礼乐刑政的演变发展,具有重要的价值。朝廷应该对经籍图书给予充分注意和爱护。孝宗立即下诏命全国官员访求遗书,加强对宫廷所藏图书和档案的管理和保藏。孝宗还从《永乐大典》中抄出世人所未见的医学秘方,赐给太医院的御医王圣济以及其他大臣。

弘治七年(1494),丘浚的右眼因病失明,但他依然读书不倦。丘浚做官40年,官居阁老,但他为官清正廉洁,依然过着十分清贫的生活。弘治八年(1495),丘浚因病去世,享年74岁,被追赠太傅,谥文庄。

冒死直谏的彭程

彭程,字万里,江西鄱阳人,从小聪敏勤奋。成化末年,彭程到京城参加会试,考中进士。孝宗即位以后,因为他敢于直言,被授以御史之职,巡视京城,观察官声民情,遇事直接上奏,以正世风。当时的京畿地区人员混杂,治安甚为混乱,京城有许多大户人家被盗。当地的官员派人缉查,但屡次捉拿不着。彭程听说后,密授京官机密计策。让他派人到街头炫耀一个富商的富有,然后带领几个得力的衙役趁黑埋伏在那个富商家中,守株待兔。后来果真捉到了盗贼,审出线索,将他们一网打尽。

弘治二年(1489),彭程巡盐两浙,后又被升任为光禄寺大夫。彭程在光禄寺做事兢兢业业,又敢于直言不讳,很受孝宗赏识。弘治五年(1492),彭程见光禄寺建造祭祀神坛,上疏孝宗说:"臣刚才看见光禄寺正在建造祭祀神坛。神坛曾经是先帝宪宗用来斋醮做法事的地方。陛下即位以后,励精图治,已经把这些东西给废除掉了,怎么能再建造神坛预备法器呢?光禄寺修建这些东西所用的银两,都是百姓的血汗钱。用在正当的地方,还怕百姓非议,更何况用在这些没用的事情上呢?"谁知这是孝宗是觉得没有神坛和祭祀用的器具,特意命光禄寺准备的。听到彭程这么说,勃然大怒,认为他这是诽谤先帝的过失,命锦衣卫将他投入大狱,严刑查问。

孝宗接着又把这件事情归罪在光禄寺身上,削夺光禄卿寺胡恭的官职,罚俸三年。至于彭程,他认为诽谤之罪不可轻恕,令锦衣卫交刑部定罪处置。刑部尚书彭韶有感于彭程敢于直言进谏的精神,试图保全。可是孝宗皇帝正在气头上,想要置彭程于死地。彭韶等人一再上书营救,孝宗都竟然不允。后来彭程的儿子上书孝宗,说愿意代父受死,孝宗还是不听。碰巧,巡按陕西的御史李兴也因为犯罪被送进大狱,受尽酷刑。孝宗想要亲审此案,连同彭程案一同审理。第二天,孝宗及诸大臣齐集大殿之上。孝宗亲自朝审,历数李兴所犯诸罪,下诏判斩立决。到了审彭程时,满朝官员一起请求孝宗,孝宗见彭程乃众心所向,不可轻犯,就改斩刑为谪戍之罪,把彭程和其家属谪戍隆庆。大臣们不服判决,文武大臣一同上疏说:"李兴所犯的罪不是很多,还不够死罪。彭程是为了规劝皇上您,也落个戍边之罪,那么那些作奸枉法、罪大恶极的人应该怎么处置啊?"尚书王恕也一再上疏营救。最后,孝宗下令减免李兴的死罪,改为杖责100,谪戍宾州。

不久大臣毛理上奏孝宗说,彭程的老母亲李氏已经有80多岁了,就彭程这么一个儿子,在家孤苦伶仃,没有人养老,希望陛下仁孝圣德,成全他们母子吧。孝宗本不同意,可考虑到这么做会影响到自己以孝治天下的理念,这才把彭程放还。

为官清廉的李东阳

李东阳(1473~1530),字天赐,后改献吉,庆阳人,是我国古代著名的文学家,被称为明朝"前七子"之首。

在家庭文化氛围的熏陶下，李东阳幼年就显现出非凡的才华。四岁时，他随父亲在北京时就会写直径一尺的大字，被京城中人视为神童。顺天府官员把他推荐给景帝，他当着景帝的面写了"龙、凤、龟、麟"等十多个大字，景帝看了非常高兴，赐给他一些珍奇水果和金银元宝。之后，景帝又两次召见李东阳，并要他试讲《尚书大义》，景帝也很满意，准予他进顺天府学读书。成年后，李东阳又刻苦师法颜真卿，得其精髓而又自成一家，人们称赞道："长沙公大草，中古绝技也！玲珑飞动，不可按抑，而纯雅之色，如精金美玉，毫无怒张蹈厉之癖，盖天资清澈，全不带渣滓以出。"

李东阳生活的年代正好是明孝宗励精图治的时期。弘治七年（1494），李东阳参加陕西乡试，当他赶到的时候，考场的门都已经关了。李东阳没有办法，只好在门外大声叫道："李东阳不参加考试，谁来做本科的第一？"成绩出来之后果然是第一。第二年，李东阳到京城参加会试，考中进士，被授予户部主事的官职，可谓是少年得志。李东阳历任户部主事、江西提学副使等职。他疾恶如仇，对于人世间的不平事，喜欢大发议论。

弘治十八年（1505），李东阳上书明孝宗，品评朝政，指出现在朝政上有"二病""三害""六渐"，他认为现在的官场风气很不正当，官员们之间相互张拱深揖，相互庇护包容，对皇上也不肯说出实情。他还攻击后宫的宦官专权，对于国家的边防、锦衣卫、东西厂等掌握在宦官的手中极为不满，对于社会稳定和社稷安全是一个极大的威胁。他还上书弹劾寿宁侯张鹤龄的不法行为，惹怒了处处护着张皇后的明孝宗，被囚于锦衣卫狱中，虽经大学士刘健、谢迁等人一再请求，从狱中放了出来并官复原职，还是被孝宗罚俸三日。

李东阳从弘治四年（1491）开始参与编修《宪宗实录》，因编修有功被提为侍讲学士兼太常寺少卿，主管翰林院的事情。李东阳深信在其位，谋其职，尽心竭力为朝廷做事，敢于直谏，对孝宗皇帝提出了不少有用的建议，深受孝宗皇帝赏识。弘治七年（1494），李东阳升为礼部右侍郎兼侍读学士，因为李东阳的文才书法都是当朝官员中执牛耳者，朝廷的许多诏书、行文，多出自李东阳之手。李东阳为人和气，善于结交各个层面的人，即使持不同政见者，他也坚持以礼相待，因而他同朝中大部分大臣的关系都很好，就连宫中的太监有的也与他有些交情。

李东阳仕途可谓一帆风顺，弘治十一年（1498），他又被提升为礼部尚书兼文渊阁大学士。第二年，奉孝宗之命，就任会试主考官，当时同他一块担任主考的还有同朝为官的程敏政。考试结束以后，突然有人参劾主考程敏政向江南才子唐伯虎透露试题，有作弊之嫌。孝宗命李东阳会同大理寺查办此事。李东阳知道有人要蓄意陷害，不想事态扩大，采取了息事宁人的办法，将被人怀疑的唐伯虎排除在三甲之外，避免了一场官场争斗的发生。

李东阳还是一位著名的诗人，在成化、弘治年间他主持诗坛，奖励后学，颇具声望和影响，形成了以他为首的茶陵诗派。李东阳主张写诗要反映民

唐寅

间真实生活,注意用诗来表达民间疾苦。这些诗作奠定了茶陵诗派的基本风格,在明朝的诗歌发展史注入了一股清新自然的气息。

李东阳为官清廉,虽身居高位,却从不敛财,过着清贫的书生生活。到了武宗年间,因为太监弄权,武宗荒淫无度,李东阳多次上疏进谏,武宗都不予理会,于是便以年老多病为由,辞去内阁首辅的职位告老还乡。正德十一年(1516),李东阳病逝,享年70岁,赠太师,谥号文正。

为官务实的刘大夏

刘大夏,字时雍,号东山,英宗正统元年(1436)生于湖北华容县。他自幼聪敏好学,天顺三年(1459)考中湖广乡试的解元,四年后入京赶考,名列三甲,被选为翰林院庶吉士。宪宗成化元年(1465)被授兵部职方司主事,后升为兵部车驾司郎中,改职方司郎中。孝宗弘治二年(1489),刘大夏被升为广东右布政使。

刘大夏做官不求清虚之名,比较注重务实,他为官正直,不避权贵,名声渐著。弘治五年(1492),刘大夏被转调为浙江右布政使。第二年春天,黄河在张秋镇、黄陵岗等处决口,夺汶河入海,漕运也被阻断。明代漕运一直为南粮北运的重要通道,朝廷对此事极为重视,派工部侍郎陈政调集民夫15万前往修治,但工程未完陈政便病死任上,这使孝宗深感忧虑。朝廷下诏命令百官推荐可以担起治水大任的官员。吏部尚书王恕素闻刘大夏之才,便推荐了他。这位年近花甲的老臣被升任为右副都御史,前往治理黄河。

明朝历来的治黄策略与元朝相似。为了维持大运河的漕运,尽力避免黄河向北溃决。刘大夏治理黄河,也是采取的遏制北流、分流入淮的策略。刘大夏为了尽快完成治河任务,尽早使灾民回归家园,并打通漕运,每天都亲自到河堤上与河工们一起工作。刘大夏还听取水利专家的建议,首先在决口的地方开挖了一条月河,打通漕运,解决南粮北运的危机,又经两年时间,集中人力围堵张秋决口,疏通河道。刘大夏不顾年高体弱,每天都要亲临河工,孝宗皇帝十分感动,特地派官员送羊送酒到治河工地上犒劳刘大夏和河工人员。为了保证黄河不再夺河入海,刘大夏又调集河工从昨城,经东明,长垣到徐州,筑了一道长约360里的大堤,防止了黄河堵塞漕运。

此后,刘大夏更加得到孝宗皇帝的信任和倚重。弘治十年(1497)秋,刘大夏推说有病,曾三次上疏请求回家养老,弘治十五年(1502),刘大夏被拜为兵部尚书,代替原任兵部尚书马文升。刘大夏多次告退,孝宗都没有答允,催促他尽快入见。孝宗弄不明白刘大夏究竟为何不肯受职,询问他,刘大夏回答说,他年老多病,而天下已经到了民穷财尽的地步,而他估量自己的能力不足以解决问题。皇上听了,深深感叹于刘大夏对形势的判断。

不久,孝宗又与刘大夏进行了一次深入的君臣谈话。而后,孝宗采纳刘大夏的建议,下诏在全国反贪倡廉,裁革传奉官,削减捐纳。这一年冬天,孝宗又采纳刘大夏的建议,将驻扎在保定卫军万人发回原地的卫所进行操练。

孝宗对刘大夏的信任使他声名鹊起,名声甚至超过了内阁大臣谢迁等人,时人称为"弘治三君子"之一。这种宠任也引起了一些大臣们的非议。有些大臣不满刘大夏受宠,私下里说孝宗"偏听生奸,独任成乱"。孝宗为了保护刘大夏,在一次单独召见刘大夏时说,告诉他不必在朝堂上亲自陈奏,可以写个折子密封上奏。刘大夏却认为用密折之法,时间长了会出弊端。孝宗更为叹服。

武宗正德元年(1506),刘大夏已是年逾古稀的老人。他看到太监刘瑾秉朝乱政,多次上疏弹劾，引起刘瑾的怀恨。正德三年(1508)九月，刘瑾假借刘大夏以前在两广任内处理田州土司岑猛案件不当，派锦衣卫逮捕刘大夏，关入北镇抚狱。刘瑾索取贿赂未得，又想给刘大夏加上"激变"罪名，置之于死地。左都御史屠滽和宰相李东阳等人极力解救，才免一死，改为充军肃州。当时刘大夏已经73岁，夹道送行的百姓见了无不叹息流泪。

正德五年(1510)八月，刘瑾因罪被处死，刘大夏遇赦，并开复原官。正德十一年(1516)五月病逝，享年81岁，赐谥忠宣。

正直贤良的怀恩

怀恩，山东高密人，是宣宗朝兵部侍郎戴纶的族弟。戴纶因为向宣宗上疏请求停止游猎，被坐以"怨望"之罪，戴氏一族也都要连坐治罪。戴纶有个叔叔叫戴希文，当时任官太仆寺卿，被罢官没籍，独生的幼子被"净身"为小太监，送入宫中当了小黄门，赐名怀恩。明朝中后期由于时常有太监专政，因而在人们眼中的形象极为恶劣。但怀恩却十分正直贤良。时人有诗曰："中官独能直谏，尚书卓有政声"，中官指的就是太监怀恩。

怀恩为人忠厚，耿直敢言。当时宪宗宠信佞臣梁芳、妖僧继晓等人，继晓在宪宗面前夸耀自己精通房中术，用这些下流的东西来引诱宪宗。宪宗年岁已高，精力衰竭，不足应付后宫的众多妃嫔，常常暗自叹息，继晓所荐正合他心意。宪宗在这伙佞臣的引导下，食用春药，果然效力大增，一晚上可以临幸数人，宪宗十分高兴，立即封继晓为国师。从那之后，宪宗对继晓总是言听计从。刑部员外郎林俊听说后具疏参奏，请求宪宗斩杀妖僧继晓及太监梁芳，以平民愤。宪宗看了林俊的奏折后大怒，立刻派锦衣卫将其逮捕入狱，问他是受谁主使。都督府经历张黻上疏替林俊辩解，也被逮入狱中。怀恩知道这件事以后，感于林俊的忠义，急忙便面奏宪宗，说他们都是忠臣，请求宪宗释放两人。宪宗大怒，声称连怀恩一块杀。怀恩并没有退，而是马上跪在地上，大哭不止。宪宗不予理会，自己走了。怀恩回来后，派人到镇抚司告诫主事官说："你们奉承梁芳，陷害林俊，如果林俊死了，你们也没有什么好结果。"镇抚司的官员害怕获罪，也上书替林俊说话。宪宗这时气也渐渐消了，终于把他们两个放了出来，贬林俊为云南姚州判官。

乾清宫

当时，汪直督理西厂，梁芳、韦兴等人当权，但是怀恩因执掌司礼监，职位排在他们前面，而且怀恩性情忠厚耿直，无所屈从，这些宦官都怕他，在他的面前不敢做坏事。怀恩在皇帝面前敢于直言，曾经从佞臣的手中保护了不少朝中的正直之臣。

万贵妃专宠后宫时，怀恩知道纪氏的事情后，常常送些蜂蜜饴糖过去。后来，太监张敏把这件事告诉了宪宗。皇上十分震惊，当时也在皇上身边的怀恩急忙应道："此事千真万确，小皇子秘密养在西内，为女官纪氏所生，现在已经六岁了。"在张敏、怀恩等人的保全之下，才有了后来的孝宗皇帝。

万贵妃知道这件事以后，十分气愤，想陷害怀恩，可怀恩在宫中素有名节，没有把柄可抓。不久万贵妃和太监梁芳又劝说宪宗易储，宪宗召来怀恩拟旨，不料怀恩以头碰地，誓死不从。宪宗没有办法，罢了怀恩的司礼监掌印，贬往凤阳守灵，并继续谋划易储。后来东岳泰山发生地震，钦天监奏报说地震与太子有关，宪宗迷信，怕惹得天怒人怨，总算搁下了易储的念头。

孝宗即位后，感恩于怀恩的力保，将他从凤阳召回，委以重职，掌管司礼监。怀恩极力劝孝宗斥逐万安，惩治作恶多端的太监，免除众传奉官，任用忠臣。御马监的太监王敏请求保留马房的传奉官，去拜见怀恩。怀恩大骂说："星象异常，就是因为我们这些宦官败坏国政！现在刚纠正过来，又被你破坏，天雷要轰你了！"王敏十分羞愧。章瑾向怀恩行贿谋取官职，怀恩将其一顿怒斥。吏部尚书王恕因直言敢谏使孝宗难以接受，怀恩规劝道："王恕是真忠臣，天下的忠义敢言之士，也只有这个人了。"孝宗任用了许多正直的人士，这里面也有怀恩努力的结果。

怀恩临死前，还劝孝宗应该励精图治，多用正臣。孝宗听了深受感动。怀恩死后，得赐祠庙匾额，题为显忠。

制度建设

践行一夫一妻制

中国古代的成年皇帝，基本上都三宫六院，嫔妃成群，明代的皇帝尤其如此。只有一个明代皇帝例外，那便是孝宗朱祐樘。孝宗终其一世，身边只有张皇后一人，再无一个其他的嫔妃。他可能是中国皇帝中唯一实行一夫一妻制的帝王。

孝宗的皇后张氏，河北兴济人（今河北沧州市北），出身于诗书世家。张氏的父亲张峦是宪宗年间的秀才，后来进入国子监成为监生。张氏自幼便受到了比较好的家庭教育，养成了她活泼可爱，又知书达理的独特性格。成化二十三年（1487）二月，张氏被选为淑女，送入宫中与当时身为皇太子的朱祐樘成婚，婚后立为太子妃。同年九月，宪宗去世，朱祐樘继位，是为孝宗，张氏也被正式册封为皇后。

孝宗幼年不幸，六岁以前一直跟母亲和被宪宗废掉的吴皇后秘密地在冷宫之中生活。虽然后来被立为太子，但依然生活在万贵妃的淫威之下。这使得孝宗从小就懂得，嫔妃之间的争宠吃醋是后宫争斗的根源，有争斗总会有牺牲。而孝宗从小便被立为太子，接受了严格的儒家教育，深受儒家节欲修身思想的熏陶，对男女之事的兴趣也并不强烈。再张皇后本人也性格开朗，活泼可爱，琴棋书画无所不通。每天在孝宗繁忙政务之余，陪他读诗作画，听琴观舞，谈古论今，所以孝宗与皇后如同一对民间伉俪感情甚笃。孝宗一朝，主上勤政，善于纳谏，规改过失，与皇后的贤惠是分不开的。

弘治四年（1491）的九月，张皇后为孝宗生下了第一个皇子朱厚照。孝宗对这个儿子非常疼爱，对于张皇后自然更是宠爱。但是，在那个年代，讲究的是多子多孙，皇帝之家更是如此。皇帝的子孙多少，是关系到国家承嗣的大事。当年宪宗无子，大臣们就曾上疏请求宪宗，多纳妃嫔，广播雨露，以多得子嗣。弘治初年，张皇后尚未生子的时候，就有御马监左少监郭镛上疏奏请孝宗预选淑女，等为宪宗服丧期满三年后从其中选两名女子为妃。但这份上疏立刻遭到了当时为左春坊左庶子兼翰林院侍读的谢迁的反对，他认为孝宗守孝未满，不宜纳妃。

孝宗对张皇后的宠爱之情，在中国古代所有的皇帝之中可以说是独一无二。张皇后受宠于皇上，她的两个弟弟恃权放纵，鱼肉乡里。大臣们因为张氏兄弟的事情曾多次上疏，请求孝宗予以规治。孝宗怕会伤害到皇后的感情，一直没有同意大臣们的上奏。张氏兄弟更为嚣张，对那些参奏他们的大臣说："我们是皇上唯一的小舅子，是国舅爷,皇上不会拿我们怎么样的,你们尽管参奏吧。"但是,孝宗正致力于整治朝纲,对于外戚的放纵也是有限度的。他派人去查实张氏兄弟的事情,为了不损伤他和皇后的感情,又能警告张氏兄弟,在一次宴会上,孝宗趁着皇后不在的时候,狠狠地把张氏兄弟数落了一番,警告他们今后不可再做违法之事,否则定会严惩。张氏兄弟的行径才收敛一些。

张皇后同孝宗一生恩爱,共生有两子三女,皇长子朱厚照是后来的武宗,皇二子朱厚炜与皇长女太康公主先后夭折。孝宗从小受苦,身体羸弱,弘治十八年(1505)五月病死,终年36岁,葬于泰陵。孝宗临死的时候曾经感叹道:再过几年太子就可以单独办事了。只可惜这位单脉相传的武宗昏庸无道,不但葬送了孝宗十几年励精图治的成果,还断绝了孝宗一支的血脉。孝宗一生贤明有道,被人称为"中兴之令主",到头来却弄个血脉断绝,不能不为人所叹息。

张皇后一生受孝宗的宠爱,孝宗死后,儿子朱厚照登基,册封她为皇太后,一生荣耀。但是人生变换由于武宗死后没有子嗣,只好由堂弟朱厚熜继承皇位,是为世宗。朱厚熜登基以后,借口张氏的弟弟张延龄试图谋逆,将其捕入狱中,张皇后的另一个弟弟张鹤龄又被人揭发谋反,也被逮捕。张皇后为弟弟求情,遭到拒绝,没过多久就忧死宫中。

改革盐法

明朝自创建以来,在食盐的管理和贸易方面实行的是开中盐法,就是召纳商人贩运粮食、马匹、铁器、布帛等军队和官府需要的东西来换食盐,然后运到全国各地贩卖。明朝边患严重,戍边的军队每年都需要大量的粮食,仅仅靠朝廷运输和边军屯田远远不够供应。只要边地缺粮,就由户部贴出榜文,召纳商人,运粮支边,然后发给这些商人全国盐务机关通用的凭据。等这些商人纳粮之后,可以凭借收据到各地的盐务机关换取食盐,再到不同的地方销售。开中盐法实行初期,许多大商人招募大量的流民到边境开荒屯田,用田中收获的粮食换取食盐,然后再转运各省,获利颇丰。到了永乐年间之后,由于各个部门从中克扣,商人逐渐没有什么利润可图,开中盐法逐步废弛。

到了明朝中期,官宦富人纷纷利用职权,把持盐场的专卖权,然后再贱买贵卖,使商人无利可图,从而影响了商人运粮支边的整个流程,造成盐法破坏。因为本来开中盐法规定:商人贩卖食盐,必须首先运送粮食到边界卫所,才能够领取换盐凭据,再到各地盐场换取食盐,运销各地。这样一来,形势更加严峻。正统年间,曾经创制了存积盐法,就是让商人依次支盐,存积在盐场,等着价格升高。如果边境有急事,可急召商人支边,并随时支盐。存积与常股盐一般维持三七或者二八的比例,后来存积盐的比例稍微有些提高。但这个办法并没有解决开中盐法的危机,反而导致了一些新的问题,使存积盐利大都被权宦、太监们霸占,普通商人不愿贱售,报中无人,存积盐滞销,致使边地粮食储备没有着落。即使有些商人运粮支边换取销盐凭证后,也支不到盐,这样恶性循环,使商人们逐步陷入尴尬的境地。

明孝宗即位以后,决定对盐法进行一番整治。他任用叶淇担任户部尚书。叶淇对盐法中的弊端早有所闻,上书孝宗说:"商人们到边境送粮,价格本来就低,还要长途跋涉,十分辛苦,到头来还得不到盐,赚不到钱,渐渐没有人再愿意做这件事情。如果不让他们运粮食,而是让他们交银子到盐法司换取食盐,由国家自己买粮充边。商人们获利多而且容易办,一定会很积极,对国家和商人都有好处。臣认为改用银子来代替粮食作为食盐的中介是大势所趋,也是利国利民的大事。希望皇上能够及时下诏改革旧制,实行新法。"孝宗深以为然,下决心改革旧盐法。弘治五年(1492),孝宗正式下诏,改革盐法。规定由商人交纳银两给国库,由国库分拨到各边作为军饷,然后由国家给商人凭据换盐运销。这次变革盐法是因为叶淇所上的奏疏引起的,历史上一般也称之为"叶淇变法"。

这次改革盐法,大大促进了山西一带商人的兴起。山西南部有巨大的盐池,在夏季可以捞采到天然结晶盐,这种盐比晒制河盐、海盐、井盐和熬制土盐都要容易得多。这些商人就近输银换盐,然后再运往全国各地,逐步成为历史上一个十分有影响力的地方商人集团。

但是这次盐法改革,危害到了以贩盐渔利的一大批权贵宦官们的利益,因此一些保守官僚诬蔑叶淇,说叶淇是盐商们的亲信,收受了很多盐商的贿赂,是为了保护盐商的利益才这么做的。叶淇担任户部尚书六年,正直廉洁,一切都为国家着想。但是在那个时代,叶淇寡不敌众,在强大的舆论压力下不得不辞官归乡,从此退出政治的舞台。但是孝宗采用了他建议的盐法改革,给明朝带来了巨大的实利,弘治中兴局面的出现和明朝中后期商品经济的发展也与此不无关联。

明武宗朱厚照

人物档案

生卒年：1491~1521 年
父母：父，孝宗朱祐樘；母，张皇后
后妃：夏皇后、刘美人等
年号：正德
在位时间：1505~1521 年
谥号：毅皇帝
庙号：武宗
陵寝：康陵
性格：荒淫放纵，贪图享乐
名家评点：

朱厚照是一个对女人和游荡有兴趣的花花公子，荒唐而且任性。

——柏杨

明武宗朱厚照

少年即位

明武宗朱厚照（1491~1521）是明朝历史上第十位皇帝，明孝宗朱祐樘长子，弘治四年（1491）被立为皇太子，弘治十八年（1505）五月即皇帝位，改翌年为正德元年，故后世又称他为正德帝。朱厚照一生共在位 16 年，是历史上很有争议的一位皇帝：有人认为他一生纵情声色，荒淫暴戾，是为世人所诟病的"风流天子"；也有人认为他一生追求个性解放，追求自由与平等，是极富个性色彩的"个性皇帝"，因此难以用只言片语概括他奇特的一生。

武宗在位期间不务朝政，纵情声色，在宫外建立豹房，肆意淫乐。武宗为人狂放不羁，喜欢带兵，曾经多次化名自称将军到宣府，江南等地巡游。武宗一朝主乱臣庸，武宗即位初期宠信太监刘瑾、佞臣江彬等人，昏庸之臣充斥朝廷，使得明朝政治更加腐败，各地人民纷纷揭竿而起，爆发了刘六、刘七农民起义，孝宗留下的善政一扫而空，社会逐渐趋于动荡。

幸运太子

朱厚照是明孝宗朱祐樘和皇后张氏的嫡长子，出生于弘治四年（1491）九月二十四日申时。如果用天干地支来表示他的出生年月日时，是这样的：辛亥年甲戌月丁酉日申时。而要按照时、日、月、年的顺序读，就与地支中的"申、酉、戌、亥"的顺序巧合，按照当时封建社会民间迷信的说法，这在命理上称为"贯如连珠"，主大富大贵，据说明太祖朱元璋的生辰与此有相似之处，因而这是一个特别好的日子。

武宗是孝宗的嫡长子，在封建礼法社会中，像他这样的嫡长子是皇位的天然继承人。可以说武宗从一出生就注定了皇帝命。武宗出生后，孝宗十分高兴，给其取名为朱厚照，意思是希望他以后能照耀后世。五个月后，这位小皇子就被立为了皇太子，这位还不知世事的朱厚照对大明朝有着非凡的意义。由于孝宗和张皇后的感情非常好，所以孝宗一直没有选嫔妃，只有五个级别很低的夫人。孝宗一生只有张皇后所生的两个儿子，次子名为朱厚炜，生后不久就夭折了。这样，武宗就成为孝宗唯一的皇子，也就肩负起了传承大明王朝的重任。

朱厚照不仅出生的日子好，而且相貌也长得非同一般，据说朱厚照孩提时"粹质比冰玉，神采焕发"，颇有帝王风范。因而他出生后朱祐樘欣喜异常，五个月后就将其册封为皇太子，并为其取名"厚照"，意思是希望他以后能照耀后世，成为一代贤明之君。为此，朱祐樘对他的管教也比较严格，在他八岁时，就正式出阁读书，接受严格的教育。

朱厚照孩提时性情仁和宽厚，颇有帝王风范。八岁开始，朱厚照便正式出阁读书，接受宫廷的严格教育。年少时的朱厚照聪明异常，老师当天所授之书次日他便能掩卷背诵。数月之间，他就将宫廷内的繁琐礼节铭记在心。孝宗和大臣们都相信，眼前的这位皇太子将是一代贤君。武宗生而好动，自幼酷爱骑射之术。由于孝宗一心想把他培养成为太祖高皇帝那样的旷世圣君，所以对武宗骑射嬉戏颇为纵容，这也就种下了武宗日后不想当皇帝而想当将军的祸根。孝宗也注意到了这一点，恐武宗玩物丧志，在病逝前一天，特意把大学士刘健、谢迁、李东阳召至乾清宫暖阁，委以托孤的重任："东宫聪明，但年尚幼，好逸乐，先生辈常劝之读书，辅为贤主。"

身世隐情

然而，这个受到上天眷顾的真命天子的身世还有一些隐情，似乎有人事掺杂其中。从武宗出生那一刻起，关于他生母不是张皇后而另有其人的说法就不胫而走。尽管对于这种谣传的真实性，谁也没有真凭实据，但是关于张皇后生武宗一事确实存在着许多疑点。

张皇后为河间兴济（今河北沧州北）人，成化二十三年（1487）就被选为太子妃，孝宗即位后被正式册立为皇后。张皇后与孝宗婚后四年没有生育，也没有任何怀孕的迹象。因为传承王朝大统是一个皇帝的头等大事，大臣们和宗室皇亲都着急万分，先后上书请求皇帝从速选妃以广储嗣。这一点好像是京师里人人皆知的事情，因此许多人都在怀疑张皇后是否能够生育。孝宗没有听从大臣们的意见，心里也是非常着急，毕竟这是关系到大明王朝延续的大事，是自己理所应当的职责。于是他就和张皇后在宫中一连斋戒几个月，以求上苍的怜悯，赐一皇子给自己。最令人怀疑的事情就在这个时候发生了。弘治四年（1491）九月，宫中突然传出喜讯，张皇后终于生了一位皇子。举国欢庆之余，各种流言也随之四起，因为这种突然的事情不得不使京城的好事之人顺势猜测下去，许多人开始怀疑这个皇子究竟是张皇后亲生还是从别的宫人那里抱过来据为己有的。确实，张皇后生下皇子的消息太过于突然，事先竟然连一点征兆都没有。这种看似毫无凭证的怀疑，其实在明朝的宫廷中是一种不成文的习惯，那就是凡是嫔妃所生的孩子如果确定为皇权继承人的话，那么这个孩子必须由皇后来抚养，这个孩子也要称皇后为自己的母后。但怀疑张皇后没有生育能力是完全没有根据的，因为她后来确实为孝宗生育过一个皇子，不过早年夭折了。

武宗的生母究竟是谁？是张皇后还是别的宫女？明朝人曾经根据一些蛛丝马迹进行过细致的推测，但谁也没有提出什么令人信服的证据。可以肯定的是，郑旺妖言案中的郑金莲肯定不是武宗的亲生母亲。不过武宗并非张皇后所生这件事的确流传甚广,就连武宗做了14年皇帝后,宁王造反时,发布的檄文中还说武宗不是张皇后亲生子,由此攻击武宗。武宗处死了郑旺,迅速平息了事端。朱厚照终于以嫡长子的正宗皇家血统名正言顺地坐在高高的皇帝宝座上,开始了他为期十几年的荒淫腐败的统治。

玩乐无际

设立豹房

弘治十八年(1505)五月,明孝宗朱祐樘去世,15岁的皇太子朱厚照即位,开始了他长达16年的帝王生涯。少年天子朱厚照登临龙廷宝座不久,贪玩好动的本性就暴露了出来,他并没有朝父母期望的方向发展,而是凭借皇帝至高无上的权力,随心所欲,为所欲为,游戏国政。他废除了尚寝官和在文书房侍从皇帝的内官,以减少对自己行动的限制。为皇帝而设的经筵日讲,他更是以始建于正德年间的无锡寄畅园各种借口逃脱,后来连早朝也不愿上了。

朱厚照不顾朝臣的极力反对而沉湎于玩乐,主要是受到了当时以刘瑾为首,号称"八虎"的东宫八个随侍太监的蛊惑。明武宗正德二年(1507),武宗听从了刘瑾的建议,干脆搬出牢笼般的紫禁城,下令在紫禁城西北筑起了一片宫殿式的高大建筑,集纵情享乐和处理政务于一体,并命名为"豹房"。从此武宗和他的近侍随从人员就朝夕待在此地,不再回宫。朱厚照即位不久就娶了夏皇后,之后又选置了几个妃嫔,然而他似乎对后宫中的皇后、嫔妃并不在意,自从搬到豹房之后,就很少回到后宫了。

其实,豹房并非是武宗的创建,是贵族豢养虎豹等猛兽以供玩乐的地方,元朝时期

豹房勇士铜牌

已有此风气。另有虎房、象房、鹰房等处,房又称为坊,如羊坊、象坊、虎坊等,北京至今尚存此类地名。据说,豹房就像密室彼此相连的迷宫,这些密室有的是专门供武宗奸淫妇女之用的,有的是武宗游戏的场地,有的是作佛教寺庙之用。武宗用宣召、强抢或命

人进贡等手段，从各地网罗美女并把她们置于豹房之中，以便随时享乐。武宗在玩腻了所选的美女之后，又令锦衣卫到京官府第中物色能歌善舞的美女，将她们留在豹房的密室中，待之如妃嫔。武宗的玩乐之心如脱缰之马，不断在寻找新的刺激。他令宦官们开设店铺，自己换上平民服装充作店主，以讨价还价为乐。他又让宦官们开设酒店，弄来宫中美女歌舞，为其助酒兴。为了寻求更激烈的刺激，朱厚照还经常大搞军事游戏，他把太监分成两帮，自己身披铠甲，驰马舞剑作为主帅坐镇中央，指挥宦官组成的"中军"，与另一方进行对阵攻打，呐喊声震天，火炮声不断，闹得京城鸡犬不宁。

武宗每日广招乐妓，荒淫无度。正德九年(1514)正月十六日，宫中元宵节放烟花，不慎失火，大火甚至烧到了乾清宫。乾清宫是内廷三殿之首，象征着皇帝的权力和尊贵的地位。谁知武宗见到大火，不但没有下令扑救，反而跑到了豹房观看，谈笑风生地对身边的随从说："好大的烟火啊。"

宣府的镇国府

时间一长，这个"豹房"对于不断寻求刺激的武宗来说，也显得乏味了。正德十二年(1517)，在江彬等人的鼓动下，朱厚照离开京城，在宣府建造了他非常喜欢的"镇国府"，称此为"家里"，并将豹房内的珍宝、妇女运来，填充镇国府，似乎有常驻宣府的意思。朱厚照之所以有此打算，是与他尚武、想立边功密不可分的。宣府是北方重要的军镇，也是抵御蒙古军队入侵的第一道防线。朱厚照虽然荒淫，在内心里却一直仰慕太祖朱元璋和成祖朱棣的武功，盼望着自己也能像他们一样立下赫赫军功。驻守宣府，多少满足了他追求军功的心理。而且，在宣府再也不用听大臣们喋喋不休的劝谏。他更加可以为所欲为。

来到宣府后，朱厚照经常晚上出去，闯入民宅，或索要酒食，或抢劫妇女，无恶不作。后来，他对这种"出巡"产生了巨大的兴趣，每一次出巡回来，他的队伍都满载着金玉玩器、美姬艳妓，仿佛打了一场大胜仗，俘获了无数战利品一样，得意扬扬地回到豹房，再次把豹房装得满满的。正德十二年(1517)，武宗西巡大同，又大索歌伎于太原。在召至御前的一大批美女歌伎之中，武宗一眼就发现了天生丽质的刘美人。刘美人还能歌善舞，武宗如获至宝。

刘美人，名叫刘良女，是太原乐工刘良的女儿，后来嫁给了晋王府的乐工杨腾为妻。武宗巡幸完毕，又从榆林返回，仍对刘美人念念不忘，再次召见宠幸她，愈加觉得难舍难分。于是把她一起带回京师。从此，这位色艺双绝的美妓就留在了武宗的身边，日夜相伴。后来，宁王朱宸濠造反，武宗不顾群臣反对，决定亲自率兵去征讨。他先把刘美人移居通州，和她约定，武宗带兵先行，再派人返回来接刘美人随驾同行。临别之际，两个人柔情蜜意，难舍难分，刘美人取下一簪，送给武宗，作为凭信，半娇半嗔地约定说："见簪后前往相聚。"武宗将簪藏在衣中。但武宗在过卢沟桥时，纵马驰奔，簪子不幸失落。武宗吩咐近待随从四处寻找，几天几夜，毫无踪影。

武宗驰奔临清州，遣中使宣召刘美人南行。中使传旨，刘美人不见信簪，辞谢说："不见簪，不敢前往。"武宗见美人心切，没有办法，便独自乘舸昼夜兼行，直奔张家湾，亲自迎接美人。刘美人这才和武宗一同南行。随驾而行的大小官员早上起来发现皇帝不见了，谁也不知他返回京城去接刘美人。武宗对刘良女非常好，凡是豹房中有谁偶尔犯了个小错，只要刘良女在武宗面前替他求情，武宗就不会追究。

在豹房和宣府两处，朱厚照为所欲为，乐不思蜀。在这期间，他完全沉溺于女色和玩乐之中，政事全由太监来代理，其生活可谓是淫逸之至。

八虎用事

八虎诱导武宗

弘治十八年（1505）五月，孝宗病死。刚满15岁的太子朱厚照登基继位。武宗从小就被教导得能文能武，样样精通。不过，可能正是长时间受这种正统古板教育的压抑，陡然间做了皇帝，加在身上的教条突然间消失，随之整天接触又全是枯燥乏味的政事，所以，年轻好动的武宗很快就厌倦了这种生活，极力想摆脱朝廷大臣们的羁绊，过一种无忧无虑，自由自在的生活。小皇帝的这些心思被身边的太监刘瑾看得一清二楚，他投其所好，专门弄来一些歌伎、角抵之类的东西供他玩乐，刘瑾也因此大受皇帝宠爱。

明朝年轻的皇帝即位后，一般都依靠两种政治力量以维护其统治的稳定。一种是前朝的重臣和太子东宫的官属；一种是东宫太子身边的太监。武宗即位前，其父孝宗对年轻的太子放心不下，在临终前将老臣刘健、李东阳、谢迁三人召至床前，托付以辅政之事。武宗即位后，在处理朝政上却偏重于依赖身边的宦官。武宗为太子时，入侍东宫的内宦刘瑾、马永成、谷大用、魏彬、张永、邱聚、高凤、罗祥等八人，人称"八虎"，这时都得到武宗宠幸，权力也越来越大。"八虎"这个绰号不是他们自封的，而是他们的敌对者叫起来的。"八虎"集团中，刘瑾是首领。"八虎"想尽办法迎合武宗。在他们的诱导下，年轻的武宗终日游戏，有时甚至出宫游玩，把孝宗遗诏中要求兴办的事务，全都搁置一边。

朝臣劝谏落空

武宗在太监刘瑾等"八虎"的诱导下，整日沉湎于逸乐。朝中大臣们对武宗沉迷于玩乐享受的状况很是担忧，对武宗身边的宦官引诱武宗不务正业的行径更是愤恨，但是无论怎么劝谏，武宗也熟视无睹，只当作了耳旁风。大臣们纷纷上疏劝谏，武宗表面上表扬他们，实际上仍我行我素。在这种情况下，大臣们的言辞开始激烈起来。

正德元年（1506）十月，大学士刘健、谢迁及其他大臣交章上疏，斥责太监败坏朝政。十月，户部尚书韩文又联合九卿冒死进言，将"八虎"狠狠地痛骂了一番，并以汉朝"十常侍之祸"和唐朝"甘露之变"的旧事，请求武宗将刘瑾等太监治罪。武宗读后，"惊泣不食"，颇受震动。这时，司礼太监王岳等人与"八虎"已有矛盾，因而和阁臣刘健、谢迁等联合，决定除去"八虎"。那时恰逢京师接连下了三个月的大雨，一个风雨之夜，雷电把祭坛的大门、奉天殿的屋顶、太庙的镇脊兽都给劈坏了。南京及江南一带发生了地震，陕西也发生地震，天象一时间大变，出现了人们最不愿意看到的彗星。古时之人最相信这些灾祸的预示，都把这看作是人做错了事，上天借此来警告世人。武宗终于有些不知所措了，他虽然不忍心杀掉刘瑾等"八虎"，但也非常害怕自己的统治出现危机，于是准备将他们送到南京安置起来。

对此刘健、谢迁等坚持严惩，与王岳等人为此事商议对策，不慎走漏风声，被刘瑾的党羽，吏部尚书焦芳听到。焦芳火速通报刘瑾。刘瑾得悉，十分恐惧，与马永成等连夜跑到武宗那儿，跪在地上，哭诉求情。刘瑾以头触地，说他们的脑袋马上就要落地喂狗了，做出一副可怜的样子。看到这等情景，武宗于心不忍，便好言相慰。刘瑾乘机对武宗说："害奴才者，王岳也。"武宗不明其故，刘瑾道："王岳暗结阁臣，想制止皇上外出,还想把他们嫉恨的人除掉。骑马射箭怎么会损害到国家大事呢？朝臣之所以胆敢反对,是因为我们在司礼监没有人。如司礼监有了人,陛下做自己喜欢做的事情,就没有人敢出来反对了。"武宗听后,态度骤变,当即任命刘瑾掌司礼监,同时让马永成与谷大用分掌东、西厂。"八虎"迅速占据了要害部门。

在明朝,司礼监是一个很重要的内宫官署。因为一些皇帝往往不勤于政事,百官向皇帝上书,有的便让司礼太监代笔批示,这就给太监的胡作非为提供了可能。另外,司礼太监还有一个别人无法比拟的特权,那就是传达皇上的旨意。这种制度直接给宦官造成了篡改圣旨的机会。刘瑾就是司礼监的主管,这也成为他日后专横跋扈的重要资本。

第二天早晨,大臣入朝议事,觐见皇帝,见刘瑾等人在一旁趾高气扬,便知发生变故。于是,刘健、谢迁等提出辞职,刘瑾矫旨准允。一些曾上疏弹劾刘瑾的大臣,一个个被削职为民。王岳被贬逐到南京,在途中为刘瑾派去的人所追杀。不久,焦芳出任文渊阁大学士,与刘瑾沆瀣一气。由此,朝廷内外大权皆归刘瑾。这样一来,朝中的大臣们从此噤若寒蝉,对刘瑾等"八虎"的胡乱作为都是敢怒不敢言。"八虎"一得势,武宗更无所顾忌地玩乐起来,大兴土木,搜罗美女,纵情放荡,朝政日益败坏。

可是,为了争权夺利,"八虎"内部也逐渐出现矛盾。"八虎"中,刘瑾最狡猾,他虽然是其他七人推举上去的,但专政后,对七人的要求却不予理会,因而引起七人的不满,如张永,因受刘瑾的排挤,便对他产生了强烈怨恨。以后刘瑾被除,张永也起了很大作用。

刘瑾乱政

窃掌大权

刘瑾,原本姓谈,陕西兴平人,六岁时被太监刘顺收养,后来也净身入宫当了太监,就谎称刘氏,侍奉太子朱厚照,即后来的明武宗。武宗即位后,刘瑾执掌宦官二十四司中专管娱乐活动的钟鼓司。武宗当时还是一个15岁的孩子,生性好嬉戏。刘瑾抓住天子年少喜好嬉戏的特点,每日进奉飞鹰、猎狗等物,供武宗游玩享乐,他也因此深得武宗信任。随着武宗玩乐享受的欲望不断增加,刘瑾也想尽办法,准备各种歌舞技艺去取悦武宗,武宗因此对他更加喜欢。后来武宗让刘瑾掌管司礼监,兼提督团营。刘瑾等人从此掌管了内府各个重要衙门和东、西厂,终于掌握了朝廷的大权。

此后刘瑾一方面继续使出各种手段讨好武宗,一方面在朝中大发淫威。每当皇帝上朝时,刘瑾就站立在皇帝的身边,一同接受大臣的朝拜,一点也没有退让一旁的意思,人们都在私下里称他为"立皇帝",意思就是他是站着的皇帝。刘瑾在其专权期间,极力扩张自己的势力,广收贿赂,排除异己,孝宗为武宗留下的三位顾命大臣被他驱逐了两个。除此之外,刘瑾不断将自己的想法用法律形式固定下来,使他可以真正名正言顺地发号施令,权力达到了极限。

刘瑾专权用事,打击异己更是不遗余力。大学士刘健、谢迁曾力主惩治刘瑾等八太监,刘瑾把他们充军边关,痛加残害。一些官员挽留刘、谢,全部被撤职拿问,有的后来被列为奸党,揭榜朝堂,颁示天下。

正德三年(1508)的一天,御道上出现揭露刘瑾罪恶的匿名书。刘瑾闻讯后大怒,假借皇帝的圣旨,召集朝廷文武百官,责令长跪于奉天门下。天气炎热,多人因中暑而死。黄昏时分,刘瑾又将其中的300多人逮入锦衣卫狱。幸亏李东阳等极力援救,被捕的大臣第二天才得以释放。当时内外官员稍为正直的,都被谪徙贬死,生杀予夺,尽由刘瑾掌握。人心惶惶,不可终日。

刘瑾在打击异己的同时,又将亲信党羽擢升要职。刘宇依附刘瑾,仗势凌人,任吏部尚书,后为文渊阁大学士,加授少傅兼太子太傅。张彩,安定人,善于献策,被刘瑾委以重任,视为心腹。当时,满朝文武在刘瑾重压之下,曲意逢迎,只求自保。

刘瑾被诛

刘瑾最后的垮台主要是由于两方面的原因。武宗时期的明朝社会已经是矛盾重重,自然灾害不断,出现了大批避难迁徙的流民,导致了社会的动荡。刘瑾没有注意到这些,依旧派人到边境地区查勘屯田情况,并严令各地按田交税以搜刮钱财,这些事闹得民怨沸腾。庆王府的安化王抓住了这个有利时机,以"诛刘瑾,清君侧"为名起兵反叛。

正德五年(1510)四月,远在西北的安化王朱寘鐇以讨伐刘瑾为名,起兵叛乱。朱寘鐇散发了大量揭露刘瑾罪行的檄文、告示,被西北的官员带到朝廷,刘瑾看后,觉得对自己不利,便藏匿起来。朝廷起用右都御史杨一清,征讨朱寘鐇,以宦官张永为监军,朱寘鐇叛乱前后仅18天便被平息。这次叛乱虽然没持续多长的时间,但在朝廷中却掀起了轩然大波,武宗也隐隐约约地意识到了刘瑾过于跋扈。

另外,以刘瑾为首的"八虎"集团内部出现了分裂。由于刘瑾一直想一人独掌大权,所以他时常借着武宗最宠信自己而设法排挤以前和他一起分享权力的人,许多原来刘瑾的亲信对他也越来越不满。这一点被当时成功镇压安化王叛乱的御史杨一清抓住了。杨一清是朝中的老臣,这几年刘瑾的所作所为他都看在眼里,只是杨一清的心计比较深,他深知武宗信任刘瑾,没有绝对的把握是不能和刘瑾正面冲突的。机会终于来了。平叛时和杨一清同去的还有"八虎"之一的张永,张永近年来一直受刘瑾的排挤,越来越不得志,心里对刘瑾恨之入骨。杨一清抓住了这个难得的机会。

一天,杨一清试探性地对张永说:"赖公之力,得以顺利平息叛乱。这种叛乱容易平定,但如朝廷有内患就难了。"张永问:"这怎么说?"杨一清走近张永,在手掌上写了个"瑾"字。张永叹了口气,说道:"难啊,此人早晚都在皇上跟前,根深基厚,耳目众多。"至此,杨一清心中有了底,便慷慨激昂地说:"公也是皇上的宠信之臣,这次讨贼不叫别人而托付于公,其中的意思是很清楚的。现在,我们取得了平叛的胜利,可乘此机会揭发刘瑾作奸谋反之事。皇上英武,一定会听公的话,诛杀刘瑾。刘瑾一除,公益加受到皇上的信任,矫止前弊,收天下之心。如此,公之功业可载千秋。"

张永内心已动,只是担心:"如果不行,怎么办?"杨一清在旁鼓动:"言出于公,事情一定能成功。万一皇上不相信刘瑾会作乱,公就磕头哭诉,要求死在皇上的面前,剖心表明忠诚,皇上一定会被打动。"并说此事应立刻行动,不能有片刻的拖延。

正德五年(1510)八月,杨一清、张永班师。京城举行了盛大的献俘仪式,随后,武宗设宴慰劳张永。庆功宴过后,刘瑾先走了,张永就趁此机会把安化王叛乱的檄文和供词都呈上给皇帝过目,将安化王和刘瑾相勾结之事告诉了武宗,提醒武宗应该注意防范刘瑾。武宗这时已经有了几分醉意,他看着手中这些刘瑾谋反的罪证,心烦意乱间就同意了张永的奏请,命他带人去抓刘瑾。张永怕武宗酒醒见到刘瑾又会改变主意,得到圣旨后马上连夜带人闯到刘瑾家中,将其抓获。

第二天一大早,张永就请皇帝一起去查抄刘瑾的家,抄出金银数百万、珠玉宝玩无数,还发现藏有衮服、玉带、甲杖、弓弩等,这些都是违禁之物,同时还在刘瑾平常所用的扇子中发现藏有匕首两把。武宗大怒说:"这个奴才果然要反。"下令将刘瑾凌迟处死。凌迟进行了三天,刘瑾被千刀万剐,行刑之时,许多人花钱买割下来的肉吃掉,以解心头之恨。刘瑾终于倒台。

江彬弄权

获得宠信

江彬,宣府(今河北宣化)人,初任蔚州卫(今山西蔚县)指挥佥事,只是一名普通的军官、刘六、刘七起义爆发,京军不能控制,朝廷即调边军入内。就在这时,江彬以大同游击的身份领边兵前来镇压,他过蓟州时把一户普通人家的20余口全当起义军杀死,以此冒功。后来在战斗中,因多次残杀农民军立下战功。起义被镇压后,江彬带兵路过京师,通过贿赂武宗的宠臣钱宁,得到武宗召见。江彬见驾时,他于御前大谈兵法,深合武宗心意,就被留在了身边,后伴随武宗于豹房之中。江彬狡诈机警,善于献媚,武宗很欣赏他,升他为左都督,并赐姓朱,收为义子。

有一次,武宗在豹房玩"搏虎"游戏。武宗首先下场搏虎,谁知平日温顺的老虎突然兽性大发,朝武宗直逼过来,形势十分危险。武宗忙招呼身旁的钱宁护驾,钱宁害怕,江彬却上前施出勇力将老虎制服。武宗虽然嘴上说"我能制服老虎,不用你来救驾",心里却是十分感激。此后,江彬逐渐取代钱宁而得宠。

为了进一步得到武宗的信任,江彬又极力鼓动武宗到西北巡幸。他一面向武宗宣扬宣府兵精将广,靠近蒙古,皇帝到此可显示大明朝的声威,一面又说这里美女如云,山川秀丽,到那里可以避开朝臣们每天烦人的唠叨。边塞的独特风情和展示自己声威的欲望,使武宗下了出游宣府的决心。武宗到宣府后,第一件事就是营建"镇国府",并在府中设立了各种玩乐设施,同时命令把各地的奏章送到这里来由他批阅。镇国府从此成了武宗的第二豹房,武宗的生活也更加放荡。江彬深恐钱宁害己,不断地向武宗鼓吹边军如何英勇善战,引诱武宗将边军与京军互调,借以自固。按照明朝的祖制,边军、京军是绝对不许互调的。因为如果边军过弱,蒙古就会入侵;京军太弱,边塞的将领就会拥兵自重,这都是为加强皇权而立下的规矩。由于武宗对江彬宠爱有加,可谓是言听计从,他不顾众大臣的激烈反对,打破祖制调边军入京,并且设立了东、西官厅,由江彬等人统帅,江彬的势力逐渐扩张。

江彬的弄权使得明朝的政治更加黑暗,一些大臣们想要升官或者逃避法律的制裁只要向他进行贿赂即可,宛然有代替刘瑾成为另一个"准皇帝"的趋势。武宗死后,张太后第一个抓的就是江彬,在抄他家的时候,共抄出了黄金70多箱,白银2000多箱,其他的珍玩更是不可胜数,可见其在武宗一朝的势力之大。

江彬被杀

当时,许多大臣上疏弹劾江彬,但这些弹劾的奏章常常根本到不了皇帝的手中,这些人就被江彬找借口谋害。武宗到河西巡游时,当地驻军指挥在江彬的授意下,大肆进行搜刮,许多人家破人亡。御史刘士元对他进行弹劾,大量列举了江彬的罪状,但是这个奏章没有递上去就被江彬扣下了。江彬看到这个奏章后,对刘士元恨之入骨,他马上向皇帝进言,说刘士元说皇上荒淫无道,并让这里的百姓将他们的女儿全都藏了起来,以免被武宗糟蹋掉。武宗听后,大为恼怒,立即派人将这个胆大妄为的御史绑了起来,亲自审问。由于当时在野外,没有什么正规的刑具,武宗就命人用柳树当刑杖,当众杖打40,然后再用囚车将刘士元运回北京,等到回京以后再详细审理。通过这样的手段,朝中的大臣们对江彬的胡作非为都是敢怒不敢言。

不久,江彬又借宁王朱宸濠叛乱想要武宗南巡亲征。大臣百余人跪求劝阻。江彬故意激怒武宗,致使百余人全部下狱。八月,武宗与江彬等率兵从北京出发。途中,已获悉朱宸濠被王守仁擒获,但武宗为了畅游江南,竟压着捷报,秘而不宣。一路上江彬时常假传圣旨,派自己的手下到处骚扰搜括,百姓苦不堪言。直到次年闰八月,武宗将朱宸濠拘禁在舟中,在南京举行"受俘仪式"后,才勉强北还。

不料,回师途经清江浦(今江苏淮安)时,武宗在积水池打鱼取乐,落水染病,回京后病情恶化,正德十六年(1521)三月去世。武宗一死,江彬没了靠山。

明藏书家杨仪

皇太后张氏秉执朝政,信任顾命大臣、内阁首辅杨廷和,利用颁布遗诏做出了一系列矫弊反正的决定。当时,朝政由杨廷和主持,杨廷和与皇太后首先把江彬当年调入京师的边兵遣还各镇。江彬见朝廷罢撤京城边兵,内心非常忧惧。手下的人劝他尽快起兵反叛,万一失败,可以北走塞外。江彬犹豫不定,不时派人到内阁探风。杨廷和一面稳住江彬,一面暗中与太监温祥、魏彬、张永等人设计,乘江彬入宫觐见太后之机,立即逮捕江彬。随后抄了他的家,抄出黄金70柜,白银2200柜,其他珍宝无数。世宗即位后,江彬即被处以磔刑。

正德战事

应州大捷

自明建朝起,明朝的西部边境就面临着蒙古势力的侵扰。成祖五度出塞,仅仅取得了短时间内的安宁,并没能阻止蒙古骑兵的再次南下。英宗在土木堡被蒙古骑兵俘虏,更是明朝引以为耻的土木之变。到明武宗时,由于政治腐败,社会动荡不安,蒙古军队更是开始频繁骚扰边塞。加上武宗年轻并且好战,因此他积极进行和蒙古的决战。或许武宗一生最值得一提的便是应州城之战了。

正德九年(1514),蒙古骑兵突然冲到了宣府以西的西海子地区。突袭的蒙古骑兵大约有四万人,当地边军无法抵挡,明政府急忙调兵驰援。明军与蒙古军队在顺圣川接战,明军没能抵挡住草原的铁骑,以失败结束,但蒙古骑兵也由于疲惫而退却。紧接着七月间,蒙古又在大同周围聚集了将近六万军队,安营扎寨,似乎是在等待时机发动进攻。明朝政府大为惊慌,明廷的朝野上下都引起了极大的震动。武宗大为震惊,多次到西部边塞巡视,要求各地边防将领一定要严加防范,而且表示要亲自督军,同蒙古一决高低。

正德十二年(1517),蒙古五万骑兵直指明朝的边防要塞,战争开始。武宗此时表现出一个皇帝的威仪,承担了一次一个皇帝应该承担的职责。他积极进行军事部署,基本设定了以大同为中心的口袋式阵地,并准备选择在这个口袋的中部同蒙古军队进行生死决战。雄心勃勃的武宗不顾大臣们的坚决反对,下定决心要御驾亲征。一直都想在边塞建功立业的武宗终于有了机会,这是他盼望已久的事情。武宗亲自率领大军到达了顺圣川,然后从这里出发,进入了军事要地大同。此时的蒙古军队尚未发动进攻,明军也没有能摸清楚蒙古人的真正动机和作战战略方针。几天后,武宗突然接到消息,说蒙古军队并没有向东朝大同方向进攻,而是忽然分道南下,首先和王勋等部的军队开始交战。由于王勋等部驻守的是这次战略阵形比较突出的位置,虽然不是很重要,但是孤立无助,很容易被全部歼灭,武宗马上派人火速增援。蒙古军队在应州西北地区同王勋等部交战不久,马上退出了战场,立即继续南下。从这里再往南就是雁门关和宁武关的中间地带,通过这里就可以直冲晋中平原,蒙古人的作战战略一下子变得明朗了。武宗决定和敌人在应州大战一回。由于明军的顽强阻击,双方的战斗互有胜负,蒙古军队的进程被大大延缓。不久,蒙古军队又发动了进攻,武宗亲自督军上阵,同蒙古军队展开了一场激烈的战斗。战斗持续了将近六个小时,蒙古军队全部撤退。由于天气原因,武宗和其他将领也陆续撤离战场,没有继续追击蒙古军队。回到大同后,武宗又进一步做了战略安排,然后得胜返回。

正德十三年(1518)正月,武宗凯旋回朝。回朝前,他命令文武百官迎驾时在德胜门外搭几十座彩帐,上写"威武大将军",迎驾时要称皇上为大将军,可见武宗对这次战役的骄傲之情。

应州城之战是武宗一生中最值得夸耀的一件事,这次战役是应该给予肯定的。此后,在相当长的一段时间内,蒙古军队没有再来侵扰。

安化起事

武宗的荒淫无道使整个社会的危机日益严重,各地的起义都在酝酿之中。这种动荡的社会环境,腐败的政府统治,使得各地的藩王都蠢蠢欲动,他们的目光都紧紧地盯着令他们垂涎三尺的至尊宝座。正德三年(1509)八月,刘瑾奏明武宗后,派人到边境各地查勘屯田,编审屯粮,搞得民怨沸腾,军士愤恨。被派到宁夏的巡查官为迎合刘瑾心意,严令丈量土地,然后强迫以50亩折合一顷,按顷征税,以便用得来的钱财孝敬这位九千岁。这种做法使当地的戍将卫卒大为愤怨。

驻守宁夏的安化王朱寘鐇抓住了这个难得的机会,大肆收买人心,乘机起兵,发动了夺取皇位的叛乱。朱寘鐇,曾祖为朱元璋的第十六子。明朝初年,朱元璋大肆分封朱姓子孙时,其曾祖就藩于宁夏,朱寘鐇于弘治五年(1492)继承祖爵为安化王。

起兵前夕,朱寘鐇宴请镇守宁夏的太监李增、邓广以及总兵姜汉等人,托词说是要商量如何处理这些天来边镇军队中出现的骚乱现象。酒宴中,朱寘鐇的部将何锦等突然带兵闯了进来,随即就将李增、邓广以及姜汉等人当场杀掉。那个最令人愤恨的刘瑾的巡查官虽然也在邀请之列,但不知是何原因没有到来。

朱寘鐇在军师孙景文的出谋划策下先制造舆论。他们利用一些江湖术士到处进行宣扬,说安化王相貌伟岸,有九五至尊之相,将来必定是大富大贵。之后又借助巫师之言,当众称朱寘鐇有帝王之相,为天上星宿下凡。另一方面,他们打出了"诛刘瑾,清君侧"的旗帜,到各地发布檄文,大肆宣扬武宗荒淫无道,宦官刘瑾弄权,残害忠良,扰乱朝纲,人人得而诛之,还天下百姓一个清明的王朝,并详细列举了刘瑾的种种罪行。朱寘鐇企图模仿成祖朱棣,再演一出"靖难之役"。

朱寘鐇招兵买马,扩充军队,并招降了驻守宁夏的游击将军仇钺。宁夏副总兵杨英虽然进行了抵抗,但很快就被击溃。朱寘鐇以何锦为讨贼大将军,周昂、丁广分别为左右副将,四处出击,企图先控制整个宁夏,然后再图大业。固原总兵曹雄得知安化王反后,立即统兵前往进行镇压,并先命令黄正率领3000人入灵州,联合附近的各镇总兵一起进行讨叛,同时暗地里拉拢仇钺,让他做内应,以保升官发财。朝廷得知朱寘鐇反叛之后,也立即派老臣杨一清和太监张永率兵前往。也不知这个仇钺是真的投降还是为利益驱使,他在接到曹雄的密信后,整天装病在家,实际他是在暗地里招纳壮士。经过一段时间准备后,仇镀抓住了一个非常有利的时机。一天,大将何锦前来探病,仇钺乘机欺骗何锦说:曹雄的部队就要到来,应该抢先出兵把守渡口要塞,阻止他们渡河,这是行兵打仗的关键。何锦等由于对军事不是那么精通,所以就听信了他的话,率领军队倾营而出,只留下周昂守城,仇钺又趁安化王命周昂探视之机,在家里埋伏兵士,杀了周昂,然后仇钺率壮士100余人直奔安化府,将安化王擒获,并杀孙景文等十余人。安化王的仓促起事历时19天后失败。

这次反叛虽然很快就被平定,但它却产生了很大的政治影响,并间接导致了刘瑾的灭亡。

宁王之乱

明武宗正德五年(1510)四月安化王朱寘鐇反叛后,十四年(1519)六月,宁王朱宸濠又在南昌举兵反叛。朱宸濠(1477~1520),为朱元璋第十七子朱权的后代孙,世袭为第五代宁王。宁王的封地原在大宁,永乐二年(1404)改封在南昌。朱宸濠袭位后,同中央政权的矛盾日益激化。

朱宸濠不断网罗四方死士,积极扩充自己的队伍,并不断添购武器,储备粮草,为反叛做准备。由于觉得时机尚未成熟,朱宸濠决定采取两种方式夺取皇位。其一是等武宗死后,举兵反叛,以夺取天下;其二是利用武宗无子的时机,把自己的儿子推荐为皇位继承人兵不血刃地夺取政权。从血缘上讲,朱宸濠一脉离武宗很远,但他想入非非,贿赂武宗近臣,想让自己的儿子被召进宫,承继大统。他先是用金银两万贿赂刘瑾恢复护卫军,刘瑾被杀后,护卫被削夺。正德九年(1514)三月,他又利用兵部尚书陆完、宠臣臧贤等再度恢复护卫,加紧为叛乱做准备。

朱宸濠先后贿赂从中央到地方的各级官员,南京留守太监刘琅、太监张锐、近臣钱宁、江彬等均被其收买。另一方面,他与广西土官及南赣、汀、漳等地的土司相勾结,壮大日后叛乱的势力。朱宸濠谋叛的迹象愈来愈明显。对于他的谋叛活动,大学士费宏、江西按察副使胡世宁、巡抚江西右副都御史孙燧等先后力加阻止,并将情况奏报武宗,但武宗受近臣挑拨,对此置若罔闻。这些官员反而先后遭到贬谪,甚至下狱,这更助长了朱宸濠的气焰。

谁知就在朱宸濠得意之时,形势突变。江彬与钱宁之间发生了矛盾,江彬与太监张忠合谋,想借朱宸濠谋反之事除掉钱宁与臧贤。适逢朱宸濠祭父,大肆张扬,场面搞得很大,惊动朝廷。张忠乘机对武宗说:"钱宁,臧贤勾结宁王谋叛,陛下可知道?称宁王孝,讥陛下不孝。称宁王勤,讥陛下不勤!"武宗一改过去的态度,开始注意起朱宸濠的举动来。张锐等曾帮助朱宸濠恢复护卫,得知消息,怕株连自身,连忙协助策划削夺朱宸濠护卫。御史萧淮借此机会上疏说:"宁王不遵祖训,包藏祸心,招纳亡命,反形已具。"武宗这才清楚了朱宸濠谋反的真相,着手进行处理。五月,朝廷遣使到南昌,欲革朱宸濠的护卫,对其进行处置。朱宸濠知阴谋败露,干脆破釜沉舟,在南昌举兵反叛。

朱宸濠起兵反叛后,一面向附近各州县宣布讨伐檄文,一面派人到江西各地夺印起兵。妄图以南昌为根据地,直取南京,建立与明朝对立的政权。朱宸濠派人到各地进行征兵,组成了一支八九万人的军队。朱宸濠本来想直接攻取安庆,打开南京的大门,但是得到情报说,王阳明正在吉安等地聚集兵马,所以他采取了留守南昌的计划。其实,王阳明通过对朱宸濠军事行动方向的可能性的深入分析,以及根据朱宸濠的性格和心态,已经料定了他将沿江东进,以便夺得当年太祖兴兵时的首都南京。王阳明立即传檄附近各州县,号召各地守官联合起兵平叛。为了使各州县有足够的备战时间,他又设法延缓朱宸濠的行动。王阳明派出士兵四处散播谣言,说朝廷派出的大军马上就要开到,目标是直捣叛军的老窝南昌。朱宸濠得到的消息正是王阳明故意放出去的假消息。朱宸濠就被拖在了南昌,白白浪费了十几天的宝贵时间,贻误了最佳战机。王阳明在这十几天里从附近各县调集了近十万人马,却按兵不动。直到朱宸濠焦急地进攻安庆时,王阳明抓住南昌守备空虚的大好时机,北上直取南昌,轻而易举地占领了南昌城。宁王朱宸濠进攻安庆并不顺利,又听说南昌失守后,大惊失色。他马上带兵回援,赶回南昌时军队疲惫不堪,王阳明以逸待劳,没有几日,朱宸濠就败退鄱阳湖。王阳明又用火攻之计,一举俘获了逃窜的朱宸濠,消灭了他的军队。

至此,宁王之乱宣告结束。

刘六刘七起义

正德年间,奸臣当政,朝政昏暗,激化了各类社会矛盾,各地农民纷纷起义,规模较大的有河北的刘六、刘七起义。

当时,官府强迫京畿百姓代官养马,以供军用,叫作马户。一般按丁田授给种马,每年征小马,种马死或小马孳生数不足,都要赔补。官吏催督甚紧,马户不堪忍受,不断聚众反抗。他们经常利用官马,组织马队,劫富济贫,驰马鸣箭,被官府称为"响马盗"。正德初年,响马的势力逐渐壮大,朝廷派御史分驻各地,采用各种手段进行压制。他们以捕盗为名,滥杀乱捕无辜百姓,引起极大民愤。在这种形势下,刘六、刘七聚集起他们失散的旧众,在霸州举起了起义的大旗,各地流民纷纷响应,起义的队伍也越来越大。

刘六名宠,其弟刘七,名宸,霸州文安人,兄弟俩都很骁勇,善骑射。刘六、刘七等率领起义军南征北战,打击各州县的官吏以及地主大户,杀富济贫。第二年六月,参加起义的人日渐增多,起义军便兵分两路,一路由刘六、刘七、齐彦名率领,自山东、河南出湖广、江西,沿原路杀回霸州,复走山东;一路由赵燧、杨虎、邢老虎带领,经河南入山西,自西而东,由曲周、威县,回到文安,再往河间进发。纵横几千里,攻破城池数以百计。

明朝廷商议后,派惠安伯张伟、都御史马中锡率京营兵前去镇压。张伟是个纨绔子弟,乃昭皇后之兄,畏怯不敢与起义军作战;马中锡则是一介书生,不懂兵事,只知用招抚办法,如此岂能奏效?于是,起义军声势更盛。八月,朝廷再派兵部侍郎陆完等,征发大队人马,会同宣府、延缓等地边镇兵进剿,兵力远胜起义军。起义军时分时合,协力作战。刘七所率的一路直逼固安,京师大震。武宗亲御左顺门,紧急召见阁臣,命陆完迅速回师救援。一部分官军则留霸州与义军交战。义军见官军前后夹击,便乘机退走。

这时,赵燧在山东蒙山一带击败官军。十月,刘六部深入山东,连破日照、海丰、曲阜诸城,后又在济宁焚烧漕船千艘,擒拿工部主事王宠。随后,赵燧又挺进河南,攻克灵璧、夏邑、虞城,入归德府,大破官军。官军方面,辽东巡抚都御史彭泽、总兵咸宁伯仇钺等率延绥、榆林边镇精兵,参加了对河南义军的镇压。义军首领邢老虎病故,赵燧合并了他的部众,竖起两面金字大旗,上书"虎贲三千,直抵幽燕之地;龙飞九五,重开混沌之天"。经过泌阳时,赵燧焚毁了奸臣焦芳的院落,悬挂焦芳衣冠于树上斩杀,说:"我杀此贼以谢天下!"

正德七年(1512)三月,赵燧、刘三义军在河南洛阳击败榆林边军,杀指挥冯祯,但自身损失惨重,在汝宁府等地作战屡告失利。刘三与赵燧分兵后,被明将仇钺穷追不舍,中箭后自杀。赵燧突围后化装成和尚,潜渡长江,准备去江西,再次举事,不幸在江夏被捕殉难。河南方面的义军被镇压下去。

刘六、刘七领军从河北退出后,进攻山东,多次告捷。后又往来霸州、德州、洛阳、登州、莱州等地,与官军交战,互有胜负。但在围追堵截之

明书法家王宠

下,势力渐渐衰弱。刘三、赵燧失败后,官军便集中兵力扑向刘六、刘七,他们被迫转战湖广。在黄州(今湖北黄冈)战斗中,刘六中箭受伤,与儿子一起投水自尽。刘七、齐彦名夺得船只,顺江而下,在瓜州打败官军,直到通州(今江苏南通)狼山驻扎下来。刘七想从通州登岸由淮安回山东,因扬州官军狙击而被迫放弃。于是这支起义军便以狼山为根据地,活跃于长江沿岸,三过南京如入无人之境。但此时各路明军已进逼通州,形成包围之势。辽东兵、大同兵、宣府兵合力猛攻狼山。因寡不敌众,刘七投水,齐彦名阵亡,其余将士也都英勇战死。

刘六、刘七起义历时近三年,转战河南、河北、山东、山西、湖广、南直隶等大片地区,纵横千里。这次起义声势极壮,迫使官军投入大量兵力作战,对明王朝的统治是一次很大的打击。

贤臣遭斥

文武全才的王阳明

王阳明,名守仁,字伯安,浙江余姚人。他晚年居于会稽山的阳明洞,自号阳明子,后人遂称之为王阳明。

王阳明自幼就聪明过人,从12岁开始入私塾读书,后又跟随其父出游各地,立下了经略四方之志。他21岁中举人,28岁中进士,开始了仕宦之途。他的仕途并不平坦,一开始他担任一些卑微之职,干一些琐碎之事,在抑郁不得志间,他常寄情于山水之中。只做了两年官,王明阳便告病返乡,隐居于阳明洞修养身心。

武宗登基后,王阳明曾对这位年轻的新皇帝抱有很大希望,但是武宗的荒淫、刘瑾等宦官的乱政,使他对现实更加不满。他上书痛斥刘瑾等宦官的罪行,被贬到了贵州龙场当驿丞。龙场(今修文)地处贵州西北深山丛林中,虫毒瘴疠肆虐,生活很艰苦。王阳明官场失意,意志消沉,日夜静坐,以寻求内心的解脱。

在这里整个世界变得单纯起来,官场的客套、士人的寒暄等等一切都归于沉寂,只

剩下人与自然之间的关系，王阳明被抛回了原初的社会。在这种环境和心境下，王阳明开始思考诸如"我从哪里来，到哪里去"这些最基本的哲学问题。在每天都面临着瘴气和蚊虫之毒的生死之境中，王阳明渐渐明白了"置之死地而后生"的真实含义。那就是不亲自面临"实事"的真实环境，就不可能得出真真切切的道理来。换句话说，就是不进入临界状态，就不可能发现生存的真实环境，也就无法认清事物的本质所在。王阳明没有就此停止思考，他将从生死间得出的感悟和自己几十年来的所学结合起来，在一个春夏之交的午夜，他顿悟了，这就是著名的"龙场顿悟"。

王阳明通过龙场悟道确立了他的"心学"思想，之后，他不断丰富、发展学说思想的内容，先后在贵阳、南昌、浙江等地聚徒讲学。后来，他的学生将他的讲学内容和书信问答汇编成《大学问》和《传习录》，作为学习"心学"理论的教本。

王阳明认为"心者，天地万物之主也"，人心是宇宙的本体，是万物的主宰，整个宇宙都在人的心中，"心"之外别无他物。由"心外无物"，王阳明又引出"心外无理"，他认为天地万物之理，不必到心外去索求。因而，"良知"存在于人"心"，它能明是非，别善恶，而且具有孝亲、忠君、辞让、信义等道德观念，这一切都是与生俱来的。但"良知"常为物欲所昏蔽，必须通过道德修养，扫除物欲的昏蔽，恢复"良知"固有的美德，这就是他引申出来的"致良知"学说。此外，王阳明还针对朱熹的"知先行后"理论，提出了"知行合一"论。

王阳明所创立的心学在明代中后期风靡一时，曾一度几乎取代了程朱理学的地位，左右了我国思想界达100余年，影响到我国近代思想的发展。

王阳明不仅是我国古代伟大的哲学家，他还具有非凡的军事才能。王阳明26岁开始学习兵法，他对明政权广招勇士，而不去网罗富有韬略的帅才感到可惜，所以他特别留意武功之事，并研读各家兵法。这时的积淀，为他后来在平定宁王之乱中军事才能的发挥奠定了基础。仅用了35天时间，他就平定了叛乱，表现了卓越的军事才能。

仕途多坎的王阳明在45岁后又开始受到朝廷的重用，他也在西南地区为国家立下了不少功劳。他在这期间不停地上疏皇帝，请求返回家乡，终于得到了世宗的首肯。1582年，这位伟大的思想家和军事家去世。

刚直忠谏的杨氏父子

杨瑄、杨源父子二人，是以正直不阿、敢于进谏而闻名的忠臣。

杨瑄，字廷献，明朝景泰五年（1454）的进士，后来被任命为御史。他刚直不阿并崇尚气节。因弹劾石亨和曹吉祥触怒景帝，被逮捕入狱。后来被发配南部边疆。宪宗即位后，杨瑄官复原职，后来又升迁为浙江道副使。在这里他尽忠职守，为百姓谋利，不断兴修水利。在当副使的十多年间，他改善了西湖水的灌溉能力，使之能为百姓所用，最后死在了自己的任上。

杨源字本清，为杨瑄的儿子。杨源自幼学习天文，后被授五官监候。正德元年（1506），刘瑾等八虎引诱皇上沉迷于女色和享乐之中，不务正业。为了使皇上远离刘瑾等宦官，重新亲理朝政，杨源援引天象的变化，屡次上疏武宗，进行劝谏。八月初，天象有所变化，大角及心宿中星动摇不止。杨源借此进言说："大角，是天王之座，心宿中星，是天王正位，这两颗星都应该安静才是。如今动摇了，预示不好。"并说："书上解释为，人主不安，国有忧。"他的意思已经很明白了，是在劝谏武宗不要四处巡游，要以国事为重。没过多久，北斗第二第三第四星，不如往常那么亮。这原本是正常的天象变化，为了劝告武宗远离小人，以国家大事为重，杨源又上书说："北斗七星中，第二颗是后妃之象,后妃不得其宠则不明。"这是在说武宗不应建立豹房而冷落皇后和贵妃;"第三颗主百姓,百姓得不到爱护则不明",这是在说武宗的荒淫无度弄得民不聊生,官吏的剥削勒索更是使百姓无法生存,做皇帝就应该爱护自己的百姓;"第四颗主皇权,皇帝不能完全掌权就会不明",这是在提醒武宗刘瑾等宦官专权已经影响到了皇帝的权威。

杨源的上书,使刘瑾等人对其怀恨在心。杨源并没有畏惧刘瑾等人的权势,继续向武宗进言。十月间,大雾常至,杨源又借此上书说:"这是一种邪气,说明现在小人专权,皇上应该谨防被这些人所欺蒙。"这次进言终于使刘瑾等人再也无法容忍了,他们假借皇帝的旨意,将他廷杖了30,以示惩戒。杨源没有屈服于这种威胁,随后又进行了多次进言,最后被刘瑾等人假传皇上的旨意廷杖了60,发配到了边疆,死在了戍边的路上,死时极为凄凉,他的妻子只能就地拿些芦苇把他盖上。

杨氏父子以忠谏而名传天下,天下百姓无不为之赞叹。

荒唐而终

正德十四年(1519),武宗刚从西北回来后,又酝酿着要南巡,继续玩乐。恰巧这时宁王朱宸濠在南昌起兵反叛,亲征平叛给了武宗一个南巡的名正言顺的借口。

十二月,武宗到了扬州,继续他荒淫无耻的秽乱生活。武宗到后,他们便在半夜带人手持火把,遍入各家,劫掠处女和寡妇。谁要是藏匿,他们便将房屋推倒,所以无一得脱,闹得扬州夜半哭喊声远近震动。到南京后,武宗依旧是游乐嬉戏,终于,感到了身体上的不适,在游南京时他采取了坐龙舟的方式,再加上祭祀大典就要临近,一切都需要准备,流民起义又此起彼伏,所以他决定提前回京。

正德十五年(1520)八月十二日,武宗从南京起驾回宫。经过在龙舟上的几天休息,武宗身体稍有好转,又开始游玩了,先是游瓜州,然后是镇江。二十五日,从镇江出发,于九月初到达了淮安的清江浦。这是一个以钓鱼和捕鱼而著称的风景区。武宗突然游性大发,不顾大臣劝告,坚决要泛舟于河上。意外就在这时发生了,这位天子正当兴高采烈时,小舟被他一不小心弄翻了,他也随船掉到了水中。虽然左右侍从立即将他救了上来,并解嘲说"龙狎水"。但此时已是农历的九月,江北的天气已经转凉,在这样的天气中游泳的武宗一下子便受不了。再加上他长时间在女色中沉迷,身子已经是外强中干。武宗就此一病不起,太医们虽然医术高明,此时已无回天之力。

到达京城后,武宗勉强参加了每年一次的祭祀典礼。当他行跪拜礼时,便伏地不起,侍从把他扶起来时,发现皇帝已经吐了一大口血。礼仪半途终止,武宗被扶回了豹房。临死前的武宗所最烦恼的事就是让谁来继承他的皇位,武宗虽然阅女无数,但一直没有子嗣,这成为他心头无法抚平的伤痛。按照当时的规矩,通常有两种方法,第一种就是从自己的兄弟中选一个,第二种是从自己的侄儿辈中选一个过继给自己,然后立为皇太子。武宗倾向于第二种,但这时他已经是心有余而力不足了。他被搁置在豹房中养病,张太后等贵族势力联合起来把持了朝廷的政务,为防止意外,切断了武宗同外界的联系,武宗只能在这里眼巴巴地等待命运的终结。正德十六年(1521)三月的一天夜里,武宗突然病重,在豹房离开了人世。

明世宗朱厚熜

人物档案

生卒年：1507～1566 年

父母：父，兴献王朱祐杬；母，蒋王妃

后妃：陈皇后、张皇后、方皇后等

年号：嘉靖

在位时间：1521～1566 年

谥号：肃皇帝

庙号：世宗

陵寝：永陵

性格：自大残忍，刻薄寡恩

名家评点：

实际上嘉靖也无心治国。他最关心的只有两件事情，或者说两个问题。一是怎样才能最大限度地活够岁数，二是怎样才能最大限度地玩够女人。

——易中天

明世宗朱厚熜

幸运称帝

世宗朱厚熜（1507～1566），明朝历史上第十一位皇帝，正德二年（1507）出生于湖广安陆府（今湖北省钟祥市）。朱厚熜的父亲兴献王朱祐杬与明孝宗朱祐樘是亲兄弟。因明武宗朱厚照病死无子嗣，朱厚熜于正德十六年（1521）以藩王身份继承皇位，第二年改年号为嘉靖，故后世又称他为嘉靖帝。

世宗朱厚熜在位 45 年间之中，既因尊崇父母而引起"大礼议之争"，又因迷信道教而梦想成为神仙，以期长生不老，更因任用宠臣而使朝纲败坏。可以说，朱厚熜意外获得了皇位，从此他的性格也被皇权所扭曲。

意外获皇位

朱厚熜也许他做梦也没想到有朝一日能坐上皇帝的宝座，但是历史似乎格外垂青于他，真的给了他这样一个机会。正德十六年（1521）三月，荒淫的明武宗朱厚照在豹房去世。他一生嫔妃如云，却没给自己留下一个后嗣。武宗死后，他既无儿子又无兄弟，明王朝陷入了一个极为危险的境地。

究竟由谁来继承大统？文武百官们面临着一个巨大的难题。内阁首辅杨廷和在皇帝死前五天同皇太后张氏商量，依照《皇明祖训》，提出："父死子继，兄终弟及，现在正德皇帝即将大行，没有子嗣，也没有兄弟。按照顺序，孝宗皇帝的弟弟兴献王的儿子，宪宗的孙子，与吾皇的关系最近。应当由他继承大统。"杨廷和的建议得到了其他大臣和张太后的支持，他所选的兴献王朱厚熜是宪宗皇帝三子朱祐杬的独子、武宗皇帝的堂弟。明正德十四年（1519），兴献王朱祐杬去世，朱厚熜袭封为兴献王，现在年仅 14 岁。但是杨廷和隐瞒了《皇明祖训》中的一些内容，他并没有指出这条规定只适用

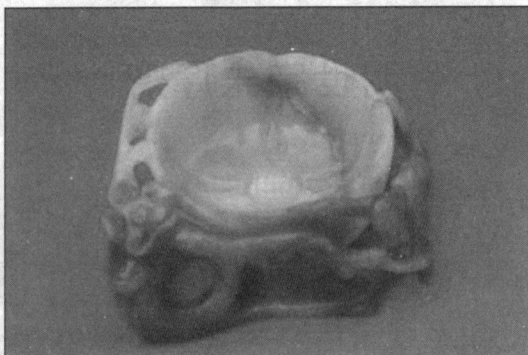

"一捧雪"玉杯

于正妻的儿子,也没指出任何相反的解释都要受到砍头的惩罚。在明太祖的《皇明祖训》中规定皇帝诸王子正当行为的条款,文字原文如下:"凡朝廷无皇子,必兄终弟及,须立嫡母所生者。庶母所生,虽长不得立。若奸臣弃嫡立庶,庶者必当守分勿动,遣信报嫡之当立者,务以嫡临君位。朝廷应即斩奸臣。其三年朝觐,并如前代。"这段文字明显地指同母所生兄弟,而不是指异母兄弟或堂兄弟。

杨廷和和张太后执意要把朱厚熜推上皇位,当然别有用意。张太后之所以要选择朱厚熜,除了遵循明朝初年规定的"立嫡以长不以贤,立子以贵不以长"的继承制度外,还是为了取得政治上的主动权,使自己可以以太皇太后的身份把持朝政。杨廷和则是想利用拥立新君的功劳,提高自己在朝廷中的地位和在皇帝面前的威望。但是,他们的这种打算能不能顺利实现,在新君即位以前的这段日子应该怎么应付等一系列问题,对他们来说,是一个严峻的考验。武宗身边得宠的大太监江彬以将军的身份统率大量军队驻扎在京师,如果他乘机发动政变,后果不堪设想,其他的那些急于保持自己地位的有力人物,也不知道会做出什么事情来。杨廷和和张太后首先借用皇帝的名义颁布了一项诏令,命令皇帝年幼的堂弟朱厚熜缩短为他父亲服丧的时间,并承袭他的兴献王爵位。然后,又在张太后的支持下,戒严京师,以严密的计划剪除了江彬。皇帝死的当天,张太后颁布懿旨,指定朱厚熜为武宗皇帝的合法继承人。据说,在那天,兴献王朱厚熜曾对身边的太监说:"我昨天晚上梦到自己的头发全白了,是个什么征兆呢?"那个太监说:"王的头上添白,是皇,吉兆啊。说不定王爷您要成为天下之主了。"御史毛伯温在觐见他时也说:"我知道这几天,江汉一代星辰为什么这么明亮了。"没想到第二天,京师便传来谕旨,令朱厚熜马上进京,继承帝位。

临行前,朱厚熜与自己的母亲蒋氏拜别,蒋氏语重心长地叮嘱他说:"我儿此次进京,入承大统,责任重大,但也不是一帆风顺,你要事事小心,不要随意说话。"朱厚熜辞别了自己的母亲,拜祭了自己的父亲后,在护卫的严密保护下前往京城。为防止有不轨之徒作乱加害,他们的行动做了严密的保密措施。沿途辞谢一切藩王的食物供奉,所行路线由内阁亲自制定,一行人昼夜兼程赶到京城。

但是,朱厚熜见内阁制定的继位程序是要他以皇太子的身份继承皇位,不满地说:"遗诏上说要我继承皇帝的位子,但没说要我当皇太子啊。我是先皇的堂弟,怎么能够以皇太子的身份继位呢?"朱厚熜坚决不入城,而是住在京郊,让内阁重新修改继位大礼,才肯入城。内阁想要朱厚熜先由东华门入居文华殿,然后择日登基,朱厚熜坚决不同意,一定要解决了即位的仪式问题才肯进城。杨廷和和张太后万万没有想到一个十四五岁的孩子会如此有心计。皇位问题一天不解决，就多一份危机，容不得拖延时日。后来，张太后和杨廷和没有办法，只好同意朱厚熜的要求，选良辰吉日，由大明门入城，派官员祭告宗庙，然后再去拜谒武宗的灵位，最后到奉天殿，举行继位大典。朱厚熜在和大学士们的较量中获得了胜利，这一场胜利也开始确立他的威信。于是，朱厚熜即位，是为明世宗，年号嘉靖，改下一年为嘉靖元年（1522）。嘉靖二字取《尚书·无逸》中的"嘉靖殷邦，至于大小，无时或怨"，是安定祥和的意思。

朱厚熜即位之初，在大臣的协助下，励精图治，废除了武宗时的弊政，诛杀了佞臣钱宁、江彬等人，使朝政为之一新。

大礼议之争

世宗继位后不久，就爆发了"大礼议之争"

明代"吴中四才子"之一的祝允明

这一明朝历史上最著名的政治事件。朱厚熜是个孝子，登上皇位后，仍念念不忘家乡的父母。他是作为其大伯朱祐樘的继承人做皇帝的，而他的父亲只是个藩王，那么朱厚熜是称自己的父亲为"皇考"还是称大伯为"皇考"？

虽然"皇考"只是个称谓，但在朱厚熜心里却成了认不认父亲的问题。他深知，给自己父亲上封号阻力重重，然而不上封号，父亲永远只是个藩王，留在钟祥松林山的那个小小的藩王陵墓就会淹没在历史的风尘中。因此他一当上皇帝，就要求给自己父亲一个高贵的封号，但是这一要求却遭到群臣、特别是首辅大臣杨廷和的反对，不久以后就爆发了"议礼之争"。

早在朱厚熜由藩邸进京的时候，未即皇位的他就在迎接的礼仪上与朝臣们发生了争执，结果以朝臣的妥协告终。紧接着，他的生母进京，又发生了类似的事情，最后朝臣又做了让步。这两件事可以说是议礼之争的导火索。从主观上来讲，朱厚熜从外藩即皇帝位，对朝廷的旧臣并不十分信任，他不希望以过继给明孝宗朱祐樘当养子的身份来承继大统，于是要求追封自己的亲生父亲为皇帝，这一点似乎"情有可原"，但是这恰恰是标榜尊崇礼教的众大臣们无法同意的。

就在朱厚熜准备让步的时候，新科进士张璁站了出来，帮了他一个忙，写了一篇文章，为朱厚熜追封自己的父母找了许多理论依据，而且引经据典批驳了群臣的观点。朱厚熜看后深受鼓舞，张璁也得以加官晋爵，成为议礼派的首领（当时反对的大臣们称为护礼派）。朝中由此出现了议礼派与护礼派的对立。由于有朱厚熜的支持，议礼派的队伍也在不断扩大，双方的斗争日趋激烈。在皇帝和大臣无休无止的争吵之中，杨廷和被迫辞去了官职，告老还乡了。

此后，"大礼议之争"达到了白热化的程度。一派以新任礼部尚书汪俊，大学士蒋冕、文渊阁大学士石瑶、大学士毛纪为代表，坚持恪守礼法，维护皇室血统的一脉相承。另一派以张璁和桂萼为代表，宁肯不顾传统礼仪，拼命维护朱厚熜。朱厚熜决意抛开内阁，一意孤行，非要按他的旨意行事不可。他强令礼部追尊其父兴献帝为"本生皇考恭穆献皇帝"，尊兴献皇后为"本生圣母章圣皇太后"，并令礼部在奉先殿侧另建一室，安放皇考神主。汪俊、蒋冕不肯从命,愤然辞职。朱厚熜还采纳了张璁、桂萼的意见,传谕内阁除去父母尊号中"本生"二字,毛纪力言不可,朱厚熜大怒,限四日恭上册室,两派争斗水火不容。大臣每次上奏折,把他们商改的结果报告给皇帝,皇帝都觉得很不满意,每一次都予以驳回。支持皇帝想法的奏折得到了皇帝的批准,又被内阁驳回,双方陷入僵持状态。

七月十五日早朝后,吏部与九卿以下237人一齐跪在左顺门下,高呼:"高祖皇帝,孝宗皇帝。"朱厚熜开始派太监前去劝说大臣们回家,但大臣们毫不动摇,坚持让世宗皇帝取消封自己的父母为皇帝皇后的决议。世宗听了之后大怒,立即下令锦衣卫抓捕为首的人。群臣大放悲声,号哭不止。朱厚熜又派人抓了134人,投入大狱。两天后,朱厚熜下令,将为首的杨慎等人谪戍边疆,四品以上者夺俸,五品以下者杖之,结果16人死于杖下。与此同时,兴献王的神主被迎奉入京,供奉在新建的观得殿里,尊号曰"皇考恭穆献皇帝"。

这件事最后以朱厚熜的胜利、护礼诸臣的失败告终。朱厚熜不仅实现了追封自己父亲为皇帝的愿望,而且树立了新皇的威信,开始了他的专制统治。嘉靖三年(1524)九月,朱厚熜定大礼,称明孝宗朱祐樘为"皇伯考",昭圣太后张氏为"皇伯母";称自己的父亲、恭穆献皇帝为"皇考",母亲、章圣太后为"圣母"。其实这场"大礼议"之争并不只是为了一个名义,实质上是一场皇帝与大臣之间的权力之争。

笃信道教

宠用道士

朱厚熜一辈子追求得道成仙,长生不老。因此他特别崇信道教。从16岁开始,他就喜欢上道教的斋醮活动,即建坛向神祈福的活动。在长达45年的帝王生涯里,基本上有一半的时间,他根本就不住在宫中,而是住在他专门用来炼丹、斋醮的西苑,可见他对于道教的痴迷从来就没有改变过。他还为自己取了几个很长的道号,例如"灵霄上清统雷元阳妙一飞元真君""九天弘教普济生灵掌阴阳功过大道思仁紫极仙翁一阳真人元虚圆应开化伏魔忠孝帝君",又号"太上大罗天仙紫极长生圣智昭灵统元证应玉虚总掌五雷大真人元都境万寿帝君",把自己当作道教的神仙,真是可笑至极。道士们看准了他想寻找长生之道的心理,竞相向他进献一些邪方妖术,讨取他的欢心,其中最值得一提的是道士邵元节和陶仲文。

邵元节,江西贵溪人,龙虎山上清宫的道士。还在正德年间(1506~1521)的时候,宁王朱宸濠就曾经礼聘他去宁王府,但遭到拒绝。因此,正德十四年(1519)宁王朱宸濠的叛乱被平定后,邵元节非但没有受牵连,反而被道人们认为撼惺梯而受到尊崇。嘉靖三年(1524),迷恋道教的世宗召邵元节入京,让他居住在显灵宫中,专门掌管祷祀之事。当时世宗因为进宫很久仍然没有皇子,十分苦恼。邵元节进宫之后,马上建祈嗣醮,装神弄鬼做了一通法。不知是因为巧合,还是什么,邵元节做法后不久就回山修炼,临走之前告诉皇帝说不必为子嗣的事烦心,因为上天念皇帝信道心诚,所以皇子指日可生。世宗听了当然是喜出望外。邵元节走后不久,嘉靖宠爱的阎贵妃真的生下一子,接着,其他的几个妃子也相继生下皇子。世宗因此对邵元节感激不尽,立即加封邵元节为尚书,赐一品冠服,专事祷祀。

此事过后,嘉靖见道教这么灵验,对道教更加感兴趣。他后来又专门修建显灵宫的昊极通明殿,来祭祀道教神仙浮德王、宝月光后。每天上朝之后,世宗就到邵元节的宫中学他做法。有一次,京师大旱,一连几个月不下雨。世宗知道邵元节做法灵验,便要他做法求雨。没想到几天之后果然下起了雨,嘉靖对邵元节更加信任了,加封邵元节为真人,让他主管朝天、显灵、灵济三个道观,总领天下道教。还派人在邵元节的家乡贵溪建造道院,名仙源宫。世宗做一次法要花费大量的银子,据记载"时每一举醮,无论他费,即赤金亦至数千两"。

后来邵元节病死,死前推荐了同自己要好的道士陶仲文来代替自己。陶仲文,初名典真,湖广黄冈人,曾做过黄梅县的县吏、辽东库大使。后来,他来京城,就住在邵元节的邸舍中。从嘉靖十八年(1539)到嘉靖三十九年(1560)去世,陶仲文成了世宗身边最受宠的道士。世宗还加封陶仲文为"忠孝秉一真人",加礼部尚书衔,食一品俸禄,命他马上进宫侍奉皇上。同时下诏封自己四岁的儿子为监国,自己则退居后宫专门体验陶仲文的房中术和金丹。嘉靖对陶仲文的宠信已到了"见则与上同坐绣墩,君臣相迎送,必于门庭握手方别"的程度。

有一次,世宗出巡,陶仲文也随行护驾。路上他们一行人遇到了旋风,陶仲文说宫中将会发生火灾。当天晚上行宫果然起火,世宗惊叹不已,认为陶仲文真的是神仙,又加封他为少师兼少保、少傅,位登三孤。从此以后,世宗每次举行斋醮大礼,总要命文臣写一篇祷告太上老君的文章,用朱笔写在青藤纸上,名曰"青词"。有一批官员投其所好,致力于撰写做醮事用的青词,因此获得了提升。嘉靖从这之后完全沉浸在对道教的迷信中,不再理会朝政。

迷信方术

道士们建议世宗实行采阴补阳之道,其实是世宗既想长生,又不想节欲的借口。世宗根据邵元节、陶仲文等道士的理论,整日练习房中秘术并与处女交配,希望可以达到采阴补阳、延年益寿的目的。

嘉靖十九年(1540),道士邵元节要为世宗炼制所谓的长生药"先天丹铅",其主要成分,就是十三四岁少女初次月经的经血,还有中草药、矿物质等成分,因而它事实上具有春药的功能。由于这种"丹铅"要用少女初潮的月经做原料,因此炼制过程就是残暴地摧残少女身体的过程。被选用当作原料供应者的宫女,即使不被折磨致死,也会落得浑身病痛,终生瘸伤。

陶仲文还向世宗推荐一种被称为"元性纯红丹"的丹药,据他说服下此药以后就可以长生不老。世宗听了信以为真,马上派人去各地采集炼制丹药的必备药材。不过,这副药的药材易得,药引却难得。这"元性纯红丹"其实就是我们后来所说的"红丸",也被称为红铅丸,是一种特殊的春药。但是在服用后短时间内确实能够使人觉得精力大增,气血两顺。红丸的制法非常特别,必须用处女首次月经来潮的经血来做药引,把收集来的处女经血盛在金或银的器皿中,加上半夜起身采集来的第一滴露水,再加入乌梅等各种药物,连煮七次,使药浓缩成黏稠状态,这时再加进乳香、没药、辰砂、松脂等其他有凝固剂作用的东西,以火提炼,最后炼制成一粒粒的丹丸。这种药还必须以晨起采得的露珠或是女子初为人母的乳汁调服才能奏效,许多宫女因而被摧残致死。

当时,宫女们每天黎明起床,到御花园之中采集露珠。早晨很冷,宫女们穿着单薄的衣裳站在晨风之中,冻得浑身发抖,很多人都因此病倒。天长日久,宫女们心中都充满了怨恨。

晚年的世宗,更加荒诞不经,派人巡行天下,遍访名士,寻求长生不老之术,因而又有一大批道士方士先后受到世宗的宠爱。百姓为了获得封赏也纷纷献书,丰城居民熊显进献《仙书》66 册,方士赵添寿、医士申世文共献"秘法"35 种,还有人伪造了《诸品仙方》、《养老新书》等书,说是仙书,献给皇帝。世宗一生迷信道教,最后终于因为服用红丸仙丹过多,铅中毒而死,实在是报应。

壬寅宫变

为了炼制仙药,世宗先后在各地选取年纪在 10 岁到 14 岁之间的少女 1000 多人入宫为婢。嘉靖二十六年(1547),皇帝以皇子公主就国时所需宫女必须提前训练为理由,命令礼部从京城周围地区挑选 11 岁到 14 岁的少女 300 人入宫;嘉靖三十一年(1552),又选了 300 名女童入宫。这是两次大规模的选童女入宫。后来又陆续地从各地选人,例如嘉靖三十四年(1555),选民间女子 10 岁以下的 160 人入宫,四十三年(1564)又再次大规模选入 300 名少女。在这期间,还陆续有小规模的选少女入宫的事情。这些女孩进宫之后先要接受严格的检查,确保处女无误,然后就悲惨地沦为皇帝制药的"药引"。

世宗疯狂地对少女们进行所谓的"采补",年仅十几岁的宫女成为"炼丹原料",被折磨得骨枯髓竭,身无人形,很多早早地便成为宫中冤魂。世宗为人严厉,又因为长期服用有毒性的丹药,更加喜怒无常。采集甘露的工作极为辛苦,就成了他用来惩罚失宠的嫔妃和犯错宫女的一种手段,宫中的人因此更加畏惧被派去采集甘露。眼看着一个接一个被当作"炼丹原料",宫女们实在忍受不了这种残酷的折磨,私下商议要杀死朱厚熜。其中有两个宫女,一个叫杨金英,一个叫邢翠莲,她们秘密地纠集了十几个患难与共的宫女,准备找机会杀死荒淫暴戾的朱厚熜。

嘉靖二十一年(1542)十月二十一日夜,朱厚熜,在自己十分宠爱的曹妃宫中饮宴嬉乐了一整天,晚上倒在曹妃床上酣然入睡,曹妃自己则避到另一间房歇息。以杨金英为首的宫女们趁他熟睡之时,蹑手蹑脚潜入他的寝室,屏住呼吸,按住他的手脚,用绳子勒住他的脖子,准备勒死他。眼看就要大功告成,可是由于紧张,宫女将绳子系成了死扣,怎么也收不紧,这时被曹妃宫中另一名宫女张金莲发现,眼见事情不成,为顾全自己性命,急匆匆到方皇后处报信。方皇后马上领人来救驾,宫女们全部被捕。朱厚熜苏醒以后,神志恍惚,好长时间不能说话,不能管事。于是由方皇后全权处理这场宫变。方皇后对曹妃素有妒忌之心,审讯时将曹妃打成主谋。随后,以朱厚熜名义,下诏将杨金英等十名宫女及曹妃一并凌迟处死。这件事情发生在旧历壬寅年,所以后人称之为"壬寅宫变"。

朱厚熜恢复视事以后,得知方皇后构陷曹妃的经过,心里暗暗怀恨。嘉靖二十六年(1547)十一月,宫内发生火灾,方皇后陷身火灾,厉声呼救。太监们向朱厚熜报告,朱厚熜却有意拖延,不采取抢救措施。方皇后就这样不明不白地被火烧死。此件事件,虽然朱厚熜侥幸留得一命,却落下一个心病,总觉得宫中鬼影憧憧,总听到冤魂凄厉的哭声。但他并没有忏悔之意,只是为了躲"鬼",长期迁居西苑,不再回旧宫。

而世宗并有因此而觉醒,反而认为自己大难不死,是因为崇敬神灵的缘故,更加笃信道教。但是,从这以后他却再也不敢住在宫中,而是搬到西苑蒸王的旧居居住,并宣称自己已是化外的人,还自封为"灵霄上清统雷元阳妙一飞玄真君",成了仙界的帝君,从此不问人间政事,专心炼丹修道,朝中事务变得一片混乱,到了难以收拾的地步。直到嘉靖四十五年(1566)冬临终之际,他对自己的所作所为方才有所悔悟。

偏爱祥瑞

祥,是指吉祥的征兆,源于道教中的天人感应说。因为迷信道教,追求长生不老,朱厚熜十分喜欢祥瑞吉兆之类的东西,认为祥瑞是上天预示人间的征兆,封建帝王如果顺应上天的意愿治理国家,使天下承平,百姓安居时,自然界就会出现一些好的征兆。如果君主无道,民不聊生,自然界也会有所反应,发生自然灾害或者彗星之类的变异反应。其实,他们所指的祥瑞也是自然界的正常事物,只是因为皇帝的喜欢才变得珍奇起来。皇帝们喜欢祥瑞,大多是为了自我标榜自己把国家治理得很好,上天赐福罢了。世宗对祥瑞的喜爱,就超出正常人想象的程度,这也极大地为朝中善于逢迎的大臣提供了加官晋爵的机会。

嘉靖七年(1528)三月,灵宝县的官员上奏说在灵宝县境内的黄河突然变清,世宗听说后十分高兴,以为这是上天赐给自己的吉兆,赶紧下诏,令当地地方官员祭谢河神,又派武定侯郭勋携礼部诸官员到京郊祭祀天地,他自己也在内廷答谢诸神灵。御史周相上书说这是大臣以此来逢迎皇上,请皇上即刻罢黜祭告,昭告天下臣民不可奏祥瑞之象。世宗听了之后十分生气,认为周相是在诽谤朝政,亵渎圣灵,下令将周相捕入诏狱,严加审讯。此后,一些地方官员投其所好,为自己取得晋身之阶,或者为抵消罪过,纷纷寻找或者制造所谓的祥瑞来欺蒙皇上。

嘉靖八年(1529),又有御史唐风仪进献了一支在四川发现的一茎五穗的麦子,陕西总制王琼奏称甘露降于固原。祥瑞接二连三的出现,世宗认为是上天在嘉奖他。嘉靖三十七年(1558),因平倭无功受到指责的胡宗宪为了讨好世宗,将一只在舟山捕获的白鹿献上。其实,毛色全白的鹿只不过是动物的一种变异,诸如"白虎"之类,算不得什么珍禽异兽,仅是世间少有罢了。世宗却以为这是上天赐给他的祥瑞之物,如获至宝,赶忙在玄极宝殿、太庙举行了隆重的告庙礼,并亲临两处,告谢天神和祖宗,百官也都顺着他的心意纷纷称贺,闹得沸沸扬扬,好像过节一样热闹。胡宗宪又设法弄来两只白龟和五棵大灵芝献进宫来。世宗一高兴,提拔了胡宗宪的官职,赐给他若干银币和金鹤衣,真是昏聩不堪!

同年八月,世宗突然在几案上和被子里发现了一粒金丹和一只桃子。他询问是谁放的,可大家都回答说不知道,于是世宗赶忙跑到太极殿去拜谢天帝;宫里养的白兔生了两只小兔,白鹿也在同时生了两只小鹿,世宗竟然以为天眷非常,大喜过望。官员们也纷纷上表称贺,朝政一片混乱。随着世宗笃信道教,他还把这一切同道教中的诸位神仙联系起来。各地的祥瑞接连不断地奏来,他整天也忙得不亦乐乎。有一次,泰安地区的地方官进献祥瑞,世宗准备斋醮来答谢上苍,整整忙了一天,连饭都顾不上吃一口。后来他对身边的太监说:"朕仰仗皇天的保佑,今年夏天醴泉在西苑里出现,各地也纷纷出现鹿瑞龟祥,这是上天在酬谢天下。我不敢怠慢皇天,所以要赶紧答谢。"可见他此时对祥瑞的喜爱已经到了痴迷的程度。

自此以后,吉祥之物层出不穷,满朝重臣都明知这些举动都只是讨取世宗欢心的骗人把戏,可是谁也不敢说明,只是在暗中讪笑不已。就在满朝文武大臣都缄默不言的时候,明朝有名的大清官,性格爽直的海瑞站了出来,冒死上书世宗说:"现在已经到了民穷财尽的时刻了。皇帝不惜劳民伤财,浪费了无数人力物力去寻找祥瑞。这种做法对皇帝、对国家没有什么好处。那些祥瑞其实是皇帝身边的奸邪小臣弄来糊弄您的。根本不是什么祥瑞。还请皇上三思。尽快罢黜祥瑞,精心治理天下。"

世宗当然不肯这么做,他如此痴迷地喜欢祥瑞,只能说是他心理变态的一种结果。

宠臣当道

张璁后来居上

张璁(1475~1539),字秉用,号罗峰,浙江永嘉人,后改名孚敬,字茂恭。张璁年轻的时候参加乡试,结果考了七次没有考中。正德十六年(1506)考中进士,当时他已经47岁了。

张璁以新科进士的身份上疏要求尊奉皇帝的亲生父亲,使他后来得到了皇帝的重用。当时,世宗正为尊奉自己父亲为帝的事一筹莫展,看见张璁的奏疏自然十分高兴。于是急忙把他的奏章交给朝臣商议。大臣们看了张璁的奏章,群起而攻之。张璁又写了《大礼或问》给世宗,皇帝拿着他的文章去批驳大臣,他们竟然驳不倒,只好同意尊孝宗为"皇考",而尊世宗的生父兴献王为"本生父兴献帝"。

嘉靖三年(1524)正月,世宗再次命令礼部讨论皇考这个问题,大臣们依然反对。张璁于是再次给世宗上疏,支持他的想法。与此同时,另外一个中级官员桂萼也上书支持世宗。世宗得到两人的支持,非常高兴,立刻召两人进京。五月,二人抵达京城,再次上书支持皇帝。众反对大臣气势汹汹,甚至扬言要杀了他们二人。桂萼吓得连门都不敢出,张璁也经过好多天才敢出门朝见皇上。最后,在世宗的坚持下,御史段续、陈相被下狱。张璁、桂萼在世宗的支持下力辩朝臣,终于使世宗如愿定自己的生父为"皇考"。从此,世宗对张璁宠信有加。

嘉靖四年(1525)冬,张璁升为詹事兼翰林学士,从此更得世宗的器重。后来在讨论世庙神道、庙乐、武舞及太后谒庙等问题上,世宗也都根据张璁的意见做出决定。嘉靖五年(1526)七月,世宗升他为兵部右侍郎。他的升迁遭到许多朝臣的反对,但反对者却都遭到世宗的训斥。不久,张璁又升为兵部左侍郎。张璁大权在握后,就开始报复原来反对过他的大臣。很快,又升张璁为礼部尚书兼文渊阁大学士,进入内阁,参与机务。

嘉靖七年(1528)正月,世宗视朝,看见张璁、桂萼位列兵部尚书李承勋之下,于是不太满意。内阁首辅杨一清为了讨好皇帝,上书请求给二人加官,于是世宗赐张璁少保兼太子太保。《明伦大典》编成后,张璁又升为少傅兼太子太傅、吏部尚书、谨身殿大学士。杨一清虽然极力逢迎张璁,而张璁却很不满意居于杨之下,于是两人开始产生矛盾。后来指挥聂能迁弹劾张璁,张璁欲置之于死地。而杨一清定的处罚却很轻,张璁大加恼火,怒骂杨一清是奸人鄙夫。于是杨一清上疏请求退休,并向世宗数说张璁的不是。世宗亲笔写诏书挽留杨一清。嘉靖八年(1529)秋天,给事中孙应奎劾杨一清、桂萼并牵连张璁,王准也弹劾张璁的部下陈璠。张璁于是请求退休,并且诋毁杨一清。接着,给事中陆粲再次弹劾张璁擅作威福,以个人恩怨打击报复同僚。世宗于是罢免了张璁。但是不久,张璁的同党霍韬大力攻击杨一清,并替张璁辩白。于是嘉靖又下令召还张璁,而杨一清则被罢免,张璁成为首辅。

嘉靖十年(1531),夏言受到世宗的赏识。张璁想通过陷害薛侃达到陷害夏言的目的,但是没有成功,世宗下旨斥责他。再加上御史谭缵、端廷赦、唐愈贤接连弹劾他,于是世罢免了张璁。不久,世宗再次派人召他回朝,嘉靖十一年(1532)三月张璁回到京城。八月,天上出现彗星,世宗迷信,认为这是大臣擅政的征兆。世宗于是命令张璁自己请求退休。嘉靖十二年(1533)正月,皇帝又开始想念张璁,再次将他召回。嘉靖十三年(1534),升张璁为少师兼太子太师、华盖殿大学士。

嘉靖十四年(1535)春,张璁生病,请求还乡养老。世宗同意,并派御医护送他回去。嘉靖十八年(1539)二月,张璁病死,时年64岁。

"青词宰相"严嵩

世宗入继大统以后,崇奉道教,古代道士斋醮,必念上奉天神的表章。表章用朱笔写在一种青藤纸上,称为"青词"。所谓青词,没有实在的内容,要求形式工整和文字华丽、吉祥。严嵩为了邀宠,不仅自己刻意求工,大写青词,而且令其子严世蕃也投其所好,后来终于以青词赢得天子的青睐,严嵩因而又被称为"青词宰相"。

严嵩(1480~1565),字惟中,号勉庵、介溪、分宜等,江西分宜人。他从小便十分聪慧好学,善于作对。严嵩25岁就考中进士,列二甲第二名,选为庶吉士,入翰林院就读。

后来严嵩得了一场重病,请假回家调养身体。明武宗正德十一年(1516),严嵩终于病愈归朝了。正德十六年(1521),世宗即位几个月之后,严嵩升南京翰林院侍读,署掌院事,嘉靖四年(1525)升国子监祭酒,又由南京回到北京,这时他已经将近不惑之年了。严嵩从多年实践中总结出了一套规律,要敢于拍马钻营,要会运用笑里藏刀,对上级和下属要用两个面孔,总之全是一些做官必备的"金科玉律"。

严嵩没有什么才略,但他工于心计,善于察言观色,揣摩皇帝的心思,一味谄媚。他知道世宗信奉道教,便下功夫学习写作青词,最后以善于撰写焚化祭天的青词而受到皇帝的宠幸,加为太子太保。嘉靖二十一年(1542)升任武英殿大学士,入直文渊阁,仍兼礼部尚书,开始参与机要。后累进吏部尚书、谨身殿大学士、少傅兼太子太师、少师、华盖殿大学士。嘉靖二十三年(1544)九月,严嵩升任首辅,独揽国政。他虽然年过花甲,却整天在西苑值班,连回家洗澡的工夫都没有,从而感动了明世宗,更加信任他。

嘉靖二十五年(1546),陕西三边总督曾铣上书请求收复河套地区,夏言极力支持。世宗本来也赞同此议,但就在这时,严嵩却突然改变立场,提出一系列疑问,认为此次师出无名,兵力粮草都不充足,不能保证成功。嘉靖听了之后,态度发生了变化,认为收复河套的提议不适当。严嵩不失时机地攻击夏言的专擅,说他"骄横自恣,凡事专制,一切机务忌臣干预,每于夜分票本,间以一二送臣看而已"。世宗逐渐不信任夏言,于二十七年(1548)命夏言致仕。严嵩又利用掌管锦衣卫的都督陆炳与夏言的矛盾,总兵官仇鸾与曾铣的矛盾,联合陆、仇二人,攻击夏言与曾铣交结为奸,要治夏言于死地。世宗一怒之下,把夏言斩首示众,从此严嵩专政近20年。

严嵩掌权时期,在南京购置了大量的土地。在他执政后期,由于他大量侵吞军饷,导致前线武器陈旧不能更新,将士常年戍边军饷难以发放而怨声载道,消极懈怠,战备松弛。东南倭寇和北方蒙古骑兵更加猖狂地进攻明朝,边疆呈现严重危机,而身为首辅的严嵩却束手无策。由于政治黑暗,上下官员竞相贪污搜刮,导致赋役日增。再加上自然灾害频繁发生,民不聊生,民怨四起,阶级矛盾日益激化,明朝的统治面临着严峻的危机。

嘉靖三十七年(1558)后,世宗对严嵩开始逐渐不满,转而信任大学士徐阶。方士蓝道行和严嵩素有矛盾,乘机借仙人之口指出严嵩父子是奸臣,使世宗产生了罢免严嵩的念头。御史邹应龙探知明世宗的这个意图,在徐阶授意下,于嘉靖四十一年(1562)五月上疏弹劾严嵩父子收受贿赂,卖官鬻爵,广置田宅,霸占民田,奏请斩杀严世蕃,罢免严嵩。世宗于是以严嵩放纵严世蕃有负皇恩为由,将他罢免,籍没家产,并将严世蕃下狱。嘉靖四十四年(1565)三月,严世蕃论罪依法被斩。严嵩也被罢黜为民,寄食墓舍,于隆庆元年(1567)死去。

严嵩死后,江西巡抚成守节奉世宗命令查抄严嵩的家产,共得黄金2万多两,白银202万两,府第房屋6600多间,田地山塘27000余亩,珍珠宝石更是不计其数。

庚戌之变

河套之失

长期以来,明朝的北部边防一直受到蒙古各部落的侵扰。"土木之变"以后,明朝在北部边疆一直处于防御状态。到了嘉靖二十二年(1543),蒙古的达延汗病死,他的子孙们为了抢占地盘,将蒙古重新推入了分裂状态。后来他的三儿子阿勒坦汗势力日渐强盛,成为蒙古族中最有影响的人物。明朝历史中称其为俺答汗。俺答是土默特部的首领,盘踞河套一带,拥众数十万。

河套地区三面临河,土地肥沃,在地理位置上,接近明朝的一些重要边镇。出河套,即可攻击明重镇宣府、大同、三原,震动畿辅;入河套,则可攻击延绥、宁夏、固原等地,侵扰关中。因此,河套地区对明朝的北部边防有着重要的意义。

鉴于河套地区的重要性,总督三边军务的兵部侍郎曾铣力主收复河套,他上书世宗,提出八项建议。夏言十分赞同曾铣的主张,在世宗面前大加称赞。嘉靖二十六年(1547),曾铣便受命率兵出塞袭击鞑靼,取得胜利。随后他再次上疏提出恢复河套的方略。

严嵩一直不甘心居于夏言之下,于是借河套问题向世宗进谗言,说夏言与曾铣勾结,轻开边战,败坏国事。昏聩的世宗竟听信严嵩的话,不分是非曲直,再一次将夏言罢官,将曾铣逮捕下狱。严嵩又唆使成宁侯仇鸾诬陷曾铣犯有掩盖败绩之罪,世宗也不调查核实,就传旨将曾铣问斩。

曾铣一死,夏言自知难逃严嵩的陷害。偏偏这时鞑靼可汗俺答率众入侵,严嵩乘机激怒世宗说:"俺答进扰,都是夏言、曾铣挑起边警所致。"于是世宗派人把夏言中途追捕回京,斩于西市。首辅被处极刑,震动朝野,再也无人敢提收复河套了。

俺答入侵

嘉靖二十九年(1550),俺答率领蒙古骑兵十几万人,从河套出发,进逼山西大同。驻守大同的总兵仇鸾全无军事才能,面对俺答的进攻,他只得用重金收买俺答,求他不要进攻自己的防区。俺答于是引兵东去,攻占古北口,挥师长驱直入,进逼京师。

京师闻讯大乱。世宗宣布京师戒严,下令集合军队准备作战。谁知,军队却久久集中不起来。原来城中仅有四五万军士,老弱居半,还大多在总兵、提督、太监家中使唤。在这紧要关头,看管武器仓库的太监仍要按例索取贿赂,武器也无法顺利取出。世宗只好令文武大臣分守京城九门,同时派人到民间招募义勇,传檄各镇兵马入京勤王。

各镇接到勤王的诏令,陆续到达北京。仇鸾为了乘机邀功,也主动要求入援。世宗任命他为平虏大将军,节制各路勤王军队。各路援兵虽会聚北京,但因仓促出发,都没有带粮食,世宗只得下令犒军。可钱粮及诸项费用却无从所出,户部公文转来转去,转了两三天,士兵才领得几张薄饼。军队为饥饿、疲惫所困,一点战斗力都没有。

兵部尚书丁汝夔带领这些老弱病残的士兵守城,心里一点底也没有,便问首辅严嵩应该怎么办。严嵩说:"在京畿地区作战,与边境地区不同,如果战败了,很难向皇帝隐藏真相,俺答他们抢掠够了自然会退兵的。我认为眼下坚守城池是为上策。"丁汝夔听了严嵩的建议,命令守城诸将不可轻易出战。俺答汗前锋军只有七百多人,他们在京郊大肆杀掠,没有遇到任何抵抗,百姓们纷纷逃向京城,京城却九门紧闭,百姓号哭之声震天。

嘉靖急得如热锅上的蚂蚁一般,一面命令文武百官分守九门,一面令各地的镇守兵入京勤王。仇鸾趁机讨好世宗,接到命令之后,马上带兵十万进援京城。不想在昌平附近与俺答兵相遇,被打得大败,死伤千余人。俺答大摇大摆地率兵由古北口出塞而去。仇鸾杀了几十个百姓,向世宗报捷。世宗竟对仇鸾大加称赞,加封他为太保。

世宗怪丁汝夔看着俺答逞凶却按兵不动,一怒之下下令逮捕了他。丁汝夔急了,忙求救于严嵩,严嵩拍着胸脯对他说:"有我在,一定不会让你死。"等到面见世宗时,世宗怒火万丈,严嵩在一旁一言不发。直到临刑前,丁汝夔才意识到被严嵩出卖了,他连声大呼:"严嵩,都是你害了我!"

嘉靖二十九年(1550)的干支纪年是庚戌年,所以这次俺答入侵被称为"庚戌之变"。这次战争,明军几乎没怎么抵抗,任俺答汗的骑兵大摇大摆地骚扰掳掠,只有大同游击王禄与蒙古小队骑兵战于怀来,杀死敌军,擒获战马12匹,山西游击柴缙战于昌平,夺还被掳掠的百姓200多人,都督仇聚战于海淀,生擒敌军四人。这次战争使世宗感到是一次奇耻大辱。为了泄愤,他追究丁汝夔的罪责,将其逮捕入狱,处以死刑。

明神宗朱翊钧

人物档案

生卒年：1563～1620 年

父母：父，穆宗朱载垕；母，李贵妃

后妃：王皇后、郑贵妃等

年号：万历

在位时间：1572～1620 年

谥号：显皇帝

庙号：神宗

陵寝：定陵

性格：昏庸懒惰，贪婪残忍

名家评点：

世界上再找不出这种政治形态，宫门紧闭，人们无法进去，奏章投进去如同投进死人的坟墓，得不到任何轻微的回音。人民的哭号，官员的焦急，如火如荼的民变兵变，遍地的诟詈声和反抗暴政的革命，朱翊钧都无动于衷。明政府现在已成了一个断头的僵尸。

明神宗朱翊钧

——柏杨

少年继大统

明神宗朱翊钧（1563～1620），明朝历史上的第十三位皇帝，明穆宗朱载垕的第三个儿子，隆庆二年（1568），被册立为皇太子，隆庆六年（1572）继位，第二年改年号为"万历"，故后人又称他为万历皇帝。

神宗即位之初，内阁首辅张居正等人辅政，朝中善政不断，人民生活日见好转。张居正死后，神宗亲政，不久就开始深居禁宫，不问朝政。神宗还嗜酒、恋色、贪财。他任命宦官为矿盐税使，到处搜刮人民，使得百姓怨声载道，民变频繁。神宗晚年又发生了国本之争，神宗想立郑贵妃所生的儿子朱常洵为太子，还为此同朝臣们发生了一系列争执。神宗一朝可谓是有始无终，后期政治腐败，国库空虚，民不聊生。

十岁即位

朱翊钧的生母李贵妃原为裕王邸宫女，后被当时还是裕王的朱载垕看中，隆庆元年（1567）被封为贵妃。但贵为皇太孙的他幼时的命运并不好，由于他的爷爷明世宗晚年迷信道教，十分忌讳谈论继承人的问题，有胆敢说和这有关的一个字的人，都格杀勿论，不要说他没有被立为皇太孙，就连他出生的消息，穆宗都不敢向世宗奏报。他出生两个月不敢剃头发，到了五岁还没有起名字。直到他的父亲穆宗继位，隆庆元年（1567）正月初十日，大臣上疏请立皇太子。他才有了自己的名字，叫翊钧。穆宗说："赐你名字，名为钧，是说圣王制驭天下，犹如制器之转钧也，含义非常重大。你应当牢记在心。"

李贵妃对儿子朱翊钧教育颇严,一心想让他成为一个有为之君。一旦皇太子读书不用心,就罚他长跪,有时竟可达几个小时之久。由于讲官尽心辅导,李贵妃严格管教,以及朱翊钧本人的刻苦努力,他年渐长而学愈进。以至于后来的神宗自己,也常常得意地夸耀说:"朕五岁即能读书。"

据说朱翊钧自幼就聪慧过人,读经史过目不忘,而且颇为早熟。六岁时,他看见朱载垕在宫内骑马奔驰,便上前挡道谏阻说:"父王为天下之主,单枪匹马的在宫中奔驰,倘若有一个疏忽,那可不得了。"朱载垕听后深受感动,当即下马,立他为太子,自此更加喜爱他。

皇太子八岁那一年的冬天,他的父亲穆宗为他举行了象征成为成人的冠礼。他被引导进入殿前特设的帷帐里,按照礼仪的规定更换衣冠服饰,前后三次都以不同的装束出现于大庭广众之中。既出帷帐,他手持玉圭,被引导行礼,用特设的酒杯饮酒。全部节目都有礼官的唱导和音乐伴奏,所需的时间接近半天。第二天,他又出来坐在殿前,以最庄重的姿态接受了百官的庆贺。朱翊钧很聪明,并接受了很系统的教育,穆宗任命一批大臣为教官,辅导他读书。

几个月之后,纵欲过度的穆宗龙驭上宾,刚刚九岁的皇太子穿着丧服接见了臣僚。按照传统的"劝进"程式,全部官员以最恳切的辞藻请求皇太子即皇帝位。头两次的请求都被皇太子所拒绝,因为父皇刚刚驾崩,自己的哀恸无法节制,哪里有心情去想到个人名位?到第三次,他才以群臣所说的应当以社稷为重作为理由,勉如所请。隆庆六年(1572)六月初十日,年仅十岁的朱翊钧即皇帝位,改元万历,以翌年为万历元年(1573)。

勤勉不辍

朱载垕去世时,为朱翊钧留下了很好的内阁班子,朝中贤臣当国,人才济济。内阁大学士张居正、高拱、高仪都是正直之士,极善谋略,而此时的内宫也非常安定,朱载垕的正宫陈皇后与朱翊钧生母李太后相处非常融洽,并且当时的大太监冯保也是明朝不可多得的好太监之一。

小皇帝朱翊钧即位后,为了担负起治国治民的责任,他的学业比以前更加繁重。他有五个主讲经史的老师、两个教书法的老师和一个侍读,学识渊博的张居正还编订了讲章作为万历的教科书,亲自讲授。

朱翊钧学习的地方是文华殿。1572年秋天以后,他每天的功课有三项内容:经书、书法、历史。学习完经书以后,授课老师可以到休息室小憩,皇帝本人却并不能那么清闲。大太监冯保及其他宦官把当天臣僚主奏的本章进呈御览。这些本章已经由各位大学士看过,用墨笔作了"票拟"。在冯保和其他宦官的协助下,小皇帝用朱笔做出批示。

中午功课完毕,小皇帝在文华殿进午餐。下半天的大部分时间都可以自由支配,不过他仍然被嘱咐要复习功课,练习书法,默记经史。小皇帝对这种嘱咐丝毫不敢忽视,因为第二天必须背诵今天为他所讲授的经书和历史。如果准备充分,背书如银瓶泻水,张居正就会颂扬天子的圣明;但如果背得结结巴巴或者读出别字,张居正也立即会拿出严师的身份加以质问,使他无地自容。

据说,朱翊钧非常尊敬张居正,言必称张先生,从不直呼其名。冬天上课时,朱翊钧总是嘱咐小太监将厚厚的毛毯放在张居正的脚下,以免冻着脚。张居正生病后,朱翊钧更是亲自为他熬药,而张居正为了感激皇帝的知遇之恩,更是加倍努力,事必躬朱翊钧从小就懂得了做皇帝要敬重天道,效法祖宗。当他登基还不满四个月,天象出现异常,一颗新星出现,它的光芒照亮了半个天空。这在当时却被人们看成是上天将要降灾的警告,身为天子的皇帝必须向上天忏悔。年幼的朱翊钧赶紧检讨自己的思想、语言和行动,加以改正,以期消除天心的不快。这次"星变"延续了两年之久,皇帝的"修省"也就相应地历时两年,在今后相当长的时间内,他不得不注意节俭,勤勉诚恳地处理政务和待人接物,力求通过自己的努力化凶为吉。

万历的父亲隆庆在历史上是一个平淡而庸碌的皇帝。他在位的五年半时间里,开始还常常举行早朝,后期的几年里索性免除,极大的助长了大学士争权夺利的风气。穆宗弥留之际,授高拱、张居正等人为顾命大臣,嘱咐他们和内外文武百官一起,协心辅佐年幼的皇太子。但是,先皇尸骨未寒,小皇帝看到的却完全是另一种情景:那些"顾命大臣"不是"协心辅佐",顾及百姓的生死,而是首先顾及自己,相互争夺权力和地位,经济和政治方面的问题也堆积如山。兢兢业业的小皇帝面临的是他父亲留下来的矛盾重重,困难颇多的朝廷。面对着这些困难,这个小皇帝没有畏缩不前,他励精图治,推行新政,开始了他人生最精彩的十年。

功过张居正

改革

张居正(1525~1582),明朝内阁大学士,内阁首辅,明代最杰出的政治家。字叔大,号太岳。湖广江陵(今属湖北)人,所以世称张江陵。他12岁考中秀才,16岁中举人,嘉靖二十六年(1547),他23岁时中进士,被选为翰林院庶吉士,得到当时内阁首辅徐阶的赏识,两年后升为翰林院编修,同年上《论时政疏》,抨击时弊。后因受严嵩的排挤而托病回到家里闲居三年。嘉靖三十六年(1557)被召回朝,仍然供职翰林院。隆庆元年(1567)升迁为礼部右侍郎兼翰林院学士,后改任吏部左侍郎兼东阁大学士。

1572年,穆宗驾崩,太子朱翊钧即位,明穆宗在位时,十分信任张居正,因此他遗命张居正等三个大臣辅政。万历初年,张居正与大宦官冯保联合推倒高拱,成为首辅。张居正"勇于任事,以天下为己任"。从1573年出任内阁首辅开始,以整顿吏治,发展经济、巩固边防等为主要内容,展开了一系列的改革,使日渐衰颓的明王朝一度呈现出繁荣强盛的景象。

万历元年(1573)六月,张居正实行"考成法",对官员进行考察,以实现精简机构、裁汰冗员、整顿吏治、严肃法纪、信赏必罚。各级官吏从此不敢再敷衍塞责,使朝廷政令的贯彻执行有了保证,"虽万里外,朝下而夕奉行",提高了行政效率。同时加强内阁,抑制宦官,以巩固中央政权。

张居正

张居正十分注重边防。他提出了饬武备、信责罚、造兵将的方略。调任抗倭名将戚继光镇守蓟镇，整顿北方防务；用名将李成梁为辽东总兵官镇守辽东，以巩固东北边防。此后，二三十年没有发生战争，大大有利于北方各族人民的生活和经济的发展。张居正还任命擅长治水的潘季驯督修黄河水利工程。经过潘季驯修筑堤防，堵塞决口，使黄河不再泛滥，水上运输畅通，促进了农业的恢复和发展。

万历年间，豪强地主兼并田地的情况十分严重，他们有地而不纳税，农民没有土地反而要承受沉重的税赋。导致各地农民不断逃亡或起义反抗，严重影响了明王朝的统治。万历八年(1581)，张居正主张重新丈量田地，极大地打击了豪强地主的利益。接着他又在全国范围内推行一条鞭法，一条鞭法简化了征收项目和手续，计亩征银。役银由旧制按照户、丁征收改为以丁、田分担，在一定程度上抑制了豪强漏税的现象，减轻了无田或少田农民的负担，增加了国家的收入。一条鞭法是中国古代赋役制度的一个重大变革。

经过张居正的改革，不仅阶级矛盾得到缓和，经济得到发展，也稳定了明王朝的统治。在他执政的十年期间，"边境义安""太仓粟可支十年""太仆寺积金四百余"，"一时政绩炳然"，被明代思想家李贽誉为"宰相之杰"。他也成为西方资产阶级政治和经济理论家关注的"中国经济第一人"。

张居正的改革也遭到一些人的反对。他们借口张居正不为病故的父亲丁忧(离职守孝三年)，纷纷向明神宗上疏弹劾。所幸的是，明神宗对张居正的改革十分支持，并处分了一些闹事者，那些对张居正的攻击才渐渐平息下来。

万历十年(1582)，张居正病死，时年57岁。在他临死前的一个月，还上疏请求免去万历七年(1579)以前老百姓积欠的赋税，并获准施行。死后，赠上柱国，谥文忠。神宗还下诏罢朝数日，以示悲痛，并派锦衣卫护送张居正的灵柩回到故乡江陵。

遭贬

张居正原本和高拱、高仪二人一样，同是朱载垕去世时的内阁顾命大臣。只不过，由于种种原因，高拱、高仪先后都离开京城还乡，使得朝中三位顾命大臣只剩下张居正一人，而朱翊钧的生母李太后在朱载垕去世后就把教育培养朱翊钧的任务交给了张居正，因此张居正就不得不担当起辅弼小皇帝的重任。张居正一方面治理国事，另一方面非常注重对朱翊钧的教育，亲自指导他读书，为他安排周详的课程，选拔有素养的大臣主持教学，培养其治国安邦的本领，因而朱翊钧也与他建立了深厚的师生之情。

但是同时，张居正强硬、说一不二的作风也令小皇帝难以接受。有一次，小皇帝和身边的两个太监一起深夜醉酒，在宫中胡闹，结果第二日受到皇太后的严厉斥责，还由张居正做主，把皇帝身边陪他玩耍的太监全部调走了。张居正还逼着皇帝向全国百姓发布了一篇"罪己诏"，措辞十分严厉。神宗对张居正的感情慢慢从敬畏转变为怨恨。

随着年龄的增长，朱翊钧对昔日威柄震主的张居正日益不满，他也深知，要想树立自己作为皇帝的权威，就必须摆脱张居正的影响，而要彻底摆脱张居正的影响，就必须清算张居正，推倒张居正。只有这样，才能为自己开始亲政、独揽朝中大权打下牢固的基础，因而清算已死的张居正成为朱翊钧亲政之后所做的第一件大事。但朱翊钧心里明白，张居正在世时，自己曾重用张居正，并许下了多少诺言。而今要实现这个转变，必须寻找时机，找到借口，而且要有计划、有步骤。可从哪里下手呢？经过权衡利害得失，他决定先拿与张居正一向交好的太监冯保开刀。

万历十年(1582)十二月，朱翊钧以欺君之罪，免去冯保东厂提督之职，抄没其家产。随后,将张居正重用的人统统罢免,同时为从前反对张居正的人一一恢复名誉或官职。最为悲惨的是,在张居正死后不到两年,神宗又指责他"罔上负恩,谋国不忠",下旨削去他的官职和谥号,并查抄他的家产,甚至要"斫棺戮尸"。张居正十年呕心沥血推行改革的功绩,至此基本上被一笔勾销。

导致这场悲剧的原因是多方面的。首先,张居正过度自信,没有给皇帝足够的自信,威权震主,最后才引来了皇帝的报复。其次,张居正执政的时期过于专权,得罪的官员太多。再次,张居正性格刚直,好争论。

《帝鉴图说》书影

再加上张居正与冯保的密切关系,令神宗十分反感。大宦官冯保贪婪成性,史载张居正先后送给冯保名琴七张,夜明珠九颗,珍珠帘五副,金三万两,银20万两。冯保也对他鼎力相助,使他在权力斗争中击败高拱,当上了内阁首辅。张居正也因此才有机会施展自己的政治才能。尽管张居正本人比较清廉,曾经拒绝过数以万计的贿赂。但是他以一个腐败人物作为自己的政治后盾,因而也只能落得个悲剧收场。

直到1621年,熹宗朱由校即位,才开始恢复张居正的官职,重新给以葬祭。崇祯三年(1630)张居正的冤案终于被平反昭雪,他的子孙也官复原职。

励精图治期

勤于政事

万历十一年(1583)到万历十四年(1586),是万历人生的辉煌时期。在此期间,他打击张居正和冯保的势力,获得了前所未有的真正大权。

年轻皇帝热心朝政,励精图治的决心很大。北京地区自万历十二年(1584)以来一直没有降雨降雪,干旱严重。年轻的万历每天不辞辛苦,为了求雨,在百官的陪同下,走出大明宫,一路走到南郊。祭祀典礼完毕后,他又坚持不乘任何车辆,步行回宫。这次南郊之行往返20公里,对于一个平日里步辇不离左右的皇帝来说绝非易事。当时文武百官和普通百姓无一不为之感动。万历还和群臣坐在一起,交流对国家大事的看法和意见。

明神宗关心民事,他充分认识到民是国家的根本,并采取了一系列措施。明神宗改进百姓生活的诏书每年都下达,连以刚直不阿而闻名的海瑞也称颂明神宗。自从张居正死了以后,皇帝把大权回收,乾纲独断,同时,每时每刻都挂记百姓的疾苦。神宗重视生产,关注和生产相关的农田水利设施。他任用徐贞明为少卿,并兼监察御史,专门治理京畿地区的水利。徐贞明到了永平,招募了许多了解水利的南方人为助手,到了第二年二月已经开垦了39000多亩良田,又治理了北京附近的河流,疏导十分成功,准备把北京的水患彻底治理。

明神宗善于任用能臣。万历十一年(1583),吏部推荐宣大都督郑雒担任协理京营成政,推荐四川巡抚孙光裕为南京大理寺卿。明神宗认为郑雎在边防的时候节省钱粮,是好官,边疆需要这样的人才,把他推荐为京官是放在闲散的地方,不能充分利用他的才能。孙光裕任职不久,没什么特殊的功劳,不应该这样快就提升。神宗在用人问题上,可谓见识非凡。这时的神宗之所以有这样的好见解,是与他关心政事密切结合在一起的。

明神宗本人天资很高,在政治上颇为早熟。万历十四年(1586),礼部在论述时局的时候,提出现在时局不稳是由于额外的赋税过多的缘故。今天因为这个收税,明天又为别的收税。这件事情办好了,本来赋税应该停了,但却依然如故。普通百姓每天都在各种劳役下。十分辛苦,社会自然不稳定。改变这种情况的最好办法是皇上要节俭,改变贪财和奢侈的毛病。这样一针见血的言论直接把明神宗的不节俭当成了国家动乱的根源。明神宗看了以后,非但没生气,反而大大嘉奖了一番,让礼部好好研究一下,提出意见,这和明神宗后来动不动将提意见的人流放罢官形成了鲜明的对比。

可惜的是,明神宗的励精图治时间太短,到万历十四年(1586),明神宗开始以身体不适为由,连续罢朝。从此以后,万历经常以各种理由不上朝,不接见大学士,不理国政,不搞经筵日讲,不及时处理大臣的奏章等,励精图治可谓昙花一现。

铲除权臣

穆宗逝世以后,宦官冯保和高拱的斗争到了白热化的地步,他们都想利用改朝换代的机会把对方打倒。冯保先是篡改了明穆宗的遗诏,谎称自己与阁臣同受顾命。接着又利用职务上的便利向陈皇后和李贵妃进高拱的谗言。他将高拱在内阁号啕大哭时所说的"十岁孩子如何治天下"篡改成"十岁孩子,如何做人主",在陈皇后和李贵妃面前大进谗言。然后在暗地里散布流言,说高拱要废掉太子,准备拥立周王做皇帝。另外还将众多言官弹劾他的矫诏罪行的奏章全部扣压。由于陈皇后和李贵妃只能听到他一人的不实之词,对这些谗言和谣传坚信不疑,极为恐慌,一怒之下便罢掉了高拱。冯保终于以一太监之力扳倒了位极人臣的首辅大学士。

高拱倒了,接任的人是张居正。冯保在宫内虽然是个奴才,但他是掌印太监,又是李贵妃的贴身心腹。如果张居正与冯保处理不好关系,那么

明画家、校勘家钱谷

他或许就是下一个高拱。出于这种考虑,张居正对这个身份卑贱,权力重的冯保采取了一条宗旨、两种策略给以应付。一条宗旨就是他在李贵妃面前不要进谗言,不干涉外政,一切都可以迁就。两个办法就是:尽力结好,加深感情,既颂扬他的"功德",又期望他永葆名节,不干坏事,双方建立了良好的关系。

冯保大力培植心腹,举用锦衣卫指挥同知徐爵入宫代阅奏章,拟写诏旨。张居正虽然洞悉一切,却千方百计与徐爵结为义兄弟,用以掌握情报,以资联络。冯保要在家乡河北深州建坊,张居正便嘱咐保定巡抚为冯保主持代建。冯保在京西建生矿,张居正亲自做文章祝贺,颂扬冯保的功劳,最后又鼓励他,永葆名节,共同辅助幼主。因此他们的关系始终很好。

张居正平时在给明神宗讲学,冯保总是站在一边不时插言,说张居正是先帝托孤的忠臣。在小皇帝面前不断树立张居正的威信。长达十年中,冯保确实是张居正在宫内的得力助手,张居正在朝廷大刀阔斧的改革离不开冯保的支持,而冯保能保持他在宫中尊崇的地位也少不了张居正这个靠山。他们两个的命运被牢牢拴在了一起。直到万历十年(1582),张居正去世。

万历小时候,冯保作为太后的耳目,常常向太后打小报告汇报万历的毛病,太后则是每告必罚,为此,万历可受过不少苦,万历在心里恨死了他。如今,昔日的小皇帝如今已是成年人了,他了解了权力的滋味,开始不满十年来自己一直生活在张居正的阴影下。一些大臣察觉了小皇帝的心意,于是纷纷上疏弹劾张居正和冯保等人。万历率先攻击张居正疏荐入

明代音乐家严徵

阁的御史潘晟,逼迫他辞官归乡。接着就是冯保。他抓住冯保的一些劣迹,将其贬到南京,并听信太监张诚的密告,从冯保家中搜出金银100余万两,珠宝无数。不久,朱翊钧又把矛头指向了死后的张居正。万历十一年(1583)三月,朱翊钧借有人攻击张居正为官时专横跋扈,以权谋私之际,下令追夺张居正"上柱国""太师"荣衔,又下令追夺他"文忠公"的谥号,并罢免了一批当年与张居正关系密切的朝臣。张居正的儿子也被贬为庶人。万历还派人南下抄张居正家,害得张家子孙十几人被关在屋子里活活饿死。

朱翊钧铲除了这些他眼里的权臣之后,终于开始了他的独裁统治。

万历三大征

万历三大征是指万历年间平息叛乱的宁夏之役、播州之役和支援朝鲜抗击日本侵略的朝鲜之役,三战皆胜。从这三大战役可以看出神宗并非平庸,他对于每一次军事行动,似乎都充分认识到其重要性。在战争过程中对于前线将领的充分信任、对于指挥失误将领的坚决撤换,都显示了神宗的胆略。三次战役虽取得胜利,但也使明朝元气大伤。

宁夏之役

宁夏之役即镇压哮拜之乱。哮拜原为蒙古族人,嘉靖中降明,积功升都指挥,万历初为游击将军,统标兵家丁千余人专制宁夏。万历十七年(1589),哮拜以副总兵致仕,子哮承恩袭职。十九年(1591),火落赤等部犯洮河告急,哮拜自请率所部3000人往援,至金城,见各镇兵皆出其下,归途取路塞外,戎兵亦远避开他,越发骄横,有反叛的念头。

宁夏巡抚党馨几次控制并惩戒他,还核实了他冒领军饷的罪责。哮拜心中不服,于万历二十年(1592)二月十八日,集结了他的儿子哮承恩、义子哮云及土文秀等,唆使使军锋刘东旸叛乱,杀死党馨及副使石继芳,放火烧了公署,夺走符印,并释放了所有关押的囚徒。威胁总兵官张惟忠以党馨"扣饷激变"奏报,并索取敕印,张惟忠上吊自杀。此后刘东旸自称总兵,以哮拜为谋主,以哮承恩,许朝为左右副总兵,土文秀、哮云

为左右参将，占据宁夏。大军出兵接连占领了中卫、广武、玉泉营、灵州（今宁夏灵武）等城。叛军又以许花马池一带听其住牧为诱饵，得套部蒙古首领著力兔等相助，势力越加强大，整个陕西都为之震动。三月四日，副总兵李昫奉总督魏学曾命，率兵进剿，但叛军仗着有蒙古支持，气焰更加嚣张。

明朝调李如松为宁夏总兵，以浙江道御史梅国桢监军，统辽东、宣、大、山西兵及浙兵、苗兵等进行围剿。七月，将军麻贵等捣毁套部大营，追奔至贺兰山，把他们全部赶出了塞外。各路援军在总督叶梦熊的统率下，将宁夏城团团包围。当

死刑实行图

初在反对俺答封贡中似乎没有多少远见的叶梦熊，这时显得非常有胆略。他在七月十七日之前，围着宁夏城筑了一道长约1700丈的长堤，将宁夏城围成一个水泄不通的池塘，然后掘开黄河大堤，向宁夏城中灌水。八月，城中粮食短缺。叛军失去外援，城内弹尽粮绝，内部发生火并，九月十六日刘东旸杀死土文秀，哱承恩杀许朝，周国柱又杀刘东旸，军心涣散。李如松攻破城后又围哱拜家，哱拜关上门自杀了，哱承恩等被逮捕，至此，哱拜之乱全部平息。

朝鲜之役

明万历二十年（1592）五月，日本的丰臣秀吉发动了侵略朝鲜的战争。日军以小西行长、加藤清正为先锋，率十多万人入侵朝鲜。朝鲜由于国主李怿长期不理政事，军备松弛，与日军交火，总是望风溃败。日军自釜山登陆，一路攻克诸州县，李怿慌忙弃守王京（今首尔），直奔平壤，日军紧追不舍。战争使朝鲜人民深受祸害。

李怿遣使向明王朝告急，要求出兵援助。明政府派游击史儒率兵援朝，因不熟地形，兵败平壤，史儒战死。接着，明副总兵祖承训率3000人渡鸭绿江救援，也全军覆没。消息传到北京，神宗决定增加兵力，任命兵部侍郎宋应昌为经略，李如松为总兵官，负责调兵遣将。十二月，李如松为东征提督，会集三万军兵东渡鸭绿江，浩浩荡荡赶赴朝鲜，次年正月与日军会战于平壤。

李如松发兵围攻平壤，日军用大炮、弓箭顽强抵抗。李如松见此情形，当机立断，组织敢死队登梯攻城。此时，事先安排好的一支明军身着朝鲜军装已进入阵地，一到前线即换回明军服装。面对突然变化，日军慌忙出兵堵截，但为时已晚。李如松部将杨元乘势登上小西门，李如松则率军攻入大西门。战斗中，明将吴惟忠胸中铅弹，仍大呼杀敌不止。李如松的坐骑被炮石击毙，换马再战，又坠入沟壑，依然镇定自如，挥师疾进。明军士气高昂，奋勇拼杀，日军终于抵挡不住，乘夜逃跑。明军乘胜追击，杀敌数千，取得了平壤会战的胜利。随后，李如松与朝鲜军并肩收复开城等地，向王京进攻。平壤大捷后，李如松有点麻痹大意，以为日军已逃离，只率领少数骑兵直奔王京，结果中了日军的埋伏。幸好杨元所率的一支明军闻讯赶到，日军才仓皇撤离。经此一战，明军精锐大减。不过日军连失平壤、开城后，军粮不足，也不敢恋战，只好放弃王京，退据釜山。

丰臣秀吉为了诱使明朝撤兵，假意与中国议和。明廷内以兵部尚书石星为首的主和派这时占了上风，派沈惟敬赴日本，议定日军退出朝鲜，明军也撤主力回国。但是直

黑漆嵌螺钿大案

到万历二十五年(1597),日军仍未完全从釜山撤出。于是和谈破裂,明廷决定再次出兵。神宗任命兵部尚书邢玠为总督,与备倭大将军麻贵、佥都御史杨镐等率军东征。明军在朝鲜闲山、南原、忠州等地驻守,不料遭日军袭击,闲山、南原落入敌手。十一月,邢玠会集各军正式发起进攻,但因指挥无方,明军没有能取得应有的战果。次年正月,也因主帅杨镐指挥不力,明军在位于釜山东北的蔚山再遭败绩,折损两万余人,余部溃退王京。面对这种形势,明廷只得再次易帅,增派部队赴朝。

万历二十六年(1598)七月,丰臣秀吉病死,日军士气低落,阵脚大乱。加藤清正从海边退兵,明军乘机追击。明将陈璘、邓子龙和朝鲜名将李舜臣与日军展开激烈的海战。在釜山南海,中朝军队大破日军。在激战中,70多岁的老将邓子龙身先士卒,冲锋在前,最后与李舜臣均战死疆场。日军落荒而逃,500艘日船仅逃回50艘。十二月,日军全部被赶出朝鲜。

明军的援朝战争,前后持续七年,约有数十万人战死在异国他乡,政府也"糜饷数百万",付出了浩大的财政支出。虽然耗损巨大,但对于确保明代的海防与东北边疆,意义非常之大。

播州之役

播州位于四川、贵州、湖北间,山川险要,广袤千里。明代在播州设立播州宣慰使司,其驻地约相当于今遵义市。播州宣慰使姓杨,世代为当地的土司。隆庆五年(1571),生性雄猜、阴狠嗜杀的杨应龙世袭了父亲杨烈的宣慰司一职。万历十四年(1586),神宗又赐杨应龙都指挥使衔。但是杨应龙对于四川的官军弱不经战的士气看在眼里,早就想占据整个四川,独霸一方。他的居所都是雕龙饰凤,又擅用阉宦,俨然是一个土皇帝。于万历十七年(1589)就开始公开作乱,到万历二十年(1592),杨应龙就时叛时降,喜怒无常。朝廷对杨应龙作乱也是举棋不定,没有采取有力对策。

当时正逢朝鲜战争已经结束,因此神宗决定任命李化龙为湖广、川贵总督,兼四川巡抚,郭子章为贵州巡抚,乘势讨伐播州杨应龙的叛军。杨应龙本人一面假装向明朝投降,说愿意出人出钱以抵罪赎罪,一面又偷偷地带领苗族士兵攻入四川、贵州、湖广的数十个屯堡与城镇,一路奸淫掳掠,搜刮百姓。万历二十六年(1598),四川巡抚谭希思在綦江、合江(今四川泸州东)设置防备守军。第二年,贵州巡抚江东之令都司杨国柱带领3000士兵围剿,不料失败,杨国柱被杀害。明廷罢江东之,以郭子章代替,又起用前都御史李化龙兼兵部侍郎,节制川、湖、贵三省兵事,并调刘綖及麻贵、陈璘、董一元等南征讨伐。

万历二十八年（1600），征兵大集，二月，在总督李化龙指挥下，明军分兵八路进发，每路约三万人。刘綎进兵綦江，连破楠木山、羊简台、三峒天险，又败杨应龙之子杨朝栋所统苗军。其他几路明军也取得胜利。三月底，刘綎攻占娄山关，四月，杨应龙率诸苗决死战，再次大败。刘綎进占杨应龙所依天险之地龙爪、海云，至海龙囤（今遵义西北），与诸路军合围。六月，刘綎又破大城。杨应龙知大势已去，与他的两个姬妾一起上吊自杀了，他的儿子杨朝栋等被逮捕。明军攻入城内，播州之乱平息了。后来把播州分为遵义、平越二府，分别属四川省、贵州省。

"大明万历壬辰年制"款剔彩龙纹盘

荒怠朝政期

勇于敛财

神宗朱翊钧的贪财在明代诸帝中可谓最有名了。他贵为天子，整个天下都是他的，天下财富任他取用。但是他却似乎并不这么想，他一定要用实实在在的钱充满自己的私人钱库才觉得心安。

他喜欢收集金银财宝，恨不得把全天下的财富都抓到自己手中。为了达到敛财的目的，他想出了许多荒唐的点子。他常常挖空心思，找出各种借口命令政府部门向他进贡钱财。他的妃子生了一个女儿，户部和光禄寺就必须向他献上白银十万两以示庆祝。公主出嫁，则要讨取数十万两银子作为嫁妆，若是皇子娶妻就要献得更多。他还大力提倡官吏们向他"进奉"，用这种秤称斗量的方式来表示忠心。谁进奉的钱多，就加以重用。官员、太监纷纷用这种进奉的方法讨好皇帝。官员们若触犯了他的龙颜，他最喜欢用的惩罚方式就是罚俸和抄家，罚俸用来对付罪行不重的官员们，抄家用来对付罪行严重的官员。抄家的做法历代都有，但历代封建王朝抄家后所得的财产都要"充公"，登记造册，成为国家的公共财产，只有神宗的抄家，却是中饱私囊。

神宗的抄家是从张居正和内监总管冯保开始的。张居正死后，有人弹劾他，神宗趁机下令抄了张居正和冯保的家，收获大批金银珠宝。他曾经私下里得意地对身边太监说，用这个办法捞钱简直比从国库中支取还容易。一次，有个叫张鲸的太监犯了欺君的大罪，按律当斩，由于他很机灵，及时向万历献上了一大批金银财宝，居然就大事化小，小事化了，不但没有被治罪，反而还升了官。有的朝臣针对这件事直接向皇帝上书，说他以天子之尊而接受内臣贿赂，实在不成体统。皇帝非常生气，马上将其治罪。

神宗的"节源开流"也是出了名的。到万历末期，全国府县有三分之二的地方官职位空缺。有人老了，死了或是罢了官，那个职位就从此空缺着，不再派新的官员去上任。朝中的六部是国家实际上的最高行政机构，到后来也只有三个部有尚书主事，国家的最高决策机构有一段时间只有一个人在任上。皇帝拒绝向这些空缺的职位派遣新的官员，这样就可以节省下一大笔支出。这种办法使国家机构几乎陷于瘫痪，全国的官吏减少了一半以上。这是"节流"的办法。

至于"开源",神宗想出的办法是派大批太监充当"矿监"和"税使",大肆搜刮民脂民膏。这就酿成了历史上有名的"采榷之祸"。原来,这些矿监凶狠无比,他们名义上是开矿增加税收,但实际上根本不去勘探、开采,而是随心所欲地指地为矿。被指中的人家灾祸临头,只有献上金银珠宝方能摆平,否则就被强拆房屋,掘地翻圃,甚至抢掠家产,侮辱妇女,胡乱杀人。有的则借口找矿,挖坟掘墓,搜取陪葬品。这简直是明火执仗,比强盗还甚。

当时有个矿监名叫陈奉,是万历矿监中最臭名昭著的一个。他出使荆州和兴国州,常借口巡视到处殴打官吏,抢劫行人,引起民愤。一次他在巡查途中被数千群众围打,逃回荆州后上疏皇上,诬陷当地官府煽动叛乱,万历不问青红皂白,马上派人查办。到了后来,矿监遍布山西、山东、陕西、四川、云南、福建、广东、湖北等地,全国百姓深受其害,痛骂声不绝于耳。

万历三十年(1602),神宗一病不起,他以为自己将死,想死后留个好名声,于是下了遗诏,停了矿税,谁知几个时辰后又好转过来。于是赶紧派人去内阁收回遗诏,前前后后去了20多拨人传达皇上口谕,说矿税万万不能停。结果,"采榷之祸"在万历一朝始终没能废除,给老百姓带来了深重的灾难。

怠政好色

在朱翊钧亲政的后20年,他基本上是一个不理朝政的皇帝。因此,近代史学家孟森在他的《明清史讲义》里把朱翊钧亲政的晚期称为"醉梦之期",并说其特点是"怠于临朝,勇于敛财,不郊不庙不朝者三十年,与外廷隔绝"。

事实上,朱翊钧亲政的晚期不仅仅是"怠于临朝,勇于敛财",更重要的表现是过度纵情于酒色财气之中。万历十四年(1586)十月,礼部主事卢洪春曾奏称,朱翊钧"日夜纵饮作乐"。万历十七年(1589)十二月,大理寺左评事雒于仁曾上疏朱翊钧,疏中批评他沉迷于酒、色、财、气,并献"四箴"。朱翊钧看后暴跳如雷,大怒不止,从此奏章留中不发。神宗还振振有词地对内阁大学士们说:"他说朕好酒,谁人不饮酒?……又说朕好色,偏宠贵妃郑氏。朕只因郑氏勤劳,朕每至一宫,她必相随。朝夕间她独小心侍奉,委的勤劳。……朕为天子,富有四海之内,普天之下,莫非王土,天下之财皆朕之财。……人孰无气,且如先生每也有僮仆家人,难道更不责治?"可见,神宗根本就不接受批评。最后,雒于仁被革职为民。

明后期饮酒成风,朝野上下都是如此。除了好酒,神宗的好色也是非常有名的。万历朝后宫中,以郑贵妃最受神宗宠爱。

郑贵妃,大兴人。万历初年进宫当差,因为受到皇帝的宠爱,慢慢从宫女升至贵妃。在万历十四年(1586),郑贵妃生下皇子朱常洵。郑贵妃生下朱常洵后,神宗又把她晋封为皇贵妃。神宗还向郑贵妃立下誓言,以后会立朱常洵为太子。外廷见皇帝迟迟不立皇长子,而对郑贵妃又宠爱逾分,纷纷担心皇帝会舍长立幼,坏了祖宗的家法。就连皇太后也向神宗施加压力。神宗不敢冒此天下之大不韪,他又不想让自己所宠爱的郑贵妃失望,于是拖延立储。群臣也知道神宗托辞,但也没有办法,双方就这样僵持不下。而从中可以看出神宗对于郑贵妃一直是一往情深。

万历二十九年(1601)神宗生了场病,只有无子的王皇后在一边照顾,而郑贵妃却不知正在图谋什么。神宗知道了很生气,就叫郑贵妃把朱常洛的玉碗拿来。原来,以前家宴时,神宗曾赐给朱常洛、朱常洵各一个玉碗,朱常洛那个由郑贵妃代为收藏。而这时神宗叫郑贵妃拿出来时，郑贵妃说已经找不到了。神宗叫郑贵妃拿朱常洵的玉碗来，郑贵妃一下子就找了出来。神宗大为震怒，当晚就下了册立皇长子朱常洛为皇太子的诏书。朱常洛做了太子后，恭妃本来应该母凭子贵。但神宗好像是忘了这件事一样，对恭妃和朱常洛依旧很冷淡。相反对于郑贵妃母子，还是百般疼爱、万分迁就。

尽管有了宠爱的郑贵妃，神宗对于女色的追求也是从未停止过。万历十年（1582）三月，朱翊钧曾效仿祖父朱厚熜的做法，在民间大选嫔妃，一天就娶了"九嫔"。而且，他在玩弄女色的同时，还玩弄小太监。当时宫中有十个长得很俊的太监，就专门"给事御前，或承恩与上同卧起"，号称"十俊"。酒色过度，使神宗身体极为虚弱。万历十四年（1586），24岁的神宗传谕内阁，说自己一时头昏眼黑，力乏。万历十八年（1590）正月初一，神宗自称腰痛脚软，行立不便。万历三十年（1602），神宗曾因为病情加剧，召首辅沈一贯入阁嘱托后事。从这些现象看来，神宗的身体状况实是每况愈下。

万历四十八年（1620）三月，因长期酒色无节，加上辽东惨败，国事困扰，朱翊钧终于病重不起，七月二十一日，在弘德殿咽下了最后一口气，终年58岁，安葬于30多年前自己精心修建的"寿宫"定陵，死后谥为显皇帝，庙号神宗。

万历很早就开始修他的陵寝，他要为自己死后找到一个很好的安身立命之所，甚至还采用了"北斗七星"的墓式，但他却留下了一个烂摊子。由于他长达20多年不理朝政，朝廷办事效率极其低下，缺官严重，官僚队伍中党派林立，门户之争日盛一日，互相倾轧。东林党、宣党、昆党、齐党、浙党，名目众多，整个政府陷于半瘫痪状态。正如《明史》对于明神宗的盖棺定论的表述："论者谓：明之亡，实亡于神宗。"

立储之争

所谓的立国本，就是指册立太子一事。立太子本是皇帝家事，外人不能也无权干涉，但明神宗朝的所谓"立储之议""国本之争"，却长达十几年。原因起于神宗的皇后没有生下"嫡子"，而神宗早年偶然遇上一个给他送洗手水的姓王的宫女，不经意的一次随缘错爱，却给他生下了一个"皇长子"。皇长子的生母是妃子王氏。王氏本是慈宁宫里的一个小宫女。一次，神宗来到慈宁宫，叫人端水让他洗手。王氏端水进去侍候，神宗一时高兴，便临幸了她，神宗过后也把这件事给忘了。后来王氏怀孕了，李太后追问此事，神宗矢口否认。李太后命人拿出内起居注。明朝有制度，皇帝私幸宫女，都由随侍的文书房宦官在内起居注上记录下来，以备以后查核。神宗看白纸黑字，无法抵赖，李太后又在旁边劝导说："我老了，想早点抱孙子。如果能早点生下皇子，这也是祖宗有灵，社稷保佑。"神宗这才勉强封王氏为恭妃，同年八月，恭妃生下皇长子——朱常洛，但神宗仍不喜欢恭妃母子。

过了三年，神宗宠爱的郑妃生下了"皇三子"，神宗马上就晋封郑妃为皇贵妃。据说神宗曾在郑贵妃面前立下重誓，一定要设法使她的儿子成为太子。他们曾在大高元殿谒神盟誓，把立朱常洵为皇太子的誓言装入玉盒中交给郑贵妃。这就是所谓的"玉盒密约"。本来朝廷上下就为立太子的事情争论不休，这个传说的出现更是在朝野中引起极大震动，群臣们认为立皇三子是不顾祖宗礼法，为了社稷，就是罢官掉脑袋也坚持要立皇长子为太子。

言官姜应麟上疏说："恭妃先生皇长子，反而位居郑妃之下，不合于将来'立储君、定众志'的要求。请降旨首先封恭妃，其次再封郑妃。必须明白下诏，册立皇长子为东宫太子。"神宗看了他的奏疏，大怒，立即下旨把他下放到边疆。

神宗生母李太后听说此事很不高兴。一次，神宗去拜见母后时，李太后故意问他：

"外廷臣子们都说该早定长哥为太子,你如何打发他?"神宗说:"他是普通宫女的儿子。"太后拉下脸来说:"母以子贵,分什么等级? 你不也是普通宫女的儿子吗?"(李太后原先也是普通宫女,是因为生了神宗,后来才封为太后的。)神宗惶愧伏地,无以自容。

可是神宗仍然想立郑贵妃生的朱常洵,但又不敢拂逆母后,便把立储一事拖着。群臣一次又一次地上疏,"请立东宫"的奏疏雪片般地传递上来。神宗觉得这些臣子是故意与自己作对,从万历十八年(1590)以后他开始实行与群臣对抗的"怠工"。明神宗和朝臣因为国本一事二十几年的对立,极大影响了明朝的日常政务处理,由于立储不顺心,神宗便怠荒朝政,不仅自己疏于政事,就连长期的职官空缺问题也置之不理,使整个政府行政体系几乎形同瘫痪。严重的缺官问题,导致豪强恶霸四处横行,人民苦不堪言。这种环境下,佛教寺产被侵占的情形屡见不鲜,狱讼案件无人审理,公文往来费时,以及官吏与地方强权勾结等问题,使得官司缠讼旷日废时。

由于立太子的问题,朝中有不少人受到了神宗的责罚,不能不怨恨郑贵妃。他们形成了拥立"皇长子"的一派。另外有一些人想巴结郑贵妃将来可以捞点好处,形成与郑贵妃声气相通的一派。朝廷里面的"朋党"之间争斗不绝,不择手段,还出了"妖书案"、梃击案、红丸案等大案。妖术反间,诅咒横行,朝野上下一片风声鹤唳。因立储一事而遭遣者、罢者、谪者、杖者、戍者、身亡者,不计其数,可见立储问题对明末政治社会所造成的冲击。神宗朝为"立太子"而发生的政治危机愈演愈烈,终于在他死后发展为熹宗朝"阉党"大杀"东林党人"的"党祸",加速了明朝亡国的进程。

楚宗之乱

万历三十一年(1603),武昌发生了一起宗室之争,这个事件后来与朝廷官员的争斗纠结到一起,变得更加复杂化了。

楚王朱英㷿是明太祖第六个儿子朱桢的第七世孙。他死的时候没有儿子,只有被他临幸过的一个姓胡的宫女身怀六甲,不久,产下一对双胞胎,朱华奎、朱华璧。生下他们的时候,外界就有传言,说他们并非是胡氏所生,而且传言越来越盛。为了楚宗室的安定和继承人的合理合法性,当时的楚王妃出面作证,平息了这一谣言,由长子朱华奎继承了楚王的封号,次子朱华璧被封为宣化王。

神宗的皮弁

楚王的同宗有个叫朱华越的人,生性强悍,朱华奎因事得罪了他,他一直记恨在心。万历三十一年(1603),朱华越说华奎兄弟都不是楚王的后代,甚至都和楚王并非同宗的人,这一切是楚王妃怕大权旁落的一个阴谋。朱华奎是楚王妃的哥哥王如言的儿子,朱华璧是王妃族人的儿子,他本名叫王玉子,并且将这一奏章上呈明神宗。

当时的内阁首辅沈一贯认为这件事经过了这么久,很难再查清楚,再者朱华奎兄弟被册封很久了,改动也会引起很大的风波,便将这事压了下来。偏巧朱华奎通过别人知道了此事,本来就因为自己的身份一直受到大家怀疑而憋了一肚子气的他反而不肯罢休,上书弹劾朱华越诬告自己,沈一贯于是就将朱华越和朱华奎的奏折一并上交

了礼部。

当时的礼部侍郎郭正城恰是楚地人,也听过这个谣传。他向礼部尚书建议,恳请明察这件事,为20多年的传言下个定论。沈一贯的意思是认为朱华奎是一地之王,无论他是不是楚王的血脉,都不应太过张扬地调查这件事,应该暗地里私访。如果传言是真,那么大规模的调查会让楚地人心惶惶;如果不是,那么这会极大地损坏楚王的威信。两人在这个问题上发生偏差。郭正城不同意,坚持要让抚按查讯。查询的结果是这件事没有证据,只有朱华越的一条孤证,很难说服别人,有诬告的嫌疑。正要定案时,又横生枝节,朱华越的妻子是王如言的女儿。为了保护自己的丈夫,她出面作证,一口咬定朱华奎是自己的亲弟弟,在小的时候被抱进了宫。这样一来峰回路转,本已成定案的楚宗事件又一次再起波澜。

朝廷要求再次调查这件事,然而事过境迁,20多年前的事很难理清。毕竟楚王势大,朝廷下旨说:"楚王华奎已经当了20多年的王了,平素没有什么不良记录,为什么到今天又说人家不是楚王后代了?为什么不早说?你们夫妻俩互相作假证,为了自己的家人,情有可原,但是不能当证据。朱华越你诬楚王,把你降为庶人,终身不得离开凤阳。"可这桩案子却没完。圣旨一下,让一直坚持彻查的郭正城大跌面子,偏偏有落井下石的人。御史钱梦皋想讨好沈一贯,就弹劾礼部,说是礼部,实质上目标直指郭正城,说他陷害自己的亲族。本来就不服气的郭正城也不甘心受辱,也上书弹劾沈一贯,说他私自扣押奏折,受了朱华奎的贿赂,隐瞒实情。双方在朝廷内部又掀起了一场争斗,双方正争论不休的时候,神宗传出了旨意,郭正城被免官。

但"楚宗之争"并未因此平息,反而愈演愈烈。万历三十一年(1604),楚宗室多人进京揭发朱华奎"伪迹昭著,行贿有据",结果受到朝廷罚俸削爵,楚宗室人对此愤愤不平。至九月,"楚宗之争"发展为"楚宗之乱"。楚宗室数百人抢夺朱华奎修建宫殿的银钱,继而聚众3000多人冲入府署,击杀巡抚。事情发生后,神宗大怒,下诏逮捕审讯,将其中为首及其情节严重者处以重刑,四五十人被禁锢或削爵,才把这场反映宗室内部矛盾的争斗强压下去。

萨尔浒之战

明朝晚期,居住在东北的建州女真首领努尔哈赤(姓爱新觉罗)实力逐渐扩大,统一了建州各部。万历四十四年(1616),努尔哈赤建立后金,年号天命,称金国汗,以赫图阿拉为都城。万历四十六年(1618),努尔哈赤趁明朝内争激烈、防务松弛的时机,对明用兵,攻陷了抚顺等地。

明神宗感到事态严重,赶紧派杨镐为辽东经略,主持辽东防务,决定出兵辽东,大举进攻后金。但由于缺兵缺饷,不能立即行动,遂加派饷银200万两,从川、甘、浙、闽等省抽调兵力,增援辽东,又通知朝鲜、叶赫出兵策应。经过半年多的准备,援军虽大部到达沈阳地区,但粮饷未备,士卒逃亡,将帅互相掣肘。明神宗不管当时的这些不利情况,一再催促杨镐发起进攻。万历四十七年(1619)二月,明抵达辽东的援军8.8万余人,加上叶赫兵一部、朝鲜军队1.3万人,共约11万人。杨镐的作战方针是明军分四路兵马,分别作战,然后于三月初二会攻赫图阿拉。

四路明军出动之前,努尔哈赤就得知了明军的作战企图。努尔哈赤在攻破抚顺、清河之后,鉴于同明军交战路途遥远。需要在与明辽东都司交界处设一前进基地,以备牧马歇兵,于是在吉林崖筑城屯兵,加强防御设施,派兵守卫,以扼明军西来之路。当努尔哈赤探知明军行动后,认为明军南北二路道路险阻,路途遥远,不能即至,宜先败其中路之兵,决定采取"凭尔几路来,我只一路去"的集中兵力、逐路击破的作战方针,将十万兵力集结于都城附近,准备迎战。二月二十九日,后金军发现刘綎军先头部队自宽甸北上,西路杜松军已出抚顺关东进,但进展过速,孤立突出时,决定以原在赫图阿拉南驻防的 500 兵马迟滞刘綎,乘其他几路明军进展迟缓之机,集中八旗兵力,迎击杜松军。三月初一,杜松军突出冒进,已进至萨尔浒(今辽宁抚顺东大伙房水库附近),分兵为二,以主力驻萨尔浒附近,自率万人进攻吉林崖。努尔哈赤看到杜松军孤军深入,兵力分散,一面派兵增援吉林崖,一面亲率八旗兵 4.5 万人进攻萨尔浒的杜松军。次日,两军交战,将过中午,天色阴晦,咫尺难辨,杜松军点燃火炬照明以便进行炮击。后金军利用杜松军点燃的火炬,由暗击明,集矢而射,杀伤甚众。努尔哈赤乘着大雾,越过堑壕,拔掉栅寨,攻占杜军营垒,杜军主力被击溃,伤亡甚众。后金驻吉林崖的守军在援军的配合下,也打败了进攻之敌,杜松阵亡。明西路军全军覆没。

明军主力被歼后,南北两路明军形孤势单,处境不利。是夜,马林军进至尚间崖(在萨尔浒东北),得知杜松军战败,不敢前进,将军队分驻三处就地防御。马林为保存实力,环营挖掘三层堑壕,将火器部队列于壕外,骑兵继后。又命部将潘宗颜、龚念遂各率万人,分屯大营数里之外,以成掎角之势,并环列战车以阻挡敌骑兵驰突。努尔哈赤在歼灭杜松军后,即将八旗主力转移北上,迎击马林军。三月初三,后金军一部骑兵横冲龚念遂营阵,接着以步兵正面冲击,攻破明军车阵,击败龚军。后金主力进攻尚间崖后,马林率军迎战。后金以骑兵一部迂回到马军阵后,两面夹攻,大败马林军,夺占尚间崖,接着率兵击破潘宗颜部,北路明军大部被歼。

刘綎所率的南路军因山路崎岖,行动困难,未能按期进至赫图阿拉。因不知西路、北路已经失利,仍按原定计划向北开进。努尔哈赤击败马林军后,立即移兵南下,迎击刘军。为全歼刘军,努尔哈赤采取诱其速进,设伏聚歼的打法,事先以主力在阿布达里岗(赫图阿拉南)布置埋伏,另以少数士兵冒充明军,穿着明军衣甲,打着明军旗号,持着杜松令箭,诈称杜松已迫近赫图阿拉,要刘綎速进。刘綎信以为真,立即下令轻装急进。三月五日,刘綎先头部队进至阿布达里岗时,遭到伏击,兵败身死。努尔哈赤乘胜击败其后续部队。杨镐坐镇沈阳,掌握着一支机动兵力,对三路明军未做任何策应。及至杜松、马林两军战败后,才慌忙调李如柏军回师,李如柏军行动迟缓,仅至虎拦岗(在清河堡东)。当接到撤退命令时被后金哨探发现,后金哨探在山上发出冲击信号,大声呼噪。李如柏军以为是后金主力发起进攻,惊恐溃逃,自相践踏,死伤 1000 余人。

萨尔浒之战历时五天,以明军失败、后金军胜利而告结束。明军失败的原因主要是对后金军的作战能力估计不足,情况不明,料敌不确,筹划不周,准备不充分。其次主力突出冒进,孤军深入,陷入重围,全军覆没,并使南北两路也陷入力单势孤的危境,为后金从容转移兵力,依次各个歼击造成了有利战机。另外,杨镐掌握的机动部队置于辽阳,远离前线,既不能及时策应前队,也不能掩护败退。再加上杨镐远处后方,对战况盲无所知,前线又无人统一指挥和协调各军行动,失败不可避免。

明军遭此惨败,完全陷入被动,辽东局势顿形危急。此战之后,后金军乘势攻占开原、铁岭,征服了叶赫部。明由轻敌自大变为软弱妥协,直至最后清叩关而入,明朝灭亡。

万历朝奇人

胸襟开阔的三娘子

三娘子(1550~1613),蒙名叫钟金哈屯,明人记载称克兔哈屯,或也儿克兔哈屯,卫拉特蒙古奇喇古特部落首领哲恒阿哈之女。据说三娘子容貌清丽,聪睿英俊,颇具才华。她酷爱读书,通晓蒙古文字,胸襟开阔,通达事务,是蒙古族的杰出女性。三娘子一生曾经三嫁,她掌握兵柄,兴办贡市,为蒙汉民族的和睦关系做出了贡献。

嘉靖三十七年(1558),俺答汗迎娶了三娘子。她以聪颖英俊,擅长骑射深受俺答的宠爱和器重,事无巨细都听从三娘子的建议。三娘子的名字在蒙古草原上流传开了。三娘子原本为俺答汗外孙女,先已许嫁俺答的孙子把汉那吉,俺答却把她纳为姬妾。后来由于把汉那吉投靠明朝,俺答欲与明朝交战时,具有政治家眼光的三娘子偷偷规劝俺答受封顺义王,俺答应允,并进一步在三娘子的建议下,向明朝称臣纳贡,改变了双方几十年的争战状态。明朝得知这件事的成功依赖三娘子的从中斡旋,特封她为"忠顺夫人"。

万历九年(1581),俺答汗去世。三娘子向汉族官员发了讣告,并向明朝廷发了关文,进贡白马九匹,镀金撒袋一幅、弓一张、箭15支,以示继续忠顺。明朝派遣使者按照蒙古的礼节参加了葬礼。当时向明廷书写官文和奏报情况都以三娘子的名义,凡是蒙古人去内地必须携带三娘子签发的文书,方准通行。三娘子一跃成为土默特集团中的核心人物。她地位的变化与北方地区的治乱息息相关,明神宗听从大臣的建议,赐三娘子大红五彩纻丝衣两袭、彩缎六表里、木棉布20匹。三娘子与明朝的关系更加密切。

俺答死后,三娘子又嫁给了俺答汗的长子黄台吉。万历十一年(1583)二月,黄台吉继承了俺答的顺义王封号。他常埋怨贡市不好,三娘子每每从容地劝解:"跟明朝和解,接受明朝的封号所得到的赏赐,要比劫掠得到的还要多,所以我们要始终臣服中国,作为中国的屏藩。"黄台吉信以为然,终其一生都没与明朝为敌。

万历十三年(1585)十二月,黄台吉病逝。三娘子手握王篆和兵符,欲立他的爱子不他失礼为王。黄台吉的长子扯力克乃自立为王。三娘子权衡利弊,将王印传给了扯力克。三娘子时年37岁,认为年岁渐老,自己带领兵士万人,远离皇城。边疆大臣郑洛担忧蒙古方面无主事之人,不利于安顿边塞,派人规劝扯力克娶三娘子为妻,他的部下也劝他娶三娘子。扯力克于是迎娶了三娘子。扯力克喜欢练兵,疲劳后就想安乐,部族政务都交给了三娘子处理。万历十五年(1587)三月,扯力克承袭了顺义王职位。扯力克沉湎酒色,把与明朝的往来应酬都交给了三娘子。

万历二十二年(1594),扯力克死去,围绕着王位的继嗣,土默特部落发生了一场以扯力克的孙子卜失菟台吉为一方同三娘子的孙子素囊台吉为另一方的"夺嫡"之争。素囊台吉多次咒骂三娘子,憎恨她不将王篆授予他。三娘子不徇私情,遵循俺答汗生前与明朝廷达成的约定,毅然将顺义王印移交给卜失菟。这时,蒙古和明朝的互市已经几年都没有什么成果了。明边官下令禁止各边互市,三娘子派遣使者力争以为不可,贡市重新开始,边境稍安。万历四十一年(1613)四月,三娘子病殁,终年64岁。

学识广博的宋应星

宋应星,字长庚,万历十五年(1587)出生在江西省南昌府奉新县的一个地主家庭。

其曾祖曾经做过南京工部尚书,对工程技术方面的知识十分精通。宋应星自幼受家庭影响,对手工业、建筑业和农业方面的实用技术十分关注。他自幼聪敏过人,显示出惊人的记忆力和应变力。宋应星对于看过、听过的东西总能过目不忘、耳熟能详,为他日后写作出科技巨著积累起丰厚的知识基础。

万历四十三年(1615),宋应星与兄长一起去参加江西省的乡试,两个人同时中了举人,在乡间传为美谈。但是,后来宋应星五次进京参加会试都屡试不中。在这几次前往应试的过程中,宋应星亲眼看见了百姓的困苦生活,打消了继续入试的念头,决心要以自己的聪明才智为老百姓做点最实用的贡献。

崇祯七年(1634),已届不惑之年的宋应星首次出任江西省分宜县教谕。在任上时,他刻苦攻读前人的科技著作,深入民间向田间地头的老农、工场里的工匠学习,历尽千辛万苦搜集整理了大量生产技术资料。四年以后,他升任福建汀州府推官,这是个正六品的司法官。在任期间,他不与贪官污吏为伍,正直清廉,深得汀州百姓敬仰。后来,他又升任安徽亳州知州,这是一个五品官,是宋应星一生中担任的最高官职。

宋应星在实际的生产生活中观察积累,吸收了大量的实际生产经验,总结前人的成果,写出了享誉中外的科技巨著《天工开物》。他从崇祯七年(1634)着手编著,到崇祯十年(1637)由友人涂伯聚刻板刊行,其间历经三年,几经增删。使这部科技巨著在实用性、广泛性和准确性上都大大地超越了前人。

《天工开物》全书共分上、中、下三卷,下面又按照不同的生产项目,编成18卷。上卷详细记载了谷物豆麻的栽培和加工方法,蚕丝棉布的纺织和染色技术,以及制盐制糖的工艺;中卷主要记载砖瓦和陶瓷的制作,车船的建造,金属的锻铸和烧

宋应星

制,以及榨油、造纸方法等;下卷内容包括金属矿物的开采和冶炼,兵器、火药、朱墨、颜料等的生产以及珠宝的采集和加工。真可谓是无所不包。全书一共记录了130多条技术经济数据,附有123幅插图,还画有270多个现场操作的劳工形象。这部书文字简洁,内容广博,全面系统地记叙了中国古代(主要是明代)的农业、手工业等方面的科学技术成就,至今仍是研究明代农业、手工业的宝贵资料。在这部书中还提出了许多先进的理论和方法,其中"物种发展变异理论",比德国卡弗·沃尔弗的种源说要早100多年,"动物杂交培育良种"要比法国早200多年。炼锌方法在世界上是第一个记载的,还有挖煤中的瓦斯排空和巷道支扶,化学变化中质量守恒道理等等的记录,都比国外先进或早得多。

《天工开物》是一部非常珍贵的科技文献,在我国乃至世界科学技术史上都占有重要的地位,受到国内外科学界的高度重视。日本学者评价说:"作为展望在悠久的历史过程发展起来的中国技术全貌的书籍,是没有比它更合适的了。"1869年它被译成法文、德文,传到西方,以后又被译成英文,称作《中华帝国古今工业》,成为一本世界性科技巨著。西方研究学者把它誉为"中国17世纪的工艺百科全书"。英国的达尔文说《天工开物》一书是"权威著作",法国学者称它为"技术百科全书"。英国的李约瑟不仅称《天工开物》是"17世纪早期的重要工业技术著作",而且,还把宋应星说成是"中

国的狄德罗"。

宋应星博学多能,不仅对农业手工业方面的技术有研究,对于天文、音律及哲学伦理等方面的知识也十分精通。除了《天工开物》以外,他还写出了《论气》《谈天》《原耗》《美利笺》《杂色文》等哲学和技术著作,可惜的是大部分著作都已失传,仅存《天工开物》《野议》《论气》《谈天》和《思怜诗》这五部作品。

离经叛道的李贽

李贽(1527~1602),字宏甫,号卓吾,又号温陵居士,溪美人,明代杰出思想家、文学家、史学家。他的祖父航海经商,父亲以教书为业,他自己嘉靖时中了举人,授河南共城教谕,后升任南京刑部郎中。他受王守仁"心学"的影响,逐渐形成"童心说"。"童心"即"真心",就是真实的思想感情。李贽离经叛道,被视为"异端",然而,他的思想中包含着许多合理、进步的内容,放射出耀眼的光芒。

万历五年(1677),出任云南姚安知府。由于李贽的思想体系和官方推崇的程朱理学格格不入,兼他性格耿直,不堪受上司欺压。姚安知府三年任期未满,即向上司辞职,未获准即住到大理府鸡足山佛寺,专心研究佛学,从此告别仕宦生涯。

弃官后,李贽携家离开云南,客居湖广的黄安县,即今湖北红安县。当时他住在一个姓耿的人家里,耿家有耿定向、耿定理、耿定力三兄弟。耿定向官至右副都御史等职,与弟弟耿定理都崇尚王阳明之学,便出面将李贽招至黄安,相与切磋。李贽每天邀请士人讲学,讲学时也让妇女前来旁听讨论。男女夹杂一处,此事在当地引起不小的风波。后来,李贽与耿定向在论学观点上发生分歧,产生了矛盾,不久,被迫离开耿家。他先把妻女送回福建老家,然后徙居麻城龙潭湖芝佛院,在佛院落发为僧,自称"流寓客子"。他在这里读书著述,一住就是20年,著有《藏书》《续藏书》《焚书》《续焚书》等,还评点过《水浒》《西厢记》等小说和戏曲。

李贽把批判的锋芒直指儒家经典,对六经、《论语》《孟子》等都抱着轻蔑的态度,说这些书不过是当时弟子随笔记录,有头无尾,得后遗前,多半不是圣人之言。就算是圣人之言,也只是一时因病而发的药石,哪里算得上是"万世之至论"?对儒家学说,他有时抓住一些把柄进行嘲讽。

李贽还十分鲜明地提出不能以孔子的是非为是非,他指责道学家对孔子的盲目崇拜是"一犬吠影,众犬吠声"。他说,孔子也是人,没有什么可怪的,如果千古以前没有孔子,人难道就不活了?在那个把孔子奉为"万世师表""至圣先师"的时代,李贽说出这样的话,真可谓大胆妄为,自然就惊世骇俗了。

李贽还有个与众不同之处,就是批判封建礼教,同情妇女,公然倡言:"人有男女之分,而见识高低则没有男女之别。"他还赞同寡妇再嫁,对程朱理学所谓的"饿死事小,失节事大"进行批驳。道学家把男欢女爱诬蔑为"淫乱","失身",在李贽看来,男女相爱,善择佳偶,完全合乎"自然之性"。

万历三十年(1602),李贽被一个叫张问达的人弹劾,以"邪说惑众,使后学如狂"被治罪。这时李贽已是76岁高龄的老人,入狱后不堪侮辱,持剃刀自割咽喉而死,时在。死后,马经纶把他收藏于河北通州北门外马寺庄迎福寺侧,今墓地尚在。

才名远扬的汤显祖

汤显祖(1550~1616),字义仍,号海若、若士,别署清远道人、茧翁等,江西临川(今抚州)人。他出生于书香世家,五岁时开始读书,十二三岁时便通习古文诗词,14岁考中秀才,以善属文闻名乡里。隆庆四年(1570)庚午乡试,年仅21岁的汤显祖中举人,从此更以少年有才名播于海内。

万历初,内阁大学士张居正为了让自己儿子中第,网罗海内名士与其子同习科考。他早闻汤显祖之名,命其子延请,但却遭到谢绝。汤显祖不肯攀附权势的清傲性格,在年轻时代已得到充分体现,这也决定了他一生孤傲清贫的必然命运。拒绝张居正的招揽,使汤显祖在科场上颇受困顿,接连两试不第,直到万历十一年(1583)张居正死后的癸未科才得中进士。这时汤显祖已过而立之年,与他同科考中的两个内阁大学士之子慕名应许他同选翰林院庶吉士,他再次拒绝与权贵同伍,自请前往南京任官太常寺博士,几年后就任南京礼部祭祠司主事。

在南京任上清闲随意的生活,给汤显祖在文学创作方面提供了有利的条件。这种寄情诗酒戏剧的清闲的官场生活,却未曾改变汤显祖那种清傲率直的性格,本已与世无争的他面对腐败的政治时,士大夫以天下为己任的责任心使他义不容辞地挺身而出,成了一位锋芒毕露的斗士。

万历十八年(1590)三月初四夜初更时分,代州发生陨星坠落。三月初九,又有大星自东南带火流于西北方向。这在当时被视作"星变"的灾异事件,明神宗将一切责任都推向了言官们,说这是言官的失职,借此停言官俸禄一年。汤显祖无比气愤,上疏仗义执言,弹劾大学士申时行失政。神宗很恼怒,汤显祖被贬职为徐闻典史。万历二十一年(1593),汤显祖依制迁浙江遂昌县令。虽然他成为亲职于民的父母官,却仍然没有改变正直清傲的性格,尽管能够适应地方官员的政务,却无法去适应官场的丑恶,汤显祖开始对官场的生活感到了厌烦。万历二十六年(1598),趁任满赴京的机会,汤显祖弃官而归。

恶势力的迫害使汤显祖完全脱离了官场,他回到家乡,创作了18年。他写有数千首诗,但影响最大的是四部戏曲作品:《牡丹亭》《南柯记》《邯郸记》《紫钗记》,合称"临川四梦"。这四部戏中最出色的是以爱情为主题的《牡丹亭》。在《牡丹亭》中,他将这种思想寄托在主人公杜丽娘和柳梦梅身上。杜丽娘和柳梦梅不仅以自己的爱情冲破生死界限,而且冲破封建礼教的束缚,自己做主结为夫妻。这种敢于反礼教的爱情故事,使汤显祖的《牡丹亭》成为"上薄《风》《骚》,下夺屈、宋,可与《西厢》交胜"的划时代之作。《牡丹亭》的曲文非常清丽舒雅,情节构想也极具奇巧。

汤显祖的晚年在贫穷中度过,万历四十四年六月十六日亥时(1616年7月29日)溘然而逝,终年66岁。

为人耿直的顾宪成

顾宪成(1550~1612),明末东林党领袖,字叔时,别号泾阳,人称泾阳先生,南直隶无锡县(今属江苏)人。顾宪成从小就为人耿直,十分有主见,从来不肯委曲求全,一旦认准的事,他就会坚持到底。他六岁进私塾读书,既聪明,又刻苦,怀有远大抱负。他在自己所居陋室的墙壁上题了两句话:"读得孔书才是乐,纵居颜巷不为贫。"

万历四年(1576),27岁的顾宪成赴应天(今江苏南京)参加考试,他在应试文章中指出:天下治理的关键在于用人得当,只有选拔、任用贤才,使之各司其职,才能使国家稳固、政治清明、民情安定。顾宪成还强调朝廷要广开言论,虚心纳谏,以法治国,注意总结前代的经验教训以供借鉴,把国家的事情办好。顾宪成的文章立意远大,分析透彻,以第一名中举,从此闻名遐迩。

万历八年(1580),解元顾宪成赴京参加会试,又被录取在二甲第二名,被授以户部主事。顾宪成初入仕途，不顾自己位微言轻，上书直谏，主张举用人才，评论时政得失，无所隐避。他先在户部、吏部任职，后外放桂阳（今属湖南）、处州（今浙江丽水）等地为官，后又奉调再入吏部，不管在什么地方、什么部门任职，他都不媚权贵，廉洁自守，正直无私，办事认真。

万历二十二年（1594），顾宪成任吏部文选司郎中，掌管官吏班秩迁升、改调等事务，他与吏部尚书陈有年不徇私情，拒绝请托，根据品望拟了七人名单上报，请神宗亲裁。不料，顾宪成他们提名的人都是神宗所厌恶的。神宗不由分说，指责吏部有"徇私"做法，在吏部的奏疏上批了"司官降杂职"五个字，就把顾宪成文选司郎中的职务给撤掉了。陈有年上疏引咎自责，恳请恢复顾宪成的文选司郎中职务。

东林党领袖顾宪成

其他正直的大臣也纷纷上疏申救顾宪成，神宗一意孤行，将上疏申救的官员外放、降调、削职，顾宪成则被革职为民。朝野许多大臣都上书举荐，要求召顾宪成归朝复职，然而顾宪成再也不愿混迹官场。

顾宪成的家乡无锡东门内有一座东林书院，原是宋代著名理学家杨时讲学之地。顾宪成回乡之后，为了讲学的需要，准备修复东林书院。在常州知府欧阳东风的资助下，东林书院在万历三十二年（1604），开始修葺工程，直到九月九日才完全竣工。顾宪成了这项工程，捐助了自己所有的积蓄。书院修好之后，顾宪成亲自为书院讲会审订了宗旨及具体会约仪式。这年十月，顾宪成会同顾允成、高攀龙、安希范、刘元珍、钱一本、薛敷教、叶茂才（时称东林八君子）等人发起东林大会，制定了《东林会约》。顾宪成首任东林书院的主讲。顾宪成的讲学活动成为他一生事业的辉煌时期。顾宪成还特意写了一副对联挂在书院的墙上，以示对学生的教诲和激励，这副"风声雨声读书声声声入耳；家事国事天下事事事关心"的对联几乎成了天下读书人共有的座右铭。

顾宪成引导书院的学生一面研习程朱理学，一面讨论救国济世之道。他们关心朝中政治，经常"讽议朝政，裁量人物"，对国家大事发表自己的看法，对当时的吏风、士风提出了尖锐批评。由于东林讲会开创了一种崭新的讲学风气，引起了朝野的普遍关注。一些学者从全国各地赶来赴会，学人云集，每年一次的大会有时多至千人。东林书院实际上成为一个舆论中心，这里的人们便逐渐由一个学术团体形成一个政治派别，被他们的反对者称为"东林党"。顾宪成是首创者，在社会上声望很高，在东林党人中也很有威信，时人皆称为"泾阳先生"，顾宪成一时间名声大作。

但是，也正是他们对朝政的讽议，引起了朝中保守官员们的反对。他们联合起来一同攻击东林党人，顾宪成也参与其中，特别是因为李三才入阁的争论，几乎惊动了十几年不问朝政的神宗，顾宪成因为此事积劳成疾，于万历四十年（1612）在家乡病逝。

基督教的传播者利玛窦

基督教与佛教、伊斯兰教并称世界三大宗教。基督教最早进入我国是在唐朝初年，第三次传入中国是在明朝由利玛窦传入的。

利玛窦于嘉靖三十一年（1552）出生于意大利的一个旺族家庭，少年时代开始进入本城的耶稣会学校学习。16岁的时候，他被送到罗马学习法律，同时仍在耶稣会主办的学校里继续学习哲学和神学。他兴趣广泛,学习了诸如天文、数学、地理等多种知识。十五十六世纪的欧洲正处在迅速上升阶段,新航路开辟、地理大发现,科学技术发展,到处都是一派崭新的景象。万历十年(1582)年底,利玛窦从果阿出发,经历了长时间航行终于到达了当时被葡萄牙占据的中国澳门地区。在利玛窦之前,耶稣会传教士为了进入中国已经进行了长期艰苦的努力,但效果并不显著。

万历十一年(1583),利玛窦和另一个神父罗明坚来到广东传教,尽管得到了当地官员的支持,但当地士绅百姓却非常抵触。面对这种恶劣环境,神父们采取了缓和矛盾的办法,尽可能地研习中国文化,将基督教的教义融合进中国的古代经籍之中。利玛窦还公开展览西方先进的机械制造产品和科技成果,如钟表、三棱镜、圣母像、地图等。这些在西方原本十分普通的物品,在中国却成了极为贵重的东西。有时为了传教的需要,利玛窦就把这些东西当作礼物送给中国官员,取得了很好的效果。利玛窦还利用在国内的所学知识,制造天球仪、地球仪,不知不觉间成了西方先进自然科学知识在中国的传播者。他也学会了与中国士绅相处的技巧,他颂扬中国文化的博大精深,糅合中西方两种哲学观念,并用西方的钟表,地图等先进科技产品作为"敲门砖",敲开了贵族、官员的大门。他们在肇庆建立了中国内地的第一座教堂,取得了极大的成功。

尽管如此,反传教士事件依旧层出不穷。利玛窦又想到南京谋求发展,但南京兵部侍郎徐大任命令利玛窦立即离开南京。利玛窦沿江返回南昌,又在南昌取得了极大的成功。他与分封在南昌的皇族后裔建安王和乐安王建立了友好关系,王室成员、各级官员都对地球仪、玻璃器皿、西式装订的书籍等礼物极感兴趣。利玛窦便在自己的住宅再一次举行"科普"展览,表演先进的记忆方法,出版《交友论》,选择适合中国人伦理观的西方伟人语录加以刊行。

万历二十八年(1600),利玛窦带领部分随行人员第二次向北京进发,通过努力终于获得了神宗的接见。神宗对利玛窦的礼物兴趣十足,他特别在皇宫内为自鸣钟盖了一座钟楼,并详细询问西方的风俗人情。为了使自鸣钟能够正常无误的运行,皇帝破例允许神父们在北京长期居住,一旦自鸣钟发生故障时就可以迅速进宫修理。明政府还每隔四个月给他们发一次津贴。

徐光启

利玛窦从此开始了他在北京的传教活动,他们的足迹上至达官贵人的府邸,下至穷乡僻壤,大量发行教义的宣传物。万历三十五年(1607)时,耶稣会在北京的教徒已有400多人,徐光启、李之藻等著名人物也受洗礼入教。三年后,利玛窦因病在北京去世,神宗专门命人在北京拨出一块墓地安葬利玛窦,他至今依旧长眠于北京阜成门外。

此后,天文、历法、地理、医学、水利等各种西方学术著作陆续被翻译到中国,利玛

窦本人与徐光启合译《几何原本》《测量法义》，与李之藻合译《浑盖通宪图说》《同文算指》等书，也给中国人带来了新的思维方式。中国的文化也借由传教士之笔传到欧洲，中西方的文化交流为世界文化史写上了灿烂的一笔。

明熹宗朱由校

人物档案

生卒年：1605～1627年

父母：父，光宗朱常洛；母，王选侍

后妃：张皇后等

年号：天启

在位时间：1620～1627年

谥号：悊皇帝

庙号：熹宗

陵寝：德陵

性格：荒唐怪异，偏信昏庸

名家评点：

妇寺窃权，滥赏淫刑，忠良惨祸，亿兆离心，虽欲不亡，何可得哉？

——清·张廷玉《明史》

熹宗朱由校

皇帝：天才木匠

明熹宗朱由校（1605～1627），明朝历史上第十五位皇帝，明光宗朱常洛长子，泰昌元年（1620）九月初一日继位，第二年改年号为"天启"，史称"天启帝"。朱由校一生在位七年，在中国历代帝王中最善于木工，曾制成过一座小巧玲珑的乾清宫模型和五间蹴圆堂模型，被誉为"天才木匠"。

然而熹宗所受到的教育极少，根本不喜欢处理朝政，宠信宦官魏忠贤，并让他入掌司礼监，统领东厂。魏忠贤与熹宗乳母客氏勾结，把持朝政。熹宗时期的明朝已经是千疮百孔，社会矛盾急剧激化，农民起义不断；北方后金的势力也不断壮大，并出兵攻明占领辽阳，进逼宁远，明代统治濒临溃灭。

早在万历年间，朱由校的父亲朱常洛不为其祖父明神宗所喜欢，他这个皇孙自然也在明神宗的视野以外。直到明神宗临死，他才被册立为皇太孙，有了出阁读书的机会。没想到他的父亲登基一个月就撒手西去，连册立他为皇太子都没得及，更别提读书的事情了。

朱由校即位时刚16岁，在此之前的岁月中，他的父亲朱常洛作为太子就没有受到应有的教育，作为太子的长子，他所受的教育当然更逊一筹。明清史专家说："熹宗为至愚至昧之童蒙。"有人甚至认为熹宗是"文盲儿子"，"一字不识，不知国事"。熹宗16岁登上天子宝座，23岁病逝，总共做了七年皇帝。七年之中他很少踏出宫门，天天呆在皇宫之中做他喜欢的事情，从不过问朝中政事和黎民百姓的疾苦。熹宗喜欢骑着马到处游玩射猎，或者同宫里的小太监们一块玩各种稀奇古怪的小玩意。当了皇帝以后，居然对木匠活产生了强烈的兴趣。据说，在建造房屋与木工、油漆手艺方面，朱由校的水平很高，"巧匠不能及"。

熹宗做起木匠活来常常会废寝忘食,有时玩到半夜也不休息。身边的太监、宫女们为了讨好主子,也尽心学习木匠手艺,一个个都成了能工巧匠,这可以说是熹宗一朝所独有的现象。许多太监也因此得宠,成为熹宗一朝的权贵。熹宗还用细密结实的紫檀木作为材料,充分展示了自己的雕刻技巧,在长不盈尺的屏风上镂刻出生动逼真的花鸟虫鱼,亭台楼榭,御名之《寒雀争梅图》。他让身边的太监拿到市场上去卖,要价十几万两白银,仍有市人争相购买。时人有诗曰:"御制十灯屏,司农不患贫。沉香刻寒雀,论价十万缗。"

熹宗除了喜欢做家具,还喜欢雕刻木制的小玩具。熹宗从小就喜欢看傀儡戏,这时更是兴趣不减,不但喜欢看,还喜欢自己亲手来做。他仿照各种真人的样子用木头雕刻出五湖四夷、仙人仙山、将军士卒、市井小民等形象,在每个小木人的脚下面安上一个小小的机关,用大约三尺多长的竹板控制着。制造好以后,把这些小木人全部都放到一个大水缸中,缸里添满水,水里放上一些活鱼、蟹虾、萍藻之类的东西。用彩色的绫罗绸缎把水缸围起来,要身手灵活的太监们藏在帷幕后面,拖着小竹板来控制小木人的移动。随着小木人的移动还要配上同剧情相适合的鼓乐,一台精彩绝伦的好戏便形成了。熹宗最喜欢看的有《东方朔偷桃》《三保太监下西洋》《八仙过海》《孙行者大闹龙宫》等剧目。这些剧目人物众多,装束新奇,扮演巧妙,表演起来活灵活现。熹宗做得是如醉如痴,看得也是如醉如痴,只是不知不觉中似乎也成了别人手中的一个傀儡,梦里梦外,大明王朝在这些木人的游动中一步步地走向灭亡。

天启五年(1625),宫中改造太和殿、中和殿、保和殿三座大殿。熹宗皇帝看着工匠们干活,便也想同工匠们一块大显身手。三大殿的工程从砌筑到上梁,再到廊柱花纹的雕刻装饰,熹宗皇帝都亲自参加,有时还会脱掉龙袍,亲自上阵,丝毫不像一位统摄天下的万乘之君。

熹宗每天忙碌着做木匠活、看傀儡戏,生活在自己的世界里,把军国大事统统抛到脑后,不予过问。奸臣魏忠贤当然不会错过这个良机,趁机篡夺了控制国家的权力。他常常趁着熹宗引绳削墨,玩兴最酣的时候,拿上公文请熹宗批示。熹宗无心过问,便会随口吩咐道:"知道了,你们尽心去办吧!"这句话成了魏忠贤排斥异己、专权误国最好的工具。可怜七年的玩乐生活,把整个国家卷入了空前的危机之中,传承了200余年的大明江山到了此刻,已经是风雨飘摇。

配偶:忠义机敏

熹宗的皇后姓张,名嫣,字祖娥,小名宝珠,是河南祥符县张国纪的女儿。容颜秀丽又知书达理,聪明睿智。熹宗很喜欢她,即位的当年四月便正式册封她为皇后。

熹宗每天只知道玩乐,不问朝政,后来又宠信魏忠贤和客氏。张皇后很对国家大事有自己的主见,对魏忠贤等人横行霸道、扰乱朝政的恶行十分气愤,常常劝说熹宗,可惜的是熹宗总是听不进去。客氏在宫内大摆威风,以朱由校的母亲自居,根本不把嫔妃看在眼里,对张皇后也是如此。对客氏的横暴,张皇后非常反感,她曾当面斥责过客氏,几次想召客氏到宫中除掉她。客氏对张皇后也十分警觉,处处提防。客氏、魏忠贤也一直想铲除张皇后。

天启三年(1623),张皇后怀孕,客氏将张皇后宫中下人一律换成她的心腹,在侍候张氏时做了手脚。终于一个宫女给张氏捶背时,用劲过猛造成张皇后流产。不久客,魏二人又把毒手伸向了张皇后的父亲张国纪,想以此牵扯张皇后,废掉张皇后而立魏忠贤的侄子魏良卿的女儿为皇后。造谣说张皇后是被张国纪收养的一个在逃杀人犯的女儿,她的父亲实际上是江洋大盗孙二。朱由校听说了之后,不辨黑白就下旨革去张国纪的爵禄,令其回籍了,但并未动张皇后。

张皇后非常讨厌专权擅政的魏忠贤,常常把他比作秦朝的宦官赵高,并多次在熹宗面前,影射魏忠贤心有不轨,但是熹宗却不当作一回事。熹宗不想客氏等人伤害张皇后,也不想张皇后伤害他的这些心腹,往往是在两者之间保持沉默。

天启六年(1626),熹宗身体日渐虚弱起来,脸和身上都出现了浮肿。到了天启七年(1627),竟病倒在床,时发高烧,浮肿加重,饭量大减,说话有气无力,朝野上下惶惶不安。这时,京师又传出了魏忠贤预谋篡位的谣言,闹得满城风雨。张皇后更是忧心忡忡。生病这段时间,朱由校开始注意他周围的人,对张皇后的态度也渐渐转变,张皇后虽然也是20几岁的年轻女子,但她头脑清醒,她认识到面对复杂的形势,必须沉着冷静,当务之急是解决皇位的继承问题,绝不能使客、魏的篡位阴谋得逞。由于朱由校无子嗣,张皇后想到了朱由校同父异母弟信王朱由检,他素有贤名,当此大任。

张皇后劝朱由校召见信王,但由于魏忠贤等人时刻守在宫殿内外未成。后来终于找机会安排信王和熹宗见了一面。朱由校全身浮肿、气息奄奄,他强打起精神告诉朱由检将来要成为尧舜一样的君主,并善待张皇后。信王听说皇帝要传位给他,百般推辞,最后张皇后从帝后走出来,指出现在正是国家最危险的时候,信王一定要担起国家社稷的大任。信王这才伏地叩头。朱由校昏庸20年,只有接见信王确定继位人是他做的唯一正确的事情。在这件事中张皇后起了十分关键的作用。

天启七年(1627)八月二十二日,朱由校驾崩,张皇后马上传旨,命人迎信王入宫,同时向天下宣告信王继承大统的遗诏。次日,朱由检登基,张皇后才放下心来。张皇后凭借自己的机敏果断,完成了一件力定社稷的惊人之举。朱由检登基后,对张皇后十分尊

明朝最著名的医学家李时珍

敬,封张皇后为懿安皇后,尊养于宫中。因为张皇后屡次力劝昏庸的熹宗,保全被魏忠贤迫害的大臣,民间对张皇后的看法也很不错。据说李自成的起义军攻入北京城之后,特别命令义军不可伤害张皇后。但是张皇后为人刚烈,自缢身亡。

乳母:客氏乱后宫

明朝宫廷规定,后宫的嫔妃生了孩子不能自己哺育,要从农村挑选一些强壮的村妇为奶妈,代为哺育。客氏是河北保定人,万历三十三年(1605),宫中为即将出生的朱由校寻找奶妈,恰好客氏生了一个女儿没有成活,于是来到宫中。客氏那时正在18岁如花似玉的年华,奶汁非常稠厚,于是被选中,成了朱由校的奶妈。入宫后,客氏的丈夫因病死去,客氏便带着自己的儿子在北京长期住了下来。

客氏长得眉清目秀,她心灵嘴巧,非常机敏,又会做针线,很快在东宫上下混得很

熟。朱由校的生母王氏对她很放心,将朱由校托付给了她。客氏深知自己的荣华富贵全寄托在这个养子身上,对朱由校的照顾也很细心。王氏一死,朱由校便不自觉地把客氏当成了自己的亲生母亲。

朱由校继位使客氏的野心迅速膨胀起来,她把眼光盯在了同样服侍皇帝的宦官身上。明朝习俗,宦官与宫中女性,主要是宫女,也包括像客氏这样的妇女,暗中或公开结为名义上的夫妻。客氏原与魏朝相好,见到李进忠后,便移情于他。熹宗朱由校即位,封客氏为奉圣夫人。魏朝与李进忠争客氏,意义不止于争一个后宫女子,而是争宠于熹宗,自然更为激烈。熹宗也竟然过问起此事,最后客氏选择了李进忠。为了除掉魏朝的威胁,李进忠与客氏合谋,矫旨将魏朝打发回凤阳,派人在途中将他杀死。魏朝也是熹宗的心腹,二人经常同卧起,连皇帝也不能庇护他,可见李进忠在宫中的权势。地位改变之后,熹宗将李进忠赐为魏姓,名忠贤。当时,顾命太监是王安,他有相当的威望。魏忠贤和客氏在外朝官僚中寻找伙伴,找到了魏忠贤的同乡、给事中霍维华,指使他弹劾王安。客、魏包围熹宗,矫旨将王安降为南海子净军,又派人把他杀害。王安一死,魏忠贤升为司礼秉笔太监。

当时一些得罪客、魏的妃嫔,连性命也难保。裕妃张氏曾经无意中得罪过客氏和魏忠贤。张氏怀孕后,客氏和魏忠贤就假传圣旨,将裕妃幽禁于别宫,不让宫女供给饮食,裕妃被活活饿死。曾经生育皇二子的慧妃范氏担心自己会落得和裕妃一样的下场,就在平时预藏食物,后来果然被客氏幽禁达半个月之久,她靠着私藏的食物活了下来。

张皇后多次向熹宗谈起客氏、魏忠贤的过失。一次,张后看书,熹宗问她在看什么书,她答曰:"《赵高传》。"张后用意很明确,熹宗默然。客氏和魏忠贤知道后又恨又怕,扬言说张氏并不是国丈张国纪的女儿,而是盗犯的女儿,想借此惩治张家。另一太监王体乾对魏忠贤说:"熹宗重夫妇兄弟情谊,假如以后有什么变化,咱们就全完了。"这才保全了张后家族。尽管如此,张皇后还是在她有身孕时深受其害。

魏忠贤与客氏两人一方面处心积虑地除去宫中一切可能对他们不利的因素,一方面向熹宗进献自己的养女,冀图能生得一男半女。然而,熹宗一生三男二女都早早夭折,魏忠贤与客氏的如意算盘始终没有拨转。

熹宗去世,信王朱由检入宫即位。客氏再没有居留宫廷的理由,九月初三日离宫。两个多月以后,即天启七年(1627)的十一月十七日,客氏被从私宅中带出,押解到宫中专门处罚宫女的浣衣局严刑审讯。审讯得出的结果令人诧异:当时宫中有八位宫女怀孕,都是客氏从外面带进去的婢女。客氏罪不容诛,在浣衣局被活活笞死。

宦官:魏忠贤专权

心机深沉巧弄权

明代中后期宦官乱政,比历史上任何一个王朝都有过之而无不及,魏忠贤是这些乱政的阉党中最臭名昭著的一个。他气焰最嚣张的时候,竟然被一些无耻的官员公开称呼为"九千岁",只比"万岁"少了一点。可见当时宦官专权的严重程度。

魏忠贤原名李进忠,直隶河间府肃宁县人。魏忠贤出身贫寒,家徒四壁。魏忠贤的父亲犯了罪,被发配到边疆地区服役。由于缺乏大人的管教,他和一些市井无赖混在了一起,常常做一些偷鸡摸狗的事情。魏忠贤原本已成家并有一女,因为赌博输钱,又无力偿还,被人百般羞辱,一气之下,自己动手割去生殖器,投奔京城,希望在宫中能出人头地。

宫廷势力斗争更加黑暗。魏忠贤入宫后,先在司礼监秉笔太监、掌管东厂的孙暹名下做事,同时,魏忠贤小心行事,又极力讨好巴结太监魏朝,和魏朝结拜为兄弟,魏忠贤为兄,魏朝为弟,因此宫中有"大魏、二魏"之称。不久,魏忠贤成了太子的长子朱由校身边的管膳太监。他费尽心机、想方设法从各处找来奇珍异味、珍禽异物供给朱由校母子,博取他们的欢心,很快就得到了宠爱,地位一步步提高上来。魏忠贤又通过魏朝结识了客氏,向客氏大献殷勤,立刻博得客氏的欢心。后来,魏忠贤又与客氏相通。客氏逐渐喜欢魏忠贤,而厌恶魏朝,魏朝和客氏断了私情,魏忠贤得以专门侍奉客氏。魏忠贤掌握大权之后,报复魏朝,把他贬到凤阳去看守皇陵,又派人在半路上将其暗杀。

朱由校继位后,封乳母为"奉圣夫人",对客氏很尊重。客氏借机向皇帝推荐魏忠贤,目不识丁的魏忠贤竟然担任了太监机构中权力最大的司礼监太监,替皇帝担起了批改奏折的秉笔之责。皇帝日益宠信魏忠贤,让他负责特务机构东厂,监视大臣们的活动,魏忠贤一时权倾朝野,成为一人之下、万人之上的权臣。即使是首辅阁臣也忌惮他,不得不对他逢迎巴结。

魏忠贤利用手中的权势敲诈勒索,凡是官员必须要向他行贿,否则必定会受到打击。轻者丢官丧职,重者性命不保,他做尽了迫害忠良、排斥异己的事,一些无耻的大臣则都倒向魏忠贤,他手下有五虎、五彪、十孩儿、四十孙等等,聚集在他的手下,形成了为害极大的"阉党"集团。全国各地都遍布了魏忠贤的爪牙。许多地方上的官员为了巴结他,竞相为他建造生祠,到熹宗末年,魏忠贤的生祠已经遍布天下。魏忠贤一朝大权在手,横行天下,号称"九千岁"仍觉不够,甚至要呼为"九千九百岁"。

直到信王即位,新皇帝对魏忠贤一伙阉党早就恨之入骨,他先把客氏赶出皇宫,接着又免去魏忠贤司礼监和东厂的职务,命令他到凤阳守皇陵。大臣们也纷纷揭发魏忠贤的罪行,崇祯皇帝命锦衣卫擒拿魏忠贤治罪。魏忠贤在去凤阳的途中上吊自杀。

旷古奇冤东林案

天启五年(1625)之后,魏忠贤权倾一世。阉党恣意打击正直官员,罗织"朋党"罪名,阴谋编造了大量东林人士的黑名单和黑材料,企图置东林党人于死地。其中著名的有:魏广微与顾秉谦作的《缙绅便览》,崔呈秀作的《同志录》《天鉴录》,王绍徽仿照《水浒传》编制的《东林点将录》,另外还有《东林党人榜》《东林朋党录》《东林籍贯录》,等等。这些名册都以邹元标、顾宪成、叶向高、刘一燝等为魁首,有时甚至把李三才也列在其中。

当时一些正直的大臣不愿附从魏忠贤,阉党官员便把他们一律称为"东林党人",献于魏忠贤。一些原与东林人士有过节的其他派别的官员,这时也纷纷进献名册,以泄旧恨。魏忠贤得意无比,大肆搜捕东林人士。

早在天启四年(1624),有一个姓傅的给事中与魏忠贤的外甥勾结,诬陷内阁中书汪文言,同时涉及左光斗、魏大中等东林官员,后来汪文言被廷杖夺职。次年三月,御史梁梦环迎合魏忠贤心意,再兴汪文言之狱,将汪文言逮拿到京。掌管锦衣卫北镇抚司诏狱的阉党许显纯严刑逼供,要汪诬告株连杨涟、左光斗等二十余人。汪文言宁死不屈,许显纯竟不择手段地自己书写供词,诬告杨、左等收受贿赂。不久,杨涟、左光斗、魏大中、袁化中、周朝瑞、顾大章六人被捕,除顾大章自杀外,其余五人都被严刑拷打,惨死狱中。

天启六年(1626)二月,阉党伪造李实奏疏,弹劾了高攀龙等七人。这件事的内幕是这样的:苏杭织造太监李实与东林党人黄尊素互有往来,传言黄尊素准备利用李实,仿杨一清诛杀刘瑾的方法清除魏忠贤。李实的司房孙昇得知后十分害怕,向魏忠贤的心腹太监李永贞告密求援。于是,李永贞在魏忠贤的授意下,擅自假冒李实的名字,起草了一份奏疏,指使孙昇上奏。阉党紧接着再兴大狱。

阉党这次逮捕的七人中,有两人先前已被东厂缇骑逮至京城。一位是谕德缪昌期,他是因传说为杨涟起草弹劾魏忠贤奏疏而被捕的;另一位是御史周宗建,他也因屡次弹劾魏忠贤擅权,遭阉党嫉恨。二月二十六日,魏忠贤又派人分捕高攀龙、李应升、周顺昌、黄尊素和周起元。高攀龙在无锡家中听说缇骑来到便投水自杀,缪昌期等六人在狱中备受拷问,慷慨赴死。这次东林党人的遇害,时称"七君子之狱"。而前次死难的东林党人被称为"前六君子"。

为钳制舆论,压服民心,魏忠贤阉党便下令拆毁天下书院,禁止读书人讲学,禁止人们评议时政。原以讲学闻名的东林书院被毁,代之而起的是魏忠贤的党羽为他所建的各种歌功颂德的生祠。

苏州五义士

天启年间,不仅京城朝廷内发生东林党反对宦官魏忠贤专权的斗争,苏州等地也掀起了反对魏忠贤的怒潮。当时,苏杭织造太监李实和巡抚毛一鹭都属于魏忠贤的阉党,他们忠实地履行魏忠贤的指示,残害东林党人。为了献媚魏忠贤,毛一鹭还在苏州山塘街为魏忠贤立"普惠生祠"。苏州市民对他们的所作所为十分痛恨。天启六年(1626)二月,魏忠贤再兴大狱,遣缇骑逮捕周起元、高攀龙、周顺昌、缪昌期、黄遵素等东林党人。一批凶神恶煞的官差在缇骑率领下,来吴县捕捉周顺昌。苏州士民听到阉党要捉拿周顺昌,义愤不平。一时间不约而同地聚集了数万人,执香为周顺昌请命。诸生王节、杨廷枢、文震亨等谒见巡抚毛一鹭与巡按御史徐吉,恳请他们上疏援救周顺昌。

毛一鹭既不敢得罪魏忠贤,又怕犯众怒,有些犹豫不决。缇骑见状,将镣铐掷在地上,厉声大骂:"东厂逮人,鼠辈竟敢阻拦!"并大叫囚犯在哪里。市民颜佩韦等挺身而出,上前质问:"圣旨出于朝廷,怎么会出于东厂?"缇骑见有人顶撞,恼羞成怒,气急败坏地喊道:"圣旨不出东厂,谁出?"听到缇骑这般说话,士民群情激愤,说道:"开始我们还以为是天子的命令,原来是东厂魏太监所为。"遂蜂拥上前。顿时势如山崩,当场打死两名缇骑,其余的仓皇逃走。一些人不解恨,还冲进官府衙门。毛一鹭见势不妙,吓得躲了起来。在苏州知府寇慎、吴县知县陈文瑞等人的极力劝阻下,民众才逐渐散去。

最后,周顺昌终于还是被乘夜带走,后来死于狱中。毛一鹭事后向朝廷报告说"苏州百姓都造反了",朝廷一听,慌忙调集军队镇压,逮捕了此次民变的为首者颜佩韦、杨念如、周文元、马杰、沈扬五人。这五人大义凛然,临刑前,他们对知府寇慎说:"你是一位好官,知道我们是激于义愤而为,不是作乱。"遂英勇就义。第二年,魏忠贤失势,阉党被诛灭,愤怒的苏州市民把魏忠贤"普惠生祠"拆毁,在该处安葬五义士遗骨,名为"五人之墓",文学家张溥还撰写了《五人墓碑记》,永远纪念这五位节义之士。在碑记中,张溥说:"大阉之乱,缙绅而能不易其志者,四海之大,能有几人欤?而五人生于编伍之间,素不闻诗书之训,激昂正义,蹈死不顾,亦曷故哉?"颜佩韦等五人虽是寻常百姓,但面对阉党淫威,大义凛然,敢作敢为,实在令人赞叹。

战事：宁锦大捷

天启七年(1627)五月，在明与后金的战争中，明辽东巡抚袁崇焕等率军击退后金大汗皇太极围攻锦州、宁远(今辽宁兴城)的作战，史称"宁锦大捷"。

宁远之战之后，袁崇焕升任辽东巡抚，继续坚持避敌之长、击敌之短、凭城固守、渐次进取的原则，修建锦州、中左所(今辽宁塔山)和大凌河堡(今辽宁凌海市)三城，构筑以宁远、锦州为重点的关外防线。袁崇焕以努尔哈赤去世为名派人前去吊丧，主动与后金和谈，窥探后金虚实，同时加紧构筑大凌河防线。皇太极率军自沈阳出发，三路并进，迅速攻占了大、小凌河、右屯卫等城堡，会师于锦州城下，四面合围。时锦州城防已修筑完毕，总兵赵率教率兵三万驻守锦州，袁崇焕及副将祖大寿统率各部将领坚守宁远。袁崇焕认为，应以宁远和锦州为两个主要支撑点，拒敌于坚城之下，消耗后金有生力量，再伺机出击。这个战略成功的关键在于宁远和锦州这两个支撑点要能守住。

后金军从西、北两面发起了对锦州城的总攻，马步军对城垣轮番进行攻击。后金兵们拖着盾车、云梯冒着炮火直向城下冲去。赵率教、芹辅、朱梅和监军太监纪用均身披甲胄，冒着后金军雨一般的箭矢亲临督战，指挥将士拼力射打。一时间城上"炮火矢石交下如雨"。后金军集中主力攻击城西一隅。赵率教认清了皇太极先破城西的企图，急调其他三面的守城明军堵御西城之敌，以炮火、矢石还击。后金兵损失惨重，后退五里扎营设防。第二天，后金以骑兵围城，环城而行，但是却不敢靠近城垣。

经过14天的激战，锦州城岿然不动，皇太极认为攻城不利于继续前进，改变战法，欲诱驻守锦州的明军出城决战。但赵率教等闭城固守不出，使皇太极欲战不能，只好移兵转攻宁远。在宁远，双方发生了一场短促而激烈的战斗。在各伤亡百余人之后，两军都没有恋战，后金军退回塔山，明军则按照袁崇焕的安排退回了宁远城下。皇太极率代善、阿敏、莽古尔泰等军队进抵宁远城后，袁崇焕与中官刘应坤、副使毕自肃督将士登壁守战，列营于营壕内，满桂等出城二里排开阵势。皇太极不顾诸将反对，亲率诸贝勒攻城。袁崇焕督军用红衣大炮拒敌，炮轰后金军。不论后金军怎样冲击，明军始终死战不退。明总兵满桂，后金贝勒济尔哈朗、萨哈琰、瓦克达都受伤很重，仍苦战不退。

不久，皇太极回师再度进攻锦州。明军用红衣大炮、神机火炮，火弹和矢石组成了火网，后金军士卒死伤无数。六月初五，忧愤交加的皇太极在损兵折将元气大伤的情况下被迫从锦州撤兵，回师沈阳。

宁锦一战，明军凭坚固守，以逸待劳，大败后金军于宁远、锦州城下，挫败了后金军的几乎全部战略意图，史称"宁锦大捷"。尽管如此，它也没能挡住后金入主中原的脚步。

忠臣：东林党人

高攀龙宁折不弯

高攀龙，字云从，别号景逸，是常州无锡人。在东林党的诸多人物中，他名气最大。他从小勤奋好学，有鸿鹄之志。万历十七年(1389)，高攀龙参加会试，考中进士，在朝中担任了掌管礼仪的官员。高攀龙在读书期间，深受王阳明心学思想的影响，后来又转为研究程朱理学，主张以实务来挽救天下危难。

做官后，高攀龙因为弹劾户部郎中杨应宿，惹恼了神宗。万历盛怒之下，把他们两人都赶出京城。高攀龙被谪戍广东，做了一个偏远小县的典史。后来，顾宪成在东林书院开坛讲学，邀请高攀龙一起参加，高攀龙欣然而往。他们经常讥讽朝政，品评人物，名声大噪，江南的许多官员士子都慕名前往，并逐步形成了一派具有很强实力的政治派别。

顾宪成死后，高攀龙成为东林书院的首脑。高攀龙想把学术的理想付诸于政治，实现他经国济民的鸿鹄之志。熹宗即位后，东林党人因拥立太子即位有功，受到熹宗皇帝的重用，一时间东林人士充斥朝野。高攀龙也在别人的推荐下被重新起用，坐上了光禄丞的位子，后来又被升任为光禄寺少卿。

后来魏忠贤弄权乱政，东林党人上疏弹劾。魏忠贤及依附于他的阉党集团对东林党人进行大肆报复。与东林党素来有隔阂的齐、楚、浙等诸党也乘机落井下石，归附魏忠贤，双方在朝野之间展开了激烈的争斗。东林党在开始的争斗中占了上风，浙党的首领方从哲被迫致仕，东林党人获得暂时的升迁，高攀龙也被升任太仆卿兼刑部右侍郎。

魏忠贤随后纠集了大批朝中奸党，对东林党人进行反扑。高攀龙在如何对待魏忠贤的问题上同其他东林党人产生了分歧。朝廷让推选山西巡抚的人选，高攀龙没加考虑就推荐了自己的好友谢应祥。这件事情正好给了阉党一个报复的把柄。在魏忠贤的指使之下，御史陈九畴上书熹宗，攻击高攀龙等人结党营私，图谋不轨。魏忠贤接着借用批红的便利，以皇帝名义严厉斥责高攀龙，免除了他的官职。

高攀龙被免职之后回到家乡，准备归隐讲学。阉党集团又诬告他挟私排挤，削夺官籍，并假借皇帝的旨意派锦衣卫前往无锡逮捕高攀龙。高攀龙听说后，从容安排好自己的后事，赴水自杀，年仅65岁。崇祯皇帝即位之后，魏忠贤等人被处死。崇祯皇帝为冤死的东林党人平反昭雪，追谥高攀龙为忠宪，赠太子少保，兵部尚书衔。

杨涟舍命上疏

杨涟（1572~1625），字文孺，号大洪，湖广应山（今属湖北）人。杨涟自幼就很有胆识，读书刻苦勤奋，常以治国安邦为己任。他青年时期，"东林党"人在政坛，文坛上非常活跃，顾宪成等人以天下为己任，不甘做读死书的书呆子，评议朝政，讥讽阉党，杨涟非常喜欢，毅然加入了东林党，和东林诸君子探讨天下学问，治国兴邦之道。杨涟博学而有胆识，逐渐成为东林党中的佼佼者。

杨涟认为，想要救国必须先正其位，因此他热衷于做官。杨涟做官的目的并不是为了贪图个人的富贵和享受，而是为了"在其位谋其政"。在万历三十五年（1607）的时候，35岁的杨涟终于考中了进士，被任命为常熟县的知县。几年下来，常熟县政治清明、经济繁荣，司法诉讼大大减少，成为治理的典范。杨涟深受当地群众的拥戴，受到朝野人士的好评。后来，杨涟被升为户科给事中，不久又改为兵科给事中。

明神宗宠爱郑贵妃，又加上和前朝重臣的矛盾，已经多年不上早朝。郑贵妃阴险狡诈，一心想废掉太子，改立自己的儿子。杨涟深为太子的前途和命运担忧。在为熹宗争取登基时，杨涟费尽心机，几乎是夜夜不寝，据说在这几天里由于过度操劳和过于紧张，杨涟的胡子头发都变白了，熹宗皇帝深受感动。

但是即位的熹宗荒淫奢靡，昏庸无能。他不分忠奸，重用宦官魏忠贤等阉党，整个国家又一片乌烟瘴气。杨涟和一批东林党人决心讨伐此贼。1624年，杨涟写好奏疏，上奏熹宗皇帝，列举了魏忠贤的 24 条罪状，揭露他迫害先帝旧臣、干预朝政、逼死后宫贤妃、操纵东厂滥施淫威等罪行，还指出魏忠贤专权，已经造成了大臣们敢怒不敢言，忠直之士遭罢斥，奸佞之臣当道的局面。魏忠贤大惊，到熹宗面前哭诉自己冤枉，又发动熹宗乳母客氏为自己开脱。熹宗好坏不分，最后竟斥责杨涟无端冤枉好人。

此后魏忠贤更加不可一世。杨涟上书后还不出三个月，魏忠贤发动同党上书弹劾杨涟。魏忠贤利用手中的御批之权，矫旨责怪杨涟目无尊长，欺君罔上，欲治杨涟于死地。由于杨涟的名声过大，皇帝还很相信他，魏忠贤不敢过于露骨，就将杨涟革职为民。第二年，魏忠贤指使党羽继续弹劾杨涟，锦衣卫特务机构在魏忠贤的授意下捏造诉状，诬陷杨涟等人接受贿赂，押送京城审讯。杨涟被押送北京后受尽折磨，但始终不屈不挠，痛斥魏忠贤扰乱朝纲，魏忠贤恼羞成怒，在狱中处死了杨涟。

崇祯帝即位之后，罢斥了魏忠贤阉党集团，杨涟才得以平反昭雪。

奇人：超脱世俗

徐霞客遍游山河

徐霞客（1586～1641），原名弘祖，字振之，霞客是他的别号，江苏江阴人。徐霞客从小便勤奋好学，喜欢读书，尤其喜欢看历史、地理一类的书，特别是那些探险家的游记，更是爱不释手。他决心长大以后一定要做一个探险家，访遍名山大川。

徐霞客早年的时候曾经致力于仕途，但是他的兴趣并不在此，因而屡试不中。明王朝的政治黑暗腐败，官宦仕途险恶异常，这些都让徐霞客厌恶不已。他曾经对友人说："大丈夫应当朝游碧海暮到苍梧，怎能一辈子局促于海疆一隅。"从 22 岁起，徐霞客便开始了自己的游历生涯。

从游历太湖起，在十余年的时间里，他先后游历了洞庭山、天台山、雁荡山、泰山、武夷山和北方的五台山、恒山、黄山等名山，得出了"五岳归来不看山，黄山归来不看岳"的著名结论。每次游历归来，他总是跟母亲谈起各地的奇风异俗和游历中的惊险情景。一路上，他跋山涉水，披荆斩棘，渴了就喝山泉水，饿了就以野果充饥，有时遇不到人家还要在野外露宿。为了探寻山川河流的奥秘，他不畏豺狼虎豹，不惧路途艰辛。攀险崖，履绝壁，穿幽谷，历尽千辛万苦，到达山巅河源。在他的游记里记载了种种冒险经历。有一次他游雁荡山，掉落悬崖，他最终证明了龙湫湖水的真正来源，纠正了前人"荡在山顶，龙湫之水即自荡来"的错误记载。

徐霞客 50 岁那年，又马不停蹄地游历了湖南，广西、贵州、云南等几个当时还人迹罕至的省份。一路上跋山涉水，到了许多从未有人到过的地方，攀登悬崖峭壁，考察奇峰异洞。面对艰难的旅途，别人都劝他归老故里。徐霞客却十分坚决地答道："厄难有何所惧，何处不埋我骨呢？"徐霞客在游历的同时还对沿途的地形地貌、山脉江河、奇峰异洞，乃至风土人情、民族分布等都进行了详细的考察和记载。此外，他还特别留意前人记载中冲突不定或臆测揣摩的地方，自己亲自去考察，以得出真实可靠的结果。就连当地人都不敢轻易犯险的地方，徐霞客也毫不畏惧。有一次，他到西南的石林地区考察，被大自然的杰作深深吸引了，回来后在日记中做了详细的记载：那个地区"千峰奇立，怪石嶙峋，千姿百态；如雄鹰展翅，如骏马扬蹄；如高僧入定，如西子捧心；有的孤峰拔起，如笔峭；有的群峰陈列，如帐屏连。远看如有千万铁骑，披甲待发；近看则似刀林剑树,锋芒毕露"。为了探究这种地貌形成缘由,他亲自到曲折幽邃的地下溶洞中去考察,终于弄清了喀斯特地貌的形成原理,成了世界上最早记述石灰岩地貌并探究其形成原理的人。

徐霞客每次出游,都要把旅途中的所见所闻详细记述下来,坚持写日记。他用明白晓畅的文字记述了山河的壮丽多姿,考证了前人的一些错误记述。30几年的记述汇集起来,便成了流传至今的伟大地理学巨著《徐霞客游记》,被明末学者钱谦益誉为"世间真文字"。就连英国著名的科学史家李约瑟都称赞这本书说:"他的游记读起来并不像17世纪的学者所写的东西,倒是像一位20世纪的野外勘测家所做的考察记录。"

徐霞客的一生寄情山水,享誉于身后,成为中国古代历史上最为著名的地理学家,为后人所敬仰传颂。

徐光启致力农事

徐光启(1562~1633),字子先,号玄扈,上海人,出生于一个商人兼小地主家庭。徐光启童年生活的年代,正好是他的家乡倭寇之患肆虐的时候。他的家庭受到倭乱的影响,生活十分困苦。他的祖母和母亲不得不靠"早暮纺绩"来补贴困苦的生活。在这样的家庭环境中,徐光启幼年常常接触到具体的生产知识,培养了他以后"富国强兵"的思想,以及勤劳俭朴的品质和旺盛的求知欲。

徐光启开始想走仕途的路子来实现他救国济民的梦想,曾参加过七次乡试,直到35岁那年才考中举人。在他前去参加会试的途中,徐光启遇到耶稣会的传教士郭居静,第一次听到了西方的科学知识,产生了浓厚的兴趣;后来又结识了意大利的传教士利玛窦,了解了更多西方自然科学方面的知识。万历四十六年(1618),辽阳一带的边事严峻。徐光启上疏建议学习西方的科学技术,加强北部边防,并亲自研究出一套《选练条格》和练兵计划。但不为朝廷所采纳。面对昏庸黑暗的朝政,徐光启失去了对政治的兴趣,于是辞官回乡,潜心研究中国的农业技术。

徐光启引用西方实验办法,亲自进行农业试验。经过几年的努力,终于完成一部伟大的农业科技巨著——《农政全书》。全书共60卷,50多万字,分农本、田制、农事、水利、农器、树艺、蚕桑、蚕桑广类、种植(林木)、牧养、制造和荒政等12大项。前三卷讲"农本",记述历代有关农业生产、农业政策的经史典故及诸家议论,是全书的绪论。接着讲"田制",包括徐光启对古代土地制度研究的心得和古代农学家关于田制的论述。在"农事"目中,收集了我国古代各种耕作方法以及有关农业季节、气候的知识。"农器目"用图谱形式介绍各种传统的农业生产和农产品加工的工具,又用绘图方式介绍了各种灌溉工程和水利机械,并介绍了西洋水利。最后讲"荒政",详细考察历代救荒政策与措施,总结同自然灾害做斗争的经验。徐光启认为灾荒是引起农民起义的重要原因,他所撰写的《农政全书》特别重视"荒政",这一目占到全书的三分之一以上,收集了不少历代常平仓、备荒和赈济的材料,并录载前人所写的《救荒本草》和王磐的《野菜谱》两书的植物,作为不得已时的粮食代用品。《农政全书》写作的出发点在于农政,它对于当时传入中国的甘薯,玉米等外来农作物,极力推广,以丰富人们的生活,当时有一些思想保守的人拒不接受新的物种,徐光启就借用历史上的例子来说服这些人。

《农政全书》对于农业上需用的知识记述得十分全面,称得上是我国古代的一部农业百科全书。在徐光启生前,(农政全书)虽基本编成,但未定稿。他去世之后,他的儿子徐骥才将这部书进行整理,上奉给朝廷。这部农业巨著受到了明清两代当权者的极度重视。

　　徐光启还是一个十分出色的自然科学家。他不仅对农业有研究,还十分重视科学技术,徐光启对天文、农学、水利学、历法、数学等比较实用的自然科学技术都做了比较认真的研究,留下了大量的科技专著和译著,是中国十六、十七世纪当之无愧的大科学家。

明思宗朱由检

人物档案

生卒年:1611~1644年

父母:父,光宗朱常洛;母,刘贤妃

后妃:周皇后、田妃等

年号:崇祯

在位时间:1627~1644年

谥号:庄烈愍皇帝

庙号:思宗

陵寝:思陵

性格:勤奋刚愎,刻薄寡恩

名家评点:

思宗而在万历以前,非亡国之君;在天启之后,则必亡而已矣!

——孟森

思宗朱由检

明思宗名叫朱由检,是熹宗的弟弟,明王朝的最后一位皇帝。他在危机四伏中继位称帝,有心扭转乾坤,兴复明朝基业,无奈生不逢时,又不擅长用人,最后成了亡国之君。

治国之策

明思宗朱由检(1610~1644),明朝历史上第十六位、也是最后一位皇帝,明熹宗朱由校之弟,天启二年(1622)被封为信王,天启七年(1627)八月,朱由校去世后,由于没有子嗣,按照兄终弟及的说法,受遗命入继皇位,改第二年为崇祯元年,故后世称他为崇祯帝。

诛杀阉党

朱由检继位之后,大力清除阉党,并实行了一系列的改革,力图挽救濒临灭亡的明朝的命运,但当时的明王朝已是弊端丛生,积重难返。外有北方后金的咄咄紧逼,内有农民起义的不断打击。此时朝政腐败,经济上财源枯竭,百姓赋役沉重,明王朝岌岌可危。

天启七年(1627)八月,熹宗朱由校病故,其弟信王朱由检继位,次年改元崇祯,是为崇祯帝。

当时正是客魏集团活动最为猖獗,客氏、魏忠贤把持朝政之时。全国各地都争先恐后地为魏忠贤建生祠,甚至尊贵如楚王也为魏忠贤建起生祠。主持制造生祠的官员不一定都是魏忠贤的党徒,如袁崇焕是明末颇有见识的边防帅才,未必有心投靠魏忠贤。只能说即使为了自我保护，也不得不随潮流而动。每建一祠，所用钱财，不是盘剥民众，就是取自官府。建生祠需要土地，或占民田民墓，或拆民房民舍，无人敢阻拦。魏忠贤专权期间，还在社会上造成了相互监视的风气，对魏忠贤的不满和抨击还要受到凌辱和威胁，或许是更大的悲剧。魏忠贤本人、他的亲属和党羽，利用一切机会，谋求显赫的地位。阁臣和部院大臣按照常规，可得到公孤加衔，自不必说。像田尔耕加少师兼太子太师，许显纯加太子太保，却是不多见的。魏忠贤的族人中，荫封锦衣卫指挥使的有17人，他的族孙和姻亲中有多人官至左、右都督及都督同知、佥事等。他的侄子魏良卿地位最高，封宁国公，加太师。另一个侄子魏良栋封东安侯，加太子太保，侄孙魏鹏翼封安平伯，加少师，后两人都还是襁褓中的孩子。在名义上，魏忠贤本人除了司礼太监和提督东厂太监职务以外，还晋上公，加恩三等。再者有熹宗所赐印鉴，文曰"顾命元臣"。

魏忠贤权势的发展，已经威胁到了皇权。信王朱由检对这一切了然于心，在即位之后，朱由检由信王府搬入大内，竟不敢食用为他准备的膳食，硬是凭借自己从家里偷偷带来的干粮度过了最危险的几天，宫中的险恶可见一斑。崇祯皇帝即位之初，虽然深恶魏忠贤的专权，毕竟自己羽翼未丰不敢轻举妄动，于是韬光养晦，等待时机。开始魏忠贤没有把信王放在眼里，认为他不过是和他哥哥熹宗一样不会有多大作为。魏忠贤也想要控制崇祯皇帝。据说他曾进献美女四人，带有香丸一粒，名"迷魂香"，意图把崇祯皇帝变成一个荒淫的皇帝，但没有得逞。可以说，崇祯登基后最棘手的问题，便是如何处置专擅朝政、气焰嚣张的魏忠贤集团。如果听之任之，继续放任他们为非作歹，那么他就可能成为第二个熹宗。

但是，明智的崇祯皇帝不露声色，以守为攻，采取怀柔和麻痹策略，待政权根基稳固之后步步为营，稳扎稳打，终以漂亮干练的手法解决了客魏集团。当年九月，他采取了第一个措施，把客氏赶出皇宫。十月，弹劾魏忠贤和阉党的奏疏突然出现。这时，思宗意识到清算魏忠贤的时机已经成熟。魏忠贤惊惧万分，跑到思宗面前哭诉辩白。思宗神情严肃，魏忠贤只得丧魂落魄地离去。

十一月，魏忠贤被免去司礼监和东厂的职务，谪发凤阳守祖陵。随即又命令锦衣卫擒拿魏忠贤治罪。魏忠贤行至途中，得知锦衣卫已经来逮捕他，便上吊自尽。魏忠贤阉党260余人被处死、发配，或终身禁锢。他粉碎了阉党，臣民赞颂不已。

苛责驭下

朱由检谈笑间铲除了魏忠贤阉党集团，曾一度使大明江山的中兴有了一线希望，但是随后的一系列错误埋葬了他实现中兴的梦想。其中最为重要的一点就是，由于求治心切，急于求成，思宗对于大臣的态度过于严峻和刻薄。

思宗自律甚严。面对危机四伏的政局，他殷殷求治。每逢经筵，他总是悉心恭听阐释经典，毫无倦意，而且经常召对大臣，探求治国方策。尤其是勤于政务，事必躬亲。在努力勤政的同时，朱由检也曾采取一系列措施竭力改变神宗怠政、熹宗昏聩的状况，如平反冤狱，给杨涟、左光斗等大批遭受阉党迫害的人平反昭雪，起用天启年间许多被罢黜的官员；全面考核官员，禁止朋党，力戒廷臣结交宦官；整饬边政，任用被百姓称为"袁长城"的袁崇焕为兵部尚书，赐尚方宝剑，托付其收复全辽的重任。这些做法，使崇祯朝朝政与前两朝相比有了明显改观，令朝野士民刮目相看，朱由检也被人视为"明主"。

尽管朱由检的勤政取得了一定的实效，但当时的大明帝国还是矛盾丛集、积弊深重,政局无法在短期内根本好转。但由于目睹和亲历了"红丸案"和"移宫案"等骇人听闻的政治阴谋,使他养成了急躁褊狭、敏感多疑、刚愎自用的性格,这些在施政过程中产生了严重的消极作用,使他在朝政中屡铸大错。

陕嗣宗就曾在批评思宗的"五不自知"的奏疏中说:"今皇上于二三大臣间,呼之而前,唯恐不速,长跪逾时,倍加谴诃,甚者刚遭指摘,便责以受贿。敬大臣之心何在?臣恐日习于尊倨而不自知!"又说思宗"日趋于纷苛而不自知"。陕嗣宗的批评非常深刻。崇祯一朝中,真正能够办事、愿意办事的大臣不多。在崇祯一朝中,更换大臣和滥杀大臣颇为频繁。崇祯一朝17年,设内阁大学士如弈棋一般,轮换了50人,变换之快,真是让人咋舌。

温体仁因为"孤立""无党"颇得思宗赏识,在崇祯三年(1630)六月入阁为大学士。此后,温体仁为大学士八年,直到崇祯十年(1637)才被罢免。之后,周延儒复入阁。但是,崇祯十六年(1643),周延儒被勒令自尽。在周延儒之前,内阁大学士薛国观也被思宗处死。总共17年间,被杀的大学士有两人,被谴戍的大学士也有两人,即钱龙锡、刘鸿训。作为皇帝最亲信的大臣,内阁大学士轻易落到这样的下场,实在令大臣们寒心。

在六部尚书中,刑部尚书换了17人;然而,17人中,薛贞被处死,韩继思、郑三俊、刘之凤、李觉斯、徐石麒等先后下狱,狱中病死两人,大部分人都不得善终。兵部尚书中,王洽因崇祯二年(1629)清兵入关而下狱病死,陈新甲因泄漏议和之事而被处死。在地方督抚中,总督中被诛者七人:郑崇俭、袁崇焕、刘策、杨一鹤、熊文灿、范志完、赵光忭;巡抚被戮者11人:蓟镇王应豸、山西耿如杞、宣府李养冲、登莱孙元化、大同张翼明、顺天陈祖苞、保定张其平、山东颜继祖、四川邵捷春、永平马成名、顺天潘永图,另外还有河南巡抚李仙凤被逮自杀。

对于一般的言官,思宗也总是非常严峻。思宗随意处理臣工的行为,使得大臣们噤若寒蝉,对于朝政中的一切事情都噤口不言。最后,思宗也只能落得众叛亲离。崇祯十七年(1644)三月十九日,思宗煤山上吊时,身边仅有司礼监太监王承恩陪伴。

内忧外患

崇祯帝刚刚即位的时候,正是明朝内忧外患之际。外之后金,咄咄逼人,内之反贼,扑而不灭。崇祯虽然锐意进取,他先是果断铲除了魏忠贤阉党集团,继而重用袁崇焕,暂时稳定了辽东局势,一定程度上遏制住了后金发展的势头;而起用洪承畴打击李自成、张献忠农民起义军,也都取得了良好的效果。可是,崇祯最终还是没有能把握住这些机会。

明朝当时最大的敌人是东北的后金,即后来的满清政权。此时清太祖努尔哈赤已经去世,太宗皇太极在位。双方多次爆发战争,战争的结果多是以明军的溃败告终。崇祯皇帝此时起用了袁崇焕。皇太极绕过山海关,从京畿的北面越过长城,威胁北京,袁崇焕率部回京勤王。正当袁崇焕部开到北京城下的时候,清军突然鬼使神差地出现,多疑的崇祯以为是袁崇焕引清军来攻城,命令城上的守军坚决不准城外的部队进城。此时千里奔袭的袁军已是筋疲力尽,既不能进城休整,又要面对强大的八旗军队,但是袁军还是成功地打退了清军的进攻。

是夜,皇太极派手下心腹将领在明军俘虏面前大肆宣扬如何与袁崇焕约定献城投降,然后故意放俘虏逃跑。俘虏怎知是反间计,回城后一五一十地向崇祯皇帝做了汇报。本来就多疑的崇祯将几件事联系到一起,认定袁崇焕必是汉奸无疑,将袁崇焕诓进城内,打入大牢,于数月后凌迟处死。在与后金战争的紧要关头,朱由检心急、多疑的致命弱点,使他冤杀一代名将袁崇焕,使辽东防卫几近崩溃。后来虽又增加赋税,增调重兵,全力防范,但已经无济于事。明朝失去了唯一的东北屏障,八旗军队得以驰骋东北大地,如入无人之境。

而关内李自成领导的农民起义军,势头也是愈演愈烈。明朝对农民军战绩要远远好于对清军的战绩,明军将帅如洪承畴、陈奇瑜、孙传庭、卢象昇、熊文灿都有对农民军的辉煌胜利。陈奇瑜曾将农民军逼入车厢峡,险些让李自成、张献忠困死其中;孙传庭在潼关大败农民军,活捉了老闯王高迎祥;熊文灿追得农民军走投无路,纷纷投降,张献忠、罗汝才亦在其中;卢象昇滁州大捷,农民军尸横遍野。更有大将左良玉、贺人龙、曹文诏、曹变蛟、高杰冲突左右。本来扑灭农民军的星星之火不是没有可能,但就是崇祯皇帝的性急,在关键时刻帮助了农民军。明军将帅稍有败绩,非死即贬,明朝的栋梁之材损失殆尽:陈奇瑜被贬,熊文灿被斩,孙传庭入狱。义军终于在崇祯十七年(1644),焚烧了昌平明十二皇陵后,包围了北京城,大明江山危在旦夕。

崇祯皇帝对朝中大臣的不信任,导致他走向了亲信宦官的毁灭之路。直到最后一刻,也是把守各城门太监的临阵叛变,彻底断送了大明王朝的江山。农民军攻入京城之后,崇祯皇帝自尽身亡,大明王朝彻底终结。崇祯皇帝不是一个荒淫的皇帝,也不是一个懒惰的皇帝,但他治国倨傲自负,急功近利,也只能品尝亡国的苦果。

用人之拙

周延儒:两任首辅

周延儒(1593~1612),字玉绳,常州府宜兴县人。万历四十一年(1613)三月,会试高中第一,获会元,一月后参加殿试,又一举夺得一甲第一名,成为状元,时年21岁。周延儒中状元,入翰林院为修撰,明熹宗天启年间迁右中允。不久又升为掌理太子东宫事务的詹事府的副长官——少詹事,之后便出掌南京翰林院。

朱由检即位后,因周延儒是状元,便召他回北京,授以礼部右侍郎的官位。周延儒机智敏慧,分析问题透彻。崇祯元年(1628)冬,驻守锦州的士兵哗变,督师袁崇焕请发军饷。崇祯皇帝在文华殿召集大臣商议,大臣都请求动用国库。周延儒独自进言道:"以往边关守兵防止外敌入侵,而今要防士兵了。宁远士兵哗变,发军饷,锦州士兵哗变,再发军饷,这样下去,镇守边关的部队都要学样了。"崇祯问该怎么办,周延儒认为情况紧迫,此次不得不发,但得想个长久之策。崇祯深以为然,从此对周延儒更为器重。

崇祯二年(1629)十二月,后金兵入侵,京都有警,崇祯特拜周延儒礼部尚书兼东阁大学士,参与机务。次年九月,崇祯拜周延儒为首辅,同年六月,温体仁也入阁。温体仁为人奸佞,一味讨好皇帝。他对周延儒表面奉承,暗中谋夺其首辅之位。温体仁对周延儒步步紧逼,暗中指使言官不断弹劾周延儒。终于崇祯六年(1632),周延儒被温体仁排挤,六月他托病还乡,温体仁当上了首辅。温体仁办事专横,朝臣极为不满,执政八年而被罢免。崇祯十四年(1641)二月,明廷下诏起用周延儒。周延儒九月到京,复为首辅,进吏部尚书、中极殿大学士。

周延儒再次为首辅,任用东林党人,首请皇上同意,革除温体仁的弊政,免除战乱地区百姓所欠粮税,召回因进谏而被降职的朝官,起用有名望的朝臣,使百姓得以休养生息,社会得以安宁,政绩卓著,朝野称贤,崇祯帝更加器重他。但是,周延儒缺乏雄才大略,又不善指挥军事。李自成攻打河南,张献忠攻打湖北、四川,天下大乱,周延儒束手无策,一筹莫展。他重用的文选郎吴昌时等把持朝政,大臣非常不满,纷纷上奏,揭发吴昌时仗势弄权,周延儒很感不安。

崇祯十五年(1642)十一月,清兵入关,京师戒严。清兵如入无人之境,长驱直入,越京畿,入山东,进江苏,沿途抢掠。直到第二年三月,才满载而归。清军北上,举朝震惊,京师再度戒严。崇祯帝恐慌万分,周延儒不得已自请视师,崇祯帝大喜。周延儒驻通州便不敢前往。他侦知清兵急于回归,意不再战,便整日与幕僚饮酒作乐,天天奏捷。崇祯帝见捷报频传,大喜过望。至四月清兵自退,周延儒凯旋而归。数日后,真相被揭发,崇祯帝大怒,尽削其职,捕入京师,关押在正阳门外一座破庙里。周延儒欲托前辅臣王应熊为他求情,崇祯帝获悉,王应熊刚入京,未待说一句话,便被喝令回去。崇祯十六年(1643)冬十二月,吴昌时被斩首示众。崇祯帝命人传诏,勒令周延儒自尽,终年51岁。

明末著名女将秦良玉

温体仁:八年学士

温体仁(1573~1639),明朝内阁大学士,内阁首辅。字长卿,浙江乌程(今湖州)人。万历二十六年(1598)考中进士,选为庶吉士,授翰林院编修,官至礼部侍郎。崇祯初年,升为礼部尚书。

魏忠贤被除后,温体仁跃跃欲试,想实现其窃取权柄的野心。他去找礼部尚书周延儒,在朝臣中拉拢亲信,不惜重金收买宦官作为内奸。他们选中钱谦益作为突破口,由温体仁首先发难,向崇祯呈交了所谓的"神奸结党"疏。疏中恶语攻击钱谦益,翻出陈年旧账,借题发挥,专拣崇祯帝深恶痛绝的罪名扣在钱谦益头上。崇祯勃然大怒。第二天朝会时候,崇祯脸色阴沉沉地命侍臣传令,让钱谦益与温体仁当庭对质。这真如晴空霹雳,击得钱谦益措手不及。温体仁早有准备,他言辞咄咄,气势逼人,相形之下钱谦益十分被动。结果钱谦益被罢官,他的学生给事中瞿式耜、御史房可壮等也受到降职处分。

不久,御史毛九华弹劾温体仁曾经写诗歌颂魏忠贤,御史任赞化也弹劾温体仁纳娶娼妓、夺人田产等不法行为。温体仁再次与毛九华、任赞化等人展开辩论。在他的当面质问下,毛九华无言相对。于是温体仁趁机说二人都是钱谦益的死党,崇祯帝觉得他说的很对。后来经过浙江巡抚的调查,毛九华弹劾的事情根本不存在,于是崇祯对温体仁所说大臣结成朋党的话深信不疑。

钱谦益事件过去后,朝中大臣余愤未平,有几人交相上疏参劾温体仁。温体仁见势不妙,便主动向皇上提出辞职。他又趁热打铁,诬告揭发他的都是钱谦益的死党,使钱谦益事件再起风波,温体仁浑水摸鱼,为他挤入内阁进一步铺平了道路。两年以后,温体仁进入内阁,参与机要。

崇祯帝起用袁崇焕后，皇太极打算使用反间计，除掉袁崇焕。崇祯二年（1629），崇祯帝将袁崇焕逮捕入狱。就在崇祯将信将疑之际，温体仁乘机落井下石，两次密奏，劝他杀掉袁崇焕。温体仁通过袁崇焕冤案一箭双雕，不仅进一步取得了崇祯的信任，而且铲除了异己势力，钱龙锡被罢斥成边。

温体仁最初想联合宦官壮大自己的力量，但由于崇祯帝一直以能剪除魏忠贤这些宦官而得意，使温体仁放弃了起用阉党的想法。但他又和东林党势不两立，所以屡次打击东林党人。却没想到偷鸡不成反而蚀把米，而崇祯帝从此不再信任他。崇祯十年（1637），温体仁上奏称病，想以此试探崇祯帝对自己的态度，没有想到奏章刚送上去皇上就批准他回家养病。温体仁得知这一消息时正在吃饭，惊得连手中的筷子都掉了下来，无奈只好回家。

温体仁为了争一己私利，置国家安危于不顾，诬陷袁崇焕，为敌人的奸计推波助澜，成为误国误民的罪人，遗憾的是直到崇祯十年（1637）才被罢免。这是崇祯帝用人方面的重大失误。

袁崇焕：忠义儒将

袁崇焕（1584～1630）字元素，号自如，明朝名将、军事家、政治家和文学家，广西藤县人，祖籍广东东莞，生于明万历十二年（1584），万历四十七年（1649）中进士，初为福建邵武知县，开始步入仕途，袁崇焕自幼胸怀大志，从小关注边疆战事，熟读兵书，精于布阵之道，希望将来能在边疆为国尽忠效力。

明天启二年（1622），袁崇焕到兵部任职。这一年正值明朝北方边境危急之时，袁崇焕单枪匹马到山海关外考察了几天，回来就胸有成竹地说只要给他足够的兵马粮草，他就可以固守关外，朝廷将他升为兵部佥事。

袁崇焕来到山海关以后。立即着手重新布置防务。他认为要固守关口，就必须先固守关外的宁远新城。他在刚上任的头一年里，集中了全部人力物力，修建了一座坚固的宁远城，使之成为山海关外的第一个军事重镇，至今它仍完好无缺地矗立在山海关外。他招募了一支新的军队进行严格训练，对原驻守军队进行大力整顿，通过几年的整顿和部署，宁远城呈现出一派新气象。通过几次战斗，袁崇焕还相继收复了宁远外围的锦州、松山、右屯等地。

由于明廷内部的倾轧和排斥异己，原来主持山海关内外军务的大学士孙承宗被罢职，改派了阉党之中的骨干人物高第来接替。高第丝毫不懂军事，一到任上就马上下令撤回关外所有驻防力量。袁崇焕据理力争也毫无作用，只有宁远城在袁崇焕的极力坚持下被保留下来，防御城墙全部废弃，守军撤走。

后金见明朝军队后撤马上南犯，袁崇焕向驻守山海关的高第请援，高第却毫不理睬。袁崇焕没办法，只好动员宁远城中一切力量固守城防，在城外实行坚壁清野政策，还写下血书激励将士和他一起与宁远共存亡。在随后的激战中，战士们果然个个奋勇上前，百姓上城头帮忙，终于用大炮击退了后金的进攻。后金统帅努尔哈赤在这次战斗中身受重伤，不久即忧愤而死。袁崇焕虽然取胜，但也是元气大伤。为了争取军队的休整时间，就私下派出使节去吊唁努尔哈赤，商议和谈的事。这本来只是袁崇焕的缓兵之计，但是他过于自信而没有事先向朝廷报告，为日后埋下了祸患。

天启七年（1627），熹宗皇帝病死，朱由检登基。朱由检想马上收复辽东失地，起用这时被阉党压抑罢官在家的袁崇焕任兵部尚书，督师蓟辽。当时镇守皮岛的大将毛文龙自恃战功，不服指挥，而且贪赃枉法，走私军粮，袁崇焕一怒之下擅自杀了毛文龙。

崇祯十分不满,却隐忍不发。

明崇祯二年(1629),后金新继位的皇太极率领大军躲开袁崇焕的防区,迅速逼近北京。袁崇焕得到京师危急的消息后,马上带兵千里飞驰回京支援。可是崇祯皇帝中了皇太极设下的反间计,认为袁崇焕与后金勾结,引清兵入关。袁崇焕一回到京师就被逮捕下狱。袁崇焕的部下一听主帅居然被皇帝抓了起来,发生哗变,祖大寿等大将决定带兵返回山海关,不再理会京师被围的紧急状况。崇祯皇帝命令袁崇焕写信给部下,要求他们回师抵抗后金军。袁崇焕遵从皇帝的旨意写信给自己的部下,要求他们以国家利益为重,回军援师。祖大寿、赵率教等将领怀着对袁崇焕的敬慕之心,回军迎战,许多人在战场上英勇牺牲,总算暂时保住京师的安全。

崇祯皇帝心里恨袁崇焕入骨,后金军队刚一退去,他就以"通敌叛国"的大罪判袁崇焕凌迟处死。可怜他忠肝义胆,最后却被扣上投敌的罪名,一代儒将的下场可谓悲凉。

史可法:抗清英雄

史可法(1601～1645)字宪之,又字道邻,河南祥符(今开封)人。史可法既是一位杰出的文官,在军事指挥及战略方面也颇具才干。

崇祯八年(1635),农民起义波及华中,崇祯帝命卢象异协调河南、山东、湖广和四川事务。他命史可法为副使巡察泽州和安庆,阻止农民军渡江。这一防御重任随形势发展而变得十分棘手。崇祯九年(1636),史可法在安徽太湖附近指挥了两场阻击战,使农民军未能渡江进入湖广地区。然而,第二年,当史可法面临农民军主力发动的强大攻势时,他的军事才能遇到了真正的考验。

崇祯十年(1637)夏,他奉命巡抚安庆,阻挡湖广的农民军。在总兵左良玉部的增援下,史可法击退了农民军第一次大规模进攻。但农民军对史可法所在的大营又发起了进攻,史可法的阵地失守了,部下损失惨重,他本人也险些死于乱军之中。败讯传到京城,兵部尚书杨嗣昌要求惩处史可法。但因为史可法声望很高,崇祯虽严词责备了史可法,但给了他立功赎罪的机会。

崇祯十四年(1641),史可法被任命为户部右侍郎,兼任淮安地区巡抚。崇祯十六年(1643),史可法被擢为南京兵部尚书,开始参与军机,成为支撑即将坍塌的明王朝的一根栋梁。同年冬天,史可法见战争局势不断恶化,着手为救援北京做准备。他建议在各地组建地方军队,由一名干练的文职大臣统辖,以供护驾之需。北京发布救驾诏令后,他马上率众北上。大军刚过长江,到达浦口时,便获悉京师已经陷落,救驾已为时太晚。他改穿丧服,率军返回南京。

崇祯帝在煤山上吊自杀的消息传到明朝陪都南京,南京的大臣们立福王朱由崧做皇帝,在南京建立了一个政权,历史上把它叫作南明,把朱由崧称为弘光帝。弘光帝即位以后,史可法主动要求到扬州坐镇指挥。没多久,清军在多铎带领下大举南下。史可法指挥四镇将领抵抗,打了一些胜仗。可是南明政权内部却起了内讧,驻守武昌的明军将领左良玉为了跟马士英争权,起兵进攻南京。马士英害个自得要命,急忙将江北四镇军队撤回对付左良玉,还用弘光帝名义要史可法带兵回南京保护他。史可法明知道清军压境,不该离开,但是为了平息内争,不得不带兵回南京。刚过长江,知道左良玉已经兵败,他急忙回江北,此时清兵已经逼近扬州。史可法发出紧急檄文,要各镇将领集中到扬州守卫。过了几天,竟没有一个发兵来救,史可法只有依靠扬州军民,孤军奋战。清军到了扬州城下,多铎先派人到城里向史可法劝降,一连派了五个人,都被史可法拒绝,多铎下令围城。

扬州城危急万分,第二天就有人出城向清军投降。史可法把全城官员召集起来,勉励他们同心协力,抵抗清兵。他亲自带兵防守西门,将士们都很感动,誓死抵抗。多铎命令清兵没日没夜地轮番攻城,扬州军民奋勇作战,把清兵的进攻一次次打回去。多铎久攻扬州不下,开始用大炮攻城。顺治二年(1645)四月,扬州城陷落,史可法被害。

吴三桂:引清入关

吴三桂(1612~1678),字长伯,明末辽东人,原籍高邮(今江苏),历任副将、都督指挥、辽东总兵。

史可法

1644年,李自成率领农民起义军逼近北京。崇祯帝封吴三桂为平西伯,命他带兵入卫京师。三月吴三桂率师入山海关,到达丰润时北京城已被农民军攻破,崇祯帝自缢。他立即撤兵回山海关,观望局势。吴三桂深知明朝大势已去,他与李闯王农民起义军交锋胜算不大,如果失败又不想"为国尽忠",便成为李闯王的降将,这是吴三桂所不能接受的。而满清又在关外虎视眈眈,正可乘虚而入,吴三桂怎能以疲惫之师,来与满清几十万雄兵交战?倘若投降大清,又要背负汉奸的罪名。

正当吴三桂犹豫不决,突然听闻吴家财产被抄,父亲吴襄已被农民军扣押。最让吴三桂愤怒的是,他的爱妾陈圆圆竟然被李自成的大将刘宗敏掳去。这样的奇耻大辱使吴三桂做出一件让全大明为之侧目的事情:引清兵入山海关。吴三桂与清军在山海关附近共同击败农民军。李自成弃北京退走山西,吴三桂返回北京。清军入北京城。

清朝定都北京不久,命阿济格为大将军,西征李自成农民军,吴三桂也随清军出征。顺治二年(1645),李自成死于湖北九宫山。八月,吴三桂回到北京,清朝晋封他为亲王,吴三桂恳辞不从。此后的十余年间,吴三桂为清朝统一西南地区立下了汗马功劳。清廷认为吴三桂起初开关迎师,后来追击李自成,扫平西南农民军劳苦功高,封他为平西王,镇守云南。

吴三桂被封为藩王后,拥兵自重,割据一方,恣意妄为。吴三桂同镇守福建的靖南王耿精忠(耿仲明之孙),镇守广东的平南王尚可喜之子尚之信互通声息,根本不把皇帝放在眼里。直到康熙初年,清中央政府逐渐对"三藩"采取了限制政策,着重限制"三藩"中实力最强大的吴三桂,如命令他缴还大将军印,同意他辞去云贵总管,罢其除吏之权等。玄烨亲政之后,除掉鳌拜,决计清除"三藩"。

康熙十二年(1673)三月,康熙帝玄烨下令撤藩,吴三桂即于十一月间在云南发动叛乱。康熙力排众议,对其他叛乱分子采取招抚拉拢的手法,暂时停撤耿、尚二藩,集中主要力量打击元凶吴三桂,下令剥夺吴三桂的王爵,杀其子于北京。玄烨依据时局,运筹帷幄,处置得当,战争的优势逐渐转到清军方面来。康熙十七年(1678),战势对叛军更加不利。势穷力竭的吴三桂在衡州称帝,国号"大周"。他坐困衡州,一筹莫展,八月病死。

洪承畴:叛明降清

洪承畴(1593~1665),字彦演,号亨九,明清之际福建南安人。明万历四十三年

（1615），洪承畴 23 岁时，考中举人，四十四年（1616）中进士，从此进入仕途，历任刑部主事、郎中、两浙提学道金事、江西兵备道按察副使和陕西督粮道参政。崇祯即位后，洪承畴历任延绥巡抚、陕西三边总督、兵部尚书。崇祯十二年（1639）他被调任蓟辽总督，抵御清军，成为明末重臣。

崇祯十四年（1641），明清之间发生松山之战。先是皇太极发大兵围攻锦州，势在必克。清兵逼城列营围困，明锦州守将祖大寿告急。明朝即遣蓟辽总督洪承畴率吴三桂等八总兵领兵 13 万来援，集结于宁远。洪承畴主张徐徐逼近锦州，且战且守，勿轻出战。但是兵部尚书陈新甲一再促战，又有密敕克期进兵。洪承畴迫不得已，进师松山。

皇太极闻知，亲率大军赴援，切断明军粮道。洪承畴抵松山后，军中乏粮。清军前堵后追，数十万明兵土崩瓦解，洪承畴等被围于松山。崇祯十五年（1642），松山城破，洪承畴被俘虏，押送沈阳。被俘后洪承畴绝食，意图殉国。皇太极接受范文程、张存仁的意见，一心想争取洪承畴归顺，亲临囚室，解貂裘衣之。洪承畴经多方面揣摩，眼见明廷政治腐败，无可挽回，又看到清廷勃勃兴起，两朝之君襟怀两样，以清代明，大势所趋，于是投降清朝。关于洪承畴的投降，野史有"庄妃劝降"的故事。讲的是洪承畴兵败被俘时，庄妃劝降，洪因受女色所迷而屈膝降清，其实是子虚乌有。

洪承畴在明清两朝均居高位，他在明朝忠于明朝皇帝，在清朝则忠于清君，替明朝镇压农民起义不遗余力，为清朝扫荡南方抗清力量竭尽全力。他背明降清，为清王朝立下汗马功劳，成为开国重臣。

自缢煤山

崇祯十七年（1644）三月十七日，李自成率领的农民起义军攻入北京。

崇祯皇帝一筹莫展，呆了半晌回到宫中，见了周皇后，叹息说大势已去。两人不禁相对落泪。崇祯和周皇后将三个皇子：15 岁的太子、12 岁的永王、11 岁的定王叫到面前，为他们换上粗布旧衣，让太监将他们送出皇宫逃生。打发了太子走后，周皇后自缢身死。崇祯听后，待了一会儿，连说："好！好！死得好！"接着命袁贵妃自缢。

崇祯皇帝有两个女儿，其中一个就是他最疼爱的长平公主，今年刚满 16 岁。他来到女儿的宫中，崇祯流泪说道："汝何生我家？"挥剑向长平公主斩去。长平公主一避，利剑已切断她的左臂。长平公主一声惨叫，倒在血泊中。失魂落魄的崇祯又来到昭仁殿，一剑结束了十岁的三女儿的生命。三公主死后，清廷以其居所为名，追谥她为昭仁公主。

长平公主昏死后，被抬到周皇后的父亲周奎家里。谁知五天后，她居然苏醒过来。清军引兵入关后，长平公主成了清廷的特殊"客人"。为了笼络人心，多尔衮下令，五月初六至初八，为崇祯帝哭灵三日，上谥号怀宗端皇帝。与此同时，将他和周皇后的棺木起出，重新以皇帝之礼下葬，葬在昌平明皇陵区银泉山田贵妃陵寝内，妃陵改称思陵，一后一妃陪着崇祯去往另一个世界。

清顺治二年（1645），长平公主向顺治帝上书，说"九死臣妾，蹋踏高天，愿髡缁空王，稍申罔极"，希望出家为尼，断绝这尘世间的哀伤悲痛。然而，她是先朝长公主，为了让汉人归心，这个愿望，清廷是不会答应她的。不但没有答应，在长平公主上书后不久，顺治帝下诏命她与崇祯为她选定的驸马周显完婚，同时赐予府邸、金银、车马、田地。仅仅过了几个月，长平公主病逝，时为顺治三年（1646），长平公主年仅18岁。

"安顿"好妻妾子女以后，崇祯皇帝独坐宫中。二十五日凌晨，崇祯帝登上钟楼，鸣钟召集百官，但无一人前来。众叛亲离的崇祯帝潦草地写下遗言："朕非庸暗之主，乃诸臣误国，致失江山。朕无面目见祖宗于地下，不敢终于正寝。贼来，宁毁朕尸，勿伤百姓！"然后与宦官王承恩一起溜出紫禁城，登上了后面的煤山（今景山），吊在一棵树上自缢身亡。

崇祯帝从17岁开始承继的大明皇统，不管如何苦苦挣扎，也只能使大明江山延长了17年。17年惨淡经营，力图中兴，可是大明气数已尽，处处事与愿违，无力回天。

崇祯在煤山上吊自尽时，享年35岁。三天后，人们才发现了他的尸体，只见乱发覆面，一只脚光着，与王承恩相对缢死。崇祯死后，南明弘光年间谥崇祯帝为烈皇帝，庙号思宗，后改为毅宗。清改为庄烈愍皇帝，庙号怀宗，葬于北京昌平思陵。

出逃的太子和他的两个弟弟逃到哪里去了呢？尤其是太子的下落，更是各种势力高度关注的对象。皇太子的归宿到底如何？至今还是一个未解之谜，成为明末清初的一大历史疑案。对于这个问题，有以下四种不同的说法。

第一种是死于乱军说。据说太子三兄弟并没有逃出被李自成重重包围的北京城。三个少年商量后，决定先到周皇后的父亲、也就是他们的外公周奎家里去躲一躲，等外面平静一些的时候再设法逃到南方去。不料周奎见局势不妙，胆小怕事，生怕引火上身，根本就不肯开门让他们进去。后来他们被进城的李自成军队抓到了。李自成想把他们作为政治筹码，不但没杀他们，还封皇太了为宋王，另外两个皇子也封了爵，一并交给大将刘宗敏看管。后来，李自成得到吴三桂降清的消息，亲自带兵去讨伐吴三桂，也把崇祯皇帝的三个儿子都带在身边，想用他们劝说吴三桂投降。不料这一去，李自成的军队大败而逃，崇祯的三个儿子都在乱军中不见了，很有可能已经在战火中丧生了。

第二种是清廷斩草除根说。是说太子逃出宫后无处可去，被一个贫苦的老太太收养。老太太家里太穷，只好把他送到国丈周奎的家里。周奎不但没有收留他，反而把他交给了清廷。清廷查明真相后，担心崇祯太子会成为明末遗民的精神支柱，不利社稷的稳定，于是将他杀死，以求斩草除根，永绝后患。

第三种是死于南明说。此说法认为皇太子成功地逃出了北京，一路上不知吃了多少苦头，终于顺利逃到南方。他想去投奔福王朱由崧建立的南明小朝廷。不料朱由崧听说崇祯皇帝太子前来投奔，唯恐要归政于太子，于是坚决不承认前来投奔的少年是真太子。虽然在朝廷上如何盘问，少年都对答如流。从北方逃过来的老太监也都指认少年确实是崇祯太子，朱由崧还是一口咬定少年是假扮太子，不由分说把他关进监狱，又把他偷偷害死。这件事在南明小朝廷里引起了轩然大波，小朝廷的大臣们各执一词，加速了南明小朝廷的灭亡。

第四种是出家为僧说。此种说法认为太子一开始确实是被李自成所获，但是在李自成军队败退北京的路上，刘宗敏受了重伤，放松了对他的看管，他就找了个机会从闯王的军中逃了出来，跟随他的还有他以前的老师李士淳。李士淳是明朝翰林院编修，曾任太子讲官，明亡后被迫接受李自成封的官职。李士淳原籍在广东嘉应州，他们一路逃回了李士淳的老家，在嘉应州阴那山出家当了和尚。他们在人迹罕至的深山里建了一座寺庙叫作"圣寿寺"，大殿就取名叫"紫极殿"，处处都显示了寺中和尚的神秘出身。据说在太子死后，庙里就开始供奉一尊"太子菩萨"的神位。这尊神位始终保留着，直到辛亥革命以后，清王朝覆灭了，人们才知道原来供奉的这尊塑像就是明朝的逃亡太子。李士淳的后人也声称他们的先祖确实在乱军之中救了太子,并把太子带回自己的家乡,两人一同出家做了和尚,就此度过了余生。

关于崇祯太子的传说很多,甚至在清朝已经建立很长时间之后,还有人不断冒充崇祯太子起兵造反。但由于历史的错综复杂,崇祯之子的下落究竟如何,史学界至今尚无定论。

清太祖努尔哈赤

清太祖努尔哈赤：

生卒年：1559~1626 年

父母：父,塔克世；母,喜塔喇氏

后妃：皇后叶赫那拉氏、元妃、继妃、大妃等

年号：天命

在位时间：1616~1626 年

谥号：高皇帝

庙号：太祖

陵寝：福陵(今沈阳东陵)

性格：坚毅沉着,聪明冷静

名家评点：

对满族的形成和发展,对东北地区的统一和多民族祖国的壮大,起了重要的促进作用。他是中国历史上杰出的政治家和军事家之一。

——白寿彝《中国通史》

太祖努尔哈赤

十三副遗甲起兵

爱新觉罗·努尔哈赤,明嘉靖三十八年(1559)生,天命十一年即明天启六年(1626)八月十一日卒,庙号太祖,初谥号武皇帝,后谥号高皇帝,葬福陵(今辽宁省沈阳市清东陵)。58 岁登基,在位 11 年,享年 68 岁。努尔哈赤是大清皇朝的奠基人。

满洲族的始祖是肃慎,属于古代通古斯族。尧舜时,肃慎与中原地区开始交往,进献弓矢,当时称息慎。周朝初期,他们经常来朝拜周天子、进贡物品,东汉时也叫挹娄,在它的西南方是另外一支叫扶余,占据着现在开原以北的地方。北魏时,部落分为七个：粟末,伯咄、安车骨、佛涅、号室、黑水、白山,总称为勿吉。隋唐时,称靺鞨。七部之中,数黑水,粟末最为强大。后归附辽国,改名为女真(后来因为避辽皇帝耶律宗真的名讳,改为女直),世世代代居住在混同江(即松花江)的东岸,长白山下。居住在松花江南岸的,加入了辽代的户籍,称为熟女真(即旧满洲)；居住在北岸的,没加入辽代户籍的,称为生女真(即新满洲)。生女真于北宋政和五年(1115)由完颜阿骨打建立了国家,国号称金(因为国内产黄金以及有产金的河)。南宋端平元年(1234),宋朝联合蒙古兴兵灭了金国,蒙古入主中原后,金国的遗民分散居住在松花江南北两岸,剩下三个部落：建州、海西、野人。明朝初年,仿唐朝羁縻州的制度,分别建立了卫所。建州卫管辖的境内有五个满洲部落、三个长白山部落。清朝的先人即属于五个满洲部落中的一个。满洲本来是满珠,两个字都读平声,读音接近曼珠。清朝开国之初,每年西藏来的文书上款都写曼珠师利大皇帝。翻译过来,曼珠是美妙吉祥的意思。又写作曼殊室利,是释迦牟尼师傅毗卢遮那的师傅。殊、珠发音相同,室、师是一个音。当时建国号的用意即本于此。后来,汉字书写讹传下来,误作满洲,因为洲字的意思近于地名,也

就借用了。实际上是部族的名称而不是地名。满洲部落的姓是爱新觉罗。满语称"金"为爱新,觉罗即汉语"姓"的意思。爱新觉罗即姓金的意思。与金国原来是同一个族。

早在金国末年,有一个叫布库里雍顺的人,相传是仙女佛库伦食朱果而生,成为后来满洲人的始祖。他开始住在长白山东南俄莫惠一带的俄朵里城(在瑚尔哈河源勒福善河西岸,在宁古塔西南300余里,距金国上京不远)。又过数代,传到孟特穆,在明朝永乐十年(1412)十月,他向明朝皇帝进贡,皇帝封他为建州左卫都督。

孟特穆的长子充善生了三个儿子。充善最小的儿子名叫锡宝齐篇古,他的儿子名叫福满,福满有六个儿子,四儿子名叫觉昌安,他继承祖宗的事业,住在赫图阿拉。福满的另外五个儿子,各自建筑城堡,分布在赫图阿拉周围,近者相距四五里,远的相距20来里,总称为宁古塔六贝勒(满语称六为宁古,称个为塔,贝勒意为大官、高官,女真用以称各部强有力的酋长)。觉昌安的四儿子名叫塔克世,他的儿子就是努尔哈赤。朝鲜文献多记载其名为"老乙可赤"。学术界有称其意为"猪皮"。又有人以为这个名字源于回鹘语,"努尔"即光明,"哈赤"即圣裔。

努尔哈赤的生母姓喜塔喇氏,名字叫额穆齐,是建州卫首领王杲的女儿。作为长子,幼年的努尔哈赤备受父母宠爱。然而在他十岁的时候,母亲喜塔喇氏突然去世,从根本上改变了努尔哈赤的生活,自从继母纳喇氏主持家事后,努尔哈赤兄弟受尽了冷遇。受了妻子的挑唆和影响,努尔哈赤的父亲对努尔哈赤兄弟也变得冷若冰霜。由于生活所迫,少年时代的努尔哈赤就开始用自己的双手谋生,他常常翻山越岭,出入于莽莽林海,挖人参,采松子,捡榛子,拾蘑菇,然后把这些山货带到集市上换钱,用以维持自己的生活。

努尔哈赤常去生意兴隆的抚顺马市,除了进行贸易以外,他更感兴趣的是通过贸易同汉人广泛接触和交往,聪明好学、胸怀大志的努尔哈赤广采博收,学习了知识,增长了才干,开阔了视野。强烈的求知欲望驱使努尔哈赤通过结识的汉人读了不少汉文书籍。《三国演义》和《水浒传》是他最感兴趣的两部书。

15岁那年,努尔哈赤带着十岁的弟弟舒尔哈齐离家出走,投奔到外祖父王杲门下。王杲是个汉化较深的女真人,他凭借着自己的智慧和才干在动乱的年代发迹,成为建州女真中的著名首领。明中期后,他自以为力量雄厚,便无视朝廷边将的政令,常常扰边作乱。万历三年(1575),明辽东总兵李成梁率军攻破王杲屯寨,王杲及其亲属全部被杀。此时正在王杲家中的努尔哈赤兄弟也双双做了俘虏。聪明、机敏的努尔哈赤当即跪在李成梁马前,痛哭流涕,用汉语请赐一死。李成梁见他聪明伶俐,不仅赦免了他,而且把他留在帐下做了书童,专门服侍自己。努尔哈赤八岁就开始练习骑射,到这时十六七岁,已是弓马娴熟。因而在李成梁帐下,每逢征战,他总是勇猛冲杀。李成梁对他非常赏识,让他做了自己的随从和侍卫。与他形影不离,关系密切,情同父子。

在李成梁麾下,努尔哈赤接触汉人的机会更多了,对汉文化有了进一步的了解;经常参战的实践,又使他的军事才能得以提高和发挥,他对自己谋略的自信心也越来越增强了。李成梁带他去北京朝觐,繁华的街市,辉煌的宫殿使他眼界大开,这一切都孕育了他创立功业的勃勃雄心。然而,努尔哈赤对李成梁的恭顺和效忠,仅仅限于感激,但努尔哈赤对外祖父的被杀始终怀恨在心,只是当时慑于李成梁的威名,不敢轻举妄动。私下里他早已另有打算,只待有朝一日时机成熟就采取行动。在李成梁帐下生活了三年左右,努尔哈赤以父亲捎信让他回家成亲为由,借机离开李成梁,回到了阔别已久的故乡。

女真部族之间和部族内部为了争雄称霸,常常互相攻伐,互相残杀。建州女真有两个坚固城寨,一个是古勒城,城主是阿亥;另一个是沙济城,城主是阿台。阿台是努尔哈赤外祖父王杲的儿子,也即是努尔哈赤的舅舅;阿台的妻子是努尔哈赤伯父礼敦的女儿。王杲被杀后,阿台发誓要为父报仇,他凭借古勒城易守难攻的地理优势,依山筑城,设置堑壕,并屡犯明边,纵兵抢掠。这激怒了明朝总兵李成梁,他决意发兵攻取古勒城,欲将阿台一部置于死地而后快。

建州女真还有个图伦城,城主叫尼堪外兰。他的兵马不多,却野心勃勃,总想吞并周围部族,称雄建州女真。为此,他便极力讨好明朝边吏,并挑拨阿台、阿亥与明朝的关系。他向李成梁许诺,愿意为明朝征服古勒和沙济两城做向导。

李成梁的大队人马分两路杀来。一路直逼沙济城,一路由他亲自率领,兵临古勒城下。努尔哈赤的祖父觉昌安听说古勒城被围,便同儿子塔克世一同前去救援。当两人来到城外时,正值明军开始攻城。觉昌安见形势危急,就叫儿子暂且在城外等待,自己先进城去。塔克世见父亲一去不回,哪还有耐心等下去,也进入城内。但明军的攻势越来越猛,父子俩都被围在了城里。

再说古勒城久攻不下,李成梁极为恼火。狡猾的尼堪外兰又想出一条诡计。他欺骗守城官兵说,谁能杀死城主归降,就让谁做古勒城城主。阿台的部下听信了尼堪外兰的谎言,便杀死阿台,献城投降。李成梁进城后大肆杀戮2000多人,努尔哈赤的祖父和父亲也在混乱中被杀。

噩耗传来,努尔哈赤悲痛欲绝。他愤然来到辽东都司,义正辞严地质问明廷边吏,为何杀他一向忠顺于朝廷的祖父和父亲。明朝边吏自觉理亏,一再解释是误杀,并马上找出觉昌安和塔克世的遗体,交给努尔哈赤安葬。后来,又赐予努尔哈赤敕书30道、战马30匹,让他袭任祖父之职,当了建州左卫都指挥使。努尔哈赤不甘罢休,发誓要报杀祖杀父之仇。只因自己当时力量尚很单薄,无力与明军抗衡,努尔哈赤表面上接受了明朝抚慰。

为了报仇,努尔哈赤决定先举兵攻打尼堪外兰。他整理出父祖的十三副遗甲,率领不足百人的部众,向尼堪外兰居住的图伦城进发。尼堪外兰表面上神气十足,实际上胆小如鼠,听说努尔哈赤率兵打来,他丢下部众,只身带着老婆孩子狼狈出逃到浑河部的嘉班去了。图伦城不攻自下,努尔哈赤凯旋而归。万历十四年(1586),努尔哈赤再次发兵进攻。尼堪外兰再次闻讯出逃,希图在抚顺关得到边吏的保护。边吏将他拒于边台之外,并暗中通知努尔哈赤的人。努尔哈赤的人赶到,将尼堪外兰砍死在边台之下。努尔哈赤除掉了自己不共戴天的仇敌,了却了一桩心愿。

除了对付外部敌人,努尔哈赤还要提防宗族戚友的加害。努尔哈赤承袭建州卫都指挥使并得到30道敕书,建州很多人都不服气,连同宗的一些爱新觉罗氏人也千方百计想杀害他。

一天黑夜,有个刺客来到努尔哈赤窗下窥伺,寻找机会下手。刺客的脚步声引起了努尔哈赤的警觉,他当即佩刀执弓,让妻子假装去上厕所,自己则躲在妻子背后,到烟筒边隐蔽起来。借着闪电的光亮,他看到刺客近在眼前,便用刀背猛击过去,将他打翻在地。家人冲上来要杀掉刺客。努尔哈赤想,刺客背后必有主谋,若杀掉他,其主人就会乘机出兵宣战,而自己目前兵少势弱,难以匹敌。他喝退家人,故意对刺客说:"你肯定是来偷牛的。"刺客正想借机逃脱,便将错就错地承认了。努尔哈赤随即放了这个刺客。

　　诸如此类的事情屡有发生,努尔哈赤都能衡量得失,妥善处理。因此,在努尔哈赤以十三副遗甲起兵的两年内,就相继大败了诸多部族。到万历十六年(1588),除长白山诸部外,建州女真各部基本上被努尔哈赤统一了。五年之后,他又先后攻取了长白山讷殷、朱舍里和鸭绿江三部,整个建州女真统一在了他的麾下。

　　为了扩展势力,兴立基业,在统一建州女真过程中,努尔哈赤于万历十五年(1587)在烟筒山下建赫图阿拉城称王。为了显示为王的尊严,他制定出一套粗具规模的礼仪。赫图阿拉城遂成为当时建州女真政治、经济和军事的中心,后来又成为努尔哈赤统一女真各部的基地。

统一女真各部

　　海西女真居住在开原以东和松花江中游一带,主要有叶赫、哈达、辉发和乌拉四部(又叫扈伦四部)。叶赫和哈达两部势力较强,邻近经济发达的汉族城市开原,并有控制贡道的地理优势,因此具有得天独厚的条件。努尔哈赤在统一建州女真的斗争中节节胜利,被他们视为心腹大患。万历二十一年(1593)六月,叶赫先纠合海西其他三部对建州进行试探性的进攻,结果以失败告终。但叶赫并未吸取教训,同年九月,叶赫贝勒布斋、纳林布禄再次纠合海西女真的哈达、乌拉、辉发三部和长白山朱舍里、讷殷二部以及蒙古的科尔沁、锡伯、卦尔察三部,分三路向建州进攻。

　　努尔哈赤闻讯,当即进行军事部署,埋伏精兵,设置障碍,待一切就绪,便十分安然地回家睡觉。妻子心中不安,叫醒他说:"大敌当前,你还睡得这么安稳,是糊涂了,还是害怕了?"努尔哈赤回答说:"人心里要是担心害怕,想睡也睡不着。我何尝不是这样?假如我真有对不起叶赫的地方,当然要心虚害怕,可是我从来都是顺服天意、安守疆土的。是叶赫不容我,无缘无故地纠合九部兵马攻打我,他们是不会有好结果的。"说完,继续酣睡。

　　翌日拂晓,努尔哈赤为了鼓舞士气,先率诸将祭拜了天神,然后带着大队人马踏上征途。这时,努尔哈赤派出的侦骑来报,从一个投诚的叶赫人口中得知九部联军有三万多人。众将听后都面露惊惧之色,努尔哈赤环顾四周,泰然自若地对众人说:"九部联军号称三万,但不过是些乌合之众;我们尽管人少,却心齐志坚,又能立险扼要,以一当十。只要先击杀他们的头目,其部属必会不战自溃。"听了这番鼓动,将士们顿时信心倍增。努尔哈赤又令兵士们去掉手上和脖子上的护套,轻装上阵。努尔哈赤分析了九部联军的阵容后,率军抢占了古勒山。古勒山易守难攻,努尔哈赤居高临下,地理形势对他十分有利。九部联军见努尔哈赤占领了古勒山,便转锋来攻。努尔哈赤身先士卒,率军居高临下冲锋,他一路砍杀,连斩叶赫部九名士卒。见此情景,布斋气急败坏地冲上来,不料战马被木墩撞倒,将他掀倒在地。努尔哈赤的士兵赶上前去,一刀结束了他的性命。众兵士见首领丧命,顿时乱了方寸,无心再战,仓皇而逃。努尔哈赤率兵乘胜追击,直至哈达境内。这一仗俘获了乌拉首领布占泰和大批兵士,还斩敌4000余人,缴获3000匹马、近千副盔甲。

　　古勒山之役是女真各部统一战争史上的转折点。努尔哈赤打破九部军事联盟,改变了建州与海西的力量对比,成为建州女真胜利和扈伦四部灭亡的决定点。从此,努尔哈赤"军威大震,远迩慑服"。这一年,努尔哈赤35岁,古勒山大捷奠定了他一生事业的基础。

努尔哈赤在统一女真部族的过程中，征战是他的主要手段。但同时，还辅以非征战的手段，即联姻。它实际上是一种政治手段。这一手段在统一女真事业中起了不可忽视的作用。努尔哈赤一生见于记载的共娶妻妾 14 人，大致都发生在他事业发展的两个高峰阶段。第一个高峰，可视为自万历十一年（1583）起兵，至万历十六年（1588）基本统一建州女真各部阶段；第二个高峰，可视为自万历二十五年（1597）海西女真四部与努尔哈赤联姻结盟，至万历四十四年（1616）建立后金国阶段。

在第一个阶段，努尔哈赤共纳妾六人，其中有五人均为不同部落间的联姻。庶妃钮祜禄氏、兆佳氏、伊尔根觉罗氏，是努尔哈赤吞并了建州女真的栋鄂部、苏克素护河部以后所纳之妾，而叶赫那拉氏与哈达那拉氏，则是努尔哈赤与海西女真的大部落叶赫部与哈达部达成某种协议后结成的婚姻。与这两个不同部族间的联姻，反映了努尔哈赤政治势力的变化。

努尔哈赤统一建州女真的事业发展到一定程度时，必然产生进一步扩大自己势力的愿望。明末的女真各部中，除建州外，以海西的哈达部和叶赫部为最强。哈达部首领万汗是明朝在女真各部中的一个主要支持者。万历十年（1582），万汗死，留有长子扈尔干、季子孟格布禄及外妇所生之子康古陆。万历十五年（1587）时，康古陆联合孟格布禄，向扈尔干之子歹商发起进攻。同时，地处哈达部之北的叶赫部，其首领纳林布禄因父亲杨吉砮、伯父清佳砮在万历三年（1575）被明朝总兵李成梁杀害，自己又被迫接受哈达部的约束，此时也卷入哈达部这场内讧。纳林布禄借口自己的姑母温姐为孟格布禄之母，与孟格布禄结成联盟，进攻歹商，意在将自己的势力范围向南推进，又报李成梁杀父之仇。纳林布禄的意图被明廷察觉。为阻止纳林布禄南进，巩固哈达部歹商在女真各部中的地位，明廷出面让歹商与建州努尔哈赤联姻。这桩婚姻，在努尔哈赤是求之不得。无论是毗邻的哈达部还是地处北关的叶赫部，都是他未来的蚕食对象。与哈达结成秦晋之好，有利于他日后的扩张计划。因此，这件婚事很快便确定下来。万历十六年（1588）四月的一天，歹商送妹妹阿敏格格至建州，成为努尔哈赤的妃子即哈达那拉氏。努尔哈赤与叶赫那拉氏的婚姻，也是在这一背景下达成的。

努尔哈赤早在起兵之初，曾到过叶赫部。叶赫部首领杨吉砮（即纳林布禄之父）认为努尔哈赤为非常之人，说："我有幼女，俟其长，当奉侍。"努尔哈赤其时势力尚弱，自然希望与叶赫部联姻扩大自己的声威，便说："汝欲结盟好，长者可妻，何幼耶？"杨吉砮说："我非惜长，但幼女仪容端庄，举止不凡，堪为君配。"此时，一方面杨吉砮之女尚幼，一方面结婚的时机也不成熟，这桩婚事便拖至万历十六年（1588）才完成。这一年春天，明廷因纳林布禄介入哈达部内讧，发兵攻打叶赫部。纳林布禄抵抗不过，开城投降。与哈达部同时受敕，向明廷纳贡。

对明廷来说，纳林布禄尽管已经归顺，但较之归顺有年的哈达部，仍然矮一等。正是这种不平等的待遇以及纳林布禄向南扩张的欲望，使他不可能安于现状。他必然要与附近友好的邻部联合，以图东山再起。这一形势，促成了叶赫那拉氏与努尔哈赤的婚姻。哈达部动乱平息后不久，即在万历十六年（1588）九月，纳林布禄亲将妹妹送往建州，与努尔哈赤完婚。新娘名孟古姐姐，此时年仅 14 岁。四年后她生了儿子皇太极，万历三十一年（1603）九月死去，崇德元年（1636）上尊谥为"孝慈武皇后"，康熙年间改谥为"孝慈高皇后"。叶赫、建州两部的这次联姻，对巩固双方的力量，都有一定的作用。

万历二十五年(1597),努尔哈赤的统一大业达到了第二个高峰,在此前的万历二十一年(1593),尚不为海西女真重视的"常胡"努尔哈赤,凭借自己的勇敢、智慧和实力,击败了叶赫、乌拉、哈达、辉发、蒙古科尔沁等九部的联合进攻(史称"癸巳之战"),实力大大增强,在女真各部中声威大震,而这时海西女真四部却受到重创。首先是哈达部,本来几年前的内讧,它的实力就已受到损耗,再参加癸巳年九部联军进攻努尔哈赤,力已不支,战败后便一蹶不振。其次是辉发部,它在海西女真中,势力原属最小,在癸巳战败后的第三年,又受到努尔哈赤一击,元气大伤,难以复苏。而四部之中一直比较强的叶赫部和乌拉部,比之当年,也已大为削弱。叶赫部首领布斋在战争中阵亡,纳林布禄忧郁成疾,叶赫部因此而不景气。乌拉部的情况就更为不妙。首领布占泰在癸巳之战中做了努尔哈赤的阶下囚,直到万历二十四年(1596)才被送回本部。在这种情况下,海西四部是无力与建州努尔哈赤抗衡的。为了保持政局的稳定,以利力量的积蓄,万历二十五年(1597)春,海西四部与努尔哈赤结成婚盟。"叶赫、哈达、乌拉、辉发同遣使告上曰:'吾等不道,兵败名辱。自今以后,愿复缔前好,重以婚媾。'"努尔哈赤亦表赞同。

这次会盟,共达成三项婚约。其一是与努尔哈赤本人结成的婚约,叶赫部首领布扬古(纳林布禄之侄)提出愿将自己14岁的妹妹(即孝慈后孟古姐姐之侄女)许配给努尔哈赤。其二是与努尔哈赤之子结成的婚约,叶赫部首领金台石(纳林布禄之弟)提出将自己的女儿嫁给努尔哈赤的次子代善。其三是努尔哈赤主动提出的,他说愿将自己弟弟舒尔哈齐之女额石泰嫁与乌拉首领布占泰。同时,他也向海西四部提出警告:"汝等应此盟言则已,不然,吾待三年,果不相好,必统兵伐之。"此次会盟所定三项婚约,有两项很快得以实现,唯努尔哈赤本人的婚事遥遥无期,日后构成了著名的"叶赫老女"问题。会盟之后,努尔哈赤又纳妃六人。她们分别为万历二十九年(1601)所娶的大妃阿巴亥,三十年(1602)所娶的庶妃觉罗氏,三十八年(1610)所娶的叶赫那拉氏和西林觉罗氏,以及四十年(1612)和四十三年(1615)所娶的两位蒙古亲王之女。其中,以与乌拉部和蒙古部联姻的政治色彩最为浓厚。

自万历二十四年(1596)努尔哈赤将布占泰放归本部后,通过不断联姻的手段,使乌拉部一直倒向建州一方。万历二十九年(1601),努尔哈赤在将自己的三女儿嫁给哈达部的吴尔古代后,迅速灭掉了哈达部。哈达部灭亡后仅三个月,布占泰便将自己兄长满泰之女阿巴亥嫁给努尔哈赤,即后成为努尔哈赤大妃的乌拉那拉氏。他看到哈达尽管早已与建州结盟,又做了努尔哈赤的女婿,但仍然避免不了被吞并的危险。布占泰很清楚努尔哈赤的野心,但他宁肯俯首称臣,也不甘心拱手交出土地。唯一的办法就是进一步加强婚姻联盟,此时布占泰已与努尔哈赤之弟舒尔哈齐两度联姻:一次是万历二十四年(1596)嫁妹与舒尔哈齐,另一次是二十六年(1598)他娶舒尔哈齐之女为妻,但他与努尔哈赤本人尚未结过姻亲。而在万历二十五年(1597)的五部结盟会上,努尔哈赤自己也未从邻部得到实惠。嫁女给努尔哈赤为妻,就成了最为可行的靠拢建州部的办法。

这一时期,随着努尔哈赤统一事业的发展,他的联姻范围,也已由女真各部扩大到蒙古部族中。但是,他与蒙古部族的联姻,跟他与女真各部的联姻却有很大的不同:既不带征服战争的直接背景,也不带征服对方的直接动机。可以说就是一种睦邻友好的平等结盟。这种平等的态度,则是由努尔哈赤对蒙古各部采取的有别于对女真各部的政策所决定的。蒙古族和女真族,都是以长于骑射、雄健强悍著称的民族。但是蒙古族人多势大，而女真族则人少力薄。尽管万历二十一年（1593）时，努尔哈赤曾将参加九部联军的科尔沁蒙古明安贝勒击败，然而当时女真各部的统一尚未完成，他也就根本无条件把蒙古各部视为自己的吞并对象。相反，保持与蒙古各部的友好关系，反倒有利于促进自己统一女真民族的战争。努尔哈赤就曾有过"得一蒙古人胜得十朝鲜人"之说。同时，经过多年的动荡，漠南蒙古各部之间，也发生了分化。自癸巳之战后，科尔沁、喀尔喀等蒙古部落开始向辽东靠拢，向努尔哈赤"进驼马，遣使往来不绝"。努尔哈赤为了集中力量对付主要敌手，采取了远交近攻的策略（《李朝实录·宣祖》）。"远交"者，是指乌拉部、科尔沁蒙古、喀尔喀蒙古及朝鲜等部；"近攻"者，就是他当时的主要敌手叶赫、哈达等部。这样，在女真、蒙古双方都发生变动的情况下，科尔沁、喀尔喀与建州之间，维持了近20年的友好关系。至万历四十年（1612），女真各部之间的关系又发生了进一步的变化：努尔哈赤已灭掉哈达、辉发二部，与叶赫部之间的矛盾变得尖锐；而身为建州之婿的乌拉部首领布占泰，却长期动摇在建州、叶赫两部之间，令努尔哈赤十分恼怒。为了同叶赫争夺这个不稳定的部落，努尔哈赤认为有必要进一步强化与西部蒙古部落的关系。万历四十年（1612）正月，努尔哈赤以科尔沁蒙古贝勒明安之女"颇有丰姿"为名，"遣使娶之"。这次联姻，使科尔沁蒙古更加倾向建州。也就在联姻一年之后，努尔哈赤便灭掉了乌拉部。至此，女真各部中，努尔哈赤的劲敌仅剩叶赫一家。在这种情况下，巩固与蒙古各部的关系就显得更为突出。于是，在与明安联姻后两三年间，建州与科尔沁、喀尔喀蒙古之间又迅速达成几项婚姻。其中除了努尔哈赤之子褚英、皇太极、莽古尔泰、德格类分别娶了蒙古贝勒之女外，也还有努尔哈赤本人的一桩婚姻，即万历四十三年（1615）努尔哈赤娶科尔沁郡王孔果尔之女博尔济吉特氏为妃。贯穿清王朝始终的满蒙联姻，就是从此奠定的基础。

至于一度欲嫁努尔哈赤，却最终落空的"叶赫老女"就更富有政治色彩。由于叶赫、建州两部长期处于两相对峙的紧张状态中，该女便被其父兄扣在叶赫，不准完婚。万历三十一年（1603），"老女"之姑、努尔哈赤的大福晋叶赫那拉氏孟古姐姐病危，临终之时欲见己母，却遭到叶赫部的拒绝。努尔哈赤在指责这种不通人情的做法时，曾质问布扬古何以迟迟不把"老女"送至建州。这次变故，使两部之间的关系进一步恶化。在这种情况下，"老女"的去向就更成问题。七八年后，叶赫部为争取一直动摇于建州、叶赫间的乌拉部，竟提出要将"老女"许配给乌拉部首领布占泰，布占泰出于对努尔哈赤的畏惧没敢同意。

叶赫部一方面向明廷求援，一方面又将"老女"许给喀尔喀蒙古贝哈达尔汉贝勒之子莽古尔代。叶赫、蒙古、明三方立场各不相同，在"老女"问题上态度也各异。明廷的态度是，"姑留此女，毋使太祖及介赛绝望，冀相羁縻"。而叶赫部既要投靠明廷，也就不急于把"老女"送往喀尔喀。直到万历四十三年（1615）五月，布扬古才将妹妹送至喀尔喀。此时"老女"已33岁，出嫁一年后便病故。

叶赫部反复无常的态度，特别是明廷的介入，极大地刺激了努尔哈赤及其部下。因此，这也就成为努尔哈赤向明廷宣战的理由——"七大恨"之一"恨"。

以一定程度的政治做背景的婚姻，在封建社会虽然是屡见不鲜的，但是很少像努尔哈赤这样交错复杂，为了政治的需要，不顾辈分、不序尊卑。

万历四十七年（1618），在努尔哈赤建国后的第三年，努尔哈赤终于灭掉叶赫部，统一了女真部落。

八旗兵狂飙突进

　　女真部族统一的事业发展如此之快,与努尔哈赤利用、改造牛录制,进而创立兵民合一的八旗制是分不开的。"牛录"是在女真部族中长期流行的一种社会组织形态。女真人是一个主要以狩猎、采集为生的民族。多少年来,他们一直沿袭着一种风俗,"凡遇行师出猎,不论人之多寡,照依族寨而行。……出猎开围之际,各出箭一枝,十人中立一总领,属九人而行,各照方向,不许错乱,此总领呼为牛录(大箭)厄真(主)"(《清太祖武皇帝实录》)。这种组织由于是为狩猎而设,尽管利于征战,但组织结构却不免松散,存在的时间也仅是狩猎期间,给努尔哈赤的统一事业带来诸多不便。他看到了这一组织的利弊,逐渐对其进行了改造。改造后的牛录,与以前根本的区别,就是由一种单纯的狩猎组织,过渡为一种军民合一的,包括军、政、财、刑多种职能的社会组织。万历二十九年(1601),努尔哈赤编牛录为四固山(即四旗),以黄、白、红、蓝四色为区别。四旗颜色的确定,源于女真人射猎时各方所用旗之色。总领四方的,为居于北方的汗旗,标志是黄颜色的"中纛"旗,而居于东方、西方、南方的、则是贝勒旗。标志分别为白旗、红旗和蓝旗。从此,黄旗就成了汗的专用旗。后增四旗,将原来旗帜周围镶边,黄、白、蓝三色旗帜镶红边,红色旗帜镶白边。这样,共有八种不同颜色的旗帜,称为八旗。八旗组织的设立,有效地推进了努尔哈赤的事业。

八旗军服

　　严格的军事训练和法规,是八旗兵提高战斗力的有力保障。严格的军训始见于万历十七年(1589)的记载。自编组四十牛录及费英东等三位部长来归后,努尔哈赤采取坚决措施,对将士进行严格的军事训练。万历十七年(1589),李朝平安道兵使在报告中首次提到努尔哈赤"胁制群胡""间间练习"的事实。其后类似报告不断,如二十三年(1595)报告"常时习阵千余名,各持战马,着甲",于城外十里许"练兵"。同年,努尔哈赤将"诸部落胡人等,方为调聚练习"。二十五年(1597)二月十五日,努尔哈赤兄弟"各聚兵一日程许",在靠近叶赫部等处"习阵"。五日后又在城外"聚兵战阅"。足见练兵之勤。军训项目有多种,或练习弹跳力,或增强体力等,在山谷间练习跳跃,名为"水练",继则跳越深坑,名为"火练",又有"投石超距,以习其力"等。

为提高军队战斗力,无论平时还是战时,在军训、阅兵、出征、进战等方面,皆制定出具有法律性质的规则。在平时的练兵中,要求士兵必须依令而行,"从令者馈酒,违令者斩头"。参加军训的每名士兵还要接受检查,能够完成训练项目,达到较佳效果的"受上赏";不用心训练的处以斩头之罪。严格的军训、军法,使兵士"莫敢退缩"。平时,除军训外,还经常阅兵,检查各牛录额真管理状况及其属下军卒备战情况。如果出现普遍损坏盔、弓箭、腰刀、枪、长柄大刀、鞍、辔等物,牛录额真将受到贬谪;如果一切完好,"军马肥壮",将晋升牛录额真之职。同样牛录士兵也要对自己备战负责,如果被发现"战骑瘦瘠"时,处以"决杖"罪。战备物件完好的,受牛、羊犒赏。如果严重渎职,则杀头。万历四十七年(1618),李朝官员描述说,"此贼器兵卒自备,而奴酋占视,至加屠杀云"。战时行军明确规定,凡是出兵时自家里走出,到战后归来,不得离开牛录旗纛。有违犯者,先责问牛录额真,是否已传达汗的军纪。如果已经传达,部下士卒不听,将把"擅自离去者杀之"。天命三年(1618),舒赛牛录下的阿齐,正是因为"不遵军令,离开众兵,杀鸡烧食",另有四人共食。后被明军斩冲后检查军纪,令阿齐伏法。为警告全军,将阿齐肉零割"分各个牛录"。

八旗兵在进战时,牛录额真、五牛录额真、梅勒额真、固山额真、总额真都有监视军士攻战尽力与否的职责。同时,军中专设督官。在战场上各级官员见有"怠战者",便用汗所赐"四棱铁砍"。八旗军严酷的军纪闻名四方,明官陈仁锡说,八旗兵进战时"十人临阵,则二人监之,持万死"。朝鲜李朝满浦金使郑忠信说,"临战则每队有押队一人,佩朱箭,如有喧呼、乱次、独进,即以朱箭射击之,战毕查验,背有朱痕者,不问轻重斩之"。对于独进、独退者,也有规定,"攻克城邑"时,有一两人先进"不足取",如果独进受伤"不行赏,即损身不为功";在吹螺攻城时,该进时不进,要受军法处分。如天命三年(1618)攻抚顺城时,竖云梯先登城者战死,而后继者伊顺动作缓慢,未能及时进战到位。战后追究责任,将伊顺的耳、鼻削掉,罚做奴隶。

努尔哈赤严格推行军纪、军法,注重贯彻"信赏必罚",不避亲仇,不讲恩怨,皆"以法治之",或"加升赏"的政策。早年战胜归来后,将"财、畜遍分诸部,功多者倍一分"。后期在分配时,"选赏出征将士,其余列等以赐各官"。从平均分配向军功分配倾斜,特别是建有军功者"赏以军兵或奴婢、牛、马、财物"。由于军纪、军法和物质利益相结合,刺激了八旗兵的参战欲望。每到出兵时,人人"无不欢跃,其妻子亦皆喜乐,惟以多得财物为愿",甚至军卒"家有奴四五人,皆争偕赴,专为抢掠财物故也",调动了八旗兵,甚至全民族参战的积极性和主动精神。八旗兵与明军相比,武器装备不断改善、提高,战斗力不断增强。是时东方的主要军器尚未摆脱弓箭时代,但火器在战争中已起着突出的作用。努尔哈赤在两种武器的改进和吸收方面,都有长足的进步,为其成功的武装割据创造了又一有力的物质前提。八旗兵的武器,有的较为原始,如弓为唐弓而皮弦,矢为木。以鹿角为镞或以铁为镞。战车是由牛皮、毛毡包成,利于遮挡剑矢,俗名长梯小车。八旗兵的较好武器为制作精良的剑和轻捷坚固的甲胄,特别在质地上,较比明军为优。努尔哈赤注意对武器不断制作和改进。他曾研究过弓力强弱与命中率的关系,指出弓大而强,但力不足,则会"射之不中";不如小弓"体力胜,射之即中"等道理。当时大贝勒代善身状力大,能"挽强百"弓,是当时最大的弓。八旗兵的精良武器曾引起明军与李朝的严重关注。由于明军屡屡战败,明官注意到八旗兵的武器"必其精铦",指出明军"盔甲既皆荒铁",难以与八旗军"悉皆精"的武器相敌。同时努尔哈赤更注意吸收明朝和李朝的先进军事技术和武器装备。早在万历二十四年(1596),努尔哈赤就曾多次向明朝广宁总兵官请示铳筒，遭到拒绝，但十年后，八旗兵已开始使用火药和铳筒。大部分是通过人参、貂皮贸易，从中原输入，并千方百计请李朝技工教习鸟铳。是时除火器外，一切冷兵器与明军比，都已占了优势。

八旗兵有着高超的战略战术，努尔哈赤于天命八年（1623）曾提出"战争之道"中的两项法则，既继承《孙子兵法》之精华，又结合当时的具体战争实践，具有独到见解。他说，"战争之道以计谋，不劳身，不苦兵，智巧为"，是"用兵之主"。同时以"我等之物不为他人所取"作为指导思想。八旗军行动自如，出神入化，时人赞其率领的是"积强久练"之兵，将"匈奴之长技三，中国之长技五兼而有之"，其用兵"分合有法"，以远交近攻和砍削之策，作为战略指导思想。

努尔哈赤在统一建州本部战争中，推行远交近攻政策。明辽东经略熊廷弼指出："自五百道贡赏入而奴酋始富，得以其力远交近攻，兼并南关、灰叭（辉发）诸部，而海建乌龙江又合矣。"在这一战略思想指导下，努尔哈赤兼并海西各部，统一辽东经济市场，改变海西部"分其利"的局面。同时统一东海各部，改变了"不连野人则势孤"的境地。有力地推进了统一事业的发展。是时，尽管叶赫部尚未归服，但远交近攻政策的威力，已使苟延残喘的叶赫部贵族阶层如坐针毡。天命二年（1617），金台什的中军将领供认："我畏奴步，奴畏我骑，原自均敌。只缘奴诱占南关、灰叭诸部，又诱宰赛来抢，而乌龙江一带江夷向皆由我北关买卖于开原，又被奴以利诱去，唆令抢我，四顾皆敌，不能不惧。"

针对八旗兵与周围各部力量的对比，努尔哈赤又及时提出"砍削大木"的战略指导思想。万历四十年（1612），努尔哈赤认为乌拉部与自己是"相等之国"，不可能"一举取之"，于是形象地指出"欲砍大木，岂能骤折，必以斧斤伐之，渐至微细"，然后能折。是年对乌拉部兴师问罪时，将其大城周围六城尽行焚毁，"独存其都城"，严重削弱了乌拉部国力，迫使布占泰承认"乌拉部即汗之胡辽、沈地区"。各城的攻击中，基本上都是运用这种战略指导思想，无不获得辉煌的战绩。八旗军在行军、野战、攻城等方面又各有明确的战术指导思想，秩序井然。凡是行军地广则八旗并列齐进；地狭则八路合一，千军万马，不得喧嚣，队伍严禁挽越。大队兵马前，设有哨。前哨分层设置。凡是大队人马出征，置前锋哨兵团200名，令智谋技巧、善于应变的两位将领统辖。在哨兵团之前再设20名哨兵，其中10名诸申，10名蒙古；在20名前锋哨兵前，又置五名前锋哨探，其中诸申2名，蒙古三人。行进中一有敌情，由五人传至20人，再传至200人。带领200人的将领斟酌敌情，"可破则之"，有一定的应战自主权；不可破时，尽速报告大队，参谋对策。如果行军至晚，夜间宿营仍保持高度警惕性。营地挖沟，设哨值宿，士兵皆"合营困坐"。营与营之间常以虎、马、牛、鸡、鸭、鹅、蛙等禽兽声音相答，或传箭、传靴，保持联络，"至晓不辍"。熊廷弼赞赏他们绝不像明军那样"放心安睡"，随时有进行战斗的思想准备。

野战是八旗兵长技，一经与敌接战，总是以披重甲执长矛大刀者为前锋，轻甲善射者从后冲击，另有精兵骑马立于后边，"相机立"。每战必胜，名震中外。明朝官方对此战法形容为"每战死兵在前，锐兵在后。死兵披重甲，骑双马冲前，前虽死而后复，莫敢退。退则锐兵从后杀之，待其冲动我阵而后，锐兵始乘其胜"，被认为这是效仿完颜阿骨打、兀术等行事。经研究只有"火器战车一法可以御之"。李朝官员对八旗兵的野战战术，有过细心观察，指出八旗兵25哨，每哨400人。有长甲、短甲、两重甲各100人，另有"别抄"军披水银甲，是"万军之中表"，每战"则在最后阵，则居内，专用于决胜"。

两重甲用于攻城填壕。其中长甲、短甲与前引的重甲、轻甲相应。别抄军系指居于阵后骑马的"精兵""锐兵",即满语护军。是八旗军的中坚,起决胜作用。明朝官员视作亲丁、死士,认为是"战酣而后用之"。李朝官员称"拜阿罗军"是努尔哈赤的"手下兵",有5000余骑,"极精勇";十旗贝勒亦各有三至五牛录,称"贝勒军"。

如果在野外行军中遇到我众敌寡时,先将大队人马隐伏僻处,不令敌人发现,派少数兵力前去诱敌深入,进行大队掩袭。如果诱而不至,则尽力追击。近城堡时,更要乘其挤塞之机,全力掩杀。反之,敌众我寡时,不可接近敌兵,宁可后退,等待大兵齐集,酌情而战,此即八旗兵的"野战之法"。努尔哈赤自信地说,"自明国迄东海岸,自朝鲜之北,蒙古之南",凡是与我八旗兵会于旷野之时,"不待敌人布阵",我兵"即刻击杀之"。李朝官员亦有同感,指出"甲骑成列,冲突击射,隐伏山谷,一出人不意,掩袭厮杀,乃其长技"。

在城堡攻守战中,八旗兵亦有一整套攻守战术。依据双方战势,可攻之城堡,统兵猛攻。如果势难攻取则万不可强攻。努尔哈赤要求将帅尽量以"智巧谋略",不损将,不劳兵,克敌制胜。有如此指挥能力者方可称"三军主帅"。八旗兵一旦处于强大敌人包围之中,则"据城待战,伺其攻城不拔而退,乘机一战,以致胜者",才算"英勇"的统帅;如果两军交战,"难分胜负",那些借我兵少欲出城一战者"必是怯敌,欲其便于走也"。

八旗兵上下一致,在统帅指挥下,每发兵常"以围猎为名,不知所向",神出鬼没,"阴阳翕合",令敌人无法察觉,表现了团结一致,"数十万人皆一心"的战斗力。努尔哈赤利用这一特点,突然议兵,突然出兵,突然退兵,其"来如骤雨,去如飘风";倏左倏右,其铁骑"奔驰、蹂躏",抗拒者"无不溃败"。致使明朝与李朝强大的炮火竟无用武之地。史载,两军与八旗兵相遇时,未待点燃炮火,八旗兵已经"矢刃交加",致人亡炮矢"半入奴酋,未获一效"。

由于屡战屡胜,又造就出自强、自信和具有光荣感的忠义精神。八旗兵凡是在战争中带枪伤者居上功。"大小胡人所聚,面颈带搬(瘢)者甚多",他们都怀有特殊的荣誉感。他们对新的民族国家"抱忠知义",以"不得捐躯国事死于牖下为耻"。八旗劲旅"以孤矢威天下",奠定了一代王朝的新局面。

七大恨伐明

万历四十四年(1616)正月初一,努尔哈赤建国称汗,在赫图阿拉城举行隆重的登基仪式。努尔哈赤的儿子、八旗首领及文武百官按八旗的顺序站立在"尊号台"两旁。当努尔哈赤登上宝座时,八大臣手捧劝进表章,一字排开跪倒,众臣紧随其后跪拜在地。表章中为努尔哈赤上尊号为"奉天覆育列国英明汗"。读罢表文,努尔哈赤起身离开宝座,焚香祷告,率众臣行三跪九拜礼。随后又登上宝座,接受各旗大臣的贺礼。礼毕,努尔哈赤宣告建立"大金国",年号为天命。这就是我国历史上的"后金"。

建国称汗后,努尔哈赤花了很大精力整顿内部。与此同时,他将兵锋公然指向了明朝。而明朝当时的政治腐败与军备废弛,又是导致努尔哈赤实行战略转移的诱因。

努尔哈赤窥清了明朝的内情,认为正是他南伐的大好时机。后金天命三年(万历四十六年,1618)春天,努尔哈赤召来众大臣,向他们宣布了自己准备出征伐明的决定。众大臣早有此愿,一听大汗做出决断,顿时群情激昂,纷纷表示愿意随大汗出征,即使粉身碎骨，也在所不辞。一切准备停当，努尔哈赤率领众臣，祭祖告天，宣读了"七大恨"伐明誓词。

概括起来有：一、明朝的边将轻信尼堪外兰的主意，无缘无故地挑起事端，害死我的祖父和父亲；二、明朝不遵守条约，派兵过界，帮助叶赫部；三、明朝的边民每年都偷越边境来偷东西，根据条约，对这些人应该杀头，可是明朝却责备我们擅自杀人，逼迫我们交出十个人给偿命；四、明朝派兵越境帮助叶赫部，致使接受我的聘礼的姑娘改嫁给了蒙古；五、我国百姓在柴河、三岔河、抚安等地（今铁岭市东南一带）按着规定耕田种庄稼，可是明朝却不准许收割庄稼，派兵把我们的百姓赶走；六、叶赫部违背盟约，轻启事端，明朝却偏听它的一面之词，派使臣来责骂我们，任意欺侮我们；七、哈达部帮助叶赫部两次侵犯我国，均被我们打败，消灭了哈达部，可是明朝却逼着我们让哈达重新独立。宣布七大恨之后，努尔哈赤就分兵两路。命左翼四旗兵马攻打东州（今沈阳东南110里）、马根单（今新宾西南210里）两个城堡；努尔哈赤亲自率领右翼四旗兵马和八旗护军，乘夜里小雨刚过，急驰至抚顺城下。明朝抚顺游击李永芳出城投降。东州、马根单及另外500多个据点也全被攻占。接着，努尔哈赤把抚顺城摧毁后就退兵了。

萨尔浒之役

明朝看到努尔哈赤强大，决定发兵攻剿后金都城赫图阿拉（今辽宁省新宾满族自治县永陵镇老城村）。万历四十七年（1619），即后金天命四年，明朝派杨镐为统帅，率12万军队，号称40万大军，兵分四路，分进合击，向努尔哈赤发起进攻。当时，后金的总兵力约六万余人，处于战略劣势。努尔哈赤不愧是一位杰出的军事家，他说："任你几路来，我只一路去！"就是集中优势兵力，各个击破明军。三月初一日，明西路军总兵杜松骄傲轻敌，孤军急进，驰至萨尔浒（今辽宁抚顺大伙房水库地方）。努尔哈赤统领八旗军，扑向明军萨尔浒大营。后金骑兵猛冲，攻陷方阵，粉碎联队，驱散步兵，左右厮杀。明主将杜松矢尽力竭，落马而死；其部官兵，尸横遍野，血流成河，全军覆没。初二日，明北路军总兵马林赶到，见杜松兵败，布成"品"字阵。努尔哈赤的六万骑兵，没有分作三路迎战，而是集中八旗全力，各个击破，吃掉马林军。初三日，努尔哈赤得到探报：明南路总兵李如柏迫近，明东路总兵刘綎会同朝鲜兵攻来。努尔哈赤只派一小支军队往南防御李如柏军，而派主力军东出，设伏山谷，迎刘綎军。初四日，后金军用降获汉人装扮成杜松部，佯报已近赫图阿拉，约刘綎合攻。刘綎为夺头功，上当受骗，急命火速进军。刘綎军所处的阿布达里岗地带，重峦叠嶂，路隘崎岖，马不能成列，兵不能成伍。刘綎命兵马单列急行，遭到八旗军的首截、尾追、中伏、下击，被分割成若干段，身陷重围。刘綎英勇奋战，"中流矢，伤左臂，又战，复伤右臂，犹鏖战不已。自巳至酉，内外断绝。綎面中一刀，截去半颊，犹左右冲突，手歼数十人而死。"刘綎奋战八个小时，被砍掉半个脸，还拼命杀敌，真是一条汉子！明军在阿布达里岗覆没后，南路李如柏闻三路败殁，急忙撤军，又遭拦截，最后率领败军侥幸逃命。此次战役明军损失惨重，文武将吏死亡310余员，军丁死亡45800余人，马、骡亡失28000余匹。

萨尔浒之役是后金与明朝兴衰史上的转折点：明朝由进攻转为防御，后金则由防御转为进攻。是役，努尔哈赤巧妙地利用明军合围赫图阿拉的时间差，集中绝对优势兵力，逐路击破明四路大军。萨尔浒之役，努尔哈赤以静制动，以少胜多，集中兵力，逐个击破，成为中国军事史上著名的战例。

沈辽之役

辽阳是明朝辽东的首府，沈阳是明朝辽东的重镇。努尔哈赤取得萨尔浒大捷后，便同明朝争夺对辽东的统治权。天启元年即天命六年(1621)三月十二日,八旗军兵临沈阳城下。努尔哈赤没有用强兵攻城,而是派骑兵挑战。明朝守城总兵贺世贤行伍出身,日夜饮酒,有勇无谋,贪功出战,中数十矢,坠马而死。八旗军乘胜攻城,城里内应,吊桥绳断,拥门而入。明兵民被杀者,据说有七八万人。努尔哈赤攻陷沈阳后,亲率八旗大军,"旌旗蔽日,弥山亘野",向辽阳进发。十九日,包围辽阳。明辽东经略袁应泰派五员总兵出城五里结阵,与后金军对垒。努尔哈赤匹马独进,并派四旗兵进击,明军发炮接战。后金军火炮齐发,骑兵冲杀,明军阵乱,开始溃散。努尔哈赤督兵乘胜追击,初战告捷。二十日,夜宿野营的努尔哈赤,督军从东门和小西门两面攻城,东门由明经略袁应泰亲自统兵应战。努尔哈赤命右翼四旗兵拼死强攻,明军发火器还击。后金骑兵呼喊驰进,明守军排列三层,施放火器,进行抵御。努尔哈赤督兵强攻,袁应泰命军抗御。由于八旗兵攻势凌厉,明守军受挫动摇,总兵梁仲善、朱万良战死,部众大溃,经略袁应泰退入城内。努尔哈赤在东门获胜后,又集中八旗兵力攻打小西门。明军从城上放火箭、扔火罐,万矢下射,奋力抵御。努尔哈赤命竖云梯、列楯车,夺桥破门。明军挑灯夜战,直到天明。二十一日,努尔哈赤亲督左右翼兵,向辽阳城发起总攻。激战一天,夜幕降临,小西门内应,城楼上起火,满城慌乱,明军溃散。经略袁应泰知城已陷,佩剑印,自缢死。努尔哈赤在九天之内连陷沈阳和辽阳,数日之间,金(州)、复(州)、海(州)、盖(州)传檄而下。不久,努尔哈赤将都城由赫图阿拉迁到辽阳。

沈辽之役,是清朝与明朝兴亡史上的转折点:努尔哈赤攻占明朝辽东首府辽阳及辽东重镇沈阳,标志着明朝在辽东统治的结束和后金在关外汉人地区管制的确立。这场战争,努尔哈赤巧妙地运用集团兵力,攻坚作战,围城打援,里应外合,一举夺取沈阳和辽阳,成为中国军事史上著名的战例。沈辽之役的影响与意义,远超出军事的范围。努尔哈赤在沈辽大捷后,先迁都辽阳,再迁都沈阳,从此在关外站住了脚,为后来清军进关、入主中原、统一中国奠定了基础。

宁远之役

辽西地区失陷后,明政府深感形势严重,将积极主张抗击后金的大学士孙承宗、兵部主事袁崇焕派往关外考察军务。

袁崇焕向孙承宗提出要固守山海关必须先守宁远的建议,要求重新修建宁远城,宁远(今辽宁兴城)地处辽西走廊中段,它依山傍海,形势险要,是由沈阳通往山海关的咽喉要塞。按照袁崇焕的设计,宁远城新建的城墙高三丈二,底宽三丈,顶宽两丈四,由此而成为关外的军事重镇。孙承宗又修缮了锦州、松山、杏山、右屯及大小凌河等地的城池,遣兵分守。一条以宁远和锦州为中心的防线迅速建成了,辽西的局势重新稳定下来。

努尔哈赤此时正忙于迁都,探知孙承宗在辽西严阵以待,他一直没有贸然进攻。但不久明朝内部党争再起,孙承宗尽管满腹韬略、守边有方,却因秉性忠直遭到魏忠贤一伙的嫉恨和排挤。继任孙承宗的是魏忠贤的同党高第,他对后金怕得要死,认为关外必不可守,只想躲在山海关内苟全性命。因此,他不顾袁崇焕等人的强烈反对,尽撤锦州等地的防务,将各城兵力强行调入山海关。孙承宗苦心经营的"宁锦防线"就这样被破坏了。只有袁崇焕坚决不撤:"我在宁远做官,就要在这里死守,决不撤退!"

努尔哈赤完成迁都后一直在寻找征伐明朝的时机,得知明军更换主帅、全线撤防的消息,他喜出望外,决定立即出兵。天命十一年(明天启六年,1626)正月十四日,努尔哈赤亲率十余万八旗大军向辽西杀来。一路上,后金军队长驱直入,不费吹灰之力就占据了锦州、松山等大小城池,只剩下宁远孤城。努尔哈赤派人给袁崇焕送去招降信,用高官厚禄引诱他献城投降。袁崇焕毅然拒绝了后金的招降,全力准备迎战,与宁远共存亡。

当时,袁崇焕的兵马还不到三万。他将城外的所有明兵调入城内,将武器兵力集中起来。又将城外的百姓动员进城,把城郊一定范围内的房屋粮食全部烧毁,使后金兵在宁远城外一无所获。袁崇焕用佩刀刺破手指,写下血书,表示要誓死守住宁远。将士们分别据守,老百姓也带着自备的武器登城防守。

努尔哈赤见袁崇焕誓死不降,亲自指挥攻打宁远城。战车、骑兵、步兵铺天盖地,向宁远压来。袁崇焕指挥城上的大炮待后金兵冲至城下时一齐开炮,随着一声声巨响,后金兵成片倒地,连专门对付明军火器的栝车也被炸得粉碎。强攻失败了,后金兵又躲在加了厚板遮蔽的战车下靠近城墙,想凿洞进城。宁远的城墙本来就修筑得特别厚实坚固,又加上天寒地冻,凿城的进度很慢。袁崇焕又命令将全城贡献的被褥一卷卷扔下城墙,后金兵不知其中厉害,你抢我夺。正在这时,明军投下的火把点燃了裹在被褥中的火药,霎时间烧成一片,不少凿城的后金兵葬身火海。

努尔哈赤指挥后金军队整整攻了三天三夜,部下死伤无数,他自己也负了伤,但宁远城依然固若金汤。努尔哈赤不得不率军撤回沈阳。

宁远战败给努尔哈赤造成了巨大的精神创伤,数十年征战所向披靡,今日输给一个后生小辈,岂非天数耶!这时,努尔哈赤在辽沈地区长期实行狂暴残杀,压迫异族的政策,开始导致后金社会的不景气,宁远兵败又使民心涣散,兵将谈袁色变。蒙古,朝鲜也调整了亲附后金的政策,重新与明朝交好。面对这一切,努尔哈赤一直忧郁不安,严重地损伤了他的身体健康。

力排众议迁都沈阳

在统一女真各部的过程中,努尔哈赤随着战争的推进和自己势力的扩展,曾几建都城、宫室,这实际上成为努尔哈赤创建后金政权进程的标志。第一座都城名费阿拉,建于呼兰哈达冈,时间是在起兵不久的万历十五年(1587)。据《皇清开国方略》载:"丁亥春正月,筑城呼兰哈达南冈,尼堪外兰即伏诛。太祖乃于呼兰哈达之南,嘉哈河硕里口两界中平冈筑城三层,建宫室。"费阿拉城虽名曰城,但因努尔哈赤所统女真部尚处于奴隶社会末期,技术落后,物资匮乏,所筑城墙,仅石块夹土木夯成。一个去过建州的朝鲜人曾对该城做过一番描述:"无雉堞、射台、隔台、壕子","外城门以木板为之,又无锁钥。门闭后,以木横张,如我国将军木之制。上设敌楼,盖之以草。内城门与外城同,而无门楼。……内城之筑亦同外城而有雉堞与隔台。自东门过南门至西门,城上设堠望板屋而无上盖,设梯上下。"

这座都城虽然原始,但在努尔哈赤统一女真各部的过程中,却起过举足轻重的作用。努尔哈赤首次在这里宣布"定国政",始称"女真国淑勒(即汉语聪睿之意)贝勒"。"国政"的主要内容有三:一是禁止作乱,即禁止奴隶对家主造反,以维护现存秩序;二是禁止欺诈,即要求奴隶忠于家主;三是严禁盗窃,保护家主的私有财产。这次定国政,使女真各部第一次有了法治条文,从而强化了努尔哈赤对女真各部的统治秩序,确保并推进了他统一建州大政方针的贯彻。可以说,费阿拉城的建立,是女真民族从原始部落时期跨入文明社会的分界,也是这个民族诞生国家的标志,同时还是努尔哈赤成为女真奴隶主专政的第一位君主的开始。

在建立费阿拉城后近 20 年间，努尔哈赤统一了建州女真各部，吞并了海西女真的哈达部，大大扩展了自己的势力。万历三十一年（1603），努尔哈赤将都城迁至赫图阿拉。赫图阿拉距费阿拉不过一二十里，本是努尔哈赤始祖猛哥帖木儿所建之城。努尔哈赤迁都后，对原城进行了改建。首先是增加了一圈长达十里的圆角方形外城。城墙的筑法，与费阿拉城相同，仍无女墙、敌楼，依然是石块夹土木夯成。努尔哈赤在赫图阿拉所做的最重大的决策，是于万历四十四年（1616）建后金国并登汗位。自迁入赫图阿拉城之后，他曾以所向披靡之势，吞并了辉发、乌拉二部，又沉重地打击了强大的叶赫部，努尔哈赤本人的称谓，也从女真国淑勒贝勒、聪睿恭敬汗……发展到了"大英明汗"。他所辖的地域大大扩展，丁口成倍增加。当年小小的一支建州女真部族，已称雄于白山黑水之间。一个新兴起的国家已经初步建立。努尔哈赤及其属下认为有必要在国家和汗的称谓上进一步升级了。据《满文老档》载，八旗贝勒大臣特为此举行了联席会议，认为国家多亏了有汗的英明睿智，才得以安享康泰，否则不知要遭受多少苦难。他们一致要求为汗敬上尊号。努尔哈赤接受了臣下的建议，于万历四十四年（1616）的正月初一隆重举行了上尊号仪式。四大贝勒代善、阿敏、莽古尔泰、皇太极及八旗的贝勒大臣肃立在金銮殿的四面四隅。努尔哈赤升座后，八旗的八位大臣从队列中走出，向汗跪呈表章。额尔德尼接表宣读，歌颂了汗的英明和恩德，为汗上尊号为"天任命的抚育诸国的英明汗"，《清实录》记为"抚育列国英明皇帝"。努尔哈赤降座，焚香告天，率诸贝勒大臣行三叩首礼，复升座，诸贝勒率各旗行庆贺礼。国号称"金"（史称"后金"），年号为"天命"，以本年为天命元年。

建国定都后，努尔哈赤的统一大业一直处于蒸蒸日上的状态，疆域也不断向南扩充；都城也根据战局的变化，经过几番迁移。先是于天命三年（1618）以对明朝有"七大恨"为由，誓师伐明，并很快占了抚顺诸城。后在邻近明国之处筑界藩城；天命五年（1620），又迁至抚顺附近的萨尔浒。都城虽迁徙至此，但努尔哈赤并未做在萨尔浒长期安居的打算。证徙完全是为了战争的需要，都城的设置也就十分简单，仅因地制宜，建成不规则的土石夹筑城墙。天命四年（1619），萨尔浒之战根本改变了明金关系，使后金转守为攻。迁都萨尔浒，则进一步巩固和扩大了后金在这一地区的势力。迁都第二年，努尔哈赤又连续攻克了辽阳和沈阳，将辽河以东的广大地区全部纳入后金统辖之下。

形势的变化，使努尔哈赤强烈感到，萨尔浒作为临时都城已不适应，有必要将都城南徙。他提出"辽阳乃天赐我者，可迁居于此耶？抑仍还本国耶？"令群臣讨论。诸贝勒等并没有意识到后金正处于一个重要的发展阶段，仍然习惯地以为，攻下某个城池，抢掠完毕，就应携人畜币帛返回故里。努尔哈赤以他的远见卓识，尖锐地驳斥了他们的意见："若我兵还，辽阳必复固守。凡城堡之民逃散于山谷者，俱遗之矣。弃所得之疆土而还国，必复烦征讨。且此处乃大明、朝鲜、蒙古三国之中要地，可居天与之地。"由于努尔哈赤的高瞻远瞩以及他无可动摇的权威地位，后金国决定将都城迁至辽阳，并于是年在太子河畔兴建辽阳新城，称为东京。

新建的东京，已经远非赫图阿拉、萨尔浒等前几个都城可比，其布局和建筑，充分反映了当时后金的传统文化正向汉文化过渡的某些特点。首先是城墙已由原来的石块、夯土夹椽木的土城变为青砖夹夯土的砖城，城上建有固定的敌楼，城外开凿了引太子河水的护城河。其次，皇宫由青砖瓦房改进为琉璃瓦顶八角殿。寝宫也已脱离了当年政寝不分的格局,建在八角殿西的全城最高处。这种喜爱绿色以及喜住高台的特点,都反映了后金人留恋并试图保持当年居住费阿拉、赫图阿拉山城时生活方式的心理特点。其三,东京城内的居民成分,也有了很大变化,除了原来的达官贵人、八旗兵丁外,手工业工匠的种类大为增多,在城南又新迁入不少商人。一时辽阳新城出现了不少酒肆店铺,使新都东京显得相当繁华。

三年之后,努尔哈赤再次决定迁都。此次是从东京迁至沈阳。努尔哈赤也一如既往,又一次以他的远见卓识说服了大家。他说:"沈阳,四通八达之处。西征大明,从都尔弼渡辽河,路直且近;北征蒙古,二三日可至。南征朝鲜,自清河路可进。沈阳浑河通苏克素护河,于苏克素护河上流水伐木,顺流而下,材木不可胜用;出游打猎,山近兽多,且河中之利,亦可兼收矣。吾筹虑已定,故欲迁都,汝等何故不从?"迁都沈阳一举,又揭开了后金国历史上新的一页。

八旗军攻陷沈、辽后,占据辽东,进兵辽西,所向披靡,十分顺利。但是,努尔哈赤实行了两项有失民心的政策:一是命令汉人剃发,二是强令汉人迁移。先是金初女真进占汉人居住区后,并未以汉人剃发作为降服的标志。天命汗努尔哈赤占领辽东后,强迫汉人剃发,引起镇江(今辽宁省丹东市境)等地汉民的反抗,辽东汉民成千上万地遭到屠杀。后多尔衮在关内强行剃发易服之策,造成了一场民族的大悲剧。先是建州兵每攻破一部,即毁其城而迁其民。对迁来的部民,编丁入旗,均作安置。而努尔哈赤占领广宁后,强迫辽西的汉民背井离乡,扶老携幼,哭声震野,迁往辽东。努尔哈赤下令在辽海地区实行"按丁授田",即将汉民农田,以所谓"无主之田"为名,加以没收,分给八旗官兵。这种做法,虽给移居辽东地区的广大八旗官兵以田地,但对辽东众多汉民自耕农无疑是一种剥夺。后多尔衮率清军入关,沿袭乃父遗策,在京师占房,在京畿圈地。前述辽西汉民东迁后,无亲无友,无房无粮,命大户同大家合,小户同小家合,"房合住,粮合吃,田合耕"。实际上,大量迁居的汉民,耕无田,住无房,寒无衣,食无粮。他们"连年苦累不堪",生活甚为悲惨。同时又命令清查粮食,申报存粮,按口定量,不许私卖。辽东汉民地区为自给自足的自然经济,房、田、粮是他们最基本的生存手段。努尔哈赤在这三项关系汉民生计的重大问题上,举措轻率,严重失误,造成社会动荡。

一柄割鹿刀留给谁

努尔哈赤在统一女真各部的过程中,创建了"兵民合一"的八旗制度,八旗以努尔哈赤为最高统帅,各旗旗主均由努尔哈赤的亲信子侄担任,他们必须服从于努尔哈赤的统一指挥和调遣,这是努尔哈赤建立后金政权的重要因素。但是,各个旗主政治上平等,经济上独立,而且每个人都拥有很大的特权,他们都"各置官属,各有人民",旗下人奉旗主为主,这使后金政权内部不可避免地形成了八个独立的军政集团。八旗制的这些弊病,为以后八旗内部各旗旗主争夺汗位的斗争留下了隐患。

后金是满洲贵族建立的,满洲贵族的皇位继承没有先例可循。天命汗努尔哈赤的汗位即皇位如何继承?

努尔哈赤在汗位继承上,经过三次大的斗争。

第一次是与弟弟舒尔哈齐。都说努尔哈赤为后来的大清三百年的江山事业打下了根基。其实,在努尔哈赤战场拼杀、艰难创业的背后,还有一位对大清王朝立下赫赫功劳的人物,那就是他的亲弟弟舒尔哈齐。1583 年,努尔哈赤的祖父和父亲被明军误杀,努尔哈赤继承了父祖的职位,统领建州左卫都指挥,还受封敕书、马匹。当时的努尔哈赤 25 岁,舒尔哈齐 20 岁。兄弟俩为报杀父杀祖之仇,秣马厉兵,不出几年,在建州就异军突起,不但让周围女真各酋刮目相看,就连明朝和周边的朝鲜也都知道这兄弟二人习兵多智,志向不小。当时明朝政府得到情报说,努尔哈赤自称为王,其弟自称大将,立志要"报仇中原"。明朝当政对兄弟二人采取诱导的政策,高官厚禄,努尔哈赤晋升都督,加龙虎将军衔,舒尔哈齐也被明廷授予副都督,所以在建州内部人称舒尔哈齐为"二都督"。当时,凡军机大事,努尔哈赤兄弟二人密议,决定之后,雷厉风行,竟无一人了解内幕。但是到了万历三十九年(1611)建州女真统一内部,灭掉了海西女真哈达、叶赫二部,有精兵劲卒数万,虎视辽东,窥探中原,有帝王之势的时候,舒尔哈齐却突然去世了,据《清实录》所记,万历三十九年(1611)舒尔哈齐"薨,年四十八岁"。在日后清朝的官修史书中,舒尔哈齐对清王朝的丰功伟绩无从追寻。

舒尔哈齐是如何死的呢? 当时明朝方面的记载则是"奴酋忌其弟舒尔哈齐兵强,计杀之"。"努尔哈赤杀其弟舒尔哈齐,并其兵。"明代黄道周更是详细描述了这场骨肉相残的悲剧:"酋疑弟二心,佯营壮第一区,落成置酒,招弟饮会,入于寝室,锒铛之,注铁键其户,仅容二穴,通饮食,出便溺。弟有二名裨以勇闻,酋恨其佐弟,假弟令召入宅,腰斩之。"万历三十七年(1609)三月间,努尔哈赤以舒尔哈齐图谋自立为理由,杀舒尔哈齐一子及一僚属,削夺了他所领的军民,两年后,舒尔哈齐死去。

究竟是什么原因使得最为亲密的兄弟两人同室操戈,骨肉相残? 其中当然是有权力之争的缘故。和努尔哈赤一样,舒尔哈齐也是明朝廷任命的管理建州女真的官员,又有自己掌控的兵马,如果他能听从兄长的指挥,自然和他相安无事,但舒尔哈齐偏偏又是高傲难制的人,处处要和兄长分庭抗礼比个高低,兄弟之间难免矛盾重重。虽然他不及其兄兵强马壮,舒尔哈齐还是决心离开兄长。对努尔哈赤来说,舒尔哈齐的独立完全是在自己身边又树立一个敌人,由此努尔哈赤起了杀心。关于这场内部的残杀,有人指出这不单是权力的争夺,而是一场"叛明"和"拥明"的斗争,明朝政府很注意扶持舒尔哈齐来削弱努尔哈赤的独立势力,于是重建了建州右卫。新设右卫的住址位于辽宁铁岭的东南。这样看来,清太祖杀弟的疑案牵扯的问题还涉及很多方面,一时难以完全澄清。

清初的诸王冤案后来有不少得到了清后帝的平反,唯没有给舒尔哈齐昭雪,一方面是因为努尔哈赤的子孙们不愿承认其祖有杀弟的恶名;另一方面,在清后帝看来,努尔哈赤杀弟也是出于维护大清基业的目的,因此不能推翻太祖首定的铁案。舒尔哈齐之子济尔哈朗被封郑亲王,一直到清朝末年,舒尔哈齐子孙世代袭爵,即俗称"铁帽子王"。这一点,也可以说是清皇室对舒尔哈齐为大清帝业开创之功的酬赏。

第二次是与长子褚英的斗争。受汉族文化的影响,努尔哈赤曾一度把长子褚英立为嗣子,让褚英主持全国政务,以便培养他政治的能力。但褚英为人心胸褊狭,在诸贝勒大臣面前表现得十分专横跋扈,不能容人,他强迫他的弟弟们必须听他的话,不许将他说过的话告诉父汗努尔哈赤;他还到处扬言:凡与自己不和的弟弟和大臣,等他即汗位之后,均一律处死。褚英的这些行为被揭发以后,调查属实,努尔哈赤非常气愤,立褚英为嗣子的思想彻底动摇了。可是褚英并没有引以为戒,反而变本加厉,更加仇恨努尔哈赤和揭发他的大臣及贝勒,并勾结私党,进行各种阴谋活动。他暗地对天诅咒其父,把努尔哈赤和贝勒大臣的名字写在纸上,求天地显灵,让他们速死,然后把纸对天焚烧。努尔哈赤知道以后,一气之下,将褚英囚禁起来,并于万历四十三年(1615)闰八月,将他处死。

第三次是与次子代善的斗争。褚英死后不久,努尔哈赤于天命元年(1616)建立后金政权的同时,特封次子代善、侄子阿敏、第五子莽古尔泰和第八子皇太极为四大贝勒,国家政务均由他们四个人共同佐理,特别是其中的大贝勒代善,在诸子中居长,佐政多年也没有什么大的差错,所以,到天命五年(1620)初,努尔哈赤决定立代善为汗位继承人,对诸贝勒大臣说:"待我死后,要将我的幼子等及大福晋,托大阿哥照顾抚养。"这里说的大阿哥就是指的代善,大福晋即乌拉那拉氏阿巴亥。

可是,就在代善的嗣汗地位确立后不久,接连发生了几件出人意料的事情。

天命五年(1620)三月,努尔哈赤的庶妃代因扎出面揭发代善与继母大福晋之间的暧昧关系,她说:"大福晋(即阿巴亥)以酒食与大贝勒(即代善)者二,大贝勒皆受而食之;以与四贝勒(皇太极)者一,四贝勒受而未食。且大福晋日必二三次遣人诣大贝勒家,而大福晋深夜私自出宫亦已二三次矣,似此迹近非礼,宜察之。"努尔哈赤在调查此事中,又有大臣揭发说:"汗宫内,不论是贝勒大臣宴会,还是相聚议事时,大福晋总是饰以金银、东珠,眼睛老是看着大贝勒。"当时,努尔哈赤虽然十分愤恨大妃,曾一度要将她处死,但害怕家丑外扬,面子上不好看,更怕大妃幼小的孩子无人抚养,也不愿在这件事情上与代善闹僵,最后以大妃私匿财物为名,"离弃大福晋,废之"。这里有个值得注意的问题,为什么一个普通的小妃子代因扎,竟敢如此大胆地揭发备受宠爱的大妃和刚刚确立的汗位继承人呢? 显然是实力雄厚,又有争立之心的皇子在背后捣鬼。皇太极清楚地知道:在努尔哈赤的诸子中,有资格继承汗位的除代善之外,还有第五子莽古尔泰、第十子德格类、第十二子阿济格、第十四子多尔衮、第十五子多铎和第八子皇太极自己。他们之中的莽古尔泰和德格类二人,性情粗暴,不为人拥护,不久前其生母继妃富察氏,曾因得罪努尔哈赤被赐死,这也直接影响了二人的政治声望,不可能立为嗣汗;阿济格,多尔衮和多铎三人,均为努尔哈赤最宠的大妃乌拉那拉氏阿巴亥所生,特别是多尔衮和多铎二人,备受努尔哈赤的喜爱,但他们年龄尚小,政治上极不成熟,在诸子和大臣中也没什么威信,不论是谁,若立为嗣汗,努尔哈赤一时还下不了这个决心。所以,代善是皇太极争夺嗣汗地位的政敌,只有战胜代善,才有可能成为未来汗位的继承人。

代善佐政多年,在八旗中,他和他的儿子岳托各领一旗,实力很强。又加褚英死后他居长,要把他搞下去的确是一件不容易的事,皇太极再三考虑,觉得最好的办法就是离间努尔哈赤与代善的关系。可是干这种事,皇太极不宜自己出面,最好是让努尔哈赤的妃子出面揭发,给人以"争风吃醋"的感觉,实际上是要达到打在大妃身上,而危及代善声望的目的。事情的发展也正是如此,代善在此事发生以后,威望扫地,完全失掉了努尔哈赤的信任。当然,皇太极的政治地位便自然而然地提高了。

此事处理后不久,同年九月又发生了另外一件事。努尔哈赤在调查代善次子硕托和阿敏之弟齐桑古二人企图逃亡投明未遂的事件时,发现代善听信后妻谗言,向来虐待前妻生的已经长大了的两个儿子岳托和硕托,并要亲手杀死硕托,才使硕托逃跑。当时,努尔哈赤愤怒地对代善说:"你也是前妻的儿子,何不想想我不是对你更亲近吗?怎的被后妻的口舌蒙蔽,虐待长大成人的儿子? 何况我之待你是特选良好的部民让你专管,你为什么不像我一般将优良的家臣赐给岳托、硕托呢? 你是被妻欺压而把卤劣的领民给年长的儿子,善良的领民归自己和让现在妻所生的年轻儿子专管吧!"(冈田

图文珍藏版

英弘《清太宗即位考实》)同时，又有莽古尔泰揭发说："我辈诸弟、诸子及国内诸大臣都怕兄嫂。"（同上）努尔哈赤弄清楚事实真相以后，又斥责代善说："像你这样的人如何够资格当一国之君？"随即废除代善的嗣汗地位，并夺其所领之民。

代善在不得已的情况下，于九月二十八日杀死后妻，到努尔哈赤面前请罪，并对天发誓说："不恪守父亲的教训，不听信三位弟弟……之忠言，误从妻谗，以致丧失父亲托付于我之大权，我乃手刃恶毒。一若我之鄙劣，多犯过错，罪当该杀，日后如果还存以非为是、以恶为善之心，还抱着怨恨与敌意的话，甘愿受天谴地罚，不得善终。"誓罢，写下誓言对天焚化。代善这样做的结果，在很大程度上取得了努尔哈赤的谅解，虽然废除了他的嗣汗地位，但仍保留他大贝勒的封爵和正红旗旗主的地位，而且，努尔哈赤也决定不再为后金汗位立继承人，改用八和硕贝勒共同治政的制度。此后不久，大妃与代善的暧昧关系问题也基本上弄清楚了，终因没什么大的差错，大妃得以复位，代善的地位也有所改善。天命七年（1622）三月，努尔哈赤就汗位继承人问题指出："继承父为国主时，不要立强有力的人为主，如果强有力的人为国主时，仗恃他的力为主，恐怕天以为非。一人有些见识能及众人的共议吗？如果八王共同商议，就没有失败。推举

《福陵图》

不拒绝你们八王话的人，继承你们的父为国主，如不听你们的话，不行正道，你们八王就更换你们立的汗，拥立不拒绝你们的话的好人。"这里，努尔哈赤明确指出，未来的国主（汗）要八和硕贝勒共同推选。这种推选汗王的方法，在当时的情况下，为皇太极得即汗位创造了有利的条件。

天命十一年（1626）正月，努尔哈赤在宁远战役中失败，身染重病，同年七月在清河汤泉疗养时病情恶化，八月十一日死在离沈阳四十里的瑷鸡堡，时年68岁。死前曾派人召大妃乌拉那拉氏来见。据《清实录》记载，努尔哈赤曾留有遗诏让大妃殉死，日本传抄的《三朝实录》对当时的情景是这样记载的："先是孝慈皇后崩，后立乌拉国满泰大贝勒女为大福晋。大福晋美丰仪而心未纯善，常拂上意，虽有机巧，皆为上英明所制，上知之，恐其后为乱于国，预以书遗诸贝勒曰：'我身后必令之殉。'诸贝勒以遗令告大福晋，大福晋不欲以死，语支吾，诸贝勒坚请之，大福晋遂服礼服，饰以金玉、珠翠、珍宝之物，因涕泣谓诸贝勒曰：'吾年十二事先帝，丰衣美食二十六年，何忍离也，但吾二幼子，多尔衮、多铎，幸恩养之。'大福晋于辛亥辰刻以身殉焉，年三十有七，与上同槻。"（《清列朝后妃传稿》）大妃的殉死，对皇太极的即位和以后的统治好处很大。第一，继天命五年（1620）整治大妃的事件以后，继续打击代善的势力，扫除即位道路上的一切障碍；第二，几年来，大妃的三个儿子都已长大，均为八旗旗主，如果再有大妃的操纵，势力之大，后患之深，实为皇太极难容。因此就出现了迫使大妃殉葬之事。与大妃同时殉死的还有当初了解内情的庶妃代因扎和另一庶妃阿济根。

经过这番较量，皇太极的地位相当巩固，继汗位的呼声也最高，终于天命十一年（1626）九月初一"嗣父皇以登大位"，改明年为天聪元年。

清太宗皇太极

人物档案

生卒年:1592~1643年

父母:父,太祖努尔哈赤;母,皇后叶赫纳喇氏

后妃:皇后博尔济吉特氏、宸妃、庄妃等

年号:天聪,崇德

在位时间:1626~1643年

谥号:文皇帝

庙号:太宗

陵寝:昭陵(沈阳北陵)

性格:心思缜密,善于谋略

名家评点:

皇太极建国号大清。从此,以满洲贵族为核心,蒙汉贵族、地主为辅助的联合政权结束了继承女真传统的后金时期,走上了取代明朝、统治全中国的道路。

——张岂之《中国历史》

太宗皇太极

明暗兼施,夺取汗位

爱新觉罗·皇太极,明万历二十年(1592)生,崇德八年即明崇祯十六年(1643)八月初九日卒,庙号太宗,谥号文皇帝,葬昭陵(今辽宁省沈阳市清东陵)。35岁登基,在位17年,享年52岁。皇太极为大清王朝夺取全国政权奠定了不可动摇的基础。

努尔哈赤34岁那年,皇太极出生,是努尔哈赤的第八个儿子,皇太极的生母是叶赫部贝勒杨佳的爱女。史载:那拉氏"庄敬聪慧,词气婉顺,得誉不喜,听毁不恶,不好诈谀,不信谗佞,不预外事,殚诚事上"。这段话可能夸张,但可以看出:那拉氏不仅长得美丽端庄,而且性格温柔婉顺,言辞举止,能识大体。由于叶赫同建州两部落长期的敌对关系,那拉氏处于一种尴尬的境地,但她与努尔哈赤情深意笃。史载:那拉氏去世后,"上深悼之,不饮酒茹荤者逾月"。

年幼丧母的皇太极聪颖过人,"一听不忘,一见即识"。他常随父兄外出狩猎,娴熟鞍马,弯弓射箭,驰骋山林。在少年时,受父之命,管理家务。文献记载:"委以一切家政,不烦指示,既能赞理,巨细悉当。"年长后,皇太极跟随努尔哈赤四处征战,勇力绝伦,颇有战功。天命元年,努尔哈赤称汗,设宗室显贵为四和硕贝勒。皇太极以大贝勒位居父汗之下、众贝勒大臣之上,与代善、阿敏、莽古尔泰合称"四大贝勒"。当时比皇太极年长的还有三兄阿拜、四兄汤古代、六兄塔拜和七兄阿巴泰,都没有列于四大贝勒,可见皇太极在父汗努尔哈赤心目中的重要地位。这年皇太极24岁。

皇太极在四大贝勒中,座次和年齿均列第四,为何独能登上后金国汗的宝座?二贝勒阿敏是其堂兄,其父因罪被囚禁忧郁而死,自己也犯下大过,自然没有资格、也没

有条件争夺汗位继承权。三贝勒莽古尔泰是其五兄,有勇无谋,生性鲁莽,军力较弱,曾亲弑生母,可做统兵大将,不能做一国之君,更没有条件争夺汗位。只有代善有资格、也有条件继承汗位。皇太极借大福晋同大贝勒难以说清道明的"隐私",施一箭双雕之计:即使大福晋遭到猜疑,又使大贝勒声名狼藉。但是,皇太极与代善有着双重性的关系——既是兄弟,又是政敌。所以,皇太极对代善采取双重性的策略——既暗打,又明拉。这种双重性的策略,不失兄弟之睦谊,又得夺位之实利。

努尔哈赤晚年鉴于汗位继承问题的困惑和烦恼,抛弃皇储指定制,宣布《汗谕》:实行八和硕贝勒共议制——推举新汗和废黜大汗。努尔哈赤死后,关于汗位的明争暗夺,主要在庙堂之外进行。当时在诸贝勒中,以代善、阿敏、莽古尔泰、皇太极四大贝勒的权势最大,地位最高。皇太极在四大贝勒中取得汗位的可能性最大,但又不便自己说出。所以,新汗的推举议商,就在庙堂之外进行。最先,大贝勒代善的儿子贝勒岳托、萨哈廉商议,商请皇太极继承汗位。他们兄弟二人到其父代善的住所,说:"国不可以一日无主,应当早定立汗大计。四贝勒(皇太极)才德冠世,深得先帝之心,众皆悦服,当速继大位。"代善说:"这是我的夙愿!你们所说,天人允协,谁不赞同。"这样,父子三人议定。第二天,诸王、贝勒、贝子聚于朝。代善将他们的意见告诉二贝勒阿敏、三贝勒莽古尔泰及诸贝勒。没有发生争议,就取得共识。于是拟定表文,合辞共请,皇太极就登上后金新汗的宝座。

皇太极顺利继汗位是代善集团的大力支持的结果,当然更是皇太极幕后活动的结果。代善是军功集团中首屈一指的人物。他的地位仅次于父汗努尔哈赤,而实力儿乎与父汗相同,也据有两旗。努尔哈赤一死,如由代善继位,诸贝勒不敢公开反对。而其他三大贝勒则都不具备这一优势。老谋深算的皇太极对此当然了然于胸。深知自己如果想继承汗位,没有代善的支持是万万不行的。而能对代善施加影响的人,莫过于岳托和萨哈廉兄弟。

岳托、萨哈廉在后金诸贝勒中,完全称得上是出类拔萃之辈,文武全才,屡立军功,尤其岳托是代善的长子,努尔哈赤之嫡孙,其地位与实力远远超出一般亲贵之上,是"四小贝勒"中有影响的人物,且是"执政贝勒"之一。他早在代善失势时,就投向了皇太极,成为皇太极的心腹势力。

皇太极通过岳托和萨哈廉争取到代善的支持,就基本上铺平了通向汗位的道路了。而在诸贝勒任置新汗的朝会上,济尔哈朗、德格类早已是皇太极的党羽,豪格是皇太极的儿子,当然同意皇太极,硕托、杜度、阿巴泰也不会反对,阿敏和莽古尔泰已被代善说服,阿济格、多尔衮、多铎虽然心中不同意皇太极继位,可又难于启齿反对。这样一来,皇太极便稳操胜券了。

八和硕贝勒及执政贝勒共同提名皇太极继汗位,皇太极却又故作谦逊,"辞曰:'皇考无立我为君之命,我宁不畏皇考乎?且舍诸兄而嗣位,我又畏上天。况嗣大位为君,则上敬诸兄,下爱子弟,国政必勤理,赏罚必悉当,爱养百姓,举行善政,其事诚难,吾凉德,惧不可负荷也!'"他一辞再辞三辞,坚不继汗位。

皇太极这番话貌似谦恭,实则是向阿济格、多尔衮、多铎施加重压,向阿敏、莽古尔泰讨好。一张口,就把阿济格,多尔衮、多铎三兄弟排出了。因为"皇考无立我为君之命"是众人皆知之事,同样,也无立阿济格,多尔衮、多铎为君之命,这也是众人皆知之事,皇太极接着便提出,自己不应该舍诸兄而嗣位。这无疑是在抚慰阿敏和莽古尔泰,因为代善已无意继位,所以皇太极向阿敏、莽古尔泰故作谦让之态,不过是送空头人情罢了。短短的两句话，起到了一箭双雕的作用。既封住了阿敏、莽古尔泰的嘴，又堵住了阿济格、多尔衮、多铎通向汗位的路。至于下面提出为君的几项条件，则大有非我莫属之势了。虽然一再声称自己凉德，不可负荷，可是对皇太极的治国才干，众人早就有定论了，就连曾排挤过他的诸贝勒、大臣们，也不能不佩服，不能不自叹弗如。

因此之故，尽管皇太极欲擒故纵，"辞至再三"，三大贝勒及诸贝勒曰："国岂可无君，众议已定，请勿固辞。"皇太极还是不从，"自卯至申，众坚请不已，然后从之。"

皇太极彻底战胜了对手，登上了汗位。

稳定政局，加强集权

皇太极即汗位的第二天，为了控制政局，稳定人心，他亲率代善等大小贝勒 14 人向天地发誓说："皇太极谨告于皇天后土，今我诸兄弟子侄，以家国人民之重推我为君。敬绍皇考之业，钦承皇考之心。我若不敬恭，遂削夺皇考所予户口，或贬或诛，天地鉴谴，夺其寿算。"皇太极的誓词，中心内容是敬兄长，爱子侄，行正道、不随意、不轻易处罚兄弟子侄。实际上是对君权的限制，对以八和硕贝勒为首的诸贝勒权益的保护。这充分表明，后金国君不具绝对权威，而是以八旗诸贝勒的集体权威代替国君的个人专制。这点与明王朝及历史上的各姓封建王朝是有明显区别的。接着，代善、阿敏、莽古尔泰三个大贝勒和阿巴泰、德格类、济尔哈朗、阿济格、多尔衮、多铎、杜度、岳托、硕托、萨哈廉和豪格等诸贝勒也都对天发了誓，中心内容是"忠心事上"。尽管强调臣下尽忠国君，与汉族封建王朝对臣下要求相符契，但是，对臣子的规范还要靠上天来保证，则明显透露出国君尚不具备至高无上的权力与地位。

皇太极又向三大贝勒行三拜大礼，宣称以后对他们不以臣礼相待，而以兄礼事之，规定四人同时面南而坐受朝，共听国政。

但是，这只是开始阶段，是皇太极为了安抚强势采取的低姿态。随着满洲势力的发展，现实需要的是政权的高度集中。皇太极为了巩固自己的统治地位，把矛头直接指向了资历权势能与他相抗衡的三大贝勒。首先，创建旗务大臣制度。八旗中的各旗都设总管旗务大臣一人，称总管旗务八大臣（又称八固山额真）。总管旗务大臣有权总理本旗一切事务，并与诸贝勒一起参与议政国事，"出猎行师，议定启奏，各领本旗兵行，凡国中大小事，皆听稽查。"另外，每旗再设佐管旗务大臣两人（八旗共 16 人），"佐理国政，审断狱讼"，不出兵驻防。若出兵驻防时，每旗再增设调遣大臣两人（八旗共 16 人），"以时调遣，仍审理词讼"。这些官职的增设，使各旗旗主诸王贝勒的权力分散，削弱了他们在本旗中所享有的操纵一切的特权，从而保证了皇太极的集权统治。其次，废除四大贝勒按月分值制度。早在天命六年（1621）二月，努尔哈赤就命代善、阿敏、莽古尔泰和皇太极四个大贝勒按月轮流分值，国中一切机务，均由值月贝勒掌理。皇太极即位以后，仍照常实行这种制度，直到天聪三年（1629），皇太极以"向因值月之故，一切机务辄烦诸兄经理"，负担太重为由，正式宣布废除这个制度，一切军国政务，"嗣后可令弟侄辈代之"。这样名义上是减轻诸兄的负担，而实际上这些弟侄辈遇事当然不敢做主，必然均由皇太极一人处理和裁决。从此就彻底解除了三大贝勒掌理国中机务的权力，大权都集中到皇太极一人之手。

皇太极要集权，先找二贝勒阿敏开刀。阿敏被皇太极抓住几件事：一件是，阿敏说过"此生有何可恋，不如一死"，又说过"我与诸贝勒议立尔为主，尔即位后使我出居外藩可也"。这说明阿敏不但认为自身没有前途,而且预感到危若朝露。皇太极听到阿敏上述言论后,非常气愤。另一件是,天聪元年(1627),皇太极命阿敏率军攻打朝鲜。阿敏统军直下平壤,朝鲜国王退避江华岛。这时后金军众贝勒发生分歧:阿敏主张攻占王京(今首尔),贝勒岳托等则主张同朝鲜国王定盟回师。皇太极对此事也很气愤,认为阿敏有野心,想留居朝鲜。再一件是,天聪三年(1629),皇太极亲自率军攻打北京城。因北京城坚池深,严兵防守,又有袁崇焕拼死抵抗,皇太极退兵,派阿敏驻守永平等四城。阿敏等驻守这四座孤城,受到明军四面围打。不久,阿敏率师退回沈阳。皇太极借此进行总清算:宣布阿敏共十六大罪状,将其幽禁,夺其财产和属人。后阿敏忧愤死于幽所,终年54岁。皇太极同阿敏的矛盾,从根本上说还是汗位的争夺问题。在这场斗争中,皇太极除掉一个心腹之患,汗权更加巩固。

莽古尔泰是皇太极的五兄,为正蓝旗的旗主贝勒。皇太极登上汗位并除掉阿敏之后,便将打击的目标集中到了莽古尔泰身上。事情的导火线是,在天聪五年(1631)后金与明朝大凌河之战中,兄弟二人发生冲突。明朝虎将祖大寿驻守大凌河城,皇太极派莽古尔泰率正蓝旗军从南面攻城,遭到城上炮火的猛轰,死伤惨重。莽古尔泰请调整兵力,皇太极不允。莽古尔泰大怒道:"奈何独与我为难? 是欲(借刀)杀我耶!"边说边用所佩刀柄示意。他的胞弟德格类用拳打他,并将他推出帐外。皇太极怒道:"古人云:'操刀必割,执斧必伐。'彼引佩刀,其意何为?"于是,皇太极与莽古尔泰兄弟二人的矛盾激化。第二年,莽古尔泰"以暴疾卒",年46岁。接着,皇太极借正蓝旗额真等给莽古尔泰上坟为由,"命众人唾其面",先羞辱,后罢之;对莽古尔泰福晋(夫人),"命诸福晋往辱訾之",先训斥,后辱骂。其弟德格类贝勒连带受罚,后"中暴疾不能言而死"。不久皇太极命将莽古尔泰之妹莽古济、莽古尔泰之子额必伦处死。事情还没有完结。根据朝鲜史料记载,后来皇太极将莽古尔泰的三个儿子也都杀死,还杀正蓝旗官兵千余人。

不无柔懦的代善,也没逃过皇太极的排挤。天聪五年(1631),李伯龙奏请改变"朝见不论旗号,惟以年龄为序"的旧例,纠正"朝贺时每有逾越班次,不辨官职大小随意排列者"的现象,"请酌定仪制"时,"诸贝勒因言:'莽古尔泰不当与上并坐。'"皇太极因势利导,将李伯龙的奏议及诸贝勒的提议,一并交付代善,命他与诸贝勒"共议"。在政治舞台上有过教训的代善,立即领会了皇太极的意图,共议时首先表态:"我等奉上居大位,又与上并列而坐,甚为此心所安! 自今以后,上南面居中坐,我与莽古尔泰侍坐于侧,外国蒙古诸贝勒坐于我等之下,方为允协。"参与共议的贝勒们众口一词地同意代善的发言,当下做出决议,上报皇太极。此议正中皇太极下怀,立即照准,天聪六年(1632)正月初一日,接受众臣朝贺时,按新规定的礼仪,皇太极"始南面独坐"。代善与莽古尔泰在两旁"侍坐"。"南面独坐"结束了三大贝勒与皇太极共理国政的局面,又标志皇太极集大权于一身,中央集权制度的建立。代善几经打击,被迫处于唯命是从的状态。

至此,三大贝勒之名,实际上已不复存在了。经过上述残酷的骨肉相煎,皇太极终于稳定了宝座。

励精图治,剑指天下

皇太极励精图治,大力改革,在不到十年的时间里,女真族社会实现了飞跃发展,封建化迅速施行,后金政权由弱变强,国力雄厚,山海关外大部分土地已非明朝所有了。明朝赖以牵制后金的蒙古诸部及朝鲜李王朝,先后为后金所征服。朝鲜李朝向皇太极纳贡称臣,而蒙古诸部更甘为前驱,成了皇太极攻明的最得力的帮手,明朝以"西房制东夷"的政策全面破产了。

皇太极在天聪三年(1629)十一月发表的《告谕》中,对夺取全国政权说得清楚明白。《清皇太极实录》载述:"若谓我国褊小,不宜称帝,古之辽、金、元,俱自小国,而成帝业,亦曾禁其称帝耶!且尔朱太祖,昔曾为僧,赖天佑之,俾成帝业。岂有一姓受命,永久不移之理乎!天运循环,无往不复。有天子而废为匹夫者,亦有匹夫起而为天子者。此皆天意,非人之所能为也!上天既已佑我,尔明国乃使我去帝号,天其鉴之矣!"

天聪九年(1635),多尔衮率军远征蒙古察哈尔部时,得到蒙古的大宝"传国玉玺"。这里面有一个传说故事:据说这颗玺印,自汉传至元。元顺帝北逃时,将玉玺带在身边。他死之后,玉玺失落。200年后,一牧羊人放牧,见一只羊三天不吃草,而用蹄刨地。牧羊人心奇,挖开此地,得到玉玺。后玉玺到了林丹汗手中。林丹汗死后,由其子额哲收藏。苏泰太后及子额哲归顺后金时,将"制诰之宝"玉玺,献给天聪汗皇太极。

皇太极与后金统治集团欣喜若狂,"喜而不寐",认为这是天命所归。皇太极在筑坛拜天接受玉玺时,传谕左右曰:"此玉玺乃历代帝王所用之宝,天以畀联,信非偶然也!"八天之后,九月十四日,远在驻地的都元帅孔有德祝贺表章便抵沈阳,请皇太极"登九五之尊,而享天下之福"。总兵官耿仲明也上表盛称:"天赐玉玺,可见天心之默佑矣。惟愿正大统,以慰臣民之望。"一时间,请皇太极称帝的呼声此起彼伏。十月初一日,昂邦章京石廷柱率汉官生员等进贺表:"获镇国传世之宝,祯祥已见,历数将归。"

在拥戴声中,皇太极故作谦逊,宣称:"诸臣所言诚是,朕亦知上天眷佑,示以瑞兆,但虑朕才德凉薄,恐不能抚民图治,上答天心。自后当益加敬业,以祗承上天之宠命耳。"其词虽谦,但称帝之意已昭然若揭了。他还在接见朝鲜使臣时,"出所得蒙古察哈尔汗玉玺示之",向友邦传送准备称帝的信息。

十月十三日,皇太极下谕:"我国原有满洲、哈达、乌喇(乌拉)、叶赫、辉发等名,向者无知之人往往称为诸申。夫诸申之号乃席北超墨尔根之裔,实与我国无涉。我国建号满洲,统绪绵远,相传奕世。自今以后,一切人等,止称我国满洲原名,不得仍前妄称。"皇太极本着儒家"正名"的思想,改族名称满洲。

十二月二十一日,皇太极率诸贝勒大臣诣太祖陵,大造登基称帝的舆论。首先宣扬继汗位以来的武功,"自受命以来,征讨诸国,所在克捷,迩迩大小之邦罔不臣服",然后宣扬"得受命之征","历代帝王相传玉玺,久不知其所在,今已为我国得之,共称符瑞,谓得受命之征"。

七天之后,十二月二十八日,诸贝勒再次请皇太极尊号,皇太极仍坚辞不肯。管礼部贝勒萨哈廉"复令希福、刚林、罗硕、祁充格等奏言:'臣等屡次陈请,未蒙皇上俯鉴下忱,夙夜悚惶,罔知所措。伏思皇上不受尊号,其咎实在诸贝勒。诸贝勒不能自修其身,殚忠信以事上,展布嘉猷,为久大之图,徒劝皇上早正大号,是以皇上不肯轻受耳。如诸贝勒皆克殚忠荩,彼莽古尔泰、德格类辈,又何以犯上而作乱耶? 今诸贝勒宜誓图改行,竭忠辅国,以开太平之基,皇上始受尊号可也。"据此不难看出,皇太极之所以一而再再而三地拒绝诸贝勒恭上尊号之请,是因为对诸贝勒不放心,怀疑他们的忠诚。如今,由心腹萨哈廉指派智囊人物明确道出皇太极的隐忧,逼令诸贝勒宣誓效忠,皇太极立即表态:"贝勒萨哈廉开陈及此,实获我心。一则为朕深谋,一则欲喜承皇考开创之业。其应誓与否,尔身任礼部,当自主之。诸贝勒果誓图改行,彼时尊号之受与不受,朕当再思之。"

第二天,由贝勒萨哈廉出面,召集诸贝勒,说道:"吾等各宜誓图改行,以慰上意。"众贝勒当然满口答应,当下各自写下誓词,上报给皇太极。皇太极阅后,强调指出:"不必书从前并无悖逆事等语,但书自今以后,存心忠信,勉图职业,遇有大政大议,勿谋于闲散官员及微贱小人并其妻妾等,即以此言为誓。"众贝勒立即遵命更改了誓词内容,并焚香对天盟誓:"自今以后,若有二心于上……天地谴责,夺其寿算。若能竭力尽忠,当荷皇上洪慈,天地庇佑,寿命延长。"

四月十一日,皇太极祭告天地,"受宽温仁圣皇帝尊号,建国号曰大清,改元为崇德元年"之后,又拟定皇帝仪仗,共用270人;定宫殿名,中宫为清宁宫,东宫为关雎宫,西宫为麟趾宫,次东宫为衍庆宫,次西宫为永福宫;正殿为崇政殿,大门为大清门,大殿为笃恭殿。同时,大赏满洲、蒙古、汉人官员银两。

皇太极经过十年的惨淡经营,"克兴祖父基业,征服朝鲜,统一蒙古,更获玉玺,远拓边疆",以建州女真为核心,联合女真各部,建立起满洲这一统一的民族共同体;以满洲贵族为核心,联合汉族、蒙古及其他少数民族上层,建立起大清,不仅割据东北,而且与明朝争夺天下,为统治全中国的清王朝奠定了基础。

皇太极改国号的做法,具有远大的战略思想。第一,历史上女真族建立的金朝,对汉族的掠夺和压迫是极其残酷的,废去"金"的国号和"女真"族号,正是为了避免刺激汉族人的历史回忆,减少民族抵触情绪。第二,朱姓建立的明朝,按汉族的传统说法,其中的"朱""明"两字,均含有"火"之意,按传统五行相克的说法,"火"正克的是"金",这在明金争雄之际,于金不利;反之,将"金"改为"清",而汉字的"清"及"满洲"诸字,均有"水"字旁,包含着"水"灭"火"之意。在封建社会中,这种迷信的观念是不可疏忽的大问题,皇太极可能也了解到这一点。同时,也进一步说明了皇太极有争夺明朝天下的充分信心和远大抱负。皇太极既要率军进兵中原,统一华夏,就应化解历史积怨,更改族名和国名。然而,这是只能心领神会,不便公开言明的事情。当年为崇德元年即明崇祯九年(1636)。皇太极的年号崇德与朱由检的年号崇祯,其所崇尚者不同:前者崇尚德治,即重人事;后者崇尚祯祥,即重天事。

满汉一体,治国安民

皇太极登基数年之间,就纠正了努尔哈赤晚年所犯下的错误——强令迁民、分田占房、清查粮食、轻薄汉士、屠杀汉儒等不当治策,使得满洲军政事业有了新的发展。

恰当处理满汉关系,是皇太极政治上最大着眼点。满洲是少数民族,当时总人口不过数十万人;面对的汉人,辽东以百万计,全国则以万万计。因此,恰当处理满汉关系,是皇太极最重视的大事。努尔哈赤进入辽河平原以后,大量迁民,按丁编庄,清查粮食,强占田地,满汉合居,杀戮诸生,受到辽东汉民的反抗,自感处于汉人包围之中。皇太极继位之后,对其父汗失误之策,适时做出调整。他提出"治国之要,莫先安民",宣布"满汉之人,均属一体",强调满洲、蒙古、汉人之间的关系"譬诸五味,调剂贵得其宜,若满洲庇护满洲,蒙古庇护蒙古,汉官庇护汉人,是犹咸苦酸辛之不得其和"。于是他决定:汉人壮丁,分屯别居——缓解过去汉人受满人奴役的悲苦;汉族降人,编为民户——改变过去掳获汉民,变做满人奴仆的悲剧;制定条例,限制特权——重新修订的

《离主条例》，对满洲贵族的特权做了某些限制；对于逃人，放宽惩治——"民皆大悦，逃者皆止"。

满洲占有辽东地区后，要进一步巩固和发展，没有汉官与汉儒的合作与支持是不可能的。先前，汉官"分隶满洲大臣，所有马匹尔等不得乘，为满洲官乘之；所有牲畜尔等不得用，满洲官强与价而买之；凡官员病故，其妻子皆给贝勒家为奴；既为满官所属，虽有腴田不获耕种，终岁勤劬米谷仍不足食，每至鬻仆典衣以自给"。由是许多汉官"身在曹营心在汉"——虽"身在后金"，却"潜通明朝"。皇太极谕告：将汉官"皆拨出满洲大臣之家，另编为一旗，从此尔等得乘所有之马，得用所畜之牲，妻子得免为奴，择腴地而耕之，米谷得以自给"，对归降的汉官，加以"恩养"：盛宴款待，给以田地，分配马匹，进行赏赐，酌予委任。皇太极重用汉官，范文程是一个史例。范文程在太祖时，未受重用。努尔哈赤在位时，仅给了他一个"章京"的小官名，无关紧要，不过是当当差而已。皇太极却把他安置在自己的身边，直接参与军政大计，进行决策。每逢议事，皇太极总问："范章京（即范文程）知道吗？"他不直呼名字，而称"范章京"，以示尊敬。臣下奏议有不当之处，皇太极便说："何不与范章京商议？"奏事的大臣回答说："范章京已表示同意。"于是，皇太极不再询问，指示依奏办理。有时，范文程病了，皇太极便指示，一些事情须等他病好以后再裁决。范文程还为皇太极起草敕书，都能做到合乎皇太极的想法。开始，皇太极还过目审阅，后来，凡是范文程起草的文书，他不看就批准，说："我相信你不会出差错的。"尔后，军国之大计，文程皆与谋。《清史稿·范文程传》称其"左右赞襄，佐命勋最高"。崇德元年（1636），范文程任内秘院大学士，是为汉人任相之始。此外，皇太极对"三顺王"——孔有德、耿仲明、尚可喜的招抚政策也是成功的。

随着后金地域的拓展，人口的增多，民族的纷繁，文业的兴举，法制的建设，军事的远征，需要改革并完善政权机器。其一是，废除大汗同三大贝勒并坐制，改为皇太极"南面独坐"，强化君主集权；其二是，改蒙古衙门为理藩院，以专门处理民族事务；其三是，逐步设立汉军八旗，以管理汉军及其眷属的军、政、民等事宜；其四是，完善并扩编蒙古八旗，加强对蒙古的统辖；其五是，制定一系列法典，使管理有法典依循；其六是，仿效明制，设立内三院、六部、都察院，基本上完成了国家机器的建构。

尚可喜

皇太极改革和完善国家组织的特点是：以满洲政权组织为内核、明朝政府组织为模式、蒙古历史经验为参酌，架构国家的组织形式。在进行国家体制改革时，皇太极告谕廷臣："凡事都照《大明会典》行。"就是依据明朝政府组织机构，改革和设置国家机构。天聪三年（1629）四月，设立文馆，分为两班：达海巴克什等翻译汉文典籍，库尔缠巴克什等记注本朝政事。天聪五年（1631）七月，设立六部——吏、户、礼、兵、刑、工，分部管理国家行政事务。天聪十年（1636）三月，改文馆为内三院：内国史院，管记注起居、撰拟诏令、纂修实录等；内秘书院，管记录各衙门奏疏、草拟同外藩公文、代汗起草

谕令等；内弘文院，掌管为皇帝讲解经史等。四月，内三院设大学士、学士，分别由满、蒙、汉员担任。这是清代设大学士之始。清承明制，不设宰相，大学士参与议商军国大政。崇德元年（1636）五月，设立都察院，独立行使监察权。崇德三年（1638）七月，设理藩院，管理民族事务。这就形成内三院、六部、都察院和理藩院所谓"三院六部二衙门"的政府架构，基本完善了政府组织。

行反间计，毁明长城

天聪元年（1627），皇太极命阿敏等率三万大军征朝鲜，定下"兄弟之盟"；崇德元年即崇祯九年（1636），皇太极统率满洲八旗和蒙古兵，开始向朝鲜第二次用兵。清军渡鸭绿江，攻陷义州，占领平壤，确立了清同朝鲜的"君臣之盟"，朝鲜奉清国正朔，向清帝朝贡，长子等留驻沈阳做人质。皇太极三次用兵针对察哈尔部林丹汗，"慑之以兵，怀之以德"的谋略，使得漠南蒙古归于一统。皇太极还先后经过十余年的北向进兵，征抚并用，以抚为主，终于将外兴安岭以南、乌苏里江以东的广阔地域，归属于大清的管辖范围之内。

皇太极一生用兵的主要目标是大明，为此他先后五次对关内用兵，扩大其军事与政治影响。第一次是天聪三年（1629），皇太极亲自带领大军，绕道蒙古地区，攻破大安口，陷遵化，围北京。第二次是天聪八年（1634），皇太极亲统大军，蹂躏宣府、大同一带。第三次是崇德元年（1636），皇太极命多罗郡王阿济格、贝勒阿巴泰等率军入关。阿济格率军破独石口，到延庆，入居庸，取昌平，焚德陵，逼京师。北京九门戒严，紧急调兵勤王。接着，阿济格统军下房山，破顺义，陷平谷，占密云，围绕明都，蹂躏京畿。此役，清军阿济格奏报：凡56战皆捷，共克16城，俘获人畜179800。第四次是崇德三年（1638），皇太极派多尔衮率军入关，兵锋直指济南。在长达半年的时间里，多尔衮转战2000余里，攻克济南府城暨三州、55县，杀死两员总督、生擒明德王等，遍蹂河北、山东一带，获人、畜40万、黄金4000余两、白银97万余两。第五次是崇德七年（1642），皇太极派阿巴泰率军入关，横扫山东一带，俘获人口36万余、牲畜32万余头。

在崇祯帝朱由检与崇德帝皇太极对峙的17年间，明朝在辽东最重要的两员战将，清朝在辽西最头疼的两个勇将：一个是袁崇焕，一个是祖大寿。袁崇焕守住关锦防线，连获宁远、宁锦大捷，使敌军不得前进一步。皇太极巧用计谋，使这两人不再为大明所用。

努尔哈赤和皇太极父子，在屡战屡胜之后，却在宁远城下一再败于袁崇焕。天命十一年即明天启六年（1626）正月，努尔哈赤率领倾国之师，西渡辽河，日夜兼程，进攻袁崇焕驻守的孤城——宁远。努尔哈赤师出迅速，志在必克。但是事与愿违，攻而未克，身负炮伤，不久病亡。仗打输了，皇太极不服气，于是发生了宁锦之战。在22天之间，大战3次，小战25次，无日不战。后金攻城不下，死伤惨重。六月五日，皇太极撤离锦州，无功而返。这次战役，明朝称为"宁锦大捷"。皇太极遇到的对手袁崇焕是个有胆有识的人，他既叹服，又顾忌莫深。袁崇焕在辽西地区部署了一条坚固的防线，使皇太极与努尔哈赤损兵折将，难以突破。皇太极想了很久，终于产生了一个非常大胆而冒险的想法：避开宁远至锦州的防线，绕道内蒙古，突袭京师（北京），来个调虎离山，将袁崇焕"调"到京师，再设法除掉。

天聪三年（1629）十月，皇太极亲率十万大军绕开山海关，穿过内蒙古地区，从北部长城入口。明在山海关至宁远、锦州一线布防重兵,而山海关以西却毫无设防,所以,皇太极率大军一到,轻而易举地突破了潘家口、洪山口等长城诸边镇,进入长城以内,直趋京师。

袁崇焕得到皇太极进攻京师的军报,急点9000名骑兵,日夜兼驰,前来救援,同敌决战,保卫北京。

皇太极对袁军如此神速,不胜惊讶。但他早有成算,回避交锋。悄悄而迅速地离开蓟城,继续西进。袁却尾随后金兵,既不发动进攻,也不予以阻止,竟使后金毫无阻挡地奔向北京。都城的人受到这意想不到的惊扰,怨言四起,都发到了袁崇焕的身上。十一月十六日,袁崇焕率部抵达北京左安门,后金兵前哨也抵达城下,又引起舆论大哗,都说"崇焕招敌"。身居皇宫的崇祯皇帝生性多疑,听到这些流言,不能不对他产生怀疑……

过了四天,后金兵蜂拥而至,在德胜门外,皇太极亲自指挥,向明军发起攻击,双方互有杀伤。这时,袁崇焕屯兵广渠门,率军力战,后金兵移营,屯驻南海子。

袁崇焕到京后,崇祯帝曾几次召见他,赏赐他不少东西,表示慰劳。当他几次要求允许他的部队进城休整时,崇祯帝就是不同意,相反,他的部将满桂的军队却被准进城。可以看出,崇祯对他起了疑心。他没有办法,只好驻营城外。

皇太极令部队列阵,接近明兵结营。袁崇焕驻兵在广渠门外,兵无粮,马无草,白天作战,夜间露宿。袁崇焕连获广渠门和左安门两捷,京师转危为安。皇太极自知用武力制服不了袁崇焕,就施用《三国演义》中周瑜利用蒋干盗书使曹操中反间计的手法,设计陷害袁崇焕。

后金兵抵京时,俘获明朝两名太监,指派副将高鸿中、参将鲍承先、宁完我、达海等监守,皇太极召见高、鲍两人,密授计谋,按计行事,

已经夜深了,高鸿中、鲍承先回到营房,坐近两个太监睡觉的地方,故作耳语,只听高鸿中说:"今天撤兵是汗的大计。刚才看见汗单独一人,面向敌营,营中走出两人来见汗,说了很长时间的话才走,大意是,袁巡抚(指崇祯)有密约,此事可以马上成功。"鲍承先故作惊喜地说:"看来,京师唾手可得呀!"说着,又故意笑出声来,高鸿中忙加制止……

有个姓杨的太监一直未入睡,心里七上八下,总为自己的性命担忧,翻来覆去,辗转反侧。当高、鲍入营时,他假装入睡,把他俩的耳语全记在心里。次日,高鲍有意放跑两太监。姓杨的太监以重大军情求见崇祯。向他报告袁崇焕通敌的绝密情报。崇祯本来已对袁崇焕起了疑心,听到这个报告,他不再有任何怀疑。十二月一日,崇祯以"议饷"的名义召见袁崇焕、满桂、祖大寿等将领。一见面崇祯就质问他不经请示擅杀大将毛文龙和这次进京逗留不战两事。袁崇焕毫无思想准备,一下子被问住了,无法分辩。崇祯也不等他回话,立即下令锦衣卫将袁逮捕,投入监狱。虽然大太监魏忠贤已被处死,但其余党王永光、高捷等人都是袁崇焕的死对头,他们趁火打劫,连续上奏,诬陷袁崇焕,必欲将他处死。官民百姓都误认为他通敌,没有一个人替他说话。到第二年八月,崇祯将袁崇焕判处最残酷的磔刑,就是俗话说的千刀万剐,死得极惨!据说袁被处死后,市民百姓很多去争食其肉,以泄心中之愤。袁死后,他的家产没收入官,兄弟与妻子流放三千里。

皇太极利用这次进兵的机会,巧妙地施展反间计,借崇祯之手杀死他最忌惮的袁崇焕,为后金铲除一个劲敌。在当时和以后很长时间,人们一直认为袁崇焕资敌通敌,

死有余辜。直到清入关后修清皇太极实录时,才揭破这件大案的秘密,真相大白于天下,袁崇焕的冤死才得以昭雪。皇太极这一套纵横捭阖的手段,足以显出皇太极出类拔萃的军事才能。

皇太极俘获明将祖大寿,又放他走,是他欲擒故纵,征服人心的又一生动事例。

天聪五年(1631)七月,皇太极亲率数万大军伐明,发动了对大凌河城的围城战。大凌河城(今辽宁凌海市)位于锦州东30多里,几经战争破坏。在后金占领辽河以东的广大地区以后,它便成为与后金对峙的锦州前哨阵地。为了加强和巩固明在辽西的军事防御,明朝派遣总兵祖大寿、副将何可刚等十余员将领率部重建城防,并驻兵坚守。共集兵16000余人,城内还有夫役商贾约一万多人,全城军民共有三万余人。这个城不大,周长只有三里,派驻近两万名军队,应该说,兵力还是相当雄厚的。主将祖大寿世居辽东,家业豪富,祖上五代为将,是当地的军事与政治的实力派。由他来主持全城的防务,明朝是很放心的。

皇太极总结经验教训,这次改为围而不攻,迫使城内粮尽援绝而投降。他指示作战方略说:"攻城恐士卒伤亡,不如掘壕筑墙围困,对方如出城,我就同他战斗;如外来援兵,我就迎头痛击。"按照皇太极的部署,八旗兵围绕大凌河城四周,进行了两层包围,共立营盘45座,绵延50里。他们各在自己防区挖掘大小四道壕堑,在距壕堑五丈远的地方筑墙,高丈余,墙上加垛口,连接起来,如一道城墙。皇太极严令各部坚守各自的防地,不许放一人出城!

这一严密的围困工事,真是水泄不通,风雨不透,表明皇太极此次用兵志在必得的决心!开始,祖大寿还不时地出动人马突围,都被后金兵给打了回去。他不敢再出击,紧闭城门坚守,只寄希望朝廷派援兵解救他们。果然,朝廷不能坐视不救,已几次派援军前来解救。皇太极早有准备,把明援军打得丢盔卸甲,溃不成军。明朝再也派不出援军了。

援兵已绝,祖大寿面临着粮荒的严重危险。围困已有两个月,城里的粮食眼看已吃光,士兵宰杀战马充饥,没宰的马,已无草料,大批倒毙。老百姓更惨,他们早就断了粮,成百成千的人饿死了,勉强还活着的人抢食死人肉,用人骨当柴烧。有些人实在撑不住了,冒着危险,偷偷逃出城投降,据他们说,城内粮食已吃光了,先杀工役而食,现在又杀兵士当粮吃,只有大官还剩一二升米而已。

从围城开始,皇太极就不断发动政治攻势,屡次写信给祖大寿,劝他投降。祖大寿表示:"我宁死在此城,也决不投降!"但当粮食吃光,毫无生路时,他动摇了。拖到十月,他再也挺不住了,就派他的儿子祖可法出城面议投降,并留在后金营中当人质。皇太极当即接受祖大寿投降。随后,祖大寿又派四名副将、两名游击将官到后金营,代表他和城内39名将官与皇太极举行盟誓。

十月二十八日晚,祖大寿亲自出城,来到皇太极御营见面。皇太极特别高兴,派诸贝勒出迎一里,当祖大寿快到时,他步出御营外迎接。祖大寿一见面就要下跪,皇太极连忙制止,同他行最隆重的抱见礼表示格外优待。皇太极谦逊,让他先入账,他不敢,双方谦让后,皇太极和他并肩进入帐中,极示尊敬之意。帐内已摆了丰盛的宴席,皇太极亲自捧起金卮酌酒给祖大寿,同时,把他穿用的黑狐帽、貂裘、金玲珑、缎靴、雕鞍、白马等一大堆珍贵的御用之物赏给了祖大寿。这使祖大寿深为感动,深情地说:"皇上这样优待,我还有什么话可说呢!我虽然愚昧到了极点,还不是木石之人!"

大凌河城已举城投降,皇太极与祖大寿密商取锦州的计策。祖大寿献出一计:他的妻子还在锦州,锦州只能智取。他向驻守锦州的巡抚邱禾嘉诈称昨夜溃围而出,逃到山里躲避,今夜徒步赴锦州,瞒过城里军民,一定会接纳他入城。待进城后,再设计除掉邱禾嘉,把锦州城献给后金。祖大寿刚投降,就要回锦州,表面上智取,实际是怎样想的? 他回去后能否回来? 莫非这是他的脱身之计? 皇太极做了反复估量,但时间紧迫,不允许他迟延,所以,他当机立断,同意了祖大寿的计策。诸贝勒担心祖大寿有诈,提醒皇太极提防。皇太极说:"朕以诚待他,他必不负朕。即使他负朕,朕在所不惜,要的就是心悦诚服。"

十一月一日晚,皇太极依计而行。当祖大寿带 26 人渡过小凌河,徒步去锦州时,皇太极命炮兵在凌河城故意放炮不止,装出交战与追赶的声势。守锦州的邱禾嘉与诸将隐约听到大凌河方面炮声不止,以为明兵突围,正与后金兵交战,立即发兵支援,半路上正好同祖大寿相遇,祖大寿按已商定的计划行事,邱禾嘉信以为真,不存任何怀疑。

祖大寿顺利进了锦州城,皇太极焦急地等待他智取锦州的消息。三天过去了。祖大寿才派人秘密给皇太极传来信息,说带回去的兵太少,不能立即献城,须待机而动。皇太极给他捎去话,提示他不要忘了以前的约定。祖大寿又派人来,说:"我绝对不做失信之人。"皇太极正确估计到,祖大寿在短期内不会有结果。于是,他不再等待,就于九日率大军撤离大凌河城,返回沈阳。

祖大寿脱身赴锦州时,他的子侄和部将 30 多人留在了后金,实际是做了人质。如果说,祖大寿定计取锦州时还有诚意的话,那么,他到了锦州后就一去不复返了。至于他留在后金的子侄兄弟的生命安危,他也在所不计了。以后,皇太极多次写信给他,他一封信也不答,不予理睬,皇太极并没有因为祖大寿"反叛",反复无常而恼怒,对他的子侄照常优待。皇太极不断写信,祖大寿就是不答复,相反,还屡次同后金交战,袭击并斩杀后金兵。皇太极仍然耐心等待。直到十年后皇太极发起的锦州战役中,祖大寿才又一次投降。

皇太极对祖大寿招而后纵,是受了《三国演义》中诸葛亮"七擒孟获"的启发,对祖大寿尽量做到诚心、耐心、攻心、降心。他有一段话可以为证:"朕恩与其留大寿与我国,不如纵入锦州,令其献城,为我效力。即彼叛而不来,亦非我意料不及而误遣也。彼一身耳,叛亦听之。若不纵之使往,倘明国别令人据守锦州,则事难图矣。自今纵还大寿一人,而携其子侄及诸将以归,厚加恩养,再图进取,庶几有益。"祖大寿回锦州,既未献策,也未献城。皇太极不急、不恼,也不怨恨,对其家属与部将收容、恩养,也不报复,表现出成熟政治家的风度。袁崇焕之死与祖大寿之降,是一个历史的信号:明朝必亡,清朝必兴。

松锦血战,尽收辽东

崇德五年(1639)三月份,皇太极命令明朝降将恭顺王孔有德等人用大炮围攻松山。明朝副将金国凤死守,松山没被攻克。孔有德等人又请求皇太极批准挖地道攻城,也没奏效。于是,清兵撤退了。崇德六年(1640)春季,清军分头抢掠锦州、宁远。皇太极知道宁远、锦州诸城不占领就不能攻克山海关,山海关不占领就不能进占中原地区。众王、贝勒等轮番侵扰松山、杏山、宁远、锦州。双方相持不下,一年多来,清国没有获得成功。

五月份,明朝蓟辽总督洪承畴等率领八个总兵、13万军队赶来援助锦州,驻扎在宁远与锦州之间。守锦州的祖大寿派人从城内逃出来报信,请求洪承畴以大车为营逼近敌人,不要轻率开仗。洪承畴采取"步步为营,且战且守,待敌自困,一战解围"的兵略,为慎重起见,没有行动。朝廷一再下旨意催促开战,于是洪承畴挥兵前进,在松山城北摆下阵势。

清军失利,几至溃败。败报驰至盛京,皇太极带病急援。史载:"上行急,鼻衄不止,承以碗。"鼻子流血,用碗盛着,驱马赶路,昼夜兼行,到松山才驻营。

崇德六年(1640)八月十九日,皇太极到达松山主战场附近的戚家堡。当天傍晚便赶到松山,将营寨部署在松山西七八里至杏山东边的山坡山。他不待休息,便率将士登上山冈,观察明军阵势。按明军统帅洪承畴部署,明军环松山城扎营:步兵大营七座,驻扎于锦州南的乳峰山与松山之间,掘长壕,树木栅护卫;骑兵驻于松山东、西、北三面。

皇太极观望良久,见明军布阵严整,不禁感叹:"人都说洪承畴善用兵,果然名不虚传,难怪我诸将惧怕!"他在思考如何打破明军之策,继续观察,发现明军大部分集中在前锋,后队颇弱,猛然省悟:"此阵有前权而无后守,可破也!"一个破敌之计顿时形成。

皇太极根据明军高度集中、首尾不相顾的致命弱点,当机立断,实行断粮道、掘壕筑垣的围困明军的作战方针,当即传令清军部署在松山与杏山之间,从王宝山、壮镇台、寨儿山、长岭山、刘喜屯、向阳屯、灰窑山至南海口等处下营,横截大路,切断松山与杏山之间的通路,也就是截住了明军的后退之路。

第二天,也就是二十日黎明,命全军掘壕,仅一天工夫,从锦州西面往南,穿越松杏之间的大道,一直到海口,连掘三道大壕,各深八尺,宽丈余,人马不得过。东面为清朝疆土,南为海,无须挖壕,只横断松杏之间的通道,就把洪承畴的援军十余万人马置于包围之中,从而切断了明援军与后方的一切联系和粮饷供应。到了夜里,洪承畴撤去七营步兵,在靠近松山城近处重新结营。皇太极判断,明军将要逃遁。

二十一日早,洪承畴指挥大军,出动骑步兵向清军发动了大规模进攻,集中向清军镶红旗营地突破。皇太极马上明白,明军欲突破一缺口,冲出包围。于是,他披挂上马,手持长枪,亲自上阵,张开黄盖,率数将往来布阵,指挥清军阻击,明军始终不能闯过壕堑,撤退回营,大部退入松山城内外,只有数千骑兵突围,逃向杏山。

皇太极也下令收兵回营,对诸将说:"今夜敌军必逃。"他预料明军严重缺粮,必将突围,向塔山、杏山方向逃跑,于当夜紧急部署兵力,等候截杀。果不出皇太极所料。清军掘壕筑垣,断粮道,引起明将士一片惊慌。他们携带的军粮只够三天食用,眼看就要断粮。原来,洪承畴以宁远为供给基地,松山城小不便储粮,他没料到皇太极把他的粮道给断了。他心里发慌,将士心里更慌,人人都有逃跑之心。洪承畴和他的谋士们深恐日久清军根基更固,难以剿杀,而明军所需粮草尤难转运,白天的激战,就是试图打破一个缺口,接通粮道。但没有成功。洪承畴的意图是,次日再进行决战,解围在此一举。但是,监军张若麒提出不同意见,说,松山之粮不足三天之用,金人不但困锦州,今又困松山。各将帅都有回宁远取粮之意,这应该考虑同意。张若麒是朝廷派出专门监督将帅的言行及作战方略,对军事决策有很大的约束力。洪承畴被迫同意这一方针,约定明日决战突围,号召士兵:守亦死,不战亦死,如战或许死中求生。我虽不肖而无能,愿孤注一掷,明天望诸君拼力一战。最后他重新部署突围计划,分拨已定。

明将各怀心事,已无心决战,只想如何逃脱。他们顾虑白天决战不胜,也难逃掉,

洪承畴

都想不如趁今夜清军不注意,可以容易闯出围去。大约到了晚上,大同总兵王朴私自率所部兵马拔营,首先逃跑。其他各营将领一看王朴部已行动,也不问统帅洪承畴的想法,便纷纷拔营,争相驰逃。顿时,明军各营地一片混乱,因为黑夜难辨,步骑混杂,自相踩践,弓甲尽弃……

皇太极早已料到明军将逃,于各所经之处都埋伏重兵截杀。明军马掉进壕堑里,挤死、压死,被壕边守候的清军杀死的,不计其数。明军企图沿海岸逃跑,不意又遭到在此等候的清军的前堵后追,被逼到海岸,适值大潮,汹涌的海浪把明军席卷而去。据载,被海水淹死的达三分之二。

逃出重围的明兵,都奔向杏山、塔山。可是,等待他们的却是清军的堵截!原来,皇太极事先已做了严密部署:在杏山附近,蒙古八旗兵已埋伏于此,专候明朝溃兵;派满洲八旗谭拜等率部协助;在锦州至塔山大路,有多尔衮、罗托等率八旗护军和科尔沁土谢图亲王的蒙古兵;在塔山附近(辽宁锦州西之塔山),布置有正黄旗骑兵镇国公、宗室巴布海、护军统领图赖,各以本部兵马堵击逃入塔山城之明兵;在桑噶尔寨堡,布置博洛一军截击;在小凌河口至海滨,以正黄旗固山额真谭泰率400名骑兵巡守,绝明兵归路。

皇太极坐镇帷幄,一夜未曾合眼,密切观察战事的变化,随时调整部署。皇太极料事如神,凡布置兵力截击之处,果如所料,大批明兵如潮涌来。伏军突然杀出,使明军四处奔窜,精疲力竭,几无任何抵抗能力。明军见到清军就争相逃命,丢弃的盔甲、刀剑、弓矢遍地皆是。逃得慢的,都做了清军的刀下鬼!尸体弥山遍野,自杏山以南,沿海至塔山一路,不计其数。

在清军四处追歼,堵击明溃兵时,二十二日,皇太极迅速向松山城移营,在城外大炮射程之外地方安营。洪承畴和他的大本营就在城里,他要活捉洪承畴!松山城又被清军包围了。入夜,松山城明兵在总兵曹变蛟的率领下,企图突围,发起五次攻势。都被严阵以待的清军逐回城里。皇太极又料到奔入杏山的明兵不能久持,必舍杏山奔宁远。事关重大,他随即赶到高桥(锦州西十多里)部署;命猛将多铎在此埋伏,静候明军。

从战场上溃败下来的明兵,有吴三桂、王朴各率残部已逃入杏山城,暂获喘息。但杏山不过斗大小城,既无坚固的防御工事,也无粮食储备,岂能久住?两人商量后,决计向宁远撤退。驻营此处的清兵已不追赶,因为还有高桥是其必经之地,自有伏兵截杀。惊慌失措的明溃兵喘息刚定,又进入埋伏圈,即遭清军伏兵的迎头痛击。明军溃乱奔逃,几被清军追杀殆尽,吴三桂、王朴仅以身免,侥幸逃入宁远。

决战从二十一日夜开始,到二十六日,短短四五天,明朝十余万大军覆没。据清朝人记载,此役共斩杀明兵 53783 人,获马 7440 匹,骆驼 60 峰、甲胄 9346 副。明朝损失极为惨重。因为这些士卒都是从防御蒙古的前线和同农民军作过战的明军中抽调出来的,是明军中的精锐部队,而将领也都是久经沙场的悍将。仅几天,明朝的这点"老本"已全部失掉,其势大衰,再无复振的可能了!

松山一破,锦州军心瓦解,城被围已一年多,粮尽援绝,战守计穷,拖到三月八日,祖大寿被迫献城出降。这是他于 11 年前降后脱身,至今又第二次投降。皇太极指示,将祖大寿保留,押到沈阳,听候发落。至四月,清军连续攻取了塔山、杏山两城。在此之前,明在关外还有大小城八座,而松山决战后,已连失四城。

洪承畴被押解至沈,因不肯投降,先拘禁起来。皇太极给予好吃好喝,他也不吃,几次派人劝他投降,他一口拒绝,还骂不绝口。皇太极也不动气,再派范文程去劝降,他还是骂,范文程态度温和、善言安抚,与他讨论古今事。这时,他的态度稍有缓和,冷静下来,也忘记自己是俘虏,渐渐地谈兴也浓了。恰巧房梁上有一小缕积尘落到洪承畴的襟袖上,他几次轻轻将尘拂去。文程看在眼里,不禁一阵喜悦。

范文程告辞出来,即面见皇太极,高兴地说:"洪承畴不会死的,肯定能投降。他如此爱惜衣服,何况对自己的生命呢!"果然,洪承畴不再拒绝给他送的饭食。只是再派其他文臣去劝降,洪承畴不答一句话。皇太极想,这是否要自己亲自去劝降呢?于是,皇太极亲自到洪承畴的住所去看他。这时,天气转暖,但还有寒意,皇太极就脱下自己身上的貂裘给他披上,口气温和地说:"先生不会再感到冷吧?"洪承畴带着疑惑、茫然的目光望着皇太极,看了许久,叹了一声:"真是一位命世之主啊!"说完,叩头请降。皇太极高兴得不得了。

到了五月初,皇太极正式召见洪承畴、祖大寿与其他降将。皇太极登临崇政殿,洪承畴跪在大清门外请罪。皇太极说:"朕所以赦免你,是因为击败 13 万兵与得松、锦两城,皆是天意啊。天之道,是给人以生,善抚育人。朕遵此天道,故推恩救活你。你只要记住朕抚育之恩,尽心图报,从前所有罪过,一概宽免。"又对祖大寿说:"朕想得到你而不处死之意,是朕很久以来的愿望。朕常向内院大臣们说,祖大寿一定不能要他死。后来被困,仍当俯首来降,朕始终等待你。往事已不可追悔,此后应当尽你之力待朕,这是最好的了。"

洪承畴投降了。皇太极高兴地对近侍们说："我要占领中原地区,可是像瞎子不知道路。如今得到洪承畴,就像没眼睛的水母有虾给带路一样了。"当时,北京传说洪承畴不屈而死。崇祯皇帝又惊又痛,下令在城里设祭坛,用16个祭坛进行追悼,同时命令在城外给洪承畴建立祠堂,供着洪承畴和邱民仰的牌位。崇祯皇帝还亲去祭奠。当祭到第九坛时,洪承畴投降的消息传来,祭祀活动才停止。

松锦之战是明清辽东军事冲突的结束,标志着双方辽西军事僵局的打破——明军顿失关外的军事凭借,清军转入新的战略进攻,为定鼎燕京、入主中原奠下基础。清人评论皇太极在松锦之役的兵略云:"神谋勇略,制胜出奇。"

审时度势,以和促战

历时两年的松锦大决战,明朝13万大军被歼,残余队伍退保宁远。松山、锦州、杏山、塔山四个重镇为清所占。明朝的关宁劲旅不复存在,宁锦防线也不成体系了。明王朝的衰亡,已指日可待,"中朝之运,亦已衰矣"。松锦大战之后,皇太极的声威如日中天。面对一片颂扬声,皇太极仍不失冷静。当被胜利冲晕头脑的诸王将帅"争请直取燕京",素被倚重的智囊及汉官们也倡言"今天意归于皇上,大统攸属,锦州、松山、杏山、塔山,一时俱为我有,明国人心摇动,燕京震骇。惟当因天时,顺人事,大兵前行,炮火继后,直抵燕京而攻破之……倘迁延时日,窃虑天时不可长待,机会不可坐失"。对于这些一厢情愿的过分乐观的建议,皇太极进行了分析、批驳:"尔等建议,直取燕京,朕意以为不可。取燕京如伐大树,须先从两旁斫削,则大树自仆。朕今不取关外四城,岂能既克山海?今明国精兵已尽,我兵四周纵略,彼国势日衰,我兵力日强,从此燕京可得矣。"

他坚持从实际出发,对明朝采取战和交相为用的策略,一边派重兵出塞骚扰,一边与明朝议和使臣谈判,提出和谈条件如下:

第一,"自兹以后,宿怨尽释,彼此不必复言矣"。第二,"若尔国使来,予令面见;予国使往,尔亦令面见","两国有吉凶大事,则当遣使,交相庆吊"。第三,"每岁贵国馈兼金万两、白金百万。我国馈人参千斤、貂皮千张"。第四,"若我国满洲、蒙古、汉人及朝鲜人等有逃叛至贵国者,当遣还我国。贵国人有逃叛至我者亦遣还贵国"。第五,"以宁远双树堡中间土岭为贵国界,以塔山为我国界,以连山为适中之地,两国俱于此互市";"两国人有乘船捕鱼海中往来者,尔国自宁远双树堡中间土岭沿海至黄城岛以西为界,我国于黄城岛以东为界,若两国有越境妄行者亦俱察出处死"。第六,"倘愿……和好,则我两人或亲誓天地,或各遣大臣代誓"。

皇太极所提出的六项条件,并不苛刻。尤其有关岁币及国界的条款,明朝如从实际出发,接受下来也并不难。因为,就当时情况看,只要清兵出击,攻下宁远和山海关,绝非难事,辽西全为清有,已成定局。明朝如签署和议,便可保住宁远,据有山海关。以宁远为界,对清而言,则非上策,对明而言,土地损失则比预料的要少。至于明清"互赠"钱物,也没有增加明朝的额外负担。众所周知,仅崇祯初,对察哈尔蒙古部新增加的赏银就有八万两,加上旧赏马价银70万两,共计约80万两。如果算上对宣大、山西、辽东沿边蒙古的赏银,则远远超过了百万两。如今,清已吞并察哈尔等各部蒙古,索要100万两白银,并不超出明朝的旧日赏蒙古白银总额。皇太极提出百万需索,也正是以此筹算的。总括说,明朝通过议和,损失的土地和钱财,实则早已损失了。而清所获得的土地,只不过是明朝认可罢了,所获钱财比当日蒙古各部所获之总额尚少。

皇太极满以为自己这种让步肯定能获得明朝的首肯,所以,他还表示,不争尊卑,言外之意就是只要签订和议,他可以向明朝称臣。从天聪元年(1627)以来,截至崇德元年(1636),皇太极一直采取主动求和,以战促和的战略。与明朝达成和议的条件,没有因为军事上屡屡得手而加码,相反,在一定程度上还做了让步。皇太极为什么要如此决策呢?

原因有二:第一,后金的实力尚不足以与明朝抗衡,尤其在初期,后金深陷困境,"汉人、蒙古、朝鲜四境逼处",为自保,莫过于同明朝达成和议。第二,后金割据势力扩大之后,向东征服朝鲜,向北统一黑龙江、乌苏里江流域,向西笼络了蒙古,屡创明辽西守军,但明朝皇帝天下共主的地位并没有动摇,"国势屹然未倾"。所以,他力排众议,采取了以战促和的方略,希望尽量争取时间,调整、改革后金社会诸关系,巩固割据东北的局面。

十年来,皇太极通过各种渠道,极力想与明朝皇帝言和,可是,明朝皇帝却一直置之不理。这不能不使皇太极感到,不仅明朝大臣们从中作梗,使后金的和议要求不能达于"圣听",就连崇祯帝本人也是"轻视民命,乐于构兵"的。因此,崇德初年,皇太极称帝后,决定再次向辽西及关内进兵,掠夺人口、财物、牲畜,壮大自己的实力。同时,进一步征服朝鲜,解除后顾之忧,以便将来与明朝争夺天下。

后宫无数,独宠宸妃

皇太极可以说是马背上的多情天子。皇太极的妻子总数无准确统计,后有记载的包括五宫后妃和十几位妃子,共生养子女 25 人,其中儿子 11 人,女儿 14 人,另有养女两人。在他的众多后妃中,唯有宸妃独得专宠,让他爱得神魂颠倒、死去活来。

与努尔哈赤不同的是,皇太极改变了其父想在东北割地称王的总战略,他看到明王朝已腐败至极的情况,积极扩军,多次进攻,意欲打进关内定鼎称帝。因此,皇太极联络安抚广大蒙古各部落,他为此娶了五位蒙古贵族的小姐,晋封为五宫后妃,全是清一色的博尔济吉特氏,宸妃即其一。宸妃与庄妃是姐妹,其父是蒙古科尔沁贝勒寨桑。有趣的是,姐妹先后同嫁一夫,而且中宫皇后(即孝端文皇后)是她们的亲姑妈。这样,皇太极的这三位后妃中,不仅有姐妹,而且有姑侄两辈人,早在天命十年(1625)初春,妹妹即嫁给当时还是四贝勒的皇太极,时年仅 13 岁。皇太极即位,她受封为永福宫庄妃,两年后生福临,即后来的顺治皇帝。天聪八年(1634),宸妃与皇太极成婚,时年已26 岁,比妹妹贤淑文静、言行识度的出众品行,将皇太极的宠爱集于一身。皇太极封她为关雎宫宸妃,"关雎"二字即取自《诗经》中的爱情诗,"关关雎鸠,在河之洲。窈窕淑女,君子好逑。"这本身就表明皇太极对她的特殊恩爱。崇德二年(1637)七月,宸妃生了个胖儿子,排行皇八子,皇太极具常兴奋,颁诏大赦刑徒。由于皇后没生儿子,因此宸妃之子很可能被立为皇储,而且宸妃也升到仅次于皇后的位置上。谁料,新皇子两岁就夭折,未及命名,皇太极和宸妃为此十分悲痛。崇德六年(1641)九月十二日,皇太极正率大军与明军大战于松锦战杨之际,突然传来宸妃病重的消息,皇太极可谓情令智昏,竟然下令撤出战场,驱马急返盛京(现今沈阳城)视病。十七日赶至旧边驻跸,半夜一鼓时分,又有快马报宸妃病危,皇太极当即下令拔营回驰,天未亮即赶到皇宫,可是宸妃已死。皇太极扶灵柩痛哭不止,下令丧礼从厚,棺椁出盛京地载门外五里暂殡,并亲自奠酒三爵。

　　此后的几天内，皇太极朝夕悲泣，竟至昏迷，言语无绪，经抢救一整日才苏醒。从此，这位屡经血战的皇帝被恋人的离去彻底击倒，饮食大减，军政无心。在诸王大臣的劝谏之下，他曾悔悟道："天之生朕，原为抚世安民，今乃过于悲悼，不能自持。天地祖宗知朕太过，以此示警。朕从今当善自排遣也。"话虽如此，他内心的悲苦却未稍减。诸臣建议他去蒲河射猎，借以排遣悲情，但行猎队伍路过宸妃葬地时，皇太极旧情复发，扑在墓上大哭一场，在场的人无不动容。以后，皇太极每过此伤心之地，总不禁下马祭奠一番。两年后他也去世，与宸妃相逢于九泉之下，也许与悲痛太甚有关。

　　皇太极在崇德八年即崇祯十六年（1643）八月初九日病死。其实，他在 50 岁时就说过："山峻则崩，木高则折，年富则衰，此乃天特贻朕以忧也！"皇太极离世的当天，还进行取务活动。夜间，皇太极在皇后博尔济吉特氏的清宁宫南炕上谢世。皇太极可能是死于中风。

　　皇太极的死，标志着大清皇朝奠基工程的完结。大清皇朝经过努尔哈赤、皇太极两代整整 60 年的奋争，为后来清军入关，定鼎燕京，统一中原，奠定了基础，准备了条件。

清世祖福临

清世祖福临：

生卒年：1638~1661年

父母：父，太宗皇太极；母，孝庄太后

后妃：皇后博尔济吉特氏，董鄂妃等

年号：顺治

在位时间：1643~1661年

谥号：章皇帝

庙号：世祖

陵寝：孝陵（清东陵）

性格：明达好学，脆弱多情

名家评点：

　　一个天性聪明的孩子，有安治天下的抱负和才能，又执着追求真挚的爱情。他外表坚强，内心脆弱，注定他无法接受残酷的政治考验。

——陈满麒

世祖福临

两虎相争，福临即位

　　爱新觉罗·福临，清崇德三年即明崇祯十一年正月三十日（1638年3月15日）生，顺治十八年正月初七日（1661年2月5日）卒，庙号世祖，谥号章皇帝，葬孝陵（今河北省遵化市清东陵）。六岁登基，在位18年，享年24岁。他是清朝入关、定鼎北京的第一位皇帝。

　　皇太极死后，按照太祖努尔哈赤规定的皇位继承《汗谕》，当由满洲八旗贵族共议嗣君。此时亲王、郡王共有七人：礼亲王代善，郑亲王济尔哈朗、睿亲王多尔衮，肃亲王豪格、武英郡王阿济格，豫郡王多铎和颖郡王阿达礼。

　　新的皇位之争便在两黄、镶红、镶蓝四旗支持的皇太极长子豪格和两白旗及多数诸王贝勒支持的皇太极十四弟多尔衮之间悄悄展开。

　　肃亲王豪格为皇太极长子，35岁，正值壮年，有文韬武略，也有赫赫战功。崇德元年（1636）皇太极即皇帝位后再被封为和硕肃亲王兼摄户部事。豪格有两黄旗贝勒大臣的支持。皇太极生前亲掌正黄、镶黄和正蓝三旗，而两黄旗和正蓝旗大臣拥护豪格继位。同时还有镶蓝旗的旗主和硕郑亲王济尔哈朗表示支持。

　　睿亲王多尔衮是努尔哈赤第十四子，皇太极之弟，时年32岁，为正白旗的旗主贝勒。多尔衮颇有心计，"聪慧多智，谋略过人。"曾多次统军出征，"倡谋出奇，攻城必克，野战必胜"，屡立大功。多尔衮之弟多铎为镶白旗的旗主贝勒，又被封为和硕豫亲王。

　　正、镶两黄旗将领盟誓，宁可死作一处，坚决要立皇子；而正、镶两白旗大臣誓死不立豪格，他们跪劝多尔衮立即即位："汝不即立，莫非畏两黄旗大臣乎？""两黄旗大臣愿立皇子即位者，不过数人尔！我等亲戚咸愿王即大位也！"串联、游说、盟誓、劝进，频繁的争夺活动,导致了双方彻底对立。

八月十四日,皇太极死后第五天,崇政殿诸王大会,彼此终于公开摊牌了!这天大清早,两黄旗大臣盟誓大清门前,命令本旗禁军张弓戴甲,环立宫殿。会议开始之前,黄旗大臣索尼就提出:"先帝有皇子在,必立其一。"会议一开始,年高辈尊的代善首先发言:"豪格是先帝的长子,当承大统。"加上济尔哈朗事先的默许,豪格见气氛如此,料定皇位必是囊中物,于是欲擒故纵,起身逊谢说:"福小德薄,非所堪当。"说完就离开会场。

豪格一走,阿济格、多铎乘机劝多尔衮即位,这时的代善不愿得罪锐气方刚的多尔衮,态度骑墙,暧昧地说:"睿王若允,我国之福;否则当立皇子。"两黄旗大臣沉不住气了,佩剑上前,说:"吾等属食于帝,衣于帝,养育之恩与天同大,若不立帝之子,则宁死从帝于地下而已!"多尔衮见如此情势,迟迟未能决议。多铎随即自荐即位,遭多尔衮否决。多铎又提出以长为尊立代善,代善因有过经验教训不愿陷入争位漩涡,推托说:"吾以帝兄,当时朝政,尚不预知,何可参于此议乎!"说完退场,阿济格也跟随而去。两黄旗大臣怒目相对,多铎默默无言,会议眼看陷于僵局。

然而关键时刻,本身不具备即位条件的实权人物郑亲王济尔哈朗突然戏剧性地提出一个折中方案:让既是皇子又不是豪格的庄妃之子九阿哥福临继位。多尔衮权衡利弊,认为即使自己强行登基,也只有两白旗支持,两黄旗不服,势必要火并,其后果可能是两败俱伤,对刚刚建立稳固统治的满洲政权来说是极为不利的;而推出六岁的福临即位,由他本人和郑亲王济尔哈朗"左右辅政,共管八旗事务",这一决定使两黄旗大臣无话可说;自己可以掌握实权,以图后利。所以同意了此项提案。索尼等人因为打的是拥立皇子的旗号,福临即位两黄旗天子亲兵的地位保持不变,因此不再坚持立豪格,剑拔弩张的气氛顿时缓和下来。豪格也不能提出反对意见。

这里明显地看出,皇太极死后大权操在多尔衮之手,但多尔衮自立的条件还不成熟,阻力来自两黄旗原皇太极手下的亲信大臣。在不得已的情况下,多尔衮最后议定由年仅六岁的福临即帝位。福临得即帝位,充分说明了多尔衮不可告人的政治用意。

接着八旗王公大臣共同立誓。礼亲王代善、郑亲王济尔哈朗、睿亲王多尔衮,肃亲王豪格、武英郡王阿济格、豫郡王多铎、颖郡王阿达礼等 19 位王公昭告天地:"先帝升遐,国不可无主。公议先帝子(福临),缵承大位。嗣后有不遵先帝定制,藐视皇上幼冲,明知欺君怀奸之人,及徇情面,不行举发,及修旧怨,倾害无辜,兄弟谗构,私结党羽者,天地谴之,令短折而死。"八旗大臣阿山等也立誓要竭诚事君。多尔衮、济尔哈朗二王,特立誓辞:如不秉公辅政,妄自尊大,漠视兄弟,不从众议,每事行私,则天地谴之,令短折而死。

当时还发生过这样一件事,颖郡王阿达礼曾对多尔衮说:"王(指多尔衮)正大位,我当从王。"固山贝子硕托也曾派人对多尔衮说:"内大臣图尔格及御前侍卫等皆从我谋矣,王可自立。"然后二人和贝勒罗洛宏一起到礼亲王代善家,代善因脚病不能下床,二人又登床附耳对代善说:"众已定议立睿王矣,王何嘿嘿?"事后多尔衮和代善当众揭发了这件事,并让阿达礼和硕托当面对质,最后,二人成了多尔衮笼络人心、安定政局的替罪羊,以"扰乱国政"之罪被处死。罗洛宏因不知情免罪。阿达礼是代善的孙子,硕托是代善的次子,代善此举也是大义灭亲。一场激烈的皇权之争暂时缓和下来了。

福临即位,郑亲王济尔哈朗与睿亲王多尔衮摄政,以第二年为顺治元年。

十大罪状,反攻倒算

大清顺治元年,也即明崇祯帝十七年(1644),这一年是明亡清兴一大关键。这时北京已被李自成攻破,崇祯帝自尽,多尔衮奏请南征,率领八旗劲旅,进图中原。山海关守将吴三桂降清,多尔衮得以长驱直入,不久攻占了北京。进朝阳门时,明朝太监们用明朝皇帝的仪仗、车驾在皇城外迎接,请多尔衮乘辇。多尔衮说:"我效法周公辅佐幼主,不该乘辇。"众人说:"周公曾背靠屏风代理朝政,今天王爷应该乘辇。"多尔衮说:"我来是为了平定天下,不能违背大家的意愿。"于是,排列仪仗,乘辇进了武英殿。坐上皇帝宝座,接受朝贺。

八月,福临与皇太后博尔济吉特氏(庄太后)在文武百官簇拥、保护之下,离开盛京迁往北京。福临入宫后第一项重要的活动就是举行登基大典。登基礼是封建王朝最重要的嘉礼之一,因皇极殿已被焚毁,只好因地制宜,将大典改在残存的皇极门(今太和门)举行。多尔衮授意礼部择定十月初一日为皇帝举行登基大典的日子。福临行过祭天礼后,回宫登上设在皇极门的宝座,接受百官的朝贺。清王朝统治中国近270年之久的历史从此正式开始了。

福临虽然做了皇帝,但年幼不掌实权,是个傀儡皇帝。庄太后聪明绝顶,自念孤儿寡母,终究未安定,不得不心中有谋策。阿达礼、硕托诸人暗劝多尔衮自立为君,但被多尔衮举发,经刑部讯实,立即正法。庄妃得知,格外感激,于是传出懿旨,让摄政王多尔衮便宜行事,不必避嫌。从此多尔衮随意出入禁中,甚至有时就住宿在大内。外事统由摄政王主持。

多尔衮对于没能坐上皇位是耿耿于怀的。他虽然控制了大清军政大权,毕竟还有缺憾。只因他当年与豪格对峙,退而在诸王大会上倡立福临,才难以出尔反尔,推翻前议。因此,在激烈动荡的戎马生涯之余,他的精神世界便陷入一种自相矛盾、懊悔愁苦与自怨自责的痛苦之中。他经常发怔忡之症,有一次他对人说:"若以我为君,以今上居储位,我何以有此病症!"随着他功业的累进,他的权力欲更加炽烈。摄政睿亲王多尔衮经过几年谋划,施尽权术,拉拢亲信,排除异己,终于将皇权完全掌握在自己的手中。

多尔衮诬陷肃亲王豪格言辞悖妄,审讯后将豪格幽禁在宗人府致死,豪格的福晋被日夜留住在多尔衮府中。他还私役内府工匠,大修府第,广征美女,甚至向朝鲜搜求公主,得到后又随意丢弃。

与多尔衮同居摄政王之位的济尔哈朗,一开始就很知趣地退避三舍,拱手将权力让出。济尔哈朗召集内三院(国史院、秘书院、弘文院),六部、都察院、理藩院主官,指示他们:今后,凡各衙门处理事务,有应该报告辅政王的,或者要做记录的,全先报告睿亲王。档案要写名字时,也先写睿亲王名字。多尔衮不愿济尔哈朗参与朝政,济尔哈朗谨慎谦让,所以才有这个指示。但终因依附过豪格的前怨凤恨,济尔哈朗于顺治四年(1647)被罢职,第二年又降为郡王,被排除在决策层之外。多尔衮以高超的手腕,以两白旗为中坚,笼络了以代善为首的正红旗,安抚了镶红旗,分化了两黄旗,打击了两蓝旗。多尔衮命史官按帝王之制为他撰写起居注,并营建规模超逾帝王的府第。大军调度、罚赏黜涉,一出己意,关内关外,只知有睿王爷一人。

诸臣多次提出给皇帝延师典学,多尔衮都置之不理,有意让福临荒于教育,做一个无知无学的傻皇帝,致使福临 14 岁亲政时,不识汉字,诸臣奏章,茫然不解。福临的母亲庄太后在多尔衮的步步进逼下,只得以柔克刚,隐忍、退让以委曲求全。她不断给多尔衮戴高帽、加封号,不使多尔衮废帝自立。顺治元年(1644)十月,加封为叔父摄政王,并建碑记功。立马又加封皇父摄政王,停止多尔衮御前跪拜。多尔衮毫无拘忌,凡宫中什物,及府库财帛,可以随意挪移。遇元旦或庆贺大礼,多尔衮与皇帝一起,接受文武百官跪拜。这才最大限度地满足了多尔衮觊觎皇位的野心。

一次多尔衮生病了,贝子锡翰等人到多尔衮家中探视病情。多尔衮发牢骚说:"我刚刚遭到不能再大的忧愁(指元妃病逝),身体又不舒服。皇上虽然是万民之主,考虑这个非常情况,也应该按着家庭的礼节,到我这来一次。如果说皇上年幼,可你们都是亲近皇上的大臣啊!"又说:"你们不要因为我这番话,就去请皇上到我家中来。"之后不久,福临就来看望多尔衮了。于是多尔衮责备锡翰等人,说:"你们故意违抗我的命令,擅自请皇帝到我家来。你们以为皇上来了,就可以免掉你们的罪过吗?"于是,把锡翰等人抓起来审讯,将锡翰降为镇国公;又因为一等精奇尼哈番鳌拜眼看着锡翰等犯罪却不立即逮捕审问,降为一等阿思尼哈番,其他有关人员也分别受到降级、革职的处分。

多尔衮与庄太后有可能在少年时期就有结缘,关于他们间的私情及多尔衮选择福临即位的猜测引发了无数版本的传闻,成为清初四大疑案之一。"太后下嫁",这是近百年来清史研究中的一个悬案。

顺治七年(1650)十二月,多尔衮前往喀喇城围猎时,忽然得了一种咯血症,不久病逝,福临辍朝震悼。多尔衮被追尊为"诚敬义皇帝",照帝制丧葬。在重葬多尔衮的烟幕下,福临却悄悄地做了三件事:一是把多尔衮王府内的印信和档案都收回宫内;二是收回皇权,凡重大事情一律报皇帝亲自处理;三是囚禁多尔衮的亲哥哥武英亲王阿济格。

顺治八年(1651)正月十二日,福临亲政。多尔衮原来的亲信一看形势有所变化,有些就投到济尔哈朗的门下。此时,原多尔衮与多铎分别统辖的正白旗与镶白旗已成无头大雁,阿济格又成了阶下囚,济尔哈朗等人认为时机已成熟,于顺治八年(1651)二月上疏,指控多尔衮"显有悖逆之心。臣等从前俱畏威吞声,不敢出言,是以此等情形未曾入告。今谨冒死奏闻,伏愿皇上速加乾断"。

在济尔哈朗等人的奏折中,为多尔衮拟了下述主要罪名。一、福临即位时,诸王立下誓言,由多尔衮与济尔哈朗联合摄政。但多尔衮"背誓肆行,妄自尊大",剥夺了济尔哈朗摄政的权力,反立自己的同母兄弟多铎为"辅政叔王"。二、多尔衮所用仪仗、音乐、侍从,与皇帝无异,所盖王府形同皇宫,并私用皇帝御用八补黄袍、大东珠数粒及黑貂褂等殉葬。三、散布皇太极称帝是违背太祖本意而系夺位的流言。四、逼死肃亲王豪格,迎纳豪格之妃。

追黜多尔衮是福临亲政后处理的第一件大事,他所采取的措施与他对多尔衮的敌视态度直接相关。其实,福临早就对多尔衮不满。多尔衮与他生母庄太后的暧昧关系,随着福临年龄的增长,他的怨恨也与日俱增。多尔衮杀了他的长兄豪格并霸占其福晋,也在他心中结下隐恨。多尔衮骄横跋扈,独揽朝政,根本不把他放在眼里,更在他心中埋下对这位皇叔摄政王的仇恨。这种不满与怨恨,在多尔衮生前他不敢发作,在多尔衮死后来了个彻彻底底的大喷发!因此,福临借大臣上奏之机,不顾一个月前曾亲自为多尔衮追封过"义皇帝"的尊称,断然下令将多尔衮"削爵、撤庙享、罢谥号、黜宗室、籍财产入宫"。瞬息之间,清王朝发生了令人瞠目结舌的巨大变化。专权多年的赫赫功臣多尔衮,死后尚不到两个月就成了千古罪人。据载:多尔衮的尸体被"挖出来,用棍子打,又用鞭子抽,最后砍掉脑袋,暴尸示众"。而庄太后却不加以阻止。

直到乾隆皇帝才给多尔衮平反:"定鼎之初,王实统众入关,肃清京辇,檄定中原,前劳未可尽泯";但指出他"摄政有年,威福自尊"。后对多尔衮的"异志",乾隆帝说:"朕念王果萌异志,兵权在握,何事不可为?乃不于彼时因利乘便,直至身后始以殓服僭用龙衮,证为觊觎,有是理乎!"于是,乾隆帝命给多尔衮平反:复还睿亲王封号,配享太庙;按亲王陵寝规制,修其茔墓;继子多尔博仍还为睿亲王后等。

多尔衮是满族的杰出政治家、军事家,也是中国历史上一位杰出的人物。在清入关前,尤其在皇太极死后,他能顾全大局,辅佐幼主福临,挥军入关,为清朝夺得全国统治,做出了历史贡献。在入关后,他位高权重,精明能干,善于用人,取得了重大成就,但同时也犯了不少历史性的错误,如搞圈地、投充、逃人法等等。多尔衮是一个充满戏剧性的人物,生前的煊赫、死时的殊荣、死后被定罪、数十年后又得平反,这一切都是与当时的社会矛盾紧密相连的。正因为多尔衮是一个举足轻重的人物,所以在统治阶级内部矛盾中,他总处于漩涡中心。

顺时应势,一统天下

顺治八年(1651)正月十二日,顺治皇帝亲政。他御太和殿,受群臣朝贺。福临从亲政到离世,前后时间整整十年,福临的重要政绩是兴利除弊,整顿吏治。

在政治上,首先加强了皇帝直接统辖的兵力。福临即位后,本应继承其父手下的两黄和正蓝三旗,但是多尔衮却以侍卫需要为名,将正蓝旗抓到自己手里。多尔衮受黜后,福临即将多尔衮手下实力最雄厚的正白旗收归己属,与原有的两黄旗合称上三旗,而将诸王贝勒统辖的其他五旗称为下五旗。八旗中这种等级的区别从此成为定制。上三旗体制高贵,直接为皇帝亲辖。下五旗的旗主改由皇帝任命,它们无论在体制上还是实力上,都无法像关外时那样再与朝廷相抗衡。福临对八旗的这一改革,为皇权的进一步加强提供了军事上的保障。鉴于当时中原尚未平定,汉人尚未心服,福临重点加强满洲贵族的统治地位。他强化议政王大臣会议。早在天命朝后期,便实行八和硕贝勒共治国政的制度。皇太极登位之初,又增设八大臣与三大贝勒等偕坐共议政事,后设立专任议政大臣。由是形成皇帝之下最高议政机构——议政王大臣会议,又称议政王贝勒大臣会议。福临命增加其成员,扩大其权力。他将对自己忠心的鳌拜、瓦克达等人授为议政大臣。他命诸王管理六部等事务。这样做的目的是,笼络了一批忠于自己的亲信,削弱了少数亲王的权力,加强了驾驭群臣的能力,提高了自己的威望。

其次是设立了内阁。内阁在明朝是辅佐皇帝办理国家政务的机关。清王朝在关外时虽然没有设内阁,但也建立了相似的机构——文馆,利用降清的明朝官吏翻译汉文书籍,记注时政得失。天聪十年(1636)三月,太宗皇太极将文馆改为内国史院、内秘书院、内弘文院。内国史院掌管记注诏令、编纂史书、撰拟表章等;内秘书院负责撰写与国外往来书信、撰拟敕谕、祭文等;内弘文院则负责注释历代行事善恶、御前进讲、颁行制度等。崇德元年(1636)制定内三院官制,设立大学士、学士等。入关以后,多尔衮又将内三院做了些调整,明确规定内三院为二品衙门,并把翰林院分隶内三院,名称由此改为内翰林国史院、内翰林秘书院、内翰林弘文院。福临亲政后,先将内三院迁入紫禁城,命大学士在太和门更番入值,参与佐理机务;后又将内三院从翰林院分出,改内三院为内阁,内阁大学士俱加殿阁衔,为"中和殿大学士""保和殿大学士""文华殿大学士""武英殿大学士""文渊阁大学士""东阁大学士"。为防止内阁权势过重,又仿照明朝旧制,把内阁品级由正二品降为正五品,以此来加强皇权。

第三惩治贪官污吏。福临亲政后不久,在短短三天内,连下四道谕旨,斥责贪官盘剥民财。福临认为,"朝廷治国安民,首在严惩贪官。"他说:"贪官蠹国害民,最为可恨。向因法度太轻,虽经革职拟罪,犹得享用赃资,以致贪风不息。嗣后内外大小官员,凡受赃至十两以上者,除依律定罪外,不分枉法、不枉法,俱籍其家产入官,著为例。"他不仅严格制法,而且亲抓大案。其时有"一总督八巡抚"受到惩处,至于州、县官员,以贪赃定罪者,不胜枚举。顺治八年(1651)至十八年(1661),通过严惩贪官,吏风大有好转。

福临效法明制,其中最突出的就是他改变了清初设立内务府这一管理皇家事务的机构,而仿效明代重立了宫中的太监机构——十三衙门。

明代太监擅权专政,使政治腐败不堪。这对清初的统治者来说,是刻骨铭心的历史教训。他们鉴于这个教训,又根据满民族自身的社会组织,创立了一套有别于明宫廷的管理制度。努尔哈赤创立八旗时,曾在每旗中拨出一部分人(主要是战俘)专供旗主使役,作为旗主的家丁,满语称之为"包衣"。八旗各有包衣,后来皇帝拥有上三旗,由此有上三旗包衣。清统治者在包衣的基础上设立了内务府,作为管理上三旗包衣和宫内事务的专门机构,由满大臣担任内务府总管大臣。当时太监颇少,制度又比较严格,太监因此未能成为一个特殊的问题。

福临亲政后,太监的地位发生了很大的变化,"照旧供职……竟有数千之多"。顺治十年(1653)六月,他颁布上谕:"……宫禁役使,此辈势难尽革。朕酌古因时,量为设置:首为乾清宫执事官,次为司礼监、御用监、内官监、司设监、尚膳监、尚衣监、尚宝监、御马监、惜薪司、钟鼓司、直殿局、兵杖局。"福临特别强调:"寺人不过四品,凡系内员,非逢差遣,不许擅出皇城,职司之外,不许干涉一事,不许招引外人,不许交结外官,不许使弟侄亲戚暗相交结,不许假弟侄等人名色置买田屋","其在外官,亦不许与内官互相交结"。第二年又恢复尚方司,共为十四衙门。至此,十四衙门取代了内务府,明朝太监制度在清宫就基本恢复了。这种与满洲旧俗不符的做法,必然招致满大臣的反对。顺治十二年(1655)六月,福临在大臣们的压力下,仿照明初太祖朱元璋在宫门立铁牌限制太监干预政事的做法,也铸了铁牌立在交泰殿等处。铁牌所铸谕文为:

"中宫之设,虽自古不废,然任使失宜,遂贻祸乱。近如明朝王振、汪直、曹吉祥、刘瑾、魏忠贤等,专擅威权,干预朝政,开厂缉事,枉杀无辜,出镇典兵,流毒边境,甚至谋为不轨,陷害忠良,煽引党类,称颂功德,以致国事日非。覆败相寻,足为鉴戒。朕今裁定内官衙门及员数职掌,法制甚明,以后但有犯法干政,窃权纳贿,嘱托内外衙门,交结满汉官员,越分擅奏外事,上言官吏贤否者,即行凌迟处死,定不姑贷。特立铁牌,世世遵守。"

然而由于福临对太监实际上的宠幸,使上述措施都付诸东流:太监们对限制他们的政令逐渐熟视无睹,权力也逐渐增大,以致顺治十五年(1658)三月,发生了外官与太监吴良辅勾结,行贿受贿的事件。弘文院大学士陈之遴、恭顺侯吴惟华及大臣陈维新、胡名远、王回子等人,向吴良辅投寄名帖书简,馈送金银币帛。事情败露后,陈之遴等人受到弹劾。吏部认为,他们的行为是"交结犯监,大干法纪",应当严加追究,罢官正法。但福临却觉得,"若俱按迹穷究,犯罪株连甚多",因此驳回吏部的奏疏,一概不究,并免除陈之遴等人死罪,只是将他们革职罢官,籍没家产,携带父母妻子兄弟流徙盛京宁古塔。对此案的罪魁吴良辅,福临更是百般庇护,一直留在宫中。直到顺治十八年(1661)正月三日,福临知道自己病入膏肓,才把吴良辅送到悯忠寺落发为僧。

在经济上福临采取了禁止圈地的措施。清初入关时,施行了大规模圈地后,恶果很快就显露出来了:有些耕地变成牧场,有些良田因无人耕种而荒芜,到处是萧条、凄凉的景象。失去土地的农民离乡背井,四处流浪。困苦不堪的生活迫使他们起来进行反抗。当时汉族地主的土地也被圈占,因此汉族地主阶级与清王朝的关系也变得紧

皇帝祭日朝服

张。圈地使社会生产力遭到极大的破坏,社会秩序也动荡不安。这种做法,显然违背清王朝统治的根本利益。为安定民心,顺治四年(1647)多尔衮已下令禁止圈地。当时大规模的圈地虽然停止了,但零散的圈地仍然在进行。因此,福临亲政后就下令户部迅速行文地方官吏,"将前圈土地尽数退还原主"。第二年又强调,"民地被圈者,该管官即照数拨补,勿令失业。以后仍遵前旨,永不许圈占民间房地"。

在福临亲政(1651~1661)十年间,全国的军事形势大概是这样的:先是,明朝福王弘光政权覆灭之后,鲁王、唐王、桂王竖起旗帜,建立政权。李自成、张献忠死后,其余部也分合重组,有的自立门户,有的投靠南明,反清力量重新聚结。福临亲政之初,败报频传:桂林兵没,定南王孔有德自杀;衡州中伏,敬谨亲王尼堪被斩——"两蹶名王,天下震动"。福临调整政策,锐意进取,进行改革。他命洪承畴经略五省,调集八旗,重用绿营,剿抚并施。先平定湖广,又扫平两广;乘胜大进,南明永历政权秦王孙可望降,被封为义王。尔后,清军三路会师,进军云南,攻陷昆明。再乘胜前进,进军缅甸,昼夜兼行,追永历帝朱由榔。大军至缅城,缅王执朱由榔及其家口等于军前,被吴三桂下令勒死,明朝统绪就此断绝。除了郑成功在台湾割据,清王朝在中原的统治趋于归一。

福临亲政十年,总的说来是一位能宽容、肯自省的君主。有一次,给事中朱之弼上疏痛陈政弊,尖锐地指出:"今日之病在六部,六部之病在尚书,尚书之病在推诿,推诿之病在皇上不择人、不久任、不责成效、不定赏罚。"这就把一切病因归结到皇帝身上。

福临并没有计较他的唐突,加以采纳。又有一次,郑成功军队陷南京的败报传到朝廷,福临狂暴急怒,要率军亲征。皇太后斥责他,他竟用剑砍断御座;保姆劝诫,竟要把她处死。诸大臣没有办法,请与福临亲近的汤若望来规劝。汤拒绝许久,方才答应。第二天一早,汤若望到了皇宫,诚恳地向福临说明不要亲征的道理,并递上头天夜里写的奏疏。这时,福临的情绪已经平静,答应汤若望的恳求,并命在城门贴出皇帝已不亲征的告谕。此外福临常能体会到民力艰难。他决定永远不再向江南征收橘子,以示不因"口腹之微"而骚扰百姓。他永免江西进贡龙碗、四川进贡扇柄等。他决定修造宫殿就地取材,不再用山东临清烧造的城砖,以减轻百姓运输之苦。

福临生活的紫禁城虽弥漫满洲文化,却在汉族文化的大氛围之中。他倾心仰慕汉文化,极力接受汉文化,"每晨牌至午,理军国大事外,即读至晚,然顽心尚在,多不能记。逮五更起读,天宇空明,始能背诵。"在短短的九年间,他对四书五经、秦汉文粹、唐宋诗词、明人小说,多所涉猎,大有长进。他读过200篇明洪武以来的会试卷子,已能用汉文批阅大臣奏章,评定进士试卷。史大成(乙未科)、孙承恩(戊戌科)、徐元文(己亥科)三科状元,都是由福临亲自阅卷擢取,自称他们是"敝门生也"!

用八股文章,考儒家经典,是福临汉化的一个重要表现。如顺治九年(1652)举行会试,命范文程等28人为殿试阅卷官。他策试的一道制策是:"念治天下之道,莫大乎用人听言。人有真邪正,言有真是非,往往混淆难辨。今欲立辨不惑,一定不移,将遵何道与?开创之始,凡官制、赋役、礼乐、兵刑、营建、风纪,规模粗设,未协至道。自唐虞三代以来,其制可得详闻与?或因或革,或盛或衰,意者不在制度文为,而别有在与?用正人,闻正言,行正道,朕日切于怀,未得其要。尔诸士幼学壮行,宜各出所见,实陈方略。其文务以汉廷贾、董诸臣为式,毋治对偶冗长故习,朕将亲览焉。"福临的制策,表明其心态:求贤若渴,求治若渴。他征询的治国之道是:如何用正人听正言,而辨小人、辨邪言;如何改革制度,借鉴历史经验;如何在制度之外寻求别策;在对策中,要像汉朝贾谊、董仲舒的文章,内容要切实,文风要朴实。

尽管福临追求汉化,出于自我保护意识却是有一定界限的。顺治十年(1653)春季二月份,福临到内秘书院,看到少詹事李呈祥的一份奏折,内容关于建议部院衙裁去满族官吏,专门派汉人充任。福临怒气冲冲地对洪承畴说:"我用人不分满汉,你们为什么反而有不同的议论?"洪承畴答不上来。不久,福临便将李呈祥革职,免去死罪,流放到盛京。

另一件事例:顺治十一年(1654)三月份,绞死大学士陈名夏。陈名夏曾经摘下帽子摸着头对宁完我说:"留起头发,恢复汉人服式,天下就太平了。"宁完我把这话报告皇帝,福临下令将陈名夏处以绞刑,陈名夏的儿子及家属被流放。当时因为剃发令,清朝求全民按照满洲样式剃发梳辫,这和汉民族"身体发肤受之父母不得轻易损害"相冲突,激起民变。清王朝用武力强制"留发不留头,留头不留发",杀人无数,所以陈名夏才有这样的话语。

好学善思,笃信宗教

福临是一个性情中人,好学善思,对宗教的一些理念特别珍视。大体说来,福临亲政后,前七年间汤若望耶稣会士势力影响较大些,后四年间佛教和尚势力影响较大些。

汤若望是耶稣会士,德国人。顺治元年(1644),汤若望掌钦天监事,受命修正历法。新历法称《时宪历》，并颁行。福临亲政后，汤若望不仅给皇太后治好了病，还给福临未婚皇后博尔济吉特氏治好了病。庄太后非常感谢他，请他参加皇帝的大婚典礼。庄太后尊汤若望为义父，福临尊称他为"玛法"（满语"爷爷"）。此后，福临一方面向汤若望请教天文、历法、宗教等学问，另一方面向他请教治国之策。福临曾在两年中24次亲访汤若望的馆舍，作为师友长时晤谈。"睹时政之得失，必手疏以秘陈。"汤若望向福临先后呈递了300多件奏帖，陈述自己的建议和见解，其中许多谏言被福临采纳。福临很喜欢汤若望平易近人的作风，语言慈祥的奏疏。福临同汤若望的交往日益密切，以至超出君臣关系。福临有所垂询，便召汤若望入宫。他还允许汤若望随时进入内廷，君臣畅谈，竟至深夜。福临因为宠信汤若望，给他封了许多职爵：先加太仆寺卿，不久改太常寺卿。顺治十年（1653）赐号"通玄教师"。

庄太后是蒙古族人，自幼受到佛教很深的熏陶，对福临也有影响。所以福临稍长便信奉起佛教来。顺治十四年（1657），福临在京师海会寺同憨璞聪和尚见面，二人相谈甚欢。福临欣赏憨璞聪的佛法智慧、言谈举止，便将他召入宫中。十月，福临又在皇城西苑中海的万善殿，召见憨璞聪和尚，向他请教佛法，并赐以"明觉禅师"封号。他对佛教愈信愈虔，愈修愈诚。福临还召见玉林琇和尚、木陈忞和尚、茆溪森和尚等，让他们在宫里论经说法。福临对他们格外宠眷，他们也多方讨好皇上。福临请玉林琇为他起法名，"要用丑些字样"。他自择"痴"字，即法名"行痴"、法号"痴道人"。玉林琇颂称福临为"佛心天子"，福临封他为"大觉普济能仁国师"。福临则在这些和尚面前自称弟子。

福临笃信佛教，一度有剃度出家的念头。有一次福临对木陈忞说："想朕前身一定是僧人，所以一到佛寺，见僧家窗明几净，就不愿意再回到宫里。"他还表示："若不是怕皇太后挂念，那我就要出家了！"有记载统计，他在两个月的时间，先后38次到高僧馆舍，相访论禅，彻夜交谈，完全沉迷于佛教。董鄂氏死后，福临命茆溪森为他净发，说是要放弃皇位，身披袈裟，披缁山林，孑身修道。玉林琇奉庄太后诏命回京后得知此事，非常恼火，当即命人取来柴薪，要烧死弟子茆溪森。福临只好暂时收敛这一念头，重新蓄发，茆溪森得免一死。福临虽然重新蓄发，但出家的念头未消。有一次玉林琇到万善殿见他时，福临问玉林琇："朕思上古，惟释迦如来舍王宫而成正觉，达摩亦合国位而为禅祖，朕欲效之如何？"玉林琇回答："若以世法论，皇上宜永居正位，上以安圣母之心，下以乐万民之业；若以出世法论，皇上宜永做国王帝主，外以护持诸佛正法之轮，内住一切大权菩萨智所住处。"这说明福临对出家做和尚还是念念不忘，却也是性之所致。

一见钟情，至死不渝

福临先后册立两位皇后。一位是庄太后聪明而美丽的侄女博尔济吉特氏，由多尔衮做主订婚、聘娶。顺治八年（1651）八月，册立为皇后。事过两年，二人性格不合，时常发生口角。一天，福临让大学士冯铨查奏前代废后故事："皇后无能，所以当废！"他奏报皇太后，降皇后为静妃，改居侧宫。后礼部尚书胡世安等18人，各具疏力争。一个叫孔允樾的官员奏称："皇后正位三年，未闻失德，特以'无能'二字定废嫡之案，何以服皇后之心，何以服天下后世之心？君后犹父母，父欲出母，即心知母过，犹涕泣以谏，况不知母过何事，安忍缄口而不为母请命？"事下诸王大臣会议，议仍以皇后居中宫。福临坚持己见,废掉皇后。之后立的另一位皇后也是博尔济吉特氏,是前一位皇后的侄女。之所以这样还是为了保持满洲与蒙古族的盟友关系。顺治十一年(1654)五月,年14,聘为妃。六月,册为后。她不久又受福临斥责。但皇后能委曲求全,又有太后呵护,得以未废,至康熙五十六年(1717)死。享年77岁。

前后两任皇后都是政治婚姻,福临终身最爱的是董鄂妃,又作栋鄂妃。其来历有三说:其一为官书《清史稿·后妃传》记载的栋鄂氏,"孝献皇后栋鄂氏,内大臣鄂硕女,年十八入侍。上眷之特厚,宠冠后宫"。其二为笔记野史记载的董小宛,原为江南名士冒辟疆之妾,长诗词,善歌舞。清军南下,掳入北京,留在王府,后纳内廷。福临喜欢,从庄太后处要到自己身边。其三根据汤若望的回忆录和历史学家陈垣的考证,她似乎就是福临夺十一弟襄亲王博穆博果尔之爱。董鄂氏聪敏俊丽,明秀婉惠,诵经习书,善解人意,而博得福临的宠爱。此事被博穆博果尔发觉,董鄂氏遭到严斥。福临闻知后,冲动地打了博穆博果尔一个耳光。博穆博果尔心情万分痛苦,事情发生于当今皇上是没地方讲理的。博穆博果尔于顺治十三年(1656)七月初三日,愤怒郁闷自杀而死。福临于其二十七日服满后,直接将董鄂氏娶进宫。顺治十三年(1656)八月二十三日,18岁的董鄂氏被册立为贤妃,不久晋封为皇贵妃。福临本意是要封她为皇后,但因刚废一后、再立一后,朝野甚多议论。福临同董鄂妃晨夕候居,饮食服御,情投意合,心心相印。次年,董鄂氏生下一子即皇四子。福临爱屋及乌,认定这个孩子就是皇位的继承人。但出了意外,小皇子出生三个月,未命名便夭折,伤心之下追封其为荣亲王。董鄂妃因此郁结于胸,得病撒手绝人寰,年仅22岁。福临承受不起这一连串的打击,悲不欲生,"寻死觅活,不顾一切,人们不得不昼夜看守着他,使他不得自杀"。福临辍朝五日,追谥董鄂妃为端敬皇后,在景山建水陆道场,大办丧事。将宫中太监与宫女30人赐死,让他们在阴间侍候端敬皇后董鄂氏。全国服丧,官员一月,百姓三日。这些都是超逾常制之举。福临请学士撰拟祭文,"再呈稿,再不允"。后由张宸具稿,"皇上阅之,亦为堕泪"。以福临名义亲制的《端敬皇后行状》数千言,极尽才情,极致哀悼,历数董鄂氏的嘉言懿行,洁品慧德,深切地表达了福临对董鄂氏的深情和哀思。为此,福临曾赐木陈忞御书唐诗一幅,诗云:

洞房昨夜春风起,遥忆美人湘江水。

枕上片时春梦中,行尽江南数千里。

在端敬皇后死时,福临停止朝见群臣,不理政事。从此独居养心殿,从早到晚悲痛不已。甚至在写给群臣的诏书中,竟有"我还有什么心思活在人世上"的话。在他临终前留下的遗诏里也有:"我内心深感痛苦悲哀,为追忆贤淑的妃子,丧葬的礼仪超过了常规,我不能以礼控制自己的情,很多事情都违反了规定"等等话语。因此才有传说福临实际上没有死。当日因为痛苦的缘故,他退位出宫,穿上和尚服,到处游方了。五台山上的清凉寺,就是顺治出家的地方。说后来康熙数次陪着祖母、母亲到五台山,虔诚地到各寺庙行礼,就是为了拜见福临。贞妃是端敬皇后的妹妹。据说福临出走时只有贞妃知道。后来有人将此事报告了庄太后,贞妃因害怕而自尽身死。也有人说皇宫里的皇历用的年号一直是顺治和康熙并行,直到"顺治三十年"——说是那一年顺治"和尚"圆寂了。这也许只是传说。

英年早逝，迷雾重重

依照正史记载，董鄂氏死后，福临终日郁郁寡欢，精神一蹶不振，身体每况愈下。顺治十七年(1660)年底，福临感到身体不适，下令免去一年一度的元旦大朝庆贺礼，本来应该亲诣太庙举行的除夕祫祭礼，也只好遣官代行。福临预感到这次得病大不似往常，颇为紧张。因此，元旦第二天，他强支着病体，把宠爱的太监吴良辅送到悯忠寺落发为僧；初三日又两次派太监到万善殿，传旨国师玉林琇为自己念经祈祷。初四日朝中正式向大臣宣布皇帝患病。尽管没有宣布病状，但大臣们很快就得知皇帝是患了天花。当时天花被视为不治之症，这个消息使举朝内外顿时紧张起来：宫中撤去了因过节才挂上的全部门神和对联。同时向全国传谕：毋炒豆、毋点灯、毋泼水，接着，又下令释放除十恶死罪外所有在牢囚犯，以祝愿皇帝康复。

福临知道自己命在旦夕，对后事的安排已刻不容缓。初六日半夜，他急命太监传谕学士王熙和麻勒吉，速到养心殿记录自己的遗嘱。三更时分，王、麻二人赶到，福临向他们表示，自己"已患痘症，势将不起"，让王熙在床前速撰遗诏。王熙在床前匆匆写下遗诏的第一段。此时福临已疲惫不堪。王熙担心这样下去皇帝可能支持不住，便赶紧奏明：为不使圣体过劳，待他们将诏书全部拟就再行进呈。垂危的福临只有点头同意。这样，麻、王二人到乾清门西朝房内起草了皇帝的遗诏。初七日半夜，福临死在养心殿，时年24岁。

第三天，朝廷向全国公布了皇帝的遗诏。这份遗诏主要讲了三件事。一是"罪己"，即福临自我忏悔，说自己"亲政以来，纪纲法度，用人行政，不能仰法太祖太宗谟烈，因循悠忽，苟且目前，且渐习汉俗，于淳朴旧制，日有更张，以致国本未臻，民生未遂"。类似这样的自我谴责在遗诏中共十四条，称"十四罪"，中心一个思想就是说自己违反祖制，改习汉俗，委任汉官，设立十三衙门。从福临亲政后十年的实践来看，遗诏中的这个评价应该说是合乎事实的。但福临生前对自己习汉俗、用汉官的做法从来没有发生过动摇。因此，很难想象垂危之时，他却忽然对自己在亲政十年中所做的违反祖制之事，有如此深刻的反省。从麻勒吉奉旨将遗诏面呈皇太后，再向诸王大臣宣读，最后向全国公布这个过程来看，极大的可能是朝中一些持保守政见的、早已对福临的作为不满的贵戚，劝说、怂恿皇太后对遗诏做了改动，强加进罪己的内容。这封遗诏是朝中保守势力再次抬头的一个先兆。这篇《罪己诏》由翰林院掌院学士王熙起草，写完一条，立即呈送。一天一夜，三次进览，三蒙钦定。但后来王熙闭口不谈此事，似有难言之隐。因遗诏交皇太后、辅政大臣看过后，才颁示群臣。上述遗诏内容，史家多有怀疑。

遗诏中讲的第二件事是确立皇太子。清王朝此时还没有形成一个固定的立储制度。福临在病重时曾经考虑过是否将皇位传给自己的兄弟，而庄太后却主张从皇帝的儿子中选一个继承人。福临先后有过八个儿子，长子和四子已夭折，第五子到第八子都太年幼，能够考虑的只有二子福全和三子玄烨，都是庶出，年龄都不大。而且福临也说不上对哪一个有所偏爱。此时，传教士汤若望建议"舍去一位年龄较长的皇子，而封一位庶出的，还不到七岁的皇子为帝位之承继者"。当时为促成这一决断所提出的理由，"是因为这位年龄较幼的太子，在髫龄时已经出过天花，不会再受到这种病症的伤害，而那位年龄较长的皇子，尚未曾出过天花，时时都得小心着这种恐怖的病症"。福临接受了汤若望的意见，在遗诏中立玄烨为皇太子。

玄烨当时尚不足八岁，无法主持朝政。福临在遗诏中又谈了第三件大事：指定内大臣索尼、苏克萨哈、遏必隆、鳌拜四人为辅政大臣。索尼等四人皆非宗室，都是异姓大臣。福临没有把辅政大权交给皇亲国戚，反而挑选了索尼等人。分析起来，这里面包含了他的苦心：当年睿亲王多尔衮摄政，专横跋扈，唯我独尊，根本不把皇帝放在眼里。福临对此至死记忆犹新。他担心由亲王辅政会出现第二个摄政王。他不情愿让刚刚集中起来的皇权分散到诸王手里，使自己当年受挟制的经历在儿子身上再现，因此才决定在上三旗中选择异姓大臣辅政。

顺治皇帝福临就这样离开了历史舞台，留下了一串串难以猜解的谜团。

清圣祖玄烨

人物档案

生卒年：1654~1722 年

父母：父，世祖福临；母，佟佳氏

后妃：皇后赫舍里氏、定妃、通嫔等

年号：康熙

在位时间：1661~1722 年

谥号：仁皇帝

庙号：圣祖

陵寝：景陵（清东陵）

性格：沉着睿智，仁孝宽厚，勤奋谨慎

名家评点：

康熙在各项标准上，符合了中国传统上所谓的内圣外王的尺度，他既仁慈也不乏决断力。

——黄仁宇

康熙帝

少年天子，铲除鳌拜

爱新觉罗·玄烨，顺治十一年三月十八日（1654 年 5 月 4 日）生，康熙六十一年十一月十三日（1722 年 12 月 20 日）卒，庙号圣祖，谥号仁皇帝，葬景陵。八岁登基，在位 61 年，享年 69 岁。康熙皇帝是中国历史上在位时间最长的君主。他名曰守成，实同开创。勤于国事，好学不倦，奠定了清朝兴盛的根基。

玄烨于顺治十一年（1654）三月十八日，出生在北京紫禁城内景仁宫。玄烨的童年生活并不幸福。其母佟佳氏是福临一个连封号都没有的小妃子。玄烨出生不久，福临便将自己全部的感情奉献给了皇贵妃董鄂氏，心中再无旁骛。玄烨很小的时候出天花，被送到紫禁城外北长街路东的一所宅第中，令乳母抚养；将玄烨送出宫的名义是说他"未经出痘"，需要避痘。对此，玄烨终身感到遗憾，直到他 60 多岁时还耿耿于怀："世祖章皇帝因朕幼时未经出痘，令保姆护视于紫禁城外，父母膝下，未得一日承欢。此朕六十年来抱歉之处。"但这却成了他能够当上皇帝的一个重要支撑点。顺治十八年（1661）正月初六日福临病危时，玄烨因出过天花不致夭折而被指定为继位人。

此前有一次，福临问来到身边问安的三个儿子，长大之后有何志向。皇五子常宁刚三岁，不能作答；皇二子福全说"愿为贤王"；玄烨尽管年龄不大，却从容地回答："长大后效法皇父，黾勉尽力！"可见他自幼就有远大的志向。而实际上对玄烨的教育则由其祖母一手承担起来。从他能站立学步起，皇太后就要求他起居言语，都遵循一定的规矩，就是平居独处，也不能有所越轨。否则，就要受到不同形式的惩罚。严格的教育，为玄烨以后成为一个有所作为的君主，奠定了良好的基础。玄烨刚继位不久，一次太皇太后问他打算做什么，玄烨回答说："唯愿天下乂安，生民乐业，共享太平之福而已！"史书评论说："康熙皇帝抚驭万方，驯致太平，其基已肇于此。"其祖母死后，玄烨曾带着怀念感激的心情回忆道："忆自弱龄,早失怙恃,趋承祖母膝下三十余年,鞠养教诲,以至成立。设无祖母太皇太后,断不能有今日成立。"

按照福临遗诏,玄烨应"持服二十七日,释服即皇帝位"。但辅政大臣却以"神器既已攸归,天位不宜久旷"为由,坚持要皇太子及时即位。于是,福临死后第三天,即顺治十八年(1661)正月初九日一早,八岁的玄烨就在太和殿登基,成为清入关后第二位皇帝。然后颁诏于天下,改明年为康熙元年。

玄烨即位后,内由祖母太皇太后鞠育懿教;外由索尼、苏克萨哈、遏必隆、鳌拜四大臣辅政,这四个人都是皇帝亲领的上三旗人选,是皇权扩张的一个鲜明的信息。顺治皇帝遗命索尼等四人为辅政大臣,使他们受宠若惊。在诸王林立的情况下,他们想不到皇帝会把辅政大权交给自己,不敢贸然就职。然而,此时诸王的权力已经受到极大地削弱,他们无力与皇帝抗争,此时诸王贝勒只好以"大行皇帝深知汝四人之心,故委以国家重务。诏旨甚明,谁敢干预"为由,谢绝了索尼等的请求。选用外姓大臣辅政,是对多尔衮摄政专权的一种纠偏;然而问题在于权力欲不是由血缘关系引发的——只要有这样的机缘,有这样的强人,执掌权力的人就会膨胀,最终演化为不可调和的矛盾,以极端的方式解决。

四位辅政大臣中,索尼是正黄旗人。他功勋卓著,德高望重,但年老体弱。鳌拜是镶黄旗人,是能征善战的猛将,野心勃勃。遏必隆与鳌拜同旗,为人比较软弱,共同的利益使他总是与鳌拜站在一条线上。苏克萨哈是正白旗多尔衮的旧部,在追黜多尔衮时反戈一击有功。

鳌拜居功自傲,依仗权势,专横跋扈,网罗党羽,排斥异己。其弟穆里玛,侄塞本特、讷莫及大学士班布尔善、阿思哈等人都是他的心腹死党。在四辅政大臣中,鳌拜虽然序列最末,却事事都要凌驾索尼之上。他丝毫不把年少的康熙帝放在眼里,经常当面顶撞,在皇帝面前"施威震众,高声喝问","凡事在家定议,然后施行,且将部院衙门备官,于启奏后常带往商议,以至当时"文武各官,尽出伊门下"。

针对鳌拜专权横行,太皇太后进行了暗中布置。在玄烨仅 12 岁时,她就提出册立索尼的孙女赫舍里氏为皇后。这对鳌拜专权就构成一种潜在的威慑。消息传出后,鳌拜激愤不已,索尼一家后来在解决康熙帝与鳌拜的矛盾中,起了极为重要的作用。

至康熙五年(1666),矛盾更加激化,集中表现在鳌拜制造的圈换土地事件上。早在清初进关圈地时,镶黄旗圈占的是保定、河间、涿州一带的土地;而正白旗倚仗多尔衮的势力,则圈占了蓟县、遵化、迁安等处的土地。时隔 20 多年,旗民在所圈土地上已各安其业,但鳌拜因与正白旗苏克萨哈的矛盾已积怨成仇,总想制造事端进行报复。此时他借口当年多尔衮将镶黄旗应得之地给了正白旗,而镶黄旗土地不堪耕种,便下令户部重新丈量土地,将蓟县、遵化等地拨给镶黄旗,再另圈土地拨给正白旗。

这样做一方面是鳌拜在打击正白旗的势力;另一方面是以换地为名,满洲贵族再次掀起大规模的圈地高潮,是鳌拜所代表的落后保守势力在康熙初年抬头的反映。命令下达后,保定、遵化等地的百姓惶恐不安。"旗地待换,民地待圈",旗人汉人都无心从事正常的农业生产,使田园荒芜,百业萧条。圈换土地的决定,在统治阶级内部也引起很大的混乱。除了苏克萨哈因其利益直接受到侵害而坚决反对这种做法外,大学士兼户部尚书苏纳海,直隶、山东、河南三省总督朱昌祚,保定巡抚王登联,因主管换地事务,了解圈换土地造成的动荡,也都反对这种做法。然而圈换土地是鳌拜处心积虑的步骤,自然不容人反对,便以"观望迟误""藐视上命"的罪名,将苏纳海、朱昌祚、王登联杀害。

第二年，康熙帝14岁，加上已经大婚，到了亲政的年龄。苏克萨哈自知敌不过鳌拜，想借皇帝亲政的机会退出斗争的漩涡，以保全余生。他上疏皇帝，请求派自己去看守先皇陵寝。鳌拜见疏却说他这种打算意在反对皇帝亲政，牵强附会地给苏克萨哈捏造了24条大罪，准备将他处以磔刑。康熙帝知道鳌、苏之间结怨甚深，鳌拜这种做法是公报私仇，因此坚决反对。但鳌拜却连续数天在朝中挥动双臂与皇帝大吵，最后仍强行将苏克萨哈父子及兄子十人杀害。

关于此事，康熙帝对鳌拜非常不满，有心将鳌拜铲除，却又顾虑鳌拜党羽众多，势力强大，自己手中无实权，一时很难取胜。他决定逐步来。

康熙六年（1667），康熙帝下诏让大臣们直言进谏，满朝文武因惧怕鳌拜的专横无人敢言。只有一个任弘文院侍读学士的汉族小官熊赐履，不惜冒天下之大不韪，上疏几千言，陈述了自己对时政的见解，语言尖锐犀利，切中时弊。熊赐履上书议论时政曾说，宫廷内的大臣是外边大臣的表率；又说，辅政大臣好大喜功，急功近利，只知道追求眼前的小利，以利自己。鳌拜厌恶他弹劾自己，于是请康熙帝以妄言罪惩治熊赐履，同时还请求康熙帝禁止御史们随便讲话，不准随便上奏章。康熙帝没有批准，说他们是为了国家的事情着想，与你们有什么关系呢？鳌拜自知理亏，也只得作罢。

皇后的叔父、索尼的第三子索额图从少年时起就在宫中担任侍卫，因对皇帝忠心耿耿，很快就从三等侍卫升至一等侍卫，康熙七年（1668）又被授予吏部侍郎。在了解到康熙帝的意图后，便主动辞去吏部侍郎的职务，保留担任一等侍卫，效力于皇帝左右。康熙帝于是利用索额图职务上的便利，命他每天率领一些十五六岁的青年卫士训练满族传统的摔跤运动——布库戏，在鳌拜入宫朝见时撞见也不回避，鳌拜也就没把这事放在心上，只当是普通游戏——反而让鳌拜轻看了康熙，以为他不过是个热心玩闹的孩童。

鳌拜也对康熙进行试探和示威，曾经装病不上朝，叫康熙帝到自己家来探视。当康熙帝来到他的房间里时，康熙帝的侍卫和托发现鳌拜的脸色不对头，急忙跑到鳌拜的床前。把席子掀起来，下面露出一把刀，形势刻不容缓。康熙帝当时急中生智打哈哈，说武人携刀是职业习惯，没有深究，避免了一场突如其来的冲突。康熙帝回宫后，召来索额图合计对策。康熙八年（1669）五月的一天，康熙帝在南书房召见鳌拜，四下里早已经理伏好。鳌拜刚步入书房，那些经过训练的卫士们便一拥而上，将鳌拜擒住。接着，康熙帝传谕康亲王杰书等拟定鳌拜、遏必隆及其同党的罪状。杰书等给皇帝的奏折中说，鳌拜犯大罪三十，"应将鳌拜革职立斩，其亲子兄弟亦应斩，妻并孙为奴，家产籍没。其族人有官职及在护军者，均应革退，各鞭一百，披甲当差"；遏必隆犯大罪二十，"应将遏必隆革职立绞，未分家之子并妻为奴"，"其族人有官职及在护军者，均应革退，披甲当差"。另外鳌拜的同党大学士班布尔善，侄子内廷行走塞本得，吏部尚书阿思哈、户部尚书马迩赛，兵部尚书噶褚哈等20多人，也都应受革职立斩的处分。康熙帝却考虑到：他惩处鳌拜的目的在于夺回权力，此时鳌拜已倒，目的也就达到，而杰书等人提出的惩处名单牵连过多，这有可能会引起政局的动荡，便采取宽容态度，将鳌拜从宽免死，仅"革职籍没，仍行拘禁"；对遏必隆的处理更轻，只是"免其重罪，削去太师"。在这次事件中，处以死罪的仅鳌拜的心腹班布尔善等七人，其余20人都受到不同程度的赦免。从此，康熙帝开始实行名副其实的亲政，真正展开了自己的治国宏图。

勤奋好学,勤于政事

康熙皇帝是一位很有作为的君主,他开创了清朝的盛世局面。康熙皇帝在位61年,是整个封建社会执政时间最长的皇帝。康熙皇帝勤于政事,六十余年如一日,在处理政事时,突出一个"勤"字。他曾很自豪地对大臣们讲,自己早起晚眠,对于大臣们的请示,有问必答。遇有紧要公事,他总是连夜批示,从不拖延。康熙皇帝处理政事还特别认真。他反对"皇帝只管天下最重要的事,不必管一些小事"的说法,他公开宣称:皇帝处理事情,一时不谨慎就给天下造成麻烦;一时不谨慎就给后世留下灾难。不注意小事,就要危害大事。因此,他处理政事,从不疏略,甚至对大臣们草拟的文件中的错别字也要指出来,予以改正,然后才下发。

康熙皇帝不仅严格要求自己勤于政事,而且严格要求大臣们勤于政事。他要求众臣把诸葛亮作为榜样,他指出"鞠躬尽瘁,死而后已"的名言,不仅适用于大臣,而且也适用于皇帝。他对于有的大臣不及时处理政务,刚到衙门就回家,致使政事拖延不办,文件不批堆积,深感痛恨,他指示大学士警戒众臣,一定要勤于政事,不准偷懒。

正是因为康熙皇帝勤于政事,所以他才能不失时机地妥善解决了内政、外交、经济、文化等等一系列重大问题。

御门听政是皇帝接见大臣,处理政务的形式之一。康熙亲政后即在乾清门听政。清代御门听政制虽然在顺治初年就已确立,但顺治年间却很少实行。康熙朝时,由于皇帝本人的勤奋,几乎天天御门,这一制度才得以认真实施。

按清初的制度,每月逢五,皇帝才御太和殿举行常朝,在京文武百官均入朝行礼,外官来京、京官外升谢恩者,亦于殿前行礼。如皇帝不御殿则王公在太和门外,百官在午门外行礼坐班然后散去。皇帝平时办事、学习则在后宫。如果不逢常朝日,又不举行御门听政,那么非特殊情况,皇帝与外臣就没有什么往来。这种朝会制度,很合那些骄奢淫逸的皇帝的口味,但对于勤奋好学的玄烨来说就不同了。除鳌拜之前,他急于了解朝政,力图尽早把皇权抓到手中;除鳌拜后,又面临着一系列如平三藩等关乎国家命运的大事,容不得他停息。因此,玄烨把御门听政看作是他接触大臣、了解下情的绝好机会。故御门最勤,几乎每天举行。夏天气候燥热,他就改为瀛台听政。每天的御门听政,成为玄烨十分重要的政治活动之一。很多国政大事,都是在听政时听取意见,再作决定。

御门听政的时间,最初春夏两季定为卯正(即晨六时),秋冬二季为辰初(晨七时)。康熙二十一年(1682)后有所变化。那时玄烨虽春秋鼎盛,但许多为他出谋划策的大臣却已老态龙钟,为了参加御门听政,每天三更半夜就得起身,他们年老气衰,早起赶往宫中成了一大负担。于是大理寺司务赵时楫上疏:"诸臣每夜三更早起,朝气耗伤,未免日间办事反难精密。不若分班启奏,俾其精神,递相节养。或令满汉正佐轮流,或将朝期比前量为增益,以立不刊之典。"玄烨接到奏折后,认为他言之在理,于是回批道:"朕御朝太早,各官于三、四鼓趋赴朝会,殊为劳瘁。自今以后,朕每日御朝听政,春夏以辰初刻,秋冬以辰正初刻。……如有年力衰迈及偶患疾病,俱向本衙门说明,免其入奏齐集。"从此以后,御门听政的时间春夏二季就改为七时一刻,秋冬二季改为八时一刻。

玄烨视御门听政为乐事。大臣们都说他每天临朝太辛苦,他却说:"此乾清门乃朕宫中,亦有何劳?"然而,每天夜半起身对于养尊处优的朝臣来说却其苦不堪。他们三番五次上疏,提出种种理由,希望皇帝能够放宽御门听政的时间。面对大臣的反复恳请,玄烨终于对某些情况做了让步。每逢大朝之期,或遇大雨大雪,遇酷暑严寒,确无应奏事宜,方许临时请旨暂停听政;对前来上朝的年迈大臣也放宽了限度:年逾60岁的大臣不必每天都来,可以间隔三两天到乾清门前启奏一次。但玄烨本人因"听政三十余年已成常规,不日日御门理事即觉不安,或隔三四日恐致倦怠,不能始终如一矣",所以仍坚持每日听政。

明末清初百年间战争不断,人死田荒,生产凋敝。康熙帝作为一代英明君主,能够体贴民意,与民休息,轻徭薄赋,兴修水利,发展农业。清军入关后,最大的弊政,莫过于圈占土地,跑马占田,任意圈夺。顺治帝曾谕令禁止圈地,但令而不止。康熙帝颁令,停止圈地,鼓励垦荒,恢复生产。同时康熙在位期间常常下令蠲免钱粮。据统计,康熙帝在位61年间,先后蠲免税粮、丁银、逋赋达545次之多,尤以普免全国钱粮在以往历代更是罕见的,再就是免除丁银。向来丁纳银,地交赋,丁银与地赋分征。随着社会变化,康熙五十一年(1712)宣布:"滋生人丁,永不加赋。"后来雍正又给修订为"摊丁入地",将丁银摊入地亩。免除丁银,减轻人身依附,促进人员流动。大清王朝正是在这样兢兢业业的皇帝治理下日渐一日地繁荣起来。

翰林曹禾因为康熙帝功德日盛一日,请康熙帝举行封禅。给事中王承祖请康熙帝巡狩。康熙帝把二人的奏议交给朝臣们讨论。只有工科给事中任辰旦一个人上奏折劝阻,说封禅只有秦始皇、汉武帝、宋真宗等皇帝举行过。至于巡狩,《舜典》《王制》诸书都有记载。古代诸侯各主一国,天子巡视他们所守的地方,以协同礼仪、制度。现在,天下一家,巡狩之礼仪也不用举行。他的奏章呈上去之后,没有回音。不久,各部大臣的议论上报康熙帝,说舜东巡到泰山,焚柴致祭;汉高祖经过山东,用猪牛羊三牲祭祀孔子。今天,康熙帝盛德神功同尧舜一样,效法古代制度进行东巡,经过泰山、阙里,也应祭祀。于是康熙二十三年(1684)九月二十八日,康熙离京沿陆路首次南巡。当天来到永清县南哥驿,后经霸州、河间、德州,于十月初八日到达济南府。在济南,康熙游览了趵突泉、珍珠泉,并为二泉题写了"激湍""清漪"的匾额。十日到泰山,登泰山极顶,到"孔子小天下处",书写"普照乾坤",又到东岳庙,亲祀泰山之神。下泰山后,继续南行,十月十八日到达当时的治河重镇江苏省宿迁,视察河务,召见河道总督靳辅。接着,到达黄河与运河交汇处清河县,从这里开始乘御舟,改水路沿运河南下。在仪征,船队渡长江。到镇江后,康熙游览了金山、焦山,为金山龙禅寺题"江天一览"的匾额,十月二十六日,御舟到达苏州,在苏州游虎丘等地后回銮。路经无锡,游了惠山。到江宁,康熙亲诣明孝陵奠祭,做《过金陵论》一文。十一月十七日到达曲阜,康熙又亲诣孔庙,向孔子像行三跪九叩礼,又游孔林,并在诗礼堂听监生孔尚任等讲经。

第二次南巡是康熙二十八年(1689)正月。皇长子胤禔随驾。初八日离京,循第一次南巡路线,到泰山,率扈从之文武群臣向岱宗行礼,二十三日到宿迁召集两江总督傅拉塔,河道总督王新命等共同视察河务。继续南行,十一日到绍兴祭禹陵,又返回杭州,游览岳飞庙、西湖、孤山。二十七日自杭州回銮。御舟到丹阳时,改陆路到江宁谒明孝陵,临校场,观象台。离江宁后,到金山、扬州。北行至宿迁时,再次召见河臣,视察河务。此后由宿迁沿运河乘船一直到达天津。皇太子胤礽和诸皇子及在京大臣,已在天津码头迎驾。第二天改陆路经武清县回京。

第三次南巡是十年以后,康熙三十八年(1699)二月初三。这次南巡与以往不同,一是随驾的皇亲众多，除皇太后外，还有皇长子胤褆、皇三子胤祉、皇五子胤祺、皇八子胤禩、皇十三子胤祥、皇十四子胤禵；二是因天气渐暖，河水解冻，所以自京东大通桥开始，就乘船沿水路南下。在乘轻舟巡视了洪泽湖边高家堰、归仁堤后，康熙又回到清河县渡黄河。船队到淮安，接着到扬州、苏州、杭州。自杭州回銮北上时，又到江宁谒明孝陵，并为孝陵树碑，题了"治隆唐宋"四个大字。在黄、运交汇的清口，玄烨又乘小船视察了河务，后沿运河北上直至通州回京。

第四次南巡是康熙四十二年（1703）正月十六日。本来在头年九月，玄烨已带皇太子胤礽及随员出京南巡，不意刚走到德州，胤礽生了大病，迟迟不愈。康熙只好临时决定返京。经过一冬的调养，胤礽病愈。康熙四十二年（1703）正月，康熙带皇太子胤礽、皇四子胤禛、皇十三子胤祥再次南巡。二十四日到济南，观珍珠泉、趵突泉，命山东巡抚将御书的《三渡齐河即事诗》悬挂在巡抚署署门，晓示当地百姓。第二天登泰山。二月初二日，到宿迁渡黄河，视察河工。从此改水路南行，到扬州，苏州、杭州，十六日自杭州回銮。

两年以后，康熙第五次南巡。二月初九日，康熙在皇太子胤礽、皇十三子胤祥等扈从下离开京城，第二天在张家湾登舟南行。十七日到天津，二十二日进入山东境内，未到济南、泰山，而是乘船直接到达黄，运交汇的清河县，视察河工。然后到扬州、苏州、淞江，杭州。后自杭州回銮。北上时到江宁，率诸皇子大臣亲谒明孝陵。路经清口、宿迁时，再次登岸视察河工。四月二十九日，回到京城。

康熙最后一次南巡是在康熙四十六年（1707）正月二十二日，康熙率皇太子胤礽、皇长子胤褆、十三子胤祥、十六子胤禄等离京，在静海县杨柳青登船，沿水路南下。在桃源、清河等地视察了河堤及洪泽湖西北的溜淮套地区，处理了河务疑难问题，然后到扬州。与往常不同的是，离扬州后没有南下，而是折西到江宁谒明太祖陵，后到苏州，淞江、杭州。回銮时再次视察河务。

可以说南巡也是康熙工作的一部分。他没有过多地留恋于湖光山色，视察民情和河道是其首要的任务。

治理黄河，关注民生

黄河是中华民族的母亲河，在旧社会，它又是中国的灾河。治理黄河，变水灾为水利，是中华民族从古至今的一项历史性的重任。康熙帝继位伊始，把国家面临的三件大事写在纸上，挂在宫中的柱子上，以期时刻提起自己的注意，而"河务"就是这三件大事之一。康熙之所以如此重视治理黄河，是因为黄河泛滥直接危及了农业及漕运，关系到清王朝的长治久安。

康熙治理黄河，首重探源。曾派侍卫拉锡、侍读舒兰，往穷河源，到星宿海，往返万余里，并绘成舆图。这是中国历史上第一幅经过实踏而绘成的黄河图。

康熙九年（1670）四月，黄河的归仁大堤决口，淮安府、扬州府等处的田地全被大水淹没。康熙十年（1671）十月，黄河在桃源县决口，堤坝被冲毁250丈。康熙十一年（1672）四月，康熙帝命侍卫吴丹、学士郭廷祚阅视河工，并绘图呈献。康熙十六年（1677）任命靳辅为河道总督。靳辅陈述治理黄河八项措施：一、挖掘清江浦以下经云梯关到海口一带河床泥土，修筑两岸堤坝；二、挖掘洪泽湖下游，高家堰以西至清口引水河一条；三、加高、增宽七里墩、武家墩、高家墩、高良港至周家闸的残缺单薄的堤坝；

四、修筑古沟、翟家坝一带大堤，并堵塞黄、淮各处决口；五、关闭通济闸坝，深挖运河，堵塞清水潭等处决口，以便漕船通过；六、所需经费庞大，要预先筹措，以备开工使用；七、裁减河工冗员，调用精明能干之人，到工地帮助工作；八、设立巡河官兵。靳辅的这道本章上奏朝廷之后，有的官员认为一旦兴工，经费难以为继，表示不同意。靳辅一连上了三道本章均坚持自己的主张，康熙帝最后批准了靳辅的请求。

康熙十七年（1678）七月，黄河在砀山县石将军庙及萧县九里沟二处地方决口。当月，靳辅请求康熙帝批准将高家堰的石堰再增高三尺，与土堤一般高，然后再将土堤加高三尺。另外，在高家堰，高良港一带加筑一道戗堤。康熙帝批准了。十月，靳辅因宿县、徐州等地遭水灾，请求建筑13座减水大坝，又请求将清口封闭，从文华寺挖一条新河至七里闸，以七里闸为运口，由武家墩烂泥渡转入黄河。康熙十八年（1679）四月，靳辅上本章给康熙帝说清水潭屡次堵住又屡次冲开，山阳、高邮等七州县田地被淹没。筑东西长堤两道，已经竣工，七州县的被水淹没的土地全都露出水面，官民船只畅通，河水安流，特此报告。

康熙二十一年（1682）十月，黄河在萧家渡决口，康熙帝叫靳辅进京，因为萧家渡决口，正研究修筑的缘故。在此之前，布政使崔维雅向康熙帝上奏章提出《河防刍议》《两河治略》两本书，并附注34件事例，要改变靳辅所实行的减水坝等方法。靳辅曾详细地进行辩论，认为崔维雅的方案不可行。这次，靳辅进京，当面向康熙帝说，萧家渡工程明年正月一定竣工，同时，极力陈述崔维雅建议的荒谬不可行。康熙帝赞同靳辅的意见。当时，众大臣正讨论尚书伊桑阿勘察治河工程的报告，该报告指出不坚固、不符合设计规定的河堤共15000余丈，漏水的堤有4000余丈，两座减水坝不坚固，建议将靳辅撤职，依法从重治罪。康熙帝担心换个不熟悉治河的人要误大事，于是仍然叫靳辅留任，戴罪办事，监督治河。靳辅回到治河工地以后，亲自去监督施工，不久，几处决口之处完全堵塞好，黄河水回归故道。康熙二十二年（1683）四月，靳辅上报萧家渡工程竣工，黄河水归故道。康熙帝传旨表示满意，并准靳辅官复原职。

康熙二十四年（1685）十月，康熙帝命令河道总督靳辅、按察使于成龙兼程进京，会同九卿科道官员详细研究治河事务。当时，于成龙奉命治理海口及黄河下游，听从靳辅指挥。他的意见多数与靳辅不合，因此，朝廷决定将靳辅与于成龙一同召进京，仔细研究。

十一月，靳辅、于成龙到京，同朝臣研究治河工程。靳辅认为应开凿大河，建长堤高一丈五尺，束水一丈，以抵御海潮。于成龙极力主张开通海口故河道。大学士及九卿都同意靳辅的主张。通政司参议成其范、给事中王又旦，御史钱钰赞成于成龙的主张。侍读乔莱是宝应县人，极力说靳辅的主张不对。于是，康熙帝下令尚书萨穆哈等人到现场考察。不久，萨穆哈等人报告康熙帝说开通海口没有价值。康熙二十五年（1686）四月，礼部尚书汤斌应召见康熙帝，提议黄河下游应该疏通。康熙帝命侍郎孙在丰前去主持这件事，把靳辅的提议搁置起来。

康熙二十七年（1688）三月，靳辅上报黄河中游工程竣工，河道新近疏通，要加高筑遥堤，以利永远坚固。康熙帝批准了。不久，御史郭绣、陆祖修和给事中刘楷相继弹劾靳辅治河没有成绩。另外，漕运总督慕天颜，侍郎孙在丰因治河也互相弹劾。康熙帝将靳辅撤职，并将他的幕僚陈璜的职衔也撤销。

康熙二十八年（1689）正月，康熙帝因张玉书等人在巡视治河工程后回来的报告中说，中河狭窄，想在中河立三个闸，以减泄水势，据此询问靳辅。靳辅回答时则说，应在中游间隔二三十里修小闸及涵洞。说法不一致,治河工程上的是非,始终也没有定论。

于是,康熙帝准备亲自去视察。康熙帝到达济南,乘船视察中游河道,下令在镇口闸、微山湖等处开支河口,而黄河的河道仍存而不废。于是,从清河县渡黄河,到达扬州,停船在镇江金山寺。康熙帝到达淮安府,巡视高家堰一带堤岸闸坝,因靳辅治河有功,恢复他的官职,以原来的级别养老。康熙帝还表扬靳辅"实心任事"。

康熙三十一年(1692)二月,又起用靳辅为河道总督,靳辅因为年老多病,辞不就任。康熙帝不批准。四月,靳辅给康熙帝上奏章请求重修新庄闸,以利河水流通。另外,在仲家闸下陶家庄地方应建一座闸,使两座闸之间互相泄泻,尤其对于黄河中游的两条河大有裨益。十一月,靳辅给康熙帝上奏章请求在黄河两岸栽柳种草,并设立涵洞。当时,靳辅极力筹划治理黄河西部的水道。自清河至荥泽抵达三门峡砥柱,河水平静无事。事情告竣,靳辅请病假。不久,靳辅死在岗位上。康熙帝下令为其出钱祭祀、安葬,加谥号为文襄。靳辅受命治河十余年,身心交瘁。而治理黄河中游的工程,尤其造福于百世。评论者认为,他的功绩不在宋礼开会通渠、陈瑄凿清江浦之下。

十二月,康熙任命于成龙为河道总督。最初,靳辅奏命治理黄河时,正值黄河泛滥,河水不流向大海,清口的河道全部堵塞。于是靳辅上奏章说,清口之下不疏通,则黄河、淮河的水无有归处,清口之上不开凿引河,则淮河不畅通。高堰的口子不全部堵塞住,则淮河水分流,那么黄河必定内灌,而下游清水潭也就危险了。况且,黄河南岸不筑堤,则高堰仍有危险潜伏。此岸不筑堤,太行山以东必然遭水灾。所以,筑堤防、疏导下游、堵塞决口,全有先后之分,却无缓急之别。今天,不做一劳永逸的打算,屡次筑堤,屡次坍塌,势必没个结果。靳辅的这道奏章一上交,群臣多有不同的看法,而康熙帝却批准了他的建议。靳辅还未完成所有的计划,而于成龙等人就极力攻击他失误,以致靳辅被撤职。后来,康熙帝明白过来了,又命靳辅担任河道总督。靳辅既死,康熙帝怀念他,说:"靳辅治河道的方略,尽管后来的治理黄河的大臣们互有增删,可是就其大体上来看却是不能改变的。"

康熙三十三年(1694)正月,一些朝臣向康熙帝报告:河道总督于成龙请求增设治河的官员及豁免民工都不合规定,应将其革职。康熙帝命于成龙进京,责问他从前极力诋毁靳辅,以及他主张减水坝宜堵塞不宜开通。于成龙认罪:"臣那时妄言,现在也按照靳辅的办法去做。"康熙四十六年(1707)正月,康熙帝南巡,视察治河工程。五月,康熙帝追念靳辅治河的功劳,下令追封靳辅为太子太保,赏喇布勒哈番世职。从此之后至清朝末年百余年,黄河、淮河太平无事,堤坝完好。这是康熙年间治水一劳永逸的功效。

统一疆域,稳固皇权

平定吴三桂之乱

吴三桂、尚可喜、耿继茂(死后由其子耿精忠继王爵)这三个藩王,是清朝的开国功臣,曾为清朝入关及统一全国发挥了举足轻重的作用。但是,他们随着势力的扩大,权力的增大,个人野心也越发膨胀。到康熙帝继位时,三藩已成了朝廷的祸患,他们尾大不掉,割据一方,与中央相抗衡,其中以吴三桂实力最强。国家全部钱粮大半耗于三藩。三藩还在自己的独立王国里设立税卡,私行铸钱,圈占土地,掠卖人口。吴三桂还自行选派官员,称为"西选"。清廷对待三藩,采取笼络策略,公主下嫁,加以安抚。吴三桂子应熊娶顺治帝之妹和硕长公主,赐府第,居京师。尚氏的之隆、之孝,耿氏的昭忠、聚忠,也都各为额驸。这样一来,出现一个清廷原先没有料到的结果,就是京师同藩地之间的信使往来,朝廷中的机要信息,很快传到三藩。而且,三藩之间也相互联姻,使彼此的利害联结在一起。三藩问题已经成为清王朝对全国实行有效统治的一大毒瘤,其解决办法已经在康熙脑海中日渐成熟。首先,康熙帝对三藩的势力逐步削弱、限制。比如,在康熙二年(1663)收缴了吴三桂的大将军印;从康熙四年(1665)开始,将吴三桂部下的兵丁及兵饷分别予以裁减;对三藩及其属下人仗势欺压百姓,为害地方的事件予以警告和惩处;解除藩王管理地方民事的职权,而且不准藩王属下人员担任总督、巡抚等地方大吏;委派康熙帝的心腹之臣到藩王所在地区担任总督、巡抚,以事牵制。

康熙帝在解决三藩问题时,很注意策略。他采取了坚决的态度,运用灵活的手段,不失时机地予以解决。康熙帝毅然地抓住时机,先发制人。当三藩起兵反叛时,康熙帝毫不动摇,派大兵前去平叛。集中打击吴三桂,对另外两个藩王则有打有拉。政治、军事交相为用,终将三藩之乱平定。

康熙十二年(1673)三月,尚可喜因家庭内部矛盾,上疏请求归辽东养老;当时,其长子尚之信失去父亲尚可喜的欢心,尚可喜要废除尚之信的爵位继承权,而要让另一个儿子尚之孝继承藩王爵位,于是,尚可喜上书康熙帝请求回辽东故乡养老,留下尚之信在广东留守,想乘回乡之机,见康熙帝表明传爵位给尚之孝的意愿。朝廷大臣们研究后认为,尚之信率重兵留守广东,骄横跋扈,难以制服,于是,请求康熙帝下令尚可喜全家回辽东。七月,下令靖南王耿精忠率领属下军队进京听候调用。同时,下令平西王吴三桂调往山海关外驻扎。耿精忠、吴三桂听到撤销广东藩王的消息后,也同时上奏章请求调换自己的驻地,以此试探朝廷的动向。康熙决定把握这次机会,于是力排众议,决意撤藩,强化皇权。他认为:"三桂等蓄谋久,不早除之,将养痈成患。今日撤亦反,不撤亦反,不若先发。"

撤藩令一下,吴三桂撕下了伪面具。当时,侍郎哲可肯等人奉命办理撤藩,在云南催促甚急。吴三桂于是召集众将官开会,说:"现在动身的日子迫近了。朝廷的严令是不可能逃避的。只是咱们已死的从前的皇上永历皇帝的坟墓在这里,能不去告个别吗?"众将官都给吴三桂叩头,并请他下命令。于是,吴三桂选定日期去拜谒南明永历皇帝的陵墓。在去谒陵之前,吴三桂又召集众将官,说道:"同以前的皇帝告别,应该穿前朝的衣服去朝见,诸位要提前预备好。"众将官齐声答应,"好。"到了谒陵那天,众将官都穿上了明朝汉族的官服,齐集陵前。吴三桂头戴方巾、身穿白袍,祭酒之后,跪在地上叩头痛哭,不起身。官兵们都哭了,哭声如雷。其实吴三桂是挂羊头卖狗肉,当初永历皇帝就是被他抓获给勒死的。恢复旧衣冠只是他煽动人心的一个噱头。

当到了动身离开云南的时候,吴三桂又说自己生病不能起床。巡抚朱国治催他尽快启程。吴三桂躺在床上硬是不答应。他用言语激众将:"我老头子同你们诸位给朝廷立过大功,顺治帝不认为我不好,封我为藩王,命令存在朝廷。现在,一个巡抚,不过是个地方官,却这样欺侮我。一旦我进了京城,被送进监狱,咱们还有活吗?!"众将气哼哼地离去,抓住巡抚就杀了。吴三桂于是传令各地,起兵造反,自称天下都招讨兵马大元帅,改明年(康熙十三年,1674)为周王元年。吴军很快由云南,出贵州,略湖南,攻四川,数月之间,数省沦陷。福建耿精忠、广东尚之信相继起兵响应。与此同时,一些同三藩有密切关系的汉族将领如广西孙延龄、陕西王辅臣也纷纷反叛。当时形势十分险恶,叛报频传,举朝震动。有些大臣心存畏惧,主张清君侧,处罚当初提议赞成撤藩的大臣以讨好吴三桂。康熙帝不同意。他下诏削夺吴三桂的官爵,公布其罪状。不久又将留居京师的三桂之子应熊、孙世霖等逮捕处死,这是斩断了与吴三桂讲和的退步,也坚定了朝中一干人等平息吴三桂叛乱的决心和信心。

以二十来岁的弱冠青年对付久经沙场的老将吴三桂,当时康熙很不被看好。尤其是满洲兵入关二三十年,其战斗力已经大不比从前。然而康熙帝在知己知彼的基础上。早已胸有成竹。康熙帝首先抓住主要敌人吴三桂,集中兵力,重点打击。吴三桂在三藩中首先起兵,且势力最大。所以,康熙帝将军队的主力部署在中线即湖南前线,而将次要兵力部署在左翼的浙江、福建一线,右翼的陕西、四川一线。对三藩采取区别对待的政策:下诏停撤耿、尚二藩,以孤立吴三桂。他又宣布对散处各地的吴三桂旧部,凡不参加叛乱者,一律宽宥不究。对杀死经略莫洛的陕西提督王辅臣,也极力争取。康熙帝超越满汉之防,大胆起用汉将汉兵。张勇、赵良栋、王进宝等一干人获得了提拔和重用。康熙帝指挥平叛,运筹帷幄。他对各战场的指挥,常常先命前方将领、督抚提出意见,再命议政王大臣或九卿会议具奏。对一些重大战役的指挥,他命前线主帅绘制敌我双方军事形势图进呈,经过反复研究,决定作战方略。

三个藩王最终都被镇压了。他们失败最主要的原因是他们挑起的这场战争没有民心的支持。吴三桂是最不适宜的"反清复明"的领导者,人们认为他只是出于自己的私欲,扯虎皮做大旗。很快,叛乱陷入了孤立。从这一点儿上说,康熙在民政上兢兢业业,与民生息,也在这场战争中给自己加了分。天下百姓并不认为在"朱明"的旗帜下会比现在有更好的日子。

战争结束后,三藩的财产全部被没收充作军饷。藩王属下的军队撤回京城,在各省,各府的军事要地派八旗兵驻防,再也不把兵权爵位及土地永远封给大臣世代相传了。于是,分封藩镇的弊端彻底解决了。而中央集权的制度逐渐健全,没有疏漏了。康熙帝平定三藩之后,巩固了中央政府的权力,将任免官吏的权力收归中央;将军队编制统一,完全归中央指挥;将三藩的财产没收,改善了国家财政。平定吴三桂为加强国家统一,促进经济、文化发展起了很大作用。

攻占台湾

顺治十八年(1661),明将郑成功驱逐荷兰殖民者,占据台湾。清朝方面将其父郑芝龙砍头,把沿海的边防往内迁移,禁止渔船、商船出海,对台湾方面采取孤立姿态。自此以后,沿海五省的商人、百姓流离失所,万里海疆一片荒凉。

康熙元年(1662)五月,郑成功去世,他的儿子郑经埃承了他的权力。康熙四年(1665),降将施琅、周全斌进攻台湾,无功而回。康熙八年(1669)正月,清朝派使臣到台湾,由明珠负责。郑经拆阅了明珠给他的信,而不肯看清朝康熙皇帝的诏书。清朝使臣说:"殿下如果肯于停战让百姓安居,朝廷可以像对待朝鲜那样对待台湾,不派兵来台湾,不施行剃发易服。"郑经说明珠的信上没提这些,双方就这一问题反复纠缠。但从此之后,双方频频互通使者,相安无事。康熙十三年(1674)三月,郑经趁三藩之乱出兵,攻取泉州、漳州、潮州三郡地方。康熙十四年(1675)六月,郑经派将军刘国轩等包围漳州。康熙十七年(1678)七月,刘国轩于是攻占了平和、漳平,进而攻占海澄,清兵死亡三万多,马匹死亡万余匹。刘国轩的声势更大了,乘胜攻下漳平、长泰、同安,打下了南安、惠安、安溪、永春、德化等地。刘国轩亲自率兵包围漳州,派兵包围泉州。清朝康亲王杰书当时驻扎在福州,带领赖塔的兵由安溪走小路到同安,解了泉州的围。

刘国轩退回海澄,时时袭击漳州,相持一年多。

三藩局势见稳,康熙帝决定统一台湾,划一版图。康熙帝力排众议,做出收服台湾的决策。他一面起用原郑成功部将施琅为福建水师提督,造舰练兵,着实准备;一面派遣官员,进行招抚。康熙十九年(1680)三月,清朝提督万正色督率战船由海上到达福建,会合总督姚启圣攻打海澄。姚启圣在漳州设立修来馆,用官职、银钱引诱从台湾来的人,刘国轩不得已,放弃海澄,进入厦门。他知道厦门也守不住,于是保护郑经返回台湾。清朝将军赖塔给郑经写了一封信,大意是:台湾本来不在清朝的地图上,你们父子披荆斩棘,而且还怀恋故土,本朝怎能吝惜海外弹丸之地,不听从田横那样的壮士在其间逍遥呢!如果你能停战安民,从此不再登陆,不剃发,不换衣冠,称臣进贡就可以了;不称臣不进贡也行。将台湾比器箕子的朝鲜、徐福的日本,与世无害,与人无争,而沿海一带百姓永不遭劫难,只靠先生的主意了。郑经给赖塔回了一封信,要他按所提的条件办,并想保留海澄为进行贸易的地方。姚启圣坚决反对,和议于是终止了。

康熙二十年(1681)正月,郑经死了。他的儿子郑克塽袭位。这时,姚启圣同李光地联名给康熙皇帝上奏章,说郑氏主人小,国内乱,机不可失,时不再来。水师提督施琅熟悉海路,可以任用。于是,朝廷命令施琅率战舰300艘,水军两万,从福建出征。康熙二十二年(1683)七月,施琅的水军刚到澎湖,郑氏失去屏障,兵民解体,风声鹤唳,无力再战。冯锡范已经派使者来谈判投降了,施琅于是率军到台湾受降。

自郑成功起,到郑克塽止,奉行南明永历年号37年,至此,明朝的年号彻底没有了。除了军事上、地理上的劣势而外,更重要的是面临的形势变了。康熙皇帝统治下的中国,已不是当年清兵入关时的形势了。康熙皇帝推行一系列改革政策,恢复了社会生产,缓和了阶级矛盾和民族矛盾,大多数汉族人(地主和农民)对清朝已持认同态度。这时,再以反清复明的口号为旗帜,显然已失去了昔日的

平定台湾战图

作用。因此,在新的历史形势前面,郑成功的孙子别无选择,在兵败之后归降,也只能如此了。

台湾统一之后,如何进行管理成为问题。有人主张"迁其人,弃其地",就是将岛上兵民迁到陆地,而将岛上土地给西洋红毛之人。施琅认为不可弃地,迁民,上疏说:"台湾北连吴会,南接粤峤,延袤数千里,山川峻峭,港道纡回,乃江、浙、闽、粤四省之左护。隔澎湖一大洋,水道三更——弃留之际,利害攸关。臣思弃之必酿成大祸,留之诚永固边疆。"康熙帝从施琅议,命在台湾设府,隶属福建省。

巩固边疆

为了巩固,发展统一的多民族国家,康熙帝先后对西北,西南边地用兵,铲除了分裂势力,维护了国家统一,加强了内地与边疆经济、文化的交流,有利于社会进步。

康熙帝对于西北地区噶尔丹的叛乱,进行了无情的镇压,他于康熙二十九年(1690),三十五年(1696)、三十六年(1697)三次亲率大军出征西北,在各族人民的支持下,取得了乌兰布通、昭莫多等战役的重大胜利。同时,还揭露并挫败了沙皇俄国支持噶尔丹分裂势力,侵略中国的阴谋。从而加强了对西北蒙古诸部的管辖,对该地区政治、经济、文化的进步起到了很大的促进作用。康熙帝对蒙古的治策,取得了完全的成

功。他说:"昔秦兴土石之工,修筑长城。我朝施恩于喀尔喀,使之防备朔方,较长城更为坚固。"蒙古由明代的民族边患,变为清代的民族长城。康熙帝奠定了清代200余年的良好的边疆民族关系。

康熙帝在成功地解决了西北的问题以后,用军事、政治交互为用的手段,又成功地解决了西藏问题。于康熙五十七年(1718)二月及康熙五十九年(1720)二月,两次派兵进藏,终于消灭了分裂西藏的割据势力,平息了宗教纠纷。使达赖六世在拉萨举行了隆重的坐床典礼,受到藏族人民的欢迎,保护了西藏地区人民的利益,结束了长达23年的六世真假达赖之争,加强了中央对西藏的有效管辖。同时,对沙俄企图插手西藏的阴谋活动予以迎头痛击,粉碎了沙皇的企图。

康熙帝对西北及西南的用兵,取得了辉煌胜利,并采取了一些善后措施,为雍正、乾隆两朝进一步加强对西北地区和西藏地区的治理打下了坚固的基础,为清朝统一多民族国家的进一步巩固和发展,开辟了道路。

明末清初,沙俄军队入侵中国北部,侵占尼布楚(涅尔琴斯克)、雅克萨(阿尔巴津)等黑龙江广大地域。俄人抢掠当地索伦,赫哲、费牙喀、奇勒尔等部民的财物和妇女,无恶不作。俄罗斯连年侵扰黑龙江边境,康熙帝以此为患,派彭春等人以打猎为名,渡江侦察情势。回来后,报告罗刹可以攻打的种种原因。于是,康熙二十五年(1686)七月,命令彭春统率水军、陆军齐头并进,攻陷了雅克萨城。图尔布青中弹而亡,俄国的陆军大佐伯伊顿替代他指挥。因为军队中闹传染病,想停战。康熙帝闻讯后也表示同意。通过荷兰公使杜都致书俄国,康熙帝愿谈判边界。俄国皇帝立即复信,说以前中国数次写信来,因国内没有人会汉文,所以长时间没有回复。今天已经知道了边境上的人进行挑衅的错误,请先解除雅克萨城的包围,立刻就派使臣到边境上划界。于是,康熙帝命令彭春撤兵。

康熙二十七年(1688)三月,派内大臣索额图、佟国维、马喇为公使,去色楞格斯克与俄国使臣谈判边界条约。条约共有六条:一是自黑龙江支流格尔必齐河,沿外兴安岭以至海滨,凡是外兴安岭以南的各条河流,注入黑龙江的属于中国。二是西部以额尔古纳河为界,河南属中国,河北属俄国。三是毁掉雅克萨城。雅克萨的居民及物资,听凭迁往俄国境内。四是两国猎人等不许擅自越过国界,违犯者送交有关衙门惩处。五是两国不得容留彼此的逃亡人员。六是旅行者持有官方许可证书的可以进行贸易,不予禁止。

十二月,中俄两国派人在格尔必齐河东及额尔古纳河南立碑作为界标,上面写有满文、汉文、蒙古文、拉丁文、俄文五种文字,并进行了雕刻。从此之后,中俄两国改善了关系。清政府成功运用了外交与武力互为表里的策略,扼制了沙俄侵略的凶焰,捍卫了领土主权的完整,在不丧权辱国的前提下与沙俄进行了谈判,并达成了协议,签订了《尼布楚条约》,尽管清朝做了必要的让步,但《尼布楚条约》却是一个平等条约。《尼布楚条约》的签订,对于巩固边疆起到了一定作用。

兴文字狱,天下"归心"

康熙对待知识分子采取拉拢和打压并行的政策,加强对全国的思想控制。这是封建社会君主专制中央集权统治在清朝的一个新的发展。

清朝从康熙帝开始,采用中国封建王朝传统的开设临时特科的办法,来收拢社会上的各类人才,以充实其官僚队伍。这是对传统的科举制度的一种补充。博学鸿词科就是清朝首开的特殊制科。当时的目的是针对明末之后,清朝刚刚在全国取得统治权,明朝遗臣除大部分归附清廷为清所用外,还有一些颇具名气的著名文人隐居在民间,以气节相标榜,不肯轻易入仕做官。他们平时无论著书讲学,对时政多有评议,对读书人和百姓很有影响,是造成清朝统治总不稳固的一个重要因素。康熙帝看到了这一点,便主动采取了开特科的办法,企图把这一部分人收拢过来。康熙十七年(1678)春正月,下谕旨给吏部,凡有学问品行兼优、文章言辞超众的读书人,不论已经做官或还没有做官,命在京城三品以上以及科选在外做的总督、巡抚,布政、按察以及学政等官员,各自推举自己知道的读书人,以响应皇上的征召,康熙帝将亲自考试录用。十八年(1679)春三月,集合被推举的博学鸿儒于体仁阁考试诗歌词赋。先前,十七年(1678)诏旨下达后,前朝的遗臣大多数都脱颖而出,所收拢的没有不到的人。而那些平时以隐逸人士自居的人,争先恐后地来到朝廷,唯恐自己不能参与。于是,朝廷内外许多官员上书举荐了143人,名单送交吏部。其中不到的人,仅直隶的杜越,浙江的应伪谦,江西的魏禧,山西的范部鼎、傅山,陕西的李颐等六人。康熙帝看到响应推举的人士踊跃地奔来京城,非常高兴。下诏给吏部命按月发给他们俸钱。到这时,康熙帝便亲自在体仁阁进行考试。试题为《璇玑玉衡赋》和《省耕诗五言排律二十韵》。结果考取50人。倪灿、陈维崧、徐嘉炎、冯勖、汪楫,袁佑,朱彝尊、汤斌、汪琬等列为一等;李来泰、潘耒、沈珩、施闰章,严绳孙等列为二等,都授给翰林官职,命他们修治明史。

打压的一面,就是大兴文字狱。还是在康熙亲政前,康熙二年(1663)五月,康熙帝下令将浙江省湖州府百姓庄廷鑨的尸体斩首,他的父亲庄胤城、弟弟庄廷钺处死。最初,明朝的大学士朱国桢个人写作明史,书稿没等出版,明朝就灭亡了。朱国桢家也破落了。把稿本卖给了富户公子庄廷鑨。庄廷鑨附庸风雅,署上自己的名字把书出版了,并补上崇祯朝的事情。书中有万历年间,总兵李成梁捕杀建州卫都指挥王杲(努尔哈赤的外祖父)这样的话。当时有一位被罢官的归安县知县吴之荣,急于立功,想办法恢复官职,于是就将庄廷鑨出版明史的事举报了。那时庄廷鑨已经病死。书中列名的人及失察的官员和因收藏书受株连的人,被处死的共70余人。退休的侍郎李令皙给该书作了一篇序,也因此受株连被判死刑。他的四个儿子也被杀,最小的儿子才16岁。法官叫他少说一岁,按法律就可以不处死刑了。李令皙的小儿子不忍心自己独自活命,到底也没改变口供,因此被杀了。序中所提到的旧史朱氏,指的本是朱国桢。吴之荣平素怨恨南浔的富人朱佑明,于是就嫁祸于他,说序中的朱氏指的是朱佑明,因此,朱佑明及他的五个儿子全被处死。这些人的妻女发配边疆。而吴之荣却因此复官,还获得了朱佑明被抄没的家产。后来,吴之荣直升为右佥都御史。

康熙六年(1667)四月,杀死江南百姓沈天甫、吕中、夏麟奇。沈天甫等人写了两卷诗,有不少诗句犯忌讳;托名黄尊素等170人作的,吴牲等人写序。沈天甫等拿着这两卷诗集到吴牲的儿子吴元莱的住所敲诈钱财。吴元莱发现序文不是已故父亲的手书,就告到巡城御史跟前。将此案下到衙门审讯,沈天甫等人以诬陷平民造反的罪名被处死刑。被诬告的那些人虽然最后都释放了,可是究竟生死如何已不知道了。

康熙五十二年(1713)二月,下诏杀死翰林院编修戴名世,将已故学士方孝标的尸体砍头。当时,康熙帝下令写明史已数十年了。可是史馆的臣僚们采录的遗书,很多是犯忌讳的,致使屡屡删改底稿,仍没完成。戴名世暗中深感痛惜,于是著《孑遗录》,把删掉的内容大致写了下来。他还在给学生金生的信中写道:南明弘光在南京称帝。

隆武在福建、浙江称帝、永历在两广和云贵称帝,地方都有数千里,前后有十七八年,还不如昭烈帝刘备在四川、南宋最后的小皇帝在崖州驻扎。历史学还将他们的事迹写了下来。近来,对文字的限制不那么严,文网宽松了,可是天下要避的忌讳不下万种。整个明朝 300 年,没有写成历史,岂不是很可叹么! 信中还援引方孝标写的《滇黔纪闻》,称赞这本书考据翔实。并将此书收入自己的文集《南山集》中,公开出版已久。到这时,都御史赵申乔把戴名世的一些话引到自己的奏章中,上给康熙帝。戴名世及其族人因此被处死,方孝标的尸首被掘出用刀剁,他的儿子孙子都被砍头,族人及妻女被充军。编修汪灏、方苞、方正玉、尤云锷、刘岩等受株连被充军的共 300 多人。

受文字狱迫害的人,遍及了社会各阶层,王公大臣、文人学者、黎民百姓都有因文字而惹下杀身之祸的。而文字狱株连之广,更是骇人听闻的,甚至达到了祸灭十族的程度,不仅族人、亲戚难逃法网,就连朋友,师生也受牵连。大兴文字狱的目的,在于钳制思想,维护君权,巩固统治。封建统治者利用强权,攻伐异端,镇压异己,在历史上比比皆是,屡见不鲜。大兴文字狱,是专制主义政治在文化上的反映,是清代文化统治政策的一个组成部分。大兴文字狱的恶果,是严重桎梏了人们的思想,弄得人人自危,唯恐因片言只字而惹下杀身灭族的大祸。广大知识分子"避席畏闻文字狱,著书都为稻粱谋",埋头故纸堆中,不敢越封建教条一步,窒息了创造革新精神。

文字狱绝大多数是冤案。这对社会的危害是难以估量的,因为不仅错杀了无辜而且还鼓励了诬陷告密,败坏了社会风气,使得社会日益黑暗、腐朽。

储位之争,错综复杂

对于封建王朝来说,立太子是一件关系王朝兴衰成败的大事,往往是统治阶级内部矛盾激化的反映。在立太子问题上,伴随残酷的斗争,甚至人头落地。康熙帝的儿子在历代皇帝中算是很多的。第一个儿子出生时,他 13 岁;最后一个儿子出生时,他已经 65 岁。其长子和末子间年龄相差 54 岁。康熙帝在位时间又长,"夜长梦多",皇子们结党自固,争夺皇位,由表及里,由隐到显,由缓到急,由温到烈,最后导致残酷的宫廷斗争。

康熙十四年(1675)十二月,康熙帝立年仅两岁的次子胤礽为太子。在所有的儿子中,胤禔排行老大,但不是皇后生的。皇太子胤礽生母皇后赫舍里氏,是辅政大臣索尼之子领侍卫内大臣噶布喇之女。大学士、领侍卫内大臣索额图是皇太子的舅父。皇后赫舍里氏在生育他时因难产而死,年仅 22 岁。母以子死,子以母贵,故康熙帝对他格外关爱。玄烨对胤视的教育,可谓用心良苦。还在胤礽幼年时,玄烨即亲自教他读书,"讲授四书五经,每日御门之前,必令将前一日所授书背诵复讲一过,务精熟贯通乃已"。到胤礽六岁正式拜师入学时,又为他慎重择师,选朝中有名望的大臣,如张英、熊赐履、顾八代、汪灏等人充任东宫讲官,为胤礽讲授经史文学。在康熙和讲官们的精心培养之下,胤礽通晓满汉文字,"骑射词言文学,无不及人之处",成为玄烨理想的继承人。为了进一步培养胤礽从政的才能,玄烨又尽量利用一切可能的机会,对胤礽进行训练。康熙三十五年(1696)玄烨亲征噶尔丹时,命胤礽留守京城,并特谕大学士,"凡事俱著皇太子听理。若重大紧要事,著诸大臣会同议定,启奏皇太子"。康熙三十六年(1697)再次亲征噶尔丹时,又命胤礽留京办理朝政。每当玄烨"南巡江浙,西幸秦晋,亦皆命胤礽随行",以"望其谙习地方风俗,民间疾苦"。不仅如此,玄烨还利用举行典礼仪式等活动，为胤礽提供锻炼的条件。

在定立皇储这种制度以及玄烨对皇太子的特殊优待和教育下，胤礽成了清王朝的第二个政治中心。

此间，康熙二十九年（1690）七月，康熙帝亲征准噶尔。行军途中康熙帝患病，返回京城。在回京路上，走到舍里乌珠地方时，令太子离京兼程前来迎接。当太子到后，进见康熙帝时，脸上毫无焦急难过的表情。康熙帝很不高兴，说太子没有忠君爱父之心，当即叫太子马上返回京城。太子性情仁弱，办事不拘小节，任性而为，不会装模作样，在康熙帝面前也不太注意礼节，常有疏忽，康熙帝对此常常予以责备。父子之间逐渐有了矛盾。

在皇太子册立后的 20 余年间，索额图趋奉在朝中为皇太子结党，议论国政，密谋大事；又建议主张太子平日所使用的衣物全是黄色的，所规定的一些仪式也全都与康熙帝的所差无几。康熙帝深感不安，觉得影响到自己至高无上的权威，就警告索额图："尔议论国事，结党妄行，背后怨尤之言，不可宣说，尔内心甚明。"有人唆使索额图的仆人检举索额图阴谋帮助太子篡位，当下将索额图捉进监狱，进行审讯。没有证据，再三审问也无法定罪。最后，以从前在德州时，索额图曾骑马到太子住处的二门前才下马为由，判索额图死罪。康熙四十二年（1703）五月将他斩首，妻妾子孙罚做奴婢，被株连的大臣被处死者达数人。这是打击太子党的最重大的信号。但皇太子并未因此而收敛，却是愈演愈烈。康熙帝指责皇太子："鸠聚党羽，窥伺朕躬，起居动作，无不探听。"在此之前，太子监国，康熙帝常患病，康熙帝临时驻地距京城数千里之途。一些势利小人暗中依附各个王府。对太子大造谣言。侍从太子的人往往被康熙帝处分。

康熙四十七年（1708）九月，康熙帝在布尔哈苏台驻扎，下诏废掉太子胤礽。在此之前，曾召集诸王大臣们，令胤礽跪在一边，宣布他的罪状，其中有一条是胤礽要为索额图报仇，窥视康熙帝。康熙帝说依照此情此景，自己料不到是今天被毒死还是明天遇害。康熙帝宣布完罪状，大哭了起来，一头撞到地上。众臣将康熙帝扶起来，康熙帝对大臣说："胤礽不是个东西，以致我气成这个样！"于是下令将胤礽监视起来，将索额图的儿子格尔芬、阿尔吉善以及二格、苏尔特、哈什太、萨尔邦阿等人处死。其他人发配盛京，都是东宫太子属下的官员。

在储位 33 年的皇太子胤礽的被废，使朝野大为惊愕。这件事在朝中，特别是在胤礽的诸兄弟中，立刻产生了极大的震动，使诸皇子长期以来在暗中围绕着皇太子的争斗，骤然激化了。抱有野心的皇子们，结党钻营，谋贪大位。实力最为显赫的是皇八子集团。皇八子胤禩，"有才有德"，聪明能干，内外经营，颇得众心。胤禩在初废皇太子之后，署内务府总管事，党羽相结，谋为代立。皇长子胤褆为惠妃庶出，无望希冀储位。但少时为其生母惠妃所抚养，便同八弟胤禩勾连。其他皇九子胤禟、皇十子胤䄉、皇十四子胤禵，大臣阿灵阿、鄂伦岱、揆叙、王洪绪等，皆附胤禩。不仅如此，胤禩还尽力到社会上扩大自己的影响，"凡僧道喇嘛及医、卜、星相，甚至优人、贱隶以及西洋人、大臣官员之家奴，俱留心施恩，相与往来，以备其用"。与之相善的皇九子胤禟对这一点看得很清楚："八爷会沾名，待人好，说话谦和，为当初托何焯之弟在南方各处买书甚多，这些南方的文人都说胤禩好学，极是个好王子。这都是要人扬他的美名，收拾人心处。他收拾人心的意思不过是要得东宫。"由是，在皇八子胤禩周围，逐渐形成一个争夺皇储的政治集团。拘禁胤礽时，胤褆暗中对康熙帝说："相面的张明德曾经给胤禩相过面，说他久后必然大贵。我请求立胤禩为皇太子，我一定辅佐他。"还说，如果要杀胤礽不用康熙动手,他可以代办,以免伤康熙父子天伦之仁。康熙帝听后,大吃一惊,骂胤禔是个乱臣贼子。胤禔的密谋泄露,被夺爵,幽禁。康熙帝谕:"胤禔曾奏请胤禩为皇太子,伊当辅之。可见伊等结党潜谋,早定于平日矣!"

康熙命诸大臣密举可继立为太子者,大学士马齐等大臣联名举荐胤禩,声势甚为浩大,这引起了康熙新的警惧,不得不出尔反尔,斥责其为"柔奸成性,妄蓄大志","到处妄博虚名,凡朕所宽宥及所施泽处,俱归功于己。……是又出一皇太子矣!"后胤禩被锁拿,革爵位。

太子被废之后,为了扼制诸皇子为储位的争斗,克服政治危机,康熙帝不得不再次考虑立储的问题,甚至因此而病倒。病中,连日召见废太子,康熙帝感到很愉快。这中间,皇三子胤祉报告康熙:"直郡王胤禔以前曾叫蒙古喇嘛汉格隆诅咒太子,并用妖术蛊惑太子。"康熙帝下令大臣对此严加审讯,结果如胤祉所言,还在十几处地方挖出了蛊惑太子的东西。康熙帝又找到一条借口。不久,康熙把废太子及大臣们召进皇宫,对他们说:"我第一次领中路军出征时,留太子在京办理朝政,满朝大臣都称誉太子。等我出兵到宁夏以后,忽然有人传说太子改变常态了。从此以后,我对太子的宠爱渐渐少了。我返回京城以后,把一些人处分了,因此,外边议论太子不孝顺。关于太子干违法的事,我每天都听到一些。我特令将太子监禁。近来,太皇太后和皇后都做梦说太子冤枉,而且在监禁太子那天,天色忽然昏暗起来。我进京的头一天,大风在我的车马前刮个不停。我详加体察,太子平日虽然脾气不好,经常拷打手下人,但并没有把什么人打死,他也没有干预过国家的政事。在此之前他得了疯病,全是因为胤禔搞鬼造成的,以至于他的本性被掩盖了。我一想起从前的这些事,心就放不下来,因此,把太子叫到跟前,注意医治、疗养,现在已经痊愈了。我特意报请皇太后,释放太子。这实在是我的福气,也是众臣的福气啊。"康熙帝还回过头对太子说:"古代,太甲也被流放过,后来终于成为英明君主,你可要努力呀!"

康熙四十八年(1709)三月,康熙帝下诏令重新立胤礽为太子,并派官员祭告天地、祖先、社稷。祭告的文章中有这样的字句:"自从这次宽大释放之后,发现太子昼夜恭敬从事,忧形于面,亲自动手给父皇煎汤药,能够尽为子之道。我又屡次观察他,发现他是很诚实、很谨慎的。"

然而父子之情终究抵不过皇权至上,胤礽复立太子之后很快又形成了新的势力集团,甚至更为变本加厉。时间不长,在胤礽周围又出现了一个新的皇太子党。康熙帝很快就察觉出这些人的活动,认为他们意在挑拨皇太子和自己的关系,因此,于康熙五十年(1711)十月,突然追查皇太子结党一事:"今国家大臣,有为皇太子而援结朋党者。诸大臣皆朕擢用之人,受恩五十年矣,其附皇太子者,意将何为也?"

康熙五十年(1711)十一月,康熙帝在畅春园召集诸王大臣等,斥责他们诏附太子,结党营私。下令将步军统领托合齐肢解处死。他的儿子都统舒起、尚书耿额和齐世武被处以绞刑,其他官员根据不同情况,分别受了降职、罢官处分。康熙帝对群臣说,"我与太子父子之间,并没有什么矛盾,全是这些人从中搬弄是非!"不久,托合齐在监狱中死了。康熙帝下令将他碎尸,并将骨灰扔掉,不准收葬。跟随太子的得麟也被判分尸处死。而且将他的父亲,福陵的关防官阿哈占的棺材打开,将尸首剁碎。

康熙五十一年(1712)十月,康熙帝再次下诏令废黜太子,仍将他监禁在咸安宫。从此以后,康熙帝禁止谈论立太子的事。群臣中有的请求立太子,立即就被判了罪,有的甚至被砍头。

康熙五十四年(1715)十一月,处死太医贺孟頫,把都统普奇抓进监狱。在此以前,胤礽的夫人有病,贺孟頫前去医治。胤礽用矾水写了一封信,托贺孟頫暗中送给普奇,叫普奇探听有没有释放自己的消息。这时,此事被辅国公阿布兰揭发,康熙帝厌恶诸臣与废太子交往,命令刑部从重处理此事有关人员。

康熙五十七年(1718)正月,处死检讨朱天保。当时,觊觎太子宝座的人担心废太子重新当太子。不时制造谣言,以激怒康熙帝,三番五次地想置废太子于死地。众大臣还不敢劝谏。朱天保对此深感忧虑,给康熙帝上奏章,扼要地说皇太子虽然因生病被废黜,但是,太子之所以失去良知,原因是太子左右的人不好,使太子染成骄横的习气。如果选拔有德行有名望的大臣如赵申乔那样的人辅佐太子,太子身上潜在的美德就会日益表现出来,就将会看到太子是更加圣明了。否则,恐怕一些藩王觊觎太子宝座。康熙帝家中骨肉相残的祸害就难以诉说了。朱天保这道奏章呈给康熙帝看后,康熙帝流了眼泪,好长时间泣不成声。康熙帝的近臣阿灵阿本是胤禵的同党,他对康熙帝说:"朱某人的奏章别有用心,是为了将来废太子一旦当上皇帝,他就有非常的宠幸了。"康熙帝一听,立即勃然大怒,下令将朱天保及姐夫戴保处死,朱天保的父亲侍郎朱都讷也死于刑具之下,受株连的有十多个人,全被撤职并遭了鞭挞。

康熙六十年(1721)三月,将大学士王掞等13人发配到西部边疆的军队中去服役效力。王掞年龄太大了,令他的儿子少詹事奕清替父亲去服役。获罪的原因是请康熙帝立太子,逆了康熙帝的意。当时,人们称"十三忠臣一孝子"。同时,康熙帝还说:王掞的祖父王锡爵在明神宗万历朝竭力主张立泰昌帝(明光宗朱常洛),此后明朝天下大乱,王锡爵实在是使明朝灭亡的贼人,应该劈开他的棺材,将他的尸体砍头,以此来祭祀死去的万历帝。王锡爵已经灭了明朝,现在王掞又把我当成明代万历帝,意在动摇清朝。当然这种说法只是一种托词,借题发挥。当时,朝廷的大臣们屡次上奏章,主张立太子,说这关系到国家的根本。而康熙帝听不进去这些话,特别反感,用苛刻的处罚来震慑,以此来制止这些类似的言论。康熙一度重用十四子胤禵为"大将军王"出征西北,引起人们新的猜疑,以为他才是康熙瞩目的皇位继承人,原来的胤禩集团也出现了微妙的变化。出征之前,康熙特命胤禵用正黄旗纛,又亲往堂子行礼,在太和殿隆重举行授大将军印仪式。以皇子为大将军领兵出征,在玄烨还是第一次。胤禵爵位仅至贝子,理应按贝子待遇,但康熙却破例命他使用皇帝专用的正黄旗纛,这就使胤禵领兵赋有代天子出征的含义。这些都说明胤禵渐为玄烨所赏识。一时朝野都将此举视为玄烨欲立胤禵为皇太子的征兆。

而此时谁也没想到后来的胜利者竟是此前一直韬光养晦的皇四子胤禛。他颇有心计,不动声色。他对皇太子的废立,观察风向,暗藏心机。他对八弟胤禩集团,既不附从,也不作对。他孝顺地佯听父言,"安静守分",巧妙地将自己韬晦起来。胤禛在偶然碰上康熙帝有病时,就痛哭流涕,请求进宫侍候康熙帝,并亲自动手煎药,特别小心殷勤。康熙帝认为他为人诚恳,忠君爱父,特别喜欢他,常常写手谕夸奖,因而每次外出巡视狩猎都命他陪伴。军国大事也常征求他的意见;重要的祭祀大典,常叫他代表自己出席。他一味地对父皇表示忠孝,又尽力友善兄弟,交好诸臣。对其同母所生的皇十四弟胤禵,也不交结,而听任其同母八弟胤禩结党。胤禛"戒急用忍",工于心计,讨父信任,等待时机。当皇太子党和皇八子党争得鱼死网破的时候,在父皇、兄弟、王公,大臣们将视线集注于皇太子党和皇八子党之际,他却坐收渔人之利。当然他的即位在历史上还有种种疑问。

康熙帝在诸子皇位继承上,伤透脑筋,心力交瘁。后康熙帝说:"日后朕躬考终,必至将朕躬置乾清宫内,尔等束甲相争耳!"由此可以透出康熙晚年心境的悲苦。康熙帝终于因其诸子皇位继承纠葛,大伤元气,郁结成疾,病情日重,未定储位,悲离人世。康熙六十一年(1722)十一月十三日戌时,玄烨在京西畅春园去世。自康熙四十七年(1708)废皇太子胤礽后,身心受到严重刺激,开始患病。从他数次发病的情况看,他患的可能是高血压或心脏病。

自十一月初七患病至十三日去世,康熙六天之内办了两件事。第一件是派皇四子胤禛代行祭天大礼,并派皇五子胤祺前往孝东陵典祭。第二件是命理藩院尚书隆科多守护在自己身边,临终前向他口授了遗嘱。隆科多家世为皇亲:其祖父佟图赖,是玄烨生母孝康章皇后之父;其父佟国维,既是孝康章皇后的亲兄,又是玄烨孝懿皇后之父,被康熙尊称为"舅舅佟国维";隆科多以前曾因结交胤禩受到过训斥,但因佟家与皇族这种特殊关系,康熙对他仍很厚待、信任。他本来任步军统领,提督京城九门,康熙五十九年(1720)时又兼任理藩院尚书,归他掌管的兵力多达两万。可能由于这些因素,玄烨才把隆科多作为唯一听取自己遗嘱的大臣,以期由这样的人来主持两朝交替大事,朝中不致发生大乱。

玄烨派胤禛代祀南郊是在初九日。当时离十五日冬至祀天还有六天。按照礼制,行祀天大典的人必须先期到斋宫斋戒做准备。胤禛知道其父不久于人世,在这即将决定谁为新君的关键时刻,他自然不愿离去,曾以"请侍奉左右"的理由推辞,但皇父之命又不好违,只好违心前往南郊。从十日前到十二日三天,胤禛每天都三次派遣护卫太监至畅春园请安。十三日丑时,玄烨的病突然恶化,他急命胤禛回畅春园;寅时又将皇三子胤祉、皇七子胤祐、皇八子胤禩、皇九子胤禟、皇十子胤䄉、皇十二子胤祹、皇十三子胤祥和隆科多召至御榻前,宣布:"皇四子胤禛,人品贵重,深肖朕躬,必能克承大统,著继朕登基,即皇帝位。"巳时,胤禛回到畅春园,曾三次进宫问安。戌时,耗尽心血的康熙皇帝结束了生命,终年69岁。

康熙帝玄烨在位61年,天下基本上趋于安定,边疆巩固,入口众多,民族团结,幅员广袤,国力强盛,那时的中国是亚洲,也是世界上最强大的帝国。

清世宗胤禛

人物档案

生卒年：1678~1735 年

父母：父，圣祖玄烨；母，乌雅氏

后妃：皇后乌拉那拉氏、佟佳氏等

年号：雍正

在位时间：1722~1735 年

谥号：宪皇帝

庙号：世宗

陵寝：奉陵（清西陵）

性格：勤勉果断，心思缜密，喜怒无常，遇事急躁

名家评点：

他敢于革除旧弊，办事雷厉风行，是康乾盛世的有力推进者，是促进清朝历史发展的政治家。

——冯尔康

世宗胤禛

明修栈道，暗渡陈仓

爱新觉罗·胤禛，康熙十七年（1678）十月三十日生，雍正十三年（1735）八月二十三日卒，庙号世宗，谥号宪皇帝，葬泰陵（今河北省易县清西陵）。45 岁登基，在位 13 年，享年 58 岁。雍正帝中年登基，年富力强，学识广博，阅历丰富，刚毅果决，颇有作为，上承康熙，下启乾隆。

胤禛是康熙的第四个儿子，他的母亲姓乌雅氏，是满洲正黄旗、护军参领威武的女儿。康熙十六年（1677）进宫，初为常在，不久晋为德贵人，十七年（1678）生下胤禛。胤禛整整过了 45 年的皇子藩邸生活。

胤禛受到严格而良好的教育。他经常随从康熙或举行祭祀，或军事出征，或塞外行围，或巡视地方，或代理政务。康熙三十年（1691），14 岁的胤禛，奉父命同内大臣费扬古的女儿乌拉那拉氏成婚。康熙三十七年（1698），21 岁的胤禛被封为贝勒，他的大阿哥胤禔、三阿哥胤祉被封为郡王。康熙四十八年（1709），胤禛被封为雍亲王。原本他的生活可以按照"贤王"的标准一步步走下去。然而康熙四十七年（1708），身为胤禛二哥的皇太子胤礽被废，震动朝野。胤禛时年 30 岁，此后 15 年间，他的生活轨迹发生了天翻地覆的变化，他以自己的心机和历史的机遇，成为中国历史上重要的角色。

胤禛看到皇父在避暑山庄声泪俱下地宣布废太子后，受到巨大的震动。在诸皇子争夺皇位激烈之时，他极力表现出对皇父的"诚"与"孝"，既不明于竞争，又劝慰皇父保重。康熙帝第一次废太子后，大病一场。胤禛入内，奏请选择太医及皇子中稍知药性者胤祉、胤祺，胤祹和自己检视方药，服侍皇父吃药治疗。康熙帝服药后，病体逐渐痊

愈。于是,康熙帝命内侍梁九功等传谕:"前拘禁胤礽时,并无一人为之陈奏,惟四阿哥性量过人,深知大义,屡在朕前为胤礽保奏,似此居心行事,洵是伟人。"胤禛自己也说:"四十余年以来,朕养志承欢,至诚至敬,屡蒙皇考恩谕。诸昆弟中,独谓朕诚孝。"他超然于兄弟们的朋党之外,在兄弟角逐皇储时,表面上采取一种不附不合的中庸态度。这种态度使他躲避皇父与兄弟两方面的矢镞,安然无恙。

皇太子胤礽再次被废黜以后,康熙年事渐高,体弱多病。诸皇子争夺储位步伐加剧。胤禛虽没有公开活动,但暗中也时时为自己的前途焦虑。他的党羽戴铎察其心事,在一封给他的信中,详细为他分析了形势,提出了解决办法:"诸王当未定之日,各有不并立之心。……我主子天性仁孝,皇上前毫无所疵,其诸王阿哥之中,俱当以大度包容,使有才者不为忌,无才者以为靠。……至于左右近御之人,俱求主子破格优礼也。一言之誉,未必得福之速,一言之赞,即可伏祸之根。主子敬老尊贤,声名实所久著,更求刻刻留心,逢人加意。素为皇上亲信者不必论,即汉官宦侍之流,主子似应于见面之际,俱加温语数句,奖语数言,在主子不用金帛之赐,而彼已感激无地矣。贤声日久日盛,日盛日彰,臣民之公论,谁得而逾之?……古人云,不贪子女玉帛,天下可反掌而定。况主子以四海为家,岂在些许之利乎?……更求主子加意作养,始终栽培,于未知者时为亲试,于已知者恩上加恩,使本门人由微而显,由小而大,俾在外者为督抚提镇,在内者为阁部九卿,仰藉天颜,愈当奋勉,虽未必人人得效,而或得二三人才,未尝非东南之半壁也。"

胤禛对戴铎的分析十分叹服,称之为"金石之言"。但因信中所说的全为关乎胤禛生死荣辱的大事,欲盖弥彰,他阅后不得不做上两句"于我分中无用"的表面文章。胤禛一面发誓赌咒般地说:"我若有此心,断不如此行履也",一面在暗中加紧了活动。康熙五十五年(1716)秋,戴铎奉命去福建,路过武夷山,"见一道人,行踪甚怪,与之交谈,言语甚奇"。胤禛得知后,命戴铎:"所遇道人所说之话,你可细细写来。"戴铎受命,便回报:"他说乃是一个万字,奴才闻知,不胜欣悦。其余一切,更容回京时见主子时再为细启知也。福建到京甚远,代字甚觉干系,所以奴才进土产微物数种,内有石田图书一匣,匣子是双层夹底,将启放于其内,以便主子拆开。"胤禛接信后,十分高兴,忙回示:"你如此做事,方是见谨慎,你得过如此等人,是你好造化。"从胤禛与戴铎的几次通信中,不难看出,在储位空虚的十年间,胤禛并没有游离于诸皇子争斗之外,只不过他的手段更为隐蔽、巧妙罢了。

戴铎的书启,首先分析了当时形势:太子被废,诸王并立,争夺储位,策略从事。接着提出应对谋略——诚孝事上:适露所长,掩饰所短,避免过露所长,引起皇父疑惑;友爱兄弟:对待诸位阿哥,大度包容,和睦相待;平和忍让:能和则和,能结则结,能忍则忍,能容则容;善待百官:有才者不嫉妒,无才者相依靠。胤禛基本上按照上述策略,一步一步地绕过争夺皇位航程中的险滩暗礁,终于登上皇帝的宝座。

康熙五十六年(1717)十一月,康熙突然召集群臣,宣布了一条长达两千多字的上谕,在这段"遗嘱"中,康熙说古论今,充分表明了他对立储不当出现的种种不测事件的担心,同时也表明了他不容许皇子与大臣结党谋位的决心。诸子为储位的争斗,是康熙晚年面临的最棘手的问题。他与诸皇子交锋十多年,皇子们对他的指令软硬明暗相抗,他对诸子则"严不可,宽亦不可,诚为难事"。他曾一再对未来时局做出诸子将"逼朕逊位","将朕躬置于乾清宫,尔等束甲相争"的严重估计,几次表述"倘得终于无事,朕愿足矣"的心情。康熙再废皇太子胤礽后,曾经对大臣们说过:"朕万年之后,必择一坚固可托之人与尔等做主,必令尔等倾心悦服,断不至累尔诸臣也。"那么他所选择的这个人究竟是谁? 是不是皇四子胤禛?

康熙五十一年(1712)再废胤礽后,康熙对胤禛逐渐器重,曾数次委任他一些重要使命。如康熙五十二年(1713)命他查处淑惠太妃祭器粗糙、陈旧问题;康熙五十七年(1718)安葬孝惠皇太后时,命他宣读祭文;康熙六十年(1721)又命他前去盛京典祭三陵。后来又命他与皇三子胤祉共同处理政务。如康熙五十四年(1715),康熙曾单独召见胤祉、胤禛两人,与他们讨论出兵征讨策妄阿拉布坦进犯西藏的问题;康熙六十年(1721),又命他们与大学士王鸿绪等人一起复查殿试试卷。

康熙六十年(1721)冬天,选择胤禵为继承人的可能性首先被排除了。十月,受命征讨策妄阿拉布坦的抚远大将军皇十四子胤禵应召回京述职。其党羽以为这是康熙宣布胤禵为皇储的前兆。然而康熙并没有任何暗示,以至胤禵党羽大为沮丧。胤禟就向秦道然发过牢骚:"皇父明是不要十四阿哥成功,恐怕成功之后难于安顿他。"胤禵在京中一无所获,于康熙六十一年(1722)四月又奉命返回军中。康熙此时年老体衰。他知道自己随时有离开人间的可能性,说自己"近日多病,神情恍惚,身体虚惫……既神不守舍,心失怡养,目不辨远近,耳不分是非,食少事多,岂能久存?"在这种情况下,如果他欲立胤禵,不可能毫无迹象,亦不可能再让他远离京城。

康熙六十年(1721)冬至祭天,胤禛受委任单独代祭。冬至圜丘祀天,是清王朝重大的礼仪活动,康熙向来重视。自即位至康熙五十六年(1717),凡祭天都躬亲行礼。这似乎是一个信号。而胤禛以往的恪守孝道,小心谨慎,"不结朋党",也都符合康熙选择继承人的条件。

此外康熙在康熙六十一年(1722)对胤禛的第四子弘历所表现出的超乎寻常的宠爱,则是被传为他选中胤禛为继承人的一个重要佐证。康熙六十一年(1722)春天,康熙应胤禛之请到圆明园进宴,在"镂月开云"见到胤禛12岁的儿子弘历。弘历天资聪颖,品貌端正,立刻博得了康熙的好感,随即下令将弘历养育宫中,并亲自指导他读书。康熙六十一年(1722)秋狩木兰,康熙特命弘历从行,并将避暑山庄自己住所的侧堂"万壑松风"赐给弘历居住,使弘历每天生活在自己膝下;平时进宴或批阅奏章,都要弘历侍奉在旁;围猎时,又有意识地让弘历"初围得获熊之名"。在到热河胤禛的狮子园进宴时,弘历生母跪拜,康熙连称她为"有福之人"。这种说法的要害就是雍正是个"二传手",康熙想借助于他的手把皇帝的位子传给弘历。类似的说法自古即有。如西周的季历与文王、西晋的惠帝与怀帝、明朝的仁宗和宣宗,都是父亲沾了儿子的光,才稳固自己的储位和帝位的。以乾隆的丰功伟绩是有自信说出这样的话的;而实际真相究竟是否如此,仍然不好判断。

煮豆燃萁,兄弟相煎

胤禛继承皇位之日,就面临着兄弟们的不满和挑战。康熙崩逝的噩耗传出,京城九门关闭六天,诸王非传令旨不得进入大内。箭在弦上,形势紧张。当时年满20岁的皇子共有15人:即雍正的大哥胤禔、二哥胤礽、三哥胤祉、五弟胤祺、七弟胤祐、八弟胤禩、九弟胤禟、十弟胤䄉、十二弟胤祹、十三弟胤祥、十四弟胤禵、十五弟胤禑、十六弟胤禄和十七弟胤礼。为了避自己的名字的头一个字的讳。雍正下令,将众弟兄们的名字的头一个字"胤"改为"允"。

清圣祖康熙六十一年（1722）十一月，胤禛继位当了皇帝，下令贝勒允禩、十三阿哥允祥、大学士马齐、尚书隆科多总理朝廷事务；命令抚远大将军十四阿哥允禵尽快返回京城。封允禩为和硕廉亲王、允祥为硕怡亲王、允祹为多罗郡王、二阿哥允礽的儿子弘晳为多罗理郡王。改明年起以"雍正"纪年。

康熙遗诏传位于皇四子胤禛，是大出诸王及大臣之预料的。胤禛一夜之间成为万乘之主，使他们在思想上没有

《圆明园万方安和图》

丝毫的准备，无法采取任何有效的对抗措施。当康熙的遗命公布后，在场的允禩、允禟等人虽然不同程度地表现出不服气，但也只有俯首称臣；而留在京中值勤的皇十七子允礼听到胤禛即位的消息后，竟然吃惊得近乎疯狂。康熙时期，诸皇子各派之间矛盾尽管已十分尖锐，但由于有执政几十年的老皇帝的弹压，矛盾还不致激化。胤禛的突然登台，使矛盾很快就尖锐起来。

允禩、允禵等人勾结自己在朝中的同党，明目张胆地对胤禛表示不尊重、不信任，处心积虑地与胤禛斗法，使关系到封建秩序稳定与巩固的皇权受到严重威胁。在这多事之秋登基称帝的胤禛，要想稳定局势，坐稳宝座，首先就要安抚人心，赢得朝臣与诸弟的信任。

雍正即位后决定的第一件大事是任命总理事务王大臣。"命贝勒允禩、十三阿哥允祥、大学士马齐、尚书隆科多总理事务……凡有谕旨，必须由四大臣传出，并令记档。则诸事庶乎秩然不紊。"雍正设立总理事务王大臣是经过深思熟虑的。他们各有各的背景，各有各的用途。

当时千头万绪，最重要的是扼制反对势力，稳定政局。这样，他选择了允禩与隆科多。从长达二十几年的储位之争中，胤禛早已看出允禩是反对派的中心人物。他以为只要制服了允禩，允禵等人就不敢过于嚣张。事后雍正曾直言不讳地谈到过他的这一想法："及朕即位，以阿其那（允禩）实为匪党倡首之人，伊若感恩改过自新，则群邪无所比匿，党羽自然解散。是以格外优礼，晋封王爵，推心任用。"于是，允禩便成了四总理事务王大臣之首。

隆科多是在康、雍两朝交替之际起着特殊作用的人物。他身为皇亲，任理藩院尚书，步军统领，提督京城九门，又是听取玄烨遗命的唯一大臣。京城政局的动荡与稳定在一定程度上取决于隆科多对新君的态度。因此，胤禛必须把隆科多紧紧地抓在手中。

对胤禛来说，要想安稳地当皇帝，除了扼制政敌、稳定时局外，还必须抓好人事权和财权。选择和奖惩官吏的人事权，他认为应是皇帝本人来掌握，而国家财政大权，就得交给一个可靠的人。这个任务他交给了十三阿哥允祥。胤禛一贯标榜自己从不结

党营私,"兄弟之内亦并无私相往来之处"。他在众多的兄弟之中,竟难找到几个同舟共济的帮手。唯有十三阿哥允祥是个例外。允祥小胤禛八岁。胤禛一再称赞他"敬谨廉法""公而忘私",他对胤禛的愚忠可能早在争储之时。允祥被任命为总理事务王大臣后,先是总理户部三库,接着又总理户部,掌管了清王朝的财政大权,成了胤禛得心应手的"内当家"。

马齐虽为康熙朝屡建功勋的老臣,但康熙四十七年(1708)他倾向允禩的态度是举朝共知的。雍正任命马齐的本意,是给众人造成新君用人不咎既往的好印象,以安抚朝臣,稳定时局。

雍正在颁发委任四总理事务王大臣上谕的同时,又下达了一条命允禵来京奔丧的上谕:"西路军务,大将军职任重大,十四阿哥允禵势难暂离。但遇皇考大事,伊若不来,恐于心不安。著速行文大将军王,令与弘曙二人驰驿来京。军前事务,甚属紧要,公延信著驰驿速赴甘州,管理大将军印务。并行文总督年羹尧,于西路军务粮饷及地方诸事,俱同延信管理。"这真是一条万全之策,既轻易地解除了允禵手中的兵权,又博得了体恤兄弟的美名。无论是允禵还是其他大臣,都挑不出任何可指责的理由。允禵回京后,雍正一道上谕,命他在遵化汤泉待命,实则将他软禁起来。当允禵福晋病故,雍正派人向他表示恩恤之意,他却以"我今已到尽头,一身是病,在世不久"的偏颇言辞,表示了自己与雍正对抗到底的决心。

允禟是允禩死心塌地的追随者。他不仅在允禩后面亦步亦趋,而且还为允禩和其他同党提供丰厚的经济援助。雍正发出上谕:"大将军至京,其往复尚在未定。……西宁不可无人驻扎,令九贝子(允禟)前往。"表面上对允禟很重用,实际上在年羹尧已握重兵的情况下,允禟前往西宁无异于流放。允禟向雍正帝后进请安折时,仍自称为"弟",遣送西宁后,以为"天高皇帝远",越发肆无忌惮。他给允禩写信,公然声称"事机已失,追悔无及",明确表示自己与新君势不两立。他勘察牧场,囤积粮草,又不惜重金收买人心。

来北京吊丧的喀尔喀蒙古大喇嘛泽卜尊丹巴胡图克图之死,为雍正处置允䄉提供了良机。他命令允䄉随护送胡图克图灵龛的大臣前往喀尔喀,为大喇嘛举行赍赐印册的仪式。允䄉才出张家口就托病不前,后来又假称有旨令其进口,竟私自在张家口居住。他与允禩密信往来,馈赠马匹,又私行禳祷,在疏文之中连写"雍正新君"等字样,发泄自己对雍正的愤懑之情。

允禩被封为廉亲王后,很多人登门贺喜,其福晋乌雅氏却对贺者大发牢骚:"有什么值得庆贺的,恐怕今天封了亲王,明天就保不住脑袋了!"允禩在雍正初年身居要位,连兼数职。他利用手中职权,寻衅刁难,设置障碍,故意与雍正相悖。"诸凡事务不实心办理,有意蹉废"。主持康熙葬礼时提出,为节省开销,可缩减运送康熙梓宫夫役人数,同时改在陵寝当地采办建陵红土;制作大典所需的乘舆法物,则用断钉薄板,敷衍塞责。以致舆论认为雍正"轻陵工而重财物"。都察院参奏允禩,说他主持工部修造祖宗神牌,漫不经心,致使漆流宇漫。雍正随即指出:"允禩并非思虑不到、不能办事之人,特有意草率,欲陷朕以不敬之名耳。"与此同时,允禩还利用手中的职权,继续进行结党营私活动。工部侍郎岳周拖欠了应缴的钱粮,允禩立即慷慨解囊,代为完纳,布下人情。

雍正二年(1724)四月,雍正发布上谕,怒斥允禩一伙。他说自己即位后,为挽救允禩等人,做到了仁至义尽,但允禩等却再三与自己对抗,其目的"不过欲触朕怒,多行杀戮,使众心离散,希图扰乱国家耳"。他当然不能让允禩等人称心如意,严厉警告他们:"若仍不知悛改,肆行悖乱,干犯法纪,朕虽欲包容宽宥,而国宪具在,亦无可如何,当与诸大臣共正其罪矣。"接着,雍正就下令将推托不去喀尔喀的允䄂革去王爵,调回京师,交宗人府永远监禁。

不久,雍正开始处置允禵。雍正二年(1724)七月,他下令将允禵及其家眷软禁景陵,但表面却说:"皇考陵寝,关系重大。若照定例只派总管等守护,朕衷实切不安。朕意于朕兄弟内,酌令一人,封以王爵,子侄内二人,封以公爵,用代朕躬,居守山陵……随酌令郡王允禵代朕前往居住。"用委以重任的名义将允禵软禁。

雍正四年(1726)正月初五,雍正再次召见群臣,历数允禩等人罪行,宣布将允禩、允禟及苏努、吴尔占革去黄带子,交宗人府除名。允禩的福晋乌雅氏也随之被革去福晋身份,逐回外家。

此时,雍正已下了处死允禩的决心,但他还不好立即动手。一群善于察言观色的大臣联名上疏,请将允禩正法。这本来正合雍正心意,但他为开脱自己,仍要虚伪地质问大臣:"允禩乃皇考之子,太祖太宗之孙,朕之弟也。今日之举,我列祖皇考在天之灵实昭察于上。倘允禩不宜正法,而尔等妄行陈奏,以残害列祖皇考之子孙,而陷朕于不义。尔等之罪,尚可追乎?"大臣们纷纷表态,说允禩"悖伦乱政,罪状多端,按之国法,应正典刑"。

雍正四年(1726)二月,雍正下令将允禩交宗人府监禁;三月,又下令将允禩的名字改为"阿其那"。四月,雍正下令将允禟押解回京论罪,并将其名改为"塞思黑"("阿其那","塞思黑"都是贬义的满语,意为猪狗等类)。

雍正四年(1726)五月,雍正即命将允禵解回京城,关押在景山寿皇殿附近,让他守着殿中供奉的康熙帝后圣容,"追思教育之恩,宽以岁月,待其悔改"。

六月,雍正下令给允禩等议罪。大臣们拟定允禩获罪40款,允禟获罪28款,允䄂获罪14款,请求皇帝批准,将其三人正法。雍正反复强调自己的"万难之苦衷",最后下令允禩仍监禁原地,允禟解往保定关押,允禵尚非首恶,继续拘禁悔过。

允禩、允禟为朝廷重犯,在监禁中备受折磨,"铁索在身,手足拘挛,墙高房小,高暑气酷,昨日已报中热晕死……大约难以久存"。八月下旬,允禟就死于狱中。不久,允禩"染患呕症","不食饮食",九月初十病死禁所。允禩、允禟相继死去,使长期与雍正为敌的允禩集团彻底瓦解。

此外,雍正六年(1728)六月,雍正又将诚亲王允祉降为郡王。据说有人检举他在皇帝面前呵斥诸王大臣,毫无为臣的礼仪,应革去爵位,监禁起来。雍正说:"我就这一个哥哥了,从宽处理,降为郡王。"他的儿子弘晟,交宗人府严行锁禁。

年羹尧——威平西域

雍正八年（1730）五月，最终还是将诚亲王允祉的王爵革掉，监禁在景山永安亭中。因为宗人府揭发在怡亲王允祥的丧事中，大家痛哭，他却一点悲哀落泪的样子都没有，性情残忍，罪恶日增，应将他的王爵削去，开除宗室籍，立即处死。雍正下令从宽处理，将其拘禁起来。

雍正从允禩等人数十年的结党活动中看出，康熙末年至今朝政之所以不稳，很大程度上是由于沿袭祖制，王公贵族手中权力过大所致。因此，他即位后不断寻找机会，颁发限制他们权力的命令。雍正元年（1723）二月，他发布上谕："从前皇考之时，凡上三旗大臣侍卫官员人等，俱不许在诸王门下行走，即诸王属下人，非该属处亦不许私相往来。著领侍卫内大臣及旗下大臣，将各该管侍卫官员等严行稽查，嗣后如有私相行走之人，一经查出，即行参劾。如不参劾，经朕查出，或被旁人首告，定将该管大臣一并从重治罪。"杜绝诸王、旗主私下扩大自己势力和党羽的途径。十月，又就朝中及旗下对诸王、贝勒的混乱称呼颁发上谕："亲王郡王等亦有封号。所以赐予封号者，盖于称呼设也。如无封号之王贝勒，应直呼其名耳。至九贝子、十四王之称，国家并无此例。嗣后凡无封号诸王贝勒等，即呼其名，若再如前称呼，断然不可。将此晓谕八旗并各部院衙门。……再小人等并将闲散宗室亦称王，又有贝勒王、贝子王、公王之称。此后若有此称号者，决不宽恕。"这是从名义及舆论上对贵族进行限制。

此间，湖南秀才曾静及其学生张熙根据允禩党羽在发配途中怨言口语，将有关传闻"圣祖皇帝原传十四阿哥允禵天下，皇上将'十'字改为'于'字"，"圣祖皇帝在畅春园病重，皇上就进一碗参汤，不知如何，圣祖皇帝就崩了驾，皇上就登了位，随将允禵调回囚系。太后要见允禵，皇上大怒，太后于铁柱上撞死"等等著书立说，并以明朝遗民吕留良的学说掺杂其中，投书川陕总督岳钟琪。曾静把他当作南宋岳飞的后人，可以为汉人出头推翻雍正及满洲统治的。岳钟琪当然

岳钟琪

不能由这些异想天开的说法所左右，设计诱捕了相关人等，并向朝廷做了汇报。

曾静投书案给雍正带来的震动是可想而知的。雍正即位后的五六年里，除了着力清除允禩、年羹尧、隆科多等势力外，主要采取了整顿吏治、清理国帑等重要措施。这样做一方面当然出于政治经济形势的需要，另一方面他也想通过这些措施，把自己塑造为能君的形象，以赢得社会舆论的支持，使皇权进一步得到巩固。雍正万没料到，在自己即位六年以后，在允禩、允禟已死，允禵、允祯被监禁的情况下，民间竟还会出现这种肆意攻击、诽谤皇帝的事情。

现在既然流言遍及全国，雍正就要在全国范围内肃清流毒。基于这一立场，雍正下令将曾静、张熙特赦。理由是："朕治天下不以自喜而赏一人，不以私怒而罚一人。曾静狂悖之言，止于谤及朕躬，并无反叛之实事，亦无同谋之众党。"但提倡"华夷之别"论的吕留良却被开棺鞭尸，其子孙和学生也都被株连下狱。湖南巡抚王国栋因对流言无所警惕，没有上报，也被革职。接着，雍正下令将自己对此案的屡次上谕及审讯曾、

张二人的口供，集为《大义觉迷录》一书，广为刊印，以示天下。以一个皇帝至尊与罪犯辩论已是天下奇闻了，何况还著书广布。

《大义觉迷录》的中心，是雍正就允禩等人给自己强加的"谋父""逼母""弑兄""屠弟"等罪名进行辩驳，以向全国百姓说明自己即位的合法性，阐明允禩党羽散布的流言是很荒谬的。对允禩等人的处理即"屠弟"一说，雍正直言不讳，且有自己的理论。他认为，人君行仁政不能存妇孺之见，首要的是保证国家政权的稳固，"若但务敦睦九族之虚名，而不计宗社苍生之大患，岂不本末混淆，轻重倒置耶？……明之建文优柔寡断，不知大义，不识极变，意欲保全骨肉而酿成永乐之祸，率至国危身丧，为祖宗之罪人。……总之，人君不幸遇此事，若见之既真，知之既确，则当权其利害之轻重，毅然决断。勿存小不忍之见，顾己身之誉以贻祸患于无穷"。

雍正在逐步反驳曾静，为自己辩解后，又命将此书"颁布天下各府州县，远乡僻壤，俾读书士子及乡曲小民共知之。并令各贮一册于学宫之中，使将来后学新进之士，人人观览知悉。倘有未见此书，未闻朕旨者，经朕随时察出，定将该省学政及该县教官从重治罪"。从之后发展情况看，这一措施，是适得其反的。许多原来未曾听说的人借此风闻。所以雍正的儿子乾隆一即位立即收缴了此书。

兔死狗烹，诛杀功臣

年羹尧在雍正当亲王时，就是王府中的心腹之人，与雍正关系至深。他们不仅是一般的君臣、主奴关系，而且还是亲戚。年羹尧的妹妹在康熙四十七年（1708）被选为雍亲王侧福晋，雍正元年（1723）又被封为贵妃。年家遂成为皇亲。雍正刚继位时，担心诸王发动政变，经常叫年羹尧身穿盔甲紧跟在自己身边。年羹尧先后因平定西藏、青海的功劳，晋爵为公，升为太傅，获赐双眼孔雀翎、四团龙补服、黄带、紫辔及金币等非常之物，雍正对年羹尧的宠幸到了无以复加的地步。

年羹尧受到进一步的信任与擢拔，是与他在青海战事中充分表现的忠心与才干联系在一起的。策妄阿拉布坦入侵青海的问题，本在康熙六十年（1721）时就已初步得到解决，青海恢复了安宁。但到了雍正元年（1723），青海各部又闹起了矛盾，意图脱离清政府的统辖。如何处理罗卜藏丹津的叛乱，这对刚刚即位的雍正也是一个重大的课题。此时的动乱若真闹大，雍正就有违背康熙遗愿之嫌，必然招致诸弟与宗室中敌对势力的攻击，削弱他那尚未巩固的皇权。他即下令"年羹尧即往西宁办理军务，其调集弁兵之任，甚属紧要，须给大将军印信，以专执掌。著将延信护理之抚远大将军印，即从彼处送至西宁，交与总督年羹尧"。

在此期间，雍正不断派人前往军中，送赏年羹尧各种赐品。从皇帝御用的四团龙貂皮褂、貂帽、蟒袍、东珠，到荷包、钟表、鼻烟壶、鹿尾、奶饼等宫中珍玩佳馔，应有尽有。最初年羹尧对自己得到的这种超乎寻常的赏赐，既受宠若惊，又有些惶恐不安。他上疏："团龙补服，非臣下之所敢用……貂帽蟒袍，又皆圣躬所御，自古章服之荣，无以加兹。"雍正却宽慰他："只管用，当年圣祖皇帝有例的"；"实尚未酬尔之'心劳功忠'四字也。我君臣分中，不必言此些小。朕不为出色的皇帝，不能酬赏尔之待朕。尔不为超群大臣，不能答应朕之知遇。……在念做千古榜样人物也"；"有你这样的封疆大臣，自然蒙上苍如此之佑，但朕福薄，不能得尔之十来人也。"从这样的话看来，雍正甚至有讨好年羹尧之嫌。这种过于亲近的君臣关系本身就不正常。

年羹尧飞黄腾达仅仅两年，就迅速走上了受贬黜直至被处死的道路。雍正二年（1724）年底，年羹尧还不可一世，第二年四月，便被解除大将军职务；六月，受吏部参劾；十二月，被处以死刑。他从赫赫功臣一跌而为千古罪人，这样急剧的变化，使朝野为之瞠目。

雍正与年羹尧关系恶化是很突然的。雍正二年（1724）秋天，因胜利平定青海叛乱，年羹尧被批准于九月进京谒见。当时雍正的心情是急切盼望见到这一得力助手。他在给年羹尧的上谕中写道："朕亦甚想见你，亦有些朝事和你商量。大功告成，西边平静，君臣庆会，亦人间大乐事"；"览奏朕实欣悦之至，一路平安到来，君臣庆会，何快如之。十一月欢喜相见。"一般说来，在这种情况下，年羹尧进京后定会得到进一步擢拔。事实却恰恰相反。年羹尧抵京后，非但没有受到皇帝的赏识，反而落了满身的不是，以致他返回陕西后不得不赶紧请罪："伏念臣禀质薄劣，赋性疏庸，奔走御座之前三十余日，毫无裨于高深，只自增其愆谬。返己扪心，惶汗交集。"究其原因，是年羹尧恃功自傲，侵犯了皇权。

雍正接到年羹尧请罪奏折后，指出："凡人修身行事，是即是矣，好即好矣。若好上再求好，是上更觅是，不免过犹不及。"很明显，这是在警告年羹尧务必安分守己，不要存非分之想，以免自寻绝路。年羹尧在任抚远大将军期间，权揽得太多，手伸得过长。他倚仗自己的权势，平时起居行动竟仿效皇帝：出门用黄土垫道，官员净街，关闭街巷铺面；行辕公馆彩画四爪龙，鼓乐手穿缎蟒袍；蒙古各部王公与年会面时，均要下跪行礼，甚至驸马阿宣、总督李维均、巡抚范时捷也不例外。与此同时，年羹尧在暗中悄悄地扩大自己的军事与经济实力。他身为川陕总督、抚远大将军，本已拥有重兵，但仍要私贮锁子甲、铅子等军需禁品；在经济上他的手伸得更长，千方百计聚敛财富：敲诈勒索地方官员，私营国家垄断的盐茶，侵吞官税、工俸、脚银，冒销军需等等。在短短的三年间，年羹尧通过这些手段，搜刮到的钱财高达数百万两。他忘乎所以，觐见至京，"行绝驰道，王大臣郊迎不为礼"。

年羹尧还犯了一个不该犯的错误，为皇帝处置他进一步提供了口实。当时天象出现了所谓"日月合璧，五星联珠"的祥瑞之兆，各地大臣纷纷上疏祝贺，年羹尧也进一折，疏忽之中，将赞美皇帝的"朝乾夕惕"误写成"夕惕朝乾"。这非但不是赞扬，简直是在讥讽。雍正阅后大怒，斥责年羹尧："平日非粗心办事之人，直不欲以'朝乾夕惕'四字归之于朕耳？……夫君子事朕必诚必敬，陈奏本章，纵系他人代笔，而年羹尧岂有不经目之理？观此则年羹尧自恃己功，显露其不敬之意。"年羹尧虽然一再进折请罪，都没能得到雍正的宽恕。

雍正解除了年羹尧的抚远大将军职务，将年羹尧调至浙江任杭州将军。雍正这一决定，对年羹尧不啻为釜底抽薪。年羹尧在西北经营有年，不仅拥有一定的军事实力，而且也拥有相当的经济实力。失去了军权和财权，年羹尧即使再有才能，也只有听天由命了。雍正在年羹尧受命后所进的谢恩折上，写明了他的想法："朕闻得早有谣言云

年羹尧奏折

'帝出三江口,嘉湖作战场'之语。朕今用你此任,况你亦奏过浙省观象之论。朕想你若自称帝号,乃天定数也,朕亦难挽。若你自身不肯为,由你统朕,此数千里,你断不容三江口令人称帝也。此二语不知你曾闻得否?"显然,雍正这番话是担心年羹尧有反叛企图,又确信年羹尧至杭后将无能为力而发。

对年羹尧以前超乎寻常的提擢及其不可一世的骄横,一些同僚早存嫉恨之心。但因有皇帝的保护伞,谁都无可奈何。此时雍正态度转变,人们便抓住机会,纷纷上疏弹劾年羹尧的种种违法行为。在这种情况下,雍正只要顺水推舟,就可以把年羹尧革职法办。古往今来,帝王杀戮功臣的事情屡见不鲜,雍正对年羹尧的处置不过是历史上某些帝王做法的重现。但他所处的与允禩等人斗争的环境,以及他极好虚荣的个性,都不允许舆论上把他视为暴君。因此,他先发制人,反复说明年羹尧之获罪是咎由自取,而绝非鸟尽弓藏。

雍正对年羹尧的处理,可谓用心良苦。尽管从雍正二年(1724)十二月起,雍正如何处置年羹尧的基本态度就已确定,但他还是用了九个月的时间调查揭露年羹尧的罪行,并在朝中反复深入地制造舆论。直到雍正三年(1725)九月,才尽革年羹尧所有职衔。此时,年羹尧本人已承认自己贪赃枉法的罪行,从他党羽家中也搜出了他窝藏的大量赃物。这年二月,年羹尧被逮至京师。议政大臣等为年羹尧罗织大罪92款,上疏请将年羹尧正法,并诛其父兄子孙。雍正批准了这一奏疏。雍正决定叫年羹尧自杀,将他的儿子年富砍头,年家其余15岁以上的男子发配到最边远气候恶劣的地方充军。年羹尧的妻子是皇族,叫她回娘家生活。与年羹尧同族的文官武将,一律撤职。年羹尧的亲儿孙不满15岁的,等长到15岁时陆续充军,永远不赦免回来。如有人收养、隐藏年羹尧的子孙,以叛逆的同党治罪。年羹尧的父亲太傅一等公年遐龄、哥哥工部侍郎年希尧撤职。当时,年遐龄80多岁,最初也被判死刑。大学士朱轼极力向雍正说情,说因为儿子犯罪而杀死老子,这是不合法的。年遐龄因此才免于一死。钱名世,字亮工,江南武进人,康熙四十二年(1703)进士,与年羹尧原没什么瓜葛,曾借名为年羹尧赋赠过几首谄媚诗文,把年羹尧比作周代的大将召伯、汉代名将卫青和霍去病。年羹尧平定青海后,钱名世还鼓吹为其立碑,并在一首赠年的诗中写道:"钟鼎名勒山河誓,番藏宜刊第二碑。"意即允禵进兵西藏康熙皇帝为他立了一碑,年羹尧平叛成功也该再立一碑。雍正认为,钱名世的这种行为是文人无耻钻营的表现,不配做儒门中人,但杀了他又于理不通。因而想出了一种"以文词为刑法"的手段——即亲书"名教罪人"四字并制成匾额,悬挂在钱名世大门上方,以警戒其他文人的谄媚行为。此后,雍正又命令所有进士出身的文官每人作一首诗讽刺钱名世的奴颜媚骨,并要求钱名世出钱将这些诗文刊印出来分发各地,以此警戒其他文人不要犯类似的错误。

对待另一位宠臣隆科多,雍正也是费了不少心思。

隆科多是雍正的舅舅,很有才干,对于雍正继位当皇帝,他贡献很大。隆科多身为步军统领,手握3000官兵,提督京城九门。他运用手中的权力保证了国葬期间京城的稳定,使当时任何一个对新君不满的人,都无法轻易采取行动。这就大大促进了皇权的稳固。因此雍正继位伊始,隆科多承袭父亲佟国维一等公的爵位,不久,加封太保衔,晋升为吏部尚书兼步军统领。雍正还指示启奏处在隆科多的奏章上要标明舅舅隆科多。后来,论功行赏时,又封他为一等阿达哈哈番世职。雍正感叹:"此人真圣祖皇考之忠臣,朕之功臣,国家良臣,真正当代第一超群拔类之稀有大臣也。"为了紧紧拉住这个地位与作用都极其微妙的人,雍正不断为其加官晋爵,以示优宠。繁花簇锦之后是倦怠和猜疑,毕竟人的贪欲是无止境的,雍正对自己有没有把握完全笼络住隆科多没有把握,就开始寻找时机打击隆科多。年羹尧事件给了他一个一箭双雕的借口。

当年羹尧获罪交刑部处分时,隆科多身为吏部尚书却没有提出将年羹尧的公爵革去。雍正认为他这是袒护年羹尧,对他深恶痛绝。可是,当时的大臣们没有一个敢攻击隆科多的。田文镜有一个姓邬的幕僚,猜测到了雍正有处分隆科多的心思,就替田文镜起草了一道上给雍正的本章,弹劾隆科多。这道奏章一上,隆科多果然被处分了。而田文镜从此以后不断得到雍正的重用,他在雍正心目中的地位是当时任何大臣也比不上的。

隆科多在雍正下令将允禩等人的名字从宗人府保存的皇族家谱上删除的同时嘱咐辅国公阿布兰私自抄写一份雍正的家谱,藏在自己的家中,以备将来对照。雍正知道后特别生气,将阿布兰的公爵革去,并将其禁闭在家中。将隆科多调回京城治罪。

雍正认为,隆科多在康熙年间就与允禩之党阿灵阿、揆叙有交往,此时又私藏玉牒,显然存有叛逆之心。雍正五年(1727)十月,他授意诸王大臣上疏,弹劾隆科多犯大罪41款,"应拟斩立决,妻子入辛者库,财产入官"。可能是顾虑到舆论会指责他心狠手毒,所以雍正又声明:"隆科多所犯四十一款重罪,实不容诛。但皇考升遐之日,召朕之诸兄弟及隆科多入见,面降谕旨,以大统付朕。是大臣之内承旨者,惟隆科多一人。今因罪诛戮,虽于国法允当,而朕心则有所不忍。隆科多忝负皇考及朕高厚之恩,肆行不法,朕既误信任于初,又不曾严行禁约于继,今惟有朕身引过而已。"最后,雍正下令,隆科多免于正法,而在畅

雍正帝观书像

春园附近修建一座监所,将隆科多终身监禁。隆科多入监后,就像一年前被监禁的允禩、允禵一样,很快就死掉了。按一般说法,隆科多如果是帮助雍正阴谋篡位的大臣,雍正惩处他乃是为了灭口。

雍正继位后,分期分批处理自己从前的政敌,手腕高明,经过八年的时间,不仅将政敌诛杀殆尽,而且还把旧日的心腹,今日握有大权可能危及自己统治的人一个个铲除干净。在这方面,雍正可称得上心狠手辣。雍正铲除异己势力,巩固了自己的地位,加强了君权,为顺利推行政令打下了坚实的基础。与此同时,雍正也株连无辜,暴露了他残酷的一面。

严禁朋党，肃清吏治

康熙朝，朝臣因为立储风波，动辄窥测皇帝内心深处的喜怒好恶，分门别户，互相倾轧，结成朋党，把朝政弄得乌烟瘴气。雍正即位伊始，最感棘手的，就是诸弟与宗室大臣中的结党营私活动。他向朝臣正面阐述了自己对这个问题的看法："朋党最为恶习。明季各立门户，互相陷害，此风至今未息。惟我皇考允执厥中，至仁在宥，各与保全，不曾戮及一人。尔诸大臣内，不无立党营私者，即宗室中，亦或有之。尔等若以向蒙皇考宽大，幸免罪愆，仍蹈前辙，致干国法，昏昧极矣。……此朋党之习，尔诸大臣有则痛改前非，无则永以为戒。尔等当思皇考数十年宽厚之恩，亦当共体朕委曲保全至意，若仍怙恶不悛，朕虽欲勉强仰体皇考圣衷，力为宽宥，岂可得乎？"雍正的用意就是要让全体大臣知道，自己对由来已久的朋党深恶痛绝，绝不会像康熙那样姑息、纵容，如不改悔，则勿谓言之不预！

为消除朝臣的疑虑，避免社会舆论对己不利，雍正以攻为守，再次向朝臣阐述自己的看法。他以大臣中结党的例证，说明朝中朋党之盛："朕即位后，于初御门听政日，即面谕诸王文武大臣，谆谆以朋党为戒。今年以来，此风犹未尽除。"同时，他又颁发了一篇御制短文《朋党论》，谈古论今，旁征博引，列数朋党之害，反宋代欧阳修《朋党论》之道："修之所谓道，亦小人之道耳。……朕以为君子无朋，惟小人而有之。……设修在今日为此论，朕必伤之，以正其惑。"这表明雍正对朋党是深恶痛绝的。在此后一年多的时间里，雍正不断下达上谕，斥责允禩及其同党。

八月，诸王大臣上奏章说，承蒙雍正颁发《朋党论》，教训深刻，臣等共表决心，坚决照办。雍正把众大臣召进宫中。问道："诸王大臣的奏章，不知是否代表了你们众人的意见，还仅仅是两三个人的意思？如今既然你们说全部同意，我心里十分欣慰。但是，可贵处在于实心照办，不要说说空话就罢了！"第二天，又召集众大臣进宫，告诉他们：皇室的人恶习未改，彼此视若仇人，全是由于谗言恶语在中间传播的结果，致使皇室骨肉有了矛盾。同时，还列举允礽、允祹、允禩、允禑、允䄉等人的过错，说他们不懂君臣大义，还说到从前众大臣保举允禩为太子是很不对的。之后，又把诸王及皇室成员召进宫来，指出他们结党的恶习，要求他们每个人都应返躬自问，有结党恶习的，立即改掉；没有这恶习的，要更加勉劝自己不要沾染上。同时，还说皇室的成员很多，务必要和衷共济，如同一个人似的，要互相鞭策、勉励，给子孙后代做出表率。

从前，工部郎中岳周拖欠钱粮，允禩暗中帮助他几千两银子，使他能如数地交纳钱粮。对此，雍正认为允禩是笼络人心。到这时，雍正告诉总理大臣等人："允禩存心狡诈，结党营私，我屡次教训他。希望他改过自新。可是，朝臣们却被他蒙蔽，反说我太苛刻了，替他抱屈。这是我观察众人的脸色得出的结论。一年以来，大官小吏受他拖累的不在少数，可是却甘心受罪，并无悔意。如此，则他的小团体是没有解散的一天了。他们既怙恶不悛，而众臣又不省悟，所以特意谆谆告诫。如果众臣洗心革面，痛改前非，则小团体也就散了，势力也就孤单了。"不久，又向九卿大臣及工部、上驷院两个衙门的官员们传达："廉亲王允禩存心扰乱国政，暗中使用银两收买人心。你们工部、上驷院两个衙门众官吏要小心谨慎，不要中了他的奸计，被他愚弄。因此，再次告诫你们，你们要秉公办事、效力，不要被他引诱，否则我可要从重治罪！"

雍正三年（1725）三月，通令八旗严禁家人结党，否则，交由步军统领惩处。五城官员凡是大臣的家人,如有婚嫁办筵席宴请亲友等事,必须报告家主,然后才能举行。如果有私自结党、结拜兄弟,彼此宴请,借机钻营托情的,立即严加惩治。

雍正的宠臣田文镜当河南巡抚时,曾上奏章诬陷部下黄振国、邵言纶、汪诚、关瞰等人。直隶总督李绂路过河南时,当面斥责田文镜存心整读书人。田文镜给雍正上密折说李绂与黄振国是同榜进士,他们要结党,为被自己弹劾的官吏们翻案,并且要报复自己。不久,李绂果然当着雍正的面,替黄振国等人分辩。离开雍正后,李绂又接连上奏章替黄振国等人申冤。雍正因为早看过田文镜的密折,先入为主,所以要处分李绂。这时,谢济世公开弹劾田文镜,列出十大罪状,攻击他贪污。在弹劾田文镜的同时,谢济世在奏章中还提到黄振国等人是被田文镜冤枉了。雍正看过谢济世的奏章很不高兴,说:"田文镜是有名的能干的大臣,我正在倚重他,你不要听信谣言诬蔑他!"说罢,就把奏章扔给谢济世了。谢济世跪在地上不肯站起来,极力说田文镜贪污不法。雍正特别生气,命令九卿科道诸臣齐来刑部,审讯谢济世是如何与李绂勾结在一起的。谢济世说:"田文镜的劣行,朝廷内外人人皆知。我谢济世熟读孔孟之书,粗通大义,不忍心眼看奸臣欺骗皇上,所以冒死给皇上奏章。如果一定要追查我的后台,那我的后台就是孔子和孟子!"尚书励杜讷说:"对谢济世应该用刑拷问。"御史陈学海也在场,忽然他站起身走到院子里,脸朝北大声说:"同谢济世勾结的是我!"参加审讯的大臣们都愕然了,要将此事报告皇上,请求皇上批准连御史陈学海一同审讯。还没等上报,雍正忽然派人来传达指示,不要审讯谢济世了,将他革职,发配到阿尔泰的部队中当差效力。

从前,李绂在广西巡抚任上以清正廉洁著称,很受雍正的器重。同时,遭到一些大臣的嫉妒。这时,李绂在直隶当总督,蔡珽在奉天。谢济世弹劾田文镜,雍正认为是李绂与蔡珽指使的,于是将他们逮捕治罪。经朝臣们议决,宣判将他们立即砍头,他们的妻子,罚进辛者库(浣衣局)做苦工,财产没收。雍正下令从宽处理,将立即斩首改为暂时监禁定期砍头。有两次处决犯人时,将李、蔡二人绑了起来与死囚一同押到刑场,把他俩的双手扭到后背,大刀搁在脖子上,问他俩:"此时知道田文镜好吗?"李绂回答道:"臣愚昧,至死也不知道田文镜有什么好地方!"结果没杀他们将二人仍押回监狱。

李绂、蔡珽二人获罪时,朝臣们认为他俩冤枉,但是因为当时田文镜特别得到雍正的信任,没人敢替他俩说话。他俩受制于田文镜,几乎丢了性命。

雍正还指示科举出身的官员一定要去掉朋党恶习,为朝廷尽忠效力,秉公办事,那么君臣上下一心一德,天下就一定一天比一天好起来,社会风气就一天比一天淳朴。田文镜因为自己不是由科举出身的官员,每次向雍正报告事情时,

《雍正帝祭先农坛图》

都尖锐地痛斥诋毁科举出身的官员,说这些人不可信用。雍正一直重视他的这些话,所以才下达这个命令。

结党营私,排斥异己,这是官场中的通病。雍正本人在未当皇帝之前,也曾拉帮结伙,大搞阴谋活动,为争夺太子宝座而费尽心机。诸如年羹尧、隆科多都曾经是他的心腹。不仅雍正如此,他的几个哥哥、弟弟也无不如此,甚至有的比他还有过之而无不及。允禩在培养个人势力方面就大大超过了雍正。

雍正继位后,朝廷内外的各派小集团成了提高君权的障碍。雍正为了巩固统治,

毫不手软地打击这些小集团。他首先大造舆论，亲手写了《朋党论》，从理论上明确派别活动对国家的危害，指出大臣应与君主同心同德，惟君主之命是从，不能拉帮结伙，谋求私利。应该说，雍正这篇《朋党论》写得很深刻，很有说服力，是向政治小集团开刀的信号。

雍正先后铲除了皇室中及臣僚中的几个盘根错节、力大势雄的集团。诸如允禩、年羹尧、隆科多……足以危及雍正宝座的人，一个接一个被诛除殆尽。而朝臣中拉帮结伙之人，虽然不足以危及雍正的皇帝宝座，但毕竟不利于雍正独断专行，因此，也随时随地被处置，甚至有的人并没有搞朋比为奸也被当作搞朋党而受刑。

这样一来，群臣人人自危，为了个人的身家性命，无不对雍正俯首帖耳，唯唯诺诺了。雍正铲除政治小集团的结果。大大加强了君主独裁专制，巩固了中央集权。

倒行逆施，肃贪反腐

长达十几年的储位之争，使朝中政治局面长期处于动荡与停滞之中。一方面诸子为争储位，交结宗室大臣，分派结党，相互倾轧；一方面由于康熙在建储问题上的反复无常，使许多大臣不知所措。对朝政关心者，无能为力，逐渐消极；保全自己者，小心谨慎，处处奉迎。在这种形势下，清统治者逐渐失去了初年的锐气。正如雍正即位之初所指出的那样："九卿坐班，多有不齐，及至会议，彼此推诿，不发一言，或假寝闲谈，迟延累日，会一二科道新进者，冒言于众，便群相附和，以图塞责。"最高统治集团的松弛和懈怠，导致了整个官僚阶层的腐败和无能。当时官场中最盛行的说法是"名实兼收"。官吏们以奉迎获忠义贤良之"名"，又巧妙经营，得中饱私囊之"实"。贪污受贿，侵蚀国帑，成为司空见惯的事情。如河南阌乡的一个县令，以收取火耗为名，竟然获取白银 65000 两；安徽凤阳一个知府，谎报灾情，贪污蠹银 11800 两；松江提督通过扣发兵丁米粮，贪污白银 34000 多两。吏治如此腐败，清王朝发生经济危机就在所难免了。到康熙末年，户部库银亏空竟然高达 250 余万两。

雍正元年(1723)，雍正颁发十一道谕旨，训诫总督、巡抚、提督、镇守以下文武官员。皇上在藩王府居住了 40 多年，对于世间人情世故，没有不清楚的。发现当时官场腐败达到了极点，十分感叹，很想对此进行整治，所以，继承帝位之后，立即颁发了整顿政纪的诏书。二月，考核甄别翰林詹事官员中不称职的，勒令罢官、辞退。禁止各部官员兼管其他部门的事情。三月，雍正发布谕旨，令各省总督、巡抚，将该幕僚姓名造册报吏部。

"庸劣不能办事者，有不能写字雇人翻译者"，其结果，国家庶务，百姓疾苦竟成官员们身外之事，行政效率极为低下。雍正深悉此弊，继位后，总是告诫大小官员们不要安于习俗，"悠悠忽忽"，不知奋发进取。同时，利用组织手段和正常的"京察""大计"考核制度，大幅度调整官员结构，去其庸劣之员。为了提高行政效率，去其拖拉萎靡之风，制定了各种事件的办理限期及其稽查处分法例、规章。鉴于以前定例有疏漏，雍正侧重制定了"各部院事件限期""直省承办钦部事件限期""文凭定限"，"缴照逾限"等新法例。因各部院所办事件行文例需翻译，以前往往迟误，新例规定必须在一二日内定稿呈送堂官，否则给予翻译笔帖式记过或革退处分。凡皇帝交有关部院等速办之事，限 5 日内完结；其他除两衙门会稿、八旗会议事件仍照旧例定限内完结外，对于那些不须查核而易于办理事件，过去是 20 日完者者，而今限期 10 日；户部向例 30 日，今改为 20 日;八旗易办之事;也定限 10 日;至于议政及九卿会议,从无定限,今视繁易程度,俱定为 30 日和 10 日限期。如有推诿迟误,监察官查出题参。对于官员到地方赴任迟缓怠政的弊习,雍正看在眼里,指令议定法例,终于于七年(1729)出台了地方官自京赴任的详细定限法例,成为有清一代定制。此外,对于各省承办钦命、部交事件,各省衙门事件,官员离任、给假等各种行政事件,雍正也命或遵定例,或新制定例严格执行。如果发生任意推诿、或称无例可援、或称无案可稽,以致迟延者,该衙门长官即行参奏,送部议处。

"历年户部库银亏空数百万两,朕在藩邸,知之甚悉。"雍正认识到,各地出现亏空钱粮问题的,肯定是受到上司勒索,不得不从国库中拿来上供,要不就是自身贪侵利、中饱私囊了。无论哪种情况,都是非法的。

先前康熙在位的时候,施政宽宏大量,手下留情,没能将那些贪官污吏尽行革除。虽然后来严令限期把亏空的数目补齐,但也不过是雷声大,雨点小。采取的一些追亏补空的措施,也都走了形式,也就应付过去了。

亏空现象因此依然如故,甚至有增无减。依照康熙末年的财政状况,如若国家再有大灾难,那么国家财政必然捉襟见肘,国库空虚到无银用兵和赈灾的地步,用雍正的话就是"关系非浅"了,后果不堪设想。因此,雍正明确规定了在地方上清理钱粮的方针、政策和注意事项。一个月后,即雍正元年(1723)正月十四日,发出在中央设立会考府的上谕。他说钱粮奏销中弊病很大,主要是看有无"部费",若没有,就是正当开支,计算也清楚,户部也不准奏销,而一有部费,即糜费百万,亦准奏销。当日大行皇帝也知道这种弊端,不过不欲深究,然而"朕今不能如皇考宽容",此后一应钱粮奏销事务,无论哪一部门,都由新设立的会考府厘清"出入之数",都要由怡亲王允祥、舅舅隆科多、大学士白潢、尚书朱轼会同办理。雍正要求允祥严格推行他的清查政策,对允祥说:"尔若不能清查,朕必另遣大臣;若大臣再不能清查,朕必亲自查出。"雍正一再表示他不宽容,决心从上到下、从内到外,把惩办贪官、清理亏空的斗争迅速地、大规模地开展起来。

按理说清查亏空,应当先抓贪污腐败,然后解决挪移问题。而雍正偏偏反其道而行之。这样一来,就使那些贪官再也无法巧借挪移之法掩盖贪污的现实了。挪移之罚,先于侵欺。挪移多是因公挪用,常常有不得已的情况;侵欺是贪污。两种情况,都是亏空,性质有所不同,在处分上也大不一样。一般的惩治,先抓贪污,后及挪移。官僚遂因之取巧,将侵欺报作挪移,避重就轻,希图免罪。雍正对这种情况了如指掌,他说,贪婪的官员"借挪移之名,以掩其侵欺之实,至于万难掩饰,则以多者为挪移,少者为侵欺,预料将来参,亦不过以挪移结案,不致伤及性命,皆视国法为具文,而亏空因之日多矣"。

为对付贪官钻空子,雍正改变体例,在挪移和侵欺两项追赔中,不管哪个案子发在先头,一律"将挪移轻罪之项令其先完,侵欺重罪之项令其后完,使饰挪移希避重罪之人无所施其伎俩"。他这种办法,显然把轻重倒置了,具有不合理的成分,但却又含有合理因素,即对惩治贪官确有好处。他知道贪官们最有可能采取的手段是在亏空的账面上偷桃换李,变贪污为挪移,以达到避重就轻的目的。所以,他一反常规,先论挪移之罪,后抓贪污之罪。本来,在清查工作中,贪污是主要打击对象,是主要矛盾,但是当贪官们做了手脚之后,挪移就成了实际上的贪污,成了主要矛盾。先抓挪移,看似在抓次要矛盾,实则是避实击虚的策略。当然,这也是非常情况下的非常策略。事实上,在雍正后期打击贪官清查亏空的工作取得一定成效之后，就逐渐恢复了往日先查侵欺再追挪移的成法了。

加强集权，另起炉灶

雍正在即位之时，虽然掌管着国家的最高权力，但举凡军国大政，都须经过集体讨论，最后由皇帝宣布执行，不能随心所欲，自行其是，皇权受到了制约。雍正设置军机处，正是为了把自己推向权力金字塔的顶端。雍正于当政的第七年，着手成立了军机处，并以此开始全面而直接地管理国家各种事务。就在这一年，准噶尔蒙古部落的策旺阿拉布坦发生全面叛乱，雍正决定对其发动平叛战争。为了使这场战争能够取得全面胜利，他采取了许多措施，设立军机处就是其中的一项。

当年六月，雍正发布上谕，称："两路军机，朕筹算者久矣。其军需一应事宜，交与怡亲王允祥、大学士张廷玉、蒋廷锡密为办理。"军机处全称为"办理军机事处"，是由雍正一手设立的政府中枢机构。那么军机处的性质究竟是什么呢，当时诸王公大臣并不知晓。因为雍正当时说得明白，即交与三人密为办理。由此看来，雍正在筹建或办理某些重大事件前，多采取秘而不宣的策略，只在心中暗自筹划，此后才交给个别亲信大臣来办理——这正是雍正为人谨慎的最佳体现。

对雍正来说，军机处的设立一开始即不是临时性的，而是本着长远统治的需要，稳固皇权比西北用兵一事更为重要。因为当时雍正虽已将诸兄弟打倒了，但散布于中国上下的他们的势力却仍如百足之虫，死而不僵——他们与传统的官僚机构仍有着千丝万缕的内在联系。雍正本人对此当然非常清楚，但他本人毕竟不能把所有官僚机构统统推倒重来。在经过反复思量后，雍正便只好另起炉灶，重新创建一个可以囊括一切机要权柄又能服从他指挥的由亲信人员组成的新机构。这个机构，就是军机处。军机处的创设，起到了囊括一切机要权柄的作用。

军机处算不上是一级机构，它无定员，皆由皇帝根据实际需要随时增减。最初只有怡亲王允祥、大学士张廷玉、蒋廷锡。以后又有增加，最多时也不超过 11 人。其次，被选入军机处的官员，都属兼职，不设专职。雍正从阁臣、六部尚书、侍郎等官员中，选取"熟谙政体者，兼摄其事"，称为"军机大臣"。依他们原有的品级和地位，排定先后次序，以品级高、资历深者为"首席""首揆""揆席"。如他们中有的失去原职务，或授予京城外的职务，其在军机处的兼职则被取消。军机处的属员，则由"各部曹、内阁侍读、中书舍人等充任，名曰军机章京"，俗称"小军机"。军机大臣互不统属，即无隶属关系，各自对皇帝负责。

军机大臣地位崇高，却没有六部等官员的实权，他们的职责是："掌书谕旨，综军国之要，以赞上治机务，常日直禁庭以待召见。"即使皇帝巡幸外地，亦如此。具体规定每天寅时，军机大臣入值，办完公务，由内奏事太监"传旨令散"。每天皇帝召见没有定时，或一次，或数次。召见时，皇帝"赐坐"，将"未奉御批"的各处奏折进呈，等候皇帝钦批，"承旨"毕，即退出。凡皇帝的"明旨"，由军机大臣拟写，下发到内阁；凡不宜公开的"密谕"，经由军机大臣"封交"后部，视事之缓急，传送到各地。军机大臣的职责概括起来就是"承旨"，不过是上传下达，当面替皇帝起草文件，或记录皇帝的指令，向有关部门传达，实际是充当了皇帝的侍从秘书。军机章京有满人也有汉人，负责缮写谕旨、记载档案、查核奏议。满人抄写满文，汉人抄写汉字。这也是文墨秘书性质。军机大臣和军机章京身处权力的核心,却无任何决策权,不能做任何决定,一切听命于皇帝,完成皇帝交办的事。

军机大臣的工作具有高度机密性。军机处不属一般的衙署,它需要保密,并时刻同皇帝直接联系,军机大臣要留在离皇帝最近的地方,以便随时而快速地应召入宫。因此,军机处便设在隆宗门内,靠近内廷,既与外廷隔绝,以杜绝人来人往泄密,又离皇帝居处甚近,召见便捷。"军机为枢密重地,非有特许,不许擅入。"如敢私入,或私自会见军机处官员,随时纠劾论处。军机大臣办公的地点,亦随皇帝的行止而定。如皇帝驻跸圆明园,其军机处则设在园内左如意门内;如在西苑,军机处设在西苑门内。如皇帝出京远行巡视,途中暂驻处,称为"行在",或抵达目的地,其暂居处又称"行宫",军机大臣皆随往,在行宫

清大臣、画家蒋廷锡

门设"直房"。不管在何处"入直",都属皇帝的禁区,离皇帝甚近。军机处没有固定衙署,具有机动性,只有在京城,才有较稳定的办公地点。皇帝召见军机大臣议事,都要求迅速、准确,不得迟误,故责专人秘密行事,发挥高度效率。因此保持了此事的机密性,以至实行了"二年有余",各省对此一无所知。

由此可以想见,雍正几乎把军机处看成了自己的一件随身物件,走到哪里带到哪里。也就是说,军机处值班大臣和章京随时跟随皇上行动。由此,就更可知军机处在雍正心目中的地位了。

军机处创建初期,既无正式衙门,也无印信。雍正十年(1732)春才命大学士等议定军机处印信。议定后,经雍正批准,该印交由礼部铸造成形。该印由内奏处保管,印匙则由领班军机大臣随身携带。另外还打制了镌有"军机处"三字的金牌,由值日章京佩带。须用军机处印信时,由值日章京凭金牌到内奏处领取印信,之后凭金牌向领班军机大臣索取印匙,并在数人的监督下,才能打开印匣取出印信。印信用完后,金牌要交给领班章京,印匙要重新归还领班军机大臣,印信则要重新归还内奏处。规章制度虽然烦琐,却又是一套十分严密的管理模式。谨严免出差错,小处才见缜密,为了达到保密的目的,雍正真是下了苦心。

设立军机处起到了意想不到的效果,以前每办一件事情,或者有关的奏折,要经过各个部门的周转,最后才能够送达皇上。其中因扯皮、推诿、拖沓的官场陋习使办事效率极为低下,保密性也差。而自从设立军机处,摆脱了官僚机构的臃肿,雍正的口令可以畅通无阻地到达每一个职能机构,从而把国家大权牢牢地控制在自己的手里。

军机处地位煊赫,手握重权。由于这个机构的横空出世,清朝的政治格局将为之进行大的调整,整个政府的决策方式发生了根本的改革。

其一,军机处是皇帝的集权工具。从明到清,废除宰相制,皇权得到相应提高。

其二,军机处有高度的机密性。体现为对其印信管理极严。印信贮存初定由军机处自贮,为防止私用印信,加强管理,遂改贮他处。印信分程序管理,相互制约,互相监

督，无论职位多高，权力多重的大臣，都无法私自动用印信。

其三，雍正对军机处管理得特别严密。他对军政大臣的要求也极为严格，要求他们时刻同自己保持联系，并留在皇帝最近的地方，以便随时应召入宫应付突发事件。皇帝走到哪里，军机处就设在哪里。雍正每次议事，只会分批独自会见一名军机大臣，让他无拘无束地谈自己对工作、对百官的一些看法，以便察言观色，去伪存真地选用人才。

每日凌晨，军机大臣及军机章京就要进入值班房。早上如有紧急要务，雍正偶尔也提前接见他们，甚至一日要接见数次。特别是张廷玉，雍正召见的次数就更多，因为张廷玉是专门负责为雍正撰写谕旨的。军机处创建之后，张廷玉就更成了大忙人。特别是在大西北两路用兵时，张廷玉更是"自朝至暮，间有一二鼓者"。到了深夜仍不能休息。从张廷玉的繁忙情况来看，其他军机大臣之忙碌也就可见一斑了。

正因为这些军机大臣公务繁忙，一向驭下极严的雍正才能给他们许多格外的恩典。例如雍正不时将一应绫罗绸缎、应时果脯、各方土贡、鹿肉山珍等赐给张廷玉、鄂尔泰等亲近大员，又命每日入值的军机大臣、军机章京随御膳房吃饭；而满汉章京下班后还被允许去"方略馆"聚餐。如果雍正住在圆明园，那么就让这些人在圆明园外值庐用膳，以示恩典。

无论从何处来说，军机处都发挥了特殊作用，尤其是在集权方面，在削弱乃至排挤内阁与议政王大臣会议参与国家政务的决策权后，这些大权皆归于军机处；而军机处则牢牢地控制在雍正之手，如"人之使臂，臂之使指"，一切权力皆由雍正控制，军机处官员真正成了他的办事人员，唯雍正之命是从。如雍正所说："生杀之权，操之自朕。"

雍正建立了君主独裁的政治体制，把封建专制推向了顶峰。比较明清两代的内阁与军机处，很明显，明时内阁权属于阁臣，对君权尚有很强的约束力；清代军机处虽为政府权力的"总汇"，但其权属君主，故对君权没有任何约束力，相反，军机大臣处于层层制约与皇帝的严格监视之下，无不小心谨慎，奉公守法。

大凡成就一项伟业，办成一件正事，皆须有一套缜密的管理机制，需要循规而行，特别是国家大事，政治举措，更是马虎不得。雍正是一个有作为的君主，他开创的军机处被以后的皇帝继续沿用，的确可见其早已突破军机即处理军务的界限，而堂而皇之地成为一个政治集权的工具。

密折奏事，洞悉下情

雍正初政，最值得重视的一项新举措，就是建立了"密折"制。所谓"密折"，其实就是"密奏"，即在给皇帝的奏折内附奏机密要事。主要是揭发一些贪官污吏的不法行为以及民情动向等等，这些秘事只有皇帝一人知道，从而使官员们处于相互监督、彼此牵制的情况，人人自危，严防了官欲的恶性膨胀和腐败行为，同时也使政权牢牢控制在皇帝手中。

以奏折为正式公文的名称，是起用于清代的顺治年间。在康熙手里，密折作为一种实际的政治工具有了进一步发展。不过，密折有一套完整的制度，还得从雍正王朝开始算起。清代君臣之间的"言路系统"大致是这样的：臣子们上的主要是"题本"和"奏本"。后来才添上了"密折"。

凡是弹劾、钱粮、兵马、捕盗、刑名之事，均用的是题本，要加盖上公印，才算有效力；凡是到任、升转、代属官谢恩、讲述本身私事的，都用奏本，上面不用盖印。题本有两个阻碍君臣沟通的缺点：一、手续很烦琐。它规定用宋体字来工工整整地书写，必须备有摘要和附本，必须由内阁先审核。送皇帝看过后，又要用满汉两种文字来誊写清楚。如果有紧急的事情，很容易误事。二、题本要由通政司这个机构来转送内阁，最后才上呈天子，过目的人多，也容易泄密。明代的权相严嵩，让他的继子赵文华主管通政司，凡有对严氏集团不利的言论事情，他们都能先于皇帝知悉，而后报复仇敌，打击忠臣，销毁作恶证据，无所不用其极。题本的保密性差，并可能使权臣垄断朝政，因此必须加以改革。奏本比题本稍好些，手续不那么烦琐，不过，它也得过通政司浏览这一关，所以保密性还是不强。

而密折就不一样了，它不拘格式，可以自由书写，也不用裱褙、提要、副本这些东西，当然快捷很多；而且它可以直接"上达天听"，不用通过通政司，内阁，而由皇帝亲自来拆阅，保密度很高。这一条君臣互动的快速通道，对中国历代繁文缛节的文官政治，无疑带来了巨大的冲击。

密折制实际上不是雍正的发明创造。早在康熙五十一年(1712)，已提出"密奏"的办法：要求朝廷内外大臣在各自向皇帝的"请安"折内，附奏机密要事，主要是揭发所见官员的种种不法之事，以及民情、政情的动向等。密奏之事，只给皇上一人看，其他任何人不得知道。康熙的本意，是针对那些贪官污吏而行此办法，并使各级官员处于相互监督之下，而权力统归于皇帝之手。雍正把"密奏"办法进一步具体化，作为一项制度加以推行。他规定：在京的满汉大臣、外省的督抚提镇等中央与地方官员，均实行"密折"制度。尤其是在京的科道监察官员每人每天上一道"密折"，一折只说一件事，不论事之大小，都要据实写明，即或无事可言，在折内亦必声明无事可奏的原因。密折几乎全有皇帝的朱笔批语，叫作"朱批谕旨"，批过的密折称"朱批奏折"。

不过，就密折制而言，雍正的手段还是青出于蓝的。雍正朝的许多重大改革，都是通过君臣在密折中商议后，决策并付诸实施的。所言正确，他都采纳施行，说得不甚妥当，他就把折子"留中"，不批转朝臣，不使任何人知道。如涉嫌报复，诬陷好人，他也能分辨清楚。

因为密折内容包罗广泛，既涉及政策的制定和执行，也涉及官员的取舍，所以雍正特别强调密折的保密性。雍正一再以此要求具折的人，"密之一字，最为紧要，不可令一人知之……假若借此擅作威福，挟制上司，凌人舞弊，少存私意于其间，岂但非荣事，反为取祸之捷径也"。"至于密折奏闻之事，在朕斟酌，偶一宣露则可，在尔既非露章，惟以审密不泄为要，否则大不利于尔，而亦无益于国事也。其凛遵毋忽。""地方上事件，从未见尔陈奏一次，此后亦当留心访问；但须缜密，否则就不要上密折。"保密是写作密折的前提条件，这就要求具折人不要声扬文件内容，同时要求领受朱批谕旨的人保守朱批的机密，不得转告他人，更不能交与他人观看，若私相转述，即使保密性较小的内容，也是非法的。只有雍正特别指令告诉某有关人员时，才令其阅读，或转达谕旨精神。

考虑到小臣得此荣宠，容易擅作威福，挟制上司和同僚，造成官僚间互相猜忌，对国事不利。因此雍正严格要求大小臣工保守密折内容和朱批的机密，特别是对小臣，教导不厌其烦，并以泄密对他们不利相威胁。对于不保守奏折机密的人，雍正采取了必要的惩罚措施。雍正初年，封疆大吏多半派亲属或亲信在京，拆看奏折，为的是让他们了解朝中情况，看此奏折合否时宜，以便决定上奏与否。对于皇帝的朱批，他们也先行阅读,以便早作料理和应付。

二年(1724),雍正发现了闽浙总督觉罗满保、山西巡抚诺岷、江苏布政使鄂尔泰、云南巡抚杨名时等人的这种情况,决定停止他们书写奏折的权力,以示惩罚。杨名时等为此承认错误,请求恢复他们的密奏权,雍正也从政事出发允许了。雍正知道,制裁不能成为主要手段,重要的是制定奏折保密制度。他采取了四项措施:

一、收回朱批奏折。上奏人在得到朱批谕旨的一定时期后,应将原折及朱批一并上交,于宫中保存,本人不得抄存留底。奏折中的朱批,亦不得写入题本,作为奏事的依据。

二、打造奏折专用箱锁。雍正于内廷特制皮匣,配备锁钥,发给具奏官员,凡有奏折,均装匣内,差专人送至京城。钥匙备有两份,一给上奏人,一执于皇帝手中,这样只有具折人和皇帝二人能够开匣,别人不能也不敢私开。为具折人不断书写奏折的需要,奏匣每员发数个,一般为四个,它只作传递奏折用,凡所上奏折只能用它封装,否则内廷亦不接受。广州巡抚常赍的奏匣被贼盗去,只得借用广东将军石礼哈的奏匣,不敢仿制。

三、奏折直送内廷。奏折由地方直接送到北京,不同于题本投递办法,不送通政司转呈。若是督抚的折子,直接送到内廷的乾清门,交内奏事处太监径呈皇帝;其他地方官的奏折不能直送宫门,则交由雍正指定的王公大臣转呈。雍正说若小臣径赴宫门送折,不成体统,其实他是为具折的小臣保密,不让人知道除了方面大员以外还有一些什么人能上折子。被指定转传奏折的人,有怡亲王允祥、尚书隆科多、大学士张廷玉和蒋廷锡等人。边远地区的小臣,还有送交巡抚代呈的,转呈

《雍正帝行乐图册》

的王大臣都是雍正的亲信,他们只是代转,亦不得拆看,具折人也不向代呈人说明奏折内容。

四、雍正亲自阅看,不假手于人。折子到了内廷,雍正一人开阅,写朱批,不要任何人员参与此事。他说:"各省文武官员之奏折,一日之间,尝至二三十件,多或至五六十件不等,皆朕亲自览阅批发,从无留滞,无一人赞襄于左右,不但宫中无档可查,亦并无专司其事之人。"雍正批阅以后,一般折子转回到具折人手中,以便他们遵循朱批谕旨办事,有少量折子所叙问题,雍正一时拿不定主意,就将它们留下,待到有了成熟意见再批发下去。

关于奏折制度的作用,雍正做过说明:"(朕)受皇考圣祖仁皇帝付托之重,临御寰内,惟日孜孜,勤求治理,以为敷政宁人之本。然耳目不广,见闻未周,何以宣达下情,洞悉庶务,而训导未切,诰诫未详,又何以使臣工共知朕心,相率而遵道遵路,以继治平之政绩。是以内外臣工皆令其具折奏事,以广诹诹,其中确有可采者,即见诸施行,而介在两可者,则或敕交部议,或密谕督抚酌夺奏闻。其有应行指示开导及戒勉惩儆者,则因彼之敷陈,发朕之训谕,每折或手批数十言,或数百言,且有多至千言者,皆出一己

之见，未敢言其必当。然而教人为善，戒人为非，示以安民察吏之方，训以正德厚生之要，晓以福善祸淫之理，勉以存诚去伪之功，往复周详，连篇累牍，其大指不过如是，亦既殚竭苦心矣。"

雍正把朱批奏折的作用归结为两点，一是通上下之情，以便施政；二是启示臣工，以利其从政。雍正每日看几十封奏折，书写千百言批语，对其作用自然清晰，不过有的话他不便明说，故未谈及。其实奏折制度的作用，主要是利于他直接处理庶务，强化其专断权力。事实也证明了这种密折制是行之有效的。雍正将此具体化并推而广之，要求各级官员都应当遵守密折制，鼓励他们每天都要上一道密折，要事无巨细，详略得当，雍正看完后都要在上面写批语，从而有因有果，使事情得以解决。对所呈密折雍正是一分为二地看待的。所言正确，他就采纳推广；说得不妥，就把折子扣在自己手中，并不将其转给朝臣，这样就能使官员们放言无忌，不心存疑虑了。

奏折制度不仅加强了皇权，还为皇帝行使至高无上的权力提供了必要的条件。各种不同身份的官员反映各种社会问题的奏折，使皇帝洞悉下情，为制定政策，任用官员提供了较为可靠的根据。奏折文书还有互相通讯的意思，君臣间在私下讨论一些问题，君主不懂的事情可以询问臣下，从而增长见识，有利于决策。雍正就是利用这种密折制，来达到他加强专权和实现有效统治的目的。

雍正时期，具有专折奏事的人范围大大扩充了。除了大学士、尚书、侍郎，科道等朝官，地方督、抚、藩、臬、提、镇等大员外，雍正还视亲疏关系及需要，特许一些道员、知府、同知、学政、副将、参领等中低微末官员专折密奏事务。当然，他这样做，并不是一定要形成以下制上的违反官场等级的效果，因为他常常告诫中下级官员中有密折奏事权的人，千万不要僭越！一次，雍正对鄂尔泰侄子鄂昌说，允许下僚也得以密折奏事，不过是想扩大耳目，"朕断未有不信督抚两司而专听信道员之理"。不过，他同时也说，对同省或别省的文武长官谁公谁私等等，不必一定有真知灼见时入奏，可以风闻入告。可见，雍正虽不专听下僚的小报告，但事实上，凡有密折奏事权的人，对上司，对属官，都具有一定的威慑力。雍正就利用这一点，把所有人都玩在掌上，那些拥有密折奏事特权的人，都成了皇帝一人直接操纵和控制的公开特务——他们一方面可以监督别人，另一方面又处在许多人的监督之下，谁都难以躲过皇帝的耳目，要想欺骗皇帝更难上加难。

雍正文思敏捷，于日理万机之中，往往亲自书写朱谕、朱批，少则精简十字，多则上千言，都是一挥而就。他的朱谕存于中国第一历史档案馆，书写很工整，文字也流畅而且间有口语，卷面一字一字地写得十分整洁，很少涂抹。比如，雍正在给年羹尧的朱谕中说："使臣中佛保回来所奏之折，抄来发于你看。未出尔之所（料）略。但你临行之奏，待他来人轻谈之论，朕少不然。朕意仍如前番相待，何也？今换人来矣，想策旺（准噶尔部蒙古领袖策旺阿拉布）疑根敦（根敦是策旺阿拉布遣去北京讲和的使臣），于事无益，二者朕总实在推心置腹，不因彼变迁而随之转移，总以无和小儿之辈待之，体理复彰，你意为何如？再其所请求之事，逐款当（如）何处，将你意见写来朕看。他如（此）待留罗卜藏丹津（青海叛乱首领）之意，你意如何？他的人来，一路上仍加意令其丰足感激，可速谕一路应事官员知悉。再他又向藏之论，此信未必也。可速速详悉逐条写奏以闻。特谕。"从这个谕批看来，完整百余字中，只抹去一个"料"字，改为"略"字，再则加了了"如""此"二字，别无涂画。

雍正执政 13 年，以汉文写的朱批奏折多达 22000 多件，以每件朱批平均为 100 字计算，字数就有 220 多万字。如果文思不敏捷，语言不流畅，是不可能写得出的。乾隆时期《四库全书》总纂修纪晓岚曾说："秦汉以后，皇帝对于各种奏章，有看有不看的，即使过目了，批上一个字，名曰'凤尾诺'，但并没有连篇累牍，一一对奏疏作朱批的。唐宋以后，皇帝的文章多为臣下代为草拟，偶尔写几个字就传为美谈，哪里有世宗皇帝（雍正）那样字句密多，标注次序，无微不至，真是自有文书以来未尝闻见者。"

在处理国家事务中，雍正更是认真细致。下臣的疏忽大意和草率，或者掩饰过失，偶露形迹，总会被他发现出来。雍正元年（1723）时，年羹尧上奏一个折子，大学士已经议复，后来蔡珽又有相同内容的奏折，大学士没有察觉，又行上奏，雍正注意到后，立即批评大学士们漫不经心。雍正五年（1727）时，浙闽总督高其倬连着就福建水师问题递了两个报告，因为路途遥远和其他原因，后写的奏报却先到了北京。雍正阅览之后，见奏折上有句续报的话，当即追问是怎么回事。雍正七年（1729），署理浙江总督折奏侦查甘凤池的事，雍正阅后批道："前既奏过，今又照样抄奏，是何意见？"

勤政，是雍正区别于其他帝王的一个显著特征。纵观中国历史上的皇帝，像雍正那样勤政者，前无古人，后无来者。他在位期间，自诩"以勤先天下"，不巡幸，不游猎，日理政事，终年不息。即位以后，由于面临着允禵等人嚣张的分裂活动以及前朝遗留下来的种种积弊，雍正不得不把全副精力投入到政务中去，"自朝至夕，凝坐殿室，披览各处章奏，目不停视，手不停批，训谕数人，日不下千百言"。他自认为在勤政方面比父亲康熙还强："自古帝王，未有如我皇考还勤政者。即皇考之勤，亦无自朝至暮办事之理。"这样的自我评价不算过分。雍正在位 13 年间，批发过两万多件奏折，近 20 万件的部本、通本就是证明。除此而外，他还要召见大臣，处理朝政。无论军务、灾情、税收、会考，几乎事事过问。当然，雍正之所以这样勤奋，与他个人的经历和性格也有关系。他说："朕事事不及皇考。惟有洞悉下情之处，则朕得之于亲身阅历。朕在藩邸四十余年，凡臣下之结党怀奸，黉缘猜忌，欺罔蒙蔽，阳奉阴违，假公济私之习，皆深之灼见，可以屈指而数者。是以今日宵旰忧勤，为世道人心长久之计。"

摊丁入亩，富国强民

雍正认为："摊丁之议，不是小事，而是富国之大事，关系甚重。"这其实就是一个赋税问题。而赋税，在历朝历代都是一个重大问题，因而说是富国之大事。赋税轻，对老百姓有利，生产的积极性当然就提高了，这是有目共睹的。

耗羡归公的问题，是一个赋税问题，不过那只是对官吏而言；而对老百姓呢，则是另外一套，即差徭和田赋。差徭和田赋是封建社会臣民应尽的两大义务，历年来都是分别征收。由于徭役很重，无田的平民难以承受，加上历年来绅衿免于丁役，造成了差徭不均的局面，这样迫使平民百姓只能隐匿人口来逃避差役。弄到最后，政府的征徭也没有保障。差徭制度的不合理，已成为必须解决的社会问题。改革役法已是势在必行。康熙末年，已有人提出"丁随粮行"的建议，即把丁银归入田粮中一起征收，完全按田地的面积来收取，不再按人口来缴纳。但终康熙之世，改变役法与维持旧法之争一直不绝于耳，然而却难定断。雍正即位后，马上就面对这棘手的，但又必须解决的问题。同决定耗羡归公一样，对此重大决策，雍正表现得极为小心慎重。

最早上疏触及这问题的是山东巡抚黄炳，他提出丁银分征造成地方上隐匿人口、贫民逃亡的严重现象。黄炳主张丁银摊入地亩征收，有地则纳丁银，无地不纳丁银，贫富均平才是善政。但是,雍正没有接受他的提议,反倒指责黄炳说这种不该说的话。雍正说:"摊丁之议,关系甚重。"在最后决策之前,他把问题交给众大臣,让他们积极讨论,提出意见。反对派的意见主要是:丁归田粮以后,必然造成对人口的管束放松,使得对游民的管理更难了;认为丁归田粮实行久了,人民就会以为只有粮赋没有丁银了,为以后官僚们再加税提供了借口,最终使老百姓受苦。

一个月后,直隶巡抚李维钧以有利于贫民为理由,奏请摊丁入粮。李维钧比黄炳聪明,他深知有钱人家肯定不乐意,会出来阻挠。而政府机构户部又只知按常规办事,公文律行不知到猴年马月,也不会同意。因此,他奏请雍正朝纲独断,批准他在辖区实行。

雍正把李维钧的奏章交给户部及九卿詹事科道一起讨论,并明确要求,要谋划最好的办法,来达到最好的效果。雍正定下的指导原则就是,要对国家收入没有影响,又能对贫民有益,让人挑不出毛病。雍正最后批准了李维钧丁银按地亩等级摊入的改革设想,并对李维钧的详细规划深感满意,鼓励他要相信自己,大胆地去改革。之后,山东、云南、浙江、河南等省随之进行了改革,丁归田粮在全国全面展开。浙江在全面实施摊丁入粮的时候,因为对田多的富人的利益损害较大,而贫民又期望能早日实行,两种势力斗争异常激烈。

摊丁入粮实行以后,由于纳粮人完成丁银的能力大大高于无地的农民,所以政府征收丁银也有了保障。由此,国库也就有了保障。由于不再按照人头来收税,人民也不再像以往那样为了逃税而隐匿人口、四处逃亡了,社会处于平稳状态,这为生产力的发展创造了良好的环境。

祈盼祥瑞,自欺欺人

雍正是清初诸帝中比较有成就的。在整顿吏治、削除贱民户籍、停止官员的捐纳制度,治理河患等等方面都是有成就的。雍正认为做事要振作精神,这是他多年深入体察官吏行事弊端后而得出来的。雍正在位祈盼祥瑞出现,虽然不外是一种迷信,但是能起到安定天下,安稳民心的作用;同时将祥瑞作为人们精神上的兴奋剂,也能粉饰太平,为自己的当政涂脂抹粉,从而树立一个较好的形象,以此来证明他这个皇帝当得还算顺天意,得民心,以此证明自己是天经地义的人主,是能给臣民带来幸福的明君。

雍正王朝自始至终,所谓祥瑞层出不穷。凡是历史上有过的,这时也差不多都出现了。诸如:雍正元年(1723)八月,大学士等奏称:江南、山东出产的麦、谷,大多双歧、双穗,蜀黍有四穗的,这都是"皇上圣德之所感召",请宣付史馆。雍正同意了,这是报瑞谷的开始。以后则越报越多,越离奇了。二年(1724),顺天府尹张令璜进呈籍田瑞谷,一茎四穗。同时雍正亲自耕种的丰泽园稻田,大量出现多穗稻,且"穗长盈尺,珠粒圆坚"。五年(1727),田文镜奏报河南所产谷子,有一茎十五穗的,雍正很高兴,说这是田文镜忠诚任事感召天和的表现。其他官僚不甘落后,大幅度多报。七年(1729),黔抚张广泗报告,新近改土归流的地区,稻谷粟米一茎数穗,多的达十五六穗,稻谷每穗四五百粒,粟米每穗长至二尺多。雍正命把他呈进的瑞谷及图重新绘画刊刻,颁发各省督抚观览。雍正还把地方官奏报的瑞谷制成《嘉禾图》《瑞谷图》,亲自作跋。"览各种瑞谷,硕大坚实,迥异寻常,不但目所未见,实亦耳所未闻,若但见图画而未见谷本,则人且疑而不信矣。"七年(1729)春正月,云南出现表示祥瑞的卿云。总督鄂尔泰上报雍正。雍正命加鄂尔泰三等阿思哈尼哈番。文武各官都分不同级别加级。先时,云南出现卿云,司道各级官员都到督府衙门庆贺。唯独大理令刘某说:某眼睛眯入尘土,实在是没有看到卿云,鄂尔泰听后沉默很久没有说什么。当年七月,甘肃地区黄河出现河水清澈。许容上报,当月五日起,从积石关到撒喇城查汉达斯等地百多里地,河水清澈见底。大约有三日三夜。此外,钦天监官员和封疆大臣上报祥瑞,如珠联璧合、瑞云、卿云、甘露、醴泉、嘉禾、灵芝、麒麟、凤凰、黄河澄清、日食不见一类东西,以逢迎雍正。雍正虽然外表谦虚,听到这些喜不自胜,以为帝王是真命。

雍正相信那是真的,也要求臣民和他共同相信实有其事,七年(1729),顺天府尹进呈的籍田嘉禾二十四穗,雍正说这种谷子本来是多穗品种,叫"龙爪谷",播种时不应将它掺入,因此告诫该尹:"嗣后不可被小人愚诈。"他以此表明他懂得哪些是真的嘉禾、瑞谷,不会被人欺骗。有道德爱民的君主,以星象有变为忧,思民之有难。作为即位不久的君王,雍正以星象有变而为瑞,思天下太平也是可以理解的。

不过想使天下安宁,还得拿出一些具体的办法,比如处理民族间的关系。自清朝入关后,反清复明思想就在一部分汉人中流行着,不少人积极实践,故而类似"朱三太子事件"的事不断出现。崇祯有七个儿子,第二、第五、第六、第七子都殇逝,长子朱慈烺被立为皇太子;三子朱慈炯为周皇后所生,封为定王;四子朱慈炤生母为田贵妃,受封永王。李自成进北京,获朱慈烺,封之为宋王,得朱慈炯,封为宅安公,朱慈炤下落不明。李自成退出北京后,朱慈烺和朱慈炯兄弟也不知存亡去向。可是不久有人自称是故太子朱慈烺,投奔南京福王政权,因真伪莫辨,被朱由崧囚禁。剩下最尊贵的就是第三子朱慈炯了,汉人正好利用他的名号反清。

雍正深知"朱三太子"的能量,特别是大岚山及念一和尚的案子,他是很清楚的。他也参加了查看明十三陵的活动。也就是说对反清复明他不仅知道,而且决定采取对策。在继位之初,雍正就立明太祖的后裔为一等侯,准其世袭,承担明朝诸陵的祭祀,这自然是笼络汉人,驾驭汉人的一个手段。但无论如何,这不失为一种治国安内的智谋。

雍正元年(1723)九月,雍正说他发现了康熙帝未发的谕旨:称赞朱元璋统一华夏,经文纬武,为汉唐宋诸君所未及。因此,雍正遂命人访求明太祖后裔,以奉明朝禋祀。次年,找出了正白旗籍的朱元璋后裔正定知府朱之琏,雍正封他为一等侯,准其后人世袭,承担明朝诸陵的祭祀。确切地说,朱之琏的先人朱文元,是明宗室代简王的后人,在松山战役中被俘,入了八旗,是早已满化了的汉人。

雍正这样做,目的在于掩人耳目,笼络人心,即以朱之琏为招牌,宣传清廷不仇视明朝、不歧视汉人之意。但是雍正为明朝立嗣的做法,招来了许多麻烦事。这是因为在雍正时期,汉人假借朱姓之名反清的很多。雍正七年(1729)时,山东人张玉伪称朱姓,冒充前明帝裔,宣称星士为他算命,当有帝王之分。康熙末年在台湾造反的朱一贵的儿子称朱三太子拥众几十万。

在这种情况下,雍正为明立嗣,本意是要缓和满汉关系,以维护满族的统治。作为一个封建君主,自然有他英明的一面。朱慈焕余众甘凤池就是雍正时反清复明秘密组织的领袖人物。雍正深知反清复明活动对清朝统治不利,于是对甘凤池等人的活动也自然十分警惕注意。对此,雍正说:"此种匪类,行藏诡秘,习尚乖张,暗怀幸灾乐祸之心,取作逆理乱常之事,关系国家隐忧。"又说:"斯种匪类,为生民害,甚于盗贼。孟子所谓恶莠恐其乱苗也。"雍正认为,盗窃犯只是单个人的行动,政治犯则可以影响到一群人。当浙江总督李卫用打入内部的方法捕获甘凤池等人后,雍正特别关注,特派工部尚书李永升到浙江会审。

消弭争斗,秘密立储

雍正即位前后的若干年中,亲身经历皇室中夺储斗争的风风雨雨,使他认识到,皇权交替是一个牵涉到整个政局的稳定与否的问题,因此必须设法切实解决好。

凡事预则立,不预则废。雍正在夺储斗争中登台,至死也未能消除世间对其登基合法性的怀疑和猜测。所以他对传统嫡长子的继位模式心存疑虑,对重新确立继承人方法的问题,早就有打算。

早在雍正元年(1723)八月十七日,雍正在乾清宫召见诸王、总理事务大臣及其他满汉文武要员,宣布确立皇位继承人的办法。"今躬膺圣祖付托神器之重,安可怠忽不为长久之虑乎?当日圣祖因二阿哥之事,身心忧悴,不可殚述。今朕诸子尚幼,建储一事,必须详慎,此时安可举行?然圣祖既将大事付托于朕,朕身为宗社之主,不得不预为之计。今朕特将此事亲写密封,藏于匣内,置之乾清宫正中世祖章皇帝御书"正大光明"匾额之后,乃宫中最高之处,以备不虞。诸王大臣咸宜知之。或收藏数十年,亦未可定。"

吏部尚书、步军统领、一等公舅舅隆科多带头表态:"圣虑周详,为国家大计发明旨,臣下但知天经地义者,岂有异议!惟当谨遵圣

《雍正帝十二月令行乐轴·七月乞巧图》

旨。"接着,雍正令总理事务大臣留下,其余大臣全部退下,将一个内装传位诏书的密封锦帛,藏于高悬于乾清宫正中的"正大光明"匾后面。于是,中国历史上崭新的确立继位人制度——秘密建储办法诞生了。这位被秘密确定为继位人的皇子到底是谁,继位人本人不知道,诸王大臣不知道,只有雍正一个人知道。为保万无一失,雍正另写了一份相同内容的传位诏书,秘密藏于经常驻跸的圆明园。这份诏书藏得更玄,除皇帝本人外,没有任何人知晓。

将秘密建储制度放在中国历史坐标中,进行纵向比较,能够看到它有很多高明之处:

第一,皇太子已经册立,其名字放置"正大光明"匾之后,这是满朝文武乃至全国百姓人人皆知的事情,可以起到安定人心的政治效果,避免太祖、太宗时代因事先未明确继位人而造成的最高统治者死后的皇权纷争。

第二,由皇帝预立的皇太子是何人,除皇帝外人人不知,这又能避免历代因公开册立太子所带来的太子与其他皇子的钩心斗角,防止朝臣党附与暗斗。

第三,由于没有明确谁是皇太子,皇帝可以封以一定的爵位,按照满洲骑马民族的

传统,使暗中指定的皇太子和其他皇子得到一定的锻炼,但不会构成康熙朝那种因"满汉杂糅"的选择继位人方式所带来的皇权与储权之争。

第四,皇帝根据对各位皇子的考察情况,必要时能够以强换弱,更换皇太子人选,在有限的范围内好中选优,而且不会引起政治动荡。因为,前次选定的皇太子是谁只有皇帝一个人知道。

第五,皇帝预立的皇太子是个未知数,皇子要想让自己的名字进入"正大光明"匾之后密诏中,必须竭尽全力地表现自己,从而防止公开册立所可能造成的皇太子骄纵不法等等。

从清朝的实践看来,这种方法还是能起到一定的作用。自从秘密建储后,各朝均未发生像清初那样结党营私、争夺储位的现象。一直没有出现皇子觊觎储位以致形成夺储的现象,可以说秘密建储的形式在一定意义上起到了一些作用。

雍正挑中的人正是传闻中为康熙看好的皇四子弘历。雍正元年(1723)正月,雍正首次举行了祈谷大典回来,召弘历至养心殿,赐给他一整块祭肉吃,以表示将来由他承福受祚,继承皇位。这年八月,雍

《雍正帝观花行乐图》

正在乾清宫就使用自己创造的建储办法,秘密写了弘历的名字封好,并召谕诸王大臣,将建储鐍匣放到"正大光明"匾后。

雍正五年(1727)七月十八日,命弘历与富察氏成婚,为嫡妃,赐居于宫内西六宫后面的西二所,即后来的重华宫。实际上储位已进一步明朗化,但雍正仍不放心,凭借他与兄弟之间斗争的经验,又把弘历兄弟中有可能成为对手的人进行了清理,20天后又做了让众人及后人莫名其妙的一件事:八月初六日上午雍正还在举行经筵,未发生什么异常,突然,以"行为不谨"为由将大弘历七岁的皇三子弘时削籍,不久弘时就死去。雍正诸子中,由于长子、二子早殇,三子弘时是唯一一比弘历年长的一个。时已24岁。将他如何处置,也算不小的问题了。但《实录》《起居注》中都没有记载,只在《清史稿·诸王传》中记有"弘时,雍正五年,以放纵不谨,削宗籍,无封"。"放纵不谨"是非常含混的。这不能不使人想到,雍正为了消除弘历继承皇位的隐患采取了怎样的手段。

弘历本人在几个弟兄当中,不论在才华上或政治上都处于优越地位,形式上虽为秘密建储,实际上其储位早已确立在众人的心目之中。其父雍正死时,他25岁,有较好的文化基础,一定的统治知识和几年参与军事机务的经验,所以极为顺利地掌握了政权。

信奉道教,神秘驾崩

一个人若整日埋在这样繁重的政务中,日久天长,健康必然要受到损伤。雍正四年(1726)时他就承认自己的精力不足:"皇考圣体康强,如天行之常健,春秋已高,犹不减壮盛之时,而朕之精力又不及皇考矣。"

雍正原本信奉佛教,在位七年时患过一场大病,一年多才痊愈。病好之后,他信奉道教。他在宫中养道士,一面治病强身,一面祈求长生。道士所用的方法,有丹药、有按摩、有念咒等。真人有贾士方、娄近垣、张太虚、王定乾等。雍正早在雍邸时就对道教产生兴趣,曾作《烧丹诗》。雍正推崇紫阳真人,赞赏他"发明金丹之要",说明他对道家丹药灵石有着兴趣。雍正登上宝座后,常吃丹药,还把丹药赐给近臣鄂尔泰、田文镜等。他在给田文镜的朱批中说道:"此丹修合精工,奏效殊异,放胆服之,莫稍怀疑,乃有益无损良药也。朕知之甚确。"这说明雍正不仅懂得药理,而且经常服用。

雍正在一件朱谕中,曾明确要求河东总督田文镜、浙江总督李卫、云南总督鄂尔泰、川陕总督查郎阿、山西巡抚觉罗石麟和福建巡抚赵国麟为他寻找道士:"可留心访问,有内外科好医生,与深达修养性命之人或道士,或讲道之儒士、俗家,倘遇缘访得时,必委曲开导,令其乐从方好,不可迫之以势,厚赠以安其家,一面奏闻,一面着人优待送至京城,朕有用处。竭力代朕访求之,不必预存疑难之怀,便荐送非人,朕亦不怪也,朕自有试用之道。如有闻他省之人,可速将姓名来历密奏以闻,朕再传谕该督抚访查。不可视为具文从事!可留神博问广访,以副朕意,缜密为之!"

然而就在雍正死后第三天,新君乾隆皇帝下令驱逐圆明园中的道士。乾隆上谕说:"皇考万几余暇,闻外间有炉火修炼之说。圣心深知其非,聊欲试观其术,以为游戏消闲之具。因将张太虚、王定乾等数人,置于西苑空闲之地,圣心视之,如俳优人等耳,未曾听其一言,未曾用其一药。且深知其为市井无赖之徒,最好造言生事,皇考向朕与和亲王面谕者屡矣。今朕将伊等驱出,各回本籍。令莽鹄立传旨宣谕:伊等平时,不安本分,狂妄乖张,惑世欺民,有干法纪,久为皇考之所洞鉴。兹从宽驱逐,乃再造之恩;若伊等因内廷行走数年,捏称在大行皇帝御前一言一字,以及在外招摇煽惑,断无不败露之理,一经访闻,定严行拏究,立即正法,决不宽贷。"这是乾隆帝想掩饰其父笃信道教、服用丹药的事实。他将张太虚、王定乾等驱逐出圆明园并且告诫他们:不许泄漏内廷一言一字,否则立即正法。

宫中豢养僧道并非雍正一朝,几乎朝朝有之,何以在雍正死后三天就迫不及待将他们驱逐出宫?况且宫中僧道与国政大事并无必然的联系。这不能不使人感到,"太监传闻"和"宫中道士"与雍正之死有一定的关系。如果我们把雍正对道士一贯重视的态度,与乾隆帝即位之初对道士采取的果断措施联系起来看,就可以感到,雍正之死,与长期服用丹药中毒不能没有关系。至少丹药严重损伤了雍正的健康。

雍正十三年(1735)八月二十三日子时,雍正皇帝在圆明园猝然去世。据《清世宗实录》和《张廷玉年谱》记载:雍正十三年八月二十日,雍正偶感违和,但仍照常听政,召见臣工。二十一日,病情加重,也理政如常。大学士张廷玉每日进见,未尝间断。皇四子宝亲王弘历、皇五子和亲王弘昼等,御榻之侧,朝夕侍奉。二十二日,病情恶化,太医抢救。二十三日子时,进药无效,龙驭上宾。前后三天,可算急症。胤禛突然而死,官书不载原因。于是,死亡之谜,众说纷纭。

图文珍藏版

清高宗弘历

人物档案

生卒年:1711~1799 年

父母:父,世宗胤禛;母,钮祜禄氏

后妃:皇后富察氏、皇后乌拉纳喇氏等

年号:乾隆

在位时间:1735~1795 年

谥号:纯皇帝

庙号:高宗

陵寝:裕陵(清东陵)

性格:刚柔相济,勤奋聪慧,自负风流

名家评点:

高度发达的中国封建社会培育了这样一个有才能、有作为、有个性的统治者,产生了一位既仁慈、又残暴,既英明、又短视的君主。

——戴逸

高宗弘历

帝位:毫无悬念的即位人

爱新觉罗·弘历,康熙五十年(1711)八月十三日生,嘉庆四年(1799)正月初三日死,庙号高宗,谥号纯皇帝,葬裕陵。25 岁登基,在位 60 年,享年 89 岁,是中国有文字记载以来享年最高的皇帝。他的时代是中国帝王时期最后一个盛世,他本身也成为清王朝乃至整个封建制度在中国由盛转衰的转折点。

据《清实录》载,弘历于康熙五十年(1711)八月十三日子时诞生于雍和宫邸。乾隆的身世一直是个谜,相关的传说甚多。《清实录》亦载:"高宗纯皇帝,世宗第四子也。母,孝圣宪皇后,钮祜禄氏,原任四品典仪官加封一等承恩公凌柱之女。"另有人说弘历生母是汉人李佳氏。雍正在潜邸时,从猎木兰,射得一鹿,即宰而饮其血。满俗颇喜饮鹿血,谓可滋补。适行宫有汉宫女李氏,奇丑,遂召而幸之。后生弘历。关于弘历的传说,更有奇异者,即在清朝末期传说乾隆皇帝并不是雍正皇帝的儿子,而是海宁陈家之子,乾隆下江南实为探亲等等。这些都是姑妄言之。不过,史上确实因为乾隆的出生地将一朝辅臣连锅端掉。《东华录》记载,嘉庆帝死时的遗诏中一度将弘历的出生地依据嘉庆的御制诗注定为避暑山庄。后经道光帝发现并找出了《清高宗实录》和《清高宗御制诗》注释的依据,证明了遗诏起草人的错误,将其一干人罢免。

弘历自六岁就学,受书于庶吉士福敏。"吾弟和亲王(弘昼)资性稍钝,日课恒落后。先生则曰:'弟在书斋,兄岂可不留以待之。'复令予加课,其既毕同散。彼时孩气,未尝不以为怨。今思之,则实有益于己。故予所读之书信多,实善诱之力也。"这段自述,未必无自夸之处,但比其弟兄天资聪明些,读书多些,总是可能的。康熙六十一年(1722),弘历 12 岁时,在圆明园的"镂月开云"谒见了康熙皇帝。康熙大为喜爱,下令养育在宫中，对他照顾得十分周到，并亲授其书课。给他安排的骑射师傅是贝勒允禧，火器师傅是庄亲王允禄。允禧是康熙第二十一子，《清史稿》说他不仅"立志向上"，而且"诗清秀，尤工画，远希董源，近接文徵明"。允禄是康熙第十六子，聪明能干，学识渊博，"精数学，通乐律，承圣祖指授，与修《数理精蕴》"，任算法馆总裁。弘历在当时出类拔萃的师傅教导下，学业、人品素养很高。

同年秋，康熙带弘历到避暑山庄，赐居"万壑松风"读书。康熙又带弘历到木兰围场。少年弘历射箭表演，左右开弓，五箭连中，受到祖父的嘉奖。木兰围场后形成七十二围，康熙带他进入其中的永安莽喀围场。围猎初开，康熙命侍卫射熊，举枪射中，熊仆倒地；命弘历往射，刚骑上马，熊又立起；弘历再发一枪，将熊射死。康熙回到武帐，喜曰："是命贵重，福将过余。"弘历独得康熙的喜爱。他自作诗说："当年诸孙行，惟我承恩最。"这件事对后来弘历的人生发生了重大的影响。

雍正元年（1723）八月，雍正御乾清宫，密书弘历名字缄封藏于"正大光明"匾额后。

雍正十一年（1733）二月，封弘历为和硕宝亲王。在和苗族的战争中，雍正已经命弘历综理军机，谘决大计了。这对弘历来说是一个很好的锻炼机会，同时也可以在皇子和大臣当中树立威信。

雍正死后，庄亲王允禄、果亲王允礼、大学士张廷玉和鄂尔泰在乾清宫，命内侍从"正大光明"匾后，取下缄密封函。

"宝亲王皇四子弘历，秉性仁慈，居心孝友，圣祖皇考于诸孙之中，最为钟爱，抚养宫中，恩逾常格。雍正元年八月间，朕于乾清宫，召诸王、满汉大臣入见，面谕以建储一事。亲书谕旨，加以密封，收藏于乾清宫最高之处，即立弘历为皇太子之旨也。其后仍封亲王者，盖令备位藩封，谙习政事，以增广识见。今既遭大事，著继朕登基，即皇帝位。"

乾隆即位，由庄亲王允禄、果亲王允礼、大学士张廷玉和鄂尔泰辅政。又将鄂尔泰、张廷玉日后配享太庙事写入雍正遗诏。再发

乾隆皇帝抚琴像

布上谕，训诫诸王大臣及直省文武官员，要黾勉奉公，百度整肃，"殚心协力，辅朕不逮"。

乾隆即位之初，有意纠正其父过严、过猛的政策。当时有的大臣私下说，要想升官，就要同宪皇帝（雍正）反着上奏章。雍正时代，政令繁杂而苛细，对一点点小事也不放过，统治残酷，京城内外惶惶不安。乾隆皇帝继位后，想改此弊政，但矫枉过正，因为宽松却出现了怠忽的后果，种种政事，日渐废弛。王士俊给乾隆上了一个密折，针对这一形势大发感慨，说："近来众臣给皇帝上奏折，只是为了翻案。有人甚至当众扬言，只有将前朝老皇帝时的案子翻过来，才算是好奏折。这种议论传遍天下，实在是骇人听闻。"乾隆看到后很不高兴，说自己按祖宗成法办事。但实际上，乾隆在制定政策、处理

问题时,既不主张过于严苛,也不主张过于宽弛。他主张"中庸之道",就是"治贵得中"。他说:"治道贵乎得中,矫枉不可过正。"这一番话实在得体。所以,乾隆认为做事既不能纵弛,也不能刻薄。他说:"宽,非纵弛之谓;严,非刻薄之谓。朕恶刻薄之有害于民生,亦恶纵弛之有妨于国事。"因而,乾隆认为:"为政之道,损益随时,宽猛相济。"就是说,既要损益随时——因时因地,变化政策;又要宽猛相济——刚柔结合,恩威兼施。他告诫众臣:"不当宽而宽,朕必治以废弛之罪;不当严而严,朕又必治以深刻之罪。"这些话可以看出,乾隆确是认真总结了康熙、雍正两朝治国的经验与教训,而做出理性的概括。

雍正最受时人和后人非议的是骨肉相残,乾隆在做皇子时也会感受到这一点。所以,乾隆即位后,逐渐着手处理这个历史遗案。乾隆的大伯父允禔,遭幽禁而死,其子弘晓袭公爵死,孙坐事夺爵;乾隆命其十三子弘昫为奉恩将军世袭,接续香火。乾隆二伯允礽,被废太子后禁锢在咸安宫,雍正即位后将其移居祁县郑家庄,不久死;乾隆对其后裔做出妥善的安排。乾隆的三伯诚亲王允祉,雍正以其党附允禩,被监禁在景山永安亭,后死;乾隆二年(1737),对其追谥。乾隆的五叔胤祺,康熙封为恒亲王,其子弘昇为世子,雍正削弘昇世子;乾隆对其子孙给予照顾。乾隆十叔敦郡王允䄉,雍正借故将其拘禁;乾隆二年(1737),命予释放,封辅国公。乾隆十二叔允祹,雍正二年(1724),借故降镇国公;乾隆即位,进封亲王。乾隆的十四叔允禵,雍正将其幽禁于景山寿皇殿;乾隆即位,谕命释之,后封公、进贝勒,升郡王。特别要提的是,乾隆的八叔允禩,雍正革其黄带子,削其亲王爵,圈其于高墙内,后死于幽所。乾隆的九叔胤禟,雍正将其幽禁于保定,暴死在幽所。后乾隆谕曰:"圣祖第八子允禩、第九子允禟……就两人心术而论,觊觎窥窃,诚所不免,及皇考绍登大宝,怨尤诽谤,亦情事所有,特未有显然悖逆之迹。皇考晚年屡向朕谕及,愀然不乐,意颇悔之若将优待。……此事重大,朕若不言,后世子孙,无敢言者。允禩、允禟仍复原名,收入玉牒,子孙一并叙入。"乾隆为其伯叔平反,表现出胸怀宽大与政治成熟,有利于爱新觉罗宗室的凝聚与团结,这是大清皇朝巩固的基础。

武功:自称"十全老人"

乾隆统治时期,素有"盛世"之称。乾隆皇帝继承祖父康熙皇帝、父亲雍正皇帝的事业,并有所发扬光大,清朝的国力已达到空前的程度。

乾隆五十七年(1792)二月,颁发乾隆亲笔写的《十全记》,刻成碑文,将碑树立在康熙皇帝平藏纪念碑的旁边。乾隆登基以来,两次平定金川、两次平定伊犁、一次平定回部、一次攻入缅甸、一次平台湾、一次收复安南、两次战胜廓尔喀,以这十次成功的军事行动为内容,写成《十全记》,竖立纪念碑,建立碑亭,以此纪念十次武功。乾隆自称"十全老人"。

新疆以天山为界,以北称北疆,以南称南疆。在新疆一带地方,有两股重要军政势力:一是漠西蒙古,主要占据北疆;一是维吾尔,主要占据南疆。北疆准噶尔政权出现内讧,为乾隆解决准噶尔问题提供了机会。达瓦齐和阿睦尔撒纳在准噶尔内乱中兴起,却又自相为战。乾隆二十年(1755)正月,乾隆派班第为定边将军,分兵两路,分进合击;并对阿睦尔撒纳等授以兵权,随军征讨。当时达瓦齐毫无准备,清军已到伊犁附近。达瓦齐从醉梦中惊醒,退至伊犁西北格登山,依山设营。清军进入伊犁。班第将达瓦齐等献俘京师,盘踞伊犁七八十年的准噶尔政权结束。朝廷在伊犁留下300名士兵,大军后撤。这是乾隆第一次用兵新疆。

然而,阿睦尔撒纳有取代达瓦齐做四部总汗的野心,见清大军已撤,乘机发动叛乱。班第仓促遭变,兵败身死。乾隆派策楞为定西将军,调兵征讨。乾隆在政治上加以分化:命噶勒藏多尔济为准噶尔汗、车凌为杜尔伯特汗、沙克都尔曼为和硕特汗、巴雅尔为辉特汗,表示对归降蒙古贵族的信任,利用他们联合对付阿睦尔撒纳。清军借势,再复伊犁。阿睦尔撒纳逃往俄国。后俄国告知清政府,阿睦尔撒纳患痘症已死,将其尸体交还。

土尔扈特部回归也是清代一件大事。蒙古土尔扈特部不堪准噶尔部贵族欺压,在明末移居俄罗斯伏尔加河下游一带。乾隆三十五年(1770)十月,渥巴锡汗带领土尔扈特部众33000余户、169000多人,踏上回归祖国的路程。他们历时八个月,行程万余里,冲破俄军追击截堵,受尽艰辛磨难,克服恶劣天气,到达新疆伊犁边外卡伦。乾隆对土尔扈特部众予以妥善安排,做到"口给以食,人授以衣,分地安居,使就米谷,而资耕牧"。三十六年(1771)九月,渥巴锡等到避暑山庄觐见乾隆皇帝。

南疆主要指天山以南的维吾尔族地域,清代称"回部"。清军平定北疆后,回部贵族试图摆脱清朝。为此,清军同回部军在库车,叶尔羌(莎车)等几座南疆重镇进行了激战。

乾隆二十三年(1758),定边将军兆惠率领清军,经阿克苏、和阗、乌什,各城皆下,一路顺利。兆惠统军抵叶尔羌城下,敌军陷于包围之中。霍集占守叶尔羌(莎车),布拉呢敦守喀什噶尔(喀什),形成掎角,相互支援。兆惠围叶尔羌,粮秣供应困难。他得知霍集占牧的羊群在南山,便派兵前去夺取。清军渡黑水河,刚过400余人,桥梁断塌。清军被分割为二,遭到敌军的突攻。清军将士拼死战斗,将领高天喜等战死,兆惠三易坐骑(两骑中枪死),脸颈负伤,败回营地。霍集占率马步兵万余,将清军围在黑水河边。兆惠挖壕结寨,固守待援。敌军决河灌营,清军挖渠引流;敌军筑垒射击,清军顽强抵御。双方相持三个多月。乾隆得报兆惠被围,急遣将调兵增援。次年二月,清援军到,奋勇攻击,敌军头目布拉呢敦受伤,遁回喀什噶尔。兆惠得知援军已到,自内外击,奋力突围。清军冲出包围,回阿克苏。兆惠军与富德援军会师后,兵分两路,一路攻打喀什噶尔,一路攻打叶尔羌。敌军内部众叛亲离,霍集占和布拉呢敦被擒杀。这标志着乾隆平定南疆回部的战争取得胜利。

兆惠

这里涉及乾隆的一段风流韵事。容妃,霍卓氏,又作和卓氏,就是民间传说的香妃。容妃艳丽多姿,天生丽质,身有异香,美貌绝伦。她世居南疆叶尔羌(莎车),兄长因不满霍集占虐政,举家搬到北疆伊犁。其兄在反对霍集占叛乱中,立下功劳。他们受召入京师,后长住在北京。容妃进宫时间,说法不一。相传乾隆帝为容妃修建宝月楼(今中南海新华门楼),并做《宝月楼记》:"宝月楼者,介于瀛台南岸适中,北对迎薰亭,亭台皆胜国遗址,岁时修葺增减。"楼南建"回子营",修礼拜寺,所以乾隆《宝月楼》诗云:"鳞次居回部,安西系远情。"容妃在宫中先册封为容嫔,册文说"尔霍卓氏,秉心

克慎,奉职惟勤,壶范端庄,礼容愉惋"云云,后册为容妃。乾隆三十年(1765)南巡,容妃随驾,到过苏州、杭州、江宁、扬州。乾隆特意按回部习俗,赏她羊肚片、炖羊肉等食物。容妃在乾隆五十三年(1788)因病去世,年55岁,葬清东陵。今新疆喀什有香妃遗棺,当地传说是从北京运回去的。香妃与容妃是一人,还是两人,学界看法,尚不一致。

另一种说法是:香妃是霍集占的妃子,清高宗听说她长得漂亮。兆惠拜别乾隆离京时,乾隆皇帝特别嘱咐把香妃送来。当香妃来时乾隆亲自到京郊迎接,安排在紫禁城西边住,给她建了香妃楼。楼外市场、房舍、礼拜寺全同西域的一样,以此博得香妃高兴。可是,香妃并不屈服,在内衣里藏着短刀,足有数十把。她对宫女们说:"有机会,就报答从前的丈夫。"太后钮祜禄氏听到后,很害怕。适逢乾隆皇帝要到天坛去祭祀,在斋宫中住宿斋戒。太后急忙把香妃叫到慈宁宫来,将她勒死了。乾隆皇帝闻讯后来抢救,没来得及。他痛哭一场,下令以妃子的规格埋葬香妃。

乾隆重新统一南疆,因俗而治,设立阿奇木伯克制,由清廷任命。清廷在南疆设参赞大臣(驻叶尔羌)等官,分驻各城,加强统辖。乾隆在新疆设伊犁将军,修筑城堡,驻扎军队,设置卡伦,巡查边界,实行屯垦,移民实边,加强了对新疆地区的管辖。

乾隆对西藏的管辖,主要改革措施是:取消原有藏王,制定西藏章程,设立金奔巴瓶制。藏王颇罗鼐逝世后,其子珠尔墨特那木札勒

香妃墓

袭封为郡王。他不善处事,同达赖喇嘛的关系恶化,又对驻藏大臣傅清傲慢无礼。乾隆派左都御史拉布敦协同傅清驻藏。傅清、拉布敦觉察到珠尔墨特那木札勒的反迹,欲先发制之,但手中无兵,遂定计智杀:以宣称谕旨为名,诱其入衙,突然杀之。珠尔墨特那木札勒中计到驻藏大臣衙署,当其跪听传诏时,傅清挥刀将他杀死。然而,其属下卓呢罗卜藏札什跳楼逃逸,纠集党类,围攻衙署,放枪纵火。拉布敦被砍死,傅清受伤后自尽,文武官员多人遇难。乾隆后派四川总督、提督率兵入藏。珠尔墨特那木札勒的妹夫班第达将卓呢罗卜藏札什拿获,事态平息。乾隆派策楞率兵入拉萨。策楞、班第达会同审讯,将卓呢罗卜藏札什等处死。平定珠尔墨特那木札勒叛乱之后,班第达想做藏王。乾隆鉴于历史教训,提出在西藏实行"多立头人,分杀其势"的原则。随后,废除藏王制,设立噶厦四人,由清廷任命,公理政务。从而加强了清廷驻藏大臣的权力。

六世班禅为祝贺乾隆七十大寿,到承德避暑山庄,住在乾隆为他修建的"须弥福寿之庙",然后到北京住在西黄寺,因病在北京圆寂。清廷派官兵护送其全部珠宝财产到日喀则札什伦布寺。六世班禅的遗产,全被其兄仲巴据为己有,其弟沙玛尔巴分文未得。沙玛尔巴一气之下,投奔廓尔喀(今尼泊尔)。廓尔喀得知札什伦布寺珍藏大量金银珍宝,遂起攻占日喀则、掠夺财宝的野心。乾隆五十三年(1788),廓尔喀苏尔巴尔达布,以"食盐掺土"为借口,侵占后藏聂拉木、济咙、宗喀三处。乾隆派四川总都鄂辉、提督成德率5000名川兵入藏增援;又派理藩院侍郎巴忠前往办理。巴忠等私自同廓尔喀

议和,令其退出已占聂拉木等三处,每年给 300 个元宝作为补偿。鄂辉未遇抵抗,占领聂拉木、济咙、宗喀,奏报收复失地。但是,巴忠擅自议和,达赖喇嘛不知,没有照付廓尔喀银两,引起廓尔喀再次入侵。乾隆五十六年(1791),廓尔喀以索取地租为名,再次侵入后藏聂拉木等地。驻藏大臣保泰将班禅移到前藏。廓尔喀军侵入札什伦布寺,大肆抢掠,一洗而空。乾隆得报后,命福康安率军入藏。次年三月,福康安率军从西宁出发,急行军 40 天入藏,首战擦木,再战济咙,连战得胜,进入廓尔喀境。又渡过铁索桥,六战皆捷,深入 700 里。廓尔喀请降,福康安因大雪将封山而不利撤兵,允其降,撤兵归。清军取得反击廓尔喀入侵的胜利。乾隆鉴于历史经验,命福康安制定西藏章程。规定:驻藏大臣督办藏内事务,与达赖喇嘛、班禅额尔德尼平等,自噶布伦下官员及管事喇嘛等,事无大小,均须秉明驻藏大臣;达赖喇嘛、班禅额尔德尼等圆寂后,在驻藏大臣亲监下,灵童转世用金奔巴瓶掣签决定;西藏对邻国贸易必须进行登记;西藏货币一律用白银铸造,正面铸"乾隆宝藏"四个字;建立 3000 人的驻藏军队,分驻前藏、后藏;达赖喇嘛、班禅额尔德尼收支经驻藏大臣审核;驻藏大臣每年春、秋两次巡视前后藏,检阅军队;处理外务以驻藏大臣为主,同达赖喇嘛协商处理,等等。《钦定西藏章程》是西藏历史上重要的文献,标志着清朝对西藏进行全面有效的管辖。在《钦定西藏章程》中,规定了金奔巴瓶制度。其办法是:凡达赖喇嘛、班禅额尔德尼圆寂后,转世灵童若干人,将其名字各写在象牙签上,装入金瓶中,焚香诵经七日,由驻藏大臣会同大喇嘛等,在公众前抽签决定。金奔巴瓶储于拉萨大昭寺内。又设一瓶,在北京雍和宫内,凡大活佛章嘉呼图克图、哲布尊丹巴呼图克图等灵童转世,由理藩院尚书监督,有关官员、僧侣等亲临,抽签掣定。这项制度使达赖喇嘛、班禅额尔德尼等转世时,避免某些贵族、僧侣操纵擅定,引起政治与宗教事端。金奔巴瓶制杜绝世俗贵族和特权僧侣控制"灵童"转世的裁定,使达赖喇嘛、班禅额尔德尼及蒙古各地大活佛转世的合法身份,在驻藏大臣或理藩院尚书的监督下得到清廷的允准。

四川西北大渡河上游万山之中有大金川、小金川,居民主要是藏族。大金川土司莎罗奔诱夺小金川土司泽旺印信,兼并小金川,发生内乱,威胁四边。乾隆十二年(1747),乾隆决定派兵进讨。张广泗、讷亲接连失利,命大学士傅恒为川陕总督,调五万大军,扫荡大金川。傅恒集中兵力,攻打勒乌围。莎罗奔被迫投降。乾隆二十五年(1760),莎罗奔之侄郎卡即位,不断滋事。乾隆三十八年(1773),以温福、阿桂相继率海兰察、明亮、丰升额等统军,对大小金川展开分路进攻。到四十一年(1776)二月,大金川全境平。是役"费五年之功,十万之师,七千余万之帑",才将两金川平定,清廷对其进行有效的统辖。

台湾自康熙二十二年(1683)统一之后,设一府三县,经济得到发展,"糖谷之利,甲于天下"。沿海贫民,迁往台湾,谋求新生。林爽文原籍福建漳州,因家庭生活困难,于乾隆三十八年(1773)随父迁居台湾彰化县大里杙,后参加天地会。乾隆五十一年(1787)十一月,总兵柴大纪派官兵去逮捕林爽文,焚烧村庄,勒民擒献。清军暴行引起乡民义愤,林爽文发动天地会起义,袭营地,攻官府,下彰化,占诸罗。清派援军前往镇压,林爽文受到重大挫折。清廷派闽浙总督常青为将军,统兵前往增援。时林爽文有众十万,将常青围困府城。乾隆再派福康安率海兰察、鄂辉等乘百艘战船抵台。清军集中进攻大里杙,清军乘胜大肆屠杀,"阵杀数千,溺海者数千,擒而戮者数千"。林爽文被俘,押往北京,后被处死。

此外,征缅之役和安南之役则是清王朝对自己的附属国的控制与反控制的争斗,乾隆也获得了模棱两可的胜利,聊以自夸。

乾隆上述"十全武功",情况不同,性质各异:有镇压民变,有平息叛乱,有扬兵耀武,有小题大做,有得不偿失,有多管闲事,有维护正义,有反击侵略。

文治:大兴"文字狱"

乾隆三十七年(1772)正月,安徽学政朱筠奏请,从《永乐大典》中辑录亡佚书籍,并由各省搜集罕见的刻本、抄本。乾隆帝于同年二月下诏,命各省搜求罕见典籍。接着成立"四库全书馆",全面开始工作。到五十二年(1787)六月,辑成六份,已历时15年。后再查核、校误和补遗,直到五十八年(1793)才告结束,参与者前后1486人,时间长达20年。

辑成的文集因按经、史、子、集4部分类,汇集书籍比较全面,所以名为《四库全书》。并对重要书籍做出提要,称《四库全书总目提要》,极大地方便读者,成为重要工具书。乾隆编纂《四库全书》,集中全国的力量,对各地图书典籍进行了一次全面的系统的清理。该书便于分类检寻,"以类求书,因书治学"。全书分经、史、子、集4部,每部再分44类,每类又分66目,条理井然,易于查检。但是,乾隆在编纂《四库全书》的过程中,也禁了不少书、毁了不少书、删了不少书、改了不少书。有人据《办理四库全书档案》《禁书总目》等资料统计,毁书约3000余种、六七万部。可见,乾隆编纂《四库全书》的负面影响不可忽视。

乾隆附庸风雅,尤喜爱作诗。他的御制诗集,登基前有《乐善堂全集》,禅位后有《御制诗余集》,凡750首。在位期间的《御制诗集》共有5集,434卷,收诗41800余首。他的诗总计约近五万首。可以说,乾隆诗作之多,有史以来,首屈一指。他说:"几务之暇,无他可娱,往往作诗。"又说:"每天余时,或作书,或作画,而作诗最为常事,每天必作数首。"乾隆还撰写了大量文章,仅编成文集的就有《御制文初集》《御制文二集》《御制文三集》《御制文余集》,共1350余篇,还有《清高宗圣训》300卷。乾隆喜爱书法,造诣精深。自内廷至御苑,从塞外到江南,园林胜景,名山古迹,所到之处,挥毫题字,墨迹之多,罕与伦比。他将多年搜求得到的晋王羲之《快雪时晴帖》,王献之《中秋帖》和王洵《伯远帖》三种书法珍品,称为胜于"丰城之剑,名浦之珠",专门辟室"三希堂"收藏。

可就是这样一个懂文化的人,对文化的摧残也最深。

雍正十三年(1735)冬季十二月份,乾隆刚刚即位,没等到来年更改年号,就迫不及待地将湖南的学者曾静、张熙处死。最初,雍正下令释放曾静、张熙,叫他们回故乡,并命令地方官不准暗害他们,违者偿命。雍正的指示中还提到,即使自己的子孙,将来也不得因曾静等人曾侮辱过皇帝而追究他们的罪责,将其处死。这时,乾隆竟把曾静等杀了,还下令各省的学校停止讲授《大义觉迷录》,并把朝廷颁发的《大义觉迷录》上缴。评论者认为雍正颁发《大义觉迷录》是有深意的,而乾隆又突然将此书禁止,这仍然是有深意的。

乾隆十八年(1753)秋季七月份,命令江苏巡抚庄有恭将他从前在学政任上所得到的养廉银按十倍的数目缴回。此前,在乾隆十五年(1750)庄有恭第二次出任江苏学政,有个浙江省读书人丁文彬献自己著的《文武记》《太公望传》等书。庄有恭认为丁文彬是个疯子,没有追究,就将他放了,丁文彬又带着自己写的这些书到山东省,献给衍圣公孔昭焕，请他转告巡抚杨应琚。杨巡抚把这件事上报了乾隆。乾隆特别恼怒，发指示严厉责问庄有恭，并责令他将丁文彬著的反动书籍呈送京城。庄有恭因为丁文彬是个疯子，而且事隔五年了，没有查找到丁文彬给他的书，就如实向乾隆汇报了。乾隆斥责他狡猾，只是因为学政没有权力惩办百姓，才没有治庄有恭的罪，只罚钱了事。

乾隆十九年（1754）秋季九月份，将盛京礼部侍郎世臣充军到黑龙江。因世臣写的诗稿中有"霜侵鬓朽叹穷途""秋色招人懒上朝""半轮明月西沉夜，应照长安尔我家"等诗句，乾隆憎恶他疏懒，自命清高，将自己比作被贬黄州的苏东坡，而且身为二品官，有什么穷途可慨叹的，何况盛京是乾隆的故乡，世臣系满洲人，世世代代是乾隆的仆人，竟敢忘本，居心叵测。于是，才将他充军发配。

乾隆二十年（1755）夏季四月份，内阁学士胡中藻被处死，广西巡抚鄂昌被命令自杀，工部侍郎张泰开被撤职，已故大学士鄂尔泰的牌位被从贤良祠中撤出。胡中藻的诗集名为《坚磨生诗钞》，乾隆说，"坚磨"出自《论语》。孔子所说的"磨涅"，乃是指佛肝叛乱时，孔

清大臣、书法家庄有恭

子居乱邦而不同流合污而说的，胡中藻以此自号，是什么居心？另外，他在广西学政任上，曾出过考试题，题有"乾三爻不像龙说"，乾隆是乾隆的年号，龙与隆同音，还摘引胡中藻十多句诗。据此，将他定罪，满门被抄折。

张泰开是胡中藻的学生，曾给胡中藻诗集写过序；胡中藻是鄂尔泰学生，鄂尔泰曾经称赞过他的诗。鄂尔泰的侄儿鄂昌不应该与胡中藻攀交情，还同他诗歌唱和。鄂昌的诗中有一首《塞上吟》，里面称蒙古为胡儿。因此鄂昌是忘了本而又与坏人勾结。因此，都受处分。不久，乾隆发出指示，严禁八旗满洲人学习汉文及与汉人诗歌往还或论同年、称兄道弟。

乾隆二十二年（1757）秋季七月份，命令原任浙江布政使彭家屏自杀，处死河南秀才段昌绪、司存、司淑言。段昌绪家中藏有吴三桂发的檄文，段昌绪在上面打了不少圈点，并加评语，表示赞赏。彭家屏收藏《明季野史》《潞河纪闻》《日本乞师》《豫变纪略》《酌中志》《南迁录》等书，又刊刻族谱附有《大彭统纪》，牵强附会说自己家的姓是黄帝后人的姓，命名为大彭，与各朝的国号相同都加上大字，而且族谱中凡是有明神宗的年号及乾隆的名字均不缺一笔以示避讳，这说明他目无君主已到了极点，命他自杀。同时，将段昌绪等人处死。

乾隆二十九年（1764）秋季九月份，处死秦州知州赖宏典，因他托人给自己升官的信中有"点兵交战，不失军机"等暗语，被认为是反动的话，下令将他处死。

乾隆三十二年（1767）冬季十二月份。将浙江秀才齐周华分尸处死。齐周华因依附吕留良被发配，释放归家后刻印吕留良的书。巡抚熊学鹏摘引书中的一些犯忌讳的话上报乾隆，并诬告原任礼部侍郎齐召南包庇反动言论有罪，乾隆下令将齐周华分尸，将齐召南革职。

乾隆三十三年（1768）春季二月份，因为已死的谢济世所著的《梅庄杂著》中有不少不满朝廷的话，命令江西巡抚宋邦绥将谢济世的书及书版烧毁。

三月份，命令江西巡抚吴绍诗将已死的李绂、李任漠、傅占衡等人所著的书及书版烧毁。

乾隆三十四年（1769）夏季六月份，下令将已故的钱谦益所著的《初学集》《有学集》的书版销毁，因为书中对于满语及剃发两件事有不少诋毁的语言。

乾隆三十七年（1772）春季正月，乾隆命令各省搜集、购买古今著作送京献给乾隆。

乾隆三十九年（1774）秋季八月份，下令催促各省上缴书籍。

冬季十一月份，广东总督李侍尧查出已故屈大均的诗文，送给乾隆。诗集中有《大都宫词》三首，记叙不少顺治朝宫廷秘闻。乾隆下令将诗集烧毁。不久，又发现文集内有关于雨花台葬衣冠的记载，下令迅速准确查出地点，尽快刨掉。

乾隆四十年（1775）春季正月，将吕留良的孙子吕懿兼、曾孙吕敷光发配到黑龙江，分给八旗兵当奴隶。因为他们是大逆犯的后人，不该捐纳监生。

冬季闰十月，乾隆下令销毁《编行堂集》《皇明实纪》《喜逢春传奇》等书。《编行堂

吕留良

集》是和尚澹归即明朝给事中金堡著的；《皇明实纪》（一名《皇明通纪》）及《喜逢春传奇》全是东莞陈建即江宁天笑生著的。收藏这些书的高秉被充军。

乾隆四十二年（1777）冬季十一月份，将江西举人王锡候抓进京城监狱。新昌的王锡候删改《康熙字典》，另出版了一本《字贯》，在序文凡例中，列出康熙及乾隆的名字。乾隆大怒，将王锡候投进监狱，判处死刑。江西巡抚及按察使等官均被撤职。

乾隆四十三年（1778）夏季四月份，山西举人王尔扬给同乡李范写墓志，在"考"字上用了一个"皇"字。山西巡抚巴延三因此将王尔扬逮捕审讯并及时向乾隆报告了。乾隆认为王尔扬是个书呆子，滥用字眼，不是有心造反，可免去死刑。

冬季十月份，下令将已故东台举人徐述夔及儿子徐怀祖的尸体斩杀，孙子徐食田、徐食书砍头。徐述夔作的《一柱楼诗集》中，有一首题为"咏正德杯"的诗，其中有"大明天子重相见，且把壶儿搁半边"的诗句，乾隆认为"壶儿"即是"胡儿"的谐音；其中还有"明朝期振翮，一举去清都"的诗句，乾隆认为这很显然是要复兴明朝、清除清朝的意思，于是大怒，下令将已故的徐氏父子戮尸，对徐良田、徐食书及校对诗集的徐首发、沈成濯，该省布政使陶易及其幕僚陆炎则处以死刑；将知府谢启昆、知县涂跃龙革职。

乾隆还下令将已故的前礼部尚书沈德潜戮尸。沈德潜退休后，乾隆把自己所著的诗集交给他修改。沈德潜进行了多处修改。沈德潜死后，乾隆把沈德潜自己所著的诗集要了去。阅读时，乾隆发现平时沈德潜替乾隆修改过的诗歌及替乾隆代作的诗歌，沈德

潜全部收进了自己的诗集。乾隆十分恼怒，下令将已故的沈德潜的所有封号全部取消，将他的牌位从其故乡的贤人祠中拿掉，砸毁乾隆给他的祭葬碑文。不久，乾隆又读到沈德潜《咏黑牡丹》诗，其中有"夺朱非正色，异种也称王"的诗句，乾隆认为这是反诗（按：认为朱是朱明王朝，异种是指少数民族）。下令将沈德潜的棺材劈开，将他的尸首用刀剁碎。

江苏赣榆县百姓常玉振在他父亲的传记中写道："对于穷苦的佃户，则赦免。不予加利息，而且还赦免累年的积欠"等等。巡抚杨魁将常玉振逮捕。同时，宝山县一个小吏范起鹍的家中收藏顾亭林的著作集；江西的读书人李雍、河南退休的主事余腾蛟也因写"反动诗歌"而被捕。这些人经过审讯，发现证据不确实，全被无罪释放了。

乾隆四十四年（1779）春季二月份，把福建巡抚黄检降为直隶正定府知府。因为黄检不该刊刻出版他祖父黄廷桂写给雍正乾隆的奏章文稿，而且还收入了雍正乾隆的朱笔批语。

夏季四月份，处死直隶的百姓智天豹。乾隆在扫墓回京的途中，智天豹叫他的学生张九霄跪在道旁献《大清天定运数》这本书，书中编排大清国的年号30多条，而在乾隆年号下仅写到五十七就中止了。另外，在书中涉及皇帝时没有缺笔进行避讳。因此，乾隆下令将智天豹当即斩首，张九霄收监等秋后处决。

乾隆四十六年（1781）夏季四月份，将在家乡休假的大理寺卿尹嘉铨绞死。当乾隆从五台山回京途中经保定时，尹嘉铨派儿子捧着上给乾隆的表章，到乾隆的住处，

清大臣，诗人沈德潜

替他已故的父亲尹会一请个谥号，并且还请求批准把父亲的牌位送到孔庙中陪祀。乾隆大怒，认为尹嘉铨太狂妄了，将他交由刑部治罪。刑部在尹嘉铨家中搜出不少他著的书，书中有不少狂妄反动的话。因此，乾隆下令将尹嘉铨处以绞刑。

乾隆朝各个文字狱案子，均因鸡毛蒜皮的小事就株连许多人。于是，诬告妖言惑众及检举反动诗文的事纷纷而起。御史曹一士曾经给乾隆上奏章，对此进行分析、评论。大概的意思是：连年以来，一般人不了解朝廷处死罪魁祸首的原因，往往为了一点点私怨，就望风捕影，检举反动诗文，寻章摘句，断章取义。官府感到事出有因，多方审讯甚至株连师友、牵涉亲属，造成家破人亡，实在是太可怜了。臣的愚见，认为井田制、分封制这些不过是书呆子们的老生常谈，不能够生活在今天，却倒退回古代。而述怀咏史，不过是诗人们习以为常的举动，不能据此认为是以古讽今。即使有的序、跋偶尔没有纪年，也不过是草头百姓一时的疏忽，不一定是心怀叛逆，公然在文章上宣泄。如果把这类事情全当成反动言行，罪不可赦，那么，将要使天下举报不止，文人学子以写诗作文为戒，绝对不是国家以义正法度，以仁包容天下的本意了。

读书人在这样的文网高压下，只有钻研故纸堆，寻求安生；影响到中国学术及思想的走向。乾嘉学派的发端未尝不是来自对"文字狱"的恐惧。

巡游:太平盛世下的危机

康熙曾六次南巡,其目的是巡视河运,了解民情,加强对江南的统治。乾隆处处学康熙,似是而非。乾隆巡游的地方更多,目的也不是那么单纯和堂而皇之。早期他是为了孝养皇太后,从此就再也收不住心了。

乾隆六年(1741)七月,乾隆皇帝陪着太后到木兰去狩猎。御史丛洞上奏章劝止,乾隆没有听。自此以后,每年七月都到木兰去狩猎,一直到九月或十一月才返回京城。最初,乾隆听说苏州风景美,就想南巡。派大学士讷亲去浙江查看道路。讷亲回京后向乾隆报告说,苏州城外只有虎丘可称为名胜,其实也不过像个大坟堆罢了。城里街道都临着河,河道狭窄,运粪的船只拥挤,一到午后就臭不可闻,说不上什么风景啊!乾隆听后,打消了去苏州的念头。

乾隆八年(1743)九月,乾隆陪太后去兴京、盛京。十月,返回北京。

乾隆十年(1745)七月,乾隆陪太后到多伦诺尔,九月回到京城。

乾隆十一年(1746)七月,乾隆陪着太后西巡游五台山,为了避讳,改庆都县为望都。

乾隆十三年(1748)二月,乾隆陪太后,带着皇后东巡,在赵北口住时,陪太后观看了水上围猎。到曲阜拜谒孔林。到泰安拜岱岳庙、登泰山。三月,住在济南,到趵突泉去玩,陪太后阅兵,到历下亭去玩。返程到德州时,皇后死了。皇后宫察氏为人严肃,虽然是在旅途中,她也不忘宫中的规矩。这天,乾隆在船里举行夜宴。皇后从另外的船上来到乾隆的船上,为了一件事劝说乾隆,语气很重。当时乾隆已有些醉了,听后立即大怒,把皇后骂了一顿。皇后又羞又恼地离开了乾隆的船,在回自己的船时失足掉进河里淹死了。乾隆酒醒后很后悔,留在德州等把皇后装殓完毕后,亲自带着棺材一道返京。给富察皇后办的丧事,比其他皇后的丧事都隆重。

乾隆十五年(1750)二月,乾隆陪同太后西巡,到五台山。三月返回京城。十月,乾隆陪太后去河南,拜中岳庙,登嵩山,住在开封时,检阅了军队,到古吹台游玩。十一月返回京城。

乾隆十六年(1751)正月,乾隆陪太后南巡。二月,到苏州。看见灵岩的梅树树干粗大,足够两个人合抱,乾隆叹赏不止。当时,内大臣博尔奔察在一旁,拔起腰做出砍树的架势,乾隆惊讶地问他干什么,他说:"我气它不长在圆明园,而叫皇上跋涉江湖,一路饱经风险呀!"乾隆明白这是讽喻自己,心里许久老大不痛快。三月,到杭州,登观潮楼,还检阅了军队。渡钱塘江祭大禹陵,回到杭州又检阅军队。还召集秀才进行考试,赏谢墉等三人为举人,任命他们为内阁中书。不久,由苏州到达江宁陪太后视察织造机房。召集江南的秀才进行考试,赏蒋雍等五人为举人,连同进士孙梦选一起任命为内阁中书。四月,乾隆驻扎在泰安,祭祀东岳泰山。五月,返回京城。八月,保举经学颐栋高被批准回故乡。颐栋高以精通经学而被推荐给乾隆,他拒绝接受保举。朝廷赏给他国子监司业官衔,地方官派人硬把他送进京城。等到乾隆找他谈话时,他以年纪大有病为由拒不到职。乾隆批准了,并说:"可怜你年纪大,身体不好,我同意你回故乡养老。等我将来南巡时,还可以见到你。"颐栋高说:"皇帝还打算南巡吗?"乾隆听了这话,沉默不语。不久,便打发颐栋高回乡了。

乾隆十八年(1753)二月,把江西省抚州卫的千总卢鲁生分尸处死,还杀死了他的儿子卢锡龄、卢锡荣以及南昌卫守备刘时达。在此之前，乾隆十四年（1749）十月，江西总督黄廷桂报告乾隆说，江西省的士绅、百姓都盼望乾隆到江西来。乾隆听后特别高兴，并在黄廷桂的奏章上做了批示，语气十分温和。黄廷桂接到批示后，得意忘形，大肆张罗迎接乾隆，对下属官员追得很紧，官员们都感到受不住。当时，有位大学士叫孙嘉淦，他在雍正初年当检讨，曾给雍正皇帝上了一道奏折，谈了三件事，一是皇帝要同兄弟相亲相爱；二是应停止花钱买官的制度；三是不要向西北出兵。因此，他刚直的名声誉满天下。到了乾隆皇帝时，对他尤其倚重，凡是他说的话乾隆皇帝无不采纳。卢鲁生于是同刘时达伪造了孙嘉淦写的一道奏折，劝谏乾隆停止南巡，这道奏折长达万言，批评乾隆，攻击内阁大臣鄂尔泰、张廷玉等。这道奏折广为流传。直到乾隆十六年（1751），云南总督硕色才把民间流传这道奏折的事报告了乾隆。乾隆皇帝严厉追查了一年多，到这时才弄清真相。这个案件牵连了数千名文武官员，涉及的地方达七八个省。而孙嘉淦也因此事惶惶不安，不久就因过度忧愁而病死了。

乾隆二十一年（1756）二月，乾隆东巡拜谒孔林。当时因为平定准噶尔部，到孔庙去报捷。三月，返回京城。

乾隆二十二年（1757）正月，乾隆陪太后南巡。二月，到苏州、杭州。三月，到江宁。四月，到孔子故乡阙里，祭礼孔庙。五月，到木兰避暑。九月，返回京城。

乾隆每年四五月就去热河避暑，而且还打猎；八九月天气渐渐凉了，才回京城。年年如此。乾隆二十四年（1759）五月，乾隆在木兰。在此之前，沿途建设避暑山庄72处景点，圈地数十里，栽种各样鲜花，分别建筑各式亭榭，共花了1亿多两银子。一天，乾隆来到苍石，放眼四望，全是茂林修竹，绿草如茵，清风徐徐吹来，几乎忘了盛夏将要到了。乾隆左顾右盼，高兴地对内大臣博尔奔察说："这里真不愧叫避暑山庄啊！"博尔奔察答道："皇帝陛下是仅就宫里而言的。如果是宫外的城市，街道狭窄，房屋矮小，老百姓蹲在里面，加上房屋与厨房相连，实在是太热了。所以，民间有句谚语说，'皇帝之庄真避暑，百姓仍是热河也。'"乾隆生气了，挥手把他赶出去，整整不愉快了好几天。

乾隆二十六年（1761）二月，乾隆陪太后西巡上五台山。三月，到正定阅兵，又到阳平淀打猎，然后返京。十一月，太后七十寿辰。乾隆因为太后喜欢江南风景，于是在万寿寺旁建筑房屋，全是仿造江南的式样，市场、街巷都有，长达数里地。乾隆陪着太后乘车往来游乐，把这条街命名为苏州街。又在同乐园内设买卖街，凡是古玩店、旧衣服摊以及酒楼、茶馆无一不备，甚至挎小筐卖瓜子的也有。众大臣进园子买东西，或者在酒楼饭铺聚餐。乾隆从买卖门前经过时，听到跑堂的叫菜，店小二报账，管账的打算盘，声音嘈杂，沸沸扬扬，乾隆常常看着笑。另外，每逢腊月二十三祭灶时，坤宁宫正房内的炕上，摆着乐器，皇后先来。乾隆后到。乾隆自己敲鼓、拍板，唱《访贤曲》，参加祭灶的官员整整齐齐地站着听。乾隆唱罢，开始送灶王。然后，乾隆回寝宫。

乾隆二十七年（1762）正月，乾隆陪太后南巡。二月，到京口，进行阅兵。登焦山，然后去苏州。三月，到杭州、江宁。四月，乾隆命庄亲王允禄陪太后返京。乾隆由徐州去曲阜，拜谒孔林，祭祀岱庙。五月，乾隆返回京城。

乾隆二十八年（1763）五月，乾隆陪太后到木兰打猎。到承德时，一连下了十天雨，河水猛涨。乾隆想骑马过河，按察使三保一把拽住马缰绳，劝告乾隆不要骑马过河。乾隆回答他说，满族人从古以来就是不怕劳苦，崇尚武功。三保说："皇上是陪太后一起来的，皇上虽然骑马过河了，但不知太后可靠什么过河呢？"乾隆听后，很受感动，立即掉转马头回去了。

乾隆三十年(1765)正月,乾隆陪太后南巡。闰二月,到苏州、杭州。还想去浙东,把侍郎齐召南叫来,问他天台山、雁荡山的风景如何。齐召南回答说自己没有游览过。乾隆说:"你老家在台州。为什么没到过?"齐召南答道:"山势崔嵬,溪流深险,臣有老母,孝子不敢登高山,不敢临深渊。因此,没敢前去游览。"乾隆当时陪太后一起南巡,听了齐召南这番话,立即下令回去。三月,到焦山,在江宁住宿,祭祀江神。四月,乾隆返回京城。

乾隆三十一年(1766)七月,皇后那拉氏死了。乾隆命令用妃子的丧礼埋葬皇后。在此之前,乾隆三十年(1765)闰二月,乾隆在杭州,曾经深夜穿便衣到河岸上游玩。皇后竭力劝阻,甚至掉了眼泪。乾隆说她得了疯病,叫她提前回京城。等乾隆回到京城后,要把"患病"的皇后废掉。刑部侍郎、觉罗阿永阿想劝谏乾隆,可是因为母亲年纪大了,犯了踌躇。老母亲对他说,只管去劝谏乾隆。阿永阿流着眼泪拜别老母亲,毅然上了一道劝乾隆不要废黜皇后的奏折。乾隆阅后大怒,说:"阿永阿是觉罗,又是近臣,怎么敢学汉人的恶习,为个人争名誉呢!"于是,命令大臣们研究给阿永阿定罪。内阁学士陈宏谋、托庸支支吾吾,态度不明朗,唯独刑部尚书钱汝诚说:"阿永阿有老母亲在家,尽忠不能尽孝。"乾隆斥责他道:"钱陈群在家中又老又有病,你是他的独生儿子,你怎么不回家去尽孝?"于是,将阿永阿充军黑龙江,把钱汝诚撵回家中去侍候老父亲。可是,皇后却因此没有被废黜。到这时,皇后死了。乾隆下令给皇后办理丧事的礼节不能按照皇后的待遇,只能按照妃子的丧葬礼节办理,并责成内务府去办理。御史李玉明又上奏折,请求臣民为皇后之死戴孝三年。他因上这道奏折被充军到伊犁。阿永阿与李玉明相继死在了边疆。

乾隆三十二年(1767)二月,乾隆去天津。三月,返回京城。

乾隆三十五年(1770)三月,乾隆陪太后东巡,不久,返回京城。

乾隆三十六年(1771)二月,乾隆陪太后东巡,因为平定了金川,向孔庙报捷。三月,谒岱庙,登泰山,拜谒孔林。四月,乾隆返回京城。

乾隆四十一年(1776)二月,乾隆陪太后东巡。三月,到达德州,之后,登泰山,拜谒孔林。四月,乾隆返回京城。

乾隆四十三年(1778)七月,乾隆去盛京。八月,返回京城。

乾隆四十五年(1780)二月,乾隆南巡,到焦山、苏州。三月,到海宁观潮,到尖山,然后由杭州到江宁。五月,返回京城。

乾隆四十六年(1781)二月,乾隆东巡,上五台山。三月,返回京城。

乾隆四十八年(1783)八月,乾隆到盛京,因为用和田玉石新造的各朝封皇后、贵妃、诸王的印及册子已经制成,乾隆把旧的册子及印亲自送到盛京太庙。九月,返回京城。

乾隆四十九年(1784)正月,乾隆南巡。二月,住在曲阜,拜谒孔林。三月,乾隆到金山、焦山、苏州、海宁、尖山、杭州,又回到苏州。三月,到江宁,在张家楼渡长江返回京城。

乾隆五十一年(1786)三月,乾隆西巡,上五台山。三月,返回京城。

乾隆五十五年(1790)二月,乾隆东巡,到泰安,登泰山;到曲阜,拜谒孔庙、孔林。五月,乾隆回到京城。

乾隆五十七年(1792)三月,乾隆西巡,上五台山。五月,到木兰避暑。因为乾隆住的台麓寺北墙外没设哨兵,又没有打更的,负责保护乾隆的诸王大臣全受到了严格处分。九月,乾隆返回京城。

乾隆五十九年(1794)三月,乾隆去天津,赏给天津三万两银子,用作津淀扬芬港预备龙舟的花销。四月,乾隆返京。

康熙皇帝以视察黄河为名,六次南巡。到了乾隆皇帝,按着旧例,也六次南巡,还东巡七次,西巡五次。至于盛京、兴京,北京附近的天津、保定、热河、河南,乾隆更是不时前往,已难以计数了。大概在位60年中,每年初春巡视东南,到木兰狩猎,一年也没空过。让位给儿子后的三年中,也是这样。外出时经过的郡县,虽然也减免租税,增加学生的名额,优待老年人,召集秀才考试,可是地方上供应太多,百姓不堪其苦。当时,朝臣中也未尝没有呼吁劝阻的。可是,谁进行劝谏,谁马上便受到严惩。编修杭世骏在议论时事的奏折中,有"皇帝巡视所到的地方,官吏们一味奉承,流弊殃及百姓"的话,乾隆皇帝看后大怒,下令处死杭世骏,全靠侍郎观保劝说,乾隆才赦免了杭世骏,把他赶回故乡。尹会一在江苏担任学政,期满回京,给乾隆上奏折说:"皇上两次南巡,百姓受苦,怨声载道。"乾隆在批示中,口气严厉地说:"你说百姓受苦,你指出来谁受苦了?你说怨声载道,你指出来什么人发怨言!"结果,尹会一被充军发配了。侍读学士纪昀曾从容地对乾隆说:"东南财力匮乏了,该想办法救济一下。"乾隆怒叱他道:"因为你学问还好,才派你主持四库全书馆,实际上对你不过像养活一个唱戏的罢了。你怎么敢妄谈国事呢!"内阁学士尹壮图给乾隆上奏折说:"总督、巡抚借口迎接皇帝,勒索属下官员,于是令仓库亏空。"乾隆传令问道:"是什么人在那里皱着眉头发感慨?"尹壮图回答:"是小官吏怨总督、巡抚,小百姓怨知县、知州。"乾隆听后才稍稍消了点气。可是,仍然下令将尹壮图撤职。

自此以后,朝臣们个个卷着舌头不敢作声,没有再敢为民请命的了。乾隆皇帝常年离京外出,或视察政事,或拜神祭祖,或游山玩水,或阅兵打猎……耗费了大量财力、物力、人力。虽说有些出巡是必要的,但绝大多数出巡却是为了满足私欲。外出巡游已成了一个危害国家的举动了。正是由于乾隆皇帝为太平盛世所陶醉,浪费金钱,使国库空虚,使财政出现了危机。为了摆脱财政危机,只有加紧搜刮民脂民膏,从皇帝到下级官吏几乎是无人不贪了。

外交:一次历史性会晤

英使马戛尔尼来华,是乾隆处理中外、东西关系的一次重大政治事件。清政府因东南沿海的抗清势力,规定"寸板不准下海"。台湾统一后,清廷放宽海禁,许在广州、漳州、宁波、云台山四个口岸对外通商。后英国在广州建立商馆,又想在广州以北开港,打开中国市场。乾隆二十年(1755),英国武装商船驶至宁波,引起乾隆的关注。这时正值乾隆第二次南巡,他阅兵巡防,随后下令只准英商在广州贸易。英国想通过同乾隆谈判,取消清廷在对英贸易中的禁令与限制,获得商业与外交的利益。于是,决定派遣以马戛尔尼为首的外交使团访清。

马戛尔尼,曾任英殖民地马德拉斯省督、驻俄国彼得堡公使,又任孟加拉总督(因赴清未到任),是一位经验丰富的高级外交官。这个使团以向清廷"进贡"和补祝乾隆八十大寿为名,乘坐装有64门大炮的第一流军舰"狮子号",载着包括秘书、翻译、医生、军事、化学、天文、历学、制图、航海等方面的专家,以及水手,官兵等共800多人,还有600箱礼物,自英国朴次茅斯港起航。经大西洋、印度洋和南海,于乾隆五十八年

(1793)六月二十一日过澳门。广东巡抚郭世勋向乾隆奏报。之后船队经福建、浙江、江苏、山东沿海北上,于八月初五日在天津大沽登陆。

乾隆指示直隶总督梁肯堂和长芦盐政征瑞接待英国使团。他们给使团送去牛羊猪260头、鸡鸭200只、面粉160袋、大米160包、茶40箱,以及蔬菜、瓜果、酒类等。马戛尔尼一行到北京后,住在圆明园旁的宏雅园。英王送给乾隆的礼物在圆明园中安装陈列。

马戛尔尼一行到承德后,住在佟王府。和珅同马戛尔尼就其谒见乾隆的礼节仪式,进行了商谈。和珅起初坚持英使见乾隆要行三跪九叩首大礼,马戛尔尼认为这是"表示屈服和顺从",拒不接受。后经过反复商谈,提出两个方案:如果马戛尔尼行磕头礼,那么同级清朝官员必须穿朝服在特使带来的英王御像前也行磕头礼;或者用觐见英王的单腿下跪礼(免去吻手)谒见乾隆。最后商定用第二个方案。

八月初十日,乾隆在万树园接见了英王正使马戛尔尼、副使斯当东。清晨,盛装的英使、王公大臣、蒙古诸王等齐集万树园。至时,乾隆皇帝在礼乐中升座,其他各就各位。由礼部尚书引导马戛尔尼到御座左首,马戛尔尼向乾隆皇帝行一腿单跪之礼后致辞,并呈递英王书信给乾隆。乾隆以玉如意回赠英王,又分赠马戛尔尼和斯当东绿色如意。他们二人又以金表和气枪回赠乾隆。然后是王公大臣等依次行礼。觐见仪式完毕后,乾隆赐宴。第二天,乾隆命和珅、福康安陪英使游览避暑山庄。十三日,乾隆83岁生日庆典,马戛尔尼又随同王公大臣等到澹泊敬诚殿,向乾隆皇帝"行庆贺礼"。当天举行约有"八万军队,一万二千名官兵"参加的阅兵盛典,还有歌舞杂技与燃放焰火等祝寿活动。马戛尔尼在参加上述"万寿节"活动后离开热河,到京师等待乾隆回京。

乾隆回北京后,和珅同马戛尔尼在圆明园举行会谈。马戛尔尼提出他奉命准备作为英国大使"久驻北京",英王政府也欢迎清朝派遣使臣到英国的建议。和珅没有当面答复英使提出的要求,但清廷开会讨论英王致乾隆的信件及应对原则。会谈后的第三天,和珅在皇宫召见马戛尔尼,面交乾隆致英王的复信。其来信与复信的主要内容如下:英方要求派使臣常驻北京,中方答复"此与天朝体制不合,断不可行";英方要来宁波、珠山(舟山群岛)、天津开口贸易,清廷答复"皆不可行";英方要求在北京设立洋行,清廷答复"京城为万户拱极之区,体制森严,法令整肃,从无外人等在京城开设货行之事";英方要求在珠山附近一小岛存放货物,清廷答复"天朝尺土俱归版籍,疆址森然,即岛屿沙洲",亦"不便准行";英方要求在广州附近拨给一小块地方居住英商,清廷答复"自应仍照定例,在澳门居住"等。乾隆对英王及英使提出的各项要求,逐一驳回。

九月初三日,马戛尔尼带着乾隆回赠英王的信件与礼物,离开北京,取道广州,返回英国。

此次接见在历史上留下了很多疑点,诸如马戛尔尼究竟有没有按照中国礼节行跪拜等等。而作为历史的横断面,这次接见往往被看成中国闭塞无知的第一次照相,这是一个划时代转折点。中国的大门被叩响了,主人有些倦怠,朋友还是敌人他们不关心,反以为是一个下人的进贡。殊不知这是一次试探,一个危险的信号发出了。

怪圈:增加兵额与压缩兵饷

清朝不断增加兵额,目的是为了保障八旗兵的家庭生活。八旗兵本来是兵农一体的,可是,清兵入关后,八旗兵变成了纯战斗部队,再也不从事生产活动了。八旗兵成为战争的工具,变成了寄生者。

由于兵额有限,八旗子弟不可能人人当兵。当兵者可以领钱粮,不当兵者则没有钱粮,无以为生。八旗人丁日益增多,穷困者也与日俱增。八旗贫困化加剧,直接危及了清王朝的统治。清朝皇帝为了巩固统治,只得扩大兵额,以军饷养活八旗丁。但是,国库银两毕竟是有限的,为了不使国库亏空,清朝一方面扩大兵额,一方面压缩军饷。这样做虽说可控制军饷支出,但又妨碍了扩大兵额的初始目的的实现。清朝皇帝陷入了扩兵、压饷的怪圈之中。

尽管陷入困境,清朝皇帝仍不准八旗兵从事生产,因为皇帝为了维护统治,必须保持一只强大的正规武装力量。统治是维护住了,可是八旗社会的矛盾却日益尖锐起来,贫富分化,多数人日渐贫困,这又使社会增加了动荡不安的因素。

乾隆三年(1738)增设八旗养育兵名额。最初,八旗兵额数为 20 万人。入关的时间一久,余丁增多,不能当兵的闲散满族人甚至有穷困不能养活老婆孩子的。清世宗对此心怀忧愁,想方设法给这些人找个生财之道。没有好办法,就想增加佐领数目,可是兵饷又不够。于是研究设养育兵,发给钱粮维持生活。在雍正二年(1724)选满族、蒙古、汉军旗共 4800 人,当教养兵。满族、蒙族每人每月发给 3 两银子,每年共需172200 两银子。满洲、蒙古、汉军每旗共 600 名,其中,满洲八旗每旗 460 名。蒙古八旗每旗 60 名,汉军八旗每旗 80 名。汉军 80 名充当步兵,发 2 两银子。在这个兵饷数额内通融处理,可增加 40 名,汉军每旗可选 120 名。这些教养兵全于参领下面计数选取。到这时,又决定满洲、蒙古各族原设的养育兵每两名出现一个缺额,共三名,比照汉军的规定,各给 2 两银子。满洲、蒙古旗下每佐领可增加 10 名养育兵,汉军旗每佐领可增加六名养育兵。

乾隆四年(1739)设荆州驻防养育兵 40 名。乾隆六年(1741)增加杀虎口至绥远城的兵额。乾隆七年(1742)增设荆州驻防养育兵 400 名。乾隆十年(1745)设江宁驻防养育兵 400 名。

乾隆十八年(1753)又规定每三名养育兵出现缺额就作为四名,另外再赏加一名,各改为发给银子一两五钱。当时,于原有的养育兵 15124 名之外,增加缺额 5044 名。另外再增加赏缺 5044 名。总共 25212 名,发给饷银 453816 两。

乾隆二十九年(1764),设绥远城驻防养育兵 400 名。又规定满洲、蒙古养育兵20315 名,每年增加俸米 16100 多石。

乾隆三十一年(1766),增设伊犁驻防养育兵 246 名。乾隆三十二年(1767),增设成都驻防养育兵 144 名。乾隆三十八年(1773),增设乌鲁木齐驻防养育兵 280 名。乾隆三十九年(1774),增设杭州驻防养育兵 128 名。乾隆四十四年(1779),增设吐鲁番驻防养育兵 48 名。

乾隆四十七年(1782),增设绿营兵额。前此,各省 71 镇之中,绿营兵数虽然名义上为 64 万,其实经常缺额保持六七万。到乾隆四十六年(1781)。增兵的决定下达,武官除领俸银、马料外,另增加养廉银。一切赏赐花销另外支出。所有空额全要补满。这样一来,直隶省增加兵额 4770 名;山东省增加兵额 1581 名;山西省增加兵额 2595名,河南省增加兵额 979 名;江南省增加兵额 5011 名;江西省增加兵额 1587 名;福建省增加兵额 4756 名;浙江省增加兵额 3039 名;湖北省增加兵额 2380 名,湖南省增加兵额2588 名;四川省增加兵额 4274 名;陕西、甘肃二省增加兵额 12730 名;广东省增加兵额

5774名;广西增加兵额2334名;云南省增加兵额5460名;贵州省增加兵额5284名。于是,从康熙朝以来,绿营兵的缺额全部补满,一举增加兵员六万多。而每年新增兵饷近300万两白银(绿营旧规定马兵每月2两银子,步兵一两五钱银子,防守兵1两银子)。

所以,清朝皇帝靠增加兵额的办法,企图摆脱八旗人丁生活日趋艰难的状况是枉费心机的。八旗生活困窘,矛盾激化,也是清王朝不安定的重要因素之一。

和珅:一代宠臣的飞黄腾达

和珅,字致斋,钮祜禄氏,满族正红旗人。父长保,官福建副都统。和珅为文生,乾隆三十四年(1769)20岁,十二月承袭其高祖尼牙哈那巴图鲁三等轻车都尉的世职(清代世爵自公及以下有九级,此为第六级)。据《郎潜纪闻》载,和珅曾以官学生在銮仪卫充当校尉,一日警跸出宫,乾隆在舆中阅边报,有人奏报一要犯逃脱,乾隆微怒,口诵《论语》中"虎兕出于柙,龟玉毁于椟中,是谁之过与"。扈从的校尉官员们均不知所云,独和珅说:"爷(内臣称皇帝皆谓爷或佛爷)谓典守者不能辞其责耳。"乾隆听到后,顿时解怒,问:"汝读《论语》乎?"和珅答读过。弘历又问他的家世年岁,奏对都称旨。从此步步受宠。另《庸庵笔记》则云:"一日大驾将去,仓卒求黄盖不得,高宗云:'是谁之过与?'各员瞠目相向,不知所措,和珅应声曰:'典守者不得辞其责。'高宗见其仪度俊雅,声音清亮,乃曰:'若辈中安得此解人?'"可以说自此对其是极为赏识。

和珅平步青云,累擢至户部尚书,旋在议政大臣处行走,又实授御前大臣,补镶蓝旗满洲都统。乾隆还赐其子名丰绅殷德,并将自己心爱的最小的女儿十公主下嫁给丰绅殷德。

乾隆四十六年(1781)四月,和珅带钦差大臣关防同额驸拉旺多尔济、领侍卫内大臣海兰察、护军统领额森特等驻甘肃,平回部教争。因和珅赴任时自己行走迟滞,反责备先行又积极参加战斗的海兰察、额森特二人是企图侥幸;战斗中总兵图钦保阵亡,和珅亦隐匿不报,受降二级留任处分。五月乾隆认为和珅能力不如后来派去的大学士阿桂,遂令回京。到十一月又命兼署兵部尚书,十二月命管理户部三库。

乾隆四十七年(1782)二月,因审办甘肃镇迪道的巴彦岱受贿案拟罪偏轻,给予和珅降三级留任的处分。四月又命同左都御史刘墉办山东巡抚国泰等贪纵营私案,定案后,命和珅先回京。八月即加太子太保,十月又充经筵讲官。乾隆四十八年(1783)六月赏戴双眼花翎,十月充国史馆正总裁,十一月充文渊阁提举阁事。乾隆四十九年(1784)三月调补正白旗满洲都统,四月充清字经馆总裁,七月因甘肃回乱平息再加一轻车都尉世职。很快又调任吏部尚书,协办大学士,兼管户部。九月以平回功封一等男爵。

《东华录》载,乾隆五十一年(1786)六月御史曹锡宝奏和珅家人刘全服用奢侈,器具完美,恐有借端撞索情事。和珅命刘全速毁屋藏衣,结果查无实据,王大臣等反指责曹锡宝"以无根之言,冀博建白之名"。部议拟将曹降二级调用。弘历以其是言官,从宽改为革职留任。而和珅不仅安然无事,且至闰七月反从协办大学士升为文华殿大学士,仍兼吏部、户部事。可能因刘全的问题,九月解除了和珅已担任了八年的兼管崇文门监督(这是一个发财的肥缺)之职。不久因徇私提拔不胜任的知府福长安之妻弟一事泄漏,予以降二级留任。

乾隆五十三年(1788)二月,台湾林爽文平,和珅未赴前线竟以"承书谕旨"之功,晋封三等忠襄伯。画紫光阁二十功臣像时,和珅也被包括了进去,并有御制赞诗。乾隆五十四年(1789)四月充殿试读卷官,五月任教习庶吉士。乾隆五十五年(1790)正月又加恩赏给黄带、四开禊袍(原规定只有宗室才能有黄带、四开禊袍)。乾隆五十六年(1791)四月办护军海旺窃库银案,和珅作为管库大臣应担失察之责,并对海旺拟罪亦过宽,弘历只令照数赔补,降一级抵消了事。乾隆五十七年(1792)九月廓尔喀平,画十五功臣像时,和珅又以"承书谕旨,办理秩如",再一次位列功臣像中,御制赞中说他"勤劳书旨,允称能事",并议叙军功,加三级。

同年十月,又命兼翰林院掌院学士,充日讲起居注官。乾隆五十八年(1793)再充教习庶吉士,兼管太医院及御药房事务。乾隆五十九年(1794)因迁延拟写征人参的饬谕,降二级留任。乾隆六十年(1795)充殿试读卷官,教习庶吉士。九月因回护罪犯降三级留任,十月又因护过饰非革职留任。次年即嘉庆元年(1796),调任正黄旗领侍卫内大臣,六月调镶黄旗满洲都统。嘉庆二年(1797)命兼理刑部事。嘉庆三年(1798),因教首王三槐被擒,和珅又以"襄赞机宜"有功,晋封公爵,至此和珅之官爵达到顶点。

从上述和珅的升官经历可以看出,和珅并非科举出身,不论在军事上或在政事上都没有什么特殊的功绩,但在短短的26年里,从一名等侍卫竟升至大学士、军机大臣,还封了公爵。不仅地位显要,而且兼职很多,吏部、户部、兵部、刑部以及崇文门监督这些有实权的部门,都由他管理,就连殿试读卷官、教习庶吉士这样的临时差事,也担任了不止一次——这些临时的差事,既容易得到贿赂,又便于提高威信,拉拢控制官员,培植自己的势力。特别是乾隆五十一年(1786)曹锡宝参劾和珅家人刘全,乾隆不但不认真处置,反而掩护并提拔重用,弘历对和珅的偏宠是十分明显的。

和珅在某些方面,确有过人之处,能引起弘历的偏爱。他可能是一个像薛福成所说的"仪度俊雅,声音清亮",招人喜欢的人。礼亲王昭梿就说他"虽极人臣,然殊乏大臣体度,好言市井谑语,以为嬉笑"。在森严肃穆的宫廷生活中,留一个善谑的近臣做调剂,也是有可能的。再是和珅可能有些小聪明,"善揣主人喜怒",奏对颇能称旨。时至乾隆,当然不会有汉哀帝断袖之类的事情,但由于和珅的机灵,办事屡合圣意,乾隆对他产生某种特殊的感情则是可能的。

嘉庆皇帝继位的前几年,一切事情仍然由太上皇乾隆做主。和珅每天都在太上皇身边侍候,见乾隆老糊涂了,他就作威作福,专权跋扈,一天甚似一天。嘉庆皇帝不但采取宽容的态度,而且表面上还表示对他很亲近,称呼他为相公而不直呼其名。每逢有事要向太上皇报告,均叫和珅代为转达。嘉庆

刘墉

左右的大臣有不以为然的,嘉庆就对他们说:"我正依靠相公治理天下,怎么可以轻慢他呢!"和珅又推荐自己的老师吴省兰给皇帝抄录诗稿,借机观察嘉庆的动静。嘉庆猜到了他的用意,在吟诗时,有意不露出棱角。和珅安心了。

另外,嘉庆发现大臣们的奏章中有抨击和珅的言语时,将这些奏章转发到军机处及六部时,把大臣们的官衔姓名以及奏折后面的年月日全部裁掉,或者仅把要军机处及六部处理的有关政事这一段剪下来交给军机处六部,不让任何人知道是谁在抨击和

珅。之所以如此,是因为怕抨击和珅的人触怒太上皇,得罪和珅。

京城内外的大小官吏顺之则昌,逆之则亡,稍稍触犯他立即遭到打击报复。两广总督朱珪是嘉庆皇帝的老师,当时,乾隆皇帝是太上皇仍然训政。下令召朱珪进京任命大学士。嘉庆皇帝为此写了一首诗寄给朱珪以表祝贺,和珅知道了,没等任命朱珪为大学士的圣旨下达,和珅就将嘉庆皇帝写诗的事向乾隆皇帝报告了,并说,嘉庆皇帝这种做法是想买好,笼络大臣。乾隆皇帝一听,心中感到很不自在,脸色很难看,瞧着大学士董诰说:"你在军机处和刑部干了很久,这件事按法律该怎么处置?"董诰一本正经地对乾隆皇帝说:"圣明的君主不说过头的话。"太上皇乾隆一听,沉默不语了。这件事虽然了结了,但是却下令把朱珪调到安徽省当巡抚去了。

军机章京吴熊光平时就不中和珅的意。一天,太上皇乾隆召军机大臣,军机大臣不在,就召章京。吴熊光正好值班,太上皇乾隆与他谈过话后,对他很满意。这时,恰好和珅来了。太上皇乾隆就对和珅说:"吴熊光精明强干,可在军机大臣上行走。"和珅千方百计进行阻挠,太上皇乾隆没听。戴衢亨是和珅的心腹之人,和珅因此向皇帝报告:"戴衢亨是状元,又是学士,任命吴熊光当军机大臣上行走,不如用戴衢亨。"太上皇乾隆说:"这又不是科举。"这样,和珅才起草任命吴熊光的命令。可是,吴熊光只当了六个月军机大臣上行走,就被和珅中伤,调出军机处,去当直隶布政使。

由此可见和珅当时的气焰之盛,连皇帝都要让他几分。而乾隆朝出现这样空前的大贪官,表明了清王朝的政治反动,吏治败坏,社会黑暗,封建统治已经危机四伏了。

嘉庆:恋栈权位的障眼法

乾隆四十三年(1778)九月二十一日,乾隆宣谕至六十年(1795)内禅。他说:"昔皇祖御政六十一年,予不敢相比。若邀穹苍眷佑,至乾隆六十年,予寿八十有五,即当传位太子,归政退闲。"意思是不敢比肩自己的祖父康熙皇帝在位61年的历史最高纪录,这是一种"孝道"。

清高宗乾隆六十年(1795)九月,乾隆在勤政殿召集皇子、皇孙、王公、大臣,宣布册立第十五个儿子嘉亲王颙琰为皇太子,从明年开始继位,改年号为嘉庆元年。

乾隆皇帝当年继位时,曾经烧香祷告上天,如果自己能当60年皇帝,就将皇位传给儿子。因为二儿子永琏是皇后生的,而且人品好,当然就是太子了。于是,在乾隆元年(1736)七月,遵照雍正初年的方式,亲手写下太子的名字,秘密放到乾清宫正大光明匾额的后面。不久,永琏于乾隆三年(1739)十月夭亡。乾隆皇帝召集大臣们取出立太子的密旨,追封永琏为端慧太子。后来,因七儿子永琮也是皇后生的,想把他的名字写下来藏到正大光明匾额后面,转而一想,永琮年纪太小,就暂时打消了这个念头。不久,永琮也夭亡了。乾隆皇帝给永琮的谥号是"悼"。到了乾隆三十八年(1773)冬至,乾隆皇帝到南郊去祭祀,把颙琰的名字敬告上天,同时还默默祈祷:"如果颙琰不配当太子,请求上天惩罚他,叫他早些死掉,以便再挑选贤明的儿子立为太子,以继承祖宗的事业。"这天,还派颙琰去盛京祭祀祖坟,暗中的用意是请祖宗看看颙琰是否够格当太子。

到这时,乾隆皇帝亲自升殿宣布为什么册立颙琰当太子。等到冬至以后,太子就移住毓庆宫,正式当太子,并于明天元旦由太子继位当皇帝。乾隆皇帝前后两次宣称,自己的身体很健康,耳不聋,眼不花,精力充沛,一天不感到疲倦,就一天不敢松懈。传位给太子以后，凡是有军国大事以及用人及行政等大问题，自己仍然要亲自过问，指教新皇帝，以便新皇帝将来知道有所遵循。至于朝廷内外大臣们的奏折及接见文武官吏以及一般的事情，均由新皇帝出面处理，然后将结果报告自己就行了。

十二月，乾隆皇帝下令，明年传位给太子以后，再有写给自己的奏章，名头写乾隆帝；当面谈话时，称自己为乾隆。

清仁宗嘉庆元年（1796）正月初一，举行传位大典。嘉庆皇帝陪着乾隆皇帝到奉先殿堂行礼。然后，乾隆到了太和殿，亲手把皇帝的玉玺交给嘉庆皇帝，嘉庆皇帝跪着接下。乾隆接受大臣们的祝贺之后，回了宁寿宫。嘉庆皇帝这才坐下来接受众臣的朝贺。然后，把乾隆传位的诏书颁布天下，并分别进行赏赐。为了方便避讳，嘉庆皇帝将自己的名字改为颙琰。

嘉庆皇帝陪着乾隆到寿皇殿行礼，然后在乾清宫赏众皇子及亲王们吃酒。嘉庆皇帝奉乾隆之命，册封正妃喜塔拉氏为皇后，侧妃钮祜禄氏为贵妃，刘佳氏为诚妃，侯佳氏为莹嫔。

嘉庆皇帝陪着乾隆在宁寿宫皇极殿举行千叟宴。赏给亲王、大臣、蒙古贝勒、贝子、公、额驸、台吉年纪在70岁以上的3000人以及回部、朝鲜、安南、暹罗，廓尔喀使者们宴席。一品大臣年龄在90岁以上的，乾隆将他们召到自己的座位前面，亲手赏给他们酒喝。对其余的人，则分别赏给诗、如意、绸缎、银牌等物品。二月，嘉庆皇帝在乾清门开始处理朝政。从此以后，新皇帝管理国家了。在圆明园时则在勤政殿处理朝政。三月，嘉庆皇帝陪着乾隆离开京城拜谒祖陵，并到南苑打猎7天。五月，嘉庆皇帝陪着乾隆到木兰狩猎。

嘉庆皇帝奉乾隆之命，要追封已故大学士闽浙总督贝子福康安为郡王，赐谥号为"文襄"，牌位进太庙配享。福康安极为受乾隆帝的宠爱，据说他是乾隆的私生子。他奉命征伐西南边疆苗族起义，统率七省军队，与苗族起义军对峙一年多时间，才向皇帝报告起义军是一些跳梁小丑，不用担心。他久久不进兵，总说由于接连下暴雨，山洪泛滥，无法前进。先后向皇帝请求增兵数万。投降的苗族人，封了100多个官，每月给粮食、盐数万石，可是刚招降不久又叛变了。兵士们中暑中毒死了许多。数个省给运输给养，运费花销以万计。他在部队中仍过着穷奢极欲的生活，人们敬奉他就像皇帝一样。乾隆对他特别宠信，屡次要封他为王，但碍于规定，一时没有晋封。乾隆就派他统率大军，建立功勋，以此为封王打下基础。凡是他所到之地，都任凭他挑选有名将领、精锐的部队。他的父亲傅恒晋升为贝子，哥哥灵安、隆安，弟弟长安都娶了皇室公主，这也成为一个疑点。为什么他的兄弟都可以成为驸马，唯独他不能？傅恒也蒙在鼓里，曾经为这事上折子，为福康安讨"公主"，乾隆言辞含糊，不予置评。到这时，福康安死了。

嘉庆二年（1797）二月，皇后喜塔拉氏死了。皇帝发布谕令说，皇后刚刚册立一年，作为国母时间不长，况且早晚要孝顺乾隆，事事都要个吉祥。在七天之内，圆明园内值班的诸王大臣以及觐见皇帝的官员，一律穿平常日子穿的衣服，只是不挂朝珠就可以了。这

福康安

个礼节是由忠义决定的。天下臣民应当理解我崇奉乾隆的一片孝心,小心照办,以符合我孝顺乾隆的用意。当时,嘉庆皇帝认为礼节要服从尊长,乾隆还健在,所以有关皇后的丧事礼仪,一切从简。

和珅与福长安等人每天都朝见乾隆。乾隆每次都详细询问嘉庆皇帝是否哀伤过度,在宫中穿什么衣服等等。和珅对乾隆说,皇帝特别注意孝道,很能以礼控制自己的感情,没有过于悲伤。皇帝因为要侍候乾隆,凡事都要取个吉祥,不仅皇帝自己的衣着同平时一样,就连随从皇帝的太监们也照旧穿平时的衣服。乾隆听后,特别高兴。

乾隆在做太上皇的时候,紧抓大权不放。在传位诏书中,乾隆讲完传位的种种安排以后,紧接着又宣布:"至朕仰承昊眷,康强逢吉,一日不至倦勤,即一日不敢懈弛,归政后,凡遇军国大事,及用人行政诸大端,岂能置之不问,仍当躬亲指教。嗣皇帝朝夕敬聆训谕,将来知所秉承,不致错失。岂非国家之大庆?"此段诏文不言而喻,形式上归政,但还要没有期限地训政。军国大事及用人行政等大权是不放的,归给颙琰的只不过是"郊、坛、宗、社诸祀"的行礼而已。这是因为弘历"年当望九,于登降拜跪仪节,恐精力稍有未完,不足以将诚敬,自应嗣皇帝亲诣行礼"。此外就连"部院衙门,并各省具题章疏,及引见文武官员寻常事件"也要"嗣皇帝一同披阅",以便"效朕所为,以副天下臣民之望",颙琰只不过是个傀儡而已。这时颙琰已经是37岁的中年人了,难道连如何披阅奏章、引见官员也不知道吗?很显然弘历从行动上是没有离开宝位的。还有一件事足能说明弘历的恋栈心理。即在举行过传位典礼后不久,嘉庆元年(1796)正月二十日,由于湖广总督毕沅等奏筹办军粮军火情形折内有"仰副圣主宵旰勤求,上慰乾隆帝注盼捷音"等语,被认为"措辞实属无谓",借此又做文章加以斥责,他说:"本年传位大典,上年秋间即明降谕旨,颁示中外:'一切军国事务,仍行亲理,嗣皇帝敬聆训悔,随同学习。'……即自嘉庆元年以后,内而部院各衙门,外而督抚大吏等奏章事件,亦皆朕躬亲综览,随时训示,岂因授受之典,即自遐自逸,置政事于不问乎?……毕沅、姜晟均着传旨严行申饬,仍交部议处,并通谕各督抚知之。"此事表面上指责毕沅等"分别圣主及乾隆帝"属于措辞不当,但实际上是对毕沅等在奏折中说"圣主宵旰勤求"不满。从这条谕旨也可看出弘历是如何贪恋宝位,紧握大权不放的。嘉庆皇帝在前几年不过是傀儡而已,处处显示自己的孝道,比之从前,更为小心谨慎。

嘉庆四年(1799)正月,乾隆死了。乾隆逝世之日,颁下遗诏,对己一生,自作评价:"即位以来,日慎一日,当重熙累洽之期,不敢存豫大丰亨之见。敬思人主之德,惟在敬天、法祖、勤政、爱民。而此数者,非知之艰,行之维艰。数十年来,严恭寅畏,弗懈益虔。每遇郊坛大祀,躬亲展恪,备极精禋,不以年齿日高,稍自暇豫。中间四诣盛京,恭谒祖陵,永维创业之艰,益切守成之惧。万几躬揽,宵旰忘疲……而在位日久,经事日多,祗惧之心,因以日切,初不敢谓己治已安,稍涉满假也。"

清代的"康乾盛世",被称为中国历史上的一个"黄金时代",乾隆朝则是这个时代的顶峰,却也是由盛转衰的开始。乾隆皇帝在执政60年间,作为一个封建皇帝尽了本分,作为一个国家领导人,他的视野却太过狭窄。

清宣统帝溥仪

人物档案

生卒年:1906~1967 年

父母:父,载沣;母,苏完瓜尔佳氏

后妃:皇后婉容、淑妃文绣等

年号:宣统

在位时间:1908~1911 年

谥号:无

庙号:无

性格:孤僻自卑,胆小懦弱

名家评点:

溥仪只是作为一个清朝末帝的历史符号,而存在于历史典册。

——阎崇年

溥仪

名正言顺的即位人

爱新觉罗·溥仪,光绪三十二年(1906)正月十四日生,1967 年 10 月 17 日病死,初葬北京八宝山公墓,1995 年 1 月 26 日移葬河北省易县清西陵华龙陵园。三岁登基,在位三年,享年 61 岁。没有庙号,也没有谥号,不仅是清朝最后一位皇帝,而且是中国历史上最后一位皇帝。皇帝终于从"天子"回归到凡人,所有的尊贵和威权都已过去。

光绪三十四年(1908)十一月二十一日,光绪皇帝死于西苑瀛台涵元殿。光绪帝一后、二妃,无子无女。皇位继嗣,只是在宗室中选择。光绪皇帝的弟弟载沣承袭醇亲王后,18 岁开始在朝廷上效力,后任阅兵大臣。慈禧懿旨将心腹权臣荣禄之女、又是慈禧认为养女的瓜尔佳氏,指配给载沣为嫡福晋。光绪二十八年(1902)完婚,光绪三十二年(1906)正月十四日生长子溥仪。在光绪死前一天,慈禧宣布:"醇亲王载沣(光绪的弟弟),着授为摄政王……醇亲王载沣之子溥仪,着在宫内教养,并在上书房读书。"当西太后病危的时候,曾召集军机大臣世续、张之洞、那桐入内,奕劻正去东陵验收慈禧的地宫未回。"太后询诸臣择近支王子入宫读书事,诸臣莫敢言。世续曰:'太后拟选储,为社稷万世计,此周文武之用心,甚盛,甚盛!惟今内忧外患,交乘涛至,窃以为宜选年长者。'太后拍床怒骂曰:'此何等重事,而若敢妄言!'"实际慈禧已胸有成竹,岂能真正听取大臣的意见?世续所言,正好与慈禧的主意相悖,故遭怒骂。后来张之洞说:"世续承太后垂询,据所愚虑,约略言之。立储自宜承宸断。"于是慈禧沉默了好久才慢慢地说:"载沣子溥仪尚可,但年稚耳,须教之。尔等议所可者。"张之洞说:"载沣懿亲贤智,使摄政,当无误。"于是他又引出顺治初睿亲王摄政之事以证之。太后说:"得之矣,趣拟诏。"第二天,军机大臣奕劻从东陵回京,他也是主张立年长的人,但是草诏已经拟好,入时给他一看,也就"屏息未敢言",诏遂公布。

光绪三十四年(1908)十月二十日,慈禧皇太后懿旨:"摄政王载沣之子溥仪,着入承大统,为嗣皇帝。"又懿旨:"前因穆宗毅皇帝未有储贰,曾于同治十三年十二月初五降旨,大行皇帝生有皇子,即承祧穆宗毅皇帝为嗣。现在大行皇帝龙驭上宾,亦未有储贰,不得已以摄政王载沣之子溥仪承继穆宗皇帝为嗣,并兼承大行皇帝之祧。"就是说,醇亲王之子溥仪入承皇位,承继同治皇帝为嗣,兼承光绪皇帝之祧。再懿旨:"现值时事多艰,嗣皇帝尚在冲龄,正宜专心典学,着摄政王载沣为监国,所有军国政事,悉秉承予之训示,裁度施行。俟嗣皇帝年岁渐长,学业有成,再由嗣皇帝亲裁政事。"

光绪三十四年(1908)十一月初九日上午十一时许,溥仪在太和殿即皇帝位,颁诏天下,定明年为宣统元年。其举国政务,无论大小,全由监国摄政王载沣定夺。溥仪在《我的前半生》是这样描述当时情境的:"我父亲单膝侧身跪在宝座下面,双手扶我,不叫我乱动,我却挣扎着哭喊:'我不挨这儿,我要回家!'父亲急得满头是汗。文武百官的三跪九叩,没完没了,我的哭叫也越来越响。我父亲只好哄我说:'别哭,别哭,快完了,快完了!'典礼结束后,文武百官窃窃私议。怎么可以说'快完了'呢?说'要回家'可是什么意思呵?参加登基大典的王公大臣们议论纷纷,认为这是大清皇朝的不祥之兆。"

当时宫中虽有隆裕太后,但实际以载沣为中心,军机大臣则仍是光绪三十四年(1908)慈禧在世时的班底,它包括庆亲王奕劻、大学士世续、大学士张之洞、协办大学士鹿传霖、外务部尚书袁世凯等五人。在戊戌政变中对慈禧有功因而颇受信任的袁世凯,在十一月二十六日,因上隆裕皇太后徽号赏加太子太保衔,并赏用紫缰后,忽于十二月十一日因患足疾,命其开缺回籍养病。这可能与他在戊戌政变中的表现,导致载沣的胞兄载湉被幽禁有关。慈禧在世时,载沣虽已进入军机处任军机大臣行走,但不敢有所表示,现慈禧一死,既成为摄政王,就采取了这一措施。有的史料记载这次事件,说是袁世凯辞职,但从《宣统政纪》所载之谕文中看,不是辞职。文中说:"谕内阁:军机大臣、外务部尚书袁世凯,夙承先朝屡加擢用。朕御极后,复予懋赏,正以其才可用,俾效驰驱。不意袁世凯现患足疾,步履维艰,难胜职任。袁世凯着即开缺,回籍养疴,以示体恤之至意。"此谕足以说明是载沣把他比较体面地清除了。这是载沣做的一件有政治意义的事情,但是这对挽救奄奄一息的宫廷是无济于事的。

清朝天下的结束,可以说是历史的必然,在慈禧太后统治的后期,社会的各种矛盾都十分尖锐起来,人民对封建专制制度早已十分不满。只是由慈禧太后的反革命核心作用,封建统治阶级内部才保持着神离而貌合的勉强统一。这一切,都因光绪帝和慈禧太后相继死去而立即变化。在人民群众一边,感觉到革命良机的来临。举事、起义或暴动的频率加快了;在统治阶级内部,大有树倒猢狲散之慨,惶惶不可终日。这时最高统治者不是皇帝,而是摄政王载沣,他面对棘手的一大堆社会和政治问题,或束手无策,或鲁莽从事,或朝令夕改,给统治秩序造成了更大的不安和混乱。

大清王朝最后三年的社会状况是:各地平民、饥民或士兵的暴动不断出现;各省自然灾害频繁发生;有经验的政治家相继下世,除慈禧和光绪外,陆续有大学士或军机大臣张之洞、孙家鼐、王文韶、戴鸿慈、鹿传霖等老成谋国大臣凋零谢世,最高统治阶层越来越缺乏权威性;天象异常,怪事迭出,彗星、黑虹的出现虽是自然现象,跟人事本来无关,但是在迷信充斥的封建社会末期,这些事情都足以使人心不安。虽不能完全遵从"国家将兴,必有祥瑞;国家将亡,必有凶兆"的唯心史观,可是在今天看来却似一幅流言飞传、魂魄屡惊的末代世纪图。

皇族内阁的独舞

清廷宣布预备立宪后,给中国的立宪派很大的鼓舞。宣统二年(1910)九月资政院会议之后,应各省咨议局代表及各省督抚提出的颁布宪法、组织内阁、开设议院的要求,清室同意批准提前至宣统五年(1913)召开议院,接下来发生了奉天代表请愿要求明年即开国会的事件。与此同时,资政院又提出军机大臣们责任不明和设责任内阁的问题。以庆亲王奕劻为首的军机大臣感到军机大臣之差已不能久踞了,于是于十一月中旬向清廷提出"才力竭蹶,无补时艰,恳恩开去军机大臣要差"。清廷不准。当月下旬奕劻又请开去他个人的军机大臣及总理外务部事务要差,这次清廷不但没准许,反而对他大加赞扬,实际是准备给他换一个头衔,靠他来支撑清室的残局。

果然到宣统三年(1911)四月,由宪政编查馆、会议政务处拟制的内阁官制19条,内阁办事章程14条,经过钦定后颁布了,同时弼德院官制亦批准施行。于是按照内阁官制宣布新内阁成立,所有旧设之内阁、军机处、会议政务处一并裁撤。

张之洞旧照

奕劻仍管理外务部。内阁总理,协理大臣均兼宪政编查馆大臣。从这个国务大臣的班底看,载沣所谓的新内阁仍是旧内阁、军机处、会议政务处及各部的原班人马,只是招牌上增减了一两个字而已。这个内阁由于其全体阁员13人中,满族占九人,汉族占四人,而满族九人中又有七人属于皇族,所以被人们痛诋为"皇族内阁"。尤其使有识之士伤心的是这个内阁的总理大臣竟然是近年来一再被弹劾,因招权纳贿而臭名昭著的庆亲王奕劻。皇族内阁的成立,是对国民宪政运动的极大戏弄。

其实清廷不过是对人民的宪政要求实行欺骗和拖延策略。立宪派先后发动四次全国规模的国会大请愿,要求早开国会,成立应对议院负责的内阁。结果,清廷却成立了一个只对君主负责的内阁,皇族内阁激化了清政府与立宪派的矛盾。立宪派连篇累牍地上奏折,发通电,指责皇族内阁不合乎立宪国的通例,强烈要求另外选派贤能官员组织责任内阁。摄政王载沣在全国汹汹不已的形势下,不知转圜,按照既定的集权方针,蛮横地宣称:"任免百官是君上大权,议员不得干预。"就这样,立宪派以及众多要求宪政的国民感到希望破灭了。

一个政府,失去了国民对它的期望,就只有垮台。到了辛亥革命爆发,清廷慌忙发布谕旨说,"今年设立内阁时,仍令王公等人充当国务大臣,原是属于一时的权宜之计",就没有人再听信它的鬼话,它宣布取消皇族内阁,答应待大局稍定,一定组织责任内阁,也无济于事了。

宣统三年(1911)八月十九日,革命党领导的武昌起义爆发,迅速形成燎原之势。摄政王载沣鉴于内阁总理大臣奕劻屡次辞职,皇族其他亲信再没有一个能支持局面的人,于是不得不做其他选择了。载沣虽优柔寡断、无统驭办事之才,但并不能说他糊涂。皇族势力,立宪派势力、袁世凯的势力、革命党的势力他不见得不清楚。事到如今,皇族势力和立宪派势力是靠不住了,在惊慌失措的情况下,经奕劻等人的怂恿,载沣也只有起用袁世凯。

八月二十三日将袁世凯补授湖广总督,并督办剿抚事宜。同时将岑春煊补授四川总督,并督办剿抚事宜。载沣在全国范围内调兵遣将与革命军对抗,然而当时全国形势是在武昌起义的鼓舞下,除直隶外十几个省都宣布独立,载沣及其皇族内阁显然已无计可施,不得不授袁世凯为内阁总理大臣,命其来京组织完全内阁。这一次是重要的人事变动,载沣几乎失去了主要权力,已到了焦头烂额、无法收拾的地步,监国的信心已完全丧失。在这种情况下,载沣也不得不抛开体面,决定下罪己诏了。罪己诏名义上出自皇帝,但实际上是载沣的自责。这是一次比较大胆而充分的自我否定,因为它意味着皇帝、摄政王退出历史舞台,再不能专制一切了。

之后,资政院会议提出:内阁应是负责任内阁,国务大臣不能任用皇亲国戚,要开党禁。清廷均一一应允。并于五日后即公布了《宪法重要信条十九条》。在这样的宪法信条规定下,皇帝既然已被束之高阁,监国摄政王自然也就无事可做了。载沣自忖无力抗衡,也只有引退。载沣既然提出辞退监国摄政王之位,隆裕太后不像她的姑姑那样贪权和精明,遂于十月十六日发出懿旨说:"予深处宫闱,未闻大计,惟自武汉事起,各省响应,兵连祸结,满目疮痍,友邦商业并受影响。每一念及,寝食难安,亟宜察内外之情形,定安邦之至计。监国摄政王性情宽厚,谨慎小心,虽求治綦殷,而济变乏术,以至受人蒙蔽,贻害群生,自应俯如所请,准退监国摄政王之位。"同时命其仍以醇亲王退归藩邸,不再预政,每年赏给俸银五万两,由皇室经费开支。并明确"今后用人行政,均责成内阁总理大臣、各国务大臣,担承责任。今后所有颁布诏旨应请盖用御宝,并觐见典礼,予率同皇帝将事……"就此监国摄政王把一切权力全部交给了袁世凯,结束了自己的政治使命。

窃国大盗的翻云覆雨手

宣统三年(1911)三月,同盟会在广州举行武装起义,又称"黄花岗起义",攻总督署,虽然失败却是革命党人总进攻的信号弹。宣统三年八月十九日(1911年10月10日)晚,同盟会组织武昌新军起义,攻打湖广总督衙门。总督瑞澂逃走,官军溃败,武昌光复。起义军成立湖北军政府,黎元洪为都督,废除宣统年号。随之,湖南、陕西、江西、山西、云南、贵州、江苏、浙江、广西、安徽、福建、广东、四川等省纷纷响应,宣布独立,清政府迅速解体。九月二十五日,独立各省都督代表会议,议决推武昌军政府为中央军政府。不久颁布《中华民国临时政府组织大纲》,议决以南京为临时政府所在地。随之,各省代表到南京会议,推选孙中山为临时大总统,议决改用公历纪年。本年为辛亥年,史称这年的鼎革之变为辛亥革命。中华民国元年(1912)1月1日,在南京成立中华民国临时政府。

所谓"民军起事",就是通常所说的人民武装起义。在宣统三年(1911)以前,已经发生了许多次革命党人发动和领导的地方性武装起义,都由于群众基础的薄弱以及敌我力量的悬殊而告失败。此次武昌起义的成功是由震动全国的保路群众运动引发的。

武昌起义以后,全国响应。在短短一个多月时间内,除河南、直隶等少数几省没有摆脱清廷控制外,其余各省先后都宣布脱离清廷而独立。在当时,"独立"就是宣布摆脱帝制统治。清王朝从努尔哈赤、皇太极奠基以来,经过康、雍、乾三朝大力经营开拓,形成了庞大帝国。它对国内各族人民的政治、经济、文化思想的统治系统是盘根错节的,八旗武功确实曾经无敌于天下。然而,从嘉庆以来,清帝国已现日过中天之象;道光以来,清帝国多次受到外国武装侵略及国内人民武装斗争的打击,清政权一直处于风雨飘摇的状态中。中间虽因采纳和使用了一些近代化措施而使国力有所增强,扑灭了以太平天国为主的农民大起义,终因不肯进行深入的政治体制改革,而使自己一败再败于外敌内患。最后十年,清政府高唱"新政""预备立宪"的论调,但政治的腐败又使"新政"变成了搜刮人民的同义语,一再地拖延"立宪"时间并拒绝召开国会又使人民心灰意冷。对于这样的反动政府,人民厌恶已极。这正是这个庞然大物之所以能一朝覆亡、土崩瓦解的根本原因,也有力地证明民心不可侮。

宣布独立后的各省一致派遣代表,议决成立中华民国。这不仅仅是结束满人统治的清王朝的号角,而且更是几千年封建帝制的终结和崭新的共和时代的开端。

革命的凯歌式进行,既得力于资产阶级多年的革命宣传与组织,也得力于资产阶级立宪派的见机附和。立宪派原先主张在君主制度下争取宪政,反对革命;在革命形势迅猛发展中,他们也倾向于推翻帝制,争取国民宪政,并且积极地利用他们在各省谘议局取得的地位,策动清朝官员"反正"以实现"和平光复"。

但是,传檄而定和凯歌式进行的大好形势也带来了严重问题,那就是革命党人的丧失革命成果和立宪派与旧官僚的篡夺革命政权。这种篡夺主要是通过三种形式进行的:第一是和平篡权。立宪派在武昌起义之后,敏锐地看出清廷大势已去,为了控制局势发展,便抢先一步,"劝告"当地清朝官吏宣告独立,由他们公推原来的总督,巡抚或清军统制,协统来做民国的正副都督,再安排一些立宪派人,地主士绅和在当地活动的革命党人到新政府做官,从而将大权掌握在立宪派和旧官僚手中。江苏、广西、江西都是这种类型。第二是政变夺权。在某些革命党人掌权或者发起独立的省份中,立宪派官僚地主对革命党人恨之入骨,处心积虑地策划谋杀革命的领导人,窃取政权,通过暗杀或制造兵变等手段把政权抢到立宪派手中。最典型的是湖南、奉天,贵州也有类似情形。第三是承受革命党人的让与。湖北是革命的"首义之区",本来是革命党人发动新军起义而取得政权的,但革命党人缺乏坚强的领导核心和政治信心,胜利后,却把政权奉送给旧官僚和立宪派。在其他省区也有类似现象。

隆裕皇太后授意发布清帝退位诏书,表明清帝国的寿终正寝。但它并不纯粹是革命力量摧毁的,而是革命派、立宪派和袁世凯等旧官僚的合力作用。

当时孙中山在就任临时大总统的誓词中宣布:"至专制政府既倒,国内无变乱,民国卓立于世界,为列邦所公认,斯时文当解临时大总统之职。"之后又致电袁世凯,"文虽暂时承乏,而虚位以待之心,经可大白于将来"。这是一种诚恳让位妥协的表现。

这是袁世凯的一个机会。面前的问题就是如何对付清帝和接受共和的问题了。面对清廷,袁世凯软硬兼施。

十二月初八日,隆裕皇太后发出懿旨,赐袁一等侯爵,袁世凯就此事竟三上奏折要求辞受。由于大太监小德张受了袁世凯的贿赂,替袁在隆裕太后前说了不少好话,取得了隆裕的特殊信任并帮助袁世凯做了很多威胁利诱的工作,促使隆裕太后接受共和政体。隆裕因此便借口委以夺回武昌、组织内阁、与南方和谈等大任,坚赐以侯爵,以示拉拢和信任。袁世凯则借此机会不受,暗中向清室施加压力,促其接受共和以达到自己当大总统的目的,同时也可以借此向南方革命党人做一个与清室保持一定距离的姿态。袁世凯借辞爵向清室施加压力,把使"君权剥削殆尽"的宪法信条,解释为朝廷俯顺民情的结果,"近人谓虚君共和者,即同此意"。

关于皇室的前途,袁世凯奏文中说:"现北方一隅,虽能稍治安,而海军尽叛,一旦所议不合,舰队一进攻,已无天险可恃。常此迁延,必有全面内溃之一日。今辽东已为强邻所虎视,库伦早有背叛之萌芽。……兵能平定者土地,不能平定者人心。人心涣散,如决江河,莫之能御爵禄已不足以怀,刀兵莫知所畏,似此亿万之趋,岂一二党人所能煽惑?"实际袁世凯是指出革命的趋势是不能阻挡的。然后他担心皇室有依靠国际支援的幻想,又指出:"况东西友邦,因此战祸,贸易之损失已非浅显,而尚从调停者,以我只政治之改革而已。若其久事争持,则难免不无干涉,而民军亦必因此对于朝廷感情益恶。"并说:"读法兰西革命之史,如能早顺舆情,何至路易之子孙靡有子遗也!"话说到这个地步,清室再也无路可走了。奏文中还为清帝的退位找了个台阶,使他们理解,承认共和是比较体面的退位。他说:"环球各国,不外民主、君主两端,民主如尧舜禅让,乃察民心之所归,迥非历代亡国之可比。我朝继继承承,尊重帝系,然师法孔孟,以为百王之则,是民重君轻,圣贤已垂法守。"况且民军也不打算在实行民主后,削减皇室之尊荣。这篇奏文可以说是全面加压,涓滴不漏的。

宣统三年(1911)十二月初八日,在袁世凯授意下,以第二军总统、署湖广总督段祺瑞为首,与古北口提督姜桂题、提督张勋、察哈尔都统何宗莲、副都统段芝贵、河南布政使帮办军务倪嗣冲、统制王占元、曹锟等46人合词奏请:明降谕旨宣示中外,立定共和政体,并提出"以现内阁及国务大臣等暂时代表政府"。此次上书示威令清廷震动很大,几乎可以说是一次变相的兵谏。此奏呈进后,隆裕太后果然立即召集御前会议加以讨论。

会上,贝子溥伦说:"我族再主中夏,固已绝望,即国民会议果开,于我亦绝无利益。袁世凯虽力欲保存君主,而势孤党弱,譬之片石置激流,终必动摇,其何能济!目下和议虽未决裂,而南京已立政府,北伐之声日益加厉,民军四布,与待兵临城下,服从武力,何若自逊让,爱蒂长留!况优待皇室,系民军商请,公论在人,似不中变。"

忠王李秀成

民政大臣赵秉钧、外务大臣胡惟德、邮传大臣梁士诒等才发言说:"主持共和,本非初愿,但人心已去,恐君主难保耳。"但反对者甚多,双方纠缠难定。

最后隆裕太后说,你们反复推求,始终迁延不定,这样疑惑会越来越多,"将来必演出同室操戈,涂炭生灵之惨剧!此后兹事由我一人承担耳!"平素遇事无主见的隆裕太后,这时事情逼到这个份上,也只好破釜沉舟了。最主要的因素,还是害怕一旦民方以武力解决,连优待条件也要失掉。会后便召袁世凯撰拟宣布实行共和的诏旨,等优待皇室的条件议定后,即行颁布。

　　袁世凯向隆裕太后陈奏与南方代表伍廷芳议,赞成共和,并进八项皇帝优待条件,四项皇族待遇条件,七项满、蒙、回、藏待遇条件,共19项,即《关于大清皇帝辞位之后优待条件》《优待皇室条件》:

　　关于大清皇帝宣布赞成共和国体,中华民国于大清皇帝辞位之后,优待条件如下:

　　第一款,大清皇帝辞位之后,尊号仍存不废,中华民国以待各外国君主之礼相待。

　　第二款,大清皇帝辞位之后,岁用400万两,俟改铸新币后,改为400万元。此款由中华民国拨用。

总统府旧址

　　第三款,大清皇帝辞位之后,暂居宫禁,日后移居颐和园。侍卫人等,照常留用。

　　第四款,大清皇帝辞位之后,其宗庙、陵寝,永远奉祀,由中华民国酌设卫兵,妥慎保护。

　　第五款,德宗崇陵未完工程,如制妥修,其奉安典礼,仍如旧制,所有实用经费,均由中华民国支出。

　　第六款,以前宫内所用各项执事人员,可照常留用,惟以后不得再招阉人。

　　第七款,大清皇帝辞位之后,其原有之私产,由中华民国特别保护。

　　第八款,原有之禁卫军,归中华民国陆军部编制,额数俸饷,仍如其旧。

　　关于皇族待遇之条件如下:

　　一、清王公世爵,概仍其旧。

　　二、清皇族对于中华民国国家之公权及私权,与国民同等。

　　三、清皇族私产,一体保护。

　　四、清皇族免当兵之义务。

　　关于满、蒙、回、藏各族待遇之条件待遇者如下:

　　一、与汉人平等。

　　二、保护其原有之私产。

　　三、王公世爵,概仍其旧。

　　四、王公中有生计过艰者,设法代筹生计。

　　五、先筹八旗生计,于未筹定之前,八旗兵弁俸饷,仍旧支放。

六、从前营业，居住等限制，一律蠲除，各州县听其自由入籍。

七、满、蒙、回、藏原有之宗教，听其自由信仰。

宣统三年正月二十五日（1911 年 2 月 12 日）以宣统帝奉隆裕太后懿旨的名义，颁布了宣统皇帝退位诏书。其文曰：

前因民军起事，各省响应，九夏沸腾，生灵涂炭。特命袁世凯遣员，与民军代表，讨论大局。议开国会，公决政体。两月以来，尚无确当办法。南北暌隔，彼此相持。商辍于途，士露于野。徒以国体一日不决，故民生一日不安。今全国人民心理，多倾向共和。南中各省，既倡议于前，北方诸将，亦主张于后。人心所向，天命可知。予亦何忍因一姓之尊荣，拂兆民之好恶。是用外观大势，内审舆情，特率皇帝将统治权公诸全国，定为立宪共和国体。近慰海内厌乱望治之心，远协古圣天下为公之义。（袁世凯前经资政院选为总理大臣，当兹新旧代谢之际，宜有南北统一之方，即由袁世凯以全权组织临时共和政府，与民军协商统一办法。）总期人民安堵，海宇乂安。仍合满、汉、蒙、回、藏五族完全领土为一大中华民国。予与皇帝得以退处宽闲，优游岁月，长受国民之优礼，亲见郅治之告成，岂不懿欤！

隆裕太后哽咽流涕，各王公大臣皆痛哭失声。过了一会儿，太后向溥仪说："尔之所以得有今日者，皆袁大臣之力。"当即敕皇帝降御座致谢袁世凯，"袁大臣惶恐顿首辞谢，伏地泣，不能仰视"。至此，统治中国 268 年的最后一代封建王朝覆亡。溥仪三岁入继，六岁退位，在位三年。他从继位到退位，都只是个孩子。《清史稿·宣统皇帝本纪》论曰："帝冲龄嗣服，监国摄政，军国机务，悉由处分，大事并自太后进取。"就是说，宣统朝的军国大政，盖由监国载沣与隆裕太后裁决。溥仪对清朝没有独立的政治责任。宣统只是作为一个朝代的纪年符号而存在于历史的典册。

溥仪退位以后，根据优待清室条件，仍居住在紫禁城，皇帝尊号不废，中华民国以待外国君主之礼相待，民国每年供给逊清皇室 400 万两白银。这样，溥仪在这个小朝廷内继续当着所谓大清皇帝，称孤道寡。

废帝的戏剧人生

袁世凯死后，黎元洪为大总统，段祺瑞为内阁总理。黎、段意见不合，时有冲突，称"府院之争"。黎元洪召张勋率军入京相助。张勋，字绍轩，江西奉新人。清末任江苏巡抚兼署两江总督。民国时改任长江巡阅使、安徽督军。所部改称武卫前军，驻兖州。张勋禁止部下剪辫，以示忠于清室，被称为"辫帅"，其兵被称为"辫子军"。张勋以调解"府院之争"为名，于 1917 年 6 月，带辫子兵 3000 人，由徐州北上入京。6 月 30 日，张勋偕刘廷琛潜入故宫，与陈宝琛等会议，将复辟事告知故清宗室。深夜，张勋派辫子兵占据火车站，邮电局等要地。

1917 年 7 月 1 日凌晨，张勋率康有为、沈曾植等人进故宫，拥戴溥仪复辟，恢复清朝帝制。张勋对溥仪说："共和不合咱的国情，只有皇上复位，万民才能得救。"溥仪说："我年龄小，当不了如此大任。"张勋给溥仪讲了康熙六岁做皇帝的故事。溥仪说："既然如此，我就勉为其难吧！"这样，溥仪第二次登基当皇帝，这年为丁巳年，史称"丁巳复辟"。1917 年 7 月 1 日这一天，溥仪改为宣统九年五月十三日。溥仪连发 9 道上谕，封功拜爵，对黎元洪也有赏赐；另要求全国"遵用正朔，悬挂龙旗"。

然而黎元洪拒不受命，避居日本公使馆，电请各省出师讨伐；电请冯国璋代行大总统,重新任命段祺瑞为国务总理。湖南、湖北、浙江、江西、四川等省督军通电反对复辟。段祺瑞组织讨逆军,自任总司令,通电全国,讨伐张勋。讨逆军以曹锟为西路司令,段芝贵为东路司令,分两路向北京进攻。7月9日,北京公使团照会清室,劝告其解除张勋武装。7月12日,讨逆军进入北京,张勋战败,逃到东交民巷荷兰公使馆内。历时12天的复辟闹剧结束。溥仪的师傅和父亲替他拟好批准张勋辞职谕旨和退位诏书。这是溥仪人生的第二个退位诏书:

宣统九年(1917)五月二十日,内阁奉上谕:前据张勋等奏称,国本动摇,人心思旧,恳请听政等语。朕以冲龄,深居宫禁,民生国计,久未与闻。我孝定景皇后逊政恤民,深仁至德,仰念遗训,本无丝毫私天下之心,惟据以救国救民为词,故不得已而允如所请,临朝听政。乃昨又据张勋奏陈,各省纷纷称兵,是又将以政权之争致开兵衅。年来我民疾苦,已如火热水深,何堪再罹干戈重兹困累。言念及此,辗转难安。朕断不肯私此政权,而使生灵有涂炭之虞,致负孝定景皇后之盛德。着王士珍会同徐世昌,迅速通牒段祺瑞,商办一切交接善后事宜,以靖人心,而弭兵祸,钦此!

民国十三年(1924)10月23日,在第二次直奉战争中,冯玉祥发动北京政变,改所部为国民军,任总司令兼第一军军长。11月4日,国务会议讨论并通过冯玉祥关于驱逐溥仪出宫的议案。5日,正式下令将溥仪及其一家驱逐出故宫。冯玉祥曾对鹿钟麟说,在中华民国的领土里,还存在着一个废清小朝廷,是中华民国的耻辱,也是中外政治阴谋家随时企图利用的孽根,张勋兵变就是一例,不能让中华民国还留着一条辫子。

修改后的清室优待条件是:

今因大清皇帝欲贯彻五族共和的精神,不愿违反民国的各种制度仍存在至今,特将清室优待条件修正如下:

一、大清宣统皇帝从即日起永远废除皇帝尊号,与中华民国国民在法律上享有同等一切的权利;

二、自本条件修正后,民国政府每年补助清室家用50万元,并特支出200万元开办北京贫民公厂,尽先收容旗籍贫民;

三、清室应按照原优待条件第三条,即日移出宫禁,以后得由选择住居,但民国政府仍负保护责任;

四、清室的宗庙陵寝永远奉祀,由民国酌设卫兵妥为保护;

五、清室私产归清室完全享有,民国政府当为特别保护,其一切公产应归民国政府所有。

修改后的优待条件,经11月4日黄郛摄政内阁会议通过后,次日晨,让警卫总司令鹿钟麟,警察总监张璧会同社会知名人士李煜瀛前往故宫执行。

11月5日晨,鹿、张、李来到故宫,先将电话线割断,即率军警各20名入神武门,每通过一门,就分置军警监视其值岗卫兵,不许走动。鹿、张、李直至溥仪住所。当时溥仪正在储秀宫和婉容吃水果聊天。由内务府大臣绍英出面交涉。当绍英知道要修正优待条件并让溥仪立即出宫时,他吓得惊慌失措,但却故作镇静地指着李煜瀛说:"你不是故相李鸿藻的公子吗? 何忍出此?"李笑而不答。又指鹿钟麟:"你不是故相鹿传霖的一家吗? 为什么这样逼迫我们?"鹿钟麟说:"你要知道,我们来此执行国务院的命令,是为了民国,同时也是为了清室,如果不是我们,那就别想这样从容。闲话少说!"鹿让溥仪等三小时内必须搬出故宫。但敬懿和荣惠两位太妃说什么也不肯走。经过交涉,允许他们推迟到下午三时再搬。但到时间后仍不愿走。鹿见事不能马上决断,就故意大声告诉其随从人员说:"快去告诉外边,时间虽然到了,事情还可商量,先不要开炮放火,再延长二十分钟。"溥仪听了大惊失色,于是立即答应迁出故宫。这样溥仪和皇族们匆匆坐上了国民军准备好的汽车,离开了民国成立后仍然居住12年的故宫,到后海甘水桥醇王府住下。溥仪在修正优待条件上签了字,交出了两颗印玺:一是"皇帝之宝",另一是"宣统之宝"。内务府大臣绍英交出一份由内务府致摄政内阁的复文,表示溥仪已接受修改后的优待条件,奉谕照办。

后来,溥仪又到了天津,先后在张园、静园寓居。

1934年3月1日,日本帝国主义扶持溥仪在东北建立伪"满洲国",溥仪任"执政",建年号为"大同"。5月又改伪"满洲国"为"满洲帝国",溥仪改称"皇帝",改年号为"康德"。1945年8月15日,日本战败投降。8月17日,溥仪在沈阳被苏联红军俘虏,被带到苏联。1950年8月初被押解回国,进抚顺战犯管理所学习、改造。

1959年12月4日,中华人民共和国主席刘少奇发特赦令说:"该犯已经关押十年。在关押期间,经过劳动改造和思想教育,已经有确实改恶从善的表现,符合特赦第一条的规定,予以释放。"从此,这个封建阶级的最大剥削者终于成为一个自食其力的新人——中华人民共和国的公民。1960年3月,溥仪被分配到北京博物院工作,1964年调到全国政协文史资料研究委员会任资深专员,并担任人民政协第四届全国委员会委员。1967年10月16日,溥仪因患尿毒症病逝,结束了他曲折而传奇的一生,终年61岁。

按封建国家定制、新皇帝登基称帝以后,就要选择万年吉壤,营建死后陵寝。宣统皇帝溥仪三岁即位,刚三年清王朝就灭亡了,所以万年吉地还未来得及选定。1915年,溥仪已经十岁,清皇室决定为溥仪选择万年吉地。经步军统领江朝宗荐举,把精通风水的前任广东廉州府教授李青请到皇宫,由他卜择溥仪的万年吉地。皇室决定溥仪的

沈阳故宫大政殿

陵址,在西陵境内选。李青踏遍了西陵的山山水水,经过反复详细勘测和卜算,认为泰东陵后山转东北口子地方是一处上吉佳壤,即今旺隆村北,俗名狐仙楼。那里四面环山,中间是一块平地,陵穴定在西北的山坡上,坐戌向辰,与崇陵遥遥相对。李青还写

了一份《堪舆说帖》供皇室参阅。清皇室根据李青的说帖和锡皇的奏报,经过仔细讨论,初步认为这个地方可以选用。为慎重起见,又派总管内务府大臣、前体仁阁大学士、军机大臣世续亲自到西陵实地验看。世续看后很满意,向溥仪等奏报说:"内堂外堂皆在红桩界内,甚属相宜。"这样溥仪的万年吉地就定了下来,并将此地圈禁起来。

由于当时溥仪小朝廷没有自己的经济来源,完全靠民国政府的施舍维生。民国答应每年拨给的400万两银子(以后改为400万元)几乎年年不能兑现,小朝廷的日常开支尚且难以维持,哪有钱建造陵寝呢?更何况时局不稳,小朝廷自身难保,所以陵址虽然已经选定,但一直没能兴建动工。

溥仪1967年在北京去世,火化后骨灰盒被安放在北京八宝山人民骨灰堂。1980年5月29日,国家在政协礼堂为溥仪等举行了追悼会。会后又将溥仪的骨灰盒移放到八宝山公墓第一室。1994年,张世义在崇陵西北兴建了一座华龙泉陵园,溥仪的最后一任妻子李淑贤经多方考虑将溥仪骨灰盒迁葬西陵华龙泉陵园。

1995年1月26日,溥仪的骨灰盒被安放在铺着黄缎的灵台上。一个简单的仪式结束后,又被轻轻放入由水泥筑成的"椁"内。面南背北,盖上"椁盖",最后浇铸混凝土。中国封建社会的最后一个皇帝的骨灰就这样安葬了。

五个女人的青春往事

民国十一年(1922)农历十月十三,中国历史上最后一任皇帝溥仪举行了大婚,尽管已经逊位,但一切还是按照过去满清皇帝册立皇后的排场和仪注行事。

女主角婉容,字慕鸿,郭布罗氏,达斡尔族人,是前内务府大臣荣源之女,满洲正白旗人。其时年方17岁,不仅容貌端庄秀美、清新脱俗,且因琴棋书画无所不通而在贵族中闻名遐迩。婚礼的第三天,她和溥仪一起在东暖阁接受各国驻华使节的贺礼,这是婉容以皇后身份第一次公开露面。当时,她梳着满族式的"两把头",高高的发髻上缀满了绒花;身穿的黄缎织花旗袍显得华艳照人,使见多识广的外国使节夫人们无不惊叹这位皇后的娇美容颜和高雅仪态。当时的大小各报,也以极大篇幅做了绘影绘声的实况报道,其盛况可谓空前。同时娶的还有淑妃文绣。

婉容是出身富家的贵族千金,对于各式各样的物质享受都十分在行。她有机会接触社会上的各种新事物,所以谙熟很多宫内享受不到的"洋"玩意。她爱看外国电影,喜欢吃西餐,会骑自行车,还略通英语。住在紫禁城的那段日子里,由于"母仪天下"的荣耀和新婚宴尔的欢愉,婉容过得还算惬意。她的柔情与活泼也给溥仪带来了很多快乐,溥仪渐渐把婉容引为知己,不仅依从婉容的习惯和爱好,还特意聘请了美国教师专门教授婉容英文。

1924年11月,冯玉祥将溥仪驱出了紫禁城。溥仪带着婉容和文绣第一次进入了宫外的世界。按照《修正清室优待条件》,溥仪已"永远废除皇帝尊号",而婉容随之失去了徒有其名的"皇后"身份。

婉容和文绣在宫中时相处融洽。后、妃关系是到天津居住时才恶化的。文绣,字蕙心,满族鄂尔德特氏的女儿,她是与婉容同时被分别圈定为后、妃的。按清代礼制,她在溥仪与婉容举行大婚的早一天进宫,当时她年仅14岁,虽然相貌不如婉容姣好,但性格却比婉容温顺宽厚。溥仪待文绣开始时还较平等,比如一些适宜后、妃参加的活动,溥仪总是让婉容、文绣一起出面;为了学习英语,溥仪也给文绣请了教师。但是,婉容对此却大为不满。婉容的争宠好胜,一方面是她的性情所致,更主要的是由于宫中枯燥、寂寞的生活决定的。

出宫后的婉容换上了时装旗袍和高跟皮鞋,还烫了头发,一时成为租界中的"摩登女性"。天津这座繁华的商业城市给她提供了既时髦又风流的消遣方式。这种物质刺激后来发展成婉容、文绣之间争宠的手段。当时,溥仪的经济状况早已大不如前,财政支出和各种开支难以应付,当然必须对这种竞争挥霍的奢靡行动有所抑制。然而婉容却抬出她的身份来,以为皇后的地位远高于妃嫔,如要裁节,也只能裁文绣的开支。

此时溥仪在清朝遗老们的怂恿下正一门心思想着复辟,在他来说,夫妇关系就是主奴关系,妻妾都是君王的

清朝最后一个皇帝溥仪旧照

奴才和工具。虽然遇到什么场面溥仪也让婉容出面,但在溥仪的眼里,婉容只不过是应景的摆设。他们之间始终没能建立起普通夫妇间的那种恩爱、真挚的感情。无聊和孤寂使婉容的精神日益颓废,常常彻夜不眠,最终患上神经衰弱症。用鸦片疗治,却使她染上吸毒之瘾。也仅两年的时间,昔日如花似玉的婉容竟然成了一个完全不能控制自己的疯子。她已经不懂得控制自己的情绪了。她已经不懂得梳洗打扮,整天喜怒无常。在伪满洲国后期,婉容因长期躺着在床上抽大烟,几乎走路都很困难。

自从婉容精神失常之后,家里的人在北京给溥仪找了一个叫谭玉龄的中学生。溥仪跟谭玉龄结婚七年,直到祥贵人谭玉龄被日本人害死,婉容始终不知道有这么一回事。福贵人李玉琴是溥仪在谭玉龄死后再娶的新人。1945年,日本投降,溥仪这个儿皇帝也仓皇出逃了。经过八个月颠沛流离的生活,婉容于1946年4月到了长春。这时,婉容的身体更加虚弱,多亏福贵人李玉琴的同情和照应。但是,由于战争的动荡,解放军很难再带着这么多皇族眷属行军作战,所以让他们自谋生路,于是人们先后离去,连关心过婉容的李玉琴也要走了。后来,解放军撤出长春,只好带着婉容一起走了。不久,婉容病死在敦化,终年41岁。

1931年秋,曾在社会上轰动一时的"淑妃革命"使溥仪的家庭生活骤起波澜。文绣因忍受不了不平等待遇而离家出走,最终与溥仪协议离婚。文绣相貌平平,而且生性不善言辞、沉默寡言。结婚九年间,文绣都未与溥仪同居一次,只有夫妻之名。加上备受婉容的欺负,文绣感到无趣、压抑。由于孤苦难挨,不堪忍受,毅然与溥仪诉之法律,决然离婚,掀起一场中国历史上绝无仅有的妃子与皇帝打离婚的风波。本来皇权至高无上,对嫔妃可废可贬可处死,离婚是不允许的事。然而,皇权已经落地,时代已经不同,溥仪终于答应妥协,签上离婚协约。为了顾及皇帝的面子,以示权威犹存,溥仪以皇帝身份又传谕道:"淑妃擅离行园,显违祖制,应撤去原封位号,废为庶人。放归母家居住,钦此。"这些文字只是装点一下门面。离婚后,文绣并没有回到母家,而是将获得的生活费用来办了一所学校,自己亲自任教。文绣在和溥仪离婚后受"永远不得再嫁人"的许诺制约,直到1950年,她才得以和一位前国民党的军需官刘振东结了婚。但婚后没多久,刘振东就因病去世,文绣也在1953年因心肌梗塞结束了凄苦而颠沛流离的一生。

　　1957 年,溥仪和李玉琴离婚。1962 年,溥仪和李淑贤结婚。由于溥仪自小生活在太监的包围中,接受了一些不良影响,生理上有些毛病,所以历任妻子均有所不满,这也是婚姻不幸的一个重要因素。

　　总之,昔人已经逝去,长达 268 年的清朝帝王史乃至秦始皇以来两千多年的中国帝王史一并随之结束。

【帝王将相大传】

历代名相

第二部分

商 鞅 传

人物档案

商鞅：汉族，卫国（今河南安阳市内黄梁庄镇一带）人。姬姓，卫氏，全名为卫鞅。因卫鞅本为卫国公族之后，故又称公孙鞅。后封于商，后人称之商鞅。

生卒时间：约前390~前338年。

性格特点：喜欢刑名法术之学。

历史功过：其在秦执政二十余年，秦国大治，史称"商鞅变法"，并使秦国长期凌驾于山东六国之上。

名家评点：战国时期政治家，思想家，著名法家代表人物。

商鞅

商鞅其人

商鞅，虽是卫国国君的后代，却是"庶孽公子"，本名叫"卫鞅"；他的祖辈是卫国的国君，按照"诸侯之子曰公子，诸侯之孙曰公孙"的礼制，他又名"公孙鞅"。秦孝公后来封他在商、于之地，号为商君；所以，后人乃称他为"商鞅"。尽管他的祖辈是卫国国君，他也是贵族的后裔，到了他这一代，也只好流落他乡，到处游宦了。不过，作为破落户的子弟，他到底还读了很多书，吸收了很多学问，知识渊博，是一位很有学养的法家人物。

司马迁说商鞅"少好刑名之学"，从他日后所作所为来看，那是一点也不错的。

什么叫刑名之学呢？从词面上来说，"刑"（刑同形）就是形态、外形；"名"就是名号、名称。凡物必先有"形"，然后才有"名"。形名之学应该是发皇于齐国稷下诸贤，如《管子》书内就保存了许多当年的言论，如《心术》上说：

> 物因有形，形固有名；此言不得过实，实不得延名。姑形以形，以形务名，督言正名，故曰圣人……执其名，务其应，所以成之应之道也……以其形因为之名，此因之术也。

这段文字，清楚地说明了形、名的关系，并且说明据形求名、据言正名的重要。《管子·九守》又说："修名而督实，按实而定名。"就是责求名、实（形）相合的名言了。这套形名之学运用到法家理论上时，就演变成为刑名法术之学了。还有《管子·明法解》说：

> 明主操术任臣下，使群臣效其智能，进其长技，故智者效其计，能者进

其功,以前言督后事所效,当则赏之,不当则诛之。

这段文字非常浅近,作成时代应该相当晚,不过,却充分发挥了形名法术之学的理论,是法家的核心思想。

商鞅作为法家的重要人物,对这套学问当然自小就研习琢磨,以至于熟习精通。

《汉书·艺文志·杂家·尸子》二十篇下,班固自注曰:"名佼,鲁人,秦相商君师之。鞅死,佼逃入蜀。"根据班固的说法,商鞅以尸佼为师,向他学习杂家之言。

关于尸佼的生平,今已难考。《史记·孟子荀卿列传》说:"楚有尸子长卢。"《集解》以为"尸子长卢"就是"尸佼",刘向《别录》:"楚有尸子,疑谓其在蜀。今按《尸子》书,晋人也,名佼,秦相卫鞅客也。卫鞅商君谋事画计,立法理民,未尝不与佼规之也。商君被刑,佼恐并诛,乃亡逃入蜀。自为造此二十篇书,凡六万余言。卒,葬蜀。"综合《史记》及《集解》的记载,盖知尸佼又名尸子长卢,鲁国人,为卫鞅师,或为鞅客,随鞅入秦,且为鞅谋划计策。卫鞅被刑以后,乃逃亡入蜀,并终老于蜀。蜀亦属楚地,故司马迁及刘向皆谓"楚",并以为楚国人。

至于尸佼的学说,近代学者略有考证。钱宾四先生说:"《后汉书·注》:'佼作书二十篇,内十九篇陈道德仁义之纪,内一篇言九州险阻水泉所起。'与刘向所谓'尸子非先王之法,不循孔氏之术'(见《荀予·叙录》),而为商君师者不类,盖亦各言其一端。"钱先生认为与"商君师者不类";实际上,尸佼既如《汉书·艺文志》所列为杂家人物,则其学兼有各家,一点也不出奇,钱先生也许过虑了。祝瑞开先生说:"尸佼……的思想,融合了儒、墨、道、法各家,和孟轲、荀卿、商鞅、韩非等人的思想都有相通处;对农家许行也有影响。"盖得其实。林剑鸣说:"从后来商鞅入秦时,曾先后向秦孝公说以'王道'、'帝道'和'霸道'这一事实来推测,商鞅的老师尸佼是杂家,是可以肯定的。"根据商鞅游说的内容来推论尸子的学问,亦有其道理。

尸佼虽是杂家人物,然而,在开拓商鞅的知识层面来说,起了相当大的作用。

商鞅为魏相公叔座中庶子时,正是魏惠王在位的时刻,商鞅入仕魏国相府,距离魏文侯推行改革才不过数十年的光景,他获览和研习李悝的《法经》是可以肯定的。《法经》乃李悝的创制,也是李悝汇集前人诸法典之精华于一炉的不朽作品。魏国因《法经》而大治,证明《法经》不但有其学术地位及历史意义,而且有其实用价值,可以切实地付诸实行。

《法经》今已亡,根据《晋书·刑法志》所载,其篇目有《盗法》《贼法》《囚法》《捕法》《杂法》及《具法》;据其篇名,内容大致可知。《商君书》有《御盗》一篇,文虽已亡,不过,恐怕和李悝的《盗法》及《贼法》有些关系。商鞅又有《刑约》(已亡)及《赏刑》两篇,论刑赏及刑法,恐怕也和李悝的《囚法》及《杂法》有些关系。史载商鞅入秦时,身边带着《法经》,那么,《商君书》受《法经》的影响是很自然的,而商鞅嗜好李悝之学,更是可以肯定的。

根据《汉书·食货志》的记载,对于农业的发展、土地的规划、人口的调配以及市场的管治,李悝自有一套政策和措施,史称为"尽地力之教"。商鞅对于这一套学问,不但是耳濡目染,而且还衷心佩服,勤加学习。《商君书》在这方面的材料,为数甚多:比如《算地》,着重于讨论土地规划、利用土地及调动民力;又比如《徕民》,则讨论人口规划及垦荒辟地的课题。这些篇章,虽然不尽是商鞅自己的作品,却也可以说明他及其学派受李悝"尽地力之教"的影响。

综合这两点来观察，我们可以这样说，商鞅少年时不但学习过李悝的学问，而且，他和后来的商学派也实践过李悝部分的理想。

在魏国相府内，商鞅不但学习了李悝的学问，而且也涉猎了不少兵家的著作，尤其是吴起的作品。吴起在魏国的时代与李悝相近，而比李悝略晚一些，因此，更接近商鞅了。

吴起赴楚后虽然也被称为改革家，不过，在这方面并没有留下任何著作。《汉书·艺文志》著录吴起有四十八篇，今天我们所能看到的《吴子》，却只有六篇而已。尽管此书的真伪尚在争论之中，不过，吴起有兵家著作应该是可以肯定的。吴起仕于魏，而且很得魏文侯的重用；商鞅亦仕于魏，时代也接近，商鞅读到吴起的兵家著作，应该是很自然的事。《汉书·艺文志》兵家类《权谋》中著录有《公孙鞅》二十七篇"，可见商鞅有兵家著作；今《商君书》内有《战法》《立本》及《兵守》三篇，讲的都是兵家事；据此二事来观察，商鞅在军事上也有广博的知识和特别的见解。而在这方面影响他的，吴起很可能就是其中一位。

因此，兵家学问也应该是商鞅年少时积极学习的一门学科了。

商鞅以贵族的后裔，很早就离开自己的国家而游宦于魏国，担任魏相的中庶子，他年少时在卫国以及长大后在魏国都接触到丰富的文献书籍，也听闻及观察过许多政治事件及历史课题。这些，不但丰富了他的知识，也增强了他对当时社会的认识以及当今时局的权衡力量。在入秦之前商鞅不但是一位充满信心的知识分子，而且还是一位见多识广的学者。

初入仕途

商鞅博学多才，兼习法、兵及杂家的学问，对社会及时局有特别敏锐的观察力和权衡力，所以，在公叔座门下时，即甚受器重。公叔座有意把商鞅推荐给魏惠王，可惜自己突然大病不起，无法循序妥为安排。有关这件事，司马迁记述得非常详细：

> 公叔座知其贤，未及进。会座病，魏惠王亲往问病，曰："公叔病有如不可讳，将奈社稷何？"公叔曰："座之中庶子公孙鞅，年虽少，有奇才，愿王举国而听之。"王嘿然。王且去，座屏人言曰："王即不听用鞅，必杀之，无令出境。"王许诺而去。公叔座召鞅谢曰："今者王问可以为相者，我言若，王色不许我。我方先君后臣，因谓王即弗用鞅，当杀之。王许我。汝可疾去矣，且见禽。"鞅曰："彼王不能用君之言任臣，又安能用君之言杀臣乎？"卒不去。惠王既去，而谓左右曰："公叔病甚，悲乎！欲令寡人以国听公孙鞅也，岂不悖哉！"

公叔座临危推荐，魏惠王只是"嘿然"不作声，公叔座知道事有不成，为着魏国着想，乃向魏王耳语："不听用鞅，必杀之，无令出境！"可知商鞅雄才大略，冠绝一时，在公叔座脑中已印象深刻，魏王不用，公叔座一定深感悲痛。后来，公叔座将耳语告诉商鞅，请商鞅赶快逃命，商鞅却若无其事地说："彼王不能用君之言任臣，又安能用君之言杀臣乎!"商鞅沉着镇静,料事如神,于此可见了。

魏惠王即位不过九年的光景,秦国就由孝公担任国君;那一年(公元前361年),孝公二十一岁。一生习染父亲献公拼搏精神的秦孝公,即位的第一年就干了两件大事:第一件是出兵"东园陕城",平定獂戎,斩了獂王,这是武事;另一件是下诏向国内外求贤,这是文事。

孝公当太子时,大概观察过甚至参与过其父亲献公的改革活动,体会过及领悟过那场改革的弱点;既是粗糙的、非全面性的,也非法家专业性的及彻底性的。推究其原因,主要的是缺乏人才,献公周围没有一名专家充任指导,也没有任何专业人士为他出过主意。这样的困境,一定深深地烙印在孝公的脑海里。因此,即位的第一年,他"布惠,振孤寡,招战士,明功赏",然后下求贤诏,以便补正过去的弱点,使秦国走出困境。

秦的封国始于平王东迁,秦襄公由于护送周平王有功,才被封为侯,与齐、晋、鲁等列;换句话说,如果和齐、晋、鲁等国相比,秦的历史比人家短了整整一个西周的时代,大约迟了三百年。因此,秦如果要发展,要追上中原各国,必须广纳人才,使天下贤士皆为我用。另一方面,秦处西陲,在中原文化圈之外围,中原人士一般都不太愿意前往,因而人才更显得奇缺。在此情形之下,召纳天下贤达之士更显得迫切和重要了。

曾经称霸于春秋时代的秦穆公很早就认识这一点,所以,他麾下的外宾相当多,比如:

(1)由余——由余的先人是晋人,逃亡科戎,后来代表戎王出使到秦国来。秦穆公不过跟他见过一面,谈过一席话,知道他是个非凡的政治人才,就想方设法罗致他。最后,不惜一切代价,总算将他弄到秦国来,"以客礼礼之",时时向他请教。穆公之爱才,于此可见。

(2)百里奚——百里奚不过是晋国伐虞时抓获的战俘,晋嫁女给秦穆公做夫人时,迫他去做陪嫁,他感到莫大的耻辱,出走逃亡,却偏又被楚国鄙人抓着,被迫从事放牧的生计。秦穆公发现少了一名陪嫁,又听说他是一名有才德的老者,现在流落于楚国,于是派人拿了五张羊皮把他赎回来。返秦后,秦穆公和他谈了三天,非常满意地把国事交给他,那个时候,他已是七十多岁的老人了。秦

商鞅广场

人赵良形容秦穆公对百里奚,是"举之牛口之下,而加之百姓之上"。秦穆公爱才,于此可见。

(3)蹇叔——蹇叔原本是宋国人,与百里奚为挚友。他是在百里奚的推荐下,才出仕秦国的。《史记》说:穆公与百里奚"语三日,穆公大说,授之国政,号曰五羖大夫。百里奚让曰:'臣不及臣友蹇叔,蹇叔贤而世莫知……'于是穆公使人厚币迎蹇叔,以为上大夫。"在许多国策上,蹇叔出过不少主意。

(4)公孙枝——公孙枝本是歧州人,字子桑。年少时游宦于晋,秦穆公闻其贤,乃求之人秦。根据《吕氏春秋·慎人》的记载,公孙枝奉命以五羊之皮将百里奚赎回时,

发现百里奚乃一贤者,郑重推荐给秦穆公,秦穆公说:"买之五羊之皮而属事焉,无乃为天下笑乎?"公孙枝对曰:"信贤而任之,君之明也。让贤而下之,臣之忠也。看为明君,臣为忠臣,境内将服,敌国且畏,夫谁暇笑哉?"穆公乃接纳其言。公孙枝之贤,穆公之听贤,于此可见。

(5)丕豹——丕豹是晋人。晋有献公之乱,君位争夺不休,丕豹乃出奔秦国,并仕于秦。《史记》谓许多计策上,穆公"不听,而阴用豹",可见他得穆公之信赖,也可见穆公之知人了。

前文所举五人,都不是秦国人,或者原本仕于他国的秦人,然而,秦穆公只要听闻其贤,就不计身世、年纪,一律破格吸纳采用,终于霸西戎,威震寰宇。诚如李斯所说的:"昔穆公求士,西取由余于戎,东得百里奚于宛,迎蹇叔于宋,来丕豹、公孙枝于晋。此五子者,不产于秦,而穆公用之,并国二十,遂霸西戎。"秦穆公了解到秦国人才的匮乏,更了解到自己比中原落后几个世纪,于是,广招天下贤才,不分身世、皆为秦用。在秦穆公的开拓下,"广纳宾客"卒成为秦国的传统和文化了。

几百年后的秦孝公,目睹其父改革的平淡成绩,又推究出个中道理,想起秦穆公所建立起来的传统和文化。就在他即位的第一年,向天下下诏求贤。诏文说:

> 昔我穆公,自歧、雍之间,修德行武,东平晋乱,以河为界,西霸戎翟,广地千里,天子致伯,诸侯毕贺,为后世开业,甚光美。会住者厉、躁、简公、出子之不宁,国家内忧,未遑外事。三晋攻夺我先君河西地,诸侯卑秦,丑莫大焉。献公即位,镇抚边境,徙治栎阳,且欲东伐,复穆公之故地,修穆公之政令。寡人思念先君之意,常痛于心。宾客群臣有能出奇计强秦者,吾且尊官,与之分土。

秦穆公是春秋五霸之一,也是秦国国势最强盛的时代,"益国十二,开地千里","天子使召公过贺穆公以金鼓",是秦国的辉煌时代。秦孝公高举秦穆公,肯定他为"后世开业",其事"甚光美",正显示秦孝公有踵武前业的决心。秦穆公何由而成功?何由而成霸业?尽管秦孝公没有明说,不过,他在求贤诏中畅论秦过去的兴衰,最后又说"宾客、群臣有能出奇计强秦者,吾且尊官,与之分土",那么,秦穆公何由而强盛,秦孝公知道得非常清楚哩。

经过秦孝公"布惠,振孤寡,招战士,明功赏"之后,孝公才发布求贤诏,显示他求贤的真情和诚恳。求贤诏发布后,孝公出兵"东围陕城,西斩戎之獂王",显示出孝公强国富国的决心。于是,秦孝公求贤纳士以富国强国的消息,随着求贤诏的散播,立刻传遍天下。

求贤诏伴随着秦孝公求贤的真诚及富国强国的决心,很快地就传遍山东六国。学富五车的商鞅在公叔座门下本来就无法发挥,公叔座逝世后,无人赏识的他就显得更郁郁不得志了。听到秦孝公求贤的消息后,他带着许多与政治、经济及军事相关的资料及文献,在尸佼的陪伴之下,离开魏国,奔向秦国来。

商鞅也许是山东最早响应秦孝公的号召的知识分子,他到秦国后,无法等待谒见秦孝公的正常安排,就私底下通过秦孝公的宠臣景监求见孝公。

春秋时代，君臣关系除了具有职务上的关系之外，多数还有血缘的关系，到了战国时代，君臣之间的血缘纽带大致上已断绝，君臣以及上司下属之间完全是职务上的关系而已。孟子见齐宣王时，批评齐国说："所谓故国者，非谓有乔木之谓也，有世臣之谓也。王无亲臣矣。昔日所进，今日不知其亡也。"此言足以反映战国时代的现象了。在这样的情形下，任用臣属之前，国君通常就可以通过像今天所谓面试的方法，来考核应征者，以便作为任免、奖罚的依据。秦国地僻西陲，华夏文化相对比较薄弱，国内同性世卿相对也比较少，所以，在秦穆公的时代，早已采用面试的办法来任免臣属了。

现在，商鞅来见秦孝公，秦孝公当然必须加以面试考核的；关于面试的过程，《史记》记载得很详细：

> 孝公既见卫鞅，语事良久，孝公时时睡，弗听。罢而孝公怒景监曰："子之客妄人耳，安足用邪！"景监以让卫鞅。卫鞅曰："吾说公以帝道，其志不开悟矣。"后五日，复求见鞅。鞅复见孝公，益愈，然而未中旨。罢而孝公复让景监，景监亦让鞅。鞅曰："吾说公以王道而未入也。请复见鞅。"鞅复见孝公，孝公善之而未用也。罢而去。孝公谓景监曰："汝客善，可与语矣。"鞅曰："吾说公以霸道，其意欲用之矣。诚复见我，我知之矣。"卫鞅复见孝公。公与语，不自知之前于席也。语数日不厌。景监曰："子何以中吾君？吾君之驩甚也。"鞅曰："吾说君以帝王之道比三代，而君曰：'久远，吾不能待。且贤君者，各及其身显名天下，安能邑邑待数十百年以成帝王乎？'故吾以强国之术说君，君大说之耳。然亦难以比德于殷周矣。"

这段精彩的面试，透露出两件事：第一、在整个面试的过程中，商鞅展示了他丰富博洽的知识，他畅论各种治国的方法以及它们所达到的效果，包括帝道、王道、霸道及强国之术。商鞅师事尸佼，尸佼是杂家学者，而且还伴随商鞅入秦，所以，商鞅也兼有乃师的学问。第二、秦孝公求贤诏所揭橥者明明是"思念先君"的"复穆公之故地，修穆公之政令"，商鞅却偏偏从帝道、王道说起，最后才说到霸道及强国之术。似此"颠倒为说"，不是说明商鞅对秦国政治的生疏，就是反映出商鞅存心试探秦孝公，看看秦孝公"复穆公之故地，修穆公之政令"的理想是在那个层次上。经过四次的谈论，商鞅终于揣摩秦孝公"及身显名"的大欲是强国之术，而不是那悠邈"邑邑待数十百年"的帝王之道。

有的人认为"王道""霸道"出现时代在商鞅之后，商鞅说"帝道""王道"又与自己思想不合，因而否定《史记》这段文字，认为是后人编造的。林剑鸣不同意此说，他认为：

> 笔者认为《史记》的记载是可信的。因为：一、虽然"王道""霸道"并提出现较晚，但主张"王道"的儒家学派和主张"霸道"的法家学派早在商鞅入秦以前就存在，这是众所周知的。就是所谓"帝道"，也并非出于后人虚构，这就是"黄老之学"中的"黄帝之学"……因此，尽管"王道""帝道""霸道"并提可能后来才出现，但作为一种主张，早在商鞅之前就存

在,此其一;二、先秦思想家各派之间的斗争虽十分激烈,但它们在斗争中也相互吸取对方的思想资料和理论观点……。商鞅本人就曾以杂家的尸佼为师,而杂家的特点是"漫羡而无所归心"……商鞅来到秦国为投秦孝公所好,以各种学说向孝公试探,是完全有可能的。因此,《史记》所载商鞅先后四次,分别以不同策略说秦孝公之事,是不可轻易否定的。

林剑鸣的观点是正确的,"王道"及"霸道"二词虽然晚出,然而,这两种治国学问早已有了,司马迁只不过用这两个名词来概括这两套学问而已,怎么可以据此而否定这两种学问呢? 另一方面,商鞅年轻时转学多师,既学习法家、杂家的学问,也学习兵家的学问,他以杂家的根底谈论帝道、王道,就如他后来以兵家的根底撰述兵书一样,不存在"思想不一致"的问题。相反,有这一段文字,更足以证明商鞅学问的渊博以及他进用前的试探准备。这些,都是商鞅大用用所应有的前奏。

商鞅揣摩出秦孝公的理想层次,而秦孝公也了解商鞅在"强国之术"的"霸道"上所能做到的工作,然而,商鞅毕竟是外来的宾客,对秦国而言,他那一套政改理论和方法也毕竟是完全陌生的,这是秦孝公所顾虑的。秦国受华夏文化渍染固然不深,保守势力固然不是很强硬。然而,触及"变易祖宗家法"时,反对者必定有之,存心阻挠者更必定有之。史载秦孝公欲用商鞅变法,"恐天下议己"就是这种尴尬两难局面的写照了。

为了克服这个困难,为了缓解这个困局,秦孝公安排了一场"御前大辩论",让两派人士各展才华,既"互通声气",也说服对方:

君曰:"代立不忘社稷,君之道也。错法务明主长,臣之行也。今吾欲变法以治,更礼以教百姓,恐天下之议我也。"

公孙鞅曰:"臣闻之,疑行五名,疑事无功。君亟定变法之虑,殆无顾天下之议之也。且夫有高人之行者,固见负于世;有独知之虑者,必见骜于民。语曰:'愚者闇于成事,知者见于未萌。民不可与虑始,而可与乐成。'郭偃之法曰:'论至德者不和于俗,成大功者不谋于众。'法者所以爱民也,礼者所以便事也。是以圣人苟可以强国,不法其故;苟可以利民,不循其礼。"

孝公曰:"善!"

甘龙曰:"不然! 臣闻之,圣人不易民而教,知者不变法而治。因民而教者,不劳而功成;据法而治者,吏习而民安。今若变法,不循秦国之故,更礼以教民,臣恐天下之议君,愿孰察之。"

公孙鞅曰:"子之所言,世俗之言也。夫常人安于故习,学者溺于所闻。此两者;所以居官而守法,非所与论于法之外也。三代不同礼而王,五霸不同法而霸。故知者作法,而愚者制焉。贤者更礼,而不肖者拘焉。拘礼之人不足与言事,制法之人不足与论变,君无疑矣。"

杜挚曰:"臣闻之,利不百,不变法;功不十,不易器。臣闻法古无过,循礼无邪;君其图之!"公孙鞅曰:"前世不同教,何古之法? 帝王不相复,何礼之循? 伏羲、神农教而不诛,黄帝、尧、舜诛而不怒;及至文、武,各当时而立法,因事而制礼。礼法以时而定,制令各顺其宜。兵甲器备,各便其用。臣故曰:治世不一道,便国不必法古。汤、武之王也,不循古而兴;殷、夏之灭也,不易礼而亡。然则反古者未必可非,循礼者未足多也。君无疑矣。"孝公曰:"善!吾闻穷巷多怪,曲学多辩。愚者笑之,智者哀焉。狂夫乐之,贤者丧焉。拘世以议,寡人不之疑矣。"

这是一场非常精彩激烈的大辩论,商鞅以寡敌众地展示了滔滔不绝的口才,不但说服了秦孝公,使他连连称"善",也说得反对派哑口无言,不知如何回答。这场大辩论,围绕着底下几个命题来展开:

第一、先知及后觉之别

在商鞅的观念中,人的才智有先知、后觉的分别。在内心世界里,先知者"不和于俗","不谋于众";在外貌上,他"见非于世","见毁于民"。那么,怎样的人才叫"先知"?怎样的人才叫"后觉"呢?商鞅认为,能"见于未萌",见人所不见、未见者,才叫"先知",只"闇于成事""安于故习"及"溺于所闻"者,就是后觉的"愚者"了。守旧派则认为那些"不易民而教"及"不变法而治",才是先知的"知者",似此看法,恰好和商鞅相反。

第二、革新及法古之别

在前一命题之下延伸出来的,是商鞅的激进和改革,是守旧派的保守和停滞不前,互相交锋,彼此不让。商鞅认为,先知者挟其"独知之虑",在吸取"三代不同礼而王,五霸不同法而霸"的历史教训后,必须"不法其故""不循其礼",而"作法"及"更礼",使"强国""利民"。然而,保守派却恰恰相反,他们认为"不易民而教"才是"圣人","不变法而治"才是"智者";他们认为"法古无过,循礼无邪"。秦孝公如果"不循秦国之故",才会引起天下"议君"。

双方针锋相对,争执不休,最后,商鞅一席非常坚定自信的话"治世不一道,便国不法古。汤、武之王也,不循古而兴;夏、殷之灭也,不易礼而亡",博得连连称"善"的秦孝公下定决心,拍板说:"穷巷多怪,曲学多辩。愚者笑之,智者哀焉。狂夫乐之,贤者丧焉。"因此,即使"拘世以议",他也再"不之疑"了。

大辩论固然费神耗时,但是,却拨开许多迷雾——它给保守派一个良机,表白他们的立场和见解,使他们在与商鞅的交锋下,至少表面上知道自己的问题;它给商鞅一个良机,不但伸张了他坚定的意志和饱满的信心,也展现了渊博的知识及崭新的时代精神;它给秦孝公一个良机,使他了解了朝臣的不同面貌,并且扫除了种种困惑和疑虑。因此,对任何一方而言,大辩论都是成功的。

当然,这场大辩论自有其积极意义,值得加以说明。推行新政,触及旧传统旧势力是必然的,遭受到守旧派集体反抗及围剿更是必然的。因此,在发动改革之前,向社会各阶层,尤其是保守派人士,展开政治宣传,从舆论上击退保守派,使改革思想在社会上泛起回响,是必须有的举动。这场大辩论,在秦孝公的支持下,无疑是改革派向社会各阶层发出的强烈讯息,告诉他们,一场翻天覆地的改革即将到来,并将以最坚强的决心及最彻底的步伐强力推行;唯有做过思想准备者,方能适应新的环境,否则历史将辗其身而过。

值得警惕的是,尚未登上政坛的商鞅,这个时候就已经以坚定("疑行无名,疑事无功")及独知("有独知之虑者,必见骜于民")为理由,强调为政必须独断独行,拒绝任何协商,不容任何异议存在,以铁血手腕,压平一切障碍。似此大气魄的态度和作风,固然有其值得欣赏之处,然而,当这名领导者走上歧路或死胡同时,谁能够加以制衡呢?有谁敢来表达异议呢?除了全国"车毁人亡"之外,还有其他出路吗?因此,"论至德者不和于俗,成大功者不谋于众"的下一章可能的确是成大功及达到至德之世,尽管所支付的代价非常昂贵,也极可能绝不是成大功及达到至德之世,而是暴政、独裁及极端的专制,然后是大灾难的毁灭,所以,商鞅改革的文化是两个残酷面,成功也残酷,失败更残酷。

重重迷雾拨开以后,秦孝公就决定推行改革,由商鞅协力。而自此之后,商鞅就将一生的精力和学问,完全奉献给秦国,连同他宝贵的生命。

商鞅于秦孝公二年(公元前 360 年)入秦,经过引见、面试及大辩论后,得到秦孝公的赏识和信赖,"卒用决法,百姓苦之。"这个时候的商鞅还只是客卿的身份,法令由商鞅草拟,政策由秦孝公推行,所以,《史记·秦本纪》说:"卒用鞅法。"那么,这个时候的"鞅法"是指什么呢?什么法使"百姓苦之"呢?综合史籍所载,此时的"鞅法"应该是与《垦令》有关的一套法令。

《商君书》在《更法》记载御前大辩论后,即说:"于是,遂出垦草令。"可见垦草的命令是紧跟在大辩论之后,由秦孝公发下的一种改革命令。《商君书》的第二篇是《垦令》,大概当年秦孝公同意商鞅"治世不一道,便国不法古"之后,就由商鞅草拟了这份《垦令》,再由秦孝公增订修改,并且公布之,成为秦国第一次改革的正式法令了。今天,这份正式法令已经亡佚,我们只能从商鞅当年草拟的这份初稿——《垦令》,略窥其梗概。根据商鞅的《垦令》,当年秦孝公推行的改革,其精神及内容主要有六个方面,我们将在第二章详细论述这六个方面的内容。

随着垦草令的颁布与推行,商鞅在秦国的第一次改革开始了。

经济改革

无可否认,商鞅是一位重农抑商的权力主张者。他没有提出"重农抑商"的理论根据,不过,以当时的社会形态和结构而言,重农应该是可以理解的;至于抑商,应该被视为重农的另一面而已。

为了达到重农的目地,商鞅不惜采用各种方法裁抑商人及商业活动。在《垦令》里,他曾经不是很有系统地开列出许多抑商的办法:

第一、商人不得卖粮

"使商无得籴……商不得籴;则多岁不加乐;多岁不加乐,则饥岁无裕利;无裕利,则商怯。"商人不能卖米粮,就无利可图,如此的话,农家丰收他们并不快乐,遇上饥荒他们也无余利,那么,商人对自己的行业就胆怯置疑了。

第二、提高酒肉价钱

"贵酒肉之价,重其租,令十倍其朴,然则商贾少……商贾少,则上不费粟。"把酒肉的价钱提高十倍,并加重其课税,那么,酒肉商人无利可图,一定数量大减,而在位者就不能随意挥霍。

第三、废除旅馆的经营

废除"逆旅",不许商人经营旅馆。这一建议不但旨在对付商人,也有很大的意旨在削减纵横家"游士"的活动。

第四、加重商品销售税

"重关市之赋……商有疑惰之心。"加重关市中的商品销售税,那么,商人对自己的行业就会产生怀疑及消极的心理,如此的话,商人就会减少,商业活动也会逐渐衰退了。

第五、商家的奴仆必须服役

"以商之口数使商,令之斯、舆、徒、重者必当名……商劳则去来赍送之礼,无通于百县。"将商家人口编成户籍,分配各种徭役给他们的奴仆,如此一来,商家就得劳累,没有时间来往运送礼物,也没有时间运送货物到各县去。

前述五种办法,有的是从积极方面着手,如不得卖粮、提高酒肉价钱、加重商品销售税;有的是从消极方面着手,如废除旅馆、奴仆服役,都无不直接间接地在裁抑商人,减少商人的数目和活动。

抑商的另一面就是为着重农,商鞅在这方面也采取了许多方法,鼓励及资助农业的发展。《垦令》全文总计提出二十种办法,来达到这个目标。归纳起来有下列数项:

第一、增加农民的数目

裁抑商人、禁止商业活动,那么,这些商人将流向什么行列里去呢?"无裕利则商怯,商怯则欲农",商人转业为农;"庸民无所于食,是必农",佣人转业为农;"逆旅之民无所于食,则必农",开设旅馆的人转业为农;"恶农、慢惰、倍欲之民无所于食;无所于食,则必农",懒散、贪欲的人转业为农;"余子不游事人,则必农",有钱人子弟不能游事权贵,就必须转业为农;全国各行各业的人都转业为农,那么,农民的数目自然增加,农业自然也发达起来。

第二、逼迫农民专心务农

除了强迫各行各业的人转为农民外,商鞅也讨论如何使现有的农民专心于农业。最直接的办法是禁止农民购买米粮,逼迫他们必须自食其力,"农无得籴"。农无得籴,"则窳惰之民勉疾",连懒惰的农民都奋力耕种,那么,勤劳的农民更不必说了。

第三、使农民愚守于耕种

"博闻、辩慧、游居之事,皆无得为,无得居游于百县,则农民无所闻变见方。农民无所闻变见方,则知农无从离其故事,而愚农不知、不好学问。愚农不知、不好学问,则务疾农。"隔绝农民与知识的关系,如此一来,愚农蒙昧无识,知农不生异心,就只好都专心致力于农耕了。其次,是要逼迫农民心静如止水,"愚心躁欲之民壹意,则农民必静。农静诛愚,则草必垦矣。"农民心静如止水,就必定安心于农务了。"则农民不淫……则草必垦矣。"所谓"不淫",意谓不浮荡、不淫思,这是"心静如止水"的另一种说法。

第四、裁减官吏,使农民不累

裁减官员的数量及保持他们的廉正,也与此有关。"官无邪则民不敖,民不敖则业不败。官属少,征不烦。民不劳,则农多日。农多日,征不烦,业不败,则草必垦矣。"官员少就轻税,官员廉正就民静,农民自然不受骚扰,如此,农民就有时间去开垦拓荒了。

商鞅认为秦国旧有的社会风气和价值观不利于农业发展,因此,社会价值观必须重新拟订,保证农民不受任何影响,安心、静心及愚心地集中精力、体力于农耕。

首先,商鞅提出打击五类人士的建议——褊急之民、很刚之民、怠惰之民、费资之民、巧谀恶心之民。商鞅认为必须"重刑而连其罪",尽力打击他们,甚至于连根拔起,使他们"不生于境内",如此的话,农民才不受到影响而生异心及精心。其次,上流社会必须向农业认同,不许追求知识,商鞅说:"国之大臣诸大夫,博闻、辩慧、游居之事,皆无得为,无得居游于百县,则农民无所闻变见方。"就是因为上流社会"国之大臣诸大夫"不向农业认同,经常为"博闻、辩慧、游居之事",所以,才影响了农民,使他们"闻变见方",造成"知农离其故事""愚农好学问"。为着与消灭这五类人的行动相配合,上流社会的价值取向必须改变。

另一方面,商鞅对于依赖他国势力取得爵位和官职的现象,也痛加谴责及严予禁止,他说:"无以外权爵任与官,则民不贵学问,又不贱农。"禁止人民通过"外交"手段,和他国建立关系,借以在国内取得爵位和官职。似此隔离政策,无非要纠正社会的价值观和价值取向——只有通过农耕,才可以获得鼓励。

与山东六国相较,秦国当日旧社会的积习也许还不太深重。不过,商鞅入秦不久,似乎已觉察出各种弊端了,"民贵学问,又贱农""辟、淫、游、惰之民有所食""声技通于百县""意不壹而气淫""奸伪、躁心、私交、疑农之民行",生性邪僻、浮荡、游闲、懒惰,而且受音乐、杂技的影响,意志不集中,心气淫荡浮躁,这些,都对农耕产生害处。如何纠正社会风气,统一人民的价值观,以及如何将士大夫的价值取向引入农耕,以便集中全国上下的精力、劳力开发国家经济,似乎是商鞅拟订《垦令》的首要工作。

对于在朝的贵族和官员,商鞅一反过去优渥的态度,采取严厉的手段,给予若干方面的裁制。《垦令》说:"禄厚而税多,食口众者,败农者也;则以其食口之数,赋而重使之。"贵族俸禄优厚,私税也多,族中白吃饭的人更多,商鞅认为这种情形有害于农业,必须加以裁制。所以,他主张政府必须按人头抽税,并且加重他们的徭役,如此的话,贵族才不会形成一个特权阶级,成为社会发展的逆流。

至于贵族子弟呢?《垦令》说:"均出余子之使令,以册使之,又高其解舍,令有甬官食概,不可以辟役。"他认为,贵族子弟没有例外地必须服徭役,如果他们要求免役,则其条件必须比老百姓高得多。

前文已说过,商鞅严禁士大夫追求知识,"国之大臣诸大夫,博闻、辩慧、游居之事,皆无得为,无得居游于百县",要他们向农耕认同;这种措施,对士大夫而言,确是一项沉重的打击。

《垦令》又说:"无得取庸,则大夫家长不建缮,爱子惰民不窳,而庸民无所于食,是必农。"禁止在朝的官员雇请佣人,逼迫贵族子弟亲身劳动,并且逼迫佣人转业为农耕。这些措施,也都是对在朝的士大夫而拟定的。

商鞅也主张统一税租,以便平等对待所有农民。《垦令》说:"訾粟而税,则上壹而民平。上壹则信,信则臣不敢为邪。民平则慎,慎则难变。"訾,归有光先生说是"量"的意思;量粟而税,就是计量收入的米粮来统一抽税。如此,人民就会感觉到公平,对国家有信心,也就不生异心了。《垦令》又说:"官属少,征不烦。"税租统一公平,而且又抽取得很轻,对农民而言,是一种很大的恩惠。所以,商鞅的改革措施初步被得到了实际利益的下层人们的拥护。

统一全国的度量衡,是商鞅改革的一项重要措施。它不但显示了某项标准在一个国家内必须统一,也昭示世人在一个大一统的天下内,秦国有整齐所有不同标准的决心。因此，对秦国而言，统一度量衡不过是这个决心的第一声而已。

根据司马迁的概括，法令为"平斗桶、权衡、丈尺"。斗桶，指计算容积的衡器；权衡，指重量的衡器；丈尺，指长度的衡器。除容积、重量及长度之外，《战国策·秦策》三载蔡泽语说："夫商君为孝公平权衡、正度量、调轻重。"这里的"轻重"，不当与"权衡"重复，当是别有所指；黄中业先生以为是货币，其说可从。如此的话，商鞅在此次改革中，统一了全国的容积、重量、长度的度量标准，以及货币制度。

除了颁布政令，商鞅也采取具体步骤来达到这个目的。首先是将全国的度量衡及货币规定出相同的进位率，其次是制造统一的标准度量衡器，并将它们散发到全国各地，使各地以此为标准。

就当时情形而言，各国之间的度量衡及货币不仅有差异，同一国家内也有不同，情形相当紊乱。比如齐国早期的公量以四升为豆，四豆为区，四区为釜，十釜为钟。然而，田氏为了收揽人心，改作五升为豆，五豆为区，五区为釜，十釜为钟，同一国家内，就有两种标准。这样，当然给政府的税务制度带来很大的困扰，因而统一这些不同标准是有远见的政治家刻不容缓的一项工作。商鞅走在时代的前头，乃强力推行改革。

商鞅在第一次改革时，并未涉及耕地的问题，如今，商鞅挟第一次改革成功的威信，矛头指向最根本的问题——耕地。有关这一部分的法令，应该是繁长及详细的，可惜已全部亡佚，今天我们只能从司马迁概括的一句话"为田开阡陌、封疆"来推测当时的情形。

什么叫"为田开阡陌、封疆"？关于这个问题，说法颇有歧异，涉及的问题包括"开"及"决裂"的含义、土地国有制及私有制、土地允许买卖与否等。这里仅举两家为代表。

杨宽说："开"，就是开拓的意思。蔡泽说：商君"决裂阡陌，教民耕战"（《战国策·秦策》三）。"决裂"的目的是为废除井田制，董仲舒就曾指出：商君"改帝王之制，除井田，民得买卖"（《汉书·食货志》）。"阡陌"是指每一亩田的小田界，"封疆"是指每一顷田（一百亩田）的大田界，合起来可以总称为"封"。具体地讲，"开阡陌封疆"，就是废除井田制，把原来"百步为亩"的"阡陌"和每一顷田的"封疆"统统破除，开拓为二百四十步为一亩，重新设置"阡陌"和"封疆"。杨定认为商鞅是破除井田制，为耕地重设疆界，允许土地私有及买卖，"并扩大政府拥有土地的授田制度，便利地主经济的发展，增加地主政权的地税收入"。

林剑鸣则说：秦简公时代"初租术"承认封建土地私有之后，商鞅又于公元前三五〇年宣布："开阡陌封疆。"即把标志着国有土地的阡陌封疆去掉，所以也称为"决裂阡陌"。这就彻底地废除了奴隶社会的土地国有制。

林剑鸣认为商鞅废除土地国有制的同时，又"承认私有土地到麦田"，"不再像从前那样，到一定时期将土地交还国家"，"这就使封建的土地所有制顺利地发展起来"。他们都说得很有道理，问题是，土地既允许私有及买卖，则政府如何扩大自己的土地，以充实授田制度下的农耕地呢？而且，土地既然开放为私有，允许私人发展起来，那不是跟商鞅裁抑工商的政策冲突吗？显然的，这两者颇难妥协。《汉书·食货志》载董仲舒《疏》说："秦……用商鞅之法，改帝王之制，除井田，民得买卖。"所谓"民得买卖"，是值得商榷的。

然则，"开阡陌、封疆"应当如何理解呢？《通典》一七四载《雍州风俗》说："周制，步百为亩，亩百给一夫。商鞅佐秦，以一夫力余，地利不尽，于是改制二百四十步为亩，百亩给一夫矣。"根据这段文字,可知周制以百步为一亩,一夫得田百亩,耕地实在太少。商鞅佐秦,看到一夫耕此百亩地,往往"力"有"余",无法尽掘民力,所以,"开阡陌、封疆",重订耕地的面积,改为每亩二百四十步,比周制大一倍有余,庶几乎"尽人力之教",也"尽地力之教"。另一方面,商鞅第一次改革已提出,按军功授爵赐田,很明显,田地的所有权掌握在国家手中;在第二次改革时,他借重整耕地的机会,把贵族及大户们"闲散"的耕地彻底收回,使政府完全掌握全国的土地。因此,所谓"开阡陌、封疆",即重新整治耕地,令民力尽其用,又借机将田地彻底收归国有,使军功授爵赐田发挥更大的效用。

商鞅在孝公十二年(公元前350年)推行第二次改革后,《史记·秦本纪》于孝公十四年(公元前348年)说:"初为赋。"《索隐》引谯周曰:"初为军赋也。"《通鉴》胡三省"注"曰:"井田既废,则周什一之法不复用,盖计亩而为赋税之法。"二说有异。

近代学者认为此"赋"当指"口赋""户赋",也就是今日所言的人头税。这种赋税,杜佑称之为"舍地而税人。"马端临说,这是由于"任民所耕,不论多少,于是始舍地而税人。"可见这个说法是有根据的。秦孝公令商鞅草拟改革法令时,商鞅在初稿里说:"禄厚而税多,食口众者,败农者也。则以其食口之数,赋而重使之,则辟、淫、游、惰之民无所于食。"意思是说,俸禄厚、田租收入多的人家,为了避免家中游闲者太多,政府应按"食口"征收口赋,加重其徭役,那么,游荡懒散的人就没地方吃饭了。这件事说明商鞅早已有征收人口税的念头,一直到他第二次改革时才落实下来。

其实,商鞅在首次改革时已提出"民有二男以上不分异者,倍其赋",逼迫大家族分家,否则就要按其另一"男"而加一"倍"征税,形式上已经极像人口税了。到了孝公十四年(公元前348年),他才把人口税正式具体化,成为秦国以后的主要税源。

政治改革

第一次改革无疑是块试金石,虽然在商鞅铁腕下被充分执行,然而,有些政策毕竟构思得不够严密,有些政策只是从东方抄袭过来而已,所以,为了保证法家理想彻底实现,商鞅需要第二次的改革。

有了第一次改革的经验及成绩,商鞅更有信心来推行第二次改革。这一次的改革,涉及的范围、层面比前一次更大,而改革的程度也更彻底、更深邃。

根据司马迁的概括,这次的改革大致上可分为四个部分:

为了挖掘大家族里闲散多余的劳动力,为了增加生产单位,商鞅第一次改革时已经发布了分户令,规定一个家庭内如果"有二男以上"而"不分异"的,就必须加倍课税。以商鞅雷厉风行的执法作风,按理来说,秦国所有家族应该已被析离为小家庭,然而,商鞅何必第二次改革时再重复申令呢?原来第一次改革法令有不完善的地方,商鞅说"不分异"者"倍其赋",中产以下的人家无法承担加倍的赋税,然而,中产以上的人家只需多缴些赋税,依然可以原封不动过其大家族的生活。因此,这条法令只分了中产以下的家,中产以上的绝大部分逍遥法外,家族内依然滞留过多的劳动力。这一大批劳动力如果全部挖掘出来,肯定对国家很有贡献。

为了严格推行分户令,把大家庭内的闲散劳动力全部挖掘出来,商鞅颁布了第二次的分户令——"令民父子、兄弟同室内息者为禁"。根据司马迁的概括,这次法令的条文非常清楚,任何家族都严禁父子、兄弟同室而居,金钱不能买妥协,加税不能买例外。从大家族内挖出的闲散劳动力组成新小家庭的数目,为数一定很多,这些小家庭生产后所缴纳的赋税,其积累的总和一定比他们"不分异"时所应罚者多得很多。这笔账商鞅非常清楚,所以,他才在第二次改革时严厉界定清楚,并且强制地全面推行。

秦孝公时代,秦已以郡县制代替封建世袭制,进一步加强中央对地方的控制,也进一步将地方官吏任免大权集于国君一人身上。在协助秦孝公推行改革时,商鞅在法令初稿内这么说:"百县之治一形,则从;迁者不饰,代者不敢更其制,过而废者不能匿其举。"意思是说,各县的政治制度如果是相同的一个形态,则人人都会遵从,邪僻的官吏就不敢玩弄手法,接任的官吏也就不敢更改制度,由于错误而废弛职务的官吏更无法掩饰其错误行为。根据这段文字,可知商鞅很早就完全采纳这套制度,并且支持这套制度的推行。

在第二次推行改革时,商鞅果然落实这项政策,把郡县制度再广而推之,使它成为秦国的治国基础。司马迁在《史记·商鞅列传》这么概括:"集小乡、邑、聚为县,置令、丞,凡三十一县。"在《史记·秦本纪》中,他这么说:"并诸小乡,聚集为大县,县一令,三十一县。"这里的"三十一县"应当是"四十一县"之误,秦统一天下后全国置四十一县,司马迁乃就其最后的县数来说,三、四古时多积画为文,所以容易致误。《史记·秦本纪》"考证"说:"诸本三作四。"可为明证。根据司马迁的说法,此时商鞅在法令中,明令将一些规模比较小的乡、邑、聚合并在一起,组成县,后来总数有四十一县之多。

商鞅画像

在不实行封建制度的前提之下,对于新占领地区,秦必须构思出一套管治的办法,而郡县制度正好满足这个需要。商鞅此时加以推行,说明秦国新占领地区逐渐增多,另一方面也是未雨绸缪,使这套制度推行到全国去,成为秦的治国基本政体。

在县级单位里,商鞅规定必须设置县令为一县之长,掌治该县;其下有县丞,佐助县令,组成县署。无论县令、县丞,其任免大权皆在中央,非终身制,更不能世袭。《商君书·境内》说:"爵吏而为县尉。"提到"县尉"这种官可由县吏调升,可见除了令、丞之外,商鞅改革编制中还有县尉一职,专门司理县内的军政。《史记·六国年表》第二年,也就是孝公十三年(公元前349年),"初为县,有秩史。"就是在令、丞底下,又开始配置定额的小吏,协助县署内的工作。于是,到了这个时候,县署的架构和编制才完备周全。

比较商鞅两次改革,就会发现,第一次比较着重于基本——一方面分户令在挖掘农耕劳动力,使农产品增长;一方面鼓励百姓争功,以军为荣;而重订爵秩,也与军功有关,基本上围绕着农耕、军战两大主题。到第二次改革,他征收人头税,统一度量衡,推行新的县治结构,这些,都和开启嬴秦为超级大国有相当的关系。换句话说,首次的眼光是摆在国内,如何整治国家,如何将国家"搞上去";第二次就不是如此了,统一度量衡、建构新县治等都是含有前瞻性的设想和计划,而后来也被证明推行到了统一后的全中国。

从这个对比中,就可以了解到商鞅实际上雄才大略、经天纬地,是一位胸中百万甲兵之知识分子。

虽然商鞅推行第一次改革已有六年,而且成绩卓著,然而,保守派的势力依然存在,以太子为首的一批旧势力派人士依然负隅顽抗,准备和这位外来宾客周旋到底。在第二次改革方案推出后的第四年,旧势力派的代表人物公子虔乃犯难"复犯约",以身试法,考验商鞅。虽然前一次挺身抗法的是太子,这一次却是公子虔,保守派势力似乎在逐步衰退之中,但是,商鞅依然不放过任何惩罚他们的机会,于是,前已被惩罚过的公子虔再次被惩罚——"劓之"。公子虔是太子的师傅,他一再被罚,对保守派的打击非常大。而商鞅为了贯彻改革,一再留下祸根,可谓"公而忘私"了。

铲平了保守派设置的各种障碍后,商鞅努力推行第二次改革,不过几年的光景,在举国上下都朝向"农耕"及"军战"的共同目标之下,秦国富强起来,而且声誉远播,取得山东各国的认同。试看下列两件事:

第一、天子致伯

秦孝公十九年(公元前343年),为了庆贺秦国的丰功伟业,"天子致伯"。《正义》说:"孝公十九年,天子始封爵为霸。"又引桓谭《新论》曰:"无制令刑罚谓之皇;有制令而无刑罚谓之帝;赏善诛恶,诸侯朝事谓之王;兴兵约盟,以信义矫世谓之伯。"周天子封秦孝公为具有"兴兵约盟,以信义矫世"的霸名。

第二、诸侯毕贺

次年,《史记·秦本纪》说:"诸侯毕贺。秦使公子少官率师,会诸侯逢泽,朝天子。"在诸侯纷纷派使者来贺之后,秦孝公还派公子少官为代表,带领军队会诸侯于逢泽,然后,一道朝见周天子。

这个时候的秦孝公,不但已经达到求贤诏中"西霸戎翟,广地千里,天子致伯,诸侯毕贺"的目标,而且以商鞅第二次改革的规模来看,秦国领导层私下恐怕已有了更大的野心。

法家在先秦并不是一门显学,孟子说:"杨朱、墨翟之言盛天下;天下之言,不归杨则归墨。"在孟子时代,天下的显学是墨家及杨朱,法家不与焉。荀卿曾批评六个学派的十二位思想家,属于法家的慎到只排在第四个学派里,属于儒家的则有仲尼、子思、孟轲及子弓,可见荀卿时代法家地位并不显赫,值得批评的人物并不多。即使到了战国末期,法家也不是一个显要的学派,韩非说:"世之显学,儒、墨也。"韩非以法家集大成的身份来分析当时学术大势,竟坦诚地指出天下显学在儒墨,自己的法家不在其中,若不是出于过分自谦的心理,那么,法家当日地位的尊卑高下也就可想而知了。

法家在中国历史上登上政治舞台,并且在中华文化里掀起大波大浪,应该是从嬴秦开始,而发动此事者就是商鞅了。秦的立国根本就远离华夏文化圈,被周天子安置在圈外的蛮夷部落里。就在处于蛮夷部落的秦国,法家正式登上政治舞台,掀开历史的新局面。这种情形,也反映出法家在中原华夏文化圈里不受重视,在儒、墨等显学的激烈竞争之下,法家在华夏文化圈里穷途末路,必须跑到蛮夷部落里另谋出路。

登上左庶长的宝座后,商鞅立刻放开手脚,将山东各国的改革经验引进秦国,酌情地付诸实行。另一方面,秦孝公首行改革实验成功,证明秦国这块土地适合法家发展,于是，更增加了商鞅的信心，放胆迈开脚步。

由商鞅自己推行的改革，其所涵盖的层面相当广；从文化的横剖面来看，包括了家庭制度、社会组织、农业经济、作战军功及爵秩制度等；自文化的纵剖面来看，它影响了宗法、礼制、习俗及传统文化；可以说整个社会、文化都在他改革的范围内了。

早在献公的时代，秦国已经重编户籍，"为户籍相伍"，将全国的老百姓，不论社会阶级或居住处所，全都编组起来，以达到有效监管的目的。

商鞅编组的全民网络，根据司马迁的说法是："令，民为什伍，而相牧、司、连坐"。什么叫伍？"伍"就是五家的意思，很容易理解。"什"有二说，《续汉书·百官志》："里有里魁，民有什伍，善恶以告"，司马彪《注》说："什主十家，伍主五家，以相检察"。据此，"伍"和"什"是平列名词，前者以五家为单位，后者以十家为单位，全国百姓就以这两种大小不同的单位编组起来，互相监视着，这是第一种说法。司马贞《索隐》说："一家有罪而九家连举发，若不纠举，则十家连坐。"《索隐》又引刘氏的说法："五家为保，十保相连。"根据他的说法，"五"家为一保，十保为"什"；"什伍"，就是十个保。一个保有五家，十个保就有五十家了。换句话说，"伍"和"什"非平列词，伍只是个小单位，什是这小单位的十倍。这是第二种说法。

笔者认为，第二种说法比较正确。商鞅之前的秦献公早已推行"户籍相伍"的制度；那么，今天又何必轮到商鞅再来推行呢？林剑鸣说："表明献公时这个制度贯彻得不够彻底，或者由于旧势力的反对而遭到破坏。商鞅再次将全国人民编入户籍，且较献公时更为严密：五家为一伍，十家为一什。如果一家'犯罪，其余四家就要连坐。"这个说法恐怕必须斟酌。实际上，商鞅在秦献公的基础上，又吸取了管仲"五家以为轨，轨为之长；十轨为里，里有司"的构想，把连坐的罪刑加重了、扩大了——一家有罪，五十家连坐，即刘氏所云"十保相连"了。这样的解释，才显得出商鞅订法的严厉和苛重。

另一方面，从近期出土的大量秦简中，我们看不到"什"这个网络单位，只看见伍、里连称。比如《封诊式》一再说："士五（伍）居某里。"又经常称"某里士五（伍）""里人士五（伍）"及"同里士五（伍）"，都是伍、里连用的证据。"什"作"十"解，也作网络单位解，应该和"里"有关。如此的话，"伍"及"什"恐怕就不是平列词了。

将全民编组成大大小小的网络后，彼此应该如何互相监视呢？秦献公时代的"相连"，并没具体说出其连坐的罪刑，然而，商鞅的新法就清清楚楚了。告与不告之间的情形有三种，根据司马迁的概括，它们得到的"回应"是：

（1）告者——知奸而能揭发者，"与斩敌首同赏"，《索隐》说："谓告奸一人则得爵一级，故云'与斩敌首同赏'也。"谓告奸者可晋爵一级。《商君书·境内》说："能得甲首一者，赏爵一级，益田一顷，益宅九亩，一除庶子一人，乃得入兵官之吏。"根据《境内》的说法，除了晋爵之外，还带来了益田一顷、益宅九亩、庶子一人以及担任官吏等的利益。

在如此重赏之下，揭发风气会非常流行，而互相监视的效果也较强。

（2）不告者——不告的情形就很严重，他要面临腰斩的刑罚。所谓"不告"，就是知情不揭发，自己不一定是亲见者，自己对事情也不一定知道得清楚，也许只是耳闻而已。像这样的情形如果不告的话，就要面临腰斩。丞相李斯被判定谋叛罪，史载"论腰斩"，可证它是秦人刑罚之一。

（3）匿奸者——匿奸者的情形就更加严重，因为他不但知情不告，而且还有意或者协力藏匿奸情。似此行径,不但使奸者逍遥法外,也等于间接鼓励奸情扩大,扰乱社会。这种人,刑罚是"与降敌同罚"。《索隐》说:"案律:降敌者诛其身,没其家。"换句话说,匿奸者不但自己身诛,而且还充公全部家产,连累全家人。

从太史公所概括的三句话来看,商鞅把全国人民钉死在网络上,并且扩大入罪网,最大的目的是在防奸,控制全体人民,使之对政府完全"一面倒",不容有异议。商鞅把连坐、告奸摆在改革的第一部分,一方面表现出他那种"智者作法""拘礼之人不足与言事,制法之人不足与论变"的独断独行的性格,一方面显示出改革必将面临障碍,他必须先发制人以便克服任何困难的高压手段。在这样的高压之下,奸情不但销声匿迹了,连不是奸情的"奸情"、不是奸人的"奸人"也都全销声匿迹了,全国江山一片干净,听不到任何不同的声音。

至少从西周开始,中国就走进大家庭制,按照宗法的制度,根据血缘亲属的关系,组成一个人数众多、组织庞大以及成员之间依存力量浓厚的"宗族集团"。在这个集团内,无论是异财、共财或两者相结合,都有一个最高的大家长,或称族长,对整个集团负起领导、支配及照顾的责任。在这个庞大的宗族集团中,虽然有时又分为若干分支家庭,具有"分庭抗礼"的外貌,然而,这些个别家庭在社会、政治以及经济活动中是没有独立性格的,它们完全淹没在宗族集团的系统中,成为大机件内的小螺丝钉而已。

在这样的一种大家庭中,我们可以清楚地看到,它形成一个强韧的保护墙,墙内掩藏着许多剩余的劳动力,也往往是许多"奸情"的匿藏地以及许多"奸人"的掩护所,而大家长却俨然是墙内的国君,号令天下,也包庇天下,使大家庭成为纳垢藏秽的大场所。

另一方面,到了春秋时代,由于社会生产力的发展,工商经济的繁荣以及人口流动性的加强,而若干国也开始实行授田制度,于是,更适合应付新时代、新挑战的小家庭乃逐渐出现。这种小家庭,不但运作力强,而且成员们更能"人尽所能"地发挥自己最大的才干,为社会创造最大的利益。一直到春秋末叶及战国初期,小家庭制虽然此起彼落地逐渐出现。

在这样的历史背景之下,商鞅推出改革的第二部分——分户令。根据司马迁的概括,分户令的内容是:"民有二男以上不分异者,倍其赋";《正义》说:"民有二男不别为活者,一人出两课。"通过这项法令,商鞅把家庭析分到最小限度,各个单位不但经济独立,而且劳动力及运作力都自为门户。这项措施,无疑推动时代巨轮前进,加速历史发展,使原本落后的秦国骤然跨在历史的第一阵线上。

商鞅分户令最大的目的是在经济利益上,把大家庭里剩余及多出的劳动力全部挖掘出来,使他们全部投身农耕里,增加国家的收入。为了配合这个目标,商鞅拟订了另一部分"刺激劳动力"的法令。根据司马迁的概括,其内容是:"缪力本业,耕织致粟帛多者,复其身。事末利及怠而贫者,举以为收孥。"《索隐》说:"末,谓工商也。盖农桑为本,故上云'本业耕织'也。……以言懈怠不事事之人而贫者,则纠举而收录其妻子,没为官奴婢……"这里,有两点值得注意:

第一、所有分出来的小家庭,男的必须致力于农耕,女的必须致力于桑织,生产多者可以免除国家劳役。换句话说,每个小家庭都是积极生产的小单位,其凝聚力完全是经济的,而绝不是以前的血统的、宗教的。经过似此重组之后,无疑的,生产单位骤然大增,生产效益也骤然提高,国家的收入当然大增特增了。

第二、沿袭秦孝公的改革,商鞅继续打击工商分子。此外,对于那些躲在大家庭保护墙内的"怠"者,那些仰赖大家庭而寄生的"贫"者,也给予严重的打击。这两种人,一种是事末利,一种是不肯分家,都将其妻子打入奴婢的行列内。在这样的内容的法令下,秦国的家庭制度起了很大的变化,由父子关系制转变为夫妻关系制,由宗法凝聚式转变为经济凝聚式。这样的转变,就如春秋时代的车战转变为战国时代的马战一样,"轻装上阵",更能灵活运用,更能适应挑战,因而可以奔驰在时代的前头。

在西周或者春秋的时代,爵位是世袭的,子孙对国家不必有功,就可以"世世罔替"地继承下去。除此之外,土地和爵位是紧连着的,赐爵的同时也跟着赐给土地,领爵者也同时领有封土封邑。有了封地,就等于有子民,经济可以独立,社会可自成圈子,政治也可自成一个小天地;换句话说,受封者除了荣衔之外,还有实实在在的土地、人民及财产。因此,赐予爵位几乎就等于赐予一个"小国家""小天下"了。

这样的制度等于"寅食卯粮",先把"未来"支付给"现在",让"现在"成为"未来"的障碍,使未来缺乏机动性和灵活性,使未来的施政者处处捉襟见肘。这套制度的弊病,法家观察得很透彻,也了解得很清楚。所以,吴起在楚国推行新政时,其中重要的一个项目就是"使封君之子孙三世而收爵禄"——把封地收归国有,重新使用及分配。然而,在一个封建制度根深蒂固的国家里,由于旧社会、旧势力的强大和把持,要推行这套新政,确实不是一件容易的事。

商鞅在秦国观察三年后,发现秦国由于远离华夏文化圈,封建旧势力并不强大,保守分子也参差不齐,是他推行法家理想的好地方,于是,在改革中推出了爵位与封土脱钩的政策。根据司马迁的说法,法令内容是:

(1)"宗室非有军功论,不得为属籍"

司马迁这两句话,恐怕隐含两个意思:收回贵族所有的爵秩,取消他们的特权,重新分配;只有在战场上立下功劳的贵族,才得重配爵秩,列籍贵族。换句话说,自法令公布之日起,所有旧爵秩全收回,所有贵族皆沦为百姓,"战场上出爵秩",即只有在战场上立下功劳的,才可以重新回到贵族的地位,领回爵秩。

在这样的新安排、新规则之下,我们会看到,所有领有爵秩的,都将是军人,所有贵族都将是战场上的英雄。试问,全国百姓谁不争着上战场?对于调动百姓在战场上的积极性,这一措施确有其非凡的作用。

(2)"有军功者,各以率受上爵。为私斗者,各以轻重被刑大小"

凡有军功的,都按照其比率而受赏,也就是所谓论功行赏。综合现有的材料,可知其行赏的情形有下列几种:

1.未获首级者——五个人为一单位,设有屯长;百人为一单位,设有将。作战期间,"屯长"及"百将"没获得敌人的首级,就杀死他。

2.获一首级者——第一、作战时能杀得敌人甲士一人,并取得其首级者,赐爵一级,并且赐田一顷,宅九亩。第二、得一甲首者,若为官可当五十石俸禄之官;得二甲首者可为百石之官。第三、斩得敌一甲首者,可役使一人(或一家)为自己的农奴,"除庶子一人"。

3.满额者——获得敌人首级三十三颗以上,就满了朝廷所规定的数目,"百将"和"屯长"都赏赐爵位一级。围攻敌国的城邑,斩敌人首级八千颗以上,就满了朝廷规定的数目;在野战中,斩敌人首级两千颗,也满了朝廷规定的数目;如此,官吏自"操土"和

"校徒"以上至大将，都加赏赐。

4.战死者——将官、各级官员都有不同数目的"短兵"，少者一百名，多者四千名；在战争中，将官死于战事，就加刑于他的短兵，如果短兵能获得一颗敌人的首级，就恢复他的身份。

除了军人独享赐爵位、给田亩、益宅地、与雇佣等的厚爱之外，这些拥有军功的人士还得到各种优待。根据我们所能看到的材料，至少拥有"军事审判制"及"死后表彰法"两项。

所谓"军事审判制"，是独立于平时司法系统以外的，军人若有诉讼，不归一般官吏审判，由军事法庭审理，《境内》说："其狱法，高爵訾下爵级。"军人有诉讼，则爵位高者审判爵位低者，不通过一般官吏。似此制度，极可能是在维护军人的尊严，保护军功者的形象。《境内》又说："爵自二级以上，有刑罪则贬；爵自一级以下，有刑罪则已。"有爵者有罪，只是降爵一级而已，刑罚并不很重，可知此制不但在保持军人有罪，用军人的方法来审理，而且这"军人的方法"恐怕也有"从宽"的含义在呢。

至于死后表彰法，《境内》就说得很清楚："小夫死，以上至大夫，其官级一等，其墓树级一树。"从小夫至大夫，如果逝世了，他的官爵每高一级，墓上就多种一棵树。换句话说，墓上植树愈多，表示死者军功愈大，反之，其军功也愈少。

附带值得一提的是"军人市场"的设置，《垦令》说："令军市无有女子，而命其商人自给甲兵，使视军兴。又使军市无得私输粮者……"文中一再提及"军人专用市场"，看来这是维护军人利益的一种特有设置了。在这市场内，不准女性出现；市场里的商人都得自备武器及军服，准备随时动员；市场内也不得私运米粮，防止走私及舞弊。

此外，在授爵、赏赐以及退爵赎罪方面，也都有严格的规定；睡虎地出土的秦简中，有《军爵律》两则：

（1）从军当以劳论及赐，未拜而死，有罪法耐（迁）其后；及法耐（迁）者，皆不得受其爵及赐。其已拜，赐未受而死及法耐（迁）者，鼠（予）赐。

（2）欲归爵二级以免亲父母为隶臣妾者一人，及隶臣斩首为公士，谒归公士而免故妻隶妾一人者，许之，免以为庶人……

根据首则军律，受爵者在拜爵前已逝世，他本人或子嗣有罪当处置的，则都得不到赏赐及爵秩。如事前已拜爵，则依然给予赏赐。根据第二则军律，政府允许有功者退还两级爵以赎免罪人一名，也允许隶臣斩故者退还爵位以买罪。这些，都说明军爵的运作具有一定的规则和程序，使军人有尊严，也维持其不坠的荣誉。

在此全国皆军、惟军为荣的风气下，试问，谁还不上战场拼搏砍杀呢？

颁赐爵禄，基本上是财产、权力及社会地位的一种分配制度。西周初年，为了巩固宗法制度以及统治权力，周室将爵位基本上分为公、侯、伯、子及男五等，俗称五等爵。其主要特点是宗法血缘关系和爵位紧紧结合在一起，而且世代相传罔替。春秋中期以后，一种新的爵禄制度开始萌芽，爵位既与血缘脱钩，爵禄也止于其身或三代而止，晋、秦及齐都开始了这种新的制度，而且越来越流行。爵位既然是崭新的，爵名当然就与过去的五等爵完全不相同。《左传》成公十三年载秦国有"不更"，襄公十一年又有"庶长"，襄公二十一年又载齐国有"勇爵"，这些，都是新的爵名。

商鞅既然以爵禄作为立功的诱饵，他当然对秦爵下过一番重订及整理的功夫。司马迁概括其法令时，只这么简单的说："明尊卑、爵秩等级，各以差次名田宅，臣妾衣服以家次。有功者显荣,无功者虽富,无所芬华。"

《商君书·境内》提到秦国新订的爵名,《汉书·百官公卿表》更详列二十等秦爵的名称,不过,它们在名目上有些不同,而且也有些参差。这些不同和差异,最合理的解释是,秦爵在商鞅整理、订定之后,不断演变及发展,最后形成整齐的二十等爵。从彼等差异的稀少,我们可以看出商鞅整理、订定后的合理性、可行性,以及它对后世的深刻影响了。

获爵不但是无上的"显荣",有"田宅""臣妾"及"衣服"等权益,"各以差次",接踵而来,而且由于爵秩高低有次、井然可循,本身已显现其尊严,受颁者自然享其无尚的高贵。前文已指出,军人有自己的审判制以及死后表彰法,此外,在战场上有优异表现者尚可获各种优惠待遇。这些,都是受爵者部分权益而已。实际上,还可以获得担任政府官吏、减免刑罚、失爵时不必当奴仆、服刑时不必戴刑具等优遇,这些尊严,唯有立下战功者才有。

为着适应这套论功行赏的赐爵制度,秦国重新规划爵制,并且有系统地发展为二十个等级。这之前,爵位一经颁予,受领者的爵秩几乎就固定下来,公爵世袭为公,伯爵世袭为伯,很难随时变易。然而,商鞅改制后,受领者的爵秩可以随其功劳而递升,由低而中,由中而高,军爵不但高低有序,而且更显其尊严。这之前,爵位是世袭的,子孙原则上可世世代代继承之。然而,商鞅改制后,所有爵位止其身而终,没有任何延续性。从这两点差别来看,就知商鞅的改革是有创意的,也是颇能配合他的改革的。

商鞅第一次亲自推行的改革,根据司马迁的概述,大概有前文所述的四端,涉及的层面非常辽广。这些法令,有些是东方国家推行过的,有些是春秋末期、战国初年经已萌芽出现的,商鞅观察力敏锐,掌握时代的脉搏,所以,将它们带到秦国来,"加把力"在秦国推行开来,因而成就特大。正如马非百先生所说的:"商鞅变法的重要内容,在东方各国,本已早为推行,商鞅不过携带东方之新空气,使西方人迎头赶上一步。而结果则后来居上,新制度之创建,惟秦为最有功焉。"回顾前文所述的各点,就知马说的正确了。

法令草具后,商鞅开始犹豫了。对商鞅的政治生命来说,这是个极大的投注,只许成功,不许失败;对秦国的国运来说,也是个极大的冒险,只有前进,不容后退;所以,商鞅及秦孝公必须谨慎从事。

为了使老百姓明白改革势在必行,也为了使全国上下清楚政令赏罚必信,在政令草具而未公布之际,商鞅用徙木重赏的办法,和全国百姓订了一个不成文的契约。《史记》说:

> 令既具,未布,恐民之不信,已乃立三丈之木于国都市南门,募民有能徙置北门者予十金。民怪之,莫敢徙。复曰:"能徙者予五十金。"有一人徙之,辄予五十金,以明不欺。

吴起在魏治西河郡时,为了取信于民,就最先采用类似的办法,商鞅居魏有所闻问,乃搬过来重演一番,对秦人而言,还是挺新鲜的事儿。就徙木重赏本身而言,商鞅也许已经传出一个重要讯息——赏必重赏,罚必重罚。徙木而约给十金,应该是重赏,宜乎老百姓不敢相信；改约五十金，更是重赏中之重赏，然而，商鞅践约了。赏是如此，罚当然也如此。所以，这件事本身已透露出商鞅推行新政的基本态度：重而且必。

徙木重赏事件过后，商鞅立刻颁布政令，并且"重而且必"地加以推行。

改革新法推行后，当然遭到物议及杯葛，根据司马迁的记载，最严重的有两起：

一是"期年，秦民之国都言初令之不便者以千数"也就是说，栎阳城议论纷纷，数以千计的人都说新法带来不便，要求恢复旧法。首都乃全国之最，乃经政及人才荟萃之地，新法如能在这里获得支持而推行的话，那么，在其他各地都会发生多米诺骨牌效应，所以，无论商鞅或保守派，此处乃"兵家必争之地"了。现在，居然有"千数"的人议论纷纷，表示两派人士在此进行拉锯战，而反对派势力可不小，商鞅若不加把力，恐怕有"败下阵"的可能了。

二是"太子犯法"就在这紧要关头，太子犯了法。这件事不但是蓄意的，而且是明显极富挑战性的，希望借此给商鞅造成极大的压力。商鞅清楚事态的严重性，所以，一开始就断定说："法之不行，自上犯之。"即刻准备惩罚太子。然而，"太子，君嗣也，不可施刑"，于是，"刑其傅公子虔，黥其师公孙贾。"

这件事说明两派人士其实已进入"火拼"的阶段，太子不惜以身试法，准备玉石俱焚，可见保守派负隅顽抗及孤注一掷；商鞅表面上说必"罚太子"，最后"刑其傅，黥其师"，罪刑也很重，不过，总算让一小步。而太子以"君嗣"可以逍遥法外，说明法家依然受"刑不上大夫"的传统文化影响，开启了"法外有漏网之鱼"的大患，贻害后世，这恐怕就非商鞅所意想得到的。

经过商鞅严厉的镇压之后，这两件事终于平息下去；可以想象得到，其他各处保守分子的嚣嚣嚷嚷也跟着烟消云散了。在这样的铁腕之下，商鞅击退了保守派，翻天覆地地推行新政，为秦国换上新装。

根据《史记》的记载，新政推行十年后，秦国完全变了一个样子——老百姓家给人足，以最愉快的心情欢迎新政。而且，在新政之下，"道不拾遗，山无盗贼"，"勇于公战，怯于私斗"，整个国家进入"大治"。

什么叫作"道不拾遗，山无盗贼"？以秦国的情形来说，达到这样的阶段可有两个因素：首先是"家给人足"，家家户户基本上都达到温饱的情况；其次是什伍相连坐发挥了最大的功效，使得人人"道遗"都不敢"拾"，处处皆"山"都不敢为"盗贼"，在这样的情况下，全国乡邑当然大治。什么叫作"勇于公战，怯于私斗"相同的道理，以秦的情形来说，也有两个因素：首先是"为私斗者各以轻重被刑大小"。这部分的法令发挥最大的功效，阻吓百姓弃绝私斗的念头；其次是"有军功者，各以率受上爵"及"有功者显荣"起了推波助澜的作用，逼使百姓皆追逐于军功及爵禄。换句话说，新政就像一张大罗网，顿时将全国百姓驱入壳中，生活在安排妥当的规范内，然后，为秦国富强尽其生命及精力，以便满足商鞅及秦孝公的大欲。

这个时候，突然出现了一段插曲。司马迁这么记载："秦民初言令不便者有来言令便者，卫鞅曰：'此皆乱化之民也。'尽迁之于边城。其后，民莫敢议令。"这件事表面上看来商鞅是在驱逐那些献媚的小民，将他们全部迁徙到边疆去，实际上商鞅是在对付那些敢于议政的"乱化之民"，无论他们支持或反对新政，都一概加以禁绝，毋庸他们置喙。在御前大辩论时，商鞅就说过："拘礼之人不足与言事，制法之人不足与论变。"他早就把那些"言事"及"论变"的其他声音置之度外。商鞅强烈地要求所有百姓弃绝思想、意志、言论，把现在及未来的一切完全拱手献给政府，包括知识分子的脑袋和良心，让当政者为他们包办一切，包括是非和尊严。

在商鞅铁血手段的推动下，秦国由落后的半华夏半戎狄的国家，骤然赶到时代的前头来，提前完成历史的革新，并且结出丰硕的成果。它所付出的代价是沉重的，许多来不及跨上历史列车的百姓，不是被抛出轨外，就是让车轮辗身而过，连哀叫一声都来不及。《史记·商君列传》"太史公赞"后《集解》引《新序》语说：

> 卫鞅始自以为知霸王之德，原其事不谕也。昔周、召施善政，及其死也，后世思之，"蔽之甘棠"之诗是也。尝全于树下，后世思其德不忍伐其树，况害其身乎！管仲夺伯氏邑三百户，无怨言。今卫鞅内刻刀锯之刑，外深铁钺之诛，步过六尺者有罚，弃灰于道者被刑，一日临谓而论囚七百余人，渭水尽赤，号哭之声动于天地，畜怨积仇比于丘山，所逃莫之隐，所归莫之容，身死车裂，灭族无姓，其去霸王之佐亦远矣。商法巨细不遗，苛察过人，曾经在渭水边行法，一口气杀死七百余人，"渭水尽赤，号哭之声动于天地"，因而蓄怨积仇高如丘山，最后遇难竟没人收容；与召公、管仲相比，简直霄壤有别。

从刘向这段评论文字，即知商鞅变法付出的代价实在很大，不但赔上老百姓的性命，自己一家人的性命也赔上了。

在这样高压手段的暴力推动之下，秦国很快地就取得了许多成绩。

军事胜利

商鞅首行改革的第二年，也就是秦孝公七年（公元前355年），秦孝公与魏惠王相会于杜平。这次相会，一则秦国富兵强，国势增加，获得魏惠王的认同；一则秦孝公急欲打开东向的路子，所以借相会探虚实。相会后的第二年，也就是秦孝公八年（公元前354年），正当魏与赵大战于赵都邯郸之际，秦乘机从背后攻打上来，就在元里一战大获全胜，斩首七千，夺取了魏的少梁，为商鞅第一次改革后在军事上的大胜利。

秦孝公十年（公元前352年），商鞅调升为大良造，掌握了秦国的军政大权。这个时候，魏、赵、齐、楚正进行大规模的激战，魏军攻克了赵的首都邯郸，大部分军队胶着在那里，而楚却为赵援，出兵攻打魏国，所以，魏国背腹受敌。东边濒海的齐国见到有机可乘，也出兵与魏作战，在桂陵打败了魏军，大将庞涓被虏。掌握军政大权的商鞅，见到这种形势，立刻带领军队长驱直入，穿过河西，直赴魏国的旧都安邑，不费吹灰之力，就把安邑占领下来。这个时候的魏惠王，才感到非常后悔，徒呼："寡人恨不用公叔座之言也。"

秦孝公二十年（公元前342年），魏国又与齐、赵、宋等国进行大战，魏在马陵被齐打得落花流水，太子申被俘虏，魏将庞涓自杀，魏国势江河日下。这个时候，商鞅向秦孝公建议：

> 秦之与魏，譬若人之有腹心疾，非魏并秦，秦即并魏。何者？魏居领

陕之西，都安邑，与秦界河而独擅山东之利。利则西侵秦，病则东收地。今以君之贤圣，国赖以盛。而魏往年大破于齐，诸侯畔之，可因此时伐魏。魏不支秦，必东徙。东徙，秦据河山之固，东乡以制诸侯，此帝王之业也。

秦孝公接纳商鞅的建议，立刻任商鞅为大将，出兵伐魏。而魏的主将是公子卬。有关这场"战争"，《史记·商君列传》这么记载：

> 军既相距，卫鞅将公子卬书曰："吾始与公子欢，今俱为两国将，不忍相攻，可与公子面相见，盟，乐饮而罢兵，以安秦魏。"魏公子卬为然。会盟已，饮，而卫鞅伏甲士而袭虏魏公子卬，因其军，尽破之以归秦。

根据《史记》的记载，很显然的，商鞅是以诈术欺骗了公子卬，不是通过正道战胜魏兵。《吕氏春秋·无义》也详载此事说：

> 公孙鞅……为秦将而攻魏。魏使公子卬将而当之。公孙鞅居魏也，固善公子卬。使人谓公子卬曰："凡所为游而欲贵者，以公子之故也。今秦令鞅将，魏令公子当之，岂且忍相与战哉？公子言公子之主，鞅请以言之王，而皆罢军。"于是将归矣，使人谓公子曰："归未有时相见，愿与公子坐而相去别也。"公子曰："诺。"魏吏争之曰："不可。"公子不听，遂相与坐。公孙鞅伏卒与车骑，以取公子卬。

很明显的，商鞅"将归矣"是虚假的，写信给公子卬"愿与公子坐而相去别"更是虚假的。总而言之，商鞅采用"兵不厌诈"的手段，骗走了魏国主将而赢得了这场战争的胜利，并乘胜追击。

这一战虽然生擒公子卬，然而，商鞅却赢得非常不光彩。历史上非议商鞅以诈术致胜者不乏其人，比如与商鞅时代最接近的应侯说："夫公孙鞅秋事孝公，极身毋二……欺旧交，虏魏公子卬，卒为秦禽将破敌军，攘地千里……"用一个"欺"字，可见时人已有微词了。其后批评者日多，《吕氏春秋·无义》说："……公孙鞅因伏卒与车骑，以取公子卬。秦孝公墓，惠王立，以此疑公孙鞅之行，欲加罪焉。公孙鞅以其私属与母归魏。襄疵不受，曰：'以君之反公子卬，吾无道知君。'"出卖旧朋友以赢取军功，秦、魏二国都不容，商鞅付出的代价太大了。《新序》说："无信，诸侯畏而不亲……今商君培公子卬，弃交魏之明信，诈取三军之众，故诸侯畏其强而不亲信也。"以道德透支军功，商鞅有功于秦，却无法逃过历史的审判。

商鞅是个政治家，也是个军事家。

《汉书·艺文志·兵家》权谋类著录有《公孙鞅》二十七篇，今已不传，当是他的著作。《商君书》有《战法》《立本》及《兵守》三篇，所论都与军事及作战有关，可知他在军事上自有一套理论和见解。根据史籍所载，商鞅在战场上取得的军事胜利，为数并不多，其中最辉煌的就是占领安邑及欺公子卬了。然而，谓商鞅是古代名将旧籍却时有所见，比如《荀子·议兵》说："故齐之田单、楚之庄周、秦之卫鞅、燕之缪蚁，是皆世俗之所谓善用兵者也。"将商鞅和田单并列。又如李斯在《谏逐客书》中说："孝公用商鞅之法,移风易俗,民以殷盛……获楚、魏之师,举地千里,至今治强。"今史籍多载商鞅占领魏地,不见商鞅出兵攻打楚兵,李斯所言当是事实,只可惜史阙有间,商鞅在楚国方面的战功已失载了。此外,《汉书·刑法志》也说:"吴有孙武,齐有孙膑,魏有吴起,秦有商鞅,皆禽敌立胜,垂著篇籍。"战国四大名将,商鞅居末席,其卓著于用兵,建有奇功,汉朝人尚且知之。如果说商鞅只因这一两场战争,或者因为欺公子卬而致胜,就名列四大名将,则又未免把事情看得太简单轻易了。

总而言之,自改革以后,秦国富兵强,加上商鞅多谋善战,为秦国带来丰硕的战果,开地千里,威震天下,秦国后来的国君都沾其泽。就在商鞅活虏公子卬后,秦孝公封商鞅于商、於之地十五城,人称为"商君",个人事业到达巅峰状态。这个时候的秦国,内立法度,外修兵备,南有巴蜀,东占河西,秦国不再是个西方的区域性的国家,而是一个具备了向东扩张能力的强国了。秦孝公以后的历代国君,就循着商鞅开创的这条路子继续奔驰,最后乃完成统一的大业。贾谊《过秦论》说:

秦孝公据殽、函之固,拥雍州之地,君臣固守而窥周室,……当是时,商君佐之,内立法度,务耕织,修守战之备,外连衡而斗诸侯,于是秦人拱手而取西河之外。

说商鞅是"秦人拱手而取河西"的大功臣,恐怕有所保留,实际上,无商鞅及商法,秦恐怕无能力取天下。

献身法家

商鞅忘记了,他本来不过是一名宾客而已,体内流的是卫国的血,和嬴秦没有关系;他忘记了,支持他"大干特干"及"坚持干到底"的,也不过是秦孝公一人,而不是那批人数众多的贵族;在这样的形势下,商鞅简直身在陷阱之中,随时都有杀身之祸。但是,以商鞅的聪明才智,他真的看不出似此危机吗? 当商鞅出门时,"后车十数,从车载甲,多力而骄胁者为骖乘,持矛而操闟戟者旁车而趋。"保镖、卫士及随从一车一车地紧跟左右;商鞅会不觉悟、不警惕吗? 然而,商鞅却坚持下去。很明显的,他是为理想坚持下去,为法家学派坚持下去。

就在秦孝公逝世的前五个月,有一名叫赵良的,来求见商鞅。司马迁在记述这件事之前,曾加了两句话说:"商君相秦十年,宗室贵戚多怨望者。"也许司马迁以为赵良和这批"宗室贵戚"有关系,代表他们来劝说商鞅。商鞅推行改革此时已近二十年,秦国政治、法律及制度等等已经到了"不能走回头路"的地步,"宗室贵戚"们还会在这"生米已煮成饭"的时刻来劝商鞅告退及悔改吗? 这真是使人怀疑了。因此,赵良见到商鞅处境危险,恐怕是出于一片真诚,自告奋勇,前来见商鞅,并且希望帮助商鞅"解围"。

两人见面,随即展开一番对话;《史记·商君列传》这么样记录着:

商君曰:"鞅之得见也,从孟兰皋,今鞅请得交,可乎?"
赵良曰:"仆弗敢愿也。孔丘有言曰:'推贤而戴者进,聚不肖而王者

退。'仆不肖，故不敢受命。仆闻之曰：'非其位而居之曰贪位，非其名而
有之曰贪名。仆听君之义，则恐仆贪位名也。故不敢闻命。"

商鞅表达敬慕之情，想与赵良建交，赵良一则回"不敢受命"，再则曰"不敢闻命"，实际上，在连称"不敢"之中，赵良已表达了他对商鞅的不满。

首先，他借孔子的话"推贤而戴者进，聚不肖而王者退"，谓难荐贤能的话，受民爱戴的就自动会进仕，满朝都聚集不肖的话，那些主张王道的就自动会退下。换句话说，赵良暗示自己是不肖者，不敢与有权有势者交往，以免主张王道的贤者自动离朝。其次，他再引贤者的话"非其位而居之曰贪位，非其名而有之曰贪名"，表示自己如果听从商鞅的建议，与他结交的话，就会是个贪位、贪名的人。

赵良在指责自己吗？其实，他是在委婉地表达自己对商鞅的不满，说他是不肖者，是贪位贪名者；说他把秦国治理得"天怒人怨"，为什么不早些退位让贤呢？商鞅是个绝顶聪明的人，一听就知道赵良弦外有音；于是：

商君曰："子不说吾治秦与？"
赵良曰："反听之谓聪，内视之谓明，自胜之谓强。虞舜有言曰：'自卑也尚矣。'君不若道虞舜之道，无为问仆矣。"

商鞅知道赵良对他不满，于是，以试探的口气问了一句；赵良也是个聪明人，不立刻回答正题，只含含糊糊地说要"反听"，要"内视"，要"自胜"，并且引虞舜之言要"自我谦卑"，最后说："你不如向虞舜之道学习学习，不要向我吧！"为什么要说"反听""内视"及"自胜"？很清楚，这等于说商鞅不能"反听"、不能"内视"以及不能"自胜"，所以，商鞅其实是不聪、不明及不强的。这一席话是向商鞅作心理战，以反激法鼓动商鞅的情绪。

果然，商鞅情不自禁就大发他"治秦"的业绩的伟论了；他说：

始秦戎翟之教，父子无别，同室而居。今我更制其教，而为其男女之别，大筑冀阙，营如鲁卫矣。子观我治秦也，孰与五羖大夫贤？

商鞅在这里只举出两件事来证明他勋业彪炳；第一件是使秦"男女"有别。关于这个问题，学者们都以为指分户令，其实，恐怕也并不止如此而已。商鞅如果说"父子无别，同室而居"是"戎翟之教"，那么，商鞅应该说他的改革是"而为其父子之别"，怎么说是"为其男女之别"呢？另一方面如果说商鞅此说只指分户令，使"父子有别""异室而居"的话，那么，中原"父子无别，同室而居"的大家族多得很，秦国自然也很多，何必一定是"戎翟之教"呢？

因此，个人浅见以为此文重点应是在"男女"二字而非在"父子"之上。根据后代的记述，北方少数民族的习俗与华夏有异，在男女婚事上：（一）子可以妻其后母，孙亦得妻其后祖母；（二）祖父虽未死，孙亦得妻其后祖母；（三）叔父死，侄得妻其叔母；（四）兄弟死，得妻其嫂，从兄弟亦如此；似此情形，证明其男女关系非常复杂，不因父子兄弟而有别，更不因此而分居，与华夏习俗大异。正由于当时秦国已习染戎翟陋俗，父子兄

弟之男女关系无别,甚至于父未死、祖父未死而妻其后母、后祖母,然后同室而居,大异于华夏文化,所以,商鞅才起而纠之,改正戎翟陋俗,还我中原正风。商鞅匡救秦国礼俗,使秦人免于戎翟化,其功自不在分户令之下,故特标而举之,以为治秦两大功业之一,良有以也。

商鞅自举另一大功业是"大筑阙",使其壮丽如鲁卫。根据《三辅黄图》的记载:

> 咸阳北至九嵕、甘泉,南至鄠、杜,东至河,西亚汧、渭之交,东西八百里,南北四百里,离宫别馆相望联属。木衣绨绣,土被朱紫,宫人不移,乐不改悬。

这里所描写的,当然包括孝公以后各王所扩建的。如果商鞅始建时没留下雄伟的规模以及预留发展空间的话,相信后来也难以发展出"东西八百里,南北四百里,离宫别馆相望联属"的胜景。综合考古所得,咸阳城遗址大约长六公里,宽四公里;其中一号宫殿建筑遗址,"有对称的间次、通道、台阶和门道","四周建回廊,廊下设砖。檐下有卵石散水,边缘有排水沟,四角有排水池,池内有漏斗直通下水道。下水道多由绳纹陶管衔接构成","有壁画……有黑、赭、黄、大红、朱红、石青、石绿等色"。三号建筑遗址,"廊东西坎墙……上有壁画,可辨出车马、仪仗、建筑等图及麦穗、人物、植物等图案,均为彩色。"根据这些描述,当日雄风,闭目可以想见,所以,商鞅特为举出,以为治秦的另一大功业。

对于这些功业,赵良不以为然,只是不便说出,以免被"诛",所以,他先为自己预留空间,以试探性的口吻问道:

> 千羊之皮,不如一狐之掖;千人之诺诺,不如一士之谔谔。武王谔谔以昌,殷纣墨墨以亡。君若不非武王乎,则仆请终日正面而无诛,可乎?

商鞅当然也客气一番,纵使内心不高兴,也得装出喜悦的样子,容他把话说出来;所以,他说:

> 语有之矣,貌言华也,至言实也,苦言药也,甘言疾也。夫子果肯终日正言,鞅之药也。鞅将事子,子又何辞焉!

既然有言在先,而且法家向来"信"字当头,于是,赵良乃将心里话全盘托出来。他说:

> 夫五羖大夫,荆之鄙人也。闻秦缪公之贤而愿望见,行而无资,自粥于秦客,被褐食牛。期年,缪公知之,举之牛口之下,而加之百姓之上,秦国莫敢望焉。相秦六七年,而东伐郑,三置晋国之君,一救荆国之祸。发教封内,而巴人致贡;施德诸侯,而八戎来服。由余闻之,款关请见。五羖大夫之相秦也,劳不坐乘,暑不张盖,行于国中,不从车乘,不操干戈,功名藏于府库,德行施于后世。五羖大夫死,秦国男女流涕,童子不歌谣,舂者不相杵。此五羖大夫之德也。

赵良回应商鞅的话,就以五羖大夫百里奚来相比。在这里,赵良从"功""德"两方面来论五羖大夫。在"功"方面,他"三置晋国之君","一救荆国之祸","发教封内,而巴人致贡","施德诸侯,而八戎来取";秦国不但富强,而且德泽惠及四方,诸侯皆服。在德方面,他爱民如子,出不设防,功不显耀,因而逝世时,"秦国男女流涕,童子不歌谣,舂者不上杵"。赵良所举虽是"功""德"两点,实际上只落在一个"德"字上。更何况百里奚在仕秦之前,已有贤者之名,为秦穆公及秦人所佩服。然而,商鞅呢? 赵良接着说:

> 今君之见秦王也,因嬖人景监以为主,非所以为名也;相秦不以百姓为事,而大筑冀阙,非所以为功也;刑黥太子之师傅,残伤民以峻刑,是积怨畜祸也;教之化民也深于命,民之效上也捷于令。今君又左建外易,非所以为教也;君又南面而称寡人,日绳秦之贵公子。《诗》曰:"相鼠有礼,人而无礼;人而无礼,何不遄死。"以《诗》观之,非所以为寿也。公子虔杜门不出已八年矣,君又杀祝欢而黥公孙贾。《诗》曰:"得人者兴,失人者崩。"此数事者,非所以得人也。

这里,赵良认真地数落商鞅的过失:一、依托嬖人景监晋见秦孝公,败坏自己的"名";二、掌权之后,大兴土木营筑咸阳,败坏自己的"功";三、惩罚太子的师傅,以酷刑残伤老百姓,为自己种下怨祸;四、使百姓重视政令甚过于君命,政府的法律取代国君的命令,败坏传统的"教";五、自己受封于商,却又绳墨秦之贵公子,拆损自己的"寿";六、既惩罚公子虔,现又惩罚祝欢及公孙贾,败坏"人"心。这六点,绝大部分是商鞅施政所犯下的错失,如果和五羖大夫相比,根据赵良的见解,相差是多么的远呢! 然而,事情有甚于此者,赵良说:

> 君之出也,后车十数,从车载甲,多力而骄胁者为骖乘,持矛而操闟者旁车而趋。此一物不具,君固不出。《书》曰:"恃德者昌,恃力者亡。"君之危若朝露,尚将欲延年益寿乎?

目前,商鞅的情形是:出入之际,都必须有保镖跟随着,否则便坚持不出门;如此的话,商鞅为着变法早已忘记为自己谋划了。怪不得赵良接着指出:君之危若朝露,还奢谈什么延年益寿呀! 这真像一根针,直刺变法者的心脏。接下来,赵良向他建议:

> 则何不归十五都,灌园于鄙,劝秦王显岩穴之士,养老存孤,敬父兄,序有功,尊有德,可以少安。君尚将贪商、於之富,宠秦国之教,畜百姓之怨,秦王一旦捐宾客而不立朝,秦国之所以收君者,岂其微哉?

亡可翘足而待。

这个建议分两部分,第一部分劝他退还封地十五城,并且"改邪归正",秦国上下才可"少安";第二部分是警告语,一旦支持你的秦孝公驾崩,你还有好下场吗? 何不即刻"收盘"呢! 赵良从百里奚讲到商鞅,从改革讲到商鞅的现况,从商鞅的错失讲到将来的下场;都是触目惊心的。近二十年的改革,虽然国富兵强,天下震动,然而,如果自己每次出门都必须"后车十数","载甲""持矛"者"旁车而趋",俨然如临万军之敌国,惊然如入死亡之地?

实际上,从赵良这一席话里,我们可以观察得到:商鞅推行改革近二十年,最大的错失是政令无法彻底在宗室贵族里执行,使这批既得利益者与老百姓一样,服膺国家法令。赵良说:"教之化民也深于命,民之效上也捷于令。"普通老百姓重视及遵从国家法令甚于国君的命令,可见商法在平民阶级中的确能够彻底推行。然而,太子犯法,商法就无法执行,公子虔犯约,也只得到"劓"的刑罚。所以,商法变成"只行于下,难行于上"的局面,上层阶级往往成为漏网之鱼。

在这样抓不住大鱼,只能抓小鱼的形势下,公子虔可以忍耐八年杜门不出,为什么?宗室贵族们不支持商鞅,准备报复。商鞅出门不得不"后车十数,从车载甲",为什么?宗室贵族们随时准备暗杀他。太子及其支持者们闹到如此地步,正反映出商法的弱点,说明商法未能尽早打破阶级界限,使社会所有阶层都置身于国法之下,赋国法应有的崇高地位和神圣的尊严。商法不是全体社会的法则。部分性的豁免权破坏了商法的完整性和神圣性,这是法家的致命伤。商鞅性命朝不保夕,正是由此而引起的。

商鞅改革另一个错失是自己接受了於、商十五城的封地。解散封建体制、收回贵族封地、使爵秩与封土脱钩等,可以说是商鞅改革的主体内容。当宗室贵族的封地逐一被回收,商鞅却领有十五城的封土,"南面而称寡人",自己不但不能以身作则,反而带头破坏自己的法律。这种情形,就如商法难于执行于上层社会一样,商鞅自己也有豁免权,其他宗室贵族又何尝不可以有呢?商法无法驾凌人治,使秦法彻底制度化,是商法的一大败笔。在人治依然存在的社会里,法律执行往往可以有"大好"或"大坏"的两面,就看背后支持力量以及行使者的正邪而定。试问,商鞅性命的危殆,还不一目了然吗?

司马迁说商鞅听过赵良这番惊天动地的话语后,"弗从"。看来商欲为着秦国,为着法家,似乎已抱着必死的信念了。

商鞅不接纳赵良的劝谕,将军政大权交出,将法家改革撤回,是商鞅的执着,也是法家的坚持。

也就因为商鞅的执着和坚持,法家才在秦国这块土地上建构起配搭周密和架构相当完整的法家文化。在商鞅之前,我们看不到任何一名法家成功地架构起这种网架,在商鞅之后,我们也看不到任何一名法家在政坛上推出的法家文化有如此之周密和完整。所以,在商鞅的执着和坚持之下,他注定可以成为法家的巨人,可以为法家创一个辉煌的时代。

商鞅是法家伟大的人物,在他的执着及坚持之下,根据史籍所载,至少为秦国完成下列五项大事业:

第一、改造家庭结构

秦国的家庭有两种陋俗:一种是备受华夏文化的影响的大家庭,到处都有,贵族是如此,一些富有的家庭更是如此;还有一种是久受戎翟文化侵扰的家庭,即男女同室,无长幼之别,更无男女之耻。像这样的家庭,不但是腐败堕落滋生之所,更是游闲分子寄生之地。商鞅很受李悝"尽地力之教"的影响,不但要人力尽量去发掘地力,而且还要尽量把人力挖掘出来;先尽掘人力,然后,再用人力去尽掘地力。因此,他两度颁布分户令,通过不同方式把家庭析分为最小单位,重组秦国的家庭制度,彻底改造华夏的传统家庭制度,也彻底纠正戎翟化的家庭结构。

第二、构架社会网络

大家庭人口众多,在家长、族长的统率及支配之下,俨然自成小天地,自成王国。因此,大家庭自我保护、合群对外的抗拒能力非常强,而藏污纳垢、隐恶蔽奸的功能更是强,社会的动荡和失序也就由此而生。为了改造社会,商鞅把军队的牵连组织运用到家庭里去,使家庭按层次组织起来,每个家庭就如网络上的一个结目,彼此互相牵动拉扯,没有人可以脱网,没有一个家庭可以解目,牵一发而动全身,一人有罪,牵动的其他目结全部连坐。在这样新的社会结构之下,每个家庭的内情全部都暴露出来,没有隐私权,没有沉默权。当政者把手伸进每个家庭,重组了社会意识、社会生态及社会文化。

第三、重建价值观

价值观是家庭、社会及国家前进的领航者。这一点,商鞅非常清楚,所以,商鞅改革内容特别强调这件事。在家庭里,商鞅鼓励及策动任何成员检举、告密,并以此为时尚。他不但奖赏告密检举者,其功与斩敌相同,而且还以腰斩的重刑来惩罚沉默不告者。在社会上,他积极奖励两种人物:农夫与战士。男耕女织而能多产者,可以免除劳役;战场上杀敌,其奖偿更多,而且还是显荣、芬华之所在。其他工商、游谈,都是末业,有权收为官奴。

商鞅不但明订奖罚的价值所在,而且还把价值观尽量狭窄化,宗室血统通不到爵禄官职,走其他末业更通不到爵禄官职,只有农战及检举,"别无分店 只此一家"。

第四、一统思想观念

统一标准是法家重要观念之一,无论立法、司法及行法,都要求统一,要求标准。在此观念之下,商鞅最先统一的是全国的度量衡,而且要求精确无差。韩非说商鞅"燔《诗》《书》而明法令。"此事不见他书,史籍亦不载,颇为人怀疑,不过,《诗》《书》乃儒家经典,所言所论都与法家政令相歧,为了一统全国人心,必须加以禁绝,焚烧是禁绝最彻底的方法,其行事与商鞅一统观念相符,也许有几分事实。

一统观自商鞅建起之后,影响秦国深远,秦国后来许多政令及措施,皆沿此而来。

第五、改革政权体制

嬴秦虽然封建文化比较单薄,不过,从保守派反对商法的情形来看,封建势力恐怕也不弱。商鞅是春秋战国历史上第一位有意识地全面推翻封建政制的伟大人物,在他的引导及策划下,秦国封建政体迅速分解,取而代之的是一种新的郡县政制。郡县的废置不但操诸中央,县署内官员的任免更由中央控制。在此新政制之下,国内不会再有国,君下不会再有君,中央政令直接下达地方,地方一切民情也都上达中央,完全是一个绝对统一的国家,也是一个权力完全集中的国家。西周数百年漫长的封建体制,在商鞅改革后,翻新为郡县制。

尽管这些大事业的部分构思来自东方,然而。对嬴秦来说,其内容是崭新的,其精神是超时代的;对当时列国来讲,也是"前无古人"的。它不但使秦国富兵强,而且为秦国奠下强国的国基,为秦国设下大国的规模,以便日后用军事统一中国,用新的政体辖治中国。因此,商鞅的改革不只是为秦国,而且是超越秦国的伟大工程,而他就为这项伟大工程执着地、坚持地干下去,最后竟付出昂贵的代价——生命。

就在他与赵良对谈后的五个月，秦孝公病倒，而且病势严重，有"不起"之势。根据《战国策·秦策一》的记载，秦孝公前起"欲传鞅"的念头，结果是"鞅辞，不受"。这件

秦惠王石雕像

事的真相究竟如何，已难考知，他书亦不载，可靠程度有多少，亦不得而知。远古时代虽有禅让的传说，但是，截至秦孝公为止，天下各国并无让位的先例，秦孝公有此奇想，也是史所罕见。无论如何，秦孝公对商鞅的信赖，已超越君臣的界线，这是完全可以肯定的了。

继位的是秦惠王，也就是二十年前犯法而几乎受商鞅惩罚的那位太子。

新君即位，而且还是他的宿敌，商鞅看见形势蹊跷跷，立刻告老退休。就在这个时候，饱受商鞅镇压、惩罚的保守派们，派出公子虔为代表，向秦惠王进言：

> 大臣太重者国危，左右太亲者身危。今秦，妇人、婴儿皆言商君之法，
> 莫言大王之法，是商君反为主，大王更为臣也。且夫商君，因大王之仇也，
> 愿大王图之。

公子虔这番话完全是煽情的，"商君反为主，大王更为臣"固然是煽情，"夫商君，因大王之仇也"更是煽情的。韩非说："今境内之民皆言治，藏商管之法者，家有之。"这里的境内如果也指秦国的话，那么"妇人、婴儿皆言商君之法"，又有什么值得大惊小怪呢！商法即是秦法，"妇人、婴儿"又怎么会"莫言大王之法"呢！可见保守派的话是煽情的。《史记》说："公子虔之徒告商君欲反。"谣言越造越离谱了。

秦惠王是保守派人物，当然相信公子虔的话。于是，就在商欲放归之际，"发吏捕商君。"商鞅无可奈何，只好出走逃亡，来到关下，想投靠馆舍。馆舍主事不认识商鞅，依着本子办事，说："商君的法律条文里规定，让人投宿而没验证的，会遭受连坐之罪。"商鞅这时才喟然长叹："嗟乎！为法之弊，一至此哉！"

其实，商鞅所言之弊，应该是对自己来说的，至于法律本身具备了禁恶除好的效用，则又何"弊"之有！秦简《封诊式》记载一桩案例，谓有两名逃犯丁和戊，干下抢劫的滔天大罪后，"去亡，流行，毋所主舍。"就是说，到处逃亡，到处流窜，没有馆舍愿意收

容，最后只好"居某山"，藏匿在山林里，终于被人捕获。这个案例说明，"舍人无验者坐之"的法律本身是有其积极性和建设性的，而执行的认真和彻底，更体现法律的庄严和神圣。商鞅感叹其弊，大概是指立法及行法时没有为自己预留空间以备不虞，如果这是商鞅的心意的话，那么，商鞅似乎又在追觅豁免权了。

在走投无路之际，商鞅想到魏国，也许魏国还可以收留他。于是，带着他的母亲以及所有的家属，连夜出奔，跑到那里。没想邺的守令襄疵拒绝收容，说："以君之反公子卬而破魏师也。"商鞅想投奔他国，魏人说："商鞅，秦之贼。秦强而贼入魏，弗归，不可。"于是，欲将商鞅送回秦国。

商鞅只好逃回自己的封邑，动员邑内的徒属，发兵出击郑。在攻打郑时，秦兵从后面追至，攻破商鞅的徒属，商鞅又往西南逃窜，希望再退回商邑。没想刚到彤地，就被秦兵生擒，带回咸阳来。

秦惠王立刻车裂商鞅，警戒世人说："莫如商鞅反者！"并且"灭商君之家。"

对秦国来说，商鞅的功劳是卓越伟大的。我们可以这么说，如果没有商鞅，秦统一天下可能会推迟，甚至于不会出现！因此，商鞅是秦统一天下的奠基者，其地位及勋业是无可置疑的。然而，为什么商鞅竟落得如此凄凉的下场呢？被诬告谋反，又被车裂，简直和卖国贼无二致。经过二十年商法的执行，商鞅被诬告无法昭雪，商鞅立了大功无法享有应得的地位，一切都无法依循法律的程序运作，可见商法还存在着一些缺点，使秦国依然无法完全摆脱人治的桎梏，走上唯法是从的法治社会。似此人治驾凌法治的形势，再也不能用改革派和保守派斗争的结果那么简单就可以解释得通。商法存在一些缺点，因而造成漏网之鱼可以无法无天，漏网之鱼可以横行天下，甚至于枉法破法，这是不争的事实。一而商鞅，这位赢秦统一天下的奠基者，就此被牺牲了。

不过，无论如何，商鞅变法对秦国走上富强的道路，起到了至关重要的作用。《史记·秦本纪》曰：商鞅变法，"居三年，百姓便之"，又说，"法大用，秦人治"。在《太史公自序》中还说："后世遵其法"等等，均说明没有商鞅前期的变法，也就没有秦始皇的一统天下。

改革评价

商鞅以后，在秦国的执政大臣当中，尽管我们没法具体地说出何者属于商学派人物，并且执行过什么商学派的政策及法律；不过，作为一个充满活力的学派，在秦国及秦朝的历史洪流中，商学派的政论肯定起了积极的影响和作用。这里，我们举几件来讨论。

首先，是关于奴役百姓的问题。

商鞅固然已经知道民性是畏威趋利的，但是，他在奴役百姓方面似乎还有一些限制，至少没有采用过分威迫利诱的激烈手段。然而，到了商学派时，他们对待百姓简直到了"十足榨取，极力诱迫"的境地——逼迫他们极力劳作，剥削他们的劳力。等到他们有财富了，又逼迫他们献出财富，夺取他们的成果，使他们再次沦为贫民，以便逼迫他们劳作。人民对国家而言，充其量不过是一批工具而已，他们只是掌握政权者榨取剥削的无辜对象罢了。商学派甚至不讳言，无论富国、贫国，一概都必须当作"贫国"来治理，掌握政权的人，更应该是一批心黑胆横的"奸民"。

商学派还认为,培养国力和消耗国力是治国的双轨,所以,一旦国家强盛了,就必须驱使人民去作战,把"毒"输给敌人。

分析到这里,我们就明白了——对内而言,不断逼迫人民劳动,从无至有,自贫至富,然后,又诱取他们的财富,使他们沦为贫民;对外而言,由贫国至强国,然后发动战争,扩张土地,增加人口,把毒外输,国家消耗资源,又沦为贫国。如此不断地循环,周而复始,奔命于这循环的,就是人民。而推动这循环的,是一批执政的"奸民"。

在讨论国家的安治时,商学派提出的口号是:"国家的安治,就在沙场上的胜利。"对商学派而言,这种说法和过去的思想是一脉相承的。他们认为,国家强盛固然必须发动战争,国家衰弱更必须发动战争,唯有把"毒"输给敌人,国家才能安治。这种思想,和今日有些国家的当政者每遇国内发生困难,就向外发动战争,借以转移人民的视线的做法,实有异曲同工之妙。

战争既然被凸显和强调,于是,有的商学派乃舍弃过去"壹"字所涵盖的定义,仅仅将"壹"字局限在农耕之内,另外拈出"抟力"和"杀力"来专指兵战。在这股思想的激荡下,农耕降为次要的地位,"强国出沙场"的"抟力"和"杀力"受到鼓励和策动。《错法》说:"明主者用非其有,使非其民。"君主的贤明与否,就在于他是否能够占用不属于自己的领土,役使不属于自己的人民,这一支系商学派的"好战"思想和态度,实在已昭然若揭了。

如果翻开秦国历史的话,就会发现商学派的思想不会没有意义的。秦自孝公开始,战争越来越频仍,至秦始皇而达最高巅峰。

商学派发展到末期,对国君及法律的提高和推崇,已经达到前所未有的境地。国君至高至尊地管理、控制及监督底下的众吏,而法律则必须浅白清楚,让百姓了解易懂。嬴秦以关中一国而君临天下,拥有六合之地,控扼四海之民,如何有效地管理这么大片土地,实在是一件颇费思量的事。作为秦国传统思想的商学派,提出"提高君位"及"推动法治"两个口号,也许是当时可行的两条睿智的路子;而这种思想,深深地影响了当时的政治。

李斯等人借名义的推崇而提高君位,恐怕和巩固中央政权有密切关系,而其思想极可能就源自商学派。

提到法律,商学派最了不起的一篇文章是《定分》。在这篇文章里,商学派建议成立"法官制度",朝廷设立三位大法官和一名法吏,地方上的诸侯及郡县则个别分设法官及法吏,他们不但治理人民,也是人民的法律顾问,一切以法律为依归。李斯在上书秦王时,说:"若有欲学者,以吏为师。"简直就是商学派的口气,可见他受商学派影响之深。至于商学派所提议的"法官制度",从法官的委任及补缺,到法律的典藏、公布及咨询等,在商学派的鼓吹之下,相信也在秦朝落实过。这些,都是商学派政论对当日政治的影响。

秦国统一天下以后,在政治上取得唯我独尊的地位,秦国传统政治思想的商学派很自然地成为学术界及思想界的"霸主"。因此,发展到末期的商学派,其最大的特色是:在言论上不太需要攻击儒家及纵横家,虽然骨子里对法家以外的学派依然仇视如故。此作风和态度,深深影响了秦朝的大臣及政治。

商鞅的政治生涯在秦孝公逝世时即突告结束,然而,商鞅改革的政令却深入民心,成为嬴秦的政治传统。韩非说:"今境内之民皆言治,藏商、管之法者家有之。"韩非距商鞅甚近,所言当属实,可见商法深入民心。

因此,我们可以这么说:秦自孝公以后是法家的天下,是以推行商法为代表的法家主宰了秦国的政治,登上了秦国政治的舞台。

除了法家捷足先登之外,策士及纵横家其实也后来居上,攀上秦国政治舞台,并且扮演着重要的角色。主要有下列这些人物:

张仪——于秦惠文王年间入秦,为连横策划人。武王即位后,离秦相魏。

陈轸——与张仪俱事秦惠文王,皆贵重,屡出谋略。

犀首——名衍,姓公孙。张仪卒后,犀首入相秦。尝佩五国相印,为约长。

樗里子——秦惠文王弟,滑稽多智,秦人号曰"智囊"。为惠王、武王及昭王出谋略,亦曾带兵出战。

甘茂——事秦惠文王,为左丞相。屡为惠文王、昭王出谋略,奔驰于列国之间。

魏章——见《史记·樗里子列传》,与张仪同列,俱事秦惠文王。

甘罗——甘茂孙,事秦相吕不韦。曾为始皇出奇计,司马迁曰:"虽非笃行之君子,然亦战国之策士也。"

范雎——事秦昭王,为"远交近攻"之策划人,为秦国著名策士之一。

蔡泽——继范雎之后,为秦昭王重要策士之一。

这是笔者从《史记》随便拈出来的几位著名策士、纵横家,如果我们仔细爬梳《战国策》的话,所得人物当不止此数。这些人,从秦惠文王一直贯穿到秦始皇,对秦国产生的影响及效应,其程度应当仅次于商法。

战国中期以后,主动发起战争的,大致上都是秦国,这固然是秦国并吞天下的必然行动和计划,却也因为秦国出现了不少著名的将领。请看下列几个名字:

司马错——他是秦惠文王、武王、昭王时的名将,曾出兵平定巴蜀,并迫退楚国。其孙司马靳亦秦名将。

白起——秦昭王名将,长平之役是他不朽的战功。

王翦——始皇名将,子王贲亦名将。

蒙武——与其子骜、孙恬,三代皆名将,战功彪炳。

李信——始皇名将。

这也是笔者顺手从《史记》拈出来的几个名字,他们都是从惠文王到始皇时代之间的重要将领,没有他们,统一大业恐怕无法完成。

从秦孝公到天下统一,一共是 140 年,占半个战国时代有余。在这一百多年间,法家、纵横家、策士、军事家在秦国占据着重要地位,尤其以商法为主体的法家文化,成为秦国文化的主导思想,它们长期的影响、溶入、改造了秦国文化。到了战国末期,所谓秦文化其实已经是商法、纵横家、策士及军事家的文化了。

如果想了解这段文化,不妨翻开秦帝国晚期的历史,这里,历数几件:

1.始称皇帝

秦统一天下以后,丞相王绾、御史大夫冯劫及廷尉李斯进言上皇帝称号,其实就是战国时代"称王""称帝"的延续;秦始皇修订、接纳他们的建议,成为中国历史上的第一位皇帝。

似此妄自尊大、"朕不可议"的心态和性格,正显示了战国文化的特色。

2.怀疑猜忌

法家本来就极富猜忌、怀疑的性格特征，所以，法家从来没有信任过任何人，包括枕边人及身边人。商鞅推行改革时，"令民为什伍，而相牧、司、连坐。不告奸者腰斩，告奸者与斩敌首同赏，匿奸者与降敌同罚"，手段既严厉，也抱着不信任的心态，令老百姓互相监视、司察。商鞅带兵与魏公子卬战，遗书约公子卬"乐饮而罢兵"，却伏甲房公子卬；如此欺诈手段，就是猜忌怀疑的性格的表现。韩非有《备内》及《六反》两文，专门讨论枕边人、身边人的绝对不可靠，以及如何防备等问题。据此数事，即知怀疑及猜忌乃法家的性格；而法家中第一位在秦国登上政治舞台的，就是商鞅了。

秦政治长期饱受法家文化的渍浸，秦帝国政治文化也极具此性格特征，盖亦自然之事。焚书坑儒可说是秦帝国文化极富怀疑猜忌的一个典型例子。唯其对儒生不信任，唯其对《诗》《书》、百家语都猜忌，所以，才"以古非今者族"，才"令下三十日不烧，黥为城旦"，才"若欲有学法令，以吏为师"，造成天下学问，唯我法家独尊的局面。《战国策·秦策一》载商鞅曾教秦孝公焚书，虽然今日于史无证，不过，商法为法家中第一个动起焚书的念头，恐怕是不可否认的事实；秦始皇后来发起"焚书坑儒"，也不是空穴来风。

这些，都是商法以及后来法家的性格特征和文化表现。

3.暴用民力

尽管商鞅学富五车，高瞻远瞩，不过，商鞅是通过严厉及激烈的铁血手腕进行改革，并且通过此手段而达至成功，使秦国有统一天下的机会。商鞅最后惨遭车裂，正是此种铁腕政治推行的结局，也说明此铁腕政治的残酷苛厉了。

商鞅及其徒属的铁腕政治手段，完全为秦帝国所接受而成为秦帝国政治文化的主要内容。这股文化反映在秦帝国的历史上，其中之一的征象就是暴用民力。

秦帝国视民如草芥，不但动辄杀人坑人，而且永无止歇地大量调动百姓，移山倒海般地发动浩大工程，奴役百姓。始皇十七年（公元前230年），征全国刑徒七十余万修建骊山陵墓；二十八年（公元前219年），派数千个童男、童女随徐福入海求仙；三十二年（公元前215年），使将军蒙恬发兵三十万击胡。此外，还有"北筑长城"，用民"四十余万"；"南戍五岭"，用民"五十余万"；筑阿房宫，用"徒刑者七十余万人"。这些浩大工程使民无宁日，永无停歇地遭奴役，试问，这和战国时代军戎炽盛之日有何不同？

4.好大喜功

始皇二十七年（公元前220年），"作信宫"于渭水之南。信宫又称咸阳宫，据《三辅黄图》说，其宫"因北陵营殿，端门四达，以制紫宫，象帝居，渭水灌都，以象天汉；横桥南渡，以法牵牛"，可见其营筑工程之浩大了。三十五年（公元前212年），又"营朝宫于渭南上林苑"中，此宫更浩大，《三辅黄图》谓"可受十万人。车行酒，骑行炙，千人唱，万人和，销锋镝以为金人十二，立于宫门。"这就是著名的阿房宫。

为了建造阿房宫，动员了七十余万名刑徒，工程之浩大，可想而知。

此外，根据其他史籍记载，秦帝国还营建了其他许多宫殿，比如《三辅旧事》《宫殿疏》有兴乐宫，《汉书·地理志》有梁山宫，《三辅旧事》谓"始皇表中外殿观百四十五"，《史记·秦始皇本纪》谓"关中计宫三百，关外四百余""咸阳之旁二百里内，宫观二百七十。"宫殿之多，简直前无实例。

像这样的穷奢极欲、好大喜功的作风，是什么文化表现呢？这固然和秦始皇个人的性格有关系，但是，这又何尝不是纵横家的一贯作风？笔者甚至认为，秦始皇五次全国大巡行,向各地宣示威武,并且勒石记功,又何尝不是受纵横家的文化影响?许多学者已经指出,汉赋夸夸而谈、连累比属的作风颇受纵横家的影响,那么,秦帝国政治中夸诞贪欲的作风,又何尝不是呢?纵横家长期将自己文化的特色输灌进秦政治里,秦帝国统治者长期浸染在此股文化中,自然也就将此文化视为自己传统了。

夸诞贪欲之风还表现在另一方面的事情上。

秦始皇统一中国后,即大量动员民力修建驰道。二十七年(公元前220年)开始,他以咸阳为中心,修建驰道,一条朝东直赴齐、燕之地,一条往南直通吴、楚地区;其路,"道广五十步,三丈而树,厚筑其外,隐以金椎,树以青松。"其宽敞通达,以当日情况而言,实在不会比今天一流的高速公路逊色。如此一流的驰道,所耗费的人力、时间及经费,看来不会少的。三十五年(公元前212年),他又下令修建一条由咸阳朝北伸延的"直道",经陕西一直到包头市南西秦九原郡治所,全长一千八百里(约合今一千四百里),耗时两年半。在此短促之时间内,完成如此长距离的驰道,所动用的人力及经费想来一定相当惊人的。

除了这些驰道,秦始皇还在西南边疆修建"五尺道",又在今日湖南、江西、广东、广西之间修建"新道",把各地紧密地连接在一起。这些驰道,相信也动员了不少民工,花了不少经费,才能在短促的时间内完成。

修建驰道固然有利于巩固政权、国家统一,然而,在如此短促之时间内动员数十万民工,完成如此宽敞的驰道,正好表现了秦帝国文化好大喜功的性格特征。而这种性格特征的形成,恐怕和法家、纵横家的理想及作风很有密切的关系。

秦帝国一统中国后,当年就将各地豪富十二万户迁到咸阳;三十五年(公元前212年),又"徙三万家丽邑,五万家云阳";似此大规模的移民,终秦灭亡之时,经常出现。像这样规模大的政治活动,又怎么不是秦帝国政治文化的一种反映呢?

根据上述各项史迹来观察,无疑的,由于长期被商法、纵横家及军事家的影响、渍浸,秦帝国文化已集此数种人的文化特征于一身。战国时代是法家及纵横家的天下,所以,我们也可以说,所谓秦国文化,其实就是战国文化,也就是以上述几种人的思想为主导的战国文化。就秦国而言,商鞅及商学派的政治文化是这股思想中最主要的构成部分了。

秦以战国文化及政治统一了天下,然而,秦帝国以什么政治、文化来继续治理天下呢?在天下未统一之前,秦有许多敌对的国家,有时矛头对准齐,有时对准赵,处于备战状态,然而,天下统一了,秦帝国拿什么文化、政治,甚至于思想来治理天下呢?

从上述种种历史事件来考察,我们发现,秦帝国依然抱着战国文化、思想及政治来治理天下。天下已经统一了,然而,秦帝国仍如临大敌,如对强寇。秦廷人才济济,然而,赵高是高级策士,李斯是法家人物,其他如蒙恬、章邯等皆军人,除了根深蒂固的战国文化之外,再加上一批战国人物。试问,他们中有谁能够跨出时代的局限,改造秦文化及政治?为秦这个帝国提出跨时代的新思想呢?

可见,在面临社会大变迁之际,秦这个大帝国却丧失了文化的调适能力,无疑也失去了政治的更张弹性。大概在秦昭王的时代,荀卿曾到秦国考察政治,回来后,他有两段话批评秦政。

从荀卿的批评中,即知:秦威力强劲远超汤、武,土地也远超舜、禹;然而,平日推行的依然是无义的政治、军事,依然是战国的种种行径。他认为秦国应该终止战国文化的"力术"，提出跨越时代的新思维——义、文。唯有如此，才能"兵不复出于塞外"，"而朝诸侯"。

无可置疑，在商法治理之下，秦国政治已上轨道，所以，荀卿赞美秦民为"古之民"、吏为"古之吏"等。然而，他却一针见血地指出，其功业如果和昔日王者相较的话，就远远地赶不上了！为什么呢？"无儒"，"粹而王，驳而霸，无一焉而亡"；换句话说，道术纯粹者成王，驳杂者为霸，秦一样也没有！更不要说儒术。所以，秦必灭亡无疑。儒术是否可以改造秦国的战国心态和性格，我们姑且不论，然而，根据荀卿的看法，缺乏新的主导思想却是秦国的致命伤。

历代学者文人评论秦帝国覆亡者多矣！然而，皆不出下列四个基调：

（一）贫富不均，赋税苛繁

（二）暴用民力，贪欲穷侈

（三）连年用兵，官逼民反

（四）刑罚酷虐，官吏残暴

这四种意见，或交错，或独行，皆历代文人学者评论秦帝国覆亡的基本论调。在诸多人士当中，以贾谊下列一段话最为后人所传诵：

> 秦以区区之地，千乘之权，招八州而朝同列，百有余年矣。然后以六合为家，都函为宫，一夫作难而七庙隳，身死人手，为天下笑者，何也？仁义不施，而攻守之势异也。

贾谊将上述四种基调归纳为两句话"仁义不施，而攻守之势异也"，不但概括性很强，而且总结得颇为中肯。考察这四种基调，我们可以发现，绝大部分学者文人都把秦帝国覆亡的原因归咎于秦始皇个人的身上甚至于"仁义不施"，也是由于他不知攻守形势之不同所使然。实际上，事情是不是完全如此呢？

秦始皇统治的残酷，与秦国历史传统有密切关系。秦是以一游牧民族之国，从立国之日起，秦就处于同敌人战斗的环境中。"秦人耐苦战"是历史造成的，统治者的"酷烈"也是同这种战争的残酷现实相一致的……但是，强调秦国的传统，绝不意味着开脱秦始皇个人的罪责，他个人性格残忍，好大喜功，尤其是统一以后刚愎自用，独断专行，以及恣意享乐，乃是加重人民苦难的重要原因。正因为如此，也是由于他把当时的社会经济推到崩溃的地步，使秦王朝又成为历史上一个极其黑暗的朝代。

秦始皇个人的性格及秦国传统文化是覆亡的两个原因；而前者所占比重较大。

秦帝国传统何由形成？秦帝国传统文化由何思想主导？秦帝国文化和战国文化有何关系？这些，都是值得深思的。笔者认为，秦帝国文化实际上就是战国文化不可分割的一部分，秦长期饱受战国文化的影响、渍浸，长期饱受主导战国思想的学派的习染、改造，特别是商学及商法，已经脱胎换骨成为战国文化的中流砥柱。秦帝国统一天下后，顺理成章地也就集战国文化于一身，并且以此文化继续治理天下，依然采用老八股那一套来治理这个新时代、新环境。由此而言，秦帝国的覆亡，实际上是战国文化的覆亡；秦帝国的失败，是整个战国文化的失败，是"父子不相亲，兄弟不相安……泯然道德绝"（刘向语）的大失败，是商法、商学、纵横家及军人等文化思想的彻底垮台。

在这股战国文化里，以秦国来说，无疑，商法、商学占着最大的比重。秦由一半封建半游牧的落后国家,经过商鞅改革的高速度的推动,一跃而为天下"虎狼之国",威胁山东各国。孝公以后,商学、商法成为秦国政治的主流思想,成为秦国的传统政治文化,也可以说是成为以秦帝国为主轴的战国文化的主要构成部分。

秦一统天下后,天下已为秦所独有,秦独尊于四海之内,然而,秦这个大帝国此时却丧失了文化的调适能力,也无疑的已失去了政治的更张弹性。从前文所叙述的种种事迹来考察,无疑,由于历史上过度紧张的惯性运作,秦帝国无法迅速摆脱原有的传统;秦通过商学、商法而"马上得天下",统一天下后依然依靠着商学、商法而"马上治天下",丧失了适应新局面的能力;而商学、商法中也没有"马下治天下"的文化,秦廷中更没有新思维的人物出现,盖有其内在原因。

贾谊说:"攻守之势异也。"虽然贾谊已看出秦政策的弊病,然而,他未察觉出这是以商法为主调的战国文化的问题,是战国文化无法调整步伐以适应天下统一的新时代、新环境所带来的新问题。贾谊说秦帝国应该用"仁义",这和荀卿说秦国应当推行"儒术"一样,都未能突破自己思想的局限。林剑鸣归咎于秦传统,也似乎没完全说中要的。实际上,秦武力一统天下后,由于朝中缺乏新思维的领导人,就一直依照着已经成为自己传统文化的战国文化的方式和手段,来治理一统后的天下,而无视于新时代、新环境的来临,秦才会那么迅速地彻底垮台。贾谊总结秦亡说:"仁义不施,而攻守之势异也。"确实是切中要害的。

是商学、商法使秦国强盛,进而统一天下;却也是商学、商法,再加上纵横家及军人的文化,出现负面的效应,使秦帝国灭亡。

重农抑商

商鞅变法前夕,秦孝公为"强秦"而下达"求贤令",商鞅亦以"强国之术"说孝公,君臣二人在"强国"这一点上达成一致,遂一拍即合,演出了商鞅变法的雄壮史剧。他们所谓"强秦"或"强国"即"富国强兵"之意,而"富国"也就是通过兴农而致富之意。商鞅继承了李悝的"作尽地力之教"和吴起的"要在强兵"思想,他的变法措施都是围绕着"农战"而展开。

商鞅变法最先颁布的法令是"垦草令",商鞅为"垦草令"拟就的方案——《垦令》篇提出了二十种方法,内容涉及政治、经济和思想文化等广泛领域,实际上是商鞅以兴农为基点而实施变法的总体构想。商鞅两次变法,下达"僇力本业,耕织粟帛多者复其身","事末利及怠而贫者举以为收孥","为田开阡陌封疆,而赋税平"等一系列法令,都贯彻了以农为本的方针。

《农战》篇是商鞅学派集中论述重农思想的一篇重要文献。文中说:"百人农一人居者王,十人农一人居者强,半农半居者危。故治国者欲民之农也。国不农,则与诸侯争权,不能自持也,则众力不足也。故诸侯挠其弱,乘其衰,土地侵削而不振,则无及已。圣人知治国之要,故令民归心于农。归心于农,则民朴而可正也,纷纷则易使也,信可以守战也。……明君修政作壹,去无用,止浮学事淫之民,壹之农,然后国家可富,而民力可持也。……惟圣人之治国作壹,抟之于农而已矣。"从这些论述可以看出,商鞅学派的重农思想与战国时期诸侯兼并的战争形势密切相关。国不兴农则贫,贫则无力,无力则兵弱、国土被侵削;反之,国兴农则富,富则多力,多力则"强兵辟土"、成就王业。因而，圣人的"治国之要"就是"令民归心于农"，亦即诱使、驱迫尽可能多的人去从事农业。人民专心务农，就朴实而容易治理，忠厚而容易役使，诚信而可以守土、攻战。这就是说，兴农不仅可以在经济上富国而强兵，而且可以在政治、民俗上使人民朴实、忠厚、诚信而强兵。商鞅学派主张"作壹"，一般来说，"作壹"是使民专一于"农战"；而《农战》篇强调，"作壹"最根本的是使民"壹之农"，因为农是战的基础，兴农才可以强兵。

"壹之农"必须抑止"浮学事淫之民"。《农战》篇说："夫民之不可用也，见言谈游士事君之可以尊身也，商贾之可以富家也，技艺之足以糊口也。民见此三者便且利也，则必避农。避农则民轻其居，轻其居则必不为上守战也。"在商鞅学派看来，"农战"之外的学问是"浮学"，"农战"之外的工商是"淫业"。如果崇尚言谈游说，不压抑工商业，人民就会选择这样既轻松又有利的晋身、谋生之路，从而逃避农业——此为"贫国弱兵之教"。要"富国强兵"，就必须"壹之农"；"壹之农"就必须贬斥言谈游说，压抑工商业。

《外内》篇说："民之内事莫苦于农，故轻治不可以使之。奚谓轻治？其农贫而商富……末事不禁则技巧之人利，而游食者众之谓也。故农之用力最苦，而赢利少，不如商贾、技巧之人。苟能令商贾、技巧之人无繁，则欲国之无富，不可得也。故曰：欲农富其国者，境内之食必贵，而不农之征必多，市利之租必重。……故为国者……市利尽归于农……市利归于农者富。"这就是说，由于农业用力最苦，而赢利不如商业和手工业多，所以要发展农业不能靠农业同工商业自由竞争，而必须靠国家提高粮食价格，加重工商业的徭役、赋税等负担，造成"市利尽归于农"的经济形势。重农就必须压抑工商；农业发展了，国家就必然富强。

《去强》篇在讲到农、官、商三者的关系时说："农少商多，贵人（官吏）贫、商贫、农贫。三官（三种职业）贫，（国）必削。"反之，农多商少则国富，"国富者强"。在讲到粮食和金钱的关系时，《去强》篇说："国好生金于竟（境）内，则金粟两死，仓府两虚，国弱；国好生粟于竟（境）内，则金粟两生，仓府两实，国强。"意思是说，如果国家喜好金钱，把粮食输出于境外，不仅粮食减少了，而且谷贱伤农，农业减产，金钱也就减少了，这样粮仓和金库都空虚，国家也就贫弱；如果国家重视农业，不仅粮食增产，而且粮多可以换钱，这样粮仓和金库都充实，国家也就富强。结论是：粮食比金钱更重要，只有重视农业，才能"仓府两实"，国家富强。

《靳令》篇说："物多末众，农弛奸胜，则国必削"；"民泽（择）毕农则国富"。"物多"是指华丽玩好的器物多，"末众"是指从事商业和手工业的人众。如果这样，农业废弛了，奸人取得了胜利，国家就必定削弱。反之，压抑工商，限制浮华器物的生产和流通，也不给言谈游说的人官作，使人民的择业只有务农一条路，国家就会富强。

《壹言》篇也说："能事本而禁求者富"；"治国者贵民壹，民壹则朴，朴则农，农则易勤，勤则富"。"事本"即从事农业，"禁末"即抑制工商业；"贵民壹"就是要使人民的努力方向专一，"圣人之立法、化俗，而使民朝夕从事于农也"。《壹言》篇还提出"抟力"和"杀力"的理论："其抟力也，以富国强兵也；其杀力也，以事（《剽》刺杀）敌劝民（刺杀）也。……抟力以壹务也，杀力以攻敌也。"可见，其"抟力"就是使人民专一于务农，在经济上蓄积实力，"富国强兵"；其"杀力"就是要把蓄积的实力用于对外战争。由此更可以看出，商鞅学派尚力的基点是首先发展农业经济，兴农而富国，富国而强兵；国富、兵强才能在对外战争中取胜。

《错法》篇说："同列而相臣妾者,贫富之谓也;同实而相并兼者,强弱之谓也。"这正是战国时期人与人之间、国与国之间的关系发生变化的一种写照:原来地位相等的人而现在有的做了别人的奴婢,这是贫富不同造成的;原来土地和人民相等的国家而现在有的被别国所兼并,这是强弱不同造成的。战国时期确实是"争于气力"的时期,也就是争于贫富、强弱势力削长的时期。在这种形势下,商鞅学派尚力,以兴农为本而富国强兵,确实是抓住了"强秦"或"强国"的关键。

商鞅学派的重农思想与儒家的部分思想相契合。《论语·颜渊》篇载:"子贡问政,子曰:'足食,足兵,民信之矣。'子贡曰:'必不得已而去,于斯三者何先?'曰:'去兵。'子贡曰:'必不得以而去,于斯二者何先?'曰:'去食。自古皆有死,民无信不立。'"孔子把"足食、足兵、民信之"作为治国的三个要素。如果不得已而去掉其中一个,那么"去兵";可见孔子认为发展农业比加强军备更重要,这一点与商鞅学派以兴农为本而富国强兵的思想有一致处。但如果不得已在"足食"和"民信之"两个里再去掉一个,那么"去食";也就是说德信比发展农业更重要,这是儒家最根本的尚德思想,而商鞅学派则"任力不任德",兴农就已经是最根本的了。

孟子也有重农的思想,他曾向齐宣王描述了一幅"五亩之宅,树之以桑……鸡豚狗彘之畜,无失其时……百亩之田,勿夺其时……老者衣帛食内,黎民不饥不寒",然后"谨庠序之教,申之以孝悌之义",通过"仁政"而成就王业的画面。孟子重农,为的是先使民得到温饱,"然后驱而之善",也就是说,通过兴农而富民,通过富民而尚德。这与商鞅学派通过兴农而富国,通过富国而强兵,在起点上一样,而在目的上大不相同。另外,孟子重农有一定的原则,即"夫仁政必自经界始",也就是要恢复西周时期的井田制。这与商鞅学派重农始于"垦草",继而"为田开阡陌封疆",更是针锋相对。孟子说:"善战者服上刑……辟草莱、任土地者次之。"这是直接针对着商鞅学派和其他法家、兵家人物而发。孟子的这种态度,无疑会大大激化儒法之间的矛盾。

商鞅学派以农为本,以工商为末,重农抑商,这作为当时的一种战时经济政策是无可非议的。农业用力最苦,而赢利微薄,为了不致如《慎法》篇所说"食屈于内",国家运用一定的经济、政治手段,维持农、工、商从业人员的正常比例,这也不失为上策。但如商鞅学派所为,非欲造成"百人农一人居"、使民择业尽在于农的形势,这样摧残工商业的发展,势必阻碍科技的进步,束缚生产力水平的提高。遗憾的是,以农为本,以工商为末,重农抑商,这在中国古代一直是被普遍接受和贯彻执行的经济思想。直到明清之际,黄宗羲才提出"工商皆本"的新论,但在当时也没有得到多少人的响应。鸦片战争以后,在饱尝了帝国主义列强"船坚炮利"和"商战"的苦头以后,工商业才在新的"富国强兵"的呼唤下受到重视。

商鞅学派兴农为的是"富国"之经济目的和"强兵"之政治目的,而其兴农的措施、手段亦可分为经济的和政治的。兹先述其政治方面的措施。

(1)制定户籍、连坐、告奸法,禁止人民擅自迁徙。商鞅第一次变法除首先颁布"垦草令"外,将"令民为什伍,而相牧司连坐","不告奸者腰斩"等法令放在重要的位置。在商鞅所做的《垦令》篇中也有"使民无得擅徙","废逆旅","重刑而连其罪"等内容。《垦令》篇说:"使民无得擅徙",那些愚昧而又不安心务农的人就不能跑到别处去吃饭,于是不得不务农;这些人务农了,其他的农民也就心静了,"则草必垦矣"。"废逆旅"即禁止开设旅馆,这一条虽可能没有普遍执行,但肯定对开设旅馆采取了严格限制,其目的是使那些奸伪、惑农之民不能远行,开旅馆的人也不得不改行去种地。"重刑而连其罪",实行合奸法,是使奸民不敢斗殴、争讼、游荡、奢侈、欺骗,人人互相监督,家家户户安心务农。建立以"什伍"为单位的编户组织,"举民众口数,生者著,死者削",一方面是便于征兵,更主要是使"民不逃粟",国家按人口和田亩征收粮税。

(2)制定家庭离异法,推行一夫一妻式小家庭。此项在第一次变法时采取了课以重税的经济手段,第二次变法则明令禁止"父子兄弟同室内息"。男耕女织,一夫一妻式小家庭是适应小农经济的发展,有利于调动农业生产积极性的一种家庭形式和生产单位。

(3)将从事工商业以及因懒惰而致贫者没入官府为奴。这是对工商业者雪上加霜,即除施以经济手段使其破产外,再加以政治上的打击,目的是加速工商业者向农业人口的转化,并且制造一批新的奴隶用以奖励军功。

(4)统一县制,颁明法律,整饬交风,禁止官吏法外施奸、欺农和扰农。在秦国普遍建立县制,是商鞅第二次变法时所施行,其主要意义在于加强君主集权;但最初的设想在《垦令》篇已经提出了,即"百县之治一形",其直接的目的是统一政令,加强对官吏的管理,裁减冗员,以利于垦草兴农。《垦令》篇说:各县的政治制度都是一个形态,则人人遵从,邪僻的官吏不敢玩弄花样,接替的官吏不敢变更制度,有过失的官吏不能掩饰其非,"官无邪则民不敖(遨)","官属少而民不劳""征不烦","则草必垦矣"。在《垦令》篇中,还有"无宿治(不拖延政务),则邪官不及为私利于民","国之大臣诸大夫,博闻、辩慧、游居之事皆无得为,无得居游于百县","令军市无有女子"等内容,也是要加强对官吏的管理,整饬吏风,以利于兴农。《定分》篇在关于"明法"的论述中提出"有敢剟定法令、损益一字以上,罪死无赦","吏不敢以非法遇民",表现了与上述同样的思想。

(5)取消贵族世袭特权,禁止豪门私自雇工。商鞅第一次变法颁布"宗室非有军功论,不得为属籍"的法令,这是废除世卿世禄制的重要措施。在《垦令》篇中,商鞅提出"均出余子之使令,以世(册)使之,又高其解舍""以其食口之数,贱(赋)而重使之",即按照户籍所载贵族子弟和食客的人数征收人口税,并加重他们的徭役,提高解免赋税和徭役的条件。贵族子弟不能逃避赋税和徭役,想做大官又没有必得之路,就不会去从事游说,依附权贵;在贵族家寄食的"辟淫游惰之民",也会因主人养不起他们而丢掉饭碗。从而,这两部分人都得去务农。《垦令》篇还有"无得取庸",即禁止贵族豪门私自雇工修建房会或代耕,使贵族子弟不得不自己去劳动,受雇的佣工没有了吃饭的地方也必然去务农。

(6)因功授爵,以粮捐官。商鞅在《垦令》篇提出"无以外权爵任与官,则民不贵学问,又不贱农"。在第一次变法时,颁布了"有军功者各以率受上爵"的法令。在可能是商鞅自作的《修权》篇中有:"授官予爵,不以其劳,则忠臣不进;行赏赋禄,不称其功,则战士不用。"这些都是重视新官制的建设,贬斥学问,崇尚军功,从而鼓励人民耕战的思想。商鞅在世时,可能没有提出和实行以粮捐官。在可能是商鞅自作的《外内》篇中有"欲农富其国者,境内之食必贵","市利尽归于农"的思想;在商鞅第一次变法时颁布了"僇力本业,耕织致粟帛多者复其是"的法令。这两项都是从经济手段来鼓励人民务农。《修权》篇所谓"授官予爵,不以其劳,则忠臣不进",其中的"劳"当是指一般意义上的功劳或劳绩,而不是特指农业劳动,以粮捐官的富人不当称为"忠臣"。但在商鞅后学所做的《农战》《去强》《说民》《弱民》《靳令》等篇中确有以粮捐官的思想。《农战》篇说:"凡人主之所以劝民者,官爵也。……善为国者,其教民也,皆作壹而得官爵……"《农战》篇所谓"作壹",宽的意义上是指壹之于农战,窄的意义上是指"壹之农"。因此,"作壹而得官爵"包含有务农致富而可以得官爵的意思。《去强》篇明确提出:"兴兵而伐,则武爵武任,必胜;按兵而农,粟爵粟任,则国富。""粟爵粟任"就是按照人们捐粮的多少给他们爵位和官职,也就是以粮捐官。《去强》篇还说:"贫者使以刑则富,富者使以赏则贫,治国能令贫者富、富者贫,则国多力,多力者王。"《说民》篇有与此相类似的一段话。所谓"贫者使以刑则富",就是说用刑罚强迫穷人去劳动,这样他们就能致富;所谓"富者使以赏则贫",就是说用授官予爵的办法鼓励富人捐献粮食,这样他们就穷了。《弱民》篇说:"民富而不用,则使民以食出〔爵〕,各必有力,则农不偷。"《靳令》篇也说:"民有余粮,使民以粟出爵,官爵必以其力,则农不怠。"这些都说明,以粮捐官是商鞅后学所重视的一项兴农措施。

(7)实行对思想文化的严格控制。在《垦令》篇中,商鞅提出:"声服(技)无通于百县",即禁止音乐、杂技等到各县去演出;还提出国中大臣不可行"博闻、辩慧、游居之事","无得居游于百县。"这样,农民就接触不到奇谈异能,精神不他顾,从而一个心思务农。在商鞅后学所作各篇,更有大量对杜绝"国害"(主要是儒家典籍和道德条目)的论述,详见本书第十一章。

农业是由众多劳动者参加的最广泛的经济活动。除政治措施外,运用经济手段兴农亦为商鞅学派所十分看重。

(1)"僇力本业,耕织致粟帛多者复其身",即努力从事农业,勤耕勤织获丰产者可免除徭役。

(2)"开阡陌封疆",废除井田制,实行土地私有,民可买卖。这是商鞅第二次变法时在生产关系领域实行的重大改革。由于拆除了原来较宽的田界,所以用于实际耕种的土地面积也有所增加。

(3)均平赋税,统一度量衡。统一度量衡是均平赋税以及按统一标准"行赏赋禄"的必要条件之一。均平赋税是指计亩收税和按人口收税。在《垦令》篇中,商鞅就提出"訾粟而税",即计算出田亩产量的多少来确定征收地税的数额。实行户籍法,"举民众口数,生者著,死者削",使"民不逃粟",主要是指按人口收税。除赋税外,国家还按人口征派徭役。《垦令》篇有"以商之口数使商,令之厮、舆、徒、重(童)者必当名",即按照商人家里的人口包括其奴仆的数量征派徭役;对贵族则"以其食口之数,贱(赋)而重使之",即按照贵族家里的人口包括其食客的数量征收人口税,并加重他们的徭役。对一般农民实行均平赋税,但在第一次变法时为推行一夫一妻式小家庭,曾提出对两个男丁以上而不分异的家庭征收双倍的赋税。

(4)"境内之食必贵",即提高粮食价格。《外内》篇说:"食贵则田者利,田者利则事者众;食贵则籴者不利,而又加重征,则民不得无去其商贾技巧而事地利矣。"这是用价格手段造成"市利尽归于农"的经济形势,鼓励农民生产,并促使商业和手工业者向农业人口转化。

(5)"不农之征必多,市利之租必重",即加重工商业的徭役和赋税。这是《外内》篇所提造成"市利尽归于农"经济形势的另外一方面。《垦令》篇有"重关市之赋",即加重关市的商品税,使经商无利可图,农民不愿意经商,商人对自己的职业产生"疑惰之心",从而转向农耕。

(6)"使商无得籴〔粜〕,农无得粜〔籴〕",即不许商人卖粮,也不许农民买粮。《垦令》篇说:农民不得买粮,懒惰的农民就会努力耕作;商人不得卖粮,就不会在丰年贱购、灾年贵销而得利。根据这条措施,粮食将由国家统购统销,农民则不在吃商品粮之列。

(7)"壹山泽",即由国家垄断山泽之利,禁止私自采矿、冶铁、捕鱼、贩盐等等。这样,靠山泽之利为生的人就不得不去务农。

(8)"贵酒肉之价,重其租,令十倍其朴",即对经营酒肉收取十倍其成本的重税,以提高酒肉价格。这样,经营酒肉的商人减少了,粮食不致浪费,农民也不会因耽酒而误农事。

(9)"令送粮无取僦,无得反庸",即运送公报不得雇别人的车,返回时也不许揽载别人的货物。这样,运送公粮就往来迅速,不致妨害农事。

(10)"算地""徕民",即计算土地,招徕远民。《算地》篇和《徕民》篇是商鞅后学所作,这两篇都根据秦国"地广而民少"的状况,提出了以经济上的优惠而招徕远民的政策。《算地》篇说:"地狭而民众者,民胜其地;地广而民少者,地胜其民。……地胜其民者事徕。"《算地》篇和《徕民》篇给出的土地与人口的正常比例是:在方百里的土地中,山林占十分之一,湖泽占十分之一,河涧流水占十分之一,城市村庄道路占十分之一,坏田占十分之二,好田占十分之四;这样的土地应当居养农夫五万人,出战士一万人。据《徕民》篇,当时秦国的土地有五千方里,而耕种面积不足十分之二,田数不满百万亩;也就是说,按坏田和好田应合占土地十分之六的比例计算,秦国还有十分之四亦即近二百万亩土地(井田旧制一方里合九百亩)应当开垦。《徕民》篇分析了秦国是地广人稀,而三晋是土狭民众,因此向秦王建议:用给予田宅、免除三世的赋税徭役,招徕三晋之民到秦国垦荒种地;这样,秦国就可以用新来的移民从事生产,用故有的人民从事战争,这是"富、强两成之效"。"徕民"措施就是用经济优惠手段争夺农业劳动力的措施,它有利于秦国农业的发展、兵员的扩充,加速了秦国统一中国的进程。

治国方略

商鞅首先是一个大政治家,他在秦孝公的支持下,自公元前361年入秦,至公元前338年车裂而死,领导了秦国长达23年的变法运动,取得了国富兵强的效果,开创了秦统一中国的帝业,也为中国两千年封建社会的政治制度和经济制度奠定了基础。商鞅之所以能取得如此巨大的政治成就,是和其哲学思想分不开的。他的哲学思想经过其后学的继承和发展,在《商君书》中有较为充分的体现。

《商君书》作为先秦众多文化典籍中的一部"子书",其最大的哲学特色是全书直言政治、经济、军事问题,以及社会风俗、文化政策等问题,在哲学方面则涉及历史观、人性论、辩证法等领域,全书除少数几篇谈到人类社会所处的自然环境以及用自然界的事物设喻之外,一概不言及鬼神和天道。这与儒家的"以神道设教"和中国古代"究天人之际"的哲学传统是判然有别的。

商、周时期占统治地位的思想是有人格的"上帝"或"天神"观念。当西周统治者取代殷商的统治地位时,他们说:"有夏服天命","有殷受天命",惟夏、殷"不敬厥德,乃早坠厥命";"今王嗣受天命……其德之用,祈天永命"。他们给"天"加上了"惟德是辅"的道德属性,"天"实际上是"监下民,典厥义……正厥德"的人格神。当时的人们"小心翼翼,昭事上帝","夙夜畏天之威",社会上盛行的便是这种崇拜天神的宗教世界观。

西周末期,各种社会矛盾日趋激化,国人暴动,外族入侵,再加上严重的自然灾害,整个社会处于动荡不安之中。社会政治、经济的危机引起思想文化的危机,一股怨天、疑天的思潮蓬勃兴起:"何辜于天,我罪伊何","疾威上帝,其命多辟","民今方殆,视天梦梦"。随之,人世间的灾祸并非出于"上帝",人须对自己的行为负责的思想也已产生:"下民之孽,匪降自天。噂沓背憎,职竟由人。"

公元前780年,西周的王畿地区发生了一次大地震,太史伯阳父在解释地震发生的原因时说:"夫天地之气,不失其序;若过其序,民乱之也。阳伏而不能出,阴迫而不能蒸,于是有地震。今三川实震,是阳失其所而镇〔于〕阴也。"他不是把地震的原因归于天神的震怒和对人世间的警惩,而是归于"天地之气"(阴阳)失去了正常的秩序。这是用物质世界自身的原因来解释自然现象,它标志着一种不同于宗教神学的朴素哲学观点的产生。

春秋时期,这种素朴哲学观念迅速传播和发展。公元前644年,有五块陨石落在宋国,宋襄公问这是什么征兆,将会有什么吉凶。周内史叔兴敷衍作答后,又背着宋襄公说:这话问得不对,此为"阴阳之事,非吉凶所生也,吉凶由人"。这说明在用"气"(阴阳)解释自然现象后,"明于天人之分"的思想也随之萌发;既然自然界的变化不是"上帝"造成的,那么人世间的吉凶也就和自然界的变化没有直接的联系,吉凶须由人自己来负责。

公元前524年,鲁大夫梓慎在观察天象后,预言宋、卫、陈、郑将有火灾。郑国的执政者子产不信,说"天道远,人道迩,非所及也,何以知之?"在子产的思想中,"天道"与"人道"有了明确的区别,假言"天道"而预测人事的迷信活动受到了批判。

然而,思想的发展是错综复杂的,尽管在春秋时期已经萌发了"明于天人之分"的思想,但人们在论证自己的社会主张时,因难以从人类社会找到强有力的根据,所以往往把自己的社会主张说成是包括自然界和人类社会在内的世界的普遍规律。这种倾向在子产的思想中就有,他在论证"礼"的必要性和必然性时便说:"夫礼,天之经也,地之义也,民之行也。"

以后,中国古代哲学之所以成为"天人之学",一方面是因为哲学家须探讨自然界和人类社会的普遍规律,也要探讨人类社会与自然界的相互联系和区别;另一方面是因为哲学家往往从自然界引出人类社会的"理"(特别是儒家大多从自然界或"天"引出伦理道德),把对自然界的解释作为其社会主张的理论根据,从而"天人合一"也就成为中国古代哲学的主导潮流。在"天人合一"的理论背景下,当一些哲学家的社会主张在社会的上层或下层遇到施行的阻碍时,他们又往往把自然界的灾变解释成对君主或民众的儆戒。这样一来,自然界的灾变便被赋予了意志,旧有的天神观念在新的哲学形式下得到复活。而当宗教情绪达到一定的程度,对生产和科学技术的发展甚至世俗的社会生活造成严重困难时,又会有一批哲学家重新树立起"明于天人之分"的旗帜,抑制宗教情绪的发展。正如"天"与"人"是对立统一的一样,"天人合一"与"明于天人之分"在中国古代也是对立统一的。

儒家的创始人孔子在把道德的根源从外在的"天神"和"礼"移到人的内心之"仁"时，对天道、鬼神持一种犹疑、两可的态度。《论语》记载："夫子之言性与天道，不可得而闻也。""子不语怪力乱神。"当有人问到"事鬼神"时，孔子说："未能事人，焉能事鬼?"但孔子也曾说过："获罪于天，无所祷也。"君子有三畏："畏天命，畏大人，畏圣人之言。""祭如在，祭神如神在。"

墨子批评儒家的学说是"以天为不明，以鬼为不神"，这说明儒家对天道、鬼神的态度包含有无神论的倾向。孔子的再传弟子孟子便持"无鬼神"之说。但是，儒家的孝道又离不开祭祀祖先之礼。墨子因此而批评儒家学说的自相矛盾："执'无鬼'而学祭祀，是犹无客而学客礼也，是犹无鱼而为鱼罟也。"墨家大讲"天志""明鬼""尊天事鬼"，以为其"兼相爱交相利"的社会主张张本。而儒家以后则提出"圣人以神道设教"的观点，把鬼神之说作为施行道德教化的工具或辅助。

老子提出"道法自然";道"象帝之先"，"为天下母"。实际上，老子是彻底的无神论者。同时，他也是"天人合一"论者。他提出"人法地，地法天，天法道，道法自然"，也就是说，人要合于地、天、道。他把"天道无为"作为其"人道无为"的社会主张的根据。

商鞅的学说是最"有为"的学说，在社会主张上与老子的学说截然相反;但商鞅之所以能够做到最"有为"，实际上又是以老子的彻底的无神论为哲学基础的。商鞅是政治家、社会改革家，既然"道法自然""天道无为"，那么"天道"又和政治、社会改革有什么相干呢?

儒家讲"以神道设教"，墨家讲"尊天事鬼"，道家讲"人法地，地法天，天法道"，他们都是要从神、鬼、天、道那里吸取力量，以推行他们的社会主张。他们在道德上、谋取民众的功利上、哲学理论上分别是强者，但他们在政治上却都是弱者。商鞅从哲学的强者那里吸取了力量，扫荡了鬼神，斩断了"天道"与政治、社会改革的关系，从而根据历史的进化、时势的发展而大胆地、敢作敢为地实施变法图强的一系列措施。商鞅不仅是哲学上的强者，而且更主要是政治上的强者。

商鞅不言鬼神和天道，除了表明他不信鬼神和"明于天人之分"的哲学立场外，还因为他不是一个专门的哲学理论家;他的政治家、社会改革家的身份使他专注于人类社会的历史和现状，而用不着去探讨自然界的运动规律。

如果用战国时期的哲学语言来表述商鞅思想的哲学特色的话，那么我们不妨节引《荀子·天论》中的一段话："天行有常，不为尧存，不为桀亡……强本而节用，则天不能贫;养备而动时，则天不能病;循道而不贰，则天不能祸。故水旱不能使之饥，寒暑不能使之疾，怪不能使之凶……故明于天人之分，则可谓至人矣。"荀子在对"天行"与人事的区分做了如此概括后，便提出"惟圣人为不求知天"。"不求知天"是为了专注于社会，而所以能够专注于社会，正是因为对"天道无为""天行有常"有了一个明确的、正确的哲学认识。

商鞅初到秦国时，以"客卿"身份筹措变法，虽得到秦孝公的信任，但受到保守派旧臣的强烈反对，于是发生商鞅与甘龙、杜挚的御前辩论。在辩论中，商鞅以历史的发展、政教的不同作为根据，申述变法的理由，反驳保守派的诘难，这是商鞅历史进化论思想的发端。

商鞅变法最先遇到的反对意见是"圣人不易民而教，知者不变法而治"。商鞅驳斥说:这是"常人安于故习,学者溺于所闻"的"世俗之言"。他指出:"三代不同礼而王,五霸不同法而霸。故知者作法,而愚者制焉;贤者更礼,而不肖者拘焉……"这段话是商鞅对夏、商、周三代和春秋时期历史发展的一个概括。既然夏禹、商汤、周武施行不同的礼教而都成就了王业,春秋时期的五霸创建不同的法度也都实现了霸业,那么所谓"圣人不易民而教,知者不变法而治"便是不符合历史发展实际情况的迂腐之论。开创新的礼、法的人才是"圣人""贤人""知者",而拘守前代礼、法的人恰恰是"愚者""不肖者"。

保守派又以"法古无过,循礼无邪"相诘难,商鞅针锋相对地予以反驳:"前世不同教,何古之法?帝王不相复,何礼之循?伏羲、神农教而不诛,黄帝、尧、舜诛而不怒〔挐〕,及至文、武各当时而立法,因事而制礼。礼法以时而定,制令各顺其宜……治世不一道,便国不必法古。汤、武之王也,不循古而兴;殷、夏之灭也,不易礼而亡。然则反古者未必可非,循礼者未足多是也。"这段话把历史的发展叙述得更加有条理,立论也更加明确、有力。在商鞅的思想中,伏羲、神农是第一个阶段,黄帝、尧、舜是第二个阶段,夏禹、商汤至周文王、周武王是第三个阶段。在第一个阶段,只施行教化而不杀人;在第二个阶段,杀了人而不株连妻、子;在第三个阶段,夏禹、商汤和周文王、周武王又各自根据当时的形势制定礼、法。礼、法随时势的发展而制定,政令要符合实际的需要,因此"治世不一道,便国不必法古"。"治世""便国"是目的,礼、法是手段;为达到目的,手段就必须不断地变化。商鞅举出商汤、周武"不循古而兴"和夏桀、殷纣"不易礼而亡"正反两方面的例子,说明改革古法的人"未必可非",而拘守旧礼的人"未足多是"。这种辩驳立足于历史事实,也具有很强的逻辑说服力。保守派大唱"法古""循礼"的高调,但古代的礼、法随时势而变化,今人又去效法,依循哪一种礼、法呢?如果真要以史为鉴,那么只有根据当今的形势而变法图强。

"当时而立法,因事而制礼","治世不一道,便国不必法古",这是商鞅从历史的发展中确立的变法原则和理论依据。这一思想在《商君书》的《开塞》《画策》《君臣》等篇有更鲜明的体现。

《开塞》篇是商鞅学派的一篇重要的以历史观为基础的政论文章,它在中国思想史上也占有相当重要的位置。

《开塞》篇首先叙述了人类社会的历史发展:在"天地设而民生之"的初民社会,"民知其母而不知父,其道亲亲而爱私"。"亲亲"则区别亲疏,"爱私"则心存险恶。当此时,人们都努力去战胜对方而夺取私利,于是就发生争斗和争吵。由于争斗和争吵没有一定的是非标准来评判,所以人的理性便无法得到体现。于是有贤人出,建立中正的标准,主张无私,人们也就喜好仁慈了。当此时,亲亲之道废,而尊重贤人的思想立。仁者以爱人利人为职责,而贤人则要高出人一头,争得众人之上的位置。人数众多,无一定的制度可循,争为人上的事情发生久了,社会便有纷乱。于是有圣人出,划定土地、财物和男女之别。有分别而无制度不行,所以便创制了法律。有法律而无司法的人不行,所以便设置了官吏。有官吏而无统一的管辖不行,所以便建立了国君。有了国君,则尊重贤人的思想废,而尊重权贵的思想立。——由此,《开塞》篇总结出"上世亲亲而爱私,中世上贤而说(悦)仁,下世贵贵而尊官"的三世说。此三世说在细节上虽不完全符合历史进化的实际情况,但大致反映了人类社会由母系到父系,由亲亲爱私到有一定的道德规范,由平等到尚贤,由尚贤到尊官,由无法、无官、无君到有法、有官、有君的历史进程。

《开塞》篇进一步指出：亲亲是以自私为道，而建立中正的道德标准则是使自私不得申展；尊贤是以才德相竞争，而建立国君则是使贤人没有用处。这三个时代并不是行事彼此矛盾，而是人们所走的道路发生了阻塞，因而所重视的东西就有了变革；社会的情况发生了变化，因而所采取的办法也就不同了。——在这里，道德、贤人、国君等等都不是一开始就有的，更不是天意所授的，而是社会发展到一定的阶段，因旧路已经衰朽而新路需要开拓所必然产生的结果；历史不仅是进化的，而且是有必然趋势可循的。

在历史进化论的基础上，《开塞》篇论述了知与力、德与刑两种不同的治道适用于不同的时代：人民愚昧，则力有余而知不足，所以有智慧的人就可以做国王；人民有了智慧，则技巧有余而力不足，所以有力量的人就可以做国王。人的性情是，对不知道的东西就学习，力量用尽了就屈服。神农教人耕种，而做了帝王，这是人学习他的智慧；商汤、周武兵力强大，而征伐诸侯，这是诸侯屈服于他们的力量。因此，"以〔知〕王天下者并（屏）刑，〔以〕力征诸侯者退德。""效于古者，先德而治；效于今者，前刑而法。"《开塞》篇终于从进化的历史观中引出了当时应尚力、重刑、任法的结论。

《开塞》篇在"民愚则知可以王，世知则力可以王"的前面有"故曰"二字，这段话与《算地》篇的一段话近同，当是《开塞》篇引用了《算地》篇的话。《算地》篇在"汤、武致强，而征诸侯，服其力也"的后面说："今世巧而民淫，方效汤、武之时，而行神农之事，以随（堕）世禁，故千乘惑乱，此其所加务者过也。"其中也有从历史进化得出尚力结论的思想。

《画策》篇对历史的进化过程有新的描述：在上古昊英时代，人数少而树木和野兽多，人们就伐木以猎杀野兽。在神农时代，男耕女织，大家分享劳动成果，不用刑罚政令而社会得到治理，不动用甲兵就做了帝王。神农死后，人们"以强胜弱，以众暴寡"，所以黄帝创制了"君臣上下之义，父子兄弟之礼，夫妇妃匹之合"，对内施以刑罚，对外动用甲兵。这是因为时代改变了。《画策》篇的历史进化论涉及了生产力的进步，也涉及了家庭、伦理和刑罚、军队等国家机器的起源问题。

《画策》篇针对当时人们对古代传说中的帝王越古越尊重的思想，提出"神农非高于黄帝也，然其名尊者，以适于时也"，也就是说，先帝与后帝都是适应不同的时势而采取了不同的治世方法，他们都同样值得尊重。为了替后帝（实际上是为当时的秦国）"内行刀锯，外用甲兵"辩护，《画策》进而提出："以战去战，虽战可也；以杀去杀，虽杀可也；以刑去刑，虽重刑可也。"这里包含了对历史辩证进程的一种理解。这一思想在商鞅本人的思想中尚没有明显的体现。《去强》《说民》《靳令》《开塞》等商鞅后学所作各篇提出了与商鞅本人"厚赏重刑"论不同的"重刑轻赏"论，于是"以刑去刑"便成为对"重刑轻赏"的一个合理性辩护，而《开塞》篇还表述了"以杀刑之反于德"的思想。《画策》篇另提出"重刑不赏"论："善治者刑不善而不赏善，故不刑而民善。……刑重者，民不敢犯，故无刑也……"对刑特别是重刑的高度重视，引发了商鞅学派关于"以战去战""以杀去杀""以刑去刑"的辩证思考。与《画策》篇约作于同时的《赏刑》篇虽不同意《画策》篇的"重刑不赏"论，但在论述"壹赏""壹刑""壹教"时套用了"一'赏、刑、教'→不（赏、刑、教）→无（赏、刑、教）"的公式。这说明历史辩证法思想受到商鞅后学的普遍重视。其理论来源当是受老子哲学的影响，是对老子"无为而无不为"思想的反其意而用之,即由有为到无为。尽管"以战去战""以杀去杀""以刑去刑"带有为严刑峻法、强兵尚武进行辩护的性质,但其历史辩证法思想的合理内核仍有值得肯定的意义。

《画策》篇在论述君主之"明"时说:"所谓明者,无所不见,则群臣不敢为奸,百姓不敢为非。是以人主处匡床之上,听丝竹之声,而天下治。……恃天下者,天下去之;自恃者,得天下。得天下者,先自得者也;能胜强敌者,先自胜者也。"这里明显地吸收了黄老学派的"君道无为"思想,并且充分体现了商鞅后学对君主的主观能动性的强调。

《画策》篇还说:"圣人知必然之理、必为之时势;故为必治之政,战必勇之民,行必听之令。是以兵出而无敌,令行而天下服从。黄鹄之飞,一举千里,有必飞之备也。丽丽巨巨,日走千里,有必走之势也。虎豹熊罴,鸷而无敌,有必胜之理也。圣人见本然之政,知必然之理,故其制民也,如以高下制水,如以燥湿制火……圣人者不贵义而贵法,法必明、令必行则已矣。"这段话一连用了十多个"必"字,充分体现了商鞅学派对人类社会以及自然界运动规律的必然性的认识,这在同时期的文化典籍中是鲜见的。商鞅学派正是把历史的进化和历史发展的必然性作为其变法、任法的哲学基础。

《君臣》篇也谈到人类社会由无君、无官、无法到有君、有官、有法的历史进化。其开篇说:"古者未有君臣上下之时,民乱而不治。是以圣人列贵贱,制爵位,立名号,以别君臣上下之义。地广、民众、万物多,故分五官而守之。民众而奸邪生,故立法制,为度量以禁之。是故有君臣之义、五官之分、法制之禁。"在阐述了"君臣之义、五官之分、法制之禁"产生的必然性和必要性之后,《君臣》篇又指出:"处君位而令不行,则危;五官分而无常,则乱;法制设而私善行,则民不畏刑。"要使君令必行、官分有常、民畏刑罚,就必须"君尊""官修""法制明"。从历史的进化引出现时的政治主张,这是《君臣》篇和《开塞》《画策》等篇共同的特点。如果说商鞅学派最初主要是用历史的进化来论证变法的必要性,那么商鞅后学则主要是用历史的进化来论证坚持和强化商鞅的法治路线的必要性。如果说"究天人之际"是中国古代多数学派的哲学传统,那么"通古今之变"则是商鞅学派的重要哲学特色。

商鞅学派的历史进化论思想对后世的哲学家有重要、深远的影响。韩非子的《五蠹》篇同《商君书》的《开塞》《画策》《君臣》等篇一样,开篇即论述历史的进化:"上古之世,人民少而禽兽众,人民不胜禽兽虫蛇;在圣人作,构木为巢以避群害,而民悦之,使王天下,号之曰有巢氏。民食果、蓏、蚌、蛤,腥臊恶臭而伤害腹胃,民多疾病;有圣人作,钻燧取火以化腥臊,而民悦之,使王天下,号之曰燧人氏。中古之世,天下大水,而鲧、禹决渎。近古之世,桀、纣暴乱,而汤、武征伐……是以圣人不期修古,不法常可,论世之事,因为之备……今欲以先王之政,治当世之民,皆守株之类也。"韩非子的三世说与商鞅学派的三世说虽不完全相同,但其思维方式以及从中引出的结论是相同的。韩非子总结出:"世异则事异……事异则备变。上古竞于道德,中世逐于智谋,当今争于气力。"我们由此不难看出韩非子所受《商君书·开塞》篇关于德与刑、知与力适用于不同时代的思想的影响。

唐代的柳宗元在《封建论》中说:"彼其初与万物皆生,草木榛榛,鹿豕狉狉,人不能搏噬,而且无毛羽,莫克自奉自卫……夫假物者必争,争而无已,必就其能断曲直者而听命焉……由是君长刑政生焉……大而后有兵有德……有诸侯之列……有方伯、连帅之类……然后天下会于一。"这一段对初民社会生产力低下和道德、国家起源的论说，我们在《商君书》的《开塞》篇和《画策》篇可以看到类似的描述。

明代杰出的哲学家王廷相在批判程朱理学所谓"天地间万形皆有敝，惟理独不朽"时说："揖让之后为放伐，放伐之后为篡夺，井田坏而阡陌成，封建罢而郡县设。行于前者不能行于后，宜于古者不能宜于今，理因时致宜，逝者皆刍狗矣，不亦朽敝乎哉？"历史进化论曾经是政治革新的旗帜，在明代中叶它又成为突破程朱理学的束缚而哲学革新的旗帜。

明清之际，黄宗羲说："有生之初，人各自私也，人各自利也。……有人者出，不以一己之利为利，而使天下受其利；不以一己之害为害，而使天下释其害。……古者以天下为主，君为客，凡君之所毕世而经营者，为天下也。今也以君为主，天下为客，凡天下之无地而得安宁者，为君也。……呜呼！岂设君之道固如是乎？"在商鞅的时代，历史进化论曾经为实现君主的集权和专制而做辩护；在黄宗羲的时代，历史进化论又成为批判君主的集权和专制的锐利武器。

在中国近代史上，达尔文的生物进化论被中国的先进分子普遍接受，并且迅速与中国传统的历史进化论思想相结合，从而形成中国近代变法维新和革命的哲学基础。康有为的"公羊三世说"，章炳麟的"俱分进化论"，直至孙中山关于从"不知而行"到"行而后知"再到"知而后行"三个历史阶段的划分，以及从"人同兽争"到"人同天争"再到"人同人争"以至"人同君主相争"四个历史阶段的划分，这些都可以说与商鞅学派的历史进化论有思想渊源的关系。而中国传统的历史进化论，又可以说是马克思主义的唯物史观在中国扎根的文化土壤。

商鞅学派主张严明赏罚，以"刑治"而不以"义教"，"不贵义而贵法"。他们除了说明这是由于历史进化而必然采取的措施外，还提出这是针对人的追求食饱安逸等等的自然本性所使然。自然人性论是商鞅学派坚持法治路线的又一哲学基础。

商鞅学派以督民"耕战"为治国之要。他们认识到战争有生命的危险，耕稼须付出艰苦的劳动，《外内》篇说："民之外事莫难于战，故轻法不可以使之"；"民之内事莫苦于农，故轻治不可以使之"。正是因为人民好生恶死、好逸恶劳，所以要使民"耕战"就不能用"轻法""轻治"。所谓"轻法"，也就是"赏少而威薄，淫道不塞之谓也"。所谓"淫道"，也就是给辩知者、游宦者和文学之士开了利禄、名誉之门。要使民不得不去参加战争，就必须先"战其民"。"战其民"就必须用"重法"，"赏则必多，威则必严，淫道必塞"；如果使民以战，但又"赏少而威薄，淫道不塞"，那就像捕老鼠而用狸猫去引诱它一样不可能。如果"赏多威严，民见战赏之多则忘死，见不战之辱则苦生"，"而淫道又塞"，这样组织起来的军队遇到敌人，就好比用硬弓射飘摇的树叶一样无往而不胜。所谓"轻治"，也就是"其农贫而商富……末事不禁则技巧之人利，而游食者众之谓也"。要使民不得不去务农，就必须加重"不农之民"的徭役和赋税，并且使粮价昂贵。这样，不农之民无利可图，买不起粮食，也就不得不抛弃商贾、技巧的旧业，而改行去耕田。《外内》篇由此得出治理国家必须"边利尽归于兵，市利尽归于农"的结论。

《慎法》篇有与《外内》篇相类似的论述：国君役使人民，最劳苦的事是耕田，最危险的事是战争。这两件事，孝子难以为了他的父亲去做，忠臣也难以为了他的君王去做。要驱赶众民去干孝子、忠臣都难以做到的事，就必须"劫以刑而驱以赏"，使"民之欲利者非耕不得，避害者非战不免"。在这里，"欲利""避害"被视为人的普遍本性。

《算地》篇说："民之性，饥而求食，劳而求逸，苦则索乐，辱则求荣。""民之生（性），度而取长，称而取重，权而索利。"人民的本性就是追求食饱、安逸、欢乐、荣誉和利益。为了求利，人民抛弃了礼法，甚至不顾名声的可耻、生命的危险去做盗贼。还有一些士人，"衣不暖肤，食不满肠，苦其志意，劳其四肢，伤其五脏"，而心胸却更加宽广，这违背人之常情；但他们之所以这样做，为的是求名。因此，《算地》篇提出："名利之所凑，则民道之。"也就是说，名利在哪里，人民就往哪里走。务农，人民认为是劳苦的；战争，人民认为是危险的。而人民之所以肯干他们认为劳苦、危险的事，这是出于他们对名利的计虑。人民"生则计利，死则虑名"。"利出于地，则民尽力；名出于战，则民致死。"君主只要"操名利之柄"，人民就会尽力务农，勇于赴死，"富强之功，可坐而致也"。

《算地》篇还说：人民的本性是"有欲有恶"的。如果君主将刑罚用于许多方面以抑制、禁止人民的各种欲望，而利赏只出于农战一途，那么人民就会做事专一，去从事他们所憎恶的农战。这样，力量集中，国家就可以富强。

《错法》篇说：人生而有所好、有所恶，这是君主使用赏罚而进行统治的根本。"夫人情好爵禄而恶刑罚，人君设二者以御民之志，而立所欲焉。夫民力尽而爵随之，功立而赏随之。"君主如果能让人民相信这一点如相信日月之明一样，那么兵力就无敌于天下。

《君臣》篇说："民之于利也，若水之于下，四旁无择也。"人民只要可以从中得到利益，就肯去干，而利益是国君给予的。因此，"道（导）民之门，在上所先。"君主只要让利益只出于农战，人民就会去从事农战。

《农战》篇大力主张"作壹"，也就是使人民专一于农战。而要达到"作壹"的目的，就必须使"民见上利之从壹空出也"，也就是说，要使人民见到君主所给予的利益只从农战一个窍出来。《靳令》篇说："利出一空者，其国无敌；利出二空者，〔其〕国半利；利出十空者，其国不守。"

商鞅学派把追名逐利、好逸恶劳、贪生怕死作为人的自然本性，这是一种"性恶"论的观点。孟子曾说："人性之善也，犹水之就下也。"而商鞅学派却认为"民之于利也，若水之于下也，四旁无择也。"这两种观点是恰恰相反的，儒法两家由此而有德治和法治的对立。

《说民》篇说：人民战胜了法律，则国乱；法律战胜了人民，则兵强。采用良民治理的办法，国家"必乱至削"；采用奸民治理的办法，国家"必治至强"。《定分》篇说："法令者，民之命也，为治之本也，所以备（防）民也。"治国如果抛弃法令，那就好比希望不挨饿而抛弃粮食、希望不受冻而抛弃衣服、希望到东方而却走西方一样不可能。法令要确定"名分"，如果"名分未定"，连尧、舜、禹、汤都会曲而犯奸，像奔马似的去追逐利益；如果"名分已定"，那么大骗子也会变得正直诚信，穷苦的盗贼也不敢妄取。在儒家学者看来，人尽可以为尧、舜；而在商鞅学派看来，尧、舜也可以为"奸人"。

《画策》篇在批评儒家的德治主张时说："仁者能仁于人而不能使人仁，义者能爱于人而不能使人爱，是以知仁义之不足以治天下也。"道德教化没有使人都遵从道德的必然性，而圣人治国要"为必治之政，战必勇之民，行必听之令"。"善治者，使跖可信，而况伯夷乎？不能治者，使伯夷可疑，而况跖乎？势不能为奸，虽跖可信；势得为奸，虽伯夷可疑也。"商鞅学派正是因为把尧、舜、伯夷这样的"圣人"也看作可以为奸的"奸人"，所以他们主张要用法令、刑罚造成一种任何人都"不能为奸"的必然之"势"。应该说,这样一种看法是有其深刻之处的。西方近现代的政法体制就是建立在霍布斯等人的"性恶"论基础上。这套体制所假设的便是任何人都可能犯错误,所追求的便是形成任何人都不能犯错误或对任何错误都能予以纠正的权力制衡机制。

如果超越"性善"与"性恶"的对立,那么人生活在社会环境中,受各种因素的影响,人之"自由意志"服从于道德律令,有其可能,而并非必然。完全的"纯乎天理,尽弃人欲"的"圣人"实际上是不存在的。因此,用法律造成一种社会成员不得不遵守一定行为规范的社会机制,这是必要的。孔子说:"道之以政,齐之以刑,民免而无耻;道之以德,齐之以礼,有耻且格。"所谓"免而无耻",就是行为上能免于法律的制裁,但没有道德心;所谓"有耻且格",就是有道德心,而且行为也归于正确。前者对法治的批评是有道理的,法律并非万能,社会除需要法律外,还需要有道德;后者对德治的颂扬不免有些夸张,"有耻且格"不是所有人都能做到,也不是一个人时时处处完全可以做到的。后来荀子提出"隆礼尊贤而王,重法爱民而霸",综合了儒法两家之长,中国两千年封建社会的政教便是依此而礼法并用、王霸并用的。

商鞅学派基本上是法律万能论者,他们不仅认为法令可以禁止人为奸,而且认为法令可以成就人的"道德"。《画策》篇说:"所谓义者:为人臣忠,为人子孝,少长有礼,男女有别;非其义也,饿不苟食,死不苟生。此乃有法之常也。圣王者不贵义而贵法,法必明、令必行则已矣。"法令的确可以成为培养人的道德行为的一个条件,但认为法令可以涵盖道德的全部内容,这是极端的、片面的观点。

商鞅学派把所有人都看作可以为奸的"奸人",主张用法令战胜人民,这并不意味着商鞅学派对所有人的敌视。商鞅在同甘龙、杜挚辩论时就说:"法者,所以爱民也。……苟可以利民,不循其礼。"这种"爱民""利民"的民本主义观点,在商鞅后学那里也是得到继承的。《开塞》篇说:"今世之所谓义者,将立民之所好,而废其所恶;此其所谓不义者,将立民之所恶,而废其所乐也。"《开塞》篇的作者认为,世人所说的"义"和"不义",其名称和实质有矛盾。实际情况是,"立民之所乐,则民伤其所恶;立民之所恶,则民安其所乐。"因为"立民之所恶",人民就有忧患,有忧患就会思索,思索就要遵守法律;"立民之所乐",人民欢乐了就要荒淫,荒淫就要懒惰。用"刑治"则人民畏惧,人民畏惧就没有奸邪,没有奸邪则人民"安其所乐";用"义教"则人民放纵,人民放纵则国乱,国乱则人民"伤其所恶"。由此,《开塞》篇提出"刑"与"义""恶"与"好"的辩证法:"吾所谓利(刑)者,义之本也;而世所谓义者,暴之道也。夫正民者以其所恶,必终其所好;以其所好,必败其所恶。"这种辩证法当然是建立在片面地贬毁道德教化的作用而夸大刑罚作用的基点上,但从其民本主义的立场看来,也包含合理的成分:刑罚不仅是战胜人民的,而且最终是维护社会正常秩序、爱护人民、维护人民利益的。——然而,正如马克思、恩格斯曾指出的那样,"每一个企图代替旧统治阶级的地位的新阶级,就是为了达到自己的目的而不得不把自己的利益说成是社会全体成员的共同利益,抽象地讲,就是赋予自己的思想以普遍性的形式,把它们描绘成唯一合理的、有普遍意义的思想。"在阶级社会和君主专制的条件下,民本实际上成为对人民的统治,而刑罚则主要是统治阶级意志的体现。

商鞅第一次变法,实行军功授爵制,"宗室非有军功论,不得为属籍","有功者显荣,无功者虽富无所芬华",这一方面是奖励征战,另一方面是废除贵族的世袭特权,把设官授爵的权力独操在君主的手中。商鞅第二次变法,"集小乡邑聚为县,置令、丞,凡三十一县"，这是在全国普遍推行县制，废除分封制，县级官吏由中央直接任免，不得世袭，没有独立的行政权和军权，这样就把全国的政治权力都集中到君主的手中。确立君主集权制，这是商鞅变法的一项基本内容。而君主集权的思想在《商君书》中也有充分的体现。

《修权》篇说："国之所以治者三：一曰法，二曰信，三曰权。法者，君臣之所共操也；信者，君臣之所共立也；权者，君之所独制也。人主失守则危……权制断于君则威……惟明主爱权重信，而不以私害法。"这里提出了治国的三个基本要素：第一是法度，第二是执法的信用，第三是权柄。前两者由君臣所共操、共立，后者则要由君主独自掌握。君主失掉了权柄，国家就有危险；权柄由君主独裁、垄断，国家就有威严。只有贤明的君主才爱护权柄，重视执法的信用，不以私意损害法度。显然，在这三个要素中，君主独占其一，而另两个是否能得到贯彻，其关键也在于君主。《修权》篇之所以把"修权"作为篇名，也是由于认识到"法""信""权"中的"权"最为重要。此篇可能是商鞅本人所作。"权者，君之所独制也"，这是商鞅在秦国实行变法、建立新的政治体制的一个基本原则。后来韩非子说："事在四方，要在中央；圣人执要，四方来效。"这是韩非子继承商鞅的思想，对君主集权原则的一个更为典型的表述。

《修权》篇在提出权柄由君主独掌的同时，又向君主提出了"不以私害法"的要求。也就是说，权为君主所独掌，而法并非君主所私有；君主必须专权，但不能自恣、专利；专权是手段，法的公意得到贯彻执行是目的。《修权》篇说："公私之分明，则小人不疾贤，而不肖者不妒功。故尧舜之位天下也，非私天下之利也，为天下位天下也；论贤举能而传焉，非疏父子而亲越（远）人也，明于治乱之道也。故三王以义亲，五霸以法正诸侯，皆非私天下之利也，为天下治天下。是故擅其名而有其功，天下乐其政，而莫之能伤也。今乱世之君臣，区区然皆擅一国之利，而管一官之重，以便其私，此国之所以危也。故公私之交，存亡之本也。"这段话把对君主的公私之辨提高到国家的"存亡之本"的高度，提出君主不是私自占有天下人的利益，而是为了天下人而君临、治理天下，甚至于还提出君主可以"论贤举能"而实行禅让。这是君主集权与民本主义相结合的一个典型表述。这种思想与儒家的政治思想一致，孟子所谓"民为贵，社稷次之，君为轻"董仲舒所谓"天之生民非为王也，而天立王以为民也"等等，基本上表达的是同一个意思。这种思想在中国两千年封建社会的历史中不绝如缕，直到清朝的宫廷亦即现在的故宫里还有这样一副对联："唯以一人治天下，岂将天下奉一人！"

关于"论贤举能"而实行禅让，在秦国历史上可能只有商鞅才能够提出，而且《战国策·秦策一》确有"孝公……疾且不起，欲传商鞅，辞不受"的记载。"禅让"是中国古代对尧、舜、禹时代的一种美传，在战国时期，由于私有制和私有观念的发展，它已经没有真正实行的可能。商鞅不接受秦孝公的禅让，除主观上不敢僭越君臣之大防外，还有宗室、大臣势力的牵制以及国际和社会舆论的压力等客观因素的制约。在商鞅死20年后（公元前318年），在燕国发生了燕王哙受相国子之的蒙骗而"让国"于子之的事件，由此酿成了国家内乱和国破君亡的悲剧："子之三年，燕国大乱……死者数万众，燕人恫怨。"齐宣王听孟子之言而伐燕，燕国"士卒不战，城门不闭，燕王哙死，齐大胜燕，子之亡"。在这一出"让国"悲剧发生之后，各国有前车之鉴，再有人谈禅让之事的可能性已经很小了。燕王哙"让国"上至商鞅死仅20年，在这20年中，秦惠文王先车裂商鞅，并且警告臣下"莫如商鞅反者"，而后于公元前325年自称为王。在此期间，秦国也不会有人敢言禅让之事。因此,《修权》篇极可能是商鞅所自作。

商鞅死后,其后学所作各篇没有再谈"论贤举能而传焉"者;但商鞅的君主集权、"爱权重信,而不以私害法"的思想,一直被商鞅后学所继承。

《开塞》篇说:"夫利天下之民者莫大于治,而治莫康于立君,立君之道莫广于胜法,胜法之务莫急于去奸,去奸之本莫深于严刑……"这里把"立君""胜法"(《说文解字》:"胜,任也")、"去奸""严刑"等等同"利天下之民"结合起来,显然是对《修权》篇思想的继承。

《君臣》篇说:"处君位而令不行则危。……法制设而私善行,则民不畏刑。君尊则令行……法制不明而求民之从令也,不可得也。民不从令而求君之尊也,虽尧舜之知,不能以治。明王之治天下也,缘法而治,按功而赏。"这里把"君尊则令行"和"缘法而治,按功而赏",不行私善则民从令,民从令则君尊,说成是互为因果的关系。"君尊"是对君主集权的强调,"缘法而治"、不行私善则是要求君主正确地使用权力。

《壹言》篇说:"夫民之不治者,君道卑也;法之不明者,君长乱也。故明君不道卑、不长乱也,秉权而立,垂法而治……""君道卑"是指君主的权柄失守、旁落;"不道卑"就是牢牢掌握大权,"秉权而立"。"君长乱"是指君主"以私害法";"不长乱"就是以法为准绳,"垂法而治"。君之尊在于君主独拿大权,法之明、国之治在于君主依法而行使权力。法有权则威,权有法则治,法与权是相互依存的。

《画策》篇说:君主的德行、智慧和勇力都不超过别人,但臣民们虽有智慧却不敢暗算他,虽有勇力却不敢杀害他,虽人数众多却不敢欺凌他。臣民达到亿万之数,但国君是出重赏,臣民不敢抢夺;施行重罚,臣民不敢怨恨。这是因为什么?就是因为有"法"!——商鞅学派丝毫没有把君主圣化或神化,没有把他们说成是"人伦之至"的"圣王"或"奉天承运"的"真命天子",而是把他们看作普通人;既然是普通人,他们独操权柄就不是凭借崇高道德的感化或无边神力的佑护,而是因为有国家的法律。君主的权力至上,但君主的权力之所以成立和有效的基础是法。因此,君主不能"以私害法"。

《画策》篇还说:"昔之能制天下者,必先制其民者也;能胜强敌者,必先胜其民者也。故胜民之本在制民,若冶于金、陶于土也。本不坚,则民如飞鸟禽兽,其孰能制之?民本,法也。故善治者塞民以法,而名地作矣。"在理论上,商鞅学派的君主集权思想是与民本思想结合在一起的,"利天下之民"是立君和立法的目的。但商鞅学派的自然人性论观点又认为"利民"必先"胜民","胜民"者是君主,君主之"胜民"的根本是法。在实际操作上,君主和法处于同民相对立的位置。所谓"善治者塞民以法,而名地作矣",就是说善于治理国家的君主要用法来遏制人民,这样名声和土地也就随之而来。这后一句话道出了君主集权和用法的真实目的——君主要的是自己的名声和土地。于是,民本、"利民"便成为一块虚幻的招牌。当然,这块招牌在某些理论家的思想中还是真实的,但这些理论家在说服君主来贯彻他们的政治主张时,却又不得不用实现君主的真实欲望来打动君主的心。这样,到底是"利民"还是"利君主",在理论上也模糊不清了。

在《画策》篇的作者看来,"利君主"和"利民"是统一的。他说:"所谓明者,使众不得不为。……所谓强者,使勇力不得不为己用。其志足,天下益之;不足,天下说(悦)之。"也就是说,圣明、强大的君主要使众人和他们的勇力不得不为己所用。君主的意欲充分实现了,天下的人都可以受益;没有充分实现,天下的人也仍然喜欢他。喜欢他什么? 喜欢他"不以私害法"。《画策》篇接着说:"恃天下者,天下去之;自恃者,得天下。得天下者,先自得也;能胜强敌者,先自胜者也。"意思是,君主依靠天下人,天下人就会离开他;君主依靠自己,就能取得天下。能取得天下的君主,自己先能措施得当;能战胜强敌的君主,自己先能战胜自己的私心。在这里,作者充分强调了君主依靠自己而独掌权力的重要,也充分强调了君主"自得""自胜"的重要。"自胜"是战胜自己的私心,而战胜自己的私心是为了"胜强敌","能胜强敌者必先胜其民"。这样,"自胜"也就是"胜其民"的条件,战胜自己的私心、"不以私害法"是手段,"胜其民"是目的;当然,"胜其民"也是手段,"胜强敌"、君主得到名声和土地、天下人也都利益均沾是目的。

司马谈说:"法家严而少恩,然其正君臣上下之分,不可改矣。"司马迁说:"法家不别亲疏,不殊贵贱,一断于法,则亲亲尊尊之恩绝矣,可以行一时之计,而不可常用也,故曰严而少恩。若尊主卑臣,明分职不得相逾越,虽百家弗能改也。"法家学说在中国古代虽曾受到过严厉的批判,但其"尊主卑臣""正君臣上下之分",亦即强调君主集权,却又受到其他各家普遍的肯定。

君主集权与民本主义相结合,儒法两家在这一点上并无二致。不同的只在于:儒家认为构成君主权力的基础是"德",法家认为构成君主权力的基础是"法"。实际上,儒法结合、德法并用正是中国封建社会君主政治的一个显著特征;而民本主义在君主政治中却不可能得到真正的贯彻执行。中国封建社会后期,对君主政治与民本主义相乖离进行猛烈抨击的代表人物是宋元之际的邓牧和明清之际的黄宗羲。邓牧说:"天生民而立之君,非为君也,奈何以四海之广足一夫之用邪? ……彼所谓君者,非有四目两喙、鳞头而羽臂也;状貌咸与人同,则夫人固可为也。今夺人之所好,聚人之所争,'慢藏诲盗,冶容诲淫',欲长治久安,得乎?"黄宗羲说:"古者以天下为主,君为客……今也以君为主,天下为客,凡天下之无地而得安宁者,为君也。……岂天地之大,于兆人万姓之中,独私其一人一姓乎?"君主政治与民本主义的矛盾正是中国政治思想从民本走向民主的一个契机。在黄宗羲关于"重相权""设政事堂""使治天下之具皆出于学校""其主亦有所畏而不敢不从"的政治设计中,已经具有了民主思想的萌芽。只有从民本走向民主,权力与利益、手段与目的的统一才能够得到真正的实现和保障。

尚力的思想最先出于墨家。《墨子·非命中》说:"天下之治也,汤、武之力也;天下之乱也,桀、纣之罪也。若以此观之,夫安危治乱,存乎上之为政也,则夫岂可谓有命哉? ……今贤良之人,尊贤而好道术,故上得王公大人之赏,下得万民之誉,遂得光誉令闻于天下,亦岂以为其命哉? 又以为其力也。"墨子认为,国家的治乱和个人的穷达,不在于"天命"的安排,而在于人是否付出了主观能动性的努力。这种尚力的思想是与儒家的"天命"论相对立的。商鞅学派也极力主张尚力,但由于"天命"论在商鞅学派的思想中丝毫不占有位置,所以其尚力之说不是与"天命"论相对立,而是与尚德、尚知、"好言"相对立。

商鞅在初到秦国游说秦孝公时说:"吾以强国之术说君,君大说(悦)之耳,然亦难以比德于殷、周矣。"所谓"强国之术",就是增强国家的经济和军事实力的办法;这种办法与殷、周时期的德治难以相比。赵良在批评商鞅时援引《尚书》说:"恃德者昌,恃力者亡。"在当时的语境下,"恃德者"是指儒家,"恃力者"是指商鞅。"恃力者亡"是儒家对法家的诅咒,而战国时期的形势却正是"诸侯力政,争相并"亦即只有"恃力"国家才能生存的形势。

《农战》篇说:"无力者其国必削","多力则国强","国好力者以难攻,以难攻者必兴。""力"对于国家的削长、强弱、兴亡是至关重要的。

《开塞》篇说:"民愚,则知可以王也;世知,则力可以王也。……故以〔知〕王天下者并(屏)刑,〔以〕力征诸侯者退德。"尚力是与尚知、尚德相对立的。《开塞》篇从历史进化的观点提出"兴王有道,而持之异理。""神农教耕而王,天下师其知也;汤、武致强而征,诸侯取其力也。……武王逆取而贵顺,争天下而上让,其取之以力,持之以义。"这就是说,是尚力还是尚知、尚德,要根据历史的发展和攻守的形势而定。儒家认为,夏、商、周三代是以德服天下;而商鞅学派认为,汤、武征伐是以力取天下。《开塞》篇特别指出,周武王是"逆取而贵顺",夺天下时"取之以力",守天下时"持之以义"。后来,陆贾在劝说汉高祖刘邦尊儒时说:"居马上得之,宁可以马上治之乎?且汤、武逆取而以顺守之,文武并用,长久之术也。……乡使秦已并天下,行仁义,法先圣,陛下安得而有之?"贾谊在总结秦二世而亡的教训时也说:"仁义不施而攻守之势异也。"实际上,陆贾和贾谊的观点已先见于《商君书》的《开塞》篇。汉代的儒生说:"商鞅以重刑峭法为秦国基,故二世而夺。……知其为秦开帝业,不知其为秦致亡道也。"然而,商鞅确实"为秦开帝业",如果秦统一中国后,像《开塞》篇所说,"逆取而贵顺","取之以力,持之以义",那么秦恐怕不会"二世而夺"。亡秦的直接责任者并不是商鞅;秦之所以速亡者,未采纳《开塞》篇之言也!陆贾在劝说刘邦尊儒时应当说:乡使秦已并天下,采《开塞》篇之言,"逆取而贵顺",陛下安得而有之?

商鞅学派之所以在战国时期大倡尚力之说,实是由于当时战争形势的需要。《开塞》篇说:"今世强国事兼并,弱国务力守……万乘莫不战,千乘莫不守……"《慎法》篇也说:"千乘能以守者,自存也;万乘能以战者,自完也。虽桀为主,不肯诎半辞以下其敌。外不能战,内不能守,虽尧为主,不能以不臣谐所谓不若之国。"战争是当时最紧迫、最严峻的客观存在,如果外而能战,内而能守,即使像夏桀这样的昏君也不肯说半句软话,向敌国屈服;如果"外不能战,内不能守",虽有帝尧这样的圣君也不能不屈服或讲和于强暴之国。正是在这种形势下,商鞅学派提出:"国之所以重,主之所以尊"的根本是"力"。

孟子说:"以力假仁者霸,霸必有大国;以德行仁者王,王不待大,汤以七十里,文王以百里。以力服人者,非心服也,力不赡也;以德服人者,中心悦而诚服也,如七十子之服孔子也。"在"诸侯力政,争相并"的形势下,各个诸侯国的国君都怀着吞诸侯、"辟土地""莅中国而抚四夷"的"大欲",而孟子却向他们奢谈王霸之辨、"以德服人"。甚至小国也可以"以德行仁"而称王天下,这实在是误把道德运用于当时的兼并战争和君主政治的虚言。《商君书·去强》篇说:"国好力,日以难攻;国好言,日以易攻。……国无敌者强,强必王。……多力者王。"商鞅学派的尚力思想的确要比儒家的尚德思想实际得多,而把尚力和"好言"对立起来,也越来越具有儒法正面冲突的性质。

《慎法》篇说:"彼言说之势(艺),愚智同学之,士学于言说之人,则民释实事而诵虚词。民释实事而诵虚词,则力少而非(诽)多。"商鞅学派认为,如果崇尚言说,人民就会逃避耕战之苦,抛弃"实事"而诵读"虚词"(指《诗》《书》等儒家典籍)。这样,国家的实力就会减少,而对国君的诽谤却会增多。因此,尚力就必须反对"好言",去掉"虚词"。

商鞅学派尚力,其所谓"力"即指国家的经济和军事实力,尚力也就是重视"农战"。《农战》篇说:"国之所兴者,农战也。今民求官爵皆不以农战,而以巧言虚道,此谓劳民。劳民者其国必无力,无力者其国必削。善为国者,其教民也皆作壹而得官爵……国去言则民朴,民朴则不淫,民见上利之从壹空出也,则作壹。作壹则民不偷营,民不偷营则多力,多力则国强。"《算地》篇也说:"入使民属于农,出使民壹于战。故圣人之治也,多禁以止能,任力以穷诈,两者偏(遍)用,则境内之民壹。"可见,国之"多力"或"无力"全在于国君是否"作壹",即是否把人民统一到"农战"方面来。而"作壹"之术就在于国君立法,"利从一空出""多禁以止能"。商鞅学派认为,人的本性是好逸恶劳、贪生怕死、趋利避害,因此要把人民统一到"农战"方面来,就必须使用法律,"劫以刑而驱于赏"。

《开塞》篇说:"今有主而无法,其害与无主同。……立君之道莫广于胜(任)法,胜法之务莫急于去奸,去奸之本莫深于严刑,故王者以赏禁以刑劝……""胜法"即任法是商鞅学派从君主集权、尚力、"作壹"于"农战"必然引出的结论。

商鞅在秦国实行两次变法的实质就是依靠君主的权力,颁布法令,严明赏罚,使民统一于"农战",并且改革不适于"农战"的政治经济制度。《战国策·秦策一》说:"商君治秦,法令至行,公平无私,罚不讳强大,赏不私亲近,法及太子,黥劓其傅。"《韩非子·定法》篇说:"公孙鞅为法……法者,宪令著于官府,刑(赏)罚必于民心,赏存乎慎法,而罚加乎奸令者也。"这两段话是对商鞅运用法令而实行变法的实践的概括。

《商君书·修权》篇说:"国之所以治者三:一曰法,二曰信,三曰权。法者,君臣之所共操也;信者,君臣之所共立也……君臣释法任私必乱,故立法明分而不以私害法则治……民信其赏则事功成,信其刑则奸无端。……凡赏者,文也;刑者,武也。文武之道,法之约也。故明主任法。"这里明确地提出了"明主任法"的主张,使法和执法的信用占去了治国要素三分之二的位置,并且把"法之约"即法的纲要或本质规定为赏刑。

《修权》篇还说:"厚赏而信,刑重而必,不失疏远,不违亲近,故臣不蔽主,而下不欺上。……未释权衡而断轻重,废尺寸而意长短,虽察,商贾不用,为其不必也。故法者,国之权衡也。夫倍(背)法度而任私议,皆不知类者也。……赏诛之法,不失其议(仪,标准),故民不争。……君好法,则臣以法事君;君好言,则臣以言事君。君好法,则端直之士在前;君好言,则毁誉之臣在侧。"从这些论述,我们更可以看出商鞅对"法"的重视和对"任法"的强调。商鞅认为,"法"是治理国家的准绳;"法"的本质是依照律令,因功而赏,有罪而刑;"法"的威严在于厚赏重刑;"任法"就是要不分亲疏,不论贵贱,赏而有信,刑而不看,不以私议、言谈害法。

《君臣》篇说:"明主慎法制,言不中法者,不听也;行不中法者,不高也;事不中法者,不为也。言中法,则辩之;行中法,则高之;事中法,则为之。故国治而地广,兵强而主尊,此治之至也。"《慎法》篇说:"有明主忠臣产于今世而能领其国者,不可以须臾忘于法。破胜党任,节去言谈,任法而治矣。"《弱民》篇说:如果背弃法令而治国,那么就像任重道远而没有马牛、想渡大川而没有舟楫一样不可能。这些都是商鞅后学对商鞅重法、任法思想的继承。

《赏刑》篇提出"壹赏""壹刑""壹教"的理论。所谓"壹赏",就是"利禄官爵抟(专)出于兵,无有异施也。"所谓"壹刑",就是"刑无等级,自卿相将军以至大夫庶人,有不从王令、犯国禁、乱上制者,罪死不赦。"这是对商鞅任法,"公平无私,罚不讳强大,

赏不私亲近"思想的继承。

儒家主张"礼不下庶人，刑不上大夫"，而商鞅学派主张凡有军功皆可得"利禄官爵"，"刑无等级"；儒家主张"自天子以至于庶人，壹是皆以修身为本"，而商鞅学派主张"自卿相将军以至大夫庶人"，壹是皆以法令为绳。我们由此可以看出儒法两家在德治和法治上的尖锐对立。

儒家除尚德的思想外，也有尚力的思想，如荀子说："义以分则和，和则一，一则多力，多力则强，强则胜物。"这句话可以概括为力生于义，德为力之本。而商鞅学派则说："刑生力，力生强，强生威，威生德，德生于刑"，或"德生于力"，刑、力为德之本。

孔子曾反对晋国"铸刑鼎"，也就是反对将法令条文公布于众，说如此则"民在鼎矣，何以尊贵？资何业之守？贵贱无序，何以为国？"商鞅学派则大力强调"明法"："圣人为法，必使之明白易知"；"为置法官，置主法之吏，以为天下师"，"吏民〔欲〕知法令者，皆问法官"，从而使"天下之吏民无不知法者"；"吏明知民知法令也，故吏不敢以非法遇民，民不敢犯法以干法官"。这就是商鞅学派"以法为教""以吏为师"的思想。

通过"明法"，人民知道自己该做什么，不该做什么，这样犯罪就会减少。所以，《说民》篇说："家断则有余"，如果官吏在白天能把刑狱处理完，国家就能成就王业；"官断则不足"，如果官吏在晚上才能把刑狱处理完，国家也还可以强大；如果什么事都需要君主来断定孰是孰非，政务就会拖延，国家就会削弱。

商鞅在变法之初，"恐民之不信"，而有"徙木赏金"之举；在变法的条文中，又有"重刑而连其罪"，"不告奸者腰斩，告奸者与斩敌首同赏，匿奸者与降敌同罚"，"有军功者各以率受上爵，为私斗者各以轻重被刑大小"等等。这些都说明商鞅是"厚赏重刑"论者。

《修权》篇说："上多惠言，而不克其赏，则下不用；数加严令，而不致其刑，则民傲死。凡赏者，文也；刑者，武也。文武者，法之约也。……故赏厚而信，刑重而必，故臣不蔽主，而下不欺上。"这段话可概括为三层意思：第一，法的纲要、本质是赏刑；第二，赏刑必须有信；第三，赏刑要达到效果，除有信外，还必须"赏厚""刑重"。商鞅学派在前两点上意见基本一致，而在后一点上则有"厚赏重刑"和"重刑轻赏"的分歧。

《商君书》中，主张"厚赏重刑"的除《修权》篇外，还有疑为商鞅自撰的《外内》篇和商鞅后学所作《农战》《算地》《错法》《赏刑》等篇。

《外内》篇说："民之外事莫难于战，故轻法不可以使之。奚谓轻法？其赏少而威薄，淫道不塞之谓也；……赏少则听者无利也，威薄则犯者无害也。……故欲战其民者，必以重法，赏则必多，威则必严……民见战赏之多则忘死，见不战之辱则苦生。"显然，《外内》篇是坚决主张"厚赏重刑"的，并且对何以要"厚赏重刑"、何以不能"赏少而威薄"做了明确的说明。

《农战》篇说："凡人主之所以劝民者，官爵也。……善为国者，其教民也皆作壹而得官爵。……民见上利之从壹空出也，则作壹。""君修赏罚以辅壹教，是以其教有所常而政有所成也。"这里虽然没有对赏的厚薄做出明确的表述，但把赐以"官爵"和"利"作为使民耕战的主要手段，因而可以说它是持"厚赏重刑"论的。

《算地》篇说："为国之数，务在垦草；用兵之道，务在壹赏。""主操名利之柄，而能致功名者，数也。""田荒则民诈生，国贫则上赏赂。""刑戮者所以止奸也，而官爵者所以劝功也。"这里把"壹赏""操名利之柄"放在首位，并且指出要防止"国贫则匮赏"，显然也属于"厚赏重刑"论。

《错法》篇说:"行赏而兵强者,爵禄之谓也。爵禄者,兵之实也。""夫人情好爵禄而恶刑罚,人君设二者以御民之志,而立所欲焉。夫民力尽而爵随之,功立而赏随之,人君能使其民信于此如明日月,则兵无敌矣。"这里也把"赏""爵禄"放在比"刑罚"更重要的位置上,因而其持"厚赏重刑"论是无疑的。

《赏刑》篇在论述"壹货"时说:"利禄官爵抟(专)出于兵……做必覆人之军,攻必凌人之城,尽城而有之,尽宾(征服)而致之,虽厚庆赏,何匮之有矣!"这就是说,利禄官爵专门赏给有军功者,士兵们肯出力赴死,军队战无不胜,整城的战利品源源不断而来;这样,虽对士兵施以厚赏,财物又怎会匮乏呢!《赏刑》篇持"厚赏重刑"论更是无疑了。

"厚赏重刑"是商鞅本人的思想,其后学的相当一部分继承了这一思想。韩非子在讲到商鞅治秦时也说:"公孙鞅之治秦也……赏厚而信,刑重而必。"可以说,"厚赏重刑"是商鞅学派的主流思想。

然而,《商君书》的《开塞》《去强》《说民》《壹言》等篇却另持有"重刑轻赏"论。

《开塞》篇说:"治国刑多而赏少,故王者刑九而赏一,削国赏九而刑一。……刑加于罪所终,则奸不去;赏施于民所义,则过不止。刑不能去奸,而赏不能止过者,必乱。故王者刑用于将过,则大邪不生;赏施于告奸,则细过不失。""胜法之务莫急于去奸,去奸之本莫深于严刑。故王者以赏禁,以刑劝,求过不求善,藉刑以去刑。"这就是说,治理国家要刑罚多而赏赐少,刑罚要用在人民将要犯罪的时候(亦即对"轻罪"施以重刑,《史记·商君列传》《集解》引《新序》说商鞅之法有"弃灰于道者被刑"),赏赐不是奖励善行,而是只施于"告奸",为的是"止过"。显然,《开塞》在赏刑两个方面更重视"严刑",主张"刑多而赏少",赏不是用在因功授赏的积极方面,而是只用在"告奸""止过"的消极方面。这是《开塞》篇的"重刑轻赏"论。

《去强》篇说:"重罚轻赏,则上爱民,民死上;重赏轻罪,则上不爱民,民不死上。……王者刑九赏一,强者刑七赏三,削国刑五赏五。"《说民》篇解释说:"罚重,爵尊;赏轻,刑威。爵等,上爱民;刑威,民死上。""刑多则赏重,赏少则刑重。"这就是说,只有刑之重与赏之轻形成强烈的对比,才能突显出刑的威严和赏的重要。但是,为什么不能通过重赏而使"爵尊"?为什么只有"赏轻"才使"刑威"?《去强》篇和《说民》篇并没有解释清楚。我们姑且不论这些,《去强》篇和《说民》篇主张"重刑轻赏"是可以肯定的。

《靳令》篇也说:"重刑少赏,上爱民,民死赏;重赏轻刑,上不爱民,民不死赏。"对为什么"重赏"不是"上爱民""少赏"才会"民死赏",也没有解释清楚。这段话可能是《靳令》篇因袭《去强》篇的观点。

《壹言》篇与上几篇不同,它只是提出君主对于人民要"先刑而后赏"。也就是说,刑是首要的;赏是次要的。我们可以把此也归为"重刑轻赏"论。

比"重刑轻赏"论更进一步的观点是《画策》篇的"重刑不赏"论。其文云:"善治者,刑不善而不赏善,故不刑而民善。不刑而民善,刑重也。刑重者,民不敢犯,故无刑也;而民莫敢为非,是一国皆善也,故不赏善而民善。"在"不赏善"这一点上,《画策》篇与《开塞》篇是一致的。但《开塞》篇还有"赏施于告奸,则细过不失",而《画策》篇说只要"刑重"就可以使"民莫敢为非""一国皆善"了。《画策》篇持"重刑不赏"论,但篇中也有自相矛盾处。它在讲到"使民乐战"时说:"民之见战也,如饿狼之见肉,则民用矣。凡战者民之所恶也,能使民乐战者王。强国之民,父遗其子,兄遗其弟,妻遗其夫,皆曰：'不得，无返！'"人民之所以有如此的战争狂热，不是仅靠重刑能够奏效的；重刑只能迫民以战，而不能"使民乐战"。民之所以"乐战"，实是因为有军功授爵制，有"富贵之门必出于兵"的政策。所以，《画策》篇的"重刑不赏"论不能看作商鞅学派的一种正式的观点。

《外内》篇在讲到"赏少而威薄"不足以使民"苦生""忘死"而参加战争时，说这样就像逮老鼠而诱以狸猫一样不可能。《慎法》篇也说，要使民耕战"非劫以刑而驱以赏莫可"。可见，刑和赏都不过是引诱、胁迫、驱使人民的工具，刑赏会在一起便是"胡萝卜加大棒"。商鞅学派内部关于"厚赏重刑"和"重刑轻赏"的争论，是统治者如何运用"胡萝卜加大棒"的争论；商鞅学派的一部分认为"大棒"比"胡萝卜"更重要，他们的"重刑轻赏"论更加突出了法家"严而少恩"的思想特色。

治国方策

商鞅学派的治国方策可谓简单而明确：以"农战"为核心，以集权和任法为手段，以"富国强兵"为目的，除此之外，慨无他焉。在意识形态方面，商鞅学派主张"壹教"，也就是壹之于"农战"，凡与此无关或相抵触的，皆在排除、打击之列。商鞅学派可谓极其重视意识形态对政治、经济的反面作用，严防、严禁不利于"农战"的思想文化干扰其以"农战"为核心的治国方策，因此他们主张在意识形态领域实行"全面专政"。

在《垦令》篇提出的二十条垦草兴农措施中，有三条与意识形态有关。其一，"无以外权爵任与官，则民不贵学问，又不贱农。民不贵学问则愚，愚则无外交……"其二，"声服（技）无通于百县，则民行作不顾，体居不听。休居不听则气不淫，行作不顾则意必壹……"其三，"国之大臣诸大夫，博闻、辩慧、游居之事皆无得为，无得居游于百县，则农民无所闻变其方……愚农不知，不好学问，则务疾农……"这三条贯彻了一个思想：保持农民的愚朴心态，不要让"声服"（音乐、杂技）、"学问""博闻""辩慧"等等扰乱农民的思想，要使农民"意壹而气不淫"。

《外内》在提出"赏则必多，威则必严"的同时，又提出"淫道必塞"。"奚谓淫道？为辩知者贵，游宦者任，文学私名显之谓也。"也就是说，把尊重和任用知识分子视为"淫道"。《外内》篇认为，此"淫道"不塞，人民就不肯进行战争，国家的战事就会失败。因此，必须塞"淫道"，"为辩知者不贵，游宦者不任，文学私名不显"。

《农战》篇明确表达了商鞅学派以"农战"为核心的思想，同时也明确提出了商鞅学派"修政作壹，去无用，止浮学事淫之民"的文化政策，并且突出地把儒家学说置于"国害"之列。《农战》篇说："圣人知治国之要，故令民归心于农。……夫民之亲上死制也，以其旦喜从事于农。夫民之不可用也，见言谈游主事君之可以尊身也，商贾之可以富家也，技艺之足以糊口也。民见此三者之便且利也，则必避农。"在春秋战国时期，齐国的管仲学派把"士、农、工、商四民"称为"国之石民"，也就是支撑国家的柱石之民。而商鞅学派则要将人民壹之于"农"，"士""工""商"便成为被压抑、裁制的对象。压抑工商，是商鞅学派的经济政策；压抑"士"即知识分子，则是商鞅学派的文化政策。《农战》篇说："国去言则民朴，民朴则不淫。"又说："善为国者，官法明，故不任知虑……国力传者强，国好言谈者削。"所谓"去言""不任知虑"等等，都是针对"士"即知识分子而言。商鞅学派之所以要抑"士"，是因为他们用"农战"的"实用"标尺来衡量一切。在他们看来，言谈、学问"无实用"，也就是"不可以强兵辟土"；而且人民如果见到"士"可以得到王公大人的尊重、任用，就会向"士"学习，从而"学者成俗，则民舍农"，"农者寡，而游食者众"，这是与"富国强兵"的目的相反的"贫国弱兵之教"。

商鞅本人对"学问""博闻""辩慧""游居"等等的排斥，大多是针对一般的知识和知识分子而言。他虽然知道他的"强国之术"不同于儒家的"帝王之道"，但他本人没有明确地把儒家学说置于直接的、首要的对立面。《农战》篇则不同，它突出地把攻击的矛头对准了儒家，这可能与孟子大力宣扬"仁政"学说，抨击"霸道"，提出"善战者服上刑……辟草莱、任土地者次之"，致使儒法矛盾激化有关。与《农战》篇大约作于同时的《算地》篇在所举"国害"中有"《诗》《书》谈说之士"，反儒的思想倾向与《农战》篇相同。《算地》篇有这样一段话："其上世之士，衣不暖肤，食不满肠，苦其志意，劳其四肢，伤其五脏，而益裕广耳，非生之常也，而为之者，名也。"如果把这段话同孟子所谓"天将降大任于是人也，必先苦其心志，劳其筋骨，饿其体肤，空乏其身，行拂乱其所为……"相比照，那么"苦其志意，劳其四肢"与"苦其心志，劳其筋骨""食不满肠……伤其五脏"与"饿其体肤，空乏其身"在词句文意上相近。

《农战》篇说："豪杰务学《诗》《书》，随从外权，要靡事商贾、为技艺，皆以避农战。民以此教，则粟焉得不少，而兵焉得无弱也！"又说："农战之民千人，而有《诗》《书》辩慧者一人焉，千人者皆怠于农战矣。"可见，《农战》篇所要压抑、制裁的"士"主要是指"务学《诗》《书》"的儒家学派。《农战》篇列有意识形态领域的十种"国害"："《诗》《书》、礼、乐、善、修、仁、廉、辩、慧，国有十者，上无使守战。国以十者治，敌至必削，不至必贫。国去此十者，敌不敢至，敌至必却；兴兵而伐必取，按兵不动必富。"这十种"国害"显然是直接针对儒家，而且《农战》篇把去除这十种"国害"视为富国强兵的关键。

《农战》篇还提出："君修赏罚以辅壹教，是以教有所常，而政有成也。……是以明君修政作壹，去无用，止浮学事淫之民，壹之农，然后国家可富，而民力可抟也。""壹教"即建立"喜农而乐战"的单一的意识形态，"去无用"即去除一切与"农战"无关的思想、知识、学说和学派。这可以说就是商鞅学派的文化政策。

《赏刑》篇继承发展了《农战》篇的思想，它提出"壹赏""壹刑""壹教"的三壹理论。所谓"壹教"，即："博闻、辩慧、信廉、礼乐、修行、群党、任誉、清浊，不可以富贵，不可以评刑，不可以独立私议以陈其上。……富贵之门，要存战而已矣。……是故民闻战而相贺也，起居饮食所歌谣者，战也。"这是一种更为狭隘的惟战争论，以此为标准，会更加造成对思想文化的摧残。

《商君书》各篇列有各种不利于"农战"的"国害"，其中大多与思想文化有关，特别是与排斥儒家学说有关。列举"国害"是商鞅学派文化专制主义政策的具体内容和突出表现。

《垦令》篇在提出"重刑而连其罪"时，主要是针对"五民"而言。所谓"五民"是指"褊急之民"（狭隘急躁之民）、"很刚之民"《粗暴刚强之民》、"怠惰之民"（懒惰之民）、"费资之民"（奢侈之民）、"巧议恶心之民"（好巧、阿谀、存心不良之民）。这"五民"是指一般的有不良习性的人，而不是主要针对"士"。此外，《垦令》篇提出"声服无通于百县"，主要是针对民间艺人；提出"无以外权爵任与官，则民不贵学问""国之大臣诸大夫，博闻、辩慧、游居之事皆无得为"，则主要是针对"士"的政治、外交活动和文化、教育活动而言。

《外内》篇提出"塞淫道"："为辩知者不贵，游宦者不任，文学私名不显。"这里的三种人（"三者"）都是针对"士"。前两种人所为（"辩知""游宦"）在《垦令》篇就已被作为排斥的对象,后一种("文学")是《外内》篇新提出来的。

《农战》篇列出的"国害"是"十者",即"《诗》《书》、礼、乐、善、修、仁、廉、辩、慧"。其中后两项(辩、慧)沿袭自《垦令》篇,前八项是《农战》篇最先把儒家的经典和道德学说列为首要的打击对象。除"十者"的提法外,《农战》篇还有把商人、手工业者也包括在内的"三者"的提法,即"言谈游士""商贾"和"技艺","民见此三者便且利也,则必避农"。其中"言谈游士"是指知识分子,"十者"则是知识分子(主要指儒家)所从事的道德修养和知识活动。

《算地》篇提出的"国害"是"五民",其文云:"夫治国舍势而任说(谈)说,则身修而功寡。故事《诗》《书》谈说之士,则民游而轻其君;事处士,则民远而非其上;事勇士,则民竞而轻其禁;技艺之士用,则民剽而易徙;商贾之士佚且利,则民缘而议其上。故五民加于国用,则田荒而兵弱。""五民"的提法见于《垦令》篇,但《垦令》篇的"五民"是泛指五种有不良习性的人,而《算地》篇的"五民"则具体指"《诗》《书》谈说之士""处士""勇士""技艺之士"和"商贾之士。"后两种人也就是《农战》篇所谓"三者"中的后两者;把"技艺""商贾"也称为"士",是把"士""工""商"混而言之的特殊用法。"五民"中的"《诗》《书》谈说之士"显然是指儒家;"处士"也就是隐士,当是指有道家倾向的人;"勇士"是指游侠,也就是《韩非子·五蠹》篇所谓"侠以武犯禁"的"侠"。

《去强》篇把"国害"分为两类。第一类是出于"农、商、官"三种职业的六种"虱害":"曰岁,曰食,曰美,曰好,曰志,曰行。"据高亨所释:"岁的虱指农民游情,使年岁歉收。食的虱指农民不务正业,白吃粮米。美的虱指商人贩卖华丽的东西。好是玩好,好的虱指商人贩卖玩好的物品。志的虱指官吏营私舞弊的思想。行的虱指官吏贪赃枉法的行为。"在六种"虱害"之下,《去强》篇又提另外两种更严重的"虱害":"礼、乐虱害生,必削;……国无礼、乐虱害,必强。"似乎是将此作为文意的过渡,《去强》篇接着列出第二类"国害":"国有礼有乐,有《诗》有《书》,有善有修,有孝有弟,有廉有辩。国有十者,上无使战,必削至亡;国无十者,上有使战,必兴至王。""十者"一词沿袭自《农战》篇,但"十者"的内容与《农战》篇略有不同:增加了"孝""弟",略去了"仁""慧"。"仁"是儒家的核心思想和主要德目,《去强》篇略去"仁""慧",可能是想沿用"十者"一词的数目,而又突出地把"仁"之本——"孝""弟"置于"国害"之列。在"十者"之下,《去强》篇还有"八者"的提法:"国用《诗》《书》、礼、乐、孝、弟、善、修治者,敌至必削国,不至必贫;国不用八者治,敌不敢至,虽至必却,兴兵而伐必取,取必能有之,按兵而不攻必富。"这"八者"略去了:"十者"中的"廉""辩",并且把"孝""弟"提到"善""修"之前。如果不是文字传衍有误,那么就是《去强》篇想进一步突出"孝""弟"的"国害"性质;《去强》可能作于儒家的《孝经》开始流传并引起社会的重视之时。

《弱民》和《说民》两篇是对《去强》篇的解说,《弱民》篇解说了《去强》篇的前半部,《说民》篇解说了《去强》篇的后半部。《弱民》篇所举"国害"是"六虱",内容与《去强》篇的"六虱"相同。《说民》篇所举"国害"是"八者",内容却与《去强》篇的"八者"有异。其文云:"辩、慧,乱之赞也;礼、乐,淫佚之徵也;慈、仁,过之母也;任、带,奸之鼠也。……八者有群,民胜其政;国无八者,政胜其民。"这"八者"与《去强》篇的"八者"相同的只有"礼、乐"。其余六者中"辩、慧"见于《垦令》篇,又见于《农战》篇的"十者",而《去强》篇的"十者"有"辩"无"慧";"仁"见于《农战》篇的"十者";"慈"和"任、举"是《说民》篇新加上的。《论语·为政》篇载孔子说:"临之以庄则敬,孝慈则忠,举善而教不能则劝。"《墨子·兼爱下》说:"为人父必慈,为人子必孝。"《老子》十九章也说:"绝仁弃义,民复孝慈。"可见,"慈"与"孝"对言,"孝慈"是儒家、墨家和道家普遍接受的德目。《说民》篇以"慈、仁"对举列为"国害",而又略去了《去强》篇"十者"和"八者"中都包括的"孝""弟",这是比较随意的用法,并且带有摈弃普遍性道德的性质。"任、举"即"任、誉",是指任侠和赞誉,所指斥的对象与《算地》篇所谓"五民"中的"勇士"相同。

《靳令》篇所举的"国害"是"六虱",又称"十二者"。其文云:"六虱:曰礼、乐,曰《诗》《书》,曰修善、孝悌,曰诚信、贞廉,曰仁、义,曰非兵、羞战。国有十二者,上无使农战,必贫至削……""孝悌""贞廉""羞战"之前原有"曰"字,是衍文。"六虱"一词见于《去强》篇和《弱民》篇,但《靳令》篇所谓"六虱"与《去强》《弱民》所谓"六虱"的内容完全不同。《去强》《弱民》的"六虱"(岁、食、美、好、志、行)与"十者""八者"是两类"国害",而《靳令》篇的"六虱"又称"十二者",其内容与《农战》篇的"十者"和《去强》篇的"十者""八者"以及《说民》篇的"八者"相近。《靳令》篇新列入的"国害"是"义""诚信""非兵、羞战"。《农战》篇和《说民》篇所列"国害"有"仁"无"义",而《靳令》篇则"仁、义"并举。"仁"与"义"并举在春秋时期已有例证,至孟子以后则大为流行。《靳令》篇把"义"新列入"国害",当是对孟子思想的一种反应。"诚信"亦是《中庸》、孟子以后儒家的主要德目,《靳令》篇把"诚信"列为"国害",当也是针对孟子思想。《修权》篇曾把"法""信""权"作为治国的三要素,《农战》篇则说"归心于农,则民……信可以守战也";《靳令》篇把"诚信"列为"国害",反映了商鞅学派在列举"国害"时既有所指而又缺乏分析、既随意而又武断的不良学风,并且内含着自我否定的因素。《老子》三十一章说:"夫兵者,不祥之器也";四十六章说:"天下无道,戎马生于郊"。墨子主张"非攻"。孟子也说"善战者服上刑"。惠施和公孙龙都有"偃兵"之说(《韩非子·内储说上》:"惠施欲以齐、荆偃兵。"《吕氏春秋·审应》:"公孙龙曰:'偃兵之意,兼爱天下之心也……'"《吕氏春秋·应言》:"公孙龙说燕昭王以偃兵……")《靳令》篇把"非兵、羞战"列入"国害",是商鞅后学大力鼓吹战争,强烈反对儒、墨、道、名等学派的反战思想的一种表现。

《赏刑》篇在讲到"壹教"时提出的"国害'"是:"博闻、辩慧、信廉、礼乐、修行、群党、任誉、清浊"。这也可称为"八者"。其中"博闻""辩慧""礼乐""任誉"已明确见于上述各篇,"信廉"是把《靳令》篇的"诚信、贞廉"合而言之;"修行"即前面提到的"善、修"或"修善"。"群党""清浊"是《赏刑》篇新列入的,但《垦令》等篇所排斥的"私交"已有"群党"之意,"清浊"是标榜清高或以品行的清浊品评人物。《赏刑》篇虽没有把"非兵、羞战"列为"国害",但它提出"富贵之门,要存战而已矣","富贵之门,必出于兵",其好战倾向是与《靳令》篇相同的。

综上所述,《商君书》各篇所列举的"国害"有"五民"(《垦令》篇与《算地》篇所言"五民"的内容不同《外内》篇与《农战》篇所言"三者"的内容不同),"六虱"(《去强》《弱民》两篇与《靳令》篇所言"六虱"的内容不同)、"八者"(《去强》篇、《说民》篇以及《赏刑》篇所言"八者"的内容各不相同)、"十者"(《农战》篇与《去强》篇所言"十者"的内容不同)、"十二者"(见《靳令》篇,又称"六虱")。这些"国害"名目繁多,内容也不一致,但都是以不利于"农战"或"无实用"为唯一判定标准。除《垦令》篇的"五民"、《去强》和《说民》两篇的"六虱",以及《农战》篇"三者"和《算地》篇"五民"中包括的"商贾""技艺"之外,其余皆与思想文化有关。在思想文化的"国害"中,儒家的经典和道德条目占有主要位置,并且兼及道家、墨家、名家等学派的思想。这些"国害"虽贯穿了统一的判定标准，但不同作者在列举"国害"时又随其所处的情境而有一定的针对性和随意性，有时甚至包含学派内部的自我否定因素。《商君书》各篇对"国害"的判定、排斥、攻击无一不是非常坚决、严厉、专横，表现了商鞅学派的文化专制主义的思想特色。

"焚书坑儒"是发生在秦统一中国七年以后（公元前213年、前212年）的重大历史事件。从思想文化上说，"焚书坑儒"与商鞅学派对儒家学说的敌视有历史传承的关系。

可以作为"焚书坑儒"前导的是关于商鞅曾"燔《诗》《书》而明法令"的记载。但这条记载只见于《韩非子·和氏》篇，别无他证。《史记·商君列传》比较详细地记述了商鞅两次变法的内容和前后过程，其中没有留下商鞅曾"燔《诗》《书》"的信息。赵良在向商鞅提出警告时，先引"孔丘有言曰"，又引"虞舜有言曰"，随后两引《诗》、一引《书》，可见他至少是一个有儒学倾向的学者。商鞅虽没有听从赵良的劝告，但对此人表现出一定的尊重（如"缺猜得交""鞅将事干"等可证）。如果商鞅确曾采取过"燔《诗》《书》"的激烈反儒措施，那么以上情况就不好解释了，而且赵良在列举商鞅的错误时也不应漏掉这一重要罪状。另外，《商君书》中属商鞅自撰和可能是商鞅自撰的各篇都没有像其后学所作各篇那样把儒家经典和学说明确地列为"国害"。从以上两方面看，"燔《诗》《书》而明法令"不是商鞅本人所为。

但是，《韩非子·和氏》篇关于商鞅"燔《诗》《书》而明法令"的记载也不应全无根据。《商君书》中商鞅后学所作各篇自《农战》篇始就采取了激烈反儒的态度，儒家的《诗》《书》、礼、乐、仁、义、孝、悌、诚信等等累累被列为必须去除的"国害"。如果说商鞅后学是否采取过"燔《诗》《书》"的行动因史阙明文而不可断定，那么至少可以说商鞅后学是有"燔《诗》《书》"的主张的。韩非子很可能就是把商鞅后学的所言所为记在了商鞅本人名下。《韩非子·内储说上》引"公孙鞅曰：'行刑，重其轻者，轻者不至，重者不来，是谓以刑去刑。'"这段话见于《商君书》的《靳令》篇，而《靳令》篇是商鞅后学所作。此可证韩非子对商鞅本人和商鞅后学并没有做出区分。

荀子约在公元前260年到过秦国。秦昭王曾以"儒无益于人之国"向荀子发问。荀子在与范雎的对话中虽称赞了秦国的民俗、政风，说秦"四世有胜，非幸也，数也"，但同时也指出"秦之所短"是"无儒"。由此可见，商鞅后学的反儒倾向对秦国的政治、文化发生了实际的影响。

商鞅后学的反儒倾向还通过韩非子的著作深深地影响了秦始皇。《韩非子·五蠹》篇不啻是商鞅学派著作的翻版。其前面论历史发展的几段，有取于《商君书》的《更法》篇和《开塞》篇。它所提出的"仁义用于古而不用于今"，"峭其法而严其刑"，"用其力不听其言，赏其功必禁无用"，"无书简之文，以法为教；无先王之语，以吏为师；无私剑之捍，以斩首为勇"等等，都是商鞅学派的思想。它对"贞廉之行""贞信之行""文学之士""游侠私剑之属""游学者""言谈者"等等的批评，都可以在《商君书》所列"国害"中找到源头；特别是它把"学者"（儒家）、"带剑者""言谈者""患御者"和"商工之民"称为"五蠹"，更可以说是《商君书》列举"国害"的继续。《五蠹》篇深深地影响了秦始皇，史载"秦王见《孤愤》《五蠹》之书，曰：'嗟乎！寡人得见此人与之游，死不恨矣！'"可为证。

秦始皇既然十分赞同《五蠹》篇的思想，那么当李斯在廷议郡县制还是分封制时上书："臣请史官非《秦记》皆烧之。非博士官所职，天下敢有藏《诗》《书》百家语者，悉诣守尉,杂烧之。有敢偶语《诗》《书》,弃市;以古非今者,灭族;吏见知不举者,与同罪;令下三十日不烧,黥为城旦……"秦始皇照此颁布"焚书令"就不是偶然的了。焚书之后的第二年,秦始皇又因受到方士、儒生的诳骗、"诽谤",而将400余人活埋于咸阳。"焚书坑儒"就这样被载入史册。

统一度量衡的行动,也是商鞅最早在秦国提出的,秦孝公时代不但严格执行过,而且以后还成为建国的纲领之一,推行到全国去。从出土的秦简中,我们看到商鞅影响的深刻,比如:

1.《效律》第三条说:"衡石不正,十六两以上,赀官啬夫一甲;不盈十六两到八两,赀一盾。甬(桶)不正,二升以上,赀一甲;不盈二升到一升,赀一盾。"意思是说,度量衡必须非常精准,否则官府啬夫就要被罚。

2.第四条说:"斗不正,半升以上,赀一甲;不盈半升到少半升,赀一盾。半石不正,八两以上;钧不正,四两以上;斤不正,三朱(铢)以上;半斗不正,少半升以上;参不正,六分升一以上;升不正,廿分升一以上;黄金衡赢(累)不正,半朱(铢)以上,赀合一盾。"这则条文,也在说明度量衡若不准确的话,当如何被惩罚;整理小组根据条文,制表如下:

衡制	误差	赀
石(120 斤,1920 两)	16 两以上	一甲
半石(60 斤,960 两)	8 两以上	一盾
钧(30 斤,480 两)	4 两以上	一盾
斤(16 两)	3 铢(1/8)以上	一盾
黄金衡累	1/2 铢(1/48 两)以上	一盾

量制	误差	赀
桶(10 斗,100 升)	2 升以上	一甲
斗(10 升)	1/2 升以上	一盾
	1/3 升以上	一盾
半斗(5 升)	1/3 升以上	一盾
参(31/3 升)	1/6 升以上	一盾
升	1/20 升以上	一盾

这个图表显示出,所有度量衡一定要以政府厘订的为标准,而且一定要非常准确,否则都会被惩罚。

前文所举五方面,都是从出土秦简来窥探商法留下的种种痕迹,藉以了解商鞅对秦国的深远影响。

商鞅两次改革是完全成功的,它不但是秦国的一件大事,也是当时天下的一件大事。法家在山东各国碰壁,甚至于被其他学派及保守势力所封杀,商鞅在走投无路之际,带着法家及兵家的材料,冒险来秦,是不是可以一展抱负,为法家觅一个登台表演的地盘,尚有待证明,也是一件令人瞩目之事。华夏文化薄弱的嬴溉,很快成为法家展露才华的一块肥沃土壤,任由商鞅耕耘灌溉,并且长出丰硕的成果。

商鞅的成就是有目共睹的,他除了建立起种种制度影响整个秦国并且成为秦法之外,当时许多人都给予很高的评价。试看蔡泽在见范雎时说:"夫商君为秦孝公明法令,禁奸本,尊爵必赏,有罪必罚,平权衡,正度量,调轻重,决裂阡陌,以静生民之业,而一其俗,劝民耕农利土,一室无二事,力田稽积,习战陈之事,是以兵动而地广,兵休而国富。"历数秦国政绩时,除商鞅之外,简直就是"国中无人"了。即使时代更晚的韩非,谈起秦国的政绩时,不是说:"商君教秦孝公以连什伍,设合坐之过……国以富强,八年而薨。"就是说:"孝公不听,遂行商君之法。……是以国治而兵强,地广而主尊。"除商鞅之外,根本"不作第二人想"了。再看看韩非这样的言论:

> 及孝公、商君死,惠王即位,秦法未败也,而张仪以秦殉韩、魏。惠王死,武王即位,甘茂以秦殉周。武王死,昭襄王即位,穰侯越韩、魏而东攻齐,五年,而秦不益一尺之地,乃成其陶邑之封。应侯攻韩,八年,成其汝南之封。自是以来,请用秦者,皆应、穰之类也。

据此可知,在韩非的观念中,商鞅在秦史里的地位非常崇高,而商鞅以后的执政者,尽是一些"战胜则大臣尊,益地则私封立"的"应、穰之类"了。

以商鞅为首的商鞅学派是战国时期历史特殊环境的产物。在经历了"礼崩乐坏"、旧制度衰朽、新制度萌生的春秋时期以后,"诸侯力政,争相并"的战国形势迫使各诸侯国进一步实行改革、"变法",只有这样才能在兼并战争中取胜。先改革者先受益,改革得彻底者受益最多而且最终取得胜利。魏国是战国时期最先实行改革者,因而它成为当时的首强之国。商鞅充分吸取了魏国的改革经验,他在秦孝公的支持下,先后实行两次变法,其改革的深度和广度是其他诸侯国所不能比拟的。商鞅变法的成功是其顺应了历史发展的潮流,在秦国建立了一套新的政治制度和经济制度,从而收到了"富国强兵"的效果。所谓"秦法未败",就是商鞅所建立的这套制度在商鞅死后一直延续,不可逆转。秦国六世君主依靠这套制度终于横扫山东六国,成就了统一中国的"帝业"。秦王朝虽二世而亡,但"秦法""秦制""秦政"的基本内容仍被中国历代王朝所继承。清末的谭嗣同就曾指出:"二千年来之政,秦政也"。

从制度改革上看,商鞅是历史上"成大功"的"好汉"。但是,从文化建设上说,商鞅及其学派却有重大的缺陷。他们看到了历史发展的阶段性,却忽视了文化沿革的继承性;他们抓住了"富国强兵"的关键——"农战",却以狭隘的"实用"标准排斥一切"不可以强兵辟土"的文化;他们看到了新制度与旧文化的对立,却没有着手于旧文化的转型和新文化的建设;他们急于实现武力兼并六国的目标,却没有为统一帝国的"长治久安"做必要的文化准备。

商鞅学派提出"任其力不任其德","不贵义而贵法",这在战争环境和儒法对立的形势下固然有其一定的历史合理性,但他们把"力"与"德""法"与"义"绝对对立起来,完全取消或取代道德的社会作用,没有在新的制度下扬弃原有道德的内容,建立新的道德规范,这不能不说是商鞅学派治国方策中所缺少的一个重要方面。

值得一提的是,《商君书·开塞》篇讲到"武王逆取而贵顺,争天下而上让,其取之以力,持之以义",这说明在商鞅学派的思想中也蕴含着在秦统一中国后其治国方策实

图文珍藏版

行转变的种子。但是,它被深埋在"力"与"德""法"与"义"的尖锐对立中,秦国的历史并没有提供发现它的机缘。直到秦灭亡以后,汉初儒生才用它来说服最高统治者,实现了由崇法到尊儒的转变。

从思想文化上说,吕不韦更表现出远见卓识。他在秦统一中国的大势已成之时,一改商鞅学派排斥"言谈""辩慧"的"壹教"方针,"招致士,厚遇之,至食客三千人",撰成"兼儒墨、合名法"计20余万言的杂家著作《吕氏春秋》。这实际上是为秦帝国建筑了一座庞大的思想库。尤其重要的是,《吕氏春秋》中的《十二纪》充分吸收了阴阳五行家的学说,借助阴阳五行秩序和天人感应的思想,节制君主的行为,要求他"无变天之道,无绝地之理,无乱人之纪"。然而,这座思想库还没有来得及发生作用就随着秦始皇与吕不韦的权力斗争而被废弃了。

秦始皇推崇韩非子、李斯的法家学说,而韩非子、李斯的学说不过是商鞅学派思想在同一个方向上的继续和发展。韩非子在商鞅学派关于君主"任法"的治国方策中增加了慎到关于"势"和申不害关于"术"的思想,这使得法家学说堪与欧洲16世纪马基雅维里的《君主论》的思想相媲美。但韩非子在文化上的急功近利、轻视道德和知识比商鞅学派有过之而无不及,这从他以下的言论可以得到证明:"糟糠不饱者不务粱肉,短褐不完者不待文绣。夫治世之事,急者不得,则缓者非所务也。""放行仁义者非所誉,誉之则害功;工文学者非所用,用之则乱法。""言无二贵,法不两适,放言行而不轨于法令者必禁。……夫言行者,以功用为之的彀者也。"李斯与韩非子有着相同的思想倾向,他在告别荀子而西行入秦时就曾说:"秦四世有胜,兵强海内,威行诸侯,非以仁义为之也,以便从事而已。"他贯彻法家路线,辅佐秦始皇完成统一中国的帝业,以后又坚决推行郡县制,采取统一度量衡和统一文字等一系列措施,其历史功绩固然值得称道,但他策划"焚书"事件,用暴力手段解决意识形态上的纷争,终于将法家的文化专制主义推向了极端。这虽然在短期内起到了维护新政权的效果,但却丧失了从长远计虑而从事文化建设的时机。新政权由于没有得到适宜的、丰厚的意识形态的辅翼、制导和调节,所以很快就暴露了其自身的弊病,陷入了政治与经济的危机。

商鞅学派在政治制度和经济制度上的改革主要是以君主集权取代诸侯封建,以"私田"取代"井田"。这是适应中国历史发展潮流的改革,这一改革的成果直至清朝末年不能变更。但君主集权制和土地私有制也有其自身不能克服的弊病,它们运行到一定的程度就会因某种因素失去控制而出现政治与经济的失序,从而使中国社会陷入周期性震荡,只有通过社会动乱和王朝更替才能使其重新进入轨道。

在"权"与"法"的关系问题上,商鞅学派一方面主张"权者,君之所独制也",另一方面又主张"法者,君臣之所共操也",君主不能"以私害法"。在商鞅学派看来,君主的权力至上,而君主的权力之所以成立和有效的基础是"法";君主必须专权,但不能专利,因为"法"是公利的体现,"公私之交,存亡之本也"。这其中的矛盾是:"权"与"法"在理论上是分离的,"权"是君主所独制,"法"是社会之公利;但在实际操作上二者却是统一的,社会之公利没有立法权,立法权独操在君主的手中,"权"实即等于"法"。齐国的管仲学派对这一点表述得更加明白:"夫生法者,君也;守法者,臣也;法于法者,民也。"这样,"公私之交,存亡之本"就全由君主是否能"自胜"即战胜自己的私欲来决定。在私有制和私有观念盛行的封建社会,要求君主出以公心实际上是不可能的,即使是用"天人感应"和"正心诚意"来约束君主的行为,也最终不能扼制君主的私欲的膨胀。

商鞅学派主张法由"君臣之所共操",同时又主张"明法","治国者责下断……家断则有余,故曰日治者王;官断则不足,故曰夜治者强;君断则乱,故曰宿治者削。故有道之国,治不听君,民不从官。"然而,秦始皇在统一中国后,"刚愎自用……丞相请大臣皆受成是,倚辨于上。上乐以刑杀为威,天下畏罪持禄,莫敢尽忠。上不闻过而自骄,下慑伏谩欺以取容。……天下之事无小大皆决于上,上至以衡石量书,日夜有呈,不中呈不得休息,贪于权势至如此……"这与商鞅学派所设想的君主"秉权而立,垂法而治"已有很大的距离。至秦二世听赵高之言,"乃更为法律",认为"贤人之有天下也,专用天下适己而已矣";李斯为求自保,"阿二世意",上书言"主独制于天下而无所制也","能牢然独行恣睢之心而莫之敢逆,若此然后可谓能明申、韩之术,而修商君之法"。由于君主集权本身没有对君主权力的有效节制,所以商鞅学派所设想的君主"不以私害法"得不到实际的保障,"商君之法"最终嬗变为君主恣意妄为的私法。其结果也就如商鞅学派所言:"君臣释法任私必乱"。

商鞅开阡陌,废井田,实行土地私有,"民得买卖",这适应了生产力的进步,促进了农业经济的发展。但是,与土地私有相伴随的是土地兼并和两极分化,以至"富者田连阡陌,贫者亡立锥之地","庶人之富者累矩万,而贫者食糟糠"。这种情况在秦统一中国时已经发生,加之秦始皇修长城,建驰道,封泰山,求仙药,作阿房之宫,筑俪山之陵……耗费了大量民力钱财,力役、租赋超过了社会的承受力,秦二世更以"税民深者为明吏","杀人众者为忠臣",致使"贫民常衣牛马之衣,而食犬马之食,重以贪暴之吏刑戮妄加,民愁无聊,亡逃山林,转为盗贼,赭衣半道,断狱岁以千万数"。

自秦始皇于公元前221年统一中国,至陈胜、吴广于公元前209年在大泽乡起义,刘邦、项羽于公元前207年入咸阳、杀子婴,在短短的十几年间秦国六世君主所完成的帝业就迅速土崩瓦解了。随着秦帝国的覆亡,"为秦开帝业"的商鞅学派也就成为历代儒家所诅咒的对象。

实际上,秦之覆亡的直接责任不在商鞅学派,也不在法家学说,而是君主集权制和土地私有制在其运行过程中必然产生的结果,秦以后的历代王朝也终究不能逃脱这一命运,秦帝国只不过是缩短了社会治乱、王朝兴衰的一个轮回。汉代统治者吸取秦二世而亡的教训,先是崇尚黄老,然后独尊儒术(此时的儒术实已有选择地吸收了道、法、阴阳等家的学说),中国封建社会的政治制度和经济制度因有了更为适宜、丰厚的意识形态的辅翼、制导和调节,才延长了治乱兴衰的周期。由此看来,秦亡之迅速与商鞅学派、韩非子、李斯等人在文化建设方面的缺陷、失误也有一定的关系。

儒法的冲突或斗争是中国历史上的一大公案。长期以来,人们对此聚讼不已,众说纷纭;在"文化大革命"时期,它竟被利用成为一场搞政治阴谋的闹剧。实际上,儒法之间既有冲突的一面,又有一致的一面;汉代以后,儒法合流——儒家首肯了法家所建立的政治制度和经济制度,而这套制度则把儒家学说奉为"独尊"的意识形态。如果构造一个简单的公式,那么中国封建社会的主要形态是:法家制度+儒家文化。

在政治方面,儒法之间的冲突是如何结束战乱、分裂而实现社会秩序和国家统一的冲突。儒家提出尚德、复礼、法先王(复三代之治)、施仁政等学说,法家则有尚力、任法、变革旧制,驱民耕战等主张。面对"礼崩乐坏""诸侯力政"的形势,儒家更多地把目光投向了被理想化的过去,试图以伦理道德克制人们的欲望,约束人们的行为,延续传统的文化,恢复往日的秩序;而法家则着眼于社会发展的现实,力生变法革新,强化君主集权,运用赏罚手段驱民耕战,凭借经济和军事实力实现国家的统一。从政治制度

图文珍藏版

的变革上讲，儒家是复古的，无力创新的，但他们所复之古是被理想化了的古，他们的思想并非政治上的反动，而更多的是道德的理想主义和文化的保守主义。法家是新制度的创建者，他们没有得到传统文化的支撑，而是从历史的进化寻求改革合理性的证明，从现实的政治经济活动吸取改革的力量，他们在政治上是进步的、有为的，但他们把制度与文化、力与德、法与义绝对对立起来，从而陷入了狭隘的功利主义和道德取消主义。

在结束战乱、分裂而实现社会秩序和国家统一这个目标上，儒法是一致的。特别是在主张君主集权这一点上，儒法之间更是相互契合。孔子说："天下有道，则礼乐征伐自天子出。""天无二日，民无二王。"孟子主张天下"定于一"荀子说："君者，国之隆也……隆一而治，二而乱。""权出一者强，权出二者弱。"这些都是儒家主张君主集权的言论。与法家不同的是，儒家认为君主的权力应以道德为本，"以不忍人之心，行不忍人之政"，则统一天下易如反掌；把这种道德的理想主义运用于当时的兼并战争和君主政治，实际上是根本不能实现的。在"复三代之治"和宗法思想的支配下儒家企图保留分封制，重现往日用"周礼"来维系的社会秩序；这种文化的保守主义也把儒家导向了政治制度建设的误区，他们没有认识到春秋战国时期的"诸侯力政""礼乐征伐自诸侯出"已经宣告了分封制的末日，新的政治制度——郡县制不仅是君主集权所必需，而且是历史发展所必然。法家认为构成君主权力的基础是法而不是德，法的要领就是信赏重罚，通过赏罚而驱民耕战，依靠实力而统一中国；这在当时是一条现实的、可行的、有效的统一之路。法家更坚决地主张君主集权，只有君主集权才能统一政令和军令，树立赏罚的权威，集中强大的物力、财力和兵力，从而兼灭诸侯，完成统一大业，并且把这种统一巩固、维持下去。因而，法家坚决主张用在战争环境下新产生的政治制度——郡县制取代分封制，把此作为实行和强化君主集权的必要改革措施。郡县制与君主集权制是统一的，而分封制与君主集权制却是矛盾的。儒法所共同主张的天下"定于一"不能通过儒家的尚德、复礼、恢复分封制的等级秩序来完成，而只能通过法家的尚力、任法、将郡县制推广于全国来完成。孔、孟、荀周游列国，都没有找到实现德政理想的现实基础；而秦始皇统一中国的胜利，就是法家统一路线的胜利。

在君主集权与民本主义相结合这一点上，儒法两家也有相同之处。慎到说："古者立天子而贵之者，非以利一人也。……故立天子以为天下，非立天下以为天子也。立国君以为国，非立国以为君也。……法制礼籍，所以立公义也。凡立公，所以弃私也。"韩非子也说："然所以废先王之教，而行贱臣之所取者，窃以为立法术、设度数，所以利民萌、便庶众之道也。"但法家的民本主义只是停留在他们对变法和任法做合理性说明的论证中，而无法在其"胜民"、驱民耕战的治国方策中得到体现；他们的治国方策实际上不是以民为本，而是把人民当作驱使的对象、耕战的工具。当秦始皇、秦二世以法家所倡导的"峭法严刑"对人民进行统治时，更把民本主义抛在了九霄云外。后汉的扬雄说："申、韩之术，不仁之至矣，若何牛羊之用人也！"这正是对法家的治国方策与民本主义相背离的一种批判。儒家主张尚德、"修己以安百姓""以不忍人之心，行不忍人之政"，甚至于"民为贵，社稷次之，君为轻"。在儒家的德政思想中民本主义占有一定的位置，并且一直得以延续。

法家强调君主不能"以私害法"，对君主的行为也提出了进行节制的要求。但法自君出，而且法的要领不过是赏罚，即驱民耕战的工具。这样，法实际上隶属于权，而没有构成对君主权力的节制，乃至"商君之法"在秦末嬗变为李斯所首肯、秦二世所恣意妄为的私法。儒家强调君主应该"以修身为本",对君主提出了"内圣外王"的要求;在君臣关系上,儒家除强调君尊臣卑外,还强调君臣之间有相互的道德义务,即所谓"君臣之义",臣下应该"以道事君,不可则止"。这样,道德与权力便构成一对矛盾,儒家甚至于设想"惟大人为能格君心之非"。

法家任法,取消或取代道德的社会作用;儒家尚德,但并不完全排斥刑罚。孔子说:"礼乐不兴,则刑罚不中;刑罚不中,则民无所措手足。"孟子主张"以生道杀民","教之不改而后诛之"。荀子主张"厚德者以先之,明礼义以道之,致忠信以爱之,尚贤使能以次之,爵服庆赏以申之……雕雕焉县(悬)贵爵重赏于其前,县明刑大辱于其后……"在德与法之间,儒家的根本思想是:德本刑末、德主刑辅。这是比法家的单纯任法更全面、也较多带有人民性的治国方策。法家论法,注重其形式方面的意义,即韩非子所谓"法者,宪令著于官府,刑罚必于民心,赏存乎慎法,而罚加乎奸令者也"。在内容方面。法家认为法是"公"的体现,即商鞅所谓君主不能"以私害法",韩非子所谓"能去私行,行公法者,则兵强而敌弱"。但法家所谓"公",如同其民本主义一样,只在理论上具有非常抽象的意义;而在实际运作中,法不过是驱民耕战的工具或便于君主进行统治("胜民")的工具。儒家主张德本刑末、德主刑辅,一方面是限定了刑罚在治国方策中的地位,另一方面是赋予了法以伦理法的具体内容。这样,法便具有了比较稳定的社会形态,对君主不能"以私害法"也能起到一定的节制作用。

在经济方面,法家"开阡陌封疆",彻底废除井田制,实行土地私有,并且把一夫一妻式的小家庭确立为社会的基本生产单位。这是适应生产力的进步、促进小农经济发展的改革措施。儒家则主张"夫仁政必自经界始",即要恢复已经瓦解了的井田制。儒家反对法家的土地改革措施,一方面是他们的道德理想主义和文化保守主义所致,另一方面是反对土地私有后国家强加给农民的沉重赋税以及土地私有所带来的土地兼并、两极分化。儒家主张对人民先"富之"后"教之","易其田畴,薄其税敛,民可使富也"。井田制的所谓"什一之税"正是儒家主张轻徭薄赋的一面旗帜。法家废井田,实行土地私有,不是为了富民,而是为了"富国强兵";《商君书·说民》篇所谓"国不蓄力,下用也;家不积粟,上藏也"即表明了法家的"富国强兵"与富民政策正相反对的性质。儒家在主张复井田时,实际上把井田制也理想化了,孟子所谓"有恒产者有恒心"即把井田制的所谓"八家皆私百亩"看作是农民的"恒产";他所谓"五亩之宅,树之以桑,五十者可以衣帛矣。鸡豚狗彘之畜,无失其时,七十者可以食肉矣。百亩之田,勿夺其时,八口之家可以无饥矣",实际上是一幅小农经济的理想画面。商鞅严令推行一夫一妻式的小家庭,是把家庭单纯看作社会的生产单位,而抹煞了其社会伦理的意义;儒家虽重宗法,强调家庭的社会伦理意义,但所谓"八口之家"仍是小农经济的模式。

荀子在入秦考察时,一方面说秦国的民俗政风已类之于"佚而治,约而详,不烦而功,治之至也",另一方面又说秦国之治距离"王者之功名,则倜倜然其不及远矣。是何也? 则其殆无儒邪?"在李斯说"秦四世有胜……非以仁义为之也,以便从事而已"时,荀子教训说:"非女(汝)所知也,女所谓便者,不便之便也。吾所谓仁义者,大便之便也……今女不求之于本而索之于末,此世之所以乱也。"从荀子的这两段话,我们已可以看出儒法两家思想进行整合的可能与必要。儒家一方面对法家路线指导下的秦国之治有所肯定,另一方面又指出秦国之治必须益之以儒家的仁义之本,不如此不足以防世事之乱。

秦亡以后中国封建社会的发展正如荀子所言。"汉袭秦制",面对法家所建立的政治制度和经济制度,儒家已无力回天,只能把它们接受下来,并且说服最高统治者,从崇法转向尊儒,使儒家学说上升为这套制度的意识形态,从而节制、指导这套制度的运行。汉代重儒,开自陆贾。他率先以"汤武逆取而以顺守之,文武并用,长久之术也"说服汉高祖刘邦,转变了其对儒学的态度。他所作《新语》一书,高扬儒家的仁义学说,并且吸收法家、道家和阴阳五行家的思想,为秦以后儒学的复兴和发展确立了基本的方向。

儒法两家最根本的契合点是都主张君主集权。法家"尊主卑臣,明分职不得相逾越,虽百家弗能改也";儒家"列君臣父子之礼,序夫妇长幼之别,虽百家弗能易也"。正是因为有了尊君权、尚大一统这个共同点,儒家学说才首肯法家所建立的政治制度,而法家所建立的政治制度也才尊奉儒家学说为其意识形态。董仲舒倡"三纲"之说,此说除继承了先秦儒学的"君臣之义、父子之亲、夫妇长幼之别"外,另一个源头就是韩非子所谓"臣事君、子事父、妻事夫,三者顺则天下治,三者逆则天下乱。此天下之常也,明王贤臣而不易也,则人主虽不肖,臣不敢侵也"。

儒家虽主张分封制,但当汉初分封的异姓王和同姓王构成了对君主集权的威胁时,儒家毕竟站在了君主集权的一边,而承认并拥护了郡县制。

"汉袭秦制"包括对秦的土地私有制度"循而未改"。汉初为医治战争创伤,采取"与民休息"的让步政策,"轻田租什五而税一",使农业生产得以较快地恢复和发展。汉武帝时,董仲舒对土地私有所引起的土地兼并和两极分化痛加指责,但他认识到"古井田法"难以"卒(猝)行",其改良之道是"宜少近古,限民名田,以澹不足,塞并兼之路……薄赋敛,省徭役,以宽民力……"王莽篡汉后,"动欲慕古,不度时宜",下令"更名天下田曰王田,奴婢曰私属,皆不得买卖",但只实行了三年,便"知民愁,下诏诸食王田及私属皆得买卖,勿拘以法"。土地私有制虽然有自身的弊病,但因其是符合生产力发展水平的一种所有制形式,所以倒退回"古井田法"是行不通的。儒家只能把土地私有制承受下来,用"轻徭薄赋""限民名田"等延缓土地私有所导致的社会危机。

汉初,曾经当过秦博士的儒生叔孙通对刘邦说:"儒者难于进取,可以守成。"此话道出了儒家文化之所以成为法家制度的意识形态的一个内在原因。儒家的道德理想主义和文化保守主义没有为结束春秋战国时期的战乱、分裂而开出新的政治制度和经济制度,这套制度是法家顺应历史发展的潮流而开创、建立的。但法家在文化政策上的狭隘功利主义和道德取消主义无力维系这套制度的正常运转,从而需要儒家文化的辅翼、制导和调节,以延缓这套制度从有序演变成无序的时间,这也就是儒学所能达到的"长治久安"了。儒学的君主集权思想和小农经济模式与法家所建立的制度没有根本的冲突,儒学的尚德、民本、轻徭薄赋等思想有益于缓解统治阶级内部(君臣之间)以及统治阶级与下层民众之间的矛盾,儒学对法、道、阴阳等家思想的吸收弥补了先秦儒学的一些先天不足,而儒学从古代继承下来的宗法伦理思想又适应汉民族的传统心理并在小农经济的基础上获得了新生,这些使得儒学最终成为中国封建社会的"独尊"的意识形态。

读史使人明智。评价商鞅学派的历史功过,总结儒法冲突与合流的历史经验,似能给现代人以如下几点启示:

(1)社会生产力的发展决定社会的经济制度和政治制度。当一种制度不适应生产力的发展而衰朽时,就必须对之进行改革。"当时而立法,因事而制礼","治世不一道,便国不必法古",商鞅学派的这一变法原则至今仍具有普遍的积极意义。商鞅变法的成功,不仅是中国历史上的丰功伟绩,而且也是中华民族的一种精神财富。它说明新制度终将取代旧制度,顺应历史潮流的改革事业必然取得胜利,并且不可逆转。

(2)社会历史的发展不仅具有阶段性,而且具有连续性。阶段性主要表现为生产力水平的不同,经济制度和政治制度的不同;连续性则主要表现为一个民族的传统文化的沿革。生产力是最活跃的因素,而传统文化则是一种具有惰性的力量。当经济制度和政治制度不适应生产力的发展而发生变革时,这种变革必然与传统文化发生某些方面的冲突。一种制度不可能造就一种全新的文化,而只能对传统文化因势利导,转变其原有的形态,决定其继续发展的方向。当一种制度试图斩断与传统文化的瓜葛,或以一种狭隘的实用标准来对文化进行取舍时,它势必造成自身的意识形态的匮乏。

(3)因经济制度和政治制度受生产力发展水平的制约,所以每一种新制度与旧制度相比只具有相对的优越性,而不可能十全十美。制度无瑕论或制度万能论是一种不切实际的幻想。如果一种新制度缺少适宜的、丰厚的意识形态的辅翼、制导和调节,那么这一制度的局限或弊病必然迅速地、充分地显示出来,从而造成运转的失序、社会的危机。因此,一种新制度必须妥善处理它与传统文化的冲突,善于从事传统文化的转型工作,在对传统文化进行批判继承的基础上从事新文化的创造综合,建成自己的意识形态。

(4)传统文化的延续总是与一定的经济制度和政治制度相联系的,因而它也具有历史发展的阶段性,亦即它在历史发展的某个阶段上表现为某种经济制度和政治制度的意识形态。当旧制度衰朽、新制度萌生时,新的历史经验必然产生出新的思想观念。新旧制度的冲突和新旧思想的冲突是不可避免的。新制度的建成需要具有新思想的人充分发挥历史主体的能动性和创造性,大胆改革、勇于开拓的进取精神是新制度得以建成和确立的必要条件。新的思想观念产生于新的历史经验,而新的社会进步则有赖于新制度的建成和确立。传统文化中的某些因素有可能为新思想的产生提供了某种逻辑上的可能,但这种可能如果没有新的历史经验的刺激则无法成为现实。传统文化在新旧制度的变革时期也要经历一个自身的转型时期,它直接服务于旧制度的那部分思想内容将受到抑制和改造,它能够服务于新制度的那部分思想内容将得到继承和发扬,并与新的思想观念进行整合,从而上升为新制度的意识形态,一个民族的文化由此得以延续和发展,而新制度与新文化的结合又共同推动社会历史的进步。在这里,新的历史经验和新思想、新的历史创造性和新制度,是传统文化实现转型的决定因素。因此,文化决定论和文化宿命论是错误的。文化保守主义在新旧制度和新旧思想激烈冲突的历史时期,有可能为保留传统文化中一部分有价值的遗产做出积极贡献;但文化保守主义如果不与新制度和新思想结合,那么则必将受到历史的淘汰。

(5)社会生产力的进步和新制度的建成总是与社会主体对物质利益的追求相联系的。在旧制度衰朽、新制度萌生的过渡历史时期,社会主体总要打破原有的秩序,表现出某种行为的失范,从而与传统的道德发生冲突。正如恩格斯所说:"一方面,每一种新的进步都必然表现为对某一种神圣事物的亵渎,表现为对陈旧的、日渐衰亡的、但为习惯所崇奉的秩序的叛逆,另一方面,自从阶级对立产生以来,正是人的恶劣的情欲——贪欲和权势欲成了历史发展的杠杆……"社会进步的功利尺度和道德尺度会发生背离,而这种背离在新旧制度交替时期尤为严重。道德理想主义往往与文化保守主义相伴随,而与新制度相冲突。新制度的建成不仅需要冲破原有道德规范的束缚,而且需要形成自己新的道德规范。新的道德规范是新文化的一部分,它同样需要吸取传统文化的一部分内容,符合一个民族的传统心理,继承一个民族的传统美德。将新制度与传统道德绝对对立起来,新道德的建设就无从完成;否认道德的社会作用,或忽视新道德的建设,新制度就缺少必要的行为调节机制,从而必将受到历史的惩罚。

(6)法家学说曾经在中国历史上建成了新的经济制度和政治制度,这套制度在近现代已经被新的社会变革所否定,但法家学说仍是活着的中国传统文化的一个组成部分。法家学说中的大胆改革、勇于开拓的精神值得今人继承和发扬,他们的尚力、任法、富国强兵等思想经过扬弃也还有值得吸取的内容,而其君主集权、以人民为驱使的对象、文化专制和道德取消主义等思想则是必须予以批判和清除的文化糟粕。儒家学说不仅上承中国上古时代的文化渊源,而且在秦以后成为占统治地位的意识形态。儒学虽没有开创出新的经济制度和政治制度,但它在秦汉之际做出了一种"理性的适应",突出了它与新制度相协调的一面,并且弥补了自身和新制度的一些不足,从而与新制度进行整合,形成了中国封建社会的完整形态。"儒者难于进取,可以守成",而其"守成"也就巩固了新制度,维护了国家的统一和社会的稳定;只有这样,新制度才能发挥出自身的优势,而其弊病得到某种抑制,中国封建社会也才可能出现汉唐时期的繁荣。儒学不仅在中国历史上发生了积极作用,而且传播到中国的周边地区,促进了东亚其他国家的发展。

(7)在本世纪60年代以后,东亚的日本、韩国、新加坡、台湾、香港等国家和地区在经济上有迅猛的发展。这些国家和地区都曾深受儒家文化的影响,因此,儒家文化与东亚经济发展的关系便成为人们所关注的一个问题。关于东亚经济起飞的原因,可归纳为两派说法:一派强调政治制度、经济政策和社会结构的作用,学术界称之为"制度论派";另一派强调文化环境的作用,认为儒家传统是东亚经济发展的动力,学术界称之为"文化论派"。对两派中的任何一种说法做出否定,恐怕都是困难的。如果借助于儒法冲突与合流的历史经验来观照儒家文化与东亚经济发展的关系,似乎可以得出这样的结论:儒家文化在近现代没有开出有利于东亚经济发展的政治制度和经济制度,构成东亚经济发展的基础是从西方移植过来的政治制度和经济制度;这套制度之所以在60年代以后的东亚地区取得了超过世界其他地区发展的经济起飞的效果,与儒家文化所能起到的社会稳定和协调作用 有一 定的关系。如果也构造一个简单的公式,那么东亚地区经济发展的主要原因似乎是:西方制度+儒家文化。当然,这里所说的儒家文化主要是从受儒家文化影响的社会心理素质而言。至于儒家文化在理论上能否成功地做出新的调整和转型,以适应并且驾驭从西方移植过来的政治制度和经济制度,现在还难以做出定论。毫无疑问的是,儒家文化在现代的理论转型要比儒家文化在秦汉之际所做出的调整要困难得多;而且当儒家文化"脱胎换骨"实现现代的转型时,其理论形态能保留多少原有的东西,它与其他学说的关系如何,也是一个很大的疑难。

(8)中国选择了以马克思主义为指导思想和社会主义制度,这是被中国在近现代的历史境况和发展需要所决定的。在经历了"文化大革命"的十年内乱之后,中国实行了改革开放的政策,把建设有中国特色的社会主义、实现四个现代化作为自己的发展目标。马克思主义进一步与中国的具体实践相结合、与中华民族的特点相结合、与中国传统文化中的优秀成分相结合,这是坚持和发展马克思主义的题中应有之义。在中国正在进行的经济体制改革和政治体制改革中,中国传统文化中的哪些成分能够起到推动作用,哪些成分是阻碍改革的消极因素;儒家文化将扮演何种角色,"难于进取,可以守成"是否仍是儒学的主要特性;它是推动改革的进程,还是充当改革进程中的一种必要的社会稳定和协调因素;它在改革进程中,抑或在改革的目标实现以后,能否做出新的理论调整和转型:它的一些积极因素是被其他理论体系所吸收,还是使其能够重建自己的理论体系⋯⋯这些问题有待于人们思考,更有待于改革的实践做出结论。现在可以明确的是,要实现有中国特色的社会主义现代化,离不开对中国传统文化的批判继承;做好中国传统文化的转型工作,是建设有中国特色的社会主义新文化的一项基本内容;在进行物质文明建设的同时,不能忽视精神文明特别是道德文明的建设;在积极推动社会改革的进程中,不能忽视社会秩序的稳定和协调。"长于进取,难以守成",曾经是西方古希腊和古罗马文化的一个特点,也曾经是中国法家学说的一个特点;而"难于进取,可以守成"的儒家文化又曾经在中国封建社会的后期束缚了中国历史的发展。把"长于进取"和"可以守成"有机地结合起来,这应该是中国新文化建设的一项重要指标。

军国主义

吴起在楚国变法,贯彻了"要在强兵"的思想。这一思想被商鞅所继承。商鞅的"强国之术"最终要落实到强兵上:兴农为的是富国,富国为的是强兵;农是战的基础,战是农的目标。在经济上,商鞅学派是重农主义;在政治上,商鞅学派是军国主义。

商鞅第一次变法,颁布了"有军功者各以率受上爵","宗室非有军功论,不得为属籍","有功者显荣,无功者虽富无所芬华"等法令,突出地表现了鼓励征战的特色。在第一次变法取得成效后,商鞅亲率大军东征魏之元里,斩敌首级七千,并乘势攻取少梁。在迁都咸阳前,商鞅又率军强渡黄河,兵围魏国旧都安邑,迫使守军投降。在第二次变法取得成效后,商鞅乘魏国遭马陵之败,大举攻魏,诈房公子卯,败魏三军,收复河

商鞅变法

西战略要地。商鞅的政绩武功充分显示了其以兴农为本,以强兵为要的思想。如果说兴农和强兵是商鞅变法的车之两轮,那么这两举所推动的就是一辆用于攻伐的战车。

现传《商君书》中的《垦令》篇和《境内》篇是商鞅所自作。《垦令》篇以兴农为中心,《境内》篇则以强兵为要旨。其中对秦国军队的组织建设,赏罚制度、攻战布署等

有较详细的说明。据《汉书·艺文志》,商鞅有兵法著作二十七篇,现已失传。《荀子·议兵》篇和《汉书·刑法志》都说商鞅善于用兵。现传《商君书》中的《战法》《立本》《兵守》三篇是专讲军事的论文,可能是商鞅所自作。这些都可说明商鞅对战争的重视。

《外内》篇也可能是商鞅所自作,其中说:"民之外事莫难于战","民之内事莫苦于农"。"故为国者,边利尽归于兵,市利尽归于农。边利归于兵者强,市利归于农者富。故出战而强、入休而富者王也"。我们由此可以清楚地看出商鞅或商鞅学派的治国要略:对内兴农以致富,对外用兵以致强,内富外强则成帝王之业。

《算地》篇与《外内》篇的思想一致。其中说:"为国之数,务在垦草;用兵之道,务在壹赏。""故圣人之为国也,人令民以属农,出令民以计战。……利出于地则民尽力,名出于战则民致死。人使民尽力则草不荒,出使民致死则胜敌。胜敌而草不荒,富强之功可坐而致也。"商鞅学派从总体上说,都重视"农战";但在农与战之间,又有更加侧重哪一方面的思想差异。《算地》篇与《外内》篇代表了《商君书》中内农与外战并重的思想。

《农战》篇以"农战"并提,也可以说是农战并重。但其归结的要点为:"圣人知治国之要,故令民归心于农","惟圣人之知国作壹,传之于农而已矣"。《农战》篇代表了《商君书》中更重视以农为基本的一种观点。

《去强》篇将对外战争与清除国内政治的毒素联系起来,提出了强国必须用兵于外才能继续保持强盛的观点。其文云:"国强而不战,毒输于内,礼乐虱官生,必削;国遂战,毒输于敌,国无礼乐虱官,必强。"这实际上是在秦国经过商鞅变法而获致经济上富强之后,大力鼓吹对外战争的一种观点。所谓"国强而不战,毒输于内,礼乐虱官生",是指经济上富强后,文官政治的发展,以及对物质生活和精神文明的讲求等等。《去强》篇认为,这些是使国势削弱的毒素;只有不断地对外用兵,才能抑制毒素,保持国家的强盛。《去强》篇还说:"强之,重削;弱之,重强。"意思是说,使人民强大,国家就削而又削;使人民怯弱,国家就强而又强。因此,《去强》篇提出了强国而弱民的政策;鼓吹不断地对外用兵,就是强国而弱民政策的体现。

《靳令》篇有一段与《去强》篇相类似的论述:"国贫而务战,毒生于敌,无六虱,必强;国富而不战,偷生于内,有六虱,必弱。"这就是说,国富必须进行战争,国货也同样要进行战争。

《壹言》篇提出国家要"抟民力而壹民务",使民"喜农而乐战"。这是农战并重的思想。但《壹言》篇同时又提出"抟力"和"杀力"的理论。"抟力"是集中人民的力量,"以富国强兵";"杀力"是消耗人民的力量,"以事《剽》敌劝民"。《壹言》篇说:"……力多而不攻,则有好虱。故抟力以壹务也,杀力以攻敌也。……故能抟力而不能用者必乱,能杀力而不能抟者必亡。故明君知齐(剂)二者,其国必强;不知齐二者,其国削。"这就是说,国家一方面要集中人民的力量(聚集人民的劳动成果,形成国家的经济实力),另一方面又要把这些力量在对外战争中消耗掉。只"抟力"而不"杀力",国家就会有内乱;只"杀力"而不"抟力",国家就会败亡;只有保持"抟力"和"杀力"的平衡,国家才会强大。

《说民》篇也从同样的角度为战争的必要性作论证:"力多而不用则志穷,志穷则有私,有私则有弱。故能生力不能杀力,曰自攻之国,必削。放曰:王者国不蓄力,家不积粟。国不蓄力,下用也;家不积粟,上藏也。""上藏"就是国家把人民劳动的成果征收、聚集起来,也就是"生力"或"抟力";"下用"就是国家把积蓄的实力消耗于对外战争,也就是"杀力"。这些论述都鲜明地表现了商鞅学派"富国强兵"的真实目的:"富国"不是富民,而是积蓄力量用于对外战争;战争不仅是在战场上胜敌,而且是在内政上"胜民"。

商鞅学派的重战和好战思想更鲜明地表现在《画策》篇和《赏刑》篇。《画策》篇说:"圣王见王之致于兵也,故举国而责之于兵。入其国,观其治,兵用者强。……能使民乐战者王。"怎样才能知道人民乐于从事战争呢?那就是"民之见战也,如饿狼之见肉也"。在父送子、兄送弟、妻送夫上战场时,都说:"不得,无返!(不得敌人首级,就不要回来!)失法离令,若死我死。乡治之。行间无所逃,迁徙无所入。"(违犯法令,你死,我也死。本乡的官吏会治我们的罪。你在军队中无法可逃,我们在家里也无处可走。)这样,三军将士就会"从令如流,死而不旋踵"。《赏刑》篇说:"所谓壹赏者,利禄官爵抟(专)出于兵,无有异施也。""所谓壹教者……富贵之门,要存战而已矣。……富贵之门,必出于兵。是故民闻战而相贺也,起居饮食所歌谣者,战也。"通过"壹赏""壹教"和严酷的军法惩治、家属株连,商鞅学派要使人民都成为凶残的、狂热的好战分子。

重视"农战",奖励军功,是商鞅本人的思想;但如《画策》篇所说"举国而责之于兵",则是商鞅后学在"农战"中越来越偏重于"战"的一种发展倾向。这与商鞅变法以后,秦国已经积蓄了比较充足的经济实力,而兼并战争越来越紧迫、激烈的形势发展有关。通过战争达到外股强敌、内胜人民的双重目的,则与商鞅学派所代表的统治阶级的本性有关。

《画策》篇在总结历史上的成败兴亡时说:"名尊地广,以至王者,何故?〔战胜者也。〕名卑地削,以至亡者,何故?战罢(敝,败)者也。不胜而王,不败而亡者,自古及今,未尝有也。"这既是对历史经验的总结,更是对战国时期政治、军事形势的现实反映。

商鞅是法家兼兵家,用现在的话说,就是政治家兼军事家。商鞅的军事思想是以其政治思想为基础的。商鞅所撰二十七篇兵书,因已失传,我们不能得其梗概。从现存《商君书》中的《战法》《立本》两篇军事论文看,作者首先强调的是用兵必先"立本":"凡战法必本于政胜",即战争的策略必须以国内政治上的胜利为根本。可以说,这是商鞅学派的军事思想不同于一般兵家思想的突出特点。

《战法》篇:如果两军兵力强弱相等,那么"将贤则胜,将不如则败";如果一方"政出庙算",即在政治上胜过另一方,那么"将贤亦胜,将不如亦胜"。所谓"政胜",就是人民都服从君主的命令,国家富强,这样,军队就能打胜仗;长期做到这一点,就能成就王业。

《立本》篇说:"凡用兵,胜有三等",即大凡用兵取胜都有三个步骤:一是建立法度,二是在此法度下养成重视农战的风俗,三是在此风俗下储备战争的物资。这三项是用兵之本,"必行于境内,而后兵可出也"。如果单纯依靠兵力众多,或器具精良,或大臣谋略,那么士兵就要失败遭擒了。强国必须坚定人民的斗志,人民有斗志才肯尽力作战,人民尽力作战才能无往不胜、"无敌于海内"。国君的法令能得到贯彻执行,才能够积累财富;积累了财富,才能够对有战功者施以重赏;赏赐出于一途,爵位才尊贵;爵位尊贵,赏赐才能起到引导人民进行战争的目的。《立本》篇对政治、经济、军事三者之关系的看法是:"强者必治,治者必强;富者必治,治者必富;强者必富,富者必强。"政治上的成功——经济上的富有——军事上的强大,这三方面是相互连带的依赖关系。如果

图文珍藏版

把《立本》篇的思想同商鞅的变法实践相比照,那么二者是相对应的。商鞅变法正是从依靠君主的权威颁明法令开始,推行重农重战的政策,运用赏罚养成人民重农重战的风俗,使国富而兵强,然后进行对外战争。

具体地说,商鞅及其学派的强兵立本措施有以下几个方面:

(1)明法。《战法》《立本》两篇将"政胜""错(措)法"作为用兵的基本前提。"政胜"即国内政治上的胜利,亦即《画策》篇所说"能胜强敌者,必先胜其民者也"。"胜其民",使"民取而听上",必须明法或"措法"。《画策》篇说:"胜民之本在制民……其孰能制之? 民本,法也。""民本"是指胜民之本,或制民之本。《画策》篇又说:"为必治之政,战必勇之民,行必听之令,是以兵出而无敌,令行而天下服从。"所谓"为必治之政,战必勇之民,行必听之令",都要靠君主颁明法令。因此,《画策》篇说:"圣王者不贵义而贵法,法必明,令必行则已矣。"商鞅变法自始至终贯彻了依靠法令而富国强兵的思想。

(2)兴农。《农战》篇说:"明君修政作壹……壹之农,然后国家可富,而民力可抟也。"兴农为的是国富,国富便可蓄积战争的实力,并且为重赏有战功者提供条件。《去强》篇说:"国好力,日以难攻;国好言,日以易攻。"《靳令》篇说:"以力攻者,出一取十;以言攻者,出十亡百。"战争不是言辞的巧辩,而是实力的较量,攻防都需要以实力为基础;尚力就必须富国,富国就必须兴农。另外,兴农为的是使"民朴""易使"。《农战》篇说:"圣人知治国之要,故令民归心于农。归心于农,则民朴而可正也,纷纷(纯纯)则易使也,信可以守战也。壹则少诈而重居,壹则可以赏罚进也,壹则可以外用也。"这就是说,兴农不仅可以储足战争所用的物资,而且可以使人民形成朴实、诚信、少诈、重居、易使等战争所需的心理素质。

(3)壹赏。《赏刑》篇说:"壹赏则兵无敌。"《算地》篇也说:"用兵之道,务在壹赏。……私赏禁于下,则民力抟于敌,抟于敌则胜。""壹赏"就是严格执行军功授爵制,无军功者不得法外受"私赏"。商鞅第一次变法时颁明了"有军功者各以率受上爵"的法令。在《境内》篇,商鞅对授爵行赏和晋升的标准做了详细的规定,如:"能得甲首一者,赏爵一级,益田一顷,益宅九亩,一除庶子一人,乃得人(人)兵官之吏"(能斩得敌兵一颗首级者,赏其爵位一级,田地一顷,住宅地九亩,"庶子"一人,可在军队或衙门里做官);"百将、屯长……得三十三首以上,盈论,百将、屯长赐爵一级"(百将、屯长斩得敌兵首级三十三颗以上,就达到了朝廷所规定的数目,可晋升一级)等等。《外内》篇说:"民见战赏之多则忘死。"《君臣》篇说:"凡民之所疾战不避死者,以求爵禄也。明君之治国也,士有斩首捕虏之功,必其爵足荣也,禄足食也。"将"爵禄"视为强兵之决定性因素或强兵之实质,《错法》篇有更为明确的表述:"行赏而民强者,爵禄之谓也。爵禄者,兵之实也。……故爵禄之所道,存亡之机也。""夫民力尽而爵随之,功立而赏随之,人君能使其民信于此如明日月,则兵无敌矣。"除了直接赏赐爵禄外,商鞅还制定了对战死烈士的旌表制度和军功继承制度,如《境内》篇载:从士卒到军官,凡战死者,其所获爵位每高一级,他的坟上就多种一棵树;参加敢死队的士卒如战死,其家属一人可继承他的爵位。在高官厚禄的引诱下,人民就养成好战的习俗,"闻战而相贺",见战"如饿狼之见肉"。

(4)严刑。严刑一方面是安内,即强化国内的社会治安;另一方面是攘外,即驱迫人民对外作战。在《垦令》篇,商鞅提出"重刑而连其罪",这既是兴农所必需,又是强兵所必要。商鞅在颁布"有军功者各以率受上爵"的同时连带地颁布了"为私斗者各以轻重被刑大小"，禁止私斗显然具有维持国内安定、促成一致对外的军事目的。《战法》篇将这一点看得极为重要，其文云："凡战法必本于政胜，〔政胜〕则其民不争，不争则无以私意，以上为意。故王者之政，使民怯于邑斗，而勇于寇战。"《史记·商君列传》在讲到商鞅变法所取得的成效时也说："民勇于公战，怯于私斗，乡邑大治。"这就是说，当时秦国已经在战略上具有了"政胜"的根本。《画策》篇说："兵弱者，民多私勇。"又说："民勇者战胜，民不勇者战败。能壹民于战者，民勇；不能壹民于战者，民不勇。"显然，要强兵就必须禁止私勇，同时又必须统一人民的意志，造成"勇于寇战"的公勇。严刑一方面是禁止私勇，使人民"怯于私斗"；另一方面是胁迫人民，造成不得不"勇于寇战"的强大压力。《外内》篇说：人民"见不战之辱则苦生"，也就是对怯战、逃战者施以严刑，使其生不如死；这样，他们就不得不去勇敢作战。《去强》篇说："怯民使以刑必勇"；《慎法》篇说："避害者，非战不免"。造成避战不能避刑、非战不足以避害的形势，怯民也就必然有了作战的勇气。在《境内》篇，商鞅规定：作战时五个士兵为一伍，其中有一人逃跑，就加刑于其余四人；四人中有能获敌人一颗首级者，方可免受刑罚。围攻敌城时，如有士兵怯战退避，就在众兵围观下对其施以刺面、割鼻的刑罚。据《画策》篇，除对士兵实行军伍连坐外，还要株连士兵的家属。

（5）壹教。从广义上说，"壹教"包括赏罚。据《农战》篇"君修赏罚以辅壹教，是以其教有所常而政有成也"，然则"壹教"还有相对独立于赏罚的特殊意义。《农战》篇所谓"壹教"，主要是指压制工商业者和言谈游说之士，而"壹之农"。《赏刑》篇将"壹教"与"壹赏""壹刑"并列，其所谓"壹教"是指压制博闻、辩慧、信廉、礼乐等等，使人民都认识到"务之所加，存战而已矣"。"故当壮者务于战，老弱者务于守，死者不悔，生者务劝，此臣之所谓壹教也。""壹教"从正面讲是"壹之农"，或"举国责之于兵"，从反面讲是排斥农战之外的行业和学说。《去强》篇把后一方面看得极为重要，其文云：国有十者（《诗》《书》《礼》《乐》等），上无使战，必削至亡；国有十者，上有使战，必兴至王。……国用诗、书、礼、乐、孝、悌、善、修治者，敌至必削国，不至必贫；国不用八者治，敌不敢至，虽至必却，兴兵而伐必取，取必能有之，按兵而不攻必富。"

（6）户籍。在《境内》篇这一专讲军队制度的文章中，商鞅说："四境之内，丈夫女子皆有名于上，生者著，死者削。"显然，户籍法不仅是为了"民不逃粟"，而且是为了贯彻兵役法，使民不逃战。据《算地》篇和《徕民》篇，方百里的土地可养农夫五万人，"出战卒万人者，数小也"。这就是说，商鞅学派认为，抽取五分之一的农夫去服兵役，这个比例是小的。秦国的特点是"地广而民少"，兵员缺乏。因此，秦国实际服兵役的比例远不止五分之一。据马端临《文献通考·户口一》载："秦用商鞅之法，月为更卒，已复为正，一岁屯戍，一岁力役，三十倍于古。"《文献通考·兵一》载："秦孝公用商鞅……以秦地旷而人寡，晋地狭而人稠，诱三晋之人耕秦地，优其田宅，而使秦人应敌于外。大率百人则五十人为农，五十人习战。凡民年二十二，附之畴官，给郡县一月而更，谓卒；给中都一岁，谓正卒；复屯边一岁，调戍卒。"可见，当时秦国的兵员分为驻守地方的更卒、驻守都城的正卒和在前方打仗的戍卒，凡二十二岁以上的成年男子都有服兵役的义务，其比例约占劳力的二分之一。除兵役外，还有运送军粮、修筑战争工事等等的力役。

《荀子·议兵》篇和《汉书·刑法志》将商鞅与田单、缪虮、孙武、孙膑、吴起等人并列，说他们是"善用兵者"，"皆禽（擒）敌立胜，垂著篇籍"。如果商鞅所做的二十七篇兵书不失传的话，我们定会从中看到丰富、精彩的战略战术思想。

　　商鞅几度用兵，都是直接攻魏。公元前354年，秦派公子壮率师侵韩，也是避开韩国的腹地而攻占与魏邻近的地区，威逼魏都大梁。公元前342年，商鞅劝秦孝公大举攻魏，说"秦之与魏，譬若人有腹心之疾，非魏并秦，秦即并魏"；如果迫使魏国东徙，则"秦据河山之固，东向以制诸侯，此帝王之大业也"。我们由此可以看出，商鞅善于在军事上抓住主要矛盾，不搞四面出击，而是集中兵力进攻首要之敌，通过胜魏而取得"东向以制诸侯"的战略全局优势。这与魏冉专权时期"越韩、魏而东伐齐"形成鲜明的对照。"远交而近攻"的策略是由范雎明确提出的，但这一思想在商鞅的战绩中已有实际的体现。

　　商鞅几度攻魏，都是在魏与赵、韩、齐等国交战之际或败军之后，乘魏国西部防线兵力空虚之机而大举进攻。这说明商鞅善于在军事上利用矛盾，审慎地观察战局，知己知彼，捕捉我强敌弱的战机。《战法》篇说："兵起而程敌，政不若者勿与战；食不若者勿与久；敌众勿为客；敌尽不如，击之勿疑。故曰：兵大律在谨，论敌察众，则胜负可先知也。"意思是：兴兵打仗先要衡量敌国的强弱，我方在政治上比不过敌国，就不要和它交战；我方的粮食不如敌国多，就不要和它久战相持；敌众我寡，我方就不要做进攻的客军；敌国在政治、粮食、兵力各方面都不如我方强，我们就毫不犹豫地向它进攻。所以说：用兵的重大法则在于谨慎，研究敌情，考察双方兵力的多少，这样，胜负是可以预先知道的。

　　商鞅用兵之谨慎和多谋还表现在巧妙地运用外交手段上。当魏惠王挟12诸侯国会盟之威而图谋伐秦时，商鞅采取缓争霸、晚称王的策略，运用外交手段，游说魏惠王，诱其先行打出王的旗号，离间魏与齐、楚等国的关系，从而酿成魏军的马陵惨败，使秦国得以乘机收复河西之地。这说明商鞅善于以外交手段辅助军事进攻。他出使魏国，游说魏惠王，实已开战国策士"连横"运动的先河。

　　商鞅诈虏公子卬，使魏军失去统帅，从而全歼之。这固然有失政治家的风范，也有损商鞅的人格，但我们也可从中看出商鞅用兵多诈、破敌先擒帅的军事谋略。

　　《战法》篇说："王者之兵，胜而不骄，败而不怨。胜而不骄者，术明也；败而不怨者，知所失也。"这说明商鞅用兵主张胜不骄，败不馁，善于运用高明的战术破敌制胜，也善于总结失败的教训以利再战。

　　《战法》篇说："见敌如溃，溃而不止，则免。故兵法：大战胜，逐北无过十里；小战胜，逐北不过五里。"意思是说，对溃逃不止的敌兵不要穷追不舍。大战获胜，追击敌兵不要超过十里；小战获胜，追击敌兵不要超过五里。我们由此可以看出商鞅在胜利的情况下也不失谨慎，主张追兵有节，以免误中敌人的佯败设伏之计。

　　《战法》篇还说："其过失，无敌深入，偕（借）险绝塞，民倦且饥渴，而复遇疾，此其〔败〕道也。故将使民者（若）乘良马者，不可不齐（剂）也。"意思是说，用兵的失误是没有遇到敌兵阻击而深入敌境，背后是险地，横穿过敌兵要塞，士兵疲劳、饥渴，又染疾病，这是败军之道。所以，将官率兵就像乘骑良马一样，不可以不调剂它的力量。这是商鞅反对孤军深入险地，主张有礼有节、有劳有逸的用兵之道。

　　《境内》篇说："其攻城围邑也，国司空訾其城之广厚之数。国尉分地，以徒校分积尺而攻之，为期，……内通则积薪，积薪则燔柱。陷队之士，面十八人。……国尉分地，以中卒随之。将军为臺（台），与国正监，与正御史参望之。其先入者，举为最启；其后人者，举为最殿。其陷队也，尽其几（祈）者；几者不足，乃以欲级益之。"其意为：在围攻敌城时，掌管工事的国司空要测算敌城的宽厚。指挥军队的国尉要划定各队士兵攻打的地段,并限期攻克。穿透敌城后,就塞以杂柴焚烧。敢死队的战士,每队十八人,其后有中军士卒跟随。指挥官和监军在筑起的台上瞭望,以先攻入敌城者为首功。敢死队的组成,全用自愿申请的人;如人数不够,就用希望晋级的军官补充。这是一套详细地对围城攻坚战法的说明,我们由此可以看出商鞅重视对具体战法的研究,并且制定了一些战法细则。

《守战》篇主要论述了军队如何守城,可能是商鞅入秦之前所作。其中说:守城之军要依靠城内人民敢于赴死的力量。在城没有被攻破时,要以人民的"死力"同敌兵作战;如果城被攻破,则敌疲我逸,就以人民的"逸力"同疲惫的敌兵作战。守城的一方要组成三军,"壮男为一军,壮女为一军,男女之老弱者为一军"。壮男之军要严阵以拒敌;壮女之军要修筑工事,设置陷阱,坚壁清野;老弱之军要照管牧畜,收集粮草,供给军需。要严格命令三军不得相互往来,以免男人怜惜女人,壮者怜惜老弱,致使斗志涣散。这是一种全民动员、全民参战的人民战争思想,从战法上当然值得肯定;但其把老弱妇女推向战场,又严令三军不得相互往来,也表现了商鞅"胜敌"以"胜民"为先和"刻薄寡恩"的特点。

商鞅之死

商鞅自公元前 361 年入秦,先后实行两次变法,由左庶长升任大良造,又于公元前 340 年受封为"商君"。在这 20 年中,商鞅不仅为秦奠定了帝王之基,而且使其个人登上了富贵功名的顶峰。正当商鞅心满意得之时,一个恶兆袭来——秦孝公身染重病,"疾且不起"。

商鞅车裂

秦孝公知道太子与商鞅夙有仇隙,而且其他宗室贵戚也对商鞅深怀积怨;如果自己故去,太子继位,君臣发生内讧,则秦国的帝业有可能被断送。想到此,秦孝公打算传位于商鞅,以完成自己的未竟之志。商鞅受秦孝公知遇之恩,在秦孝公临终时,岂敢越君臣之大防?而且,夺太子位,名不正则言不顺,言不顺则事岂能成?因而,"辞不受"。秦孝公患病的消息渐渐在宫廷内外传播,种种倒鞅的阴谋正在暗中进行。一些郁郁不得志的士人预感到秦国政局的变化,在此时也活跃起来。有一天,一个叫赵良的隐士经人介绍而来到商鞅的家中。商鞅一见赵良,就提出愿与他交个朋友。而赵良却旁敲侧击，暗中讽喻："我不敢存这样的希望。孔丘说过：'推荐了贤能，受民拥戴的人才肯进取；不贤的人聚在一起，讲王道的人就会隐退。'我是个不贤的人，所以不敢从命。我还听人说：'占有跟自己不相称的地位，就叫作贪位；得到跟自己不相称的名声，就叫作贪名。'我如果接受了您的厚意，恐怕就是贪位、贪名了。所以我不敢遵命。"

商鞅知道赵良在讽喻自己，便问："您对我治理秦国不满意吗？"赵良说："能反躬自问叫作聪，能反省自己叫作明，能战胜自我叫作强。虞舜说过这样一句话：'知自己不足者为高尚。'您不如照着虞舜的道理去办，无须问我了。"

商鞅听赵良前言孔丘，再言虞舜，知道他是儒门学士；想到儒家强调父子之别、男女之防、君位之尊，便说："秦国本来有戎狄风俗，父子兄弟同室而居。现在我改革了这种风俗，使其父子分居，男女有别。我又为秦君大筑宫室，其规模堪与鲁、卫宫廷相媲美。您看我治理秦国，与五羖大夫百里奚相比，哪个更强？"

赵良说："一千张羊皮比不上一狐之腋，一千个唯唯诺诺的人比不上一个正色直言之士。周武王因为有正色直言之士，所以昌盛起来；殷纣王因为使众人不敢说话，所以灭亡了。您如果不认为周武王不对，那么就让我终日向您讲真话，您不要觉得逆耳就杀我的头，可以吗？"

商鞅说："有言道：'应酬之言是浮华的，至诚之言是实在的。良言苦口是治病之药，蜜语甜言是害人之疾。'您如果肯终日向我讲真话，那就是送给我治病之药。我将以您为老师，您又何必推辞呢？"

赵良见商鞅态度诚恳，便把心中积蓄已久地对商鞅的怨望不满一股脑地道出。他说："既然如此，我就把您和五羖大夫做个比较吧。五羖大夫原是楚国的乡鄙之人，他知道秦穆公是个贤君，便想来求见，可又没有旅费，于是把自己卖给秦国人，穿着粗布短衣给人放牛。过了一年，穆公知道了，把他从牛口之下提拔起来，位于百姓之上，秦国人对他没有不满意的。他做秦相六七年，东伐郑国，三次立晋国之君，一次救楚国之难。教化施行于国内，而巴人前来进贡；德政施之于诸侯，而八方的戎狄都来归服。晋国有个叫由余的贤人，逃亡到戎，受五羖大夫的感召，就叩门来投奔。五羖大夫身居相位，虽劳累也不坐着乘车，虽暑天也不用帷幔遮阳；在国内出行，不带随从的车辆，也不持护卫的武器。他的功名载入史册，德行泽于后世。五羖大夫死时，秦国人不论男女都哀悼流泪，小孩子也肃静不再唱歌，连舂米的人也不吆喝出声。这就是五羖大夫的德呀！可是您呢？初见秦君时，走嬖人景监的门路，这就谈不上名望了；做了秦相，不为百姓着想，反而大兴土木建宫殿，这就谈不上功业了。您施刑于太子的师傅，以严刑峻法残伤百姓，这是积怨蓄祸。您不懂得，道德教化对百姓的影响比法令更深切，百姓对上面的效仿也比法令更迅速。您现在又实行左道旁门的建制和变革，这可不是教化呀！您受封于商君，居然南面称孤道寡，天天用法令来约束秦国的贵公子。《诗》云：'相鼠有体，人而无礼；人而无礼，何不遄死！'（相鼠还能打躬作揖，人却无礼；人而无礼，何不速死！）从这句诗看来，您的行为可不能使您延年益寿了。太子的师傅公子虔自受劓刑以后，已闭门不出有八年了。您还对公子贾用黥刑，并且杀死其他大臣。《诗》云：'得人者兴，失人者崩。'以上种种事，都不得人心。所以您出行的时候，有数十辆载满甲兵的车随从，有身强力壮的护卫作陪乘，还有许多持矛操戟的武士紧随车辆夹护而行。这些东西有一件不备，您就不敢出门。《书》曰：'恃德者昌，恃力者亡。'您现在的危险就像早晨的露水一样，难道还想延年益寿吗？我为您着想，归还封给您的十五邑封地，找个偏僻的地方去灌园种地；劝秦君起用隐居山林的贤士，敬养老人，优抚孤儿,敬重父兄,叙用有功之人,尊敬有德之士。这样,您可能稍得安全。您如果还要贪恋商、於之富,专揽秦国的政教,继续积怨于百姓,那么秦君一旦谢绝宾客而不在其位,秦国要收捕您的人难道还少吗？您的灭亡是可以翘足而待的啊！"

"山雨欲来风满楼"。在秦国的政局将发生变化之际,赵良站在在野儒生的立场上,对商鞅提出了严重警告。他一方面劝说商鞅及早隐退,另一方面要利用商鞅既有的权势,在其隐退之前,影响秦国的政局,改弦更张,"显岩穴之士",兴儒门之教。商鞅如果听从赵良的劝告,那就是否定自己一生的事业,并且捐弃由此挣得的富贵功名。因此,"商君弗从"。

公元前 338 年,在赵良警告商鞅的五个月以后,统治秦国 24 年的一代英主秦孝公去世。随后,太子驷继位,是为秦惠文王。"一朝天子一朝臣",当时秦国的君主虽还称不上"天子",但君位的更迭同样将引起秦国朝臣的重大变动。何况,秦惠文王在做太子时险些被商鞅正法。新君与旧臣的夙仇很快就演变成秦国政坛的危机,失败者当然是臣而不是君。

秦惠文王继位不久,商鞅就自请隐退,告归其商、於封地。然而,商鞅的杀身之祸已势不可免。以公子虔为首的一批商鞅政敌策划阴谋,向秦惠文王说:"大臣权力太重就会危及于国,左右侍人太亲就会危及于身。现在连秦国的妇孺都知道商君之法,而不说国君之法。这是商鞅成了一国之主,而您却反为朝臣。而且,商鞅本来是您的仇人,愿您及早除掉他。"接着,公子虔等人诬告"商君欲反",秦惠文王乃"发吏捕商君"。

商鞅携其母及家人仓皇出逃,行至秦国边境的关口之下,想找个旅店投宿。走进一家旅店,店主人迎上前接客,见来者神情有些紧张,急忙索要官方批准外出的证件。商鞅无证件可示。店主人说:"商君之法规定,如果容留没有证件的客人,店主要和客人连坐论罪。"商鞅不得已走出旅店,喟然叹曰:"嗟乎！为法之敝,一至此哉！"。

商鞅一行辗转逃至魏国境内,投见魏国的大臣襄疵。襄疵拒不收留,说:"因为你对公子卬背信弃义,所以我无法相信你。"商鞅见魏国没有容身之地,便想再投奔他国。可是又有魏臣说:"商君是秦之罪犯。秦国的兵力强盛,他们的罪犯逃到魏国,如不给送回去,恐怕对魏不利。"于是,商鞅一行又被送回秦国。

商鞅复入秦境,急奔其封地商邑,和他的门徒发动邑中兵士,"北出击郑"。秦惠文王"发兵攻商君",在郑国的渑池(今河南省渑池县)将商鞅擒获。商鞅被押解到彤(今陕西省华县西南),秦惠文王早已等候在那里。昔日秦国的大良造,今日成为秦君的阶下囚。秦惠文王声色俱厉,下令将商鞅车裂示众,并且警告臣下:"以后再不要有像商鞅这样的造反者！"随后,秦惠文王又斩草除根,"灭商君之家"。

一个为秦开创帝业的改革家,最后竟遭"车裂族夷"的下场。其功其过,其得其失,其伟大其渺小,其无辜惨死其作法自毙……这些都留给了后人去评说。

在商鞅死近一百年之后(公元前 255 年),秦昭王相范雎对蔡泽说:"夫公孙鞅事孝公,极身毋二,尽公不还私,信赏罚以致治,竭智能,示情素,蒙怨咎,欺旧交,虏魏公子卬,卒为秦禽将破敌军,攘地千里。"蔡泽又对范雎说:"夫商君为孝公平权衡,正度量,调轻重,决裂阡陌,教民耕战,是以兵动而地广,兵休而国富,故秦无敌于天下,立威诸侯;功已成,遂以车裂"。这两段话历数商鞅的卓越政绩,前者还特别突出了商鞅"极身毋二,尽公不还私"的优秀品质,就连"欺旧交,虏魏公子卬"也给予了充分肯定。这种评价显然代表了商鞅死后秦国政坛仍然坚持的以"富国强兵"为目标的价值尺度,朋友之间的道德评价是不在考虑之内的。蔡泽说商鞅"功已成,遂以车裂",这是说商鞅之死的原因在于秦惠文王过河拆桥，"兔死狗烹"。商鞅之后的秦国政治家无疑从"兔死狗烹"的角度吸取了商鞅之死的教训，以至于在外交和军事活动中常常假公济私，博取或维护个人的富贵荣华。韩非子曾因此批评商鞅的学说"无术以知奸"，自商鞅死后，"战胜则大臣尊，益地则私封立……商君虽十饰其法，人臣反取其资，故乘强秦之资，数十年而不至于帝王者，法不〔虽〕勤饰于官，主无术于上之患也"。由于商鞅遭"兔死狗烹"的下场，"尽公不还私"虽然成为秦国政治家口头上的高调，但张仪、魏冉、范雎之徒实际上却假公以谋私，这是强秦"数十年而不至于帝王"的原因之一。韩非子由此看到了在商鞅"任法"学说的基础上吸收申不害关于君主"用术"理论的必要，以防止大臣"蔽君之明，塞君之听，夺之政而专其令"。

韩非子在谈到商鞅之死的原因时说："秦行商君法而富强……车裂商君者何也？大臣苦法而细民恶治也。"韩非子认为，"君主用术则大臣不得擅断，近习不敢卖重；官行法则浮萌（民）趋于耕农，而游士危于战阵。"因此，"法术者乃群臣士民之所祸也。"正因为商鞅之法对"大臣""细民"不利，所以他们诬告商鞅，致使其车裂而死。这当然符合公子虔等人"告商君欲反"这一历史事实，但韩非子掩饰了商鞅之死的更重要原因是他曾"法及太子"；与新的君主有夙仇。韩非子之所以强调"大臣苦法而细民恶治"的一面，其意图是要说服君主"倍（悖）大臣之议，越民萌之诽"，信任和起用"法术之士"。然而，商鞅正是秦孝公"倍大臣之议，越民前之诽"而得到信任和起用的，但在君主权力更迭时却惨遭杀身之祸。如果真要吸取教训的话，那么"法术之士"也就只能对皇亲国戚仰而敬之、退避三分了。

《吕氏春秋·无义》在讲到商鞅之死时，较详细地叙述了商鞅诈虏公子卬，以致后来逃亡至魏而不被收留的情节，然后说"故士自行不可不审也"。这里突出了个人交往之间道德评价的尺度，用"多行无义必自毙"来警戒世人。近现代人对儒家的"三纲五常"多进行抨击，但也有不少学人指出"五常"中的"朋友有信"一条仍具有普遍的道德意义。从这个角度评判，诈虏公子卬不能不说是商鞅身上的一个污点。但近人也有以"兵家的诡道"为商鞅"欺魏将"开脱者。的确，兵法有云"兵不厌诈"，从纯粹兵家的角度评判，商鞅"欺魏将"固不为过；但他所欺之魏将正是以前的好朋友，军事家在战争中是否应遵守"朋友有信"这一道德条目，这一点可能至今仍是一个有争议的问题。另外，商鞅主要是一个政治家，如果政治家丧失信誉，不仅可能招致个人的失败，而且可能促成敌方的联合，使自己一方处于孤立地位。这一点在前引刘向批评商鞅"信公子卬之旧恩，弃交魏之明信，诈取三军之众"时已经讲过了。顺便说一下，刘向除批评商鞅"无信"外，还特别指责商鞅刑罚的酷烈，认为这是使商鞅"所逃莫之隐，所归莫之容，身死车裂，灭族无姓"的一个主要原因。他由此评断商鞅"去霸王之佐亦远矣"，如果商鞅"施宽平之法，加之以恩，申之以信，庶几霸者之佐哉"

把商鞅之死完全归罪于商鞅作法自毙、罪有应得的，莫如汉昭帝时与桑弘羊辩论的贤良文学最为典型。文学曰："秦怨商鞅之法，甚于私仇。故孝公卒之日，举国而攻之，东西南北莫可奔走……卒车裂族夷，为天下笑。斯人自杀，非人杀之也。"这种极端贬毁商鞅的观点自然是出于儒生仇视法家的偏见，但这种观点在儒家思想占统治地位的中国封建社会历史中一直占有上风，商鞅因此而受千古之骂名。

直到清朝中期，陈澧作《东塾读书记》，对《商君书》中可取与不可取的部分作了分别摘录，这比以前全盘否定商鞅是一个进步。但他在说到商鞅诽毁孝悌、仁义，使"亲亲尊尊之恩绝"时，不禁义愤填膺，认为商鞅"车裂不足蔽其辜"。

近代,对商鞅的评价始大有转机。章炳麟在所作《訄书·商鞅》篇中,除批评商鞅"毁孝悌败天性","鞅之进身与处交游,诚多可议者"之外,其余都对商鞅作了很高的评价。他为"商鞅之中于谗诽也二千年"打抱不平。梁启超曾主编《中国六大政治家》,其中第二编《商君评传》的作者麦孟华也对商鞅作了很高的评价,说商鞅"固法学之钜子,而政治家之雄也";"独其关于德义之教,诚不可谓非商君之缺点";而商鞅之死则是由于"权贵之怒睨其旁,新生之积怨其后","宁以身殉国,不肯屈法以求容"。

垂法后世

韩非子说:"及孝公、商君死,惠王即位,秦法未败也。"这段话客观地概括了商鞅死后秦国历史的发展。

商鞅"法及太子,黥劓其傅",原因在于太子和公子虔、公子贾等人公然站在改革反对派的前面,触犯法律,阻碍新法的施行。在孝公死、太子继位时,秦国经过第一次和第二次变法,在政治、经济、家庭形式、社会风俗等领域已经实现了深入、全面的社会改革,并且取得了巨大的社会成效:"道不拾遗,山无盗贼,家给人足,民勇于公战,怯于私斗,乡邑大治";"秦人富强","天子致伯","诸侯毕贺","复缪公之故地","东向以制诸侯"。改革的成果历历在目,新法普及于社会、深入于民心,历史的潮流已经不可逆转。此时,秦惠文王和公子虔等人将商鞅"车裂族夷",已经不是出于政治上的歧见,而是成为私愤的发泄、当权者的野蛮报复。

商鞅死后,秦惠文王、武王、昭王、孝文王、庄襄王、秦王嬴政等六世君主继续以"富国强兵"为宗旨,招纳贤能,奖励耕战,推行郡县制,完善各项法律,终至公元前221年兼并诸侯,完成了统一中国的大业。

在招纳贤能方面,秦国相继任用了张仪、公孙衍、司马错、白起、范雎、蔡泽、李斯、尉缭、王翦、蒙恬、蒙毅等文臣武将,形成了由"客卿"升任丞相、将军的制度(秦王嬴政虽曾下过"逐客令",但经李斯上书谏议而得以制止),确立了秦国布衣将相的格局,从而排斥了贵族势力,强化了君主集权,为秦国政治、经济的发展和外交、军事的胜利奠定了组织基础。

在奖励耕战方面,秦国除继续实行商鞅在世时的一系列措施外,还以"利其田宅而复之三世"(给予好的田地、房屋并免除三代租役)的优惠政策招徕三晋之民到秦国开荒种地,并且先后修建都江堰和郑国渠,使成都平原和关中平原得灌溉之利,成为旱涝保收的粮食丰产区。在商鞅建立的编户什伍制度的基础上,秦国实行普遍征兵制,组成一百余万的常备军,凡15岁以上男子均是国家的后备兵源,使秦国成为"虎狼之国";张仪、白起、范雎、蔡泽等人先后以军功受封为君、侯,蒙骜、王翦、蒙恬、王贲、李信等人亦以军功成为统兵数十万的将军。

在推行郡县制方面,自秦惠文王于公元前304年设置上郡以后,秦国不断把新兼并的地区纳入郡县体制,直至秦始皇兼并六国,设置36郡,在全国形成由中央到郡、县的三级政治体制。

在完善各项法律方面,据《晋书·刑法志》和《唐律疏议·序》记载,商鞅曾以李悝的《法经》为基础,改"法"为"律",制定了《盗律》《贼律》《囚律》《捕律》《杂律》《具律》等六种《秦律》。以后,秦国不断制定新的法律,充实、完善《秦律》的内容。在1976年湖北省云梦县睡虎地秦墓出土的《秦律》的竹简中,有《秦律十八种》,包括《田律》《厩苑律》《金布律》《关市律》《仓律》《江律》《徭律》《军爵律》《置吏律》等 18 种计 125 条；另见于《秦律杂抄》中的还有《游士律》《除吏律》《除弟子律》《戍律》《捕盗律》等 14 种，合上计有三十余种律目，这仅仅是当今见于记载的部分。在云梦出土的《秦律》竹简中还有《法律问答》《治狱案例》《治狱程式》《地方政府文告》等法律文件。这些充分表现了秦国自商鞅变法以来"以法为教""以吏为师"的治国思想。

在商鞅死五年后，苏秦在游说楚威王合纵时就说："夫秦，虎狼之国也，有吞天下之心。秦，天下之仇也。"公元前 318 年，魏、赵、韩、楚、燕"五国伐秦"，这说明秦在当时已经成为山东六国只有联合起来才能与之抗衡的头号强国。公元前 310 年，张仪在游说楚怀王连横时说："秦地半天下，兵敌四国……虎贲之士百余万，车千乘，骑万匹，粟如丘山，法令既明，士卒安难乐死……天下后服者先亡。且夫为从（纵）者，无以异于驱群羊而攻猛虎也。夫虎之与羊，不格明矣。"他在同年游说韩襄王时也说："秦带甲百余万，车千乘，骑万匹……山东之卒，被甲冒胄以会战，秦人捐甲徒裎以趋敌，左挈人头，右挟生虏。夫秦卒之与山东之卒也，犹孟贲之与怯夫也；以重力相压，犹乌获之与婴儿也。夫战孟贲、乌获之士，以攻不服之弱国，无以异于坠千钧之重，集于鸟卵之上，必无幸矣。"。这里虽有后人附赘的言辞（孟贲、乌获皆秦武王时勇士），但秦国的经济和军事实力与山东六国相比已占有强大优势，当是事实。后来荀子也曾说："齐之技击不可以遇魏氏之武卒，魏氏之武卒不可以遇秦之锐士……"这些都说明商鞅变法确实起到了"富国强兵"的成效，为秦统一中国奠定了基础。如果说 117 年的时间不是很快的话，那么则如韩非子的批评，张仪、甘茂、魏冉、范雎等人假公济私，延缓了秦统一中国的进程，"乘强秦之资，数十年而不至于帝王者，法不〔虽〕勤饰于官，主无术于上之患也"。

在秦惠文王在位的 27 年间，秦先后取得上郡、巴蜀、汉中等地。秦武王在位四年，因举鼎受伤而死。秦昭王于公元前 306 年继位后，魏冉专权，他曾经"越韩、魏而东伐齐，五年而秦不益一尺之地，乃成其陶邑之封"公元前 266 年，范雎提出"远交而近攻"的策略，魏冉被黜，范雎、蔡泽相继为相。在秦昭王在位的 56 年间，白起屡立战功，公元前 294 年大胜韩、魏联军于伊阙（今河南省洛阳市东南龙门），斩首 24 万，公元前 278 年攻陷楚别都鄢（今湖北省宜城市东南），次年攻陷楚都（今湖北省江陵县西北）；公元前 273 年大胜赵、魏联军于华阳（今河南省郑州市南），斩首 15 万；公元前 260 年大胜赵军于长平（今山西省高平市西北），坑降卒 40 万。公元前 256 年，秦灭西周，周赧王去世，从此苟延数百年的"周天子"名号不复存在。秦昭王在位期间，秦先后攻取并建置了河东、陇西、南郡、黔中、南阳、北地等郡。

秦孝文王继位一年后死，子庄襄王立。庄襄王在位三年，先后攻韩、魏、赵，建置三川、上党、太原等郡。公元前 246 年，秦王嬴政继位，四年后攻魏，建置东郡。公元前 237 年，秦王嬴政罢相国吕不韦，亲临朝政。三年后，攻赵建置雁门郡和云中郡。公元前 230 年至公元前 221 年间，秦先后灭韩、赵、燕、魏、楚、齐，终于完成了统一中国的大业，"海内为郡县，法令由一统"，秦王政自号称"始皇帝"。

秦始皇的重要谋臣李斯在《谏逐客疏》中说："孝公用商鞅之法，移风易俗，民以殷盛，国以富强，百姓乐用，诸侯亲服，获楚、魏之师，举地千里，至今治强。"汉代的桑弘羊说："秦任商鞅，国以富强，其后卒并六国，而成帝业。"王充说："商鞅相孝公，为秦开帝业。"虽然商鞅被车裂而死，但秦"六世而并诸侯"的帝业是奠基在商鞅变法之上的。

商鞅死后，除其政绩和思想对秦国有广泛、深远的影响外，还有其著作《商君书》

流传。

《韩非子·五蠹》篇说:"今境内之民皆言治,藏商、管之法者家有之……"这说明商鞅的书在战国末期已经广泛流传于社会。《韩非子·内储说上》引"公孙鞅曰:'行刑,重其轻者,轻者不至,重者不来,是谓以刑去刑。'"这段话见于《商君书·靳令》篇,惟"行刑"在《靳令》篇作"行罚"。另外,在《商君书·说民》篇也有"行刑,重其轻者,轻者不生,则重者无从至矣";在《商君书·去强》篇也有"以刑去刑"。这说明韩非子所谓"公孙鞅曰"指的就是现传《商君书》中的话,韩非子认为它的作者是商鞅。

西汉初年,《淮南子·泰族训》中提到"今商鞅之《启塞》、申子之《三符》、韩非之《孤愤》……"所谓《启塞》当就是现传《商君书》的《开塞》篇。司马迁在《史记·商君列传》中说:"余尝读商君《开塞》《耕战》书,与其人行事相类。"其中《耕战》当是指现传《商君书》中的《农战》篇。另外,《史记·商君列传》叙述变法前夕商鞅与甘龙、杜挚辩论一节,与现传《商君书》首篇《更法》所讲的大致相同,这说明司马迁读过《更法》篇,在写《商君列传》时引述了其中的情节。

东汉班固根据刘向《别录》、刘歆《七略》所做的《汉书·艺文志》,在法家类著作中录有"《商君》二十九篇",班固自注:"名鞅,姬姓,卫后也,相秦孝公,有《列传》。"这"《商君》二十九篇"是西汉末年经刘向校定的本子,以后流传的《商君书》就是这二十九篇。另外,《汉书·艺文志》在"兵书略·兵权谋"中录有"《公孙鞅》二十七篇",在农家类著作中录有"《神农》二十篇"(颜注引刘向《别录》说:"疑李悝及商君所说")。

两汉时期商鞅的书称《商君》,这是符合古代往往以作者名字为书名的习惯的(如《孟子》《庄子》《孙子》等皆是)。三国时期,诸葛亮在《为先帝与后帝遗诏》中说:"可读《汉书》《礼记》,闲暇历现诸子及《六韬》《商君书》,益人意智"。这说明现传《商君书》的书名在三国时已经有了,而且此书受到了诸葛亮、刘备等人的重视。

《隋唐书·经籍志》和新旧《唐书》的《艺文志》均著录"《商君书》五卷",与现传《商君书》的卷数相同。这说明《商君书》在汉代以后又有人加以编次,始分出卷数来,至今仍沿用。

《新唐书·艺文志》在《商君书》五卷下又说:"或作《商子》"。自唐代以后,《商君书》与《商子》二名互用。清代编《四库全书总目提要》称"《商子》五卷"。稍后,严万里(可均)校正《商君书》,"复其旧称"。自严万里至今,称《商君书》者为多。

宋代郑樵编《通志·艺文略》说:"《商君书》五卷,秦相卫鞅撰,汉有二十九篇,今亡三篇。"晁公武《郡斋读书志》也说:"《商子》五卷……本二十九篇,今亡者三篇。"但宋代末年陈振孙《直斋书录解题》又说:"《商子》五卷……汉志二十九篇,今二十八篇,已亡其一。"大概郑樵、晁公武与陈振孙所见的传本不同,郑、晁所见亡佚了三篇,而陈振孙所见亡佚了一篇。

清代严万里在《商君书总目》的案语中说:"余得元镂本,始《更法》,止《定分》,为篇二十六,中间亡篇二:第十六、第二十一,实二十四篇……因以知宋无镂本,或有之而流传不广,故元时已有所亡失也。"这就是说,《商君书》在元代又比郑樵和晁公武所见的传本多亡佚了两篇。严万里校本第十六篇有篇目《刑约》而无文,第二十一篇文与篇目俱失。近人朱师辙《商君书解诂》据明代绵眇阁本补第二十一篇篇目为《御盗》。现传的《商君书》就是严万里所见的二十四篇,另有两篇有目无文。除此之外,唐代魏徵编《群书治要》卷三十六引有《商君书·六法》篇一段,此为《商君书》在宋代亡失的佚文。

《商君书》自汉代刘向校定后，经过长期的历史流传，其文字多有脱误。清代严万里收集的元、明刻本"多误，不可读"。清代的考据学发达，经过严万里、孙星衍、俞樾孙治让等人的校勘，《商君书》始成为一部大致可读的书，其中严万里的校本成就较高，流传较广。近现代王时润著《商君书舛诠》、朱师辙著《商君书解诂》、高亨著《商君书新笺》和《商君书注译》，不仅又解决了许多文字上的疑难，而且另加文义上的注解（民国以前《商君书》无注解），高亨还做了现代汉语的翻译，从而使得《商君书》成为一部今人可以充分利用的文化典籍。

《商君书》的作者是商鞅，这在唐代以前没有什么疑问。但宋代以后，《商君书》的真伪成为一个有争议的问题。

最先提出《商君书》真伪问题的，可能要推宋代的黄震。他在《黄氏日钞》卷五十五中说："《商子》者，公孙商鞅之书也。始于《垦草》，督民耕战。其文烦碎不可以句……或疑鞅为法吏之有才者，其书不应烦乱若此，真伪殆未可知。"由此可见，《商君书》的篇次和篇名在宋代与严万里所见元镌本有所不同。元镌本"始《更法》，止《定分》"，现代的传本都是如此；而黄震所见宋代传本"始于《垦草》"，《垦草》当即现传本的第二篇《垦令》。《更法》记述了变法前夕商鞅与甘龙、杜挚的辩论，最后一句是"遂出'垦草令'"。从时间顺序上说，《更法》的内容当然在前，元镌本以至现传本把《更法》作为《商君书》的首篇是有道理的。但《更法》并非商鞅自撰，而是其后学根据当时辩论的情况补记。《垦令》是商鞅献给秦孝公制定"垦草令"的方案，而不是"垦草令"本身，其原名当即黄震所见传本的《垦草》。《垦令》是商鞅自撰，所以《商君书》"始于《垦草》"可能符合原来实际的篇次。

黄震对《商君书》的真伪提出疑问，原因是"其文烦碎不可以句"，这条根据是很不充足的。因为先秦古籍本来难读，再加上历时久远，脱误过多，所以"其文烦碎"亦属当然。

真正提出《商君书》为伪书的是宋元之际马端临《文献通考·经籍考》所引《周氏涉笔》。其文说："《商君书》亦多附会后事，拟取他辞，非本所论著也。其精确切要处，《史记·列传》包括已尽。今所存大抵泛滥淫词，无足观者……"《周氏涉笔》所举证据有三条：

其一，《垦令》篇有"商无得籴，农无得粜。农无粜，则窳惰之农勉；商无籴，则多岁不加乐。"《周氏涉笔》说："夫积而不粜，不耕者诚困矣，力田者何利哉？……不知当时何以为余粟也。"近人校正《商君书》指出："籴、粜二字当互易。"籴是买粮，粜是卖粮。农民不得买粮，就必须努力耕田；商人不得卖粮，就无法从中谋利。商鞅考虑的是国家如何征收更多的粮食，而不考虑农民如何卖掉余粮赚钱，更要杜绝商人从中谋利；农民向国家多交了粮食，就可以免除徭役，还有可能用较多的余粮捐官做。经过近人校正，这段话文从义顺，因此它不能作为《商君书》是伪书的证据。

其二，《垦令》篇另有"贵酒肉之价，重其租，令十倍其朴，则商酤少而农不酗。"《周氏涉笔》说：如果这样，则"酒肉之用废矣"。实际上，商鞅的目的就是要使卖酒肉的商人减少，大臣不荒淫醉饱而拖延政务，农民也不因嗜酒而耽误农作。把此作为《商君书》是伪书的证据，更属妄断。

其三，《周氏涉笔》说："秦方兴时，朝廷官爵岂有以货财取者？而卖权者以求货，下官者以冀迁，岂孝公前事耶？"这是针对《农战》篇所谓"下卖权，非忠臣也，而为之者，以末货也……"而言，认为秦孝公以前不当有上官卖权、下官行贿的事，但此类事在秦孝公以前不能断然没有，而且近人考证《农战》篇是商鞅后学所作，此类事在商鞅死后当为数不少。这一条更不足为《商君书》是伪书的证据。

《四库全书总目提要》引述并同意了《周氏涉笔》关于《商君书》"非本所论著"的观点，同时又指出"周氏特据文臆断，未能确证其非"。《总目提要》提出新的证据："孝公卒后，鞅即逃死不暇，安得著书？如为平日所著，则必在孝公之世，又安得开卷第一篇即称孝公之谥？"由此认为此书"殆法家者流，掇鞅余论以成编"。古代君主的谥名都是死后由后继之君与礼官议定，但《商君书·更法》开篇即言"孝公平画"，这确实是《更法》为后人补记的证据。然而，《商君书》仅《更法》《定分》两篇有"孝公"字样，《总目提要》据此认为全书都不是商鞅自撰，则属以偏概全。

近人胡适在《中国哲学史大纲》中又提出《商君书》是后人"假造的书"的新证据：其一，《徕民》篇有"自魏襄以来……"魏襄王死在公元前296年，此时商鞅已死42年了；其二，《徕民》篇提到"长平之胜"，此事在公元前260年，商鞅已死78年了；其三，"书中又屡称秦王，秦称王在商君死后十余年"。这三条证据都可证明《徕民》篇是后人所作，但以此推定《商君书》全书为"假书"，也是以偏概全。胡适从这个错误的推论更得出商鞅只是一个"实行的政治家，没有法理学的书"。"不是法理学家，故不该称为'法家'"这样就错上加错了。

刘咸炘在《子疏》卷八提出对《商君书》的新看法："今观其书，大氐《更法》《定分》本后人所记；《垦令》《境内》或本鞅条上之文；《去强》以下诸篇文势有异，而语或复冗，必有徒裔所增衍。然其称臣者，抑或当时敷奏之词，而后人记之，不得全谓鞅作，亦不得谓全无鞅作也。"陈启天认为，"刘氏的看法实比较一切旧说为精细，而且近真。"这种对《商君书》各篇分别观之，有的是商鞅自撰，有的是商鞅后学所做的观点，被现代多数学者所接受。

最近，郑良树在以上观点的基础上，撰成《商鞅及其学派》一书，提出《商君书》是"商鞅及其学派的集体著作"，对《商君书》各篇思想内容的继承、同异、发展做了较详细而有新意的分析，从而建立起"立体式"的"商（鞅）学派"概念。这是《商君书》研究中的一个新突破。笔者基本同意上书的观点，惟需要补充的是，《商君书》中后学所作各篇，其思想内容凡与史书所记和商鞅自撰各篇的思想内容无歧异者，当有相当一部分是后学采撷商鞅遗说，因此亦属于商鞅本人的思想，我们在评述商鞅本人思想时不应仅以商鞅自撰各篇的史料为限；凡其中有歧异者，则属于后学对商鞅本人思想的发展或商鞅学派内部的分歧。《商君书》全书的思想内容可称为以商鞅为核心的商鞅学派的思想。

既然《商君书》的作者成为一个问题，那么《商君书》的写作时间也就成为一个问题；如果说《商君书》中有的是商鞅自撰，有的是商鞅后学所作，那么对《商君书》各篇的写作时间也就更有具体分析的必要。

在认为《商君书》全非商鞅自撰的观点中，又有《商君书》成于汉代以前和怀疑是"汉人伪撰"两种观点。前者以《四库全书简明目录》的说法为代表。其文云："今案开卷称孝公之谥，则谓不出鞅手良信。然其辞峻厉而深刻，虽非秧作，亦必其徒述说之，非秦以后人所为也。"后者以黄云眉《古今伪书考补证》的说法为代表。俞樾《诸子平议》据《商君书·定分》篇中有"明年、月、日、时"句，提出十二时之分在六国时已有之；继而怀疑十二时之分始于六国太早，复以"平旦鸡鸣之属"解之。黄云眉据此再加上《徕民》篇述及"长平之役"，提出"安知非伪托于历法既密、《史记》既行之后乎"的疑问。

陈启天认为,如果《定分》篇的"时"解为"平旦鸡鸣之属","则无问题可说";如果解为十二时之时,而据此怀疑《商君书》是"汉人伪托",则未免有"执偏概全的错误"。陈氏认为《定分》篇"大约是战国末年的作品"。郑良树另做其他考证,认为《定分》篇写作于秦始皇统一天下后的"七年之内"。

陈启天、高亨、郑良树等都对《商君书》各篇的写作时间做过分析,但观点互有不同。以下参照各说,略做疏解,断以己意。

陈启天认为商鞅自撰的篇目有《垦令》《境内》两篇,疑为自撰的篇目有《说民》《开塞》《战法》《立本》《兵守》《修权》《赏刑》《君臣》《禁使》《慎法》十篇,其余为后人所作。

高亨认为商鞅自撰的篇目有《垦令》《靳令》两篇,疑为自撰的篇目有《外内》《开塞》《农战》三篇,后学所做的篇目有《更法》《错法》《徕民》《弱民》《定分》五篇,其余未做明确论断。

郑良树认为商鞅自撰的篇目有《垦令》《境内》两篇,疑为自撰的篇目有《战法》《立本》《兵守》三篇,其余为后学所作。

郑良树与陈启天所同者是以《垦令》《境内》为商鞅自撰,以《战法》《立本》《兵守》疑为自撰。高亨提出《境内》篇的一段话与《韩非子·定法》篇引"商君之法"一段话大意相同,而语句不一样,因此不能确证此篇是商鞅所作。但是,高亨也没有明确提出此篇不是商鞅所做的否证。刘咸炘最先提出"《垦令》《境内》或本鞅条上之文",亦即是商鞅晋献给秦孝公的法令草案。陈启天、郑良树基本上肯定了此说,高亨同意《垦令》是商鞅所作,只是对《境内》有疑问,但又没有提出明确的否证。笔者认为,我们可采纳《垦令》《境内》是商鞅自撰之说。

陈启天和郑良树都把《战法》《立本》《兵守》三篇军事学方面的论文列在疑为商鞅自撰之类,高亨对这三篇没有论断。笔者认为,我们可采纳陈、郑关于这三篇的观点。

高亨认为《靳令》篇是商鞅自撰,陈启天认为此篇是西汉人假托。差距所以如此之大,是因为《靳令》篇许多文句与《韩非子·饬令》篇相同或相似,陈启天认为是《靳令》袭取《韩非子》,而朱师辙、罗根泽、陈奇猷、梁启雄和高亨等认为是《韩非子·饬令》篇袭取了《靳令》。笔者认为,后说可从。陈奇猷和高亨据《韩非子·内储说上》引述了《靳令》篇的话,得出此篇是商鞅所做的结论。郑良树也持《靳令》早于《韩非子·饬令》之说,但他另据《商君书》各篇所举不同的"国害",认为《靳令》篇晚于《去强》篇和《说民》篇。兹把郑氏整理的《商君书》各篇所举不同的"国害"介绍于下:

第一阶段:

《垦令》:"五民",即褊急之民、很刚之民、怠惰之民、资费之民、巧谀恶心之民。

第二阶段:

《农战》:"十者",即《诗》《书》、礼、乐、善、修、仁、廉、辩、慧。

第三阶段:

《去强》:"八者",即《诗》《书》、礼、乐、善、修、孝、悌。"十者",即《诗》《书》、礼、乐、善、修、廉、辩、孝、悌。

第四阶段：

《靳令》：十二者：即礼、乐、《诗》《书》、修善、孝悌、诚信、贞廉、仁、义、非兵、善战。

从《商君书》各篇所举"国害"的演进看，商鞅学派越来越对儒家以及墨家、名家等等持敌视的态度。郑良树认为，商鞅在世时，儒法两家尚未进入"正面冲突的阶段"。此说当从。笔者在叙述赵良对商鞅的警告时曾在注中指出，赵良三引《诗》《书》以增加说服力，由此可知商鞅在世时无"燔《诗》《书》"之事，此亦可证《农战》《靳令》等篇把《诗》《书》、礼、乐等举为"国害"，不是商鞅本人所作。

高亨认为《外内》《农战》《开塞》三篇"可能是商鞅所作"。罗根泽曾据《韩非子·南面》篇有"故虽拂于民心，〔必〕立其治，说在商君之内外，而铁殳重盾而豫戒也"，论定"商君之内外"是指《商君书》的《外内》篇。但陈奇猷认为"商君之内外"不是指篇名，而是商君之出入的意思，"铁殳重盾而豫戒"即《史记·商君列传》载赵良所说，商鞅出行必有持矛操戟的武士随从。高亨认为"两家所说各有理由"，"因而只能说《外内篇》可能是商鞅所作"。陈启天以《外内》篇中有"边利"的提法为据，认为此篇可能是"西汉法家者流如晁错等的作品"。郑良树经过分析《韩非子·南面》篇的文意，认为陈奇猷对"商君之内外"的解释正确，《外内》篇与《韩非子·南面》篇无关。他同时指出，陈启天认为《外内》篇作于西汉时的看法证据不足。他的看法是此篇作于先秦，年代在《徕民》篇之后，证据是此篇提出"边利尽归于兵，市利尽归于农"，"似此职务分配，利益平分的判然划开，应该是很晚的事情"。然而，商鞅的核心思想是"农战"，对兵农及其利益的划分应该是很自然的事情，无须待到很晚，因此笔者认为郑良树对此篇的看法也证据不足。此篇与《韩非子·南面》篇无关，但由此并不能证明此篇非商鞅所作。《外内》篇在"边利尽归于兵，市利尽归于农"的后面说："边利归于兵者强，市利归于农者富。故出战而强，入休而富者，王也。"这段话与《战国策·秦策三》载蔡泽所说："商君……教民耕战，是以兵动而地广，兵休而国富"文意很相近，很可能当时蔡泽已读过《外内》篇。尽管类似的话在《商君书》另外几篇也有，但另外几篇晚出的证据较明显，而此篇无晚出的明确证据。因此，笔者认为还应把此篇视为"可能是商鞅所作"。

《农战》篇所举"国害"有《诗》《书》、礼、乐等，当为商鞅后学所作，前文已述。

关于《开塞》篇，陈启天和高亨都将其列在"疑为自撰"之类。郑良树发前人所未发，揭出商鞅本人主张"厚赏重刑"，《商君书》的《垦令》《农战》《修权》《外内》等篇也持"厚赏重刑"论，但《开塞》篇提出"刑多而赏少"，"刑九而赏一"，即主张"重刑轻赏"或赏只"施于告奸"，这与商鞅本人的思想不合。《商君书》中，持"重刑轻赏"论的还有《去强》《说民》《壹言》《靳令》等篇；更有甚者，《画策》篇持"重刑不赏"论。持"厚赏重刑"论各篇，虽不一定是商鞅自撰；但持"重刑轻赏"论和"重刑不赏"论各篇，当肯定其作者不是商鞅本人。"厚赏重刑"与"重刑轻赏"及"重刑不赏"是商鞅学派内部的分歧。

被陈启天列在"疑为自撰"而高亨没有做出明确论断的还有《修权》《赏刑》《君臣》《禁使》《慎法》。关于《修权》，郑良树列出七条文中使用"权"字的句子，认为此文的"权"都当解作"权衡""拥有一个很明确的定义"，"时代不可能太早"，不是商鞅自撰。笔者认为，此证据不足，而且高亨便把郑氏所列第一、二、三、七条的"权"字解为"权柄"。《修权》篇说："权者，君之所独制也……权制断于君则威……"这正是商鞅典型的君主集权思想，如将此"权"字解为"权衡"而不解为"权柄"，则有些曲说害义了。另外,《修权》篇中有"论贤举能而传焉",即实行禅让,在秦国历史上可能只有商鞅才能够提出这一点。

关于《赏刑》,郑良树指出此文的三个政治主张"实际上都套用了一个公式",即"壹(赏、刑、教)→不(赏、刑、教)→无(赏、刑、教)",这是商鞅本人思想中所没有的。另外,此文所举"国害"有"礼、乐"等等。

关于《君臣》《慎法》以及前文未提到的《算地》,因文中有对"《诗》《书》""仁义"等等的批评,也当是商鞅后学所作。

关于《禁使》,高亨指出此篇主要论述的"数"与"势"即申不害、慎到的"术"与"势"。笔者认为,法、术、势结合的思想当不是商鞅本人的思想所能及,而且此篇大讲君主对官吏的监察,而韩非子却曾批评商鞅的学说"无术以知奸",因此这一篇不是商鞅手著。

余下的《更法》《弱民》《错法》《徕民》《定分》五篇,各家观点比较一致,它们不是商鞅本人所作。《更法》篇有秦孝公溢名,是商鞅后学补记。此篇的不少文句与《战国策·赵策二》中的《武灵王平昼闲居章》极为相近,有些学者认为是《更法》篇抄袭了《战国策》,郑良树列出四点理由,证明是《战国策》抄袭了《更法》。笔者认为,郑说当从。

《弱民》《错法》有"乌获举千钧之重",乌获是秦武王时力士;《徕民》有"长平之胜",秦破赵军于长平在公元前260年;《定分》有"丞相置于法官",秦初置丞相在公元前309年。因此,这几篇都不是商鞅所作。

综上所述,笔者认为商鞅自撰的篇目有《垦令》《境内》两篇,疑自撰的篇目有《战法》《立本》《兵守》《外内》《修权》五篇,其余十七篇为商鞅后学所作。

在商鞅后学所作各篇中,凡认为其有出于汉人所做的观点,证据都不充分。郑良树认为,《更法》篇记录商鞅与甘龙、杜挚的辩论"翔实可靠,刻画生动感人",其作者或曾参与"御前辩难",或曾亲闻商鞅叙述其事,写作时间"极可能很早",是"商鞅在世"阶段完成。然而,商鞅在世即秦孝公在世(二人死于同年),篇中不应有秦孝公溢名,所以此篇当补记于商鞅去世以后,是商鞅后学所作各篇中较早的一篇。另外,郑氏认为《算地》《农战》约写于秦惠文王元年至秦惠文王更元七年(公元前337年—前318年)间;《去强》《徕民》《弱民》《说民》约写于秦惠文王更元人年至秦庄襄王三年(公元前317年—前247年)间;《靳令》《壹言》《开塞》《错法》《赏刑》《画策》《慎法》约写于秦王政元年至秦王政二十六年(公元前246年—前221年)间;《君臣》《禁使》《定分》约写于秦始皇统一中国至秦覆灭期间。

要之,《商君书》是商鞅本人及其后学所作,是以商鞅本人的思想为核心,传衍于从秦孝公至秦灭亡期间的商鞅学派的著作。